工商管理经典译丛 BUSINESS ADMINISTRATION CLASSICS

BUSINESS STATISTICS
A FIRST COURSE
SEVENTH EDITION

商务统计学

第 7 版

戴维·莱文（David M. Levine）
［美］凯瑟琳·赛贝特（Kathryn A. Szabat） 著
戴维·斯蒂芬（David F. Stephan）

岳海燕　胡宾海 等　译

胡大源　审校

中国人民大学出版社
·北京·

工商管理经典译丛

出 版 说 明

随着中国改革开放的深入发展，中国经济高速增长，为中国企业带来了勃勃生机，也为中国管理人才提供了成长和一显身手的广阔天地。时代呼唤能够在国际市场上搏击的中国企业家，时代呼唤谙熟国际市场规则的职业经理人。中国的工商管理教育事业也迎来了快速发展的良机。中国人民大学出版社正是为了适应这样一种时代的需要，从1997年开始就组织策划“工商管理经典译丛”，这是国内第一套与国际管理教育全面接轨的引进版工商管理类丛书，该套丛书凝聚着100多位管理学专家学者的心血，一经推出，立即受到了国内管理学界和企业界读者们的一致好评和普遍欢迎，并持续畅销数年。全国人民代表大会常务委员会副委员长、国家自然科学基金会管理科学部主任成思危先生，以及全国MBA教育指导委员会的专家们，都对这套丛书给予了很高的评价，认为这套译丛为中国工商管理教育事业做了开创性的工作，为国内管理专业教学首次系统地引进了优秀的范本，并为广大管理专业教师提高教材甄选和编写水平发挥了很大的作用。其中《人力资源管理》（第六版）获第十二届“中国图书奖”；《管理学》（第四版）获全国优秀畅销书奖。

进入21世纪后，随着经济全球化和信息化的发展，国际MBA教育在课程体系上进行了重大的改革，从20世纪80年代以行为科学为基础，注重营销管理、运营管理、财务管理到战略管理等方面的研究，到开始重视沟通、创业、公共关系和商业伦理等人文类内容，并且增加了基于网络的电子商务、技术管理、业务流程重组和统计学等技术类内容。另外，管理教育的国际化趋势也越来越明显，主要表现在师资的国际化、生源的国际化和教材的国际化方面。近年来，随着我国MBA和工商管理教育事业的快速发展，国内管理类引进版图书的品种越来越多，出版和更新的周期也在明显加快。为此，我们这套“工商管理经典译丛”也适时更新版本，增加新的内容，同时还将陆续推出新的系列和配套参考书，以顺应国际管理教育发展的大趋势。

本译丛选入的书目，都是世界著名的权威出版机构畅销全球的工商管理图书，被世界各国和地区的著名大学商学院和管理学院所普遍选用，是国际工商管理教育界最具影响力的教学用书。本丛书的作者，皆为管理学界享有盛誉的著名教授，他们的这些著作，经过了世界各地数千所大学和管理学院教学实践的检验，被证明是论述精辟、视野开阔、资料丰富、通俗易懂，又具有生动性、启发性和可操作性的经典之作。本译丛的译者，大多是国内各著名大学的优秀中青年学术骨干，他们不仅在长期的教学研究和社会实践中积累了丰富的经验，而且具有较高的翻译水平。

本丛书的引进和运作过程，从市场调研与选题策划、每本书的推荐与论证、对译者翻译水平的考察与甄选、翻译规程与交稿要求的制定、对翻译质量的严格把关和控制，到版式、封面和插图的设计等各方面，都坚持高水平和高标准的原则，力图奉献给读者一套译文准确、文字流畅、从内容到形式都保持原著风格的工商管理精品图书。

本丛书参考了国际上通行的MBA和工商管理专业核心课程的设置，充分兼顾了我国管理各专业现行通开课与专业课程设置，以及企业管理培训的要求，故适应面较广，既可用于管理各专业不同层次的教学参考，又可供各类管理人员培训和自学使用。

为了本丛书的出版，我们成立了由中国人民大学、北京大学、中国社会科学院等单位专家学者组成的编辑委员会，这些专家学者给了我们强有力的支持，使本丛书得以在管理学界和企业界产生较大的影响。许多我国留美学者和国内管理学界著名专家教授，参与了原著的推荐、论证和翻译工作，原我社编辑闻洁女士在这套书的总体策划中付出了很多心血。在此，谨向他们致以崇高的敬意并表示衷心的感谢。

愿这套丛书为我国MBA和工商管理教育事业的发展，为中国企业管理水平的不断提升继续做出应有的贡献。

中国人民大学出版社

网络时代的商务统计学

商务统计学可以解释为在准确调查研究基础上，对可靠的数据进行分析与概括，整理出一套有助于经营管理者在不确定条件下作出正确决策的原理和方法。这一解释注重准确的观察、科学的分析和正确的决策。

多年来我在北京大学为有丰富工作经验的 EMBA 学员讲授商务统计课程，之所以选用莱文等作者的这本《商务统计学》作为教材，最主要的原因就是这本书的实用性强，并且有大量切合实际的应用案例和习题。2010 年，我们在翻译本书第 5 版时就感到，本书作者一定花了不少时间紧密关注各类媒体报道中的统计调查信息，然后精心概括整理成生动实用的案例或者习题。作者在第 4 章讲解贝叶斯定理时，详细介绍了垃圾邮件过滤器的工作原理，我们在这几年的教学和研究中不断发现这个案例的精妙之处，深感贝叶斯统计思路对解决网络时代的许多新问题都有重要的借鉴价值。

例如，近年来随着互联网金融的迅速崛起，相关金融风险不断增大。贝叶斯定理可以帮助我们通过大数据分析来识别违约者。首先，我们需要准确可靠的观察记录，在此基础上得到违约者占比，这就是先验概率；然后，通过深入分析观察记录找出违约者与正常商家的不同之处，贝叶斯定理告诉我们如何根据这些不同之处来提高识别违约者的概率，又称为后验概率。通常讲解贝叶斯定理的应用到此为止。然而，本书中关于垃圾邮件过滤器工作原理的案例讨论让我们打开了思路。在现实生活中，违约者不会束手就擒，总会想方设法逃避识别。然而，正是这些试图逃避识别的做法有可能成为贝叶斯统计方法提高识别的精准程度的信息来源。目前贝叶斯统计方法已经越来越多地用于提高机器学习的能力。

对于人工智能或机器学习，应用成效如何往往并不仅仅取决于数据的大小，更重要的是算法是否符合实际。研究社会经济问题与研究自然科学问题的一个不同之处就是要考虑到人的行为变化。从本书关于垃圾邮件过滤器工作原理的案例分析可以得到一个启示：卓有成效的人工智能离不开人们对新情况的观察和分析，在此基础上不断改进算法方能取得成功。这种交互式动态贝叶斯统计方法表明，成功的人工智能背后必定有一群勇于探索并且善于学习的人。

理解商务统计的关键在于结合现实问题进行思考和分析。要学好商务统计，熟悉并透彻理解一些典型案例不失为一条事半功倍的学习途径。案例越生动，越令人信服，就越容易给人留下长久的印象。对这本书感兴趣的读者，学习商务统计并不局限于对纯理论的兴趣，而是为了系统地了解在不确定条件下作出正确决策的分析思路与方法，以便更好地解决现实世界中遇到的实际问题。善于触类旁通的决策者可以根据掌握的各种信息与丰富的个人经历迅速进行类比，分析异同，作出判断，制定对策。这正是百年哈佛商学院案例教学法的精妙之处。

与众多统计学著作相比，本书更适合那些注重学以致用的读者的需求。根据本书第 7 版前言中作者阐述的教学准则，可将本书的特色概况如下：

(1) 帮助读者了解统计学对改进经营管理和不断创新的重要意义。为此，作者花了大量时间参加统计应用学术活动，密切关注传统媒体和新媒体中的有关报道，广泛收集当今现实生活中真实生动的案例，这些案例涉及会计、金融、管理、营销等公司经营管理的各个领域。这本商务统计教材中的数学推导很少，作者热切希望书中大量课堂教学实例和各章后面的案例及习题能够帮助读者理解和掌握如何运用统计学原理和方法来解决现实世界的经营管理问题。

(2) 对于大多数读者，与了解计算过程相比，更重要的是对统计结果的理解。教师在课堂教学过程中讲述计算过程的目的之一就是帮助学生了解在统计应用过程中怎样根据实际情况来解释统计计算结果。统计学家乔治·伯克斯的名言“所有模型都是错误的，但有些是有用的”，讲的就是数学模型都是在特定假设下建立的。而现实问题通常难以完全满足模型的假设条件，这就需要研究人员根据实际情况权衡主次、作出判断。正确的结论往往并不只是根据统计分析结果得出，而是要在正确调查研究的基础上深入探索数据背后的规律。统计研究得出的规律还要经得起实践的检验和长时间的验证。

(3) 为了便于读者分析实例，本书在相应网站上提供了大量电子表格形式的数据集，在讲解教学案例时提供了一些简便易学的统计软件的计算结果（如 Excel 和 Minitab）。本书在过去十年中数次修订的另一个主要原因就是为了跟上计算机软件和互联网技术发展的时代步伐。书中不断更新的教学案例在帮助读者理解统计学原理的同时，还有助于提高统计应用软件的使用能力。

随着信息化管理专业程度的不断提高，在管理决策过程中广泛存在一种倾向，即过于依赖软件公司各类频繁升级的管理信息系统，而忽视经营管理者对于数据收集和数据分析能力的训练和培养，结果往往使企业花费巨资请咨询公司帮助建立的管理信息系统难以取得预期的成效。管理决策者常常没有意识到，经营管理中面临的许多实际问题用 Excel 这类简单易学的统计软件就可以分析解决。在充满不确定性的网络时代，管理者的调查研究能力和基于数据分析的决策能力远比管理信息系统的升级重要。

初次阅读本书的读者可能会觉得这本书的篇幅太大。对于有教师指导的学生，这也许算不上什么缺点，任课教师自会选择要讲授的章节，其他部分充其量只是作为参考，供有兴趣的读者翻看。这种写作方式在国内外的本科和研究生教学用书中已司空见惯。因此，对于自学为主的读者，可以把这本书作为常用商务统计方法的工具书，先大致了解各章的主要内容，然后针对自己需要解决的问题来深入学习。事实上，作者由浅入深、循序渐进的表述方法是很适合自学的。此外，书中大量应用案例不但增强了本书的可读性，而且有助于读者从不同的角度更好地了解当今国际商务环境的新变化。

这本《商务统计学》（第 7 版）是著名国际教育出版商培生公司 2016 年出版的最新版本。作者在第 1 章前增加了一个全新的部分——“首先要学的重要内容”，概括介绍网络时代数据的新特征以及统计思维方式和分析方法的新变化，以帮助读者更有针对性、更有效率地学习。

本书“首先要学的重要内容”和第 1～3 章由岳海燕翻译，第 4～8 章由胡宾海翻译，第

9～11 章由冯婧翻译，第 12～13 章和附录及练习题答案*[1] 由沈威宇翻译。我对全文进行了审校和统一调整。对原文理解不当和翻译错误之处主要应由我负责，欢迎读者批评指正。

这本书的翻译也是一次默契的团队合作过程，在此我们要特别感谢中国人民大学出版社的编辑，他们在翻译过程中为我们提供了许多帮助，并为本书的出版做了大量细致具体的工作。

胡大源

* 练习题答案请到中国人民大学出版社网站（www.crup.com.cn）下载。

目　录

Business Statistics

首先要学的重要内容

■ Important Things to Learn First

学习目标

- 无处不在的数据使学习统计学变得至关重要
- 统计学是一种有助于改善决策的思维方式
- 怎样使用 DCOVA 框架来解决商务问题
- 商务分析学的重要性
- 商务分析学给学生带来的机会

统计应用

"你不能逃避数据"

每天你都听到数据这个词，你可能知道数据就是关于这个世界的事实。你可能以为数据就是数字，比如民意测验结果显示45%的被访者认为经济会在明年有所改善。但数据不仅仅是数值化的事实，例如，你每次访问网络搜索引擎、发送或收取电子邮件或手机短信或者在某个社交网站上发帖的时候，都在生成和使用数据。

在这个更为宽泛的数据的概念下，你会注意到很多故事中的人物之所以能够揭发阴谋、预告灾难或者抓获罪犯，往往就是由于他们预先收集了"大量的数据"。你可能听说过对于政府机构通过收集数据实行暗中"监控"的担忧。你可能还听说过一些商业机构如何通过"挖掘"数据来获取利润。你或许已经意识到了在当今世界，你不能逃避数据。

尽管你不能逃避数据，却有可能选择躲开数据。如果你躲开数据，就可能由于盲目地接受其他人对数据的概括总结而上当受骗。(回忆一下那些声称能获得高额回报其实却是完全虚假的金融骗局。)如果你躲开数据，就可能完全依赖"跟着感觉走"来做决策，与在商务管理课程中所学的理性决策过程相比，效率大为降低。当你意识到躲开数据并不可行时，你就会理解有效处理数据是一项重要技能。在验证这项技能的过程中，你就会发现你不能逃避学习统计学，统计学方法可以使你有效地处理数据。

1 统计学是一种思维方式

统计学是关于有效处理数据的方法，这些方法代表了一种可以帮助你更好地做出决策的思维方式。如果你曾经通过制作图表来概括数据，或者通过诸如平均值之类的计算来概括数据，那你就已经运用过统计学。然而，统计学远远不止这些通常讲授的技巧，浏览一下目录你就会有所了解。

以往在初级阶段讲授的统计学很可能强调进行数学运算。相比之下，当今在商务管理中依靠统计软件运算比手算更快、更精准。而且，用软件计算也仅仅构成众多统计应用任务中的一小部分。想要最好地理解统计学是一种思维方式，你需要一个框架把统计学的各项任务组织起来。**DCOVA 框架**（DCOVA framework）就是这样的思维框架。

DCOVA 框架

DCOVA 框架包括以下任务：

- **定义**（define）为解决某个问题或者实现某个目标而要研究的数据。
- 从适当的来源**收集**（collect）数据。
- 通过创建表格对收集到的数据进行**整理**（organize）。
- 通过创建图形使收集到的数据更加**可视化**（visualize）。
- **分析**（analyze）收集到的数据以便得出结论并演示结果。

定义、收集、整理、可视化与分析这几项任务可以帮助你应用统计学做出商务决策。通常需要首先完成前两项任务从而获取有意义的成果，其他三项任务在实践中的顺序可以改变，有时甚至可以同时进行。例如，某些数据可视化方法可以帮助人们在整理数据的过程中同时做出初步的分析判断。

借助 DCOVA 框架有利于在商务活动的以下四个领域中应用统计学方法：

- 概括商务数据并使其可视化；
- 从数据分析中得出结论；
- 对商务活动做出可靠的预测；
- 改进商务管理的运营过程。

在本书中，尤其是在每章开始的“统计应用”部分，你会看到 DCOVA 框架帮助你运用统计学的具体例子。例如，在某一章中，你会学习如何证明某个营销方案是否增加了产品的销量，而在另一章里，你又会学习某个电视台怎样降低不必要的人员费用支出。

2 数据：应该如何定义

如果像本章开篇那样把数据简单定义为“关于这个世界的事实”或许会令人费解，因为有的事实具有单一性，如某些事物的某一数值，而另一些事实则具有集合性，如某些事物的一系列数值。进一步举例来说，本书的作者之一“戴维·莱文”就是单一的事实，而“戴维、凯瑟琳与（另一个）戴维”则是本书的作者的集合。此外，如果每一件事都是数据，那么你又该如何区分“戴维·莱文”和“商务统计学”（合著者与书名）这两个关于本书的完全不同的事实呢？统计学家为了避免这类困扰，使用了一个更为确切的数据定义，这就是变量。

在统计学中，**数据**（data）是“有助于辨认事物发生的某个特质或者属性的值”。例如，“戴维·莱文”与“凯瑟琳·赛贝特”都是数据，因为它们都可以帮助读者辨识本书的作者。在本书中，数据总是用复数形式，以提醒你数据是数值的整体或集合。虽然数据可以具有单一性，如“戴维·莱文”就是单一性数据（datum）。通常表示单一数值时还会用到数据点（data point）、观测值（observation）、反应（response）以及单一数值（single data value）等术语。

变量（variable）用来表示与数据数值相关的事物特质或属性。假如你要对本书的数据集进行定义，就可以把“合著者”和“书名”定义为变量。

本书用特征（characteristic）一词取代“特质或属性”（trait or property），用“某个物体或个人”代替模糊的“某个事物”来定义变量和数据。

变量

就是物体或个人的特征。

数据

就是与变量相关的各个值的集合。

考虑一下把个人从人类总体中辨别出来的特征。姓名、身高、体重、眼睛颜色、婚姻状况、调整后的总收入以及住址都是个人的特征。所有这些特质都有可能用作描述个人的变量。

把本书作者的姓和名定义为变量，很明显有效的值则是“戴维·莱文”“凯瑟琳·赛贝特”与“戴维·斯蒂芬”，而不是“莱文”“赛贝特”与“斯蒂芬”。在此需要注意定义中的文化或其他方面的假定，例如，姓名的后半部分是像北美洲常见的那样指家庭的姓氏，还是很多亚洲国家那样是个人自己特有的名字？

统计学

有了数据的定义，就可以把本书的主题，**统计学**（statistics），定义为将数据转化为对决策者有用的信息的方法。

统计学可以帮助你确定你的数据能否用来改善决策，因此，统计学有助于确定数值差异是否有显著的实际意义，或者这种差异仅仅是偶然所致。为了形象地说明这一点，请考虑以下有关不同数据的新闻报道：

- “观看免费节目前可接受的广告长度”（*USA Today*，February 16，2012，p. 1B）。对 1 179 名 18 岁及以上的成年人的调查显示，54%的人在观看免费节目之前可以接受 15 秒的在线广告时间。
- “关于 Facebook 的六个新事实”（Pew Research Center，bit. ly/IkENZcA，February 3，2014）。一项调查显示女性比男性更可能把下列选项作为使用 Facebook 的原因：观看图片与视频、同时与许多人分享、看娱乐性与好笑的帖子、学习帮助他人的方法、从朋友圈中获得支持。
- “追随 Tweets”（H. Rui，A. Whinston，and E. Winkler，*The Wall Street Journal*，November 30，2009，p. R4）。在该研究中，作者发现在推特社交信息服务（Twitter social messaging service）评论中某一特定产品被提到的次数可以用来对该产品的销售趋势做出准确的预测。

没有统计学，你就不能确定这些报道中的“数字”是否代表有用的信息。没有统计学，你就不能证明某些判断，例如上面提到的推文（tweets）的数量可以用来预测某些产品的销售数量。没有统计学，你就不能看出大量数据有时候显示出来的某些模式。

在统计学中，**统计描述**（descriptive statistics）主要用来概括和展示数据。在幼儿园的课堂上计数物品的数量可能是你第一次使用统计描述。**统计推断**（inferential statistics）则利用从小群体收集的数据来得出有关大群体的结论。如果你在低年级的时候正式学习过一些统计学知识，你很可能已经学过统计描述的方法，这是本书前几章的重点；而你可能并不熟悉本书后面章节讨论的统计推断的方法。

3 统计学正在改变面貌

此前在“统计应用”部分提到的你不能“逃避”数据已经激励人们越来越多地使用过去不存在、难以应用或者鲜为人知的统计方法。你可能在其他课程中学到过这些信息与沟通领域的新方法，它们推动了统计学在商务活动中的广泛应用，并使统计学知识对于取得商务活动成功越来越显示出其至关重要的作用。这就是统计学正在改变的面貌。

商务分析学

将当今使得统计学卓有成效和至关重要的所有变化合在一起就形成了**商务分析学**(business analytics)，这是一套最能体现统计学的变化的分析方法。商务分析学将传统的统计方法与管理科学和信息科学方法结合在一起，形成了一套跨学科的分析工具，用来支持以事实为依据的管理决策。商务分析学能够帮助你：

- 应用统计方法分析和探讨数据，找出此前人们无法预料的事物间的关联关系。
- 应用管理科学的方法开发优化模型，改进从战略制定到各个层面的日常运营管理。
- 使用信息系统的方法来收集和处理不同容量的数据集，包括那些原本难以开展有效研究的容量巨大的数据集。

即便你从未听说过商务分析学这个术语，上述方法的实际应用对你来说也并不陌生。关于政府机构挖掘个人数据来遏制犯罪和恐怖主义的头条新闻，关于大公司如何了解你的秘密，以及那个令人难忘但多少有些夸张的例子——“塔吉特公司（Target）如何知道顾客怀孕了”的传闻，甚至那些关于社交网络或流媒体公司向用户推荐选项或出售定向广告的讨论，都显示了统计学的面貌正在改变。

“大数据”

近年来你不可能逃避的数据又出现了一些新形式，包括人们所熟知的“大数据”。**大数据**（big data）是用传统方法不易浏览或分析的数据集合。

大数据并没有一个准确实用的定义，然而使用这个术语意味着收集到的数据量很大，数据产生的速度很快（通常接近实时），而且数据形式多种多样，并不限于数据处理记录、文件和表格等传统结构化数据。“大量、快速和多样”（volume，velocity，variety）的特征（见参考文献 4）有助于把大数据与看似“大量”但只是包含许多重复记录或同样文件结构的数据集区别开来。

大数据为企业获得新的管理理念或者从数据资源中获取价值提供了机会（见参考文献 7）。企业可以从统计学尤其是商务分析学的新方法应用中获取这些新理念或价值。

软件在统计学中的整合作用

在第 1 节中提到在商务管理中用统计软件运算比手算更快、更精准。同样的道理，本书更注重如何解释应用软件得出的统计结果，而不是这些结果的计算过程。本书使用微软的 Excel 与 Minitab 来得出计算结果，并且展示这些软件是怎样整合在应用统计方法进行商务决策的全过程中的。

Excel 和 Minitab 都使用工作簿存储需要分析的数据。**工作簿**（worksheets）以表格形式排列数据，行和列的交叉点形成**单元格**（cells），用来输入内容。在 Minitab 和 Excel 中，通常用列来输入变量的数值，每一列为一个变量。在使用上述软件进行统计分析时，可以选择一列或多列数据（一个或多个变量）来执行适当的计算程序。这意味着本书包含的例子和题目均为传统意义上的结构化数据而不是被称为大数据的（非结构化）数据集。无须担心，学习处理结构化数据可以让你掌握统计学原理，日后当然可以应用于分析大数据。

4 统计学：商学教育中的重要组成部分

统计学的面貌正在发生变化，这就意味着统计学已经成为工商管理教育中非常重要的一部分。在当前数据导向的商务环境中，你需要具备常用的分析技能，以便正确处理数据、解释分析结论并把结果融合到各领域的决策过程中，如会计、金融、人力资源管理、市场营销、战略与计划以及供应链管理等商务管理领域。

你的决策过程将越来越依靠数据而不是基于个人经历的直觉或灵感。数据导向已被实践证明是成功的，研究表明那些常用统计分析学帮助决策的公司在生产率、创新和竞争力方面都有所提升。应用数据与数据分析进行商务决策不容小视。均衡地具备多项技能——例如统计学分析方法、建立模型的技巧以及信息技术方面的基本技能，与管理技能——例如把握商务机会的能力、问题解决能力以及沟通技能——将让你为当前或将来步入职场做好充分的准备（见参考文献 1）。

商学院的学生以往仅把统计学当作一门内容与所学专业并不相关的必修课。如果你打开这本书并且有类似的想法，你就忽视了统计学的发展变化。在你学习使用 DCOVA 框架以在第 1 节列出的四类商务活动中应用统计方法的同时，让这本书来帮助你更好地理解这些变化的深刻意义。

使用本书的最好方式

本书使用 DCOVA 框架来组织和展示统计学的内容。要使本书充分发挥作用，首先要确保理解 DCOVA 框架。在理解 DCOVA 框架的基础上，你可以把本书的章节划分成以下几部分：

● 第 1 章：定义（define）与收集（collect）任务，这是应用统计方法必不可少的初始任务。

● 第 2 章与第 3 章：整理（organize）与可视化（visualize）任务，用来概括与展示商务数据。

● 第 3 章与第 4～11 章：分析（analyze）任务的方法，有助于使用样本数据得出关于总体的结论。

● 第 12 章与第 13 章：分析（analyze）任务的方法，有助于做出可靠的预测。

为了更好地学习各章节的内容，请首先阅读各章开头的“统计应用”中的各种情境。每章的情境都描述一种商务情形，其中的问题可以用该章讨论的方法来解决。这些情境是章节中用到的许多讨论统计方法的例子的来源。在每章结尾，“回顾”部分会复习该章的统计方法如何解决开头的情境所提出的那些问题。

每章均将微软 Excel 和 Minitab 的应用展示与实例结合到一起，体现了软件在统计方法运用于商务决策过程中扮演的重要角色。

每章结尾都有小结，帮助你更好地复习学过的内容。“检查你对本章的理解”中的问题考察你对基本概念的理解，“本章复习题”让你应用所学的知识。

你可以通过好好利用本书中的许多案例研究来加强分析与沟通技能。管理 Ashland MultiComm Services 这个案例在许多章节反复出现，从而可以应用你的分析技能帮助某一居民电信服务提供商的经理人解决其面临的问题。某个章节或部分特有的案例提供报告写作训练和其他解决问题的机会。独树一帜的数字案例进一步激励你用统计原理来检验多个文献中提到的观点，看看哪些切实可行，哪些令人怀疑。

参考文献

1. Advani, D. “Preparing Students for the Jobs of the Future.” *University Business* (2011), **bit.ly/1gNLTJm**.
2. Davenport, T., and J. Harris. *Competing on Analytics: The New Science of Winning*. Boston: Harvard Business School Press, 2007.
3. Davenport, T., J. Harris, and R. Morison. *Analytics at Work*. Boston: Harvard Business School Press, 2010.
4. Laney, D. *3D Data Management: Controlling Data Volume, Velocity, and Variety*. Stamford, CT: META Group. February 6, 2001.
5. Levine, D., and D. Stephan. “Teaching Introductory Business Statistics Using the DCOVA Framework.” *Decision Sciences Journal of Innovative Education* 9 (Sept. 2011): 393–398.
6. Liberatore, M., and W. Luo. “The Analytics Movement.” *Interfaces* 40 (2010): 313–324.
7. “What Is Big Data?” IBM Corporation, **www.ibm.com/big-data/us/en/**.

关键词

大数据（big data）
数据（data）
DCOVA 框架（DCOVA framework）
统计推断（inferential statistics）
变量（variable）
单元格（cells）
商务分析学（business analytics）
统计描述（descriptive statistics）
统计学（statistics）
工作簿（worksheets）

第 1 章

数据定义与收集

Defining and Collecting Data

学习目标

- 理解在定义变量时出现的问题
- 如何定义变量
- 如何收集数据
- 区分样本收集的不同方法
- 了解调查失误的类型

统计应用

结束的开始……还是开始的结束?

过去的几年对 Good Tunes & More（GT&M）公司来说具有很大的挑战性。GT&M 起源于一家专门销售音乐 CD 和黑胶唱片的商店 Good Tunes。

GT&M 最开始把存货扩展到家庭娱乐和计算机系统（“More” 的含义），接着进行了一次扩张，占据了破产的竞争对手留下的绝佳地段。今天，GT&M 处在一个岔路口。曾经寄予厚望的收入增长并没有发生，互联网销售商的竞争压力导致利润率下降，迫使管理层重新思考公司的未来。

虽然有业内的投资者认为应当逐步撤出这个行业，关闭商店并减少存货的种类，GT&M 的首席执行官（CEO）Emma Levia 却决定“加倍下注”进行业务扩张，收购了 Whitney Wireless 公司，一个拥有三家分店的成功专营智能手机和其他移动设备的连锁商店。

Levia 计划建立一个全新的无所不包的电器零售店，但是她首先必须给私人持有的 Whitney Wireless 设定一个公平合理的价格。她已经请了一组咨询师寻找有助于无线网络业务定价的数据。作为该组的成员，你很快意识到需要的是可以帮助审核这个无线网络公司基本财务报告内容的数据。

你把注意力集中在与该公司的利润表有关的数据上，很快发现你需要销售与费用方面的变量。你开始思考这些变量的数据应该是什么样的，如何收集这些数据。此时你开始意识到可以用 DCOVA 框架来帮助 Levia 实现收购 Whitney Wireless 公司的目标。

当 Emma Levia 决定收购 Whitney Wireless 公司的时候，她就已经为 GT&M 定义了一个新的目标，或者叫商务目的。商务目的可以来自管理的不同层面，而且可以区分成以下几种类型：

- 某个市场营销分析员需要衡量一项新的网上广告策略的有效性。
- 某个制药公司需要确定一种新药是否比目前正在使用的药物更有效。
- 某个运营经理想要改进生产或服务过程。
- 某个审计师需要检查一个公司的财务交易来确定该公司是否遵守了公认会计

准则。

确定一个目的是定义问题这一过程结束的标志。这个结尾开启了找到正确的数据来达到目标的新过程。在 GT&M 的情境中，在决定收购 Whitney Wireless 之后，Levia 需要找到有助于为该公司定价的数据。这个找到正确数据的过程标志着使用 DCOVA 框架这一新任务的开始。换句话说，问题定义的结束标志着在商务决策制定中应用统计学的开始。

找到正确的数据来支持一个商务目的包含两部分工作：定义变量与收集这些变量的数据。这是前面定义过的 DCOVA 框架的前两项任务。在此复述这两项任务如下：

- **定义**（define）你想要研究的变量，这些变量有助于解决问题或者实现某个目标。
- 从适当的地方**收集**（collect）这些变量的数据。

本章将讨论这两项任务，它们必须在整理、可视化和分析任务之前完成。

1.1 定义变量

定义变量最初看起来可能像是一个为了解决某个问题或者实现某个目标而列举出所需要的事物的简单步骤。然而，考虑一下 GT&M 的情境。大多数人会很快同意 Whitney Wireless 公司的“年销售”是实现 Levia 目标所需要的数据之一，但是，仅仅把“年销售”放到这个单子上会导致困惑和误解：这个变量是指整个连锁店每年的销售，还是每个独立的商店？这个变量是指净销售还是毛销售？年销售的数值是产品数量还是货币金额？

这些问题表明，对于每个感兴趣的变量，你必须提供一个**可操作定义**（operational definition），即对所有与该分析相关的人而言很明显是普遍接受的含义。可操作定义还应该对变量加以分类，如同下面所解释的那样，并且可以包括其他有关方面，例如度量单位、可接受的数值的范围以及特定的变量值的定义，这些取决于变量如何划分。

划分变量类型

当你对变量给出可操作定义时，必须把变量区分为属性变量或者数值变量。**属性变量**（categorical variables）又称为**定性变量**（qualitative variables），它的取值是分类的不同类别。**数值变量**（numerical variables）又称为**定量变量**（quantitative variables），它的取值代表通过计数或测量得到的数值。分类也会影响变量的可操作定义。此外，由于某些统计方法可以正确地应用于一种或多种类型的变量，而其他统计方法则仅限于特定的变量类型，因此正确的变量划分很重要。

属性变量可以是答案为“是”或“否”的问题的结果，例如“你有推特账号吗”（这里“是”与“否”构成了这个变量的两个类别）；或者描述一个具有多种类别的属性或者特征，例如本科班级（可能包括新生、二年级、三年级和毕业班几个定义好的属性）。在定义一个属性变量的时候，必须提供允许的类别，还必须对每个类别给出明确的定义。例如，“新生”为完成少于 32 学分的学生。忽视这些要求可能带来困惑和不正确的数据收集。有一个著名的例子：当人们被研究人员要求回答性别这一属性变量时，很多人回答“是”而不是研究人员预想的“男”或者“女”。（或许这就是为什么在许多数据收集表格上，用 gender 取代了 sex——前者的可操作定义更为明确。）

数值数据的可操作定义取决于该变量被定义为离散的还是连续的。**离散变量**（discrete variables），例如“购买物品的数量”或者“总共支付次数”是计数过程得出的结果。**连续变量**（continuous variables），例如“结账排队所花的时间”或者“从家到商店的距离”是测量过程得出的数值，而且这些数值取决于使用的测量工具的精确程度。例如，“结账排队所花的时间”可能是 2 分钟、2.1 分钟，2.14 分钟或者 2.143 分钟，取决于使用的计时工具的精确程度。度量单位和精确程度应当是连续变量的可操作定义的一部分，例如，对于“结账排队所花的时间”规定“0.1 秒”。每个数值变量的定义还可以包括允许值的范围，例如“购买物品的数量必须大于零”。

在为调查问卷定义变量的时候（将在 1.2 节讨论），如表 1－1 所示，思考你所期待的回答有助于对变量分类。思考如何用一个变量解决问题或者实现目标也有助于定义变量。变量年龄在某些情形下可以是数值（离散）变量，而在另外一些情形下则有可能是属性变量，例如儿童、年轻人、中年人或者退休人士。

表 1－1　区分变量的类型

问题	回答	变量种类
你有 Facebook 账户吗?	□是　□否	属性变量
过去三天你发了多少条短信?	______	数值变量（离散）
下载手机应用程序用了多长时间?	______秒	数值变量（连续）

1.1 习题

掌握基础知识

1.1　某家快餐店出售四种不同的饮料——软饮料、茶、咖啡和瓶装水。解释为什么出售的饮料种类是属性变量。

1.2　美国的企业根据规模分类：小型、中型和大型。解释为什么企业规模是属性变量。

1.3　假设你正在测量从网上下载视频文件需要的时间。解释为什么下载的时间是连续的数值变量。

概念应用

1.4　对于以下每一个变量，区分它们是属性变量还是数值变量。如果是数值变量，确定它们是离散的还是连续的。

a. 每个家庭拥有的手机数量

b. 每月数据使用量（以 MB 为单位）

c. 每月发送的短信数量

d. 每月拨打电话（以分钟为单位）

e. 手机是否用来收发电子邮件

1.5　以下是开学第一周从光顾学校书店的学生中收集的信息：

a. 在书店里买书花费的时间

b. 购买的教材的本数

c. 专业

d. 性别

将每个变量分类为属性变量或数值变量。如果是数值变量，判断变量是离散的还是连续的。

1.6 对于以下每一个变量，区分它们是属性变量还是数值变量。如果是数值变量，区分它们是离散的还是连续的。

a. 网络供应商的姓名

b. 每周上网花费的时间，以小时计

c. 个人是否使用手机连接互联网

d. 每月网上购物的次数

e. 个人在哪里使用社交网络查询所需要的信息

1.7 对于以下每一个变量，区分它们是属性变量还是数值变量。如果是数值变量，区分它们是离散的还是连续的。

a. 上个月花费在服装上的金额

b. 最喜爱的百货商店

c. 最有可能去购买服装的时间（平时白天、平时晚上或者周末）

d. 拥有的鞋子双数

1.8 假设以下是 Robert Keeler 向 Metro County Savings and Loan Association 申请住房抵押贷款提供的信息：

a. 月供：2 227 美元

b. 在过去 10 年间的工作数：1

c. 家庭年收入：96 000 美元

d. 婚姻状况：已婚

判断对以上问题的回答所得到的数据的类型。

1.9 调查中最常见的变量之一就是收入。有时问题被设定为"你的收入是多少（以千美元计）?"在其他调查中，被调查者被要求"选择你的收入水平所对应的圆圈"并给出几个收入范围以供选择。

a. 在第一种形式中，解释为什么收入既可以被认为是离散的，也可以是连续的。

b. 如果你在做调查，在以上两种形式中你更喜欢用哪种？为什么？

1.10 如果两个学生在同一次考试中都考了 90 分，如何论证考试成绩这一变量是连续的？

1.11 一家大型百货商店负责市场调查的主管想要在市中心地区开展一项调查，以了解职业女性在一个月内花在购买服装上的时间。

a. 说明这位主管想要收集的数据的类型。

b. 设计问题（a）中调查需要的问卷初稿，初稿应当包括你认为符合这项调查要求的三个属性变量的问题和三个数值变量的问题。

1.2 收集数据

定义了你想要研究的变量之后，你就可以开始数据收集的任务。收集数据是一项关键的任务，因为如果你收集的数据由于偏见、模糊或者其他错误而存在缺陷，使用这些数据所得到的结果，即便使用了最为复杂的统计方法，也会令人质疑甚至是错误的。（阅读本章后面的"想一想"专栏，那是一个有缺陷的数据收集导致错误结果的著名案例。）

数据收集包括区分数据来源，辨别收集的数据是来自总体还是样本，清理数据，有时还包括对变量的重新编码。接下来我们将解释数据收集的这些方面。

数据来源

数据来源可分为**原始数据来源**（primary data sources）和**二手数据来源**（secondary data sources）。如果你用自己收集的数据进行分析，你就是在使用原始数据。如果你的分析使用的数据是其他人收集的，你就在使用二手数据。

你可以通过下面任何一种方式收集数据：

- 组织或个人公布的数据；
- 设计的实验的结果；
- 调查问卷的回答；
- 执行观察研究的结果；
- 通过正在进行的商务活动所收集的数据。

市场调查公司和贸易组织会发布与特定行业和市场有关的数据。投资服务机构会提供上市公司的商务和财务数据。大型辛迪加服务机构，如尼尔森公司向电信和移动媒体公司提供消费者调查数据。纸质和网络媒体公司也发布它们自己收集的或者从其他来源获取的数据。

经过设计的实验结果是第二种数据来源。例如，一个消费电子产品公司可能进行一项实验，比较不同地址的商店的移动电子产品的销售。注意，开发一项得当的实验超出了本书的范围，但是，本书的第 10 章讲述了一些实验设计的基本概念。

第三种数据来源是通过调查得到的答卷。询问接受调查的人一些关于他们的看法、态度、行为和其他方面的问题。例如，人们可能被要求回答购买移动电子产品会去哪个商店（这种调查结果可能与被问同样问题的设计实验结果不同。）

第四种获得数据的方法是通过观察研究。研究者直接观察行为，通常在自然或中性的环境中。观察研究是商务领域收集数据的常用工具。例如，市场研究者利用焦点小组访谈来启发对于开放式问题的各种各样的回答。由一个组织者来引导讨论，所有的参与者都回答提出的问题。观察研究技术也被用来增强团队合作或者改进产品和服务的质量。

第五种数据来源是通过正在进行的商务活动收集的数据。这些数据可以从传统实体店或者网络运营和交易系统中收集而来，也可以从二手来源中收集，例如第三方社交网络、收集跟踪与使用数据的网络应用程序以及网站等。举例而言，一家银行可以通过分析十年的金融交易数据来发掘欺诈的模式，市场调查人员可以用持续追踪数据来判断某个网站的有效程度。

大数据的来源通常既有原始数据也有二手数据。例如，一个有兴趣提高销售的零售商可以挖掘 Facebook 和 Twitter 的账户信息来发现对有关产品的感受，或者找到最有影响力的人，并与它自己在消费者交易时收集的数据进行比照。

总体与样本

你可以从总体或者样本中收集数据。**总体**（population）包括你想要获得结论所涉及的全部物品或个人。GT&M 在某个特定年度的全部销售，就读于一个大学的全部全日制学生，以及俄亥俄州全部注册的投票人就是几个总体的例子。在第 3 章，你将学到，在分析一个总体的数据时，你要计算**参数**（parameters）。

样本（sample）是从总体中挑选出来用于分析的一部分。分析一个样本的结果可以用来估计总体的特征。从上面给出的总体的三个例子中，你可以选出一个由审计人员随机挑选的200个GT&M销售样本进行研究，对一个由50个全日制学生组成的样本进行市场调查，对一个由500个俄亥俄州注册的投票人构成的样本通过电话就政治话题进行民意调查。在每个这样的例子中，样本中的交易活动或被调查者代表了构成总体的物品或个人的一部分。在第3章，你将学到，在分析来自样本的数据时，你要计算**统计量**（statistics）。

当以下任一情形适用时，你就应当从样本中收集数据：

- 选取样本比选取总体中全部个体更节省时间；
- 选取样本比选取总体中全部个体成本更低；
- 分析样本比分析整个总体更省事并且实用。

结构化与非结构化数据

你所收集的数据可能有多种格式，有些可能加重了数据收集的任务。例如，假定你想要收集一个样本公司的电子财务数据。这些数据必须以表格数据、标准化文件例如填写的调查的内容、连续的数据流例如股价，或者以短信或通过电子邮件系统或者社交网站发出的电子邮件的形式存在。一些格式，例如短信，没有或者只有很少重复的结构，这些就是**非结构化数据**（unstructured data）。尽管非结构化数据可能构成大数据的一部分，但是为本书所讨论的统计方法收集的非结构化数据需要转化成结构化数据。例如，在收集短信之后，你可以把它们的内容通过定义一组可以将短信内容分类的变量转化成结构化数据的形式。

电子格式与再编码

同样形式的数据可以不同的电子格式存在，某些格式更好用。例如，一个数据表格可以扫描的图形或者工作簿文件数据的形式存在。工作簿的数据可立即用于统计分析，但是扫描的图形就需要首先用能够辨认图像中的数字的文字扫描程序转化成工作簿数据。

数据也可以通过多种方式编码，你可能在信息系统课程中学过。不同的编码可能影响连续变量数值记录的精确程度并导致不那么精确的数值或者显示精确程度错误，例如一个时间度量的原始精确程度仅为0.1秒，而编码却要求精确到0.000 1秒。

数据清理

不论选择哪种方式收集数据，你都可能发现你收集的数据中有非正常值，例如出现未定义或不可能的值。对于属性变量而言，未定义的值就是不代表该变量所定义的任何属性的值。对于数值数据而言，不可能的值就是该变量所定义的可能值的范围以外的值。对于没有定义可能值的范围的数值变量而言，你也可能发现**异常值**（outlier），就是那些看起来和其他大多数值非常不同的值。这些值可能是错的，也可能不是错的，但都需要再进行检查。

缺失的值是另一种不正常。**缺失值**（missing value）是不能被收集到的值（因此不能被分析）。例如，你可以把一个未回答的问卷问题记录为缺失值。

当你发现你收集的数据中有非正常值时，就要进行数据清理。鉴于这部分内容已超出本书范围，你可以参阅参考文献 8。

变量重新编码

收集数据之后，你可能发现你需要重新考虑你为一个属性变量所定义的类别，或者需要通过对数值数据分组来把数值变量转化成属性变量。在上述情形中，你可以在数据分析过程中定义一个**重新编码的变量**（recoded variable）来补充或者替代初始的变量。

例如，在把本科班级的变量定义为新生、二年级、三年级、毕业班的属性之后，你发现你对低年级（定义为新生或者二年级）与高年级（定义为三年级或毕业班）之间的差别更感兴趣。你可以将新的变量分为高低两个年级类别，如果一个学生是新生或者二年级就把值定为低年级，如果是三年级或者毕业班就定为高年级。

对变量重新编码要明确定义类别并使每个数据的值只能被分配到一个类别，这种特性称为**互斥**（mutually exclusive）。此外，还要确保你为重新编码的变量建立的一组类别包括全部记录数据的值，这个特性称为**完备**（collectively exhaustive）。当你为一个属性变量重新编码时，只要重新编码既互斥又完备，你就可以保留一个或多个原来的属性变量类别。

当对数值数据重新编码时，要特别注意你为重新编码的变量划分的类别的可操作定义，尤其是当类别没有明确范围的时候。例如，就年龄而言，低于 12 岁、12～20 岁、21～34 岁、35～54 岁以及 55 岁以上是明确定义的，而儿童、少年、青年、中年人、老年人则需要自己的可操作定义。

1.2 习题

概念应用

1.12　数据和存储图书馆（DASL）是一个展示基本统计方法应用的数据文件和故事的在线图书馆。访问 lib.stat.cmu.edu/index.php，点击DASL，探索一组你感兴趣的数据。五个数据来源的哪个最好地描述了你感兴趣的数据的来源?

1.13　访问盖洛普的主页 www.gallup.com，阅读今天的热点新闻。这个热点新闻基于哪种数据来源?

1.14　访问 Pew Research 的主页 www.pewresearch.org，阅读今天的热点新闻。这个热点新闻基于哪种数据来源?

1.15　交通工程师和计划人员想要通过详细描述驾驶人员在一个月中的驾驶特点来研究旅行行为的动态特征。你认为交通工程师和计划人员应该使用哪类数据来源?

1.16　访问统计门户网站“Statista”的首页（statista.com）。看看当日表格（Chart of the Day）栏目。这里的信息来自哪类数据来源?

1.3　抽样方法的类型

抽样的过程从定义**抽样框**（frame）开始。抽样框是对组成总体的一系列条目的全部或部分列举，样本就是从总体中抽取而来的。如果抽样框里漏掉总体的某些部分，就可能产生不准确或者有偏的结果。使用不同的抽样框会得出不同的甚至相反的结论。

选择抽样框以后，再从抽样框里抽取非概率样本或概率样本。在**非概率样本**（nonprobability sample）中，我们选择条目或者个人组成样本，但并不知道选择概率是多少。在**概率样本**（probability sample）中，我们基于已知的概率来抽取样本。但凡有可能，我们都应该使用概率样本，因为概率样本允许我们对感兴趣的总体作出统计推断。

非概率样本也有一些好处，比如便利、快速、低成本。这些样本通常被用来获取非正式的近似估计或者进行小规模的先期或试探性分析。然而，由于统计推断理论建立在概率抽样基础上，非概率样本不能用于统计推断，这一缺陷抵消了其他方面的好处。

图 1-1 显示了两类抽样的子类别。非概率样本可能是一个判断样本或者便利样本。在收集**便利样本**（convenience sample）时，我们选择那些简单、低成本并且方便获取的条目作为样本。例如，在一个成堆存放物品的仓库中，仅仅抽取放置在每堆顶部而且容易够到的物品就构成一个便利抽样。同样，许多公司对其网站的访问者进行问卷调查。虽然这些调查的回答快速且便利地提供了大量的数据，但是从这些回答中获取的便利样本是自我选择的，而且仅由网站访问者组成。（阅读“想一想”专栏里描述相关例子的短文。）

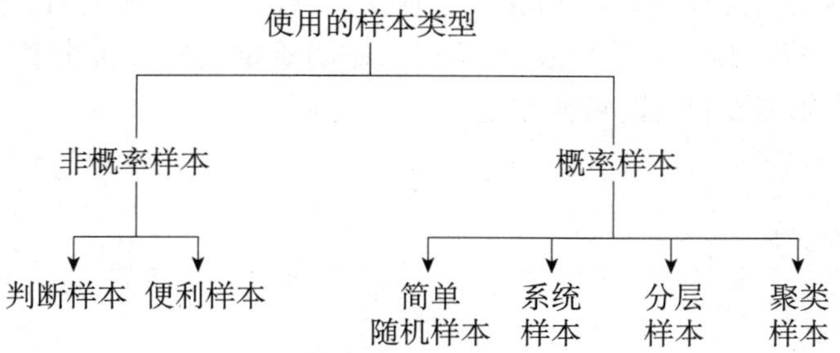

图 1-1 样本种类

在**判断样本**（judgement sample）中，我们收集预先选好的专家就主题发表的意见。尽管专家可能信息面比较广，但是我们不能把结果推广到一般公众。

最常见的概率样本分别是简单随机样本、系统样本、分层样本和聚类样本。这四种概率样本的成本、准确性和复杂性各不相同。

简单随机样本

在**简单随机样本**（simple random sample）中，抽样框里的每个条目都有同等的机会被选中。而且，每组同样大小的样本都有同等的概率被选中。简单随机抽样是最基本的随机抽样技术，是其他随机抽样技术的基础。但是，简单随机抽样也有缺点。它的结果通常比其他抽样方法有更大的波动。此外，当抽样框非常大时，进行简单随机抽样可能要耗费很长的时间并支付高昂的成本。

要使用简单随机抽样，用 n 代表样本容量，N 代表抽样框的大小，对抽样框中的每个条目进行编号（从 1 到 N）。在第一次选择中，从抽样框中选取某个特定成员的

概率是 $1/N$。

抽取样本时，既可以重复抽取，也可以不重复抽取。**可重复抽样**（sampling with replacement，又译作可放回抽样）表明选择了某个条目之后再把它放回抽样框，它再次被选中的概率仍然相同。想象我们有一个放有 N 张名片的玻璃鱼缸；第一次选择，我们选中了 Grace Kim 的名片，我们记录下相关的信息，把名片放回鱼缸中；然后充分混合鱼缸中的卡片，选第二张（第二次选择），Grace Kim 被再次选中的概率相同，仍然为 $1/N$。重复这个过程直到我们选够预先设定的样本容量 n。

通常情况下，我们不希望再次选到同样的条目或个人。**不重复抽样**（sampling without replacement，又译作无放回抽样）表示一旦选择某个条目，就不可以再选。第一次选中某个特定条目——例如 Grace Kim 的名片的概率是 $1/N$。在第二次选择时，只能选择一张之前没有选过的条目，概率变成了 $1/(N-1)$。继续这个过程直到我们选够预先设定的样本容量 n。

当选择简单随机样本时，我们应当避免使用“鱼缸”方法来选择样本，因为这一方法缺乏充分混合卡片并随机选取样本的能力。我们需要使用更加科学的选择方法。

有一种方法是使用**随机数表**（table of random numbers）抽取样本，随机数表如附录中的表 E.1 所示。随机数表由一系列按照随机顺序排列的个位数字构成。使用随机数表抽样时，我们首先为抽样框中的每个个体标上号码，然后读取表格里的随机数，把抽样框中所标数字和表中数字相对应的条目选出来就可以构成一个随机样本。由于数字通常采用十进制（0，1，2，…，9），随机产生任意数字的概率均相等，这个概率是 1/10。因此，如果你选取的序列包括 800 个数字，其中应当会有 80 个 0，80 个 1，等等。由于每个数字，或者说表中数字的顺序是随机的，该表格既可以横读也可以竖读。表格的侧边标注了每行的顺序号，上边标注了列的顺序号，数字本身按 5 个一组用空格隔开，使随机数表读起来更加方便。

系统样本

在**系统样本**（systematic sample）里，我们把抽样框中的 N 个条目分成 n 组，每组包含 k 个条目，其中

$$k=\frac{N}{n}$$

将 k 四舍五入取整。若要选出系统样本，我们首先从抽样框的第一组 k 个条目中随机选取一个作为样本的第一个条目。接下来，按顺序每数到第 k 个数就抽取一个条目，直到把样本所需的其他 $n-1$ 个条目都抽齐。

如果抽样框是由一系列事先标好数字的支票、收据或者发票构成的，那么系统样本比简单随机样本更快、更容易获取。对于从成员名册、选举注册记录、班级名册和流水线上的连续的物品中通过抽样来收集数据，系统样本也是一种方便的抽样方法。

要从总共由 $N=800$ 个全职雇员构成的总体中选取一个容量为 $n=40$ 的系统样本，我们首先需要将组成抽样框的 800 个雇员排列成 40 个组，每组包含 20 个雇员。接着从第一组 20 名雇员中选择一个随机数，然后以这个选中的数为起点按顺序往后数，每数到第 20 个雇员就予以选择。例如，如果我们选择的第一个随机数是 008，随后的选择就分别是 028，048，068，088，108，…，768 和 788。

虽然简单随机抽样和系统抽样与其他更加复杂的概率抽样方法相比都更简单，但是这两种抽样方法通常都需要较大的样本容量。此外，使用系统样本时，如果在抽样框中存在某种模式，就会出现选择性偏差。为了解决简单随机抽样的低效和系统抽样潜在的选择性偏差问题，我们可以使用分层抽样方法或者聚类抽样方法。

分层样本

在**分层样本**（stratified sample）中，我们首先把抽样框中的 N 个条目分成彼此分开的亚群体，又称为**层**（strata）。层是由一些常见的特征比如性别或者在学校里的年级来划分的。我们在每个层中选择简单随机样本，然后加以合并。由于保证了样本对整个总体的代表性，因此分层抽样比简单随机抽样和系统抽样效率更高。各层中的个体条目的同质性也使得总体参数估计有更高的精确度。此外，分层抽样还可以使我们就抽样框中的每层得出结论。然而，使用分层样本要求我们能够判定分层所依据的变量，实施起来也可能比较昂贵。

聚类样本

在**聚类样本**（cluster sample）中，我们把抽样框中的 N 个条目分成若干聚类，每个聚类包含若干条目。这些**聚类**（clusters）通常是自然形成的标识，比如镇、选区、城市街区、家庭或者销售区域。然后选择包括一个或多个聚类的简单随机样本，研究选择的聚类中的所有条目。

聚类抽样通常比简单随机抽样的实施成本更低，尤其适用于总体分布在一个广大的地理区域的情形。然而，要得到与简单随机抽样和分层抽样同样精确的结果，聚类抽样通常需要更大的样本容量。关于系统抽样、分层抽样和聚类抽样步骤的详细讨论可以参阅参考文献2，4，和5。

1.3 习题

掌握基础知识

1.17　对于一个由 $N=902$ 个人构成的总体，你如何给如下人员编码?

a. 名单上的第一个人。

b. 名单上的第40个人。

c. 名单上的最后一个人。

1.18　对于一个 $N=902$ 的总体，证明如下命题：从随机数表（表E.1）的05行01列开始，你只需要6行就可以不重复地选出 $n=60$ 的样本。

1.19　给定一个 $N=93$ 的总体，从随机数表（表E.1）的29行01列开始，按行读取数字，选取 $n=15$ 的样本。

a. 不重复抽样。

b. 可重复抽样。

概念应用

1.20　对于一项由受访者面谈构成的调查研究（而不是通过邮件或者电话调查），解释为什么简单随机抽样和某些其他抽样方法相比可行性可能会较低。

1.21　我们打算从3个物品（称为A，B，C）的总体当中选取 $n=1$ 的随机样本。选取样本的规则如下：抛硬币，如果是正面，就选 A；如果是反面，再次抛硬币，这次如果是正面就选 B，反面就选 C。解释一下为什么这是概率样本但不是简单随机样本。

1.22　某个总体有 4 个成员（称为 A，B，C，D）。我们打算选取一个 $n=2$ 的简单随机样本，决定进行如下操作：抛硬币，如果是正面，样本就是 A 和 B；如果是反面，样本就是 C 和 D。虽然这是一个随机样本，但这并不是一个简单随机样本。解释为什么。（将习题 1.21 描述的步骤和该题描述的步骤做一下比较。）

1.23　在一所有 $N=4\,000$ 名全日制学生的大学里，校长要求注册主任进行一项调查研究，衡量校园里的生活质量的满意度。下表覆盖了 4 000 名已注册全日制学生的明细分类情况，按照性别和指定班级：

性别	指定班级				
	Fr.	So.	Jr.	Sr.	总计
女性	700	520	500	480	2 200
男性	560	460	400	380	1 800
总计	1 260	980	900	860	4 000

注册主任打算选取 $n=200$ 名学生的概率样本，并将结果推广到整个全日制学生的总体中。

a. 如果从注册主任的文件里能得到的抽样框是所有 $N=4\,000$ 名已注册全日制学生按照字母顺序排列的姓名，你可以选出怎样的样本？讨论一下。

b. 在（a）中选择一个简单随机样本的好处是什么？

c. 在（a）中选择一个系统样本的好处是什么？

d. 如果从注册主任那里拿到的抽样框是 $N=4\,000$ 名已注册全日制学生，根据性别和指定班级按照字母顺序分别编在 8 个名册里。你应该采取什么样的抽样方式？讨论一下。

e. 假定这 4 000 名已注册全日制学生都住在 10 栋校园宿舍楼中的某一栋。每栋宿舍楼容纳 400 人。学校规定每栋宿舍楼的学生性别和班级一定要相同。如果注册主任可以按宿舍楼编制所有学生的清单，解释一下你如何得到一个聚类样本。

1.24　事先标好数字的发票放在销售簿中。号码从 0001 到 5000。

a. 从 16 行 01 列开始，在表 E.1 上水平前进，选出 50 个发票号码的简单随机样本。

b. 选出 50 个发票数字的系统样本。使用第 20 行 05～07 列的随机数作为你选择的起始点。

c. （a）中选择的发票和（b）中选择的发票一样吗？为什么？

1.25　假定一个零售商的消费者数据库中把 10 000 个消费者分成三类：3 500 个潜在消费者、4 500个初次购买者和 2 000 个重复（忠诚）购买者。需要 1 000 个消费者的样本。

a. 你应该做什么样的抽样？为什么？

b. 根据（a）中所描述的方法，解释你如何进行抽样。

c. 为什么（a）中的抽样不是简单随机抽样？

1.4　调查误差的类型

正如在 1.2 节中所学到的，调查是收集数据的主要方式之一。几乎每天你都可以从报纸、网络、广播或者电视中得知调查或者民意测验的结果。要识别调查的客观性或者可信度，你必须通过检验调查的价值来批判地评价所见所闻。首先，我们要评价调查的目的：为什么要进行调查以及调查是为谁而做的？

评估调查价值的第二步是区分该调查是基于概率样本还是非概率样本（如 1.3 节所讨论的）。必须谨记：唯一可以由样本对总体进行统计推断的途径就是使用概率样本。使用非概率样本调查可能会产生严重的偏差，从而使调查结果失去意义。

即使使用的是概率抽样方法，调查中也有可能产生潜在的误差。调查误差有四种类型：

- 覆盖面误差；
- 无回复误差；
- 抽样误差；
- 测量误差。

精心设计的调查通常需要用很大的代价来降低误差，或者使上述误差最小化。

覆盖面误差

一个充分包含总体的抽样框是选择合适样本的关键。如果构成总体的某些群体没包括在抽样框里从而没有机会被选到，或者从抽样框之外进行选取，就会产生**覆盖面误差**（coverage error）。覆盖面误差导致**选择性偏差**（selection bias）。如果由于总体中的某些群体没有被包括在内从而导致抽样框不充分，选取的概率样本则只能提供对抽样框特征的描述，而不是对实际总体的描述。

无回复误差

不是所有人都愿意回答调查问卷。**无回复误差**（nonresponse error）来源于无法收集到样本里所有条目的数据，从而导致**无回复偏差**（nonresponse bias，又称为不回答偏差）。由于不可能总是假定不回答问卷的人和回答问卷的人是类似的，你必须在一段时间之后跟进那些没有回复的问卷。你应该反复尝试努力说服那些不回复的人完成问卷，可以采取一些激励措施鼓励他们参与。接下来把跟进得到的回复和一开始的回答进行比较，从而对调查效果得出可靠的推断（见参考文献2，4，5）。你所使用的调查方式，例如面谈、电话访问、纸质问卷，或者计算机问卷会影响回复率。面谈和电话访问与普通的邮件调查相比，通常能得到更高的回复率——但是成本也会更高。

抽样误差

进行概率抽样时，机遇决定哪些人和条目会被包括进样本中。**抽样误差**（sampling error）反映的就是这类差异，或者称为不同样本之间的“机遇差别”，即特定的个体或条目依据概率被选入特定的样本的可能性变动。

当我们在报纸或网络上读到调查或者民意测验的结果时，经常会有一项关于误差范围的表述，比如，“民意测验的结果预计在真实值的±4%以内”。这个**误差范围**（margin of error）就是抽样误差。我们可以通过增加样本数量来减小抽样误差。当然，这样做会增大抽样调查的实施成本。

测量误差

在良好的调查研究实践中，我们设计问卷的目的是要收集有意义的和正确的信息。遗憾的是，你获得的调查结果通常只是你真正期待的结果的一个近似替代指标。不同于身高和体重，某些关于行为与心理状态的信息不可能或者不太容易直接获取。

当调查依赖自愿报告的信息时，数据收集的方法、被调查的受访者以及调查本身都可能产生**测量误差**（measurement error）。投其所好、社交需要、阅读能力以及采访者效应都会随数据收集的方法不同而对结果造成影响。受访者的社交需要或认知以及记忆局限性也可能影响调查结果。模糊的问题，问及多个问题却只需要一个回答的双关问题，或者要求受访者报告一段时间以来的情形却没有明确定义这段时间等调查缺陷，都可能造成误差。

要使测量误差最小化，我们需要把调查的执行与受访者对问题的理解标准化，但是这样做仍有很多障碍需要克服（见参考文献 1，3，和 10）。

关于调查的伦理道德问题

四种类型的调查误差还会产生道德方面的考虑。如果特定的群体或者个人被故意排除在抽样框之外，以使结果更加符合调查研究赞助人的意愿，由此产生的覆盖面误差会导致选择性偏差，从而成为道德问题。如果赞助人干预调查问卷的设计从而使特定的群体和个人比其他人更不可能去回答问题，由此产生的无回复误差会导致无回复偏差，从而变成道德问题。如果受赞助人影响在发布结果的时候不说明样本容量和误差范围，以便推销其实并不显著的观点，抽样误差也会成为道德问题。测量误差在以下三种情况下会导致道德问题：（1）研究赞助人选择诱导性问题往特定方向引导回答；（2）访问者通过举止和语调故意使受访者讨好访问者或者通过其他方法将回答引导至某个方向；（3）受访者故意提供错误信息。

当我们用非概率样本来推断整个总体的时候，道德问题同样会发生。使用非概率样本时，我们必须解释抽样的具体步骤并说明结论不可以超过样本的范围进行推断。

想一想

新媒体调查/老抽样问题

一个软件公司的高管决定建立一个改进消费者体验项目来记录消费者如何使用其产品，目的是用收集的数据来改进产品。一个新闻网站的编辑决定开发一项即时的民意调查，以便询问网站的访问者对重大政治问题的看法。一个产品针对特定人群的营销人员决定使用一个社交网络来收集消费者的反馈。这些决定与 70 年前倒闭的 dead-tree 出版公司有什么共同点?

1932 年，在互联网出现之前很久，《文学文摘》（*Literary Digest*）杂志的“抽签民调”（straw poll）已经连续 5 次成功预测了美国总统大选。对于 1936 年的大选，该杂志实施了其规模最大的一次调查，向全国发送了 1 000 万张选票。在收到并整理了 230 万张选票后，该杂志充满自信地宣布兰登将会在大选中轻而易举地击败对手罗斯福。大选结果却是罗斯福获胜，而兰登仅获得了美国历史上最少的选票。《文学文摘》杂志的信誉因此一落千丈，不到两年就停刊了。

《文学文摘》的失败是抽样调查和民意测验的分水岭。这次失败驳斥了样本越大越好的说法。（下次有人抱怨政治民意调查样本太小时谨记这一点。）这次失败为本章讨论过的新的更现代的抽样方法打开了大门。George Gallup，著名的盖洛普调查，以及 Elmo Roper，另一著名的调查公司，则因它们对 1936 年选举做出的正确且“科学”的预测而获得了广泛的关注。

《文学文摘》失败的民意调查成为事后反思的主题，失败的原因在城市居民中广为流传。通常的解释是覆盖面偏差：选票大多发送给“富人”，而这建立了一个排除穷人（更可能投票给民主党候选人罗斯福而不是共和党候选人兰登）的抽样框。但是，后来的分析表明事实并非如此；实际上，低回复率（230万代表不到25%的发放的选票）和/或无回复误差（罗斯福的拥护者更不可能把调查问卷寄回）是失败的重大原因（见参考文献9）。

当微软首次披露Office Ribbon界面时，一位经理解释说微软利用从改进消费者体验项目中收集的数据对界面进行了重新设计。这导致其他人猜测收集的数据可能会偏向于初学者——他们更不会拒绝参与这个项目——从而导致微软制作了一个令资深使用者感到困惑的界面。这又是一个无回复误差的例子。

此前提及的那位开发即时民调的编辑将目标锁定在新网站的访问者，以社交网站为基础的市场调研的目标则是某款产品的“朋友”，这些调查都会造成无回复误差。营销人员通常吹嘘凭借社交网络收集的数据使他们多么“了解”被调查的受访者。但是受访者信息不可能告诉营销人员那些没有回复的人是谁。因此，新媒体调查也会犯多年前《文学文摘》的致命老错误。

如今各公司设计以概率抽样为基础的正规调查，并花了大力气——也花了大价钱——来控制覆盖面误差、无回复误差、抽样误差和测量误差。新兴的即时民调和社交圈内朋友式的调查可能会赏心悦目，但无法替代本章所讨论的那些正规调查方法。

1.4 习题

概念应用

1.26 “一项调查表明大部分大学生都有自己的个人电脑。”在接受这项调查的结果之前，你要了解什么信息？

1.27 一个 $n=300$ 的简单随机样本从公司 $N=5\ 000$ 名全职雇员的名单列表中选出，目的是估计职业满意度。

a. 举例说明可能的覆盖面误差。

b. 举例说明可能的无回复误差。

c. 举例说明可能的抽样误差。

d. 举例说明可能的测量误差。

1.28 Adobe Systems在2013年做了一项针对手机应用程序和购买习惯的研究，它揭示了使用手机应用软件和网页购物的一些观念和态度，为零售商制定数字出版战略提供了新的方向。消费者对使用购物应用更感兴趣意味着零售商必须调整以满足对专用移动购物体验的更高的预期。研究结果显示，平板使用者（55%）更可能使用自己的设备购买产品和服务，是智能手机使用者（28%）的近两倍。研究结果也显示零售和购物应用正在追赶网页购物成为一个有力的购物渠道：将近一半的手机购物者有兴趣使用专门应用软件而不是网页（45%的平板购物者和49%的智能手机购物者）。该研究建立在网上调查的基础上，样本有1 003个消费者。试分析在覆盖面误差、无回复误差、抽样误差和测量误差方面可能存在的问题。

1.29 近期一项PwC全球供应链调查显示，把供应链当做战略资产的公司比其他公司的表现高出70%（pwc. to/VaFpGz）。这项调查的“领先者”指向下一代供应链，它们更快，更灵活，反应更敏锐。它们更关注使一个公司与众不同的独特技能：51%的被调查者认为使自己区别于其他人的能力是成功的关键。在接受研究的结论之前，你还想知道关于这项调查的哪些信息？

1.30　近期的一项调查表明下一代消费者想要更多的移动电视体验。2013 年，KPMG 国际消费者媒体行为研究发现，虽然看电视仍然是最流行的媒体活动——88% 的美国消费者看电视，但 14% 的美国消费者现在更想通过移动设备或者平板更灵活地看电视（bit. ly/Wb8Jv9）。在接受研究的结论之前，你还想知道关于这项调查的哪些信息？

统计应用

结束的开始……回顾

GT&M 的 CEO Emma Levia 带领分析师已经完成了工作，他们找到、定义并收集了有助于确定 Whitney Wireless 价格的数据。这个小组找到了几个有待分析的变量。在完成工作的过程中，小组发现，大部分有待研究的变量是基于公司的财务账户的离散的数值变量。这些数据大多来自公司自身的原始数据来源，但是一些可能影响业务长期前景的外部经济条件和其他因素的补充性的变量可能来自二手数据来源，例如来自一些经济机构。

该小组预见到有必要考虑几个与 GT&M 和 Whitney 的消费者有关的属性变量。他们发现两个商店的 Affinity 项目（购物卡）在消费者加入项目时已经收集了他们感兴趣的人口数据。这些原始数据，加上从公司所在的社交媒体上获取的二手数据，可能有助于获取一个有兴趣在综合性商店购物的典型的消费者的信息。

小　结

在本章中，我们学习了商务活动常用的变量的种类。此外，我们还学习了收集数据的各种方法、几种统计抽样方法，以及抽样中涉及的问题。在下面两章中，我们将学习各种表格和图表以展示、分析及描述数据。

参考文献

1. Biemer, P. B., R. M. Graves, L. E. Lyberg, A. Mathiowetz, and S. Sudman. *Measurement Errors in Surveys*. New York: Wiley Interscience, 2004.
2. Cochran, W. G. *Sampling Techniques*, 3rd ed. New York: Wiley, 1977.
3. Fowler, F. J. *Improving Survey Questions: Design and Evaluation, Applied Special Research Methods Series*, Vol. 38, Thousand Oaks, CA: Sage Publications, 1995.
4. Groves R. M., F. J. Fowler, M. P. Couper, J. M. Lepkowski, E. Singer, and R. Tourangeau. *Survey Methodology*, 2nd ed. New York: John Wiley, 2009.
5. Lohr, S. L. *Sampling Design and Analysis*, 2nd ed. Boston, MA: Brooks/Cole Cengage Learning, 2010.
6. *Microsoft Excel 2013*. Redmond, WA: Microsoft Corporation, 2012.
7. *Minitab Release 16*. State College, PA: Minitab, Inc., 2010.
8. Osbourne, J. *Best Practices in Data Cleaning*. Thousand Oaks, CA: Sage Publications, 2012.
9. Squire, P. "Why the 1936 *Literary Digest* Poll Failed." *Public Opinion Quarterly* 52 (1988): 125–133.
10. Sudman, S., N. M. Bradburn, and N. Schwarz. *Thinking About Answers: The Application of Cognitive Processes to Survey Methodology*. San Francisco, CA: Jossey-Bass, 1993.

关键词

属性变量（categorical variables）
聚类样本（cluster sample）
完备（collectively exhaustive）
聚类（cluster）
收集（collect）
连续变量（continuous variables）

便利样本（convenience sample）
定义（define）
抽样框（frame）
误差范围（margin of error）
缺失值（missing value）
非概率样本（nonprobability sample）
无回复误差（nonresponse error）
可操作定义（operational definition）
参数（parameter）
原始数据来源（primary data source）
定性变量（qualitative variables）
重新编码的变量（recoded variables）
抽样误差（sampling error）
不重复抽样（sampling without replacement）
选择偏差（selection bias）
统计量（statistics）
分层样本（stratified sample）
随机数表（table of random numbers）
覆盖面误差（coverage error）
离散变量（discrete variables）
判断样本（judgment sample）
测量误差（measurement error）
互斥（mutually exclusive）
无回复偏差（nonresponse bias）
数值变量（numerical variables）
异常值（outlier）
总体（population）
概率样本（probability sample）
定量变量（quantitative variables）
样本（sample）
可重复抽样（sampling with replacement）
二手数据来源（secondary data sources）
简单随机抽样（simple random sample）
层（strata）
系统样本（systematic sample）
非结构化数据（unstructured data）

检查你对本章的理解

1.31 样本和总体有什么区别？

1.32 统计量和参数有什么区别？

1.33 属性变量和数值变量有什么区别？

1.34 离散数据和连续数据有什么区别？

1.35 概率抽样和非概率抽样有什么区别？

本章复习题

1.36 访问Excel官方网页（www.office.microsoft.com/excel）或者Minitab官方网页（www.minitab.com/products/minitab）。浏览你选择的项目内容并考虑如何将其应用于统计分析。

1.37 Adobe Systems在2013年做了一项针对手机应用程序和购买习惯的研究，它揭示了使用手机应用软件和网页购物的一些观念和态度，为零售商制定数字出版战略提供了新的方向。消费者对使用购物应用更感兴趣意味着零售商必须调整以满足对专用移动购物体验的更高的预期。研究结果显示，平板使用者（55%）更可能使用自己的设备购买产品和服务，是智能手机使用者（28%）的近两倍。研究结果也显示零售和购物应用正在追赶网页购物成为一个有力的购物渠道：将近一半的手机购物者有兴趣使用专门应用而不是网页（45%的平板购物者和49%的智能手机购物者）。该研究建立在网上调查的基础上，样本有1 003个18～54岁拥有智能手机和/或平板的消费者，包括使用或不用这些设备购物的消费者（adobe.ly/11gt8Rq）。

a. 描述感兴趣的总体。

b. 描述收集的样本。

c. 描述感兴趣的一个参数。

d. 描述用于估计（c）中的参数的统计量。

1.38 盖洛普在其网站 www.gallup.com 上公布近期的调查结果，访问该网站并阅读一篇你感兴趣的文章：

a. 描述感兴趣的总体。

b. 描述收集的样本。

c. 描述感兴趣的一个参数。

d. 描述用于估计（c）中的参数的统计量。

1.39 近期一项 PwC 全球供应链调查显示，把供应链当做战略资产的公司比其他公司的表现高出70%（pwc.to/VaFpGz）。这项调查的“领先者”指向下一代供应链，它们更快，更灵活，反应更敏锐。它们更关注使一个公司与众不同的独特技能：51%的被调查者认为使自己区别于其他人的能力是成功的关键。该结果基于一项对代表各种公司规模的跨越亚洲、欧洲和美洲的503个行业的供应链高管的调查。

a. 描述感兴趣的总体。

b. 描述收集的样本。

c. 描述感兴趣的一个参数。

d. 描述用于估计（c）中的参数的统计量。

1.40 数据和存储图书馆（DASL）是一个在线图书馆，它包含展示基本统计方法应用的数据文件和故事。访问 lib.stat.cmu.edu/index.php，点击 DASL，探索一组你感兴趣的数据。

a. 描述你选择的数据集的一个变量。

b. 这个变量是属性变量还是数值变量？

c. 如果是数值变量，它是连续的还是离散的？

1.41 下载并检查美国统计局的“Business and Professional Classification Survey（SQ-CLASSS）”，可以通过 Get Help with Your Form 链接从 www.census.gov/econ 上获取。

a. 从调查中找到一个属性变量的例子。

b. 从调查中找到一个数值变量的例子。

1.42 三位教授考察了在犹他大学的雇员中广为流传的四项退休规定的知情状况。这些规定提供了对退休计划的相关问题的答案（R. N. Mayer，C. D. Zick，and M. Glaittle，“Public Awareness of Retirement Planning Rules of Thumb，” *Journal of Personal Finance*，2011 10（1），12－35）。调查时，大约有10 000名受益的雇员，其中3 095人参与了研究。从这3 095人中收集的人口数据包括性别、年龄、教育水平（完成年数）、婚姻状况、家庭收入（美元）以及雇佣类别。

a. 描述感兴趣的总体。

b. 描述收集的样本。

c. 说明提到的人口变量是属性变量还是数值变量。

1.43 一个猫粮生产商正计划调查美国的家庭，以确定猫主人的购买习惯。要收集的变量包括以下几个：

i. 购买猫粮的主要地点；

ii. 购买的猫粮是干的还是湿的；

iii. 家里有几只猫；

iv. 家里是否有优良品种的猫。

a. 上述四项中的变量分别是属性变量还是数值变量？如果是数值变量，是离散的还是连续的？

b. 为调查设计5个属性类问题。

c. 为调查设计5个数值类问题。

第 1 章案例　管理 Ashland MultiComm Services

Ashland MultiComm Services（AMS）在大阿什兰地区提供高品质的通信网络。AMS 发端于一家转播附近大城市的电视信号的小公司 Ashland Community Access Television（ACATV），但现在已经发展成一个为居民用户提供多种宽带服务的供应商。

AMS 提供以订户为基础的数字有线视频服务、本地和长途电话服务以及高速互联网接入服务。近来，AMS 正在面临扩张到阿什兰的其他网络提供商的竞争。AMS 新增数字有线安装的数量和数字有线续订率已经有所下降。

AMS 的管理层相信，加大促销支出、调整订购费用和提升消费者服务合在一起会让 AMS 在与其他网络提供商的竞争中胜出。但是，AMS 的管理层担心用互联网传输节目的新方式会影响他们的数字有线业务。他们决定进行研究并组织了一个研究小组来考察公司目前的业务和市场竞争状况。

经理们建议研究小组从公司自己的历史数据中获取过去几年订户数量、公司收入和续订率的信息。他们要求小组也要考察今年截至目前的情况，因为他们怀疑公司目前经历的一些变化是近期才出现的。

1. 公司自己的历史数据是哪类来源？小组为了考察目前类似阿什兰的城市的居民宽带服务的市场状况可能使用哪些其他的数据来源？

2. 小组应该使用哪种数据收集技巧？

3. AMS 的经理们在建议和要求中提到了几个可能的变量，但是没有为这些变量提供可操作定义。如果经理们和小组不首先恰当地定义每个变量，可能导致怎样的误解？

CardioGood 健身设备

CardioGood 健身设备公司是一家高质量心血管健身器械开发商。它的产品包括跑步机、健身自行车、椭圆机、电动滑板车。CardioGood 健身设备公司想要增加跑步机产品的销售，并雇用了一家小型广告公司 AdRight Agency 来制定并实施广告项目。AdRight Agency 计划找到最可能购买 CardioGood 的产品和服务的细分市场，再找到能够打入这个市场的广告渠道。这个计划包括收集实际销售和购买者的数据，其目的是确定某种特定产品和服务的典型顾客是否存在某个特征。如果出现了这样的特征，就会努力找到与该特征匹配的广告渠道，也就能把广告直接传达给高潜力的顾客。

CardioGood 健身设备公司出售三种不同的跑步机。TM195 是一款入门级跑步机，它和 CardioGood 健身设备公司提供的其他型号一样可靠，只不过程序和特色少些。它适合那些喜欢极简程序和简单化的人开始跑步或健走训练。TM195 售价是 1 500 美元。

中间型号 TM498 在入门级型号之上添加了两个用户程序和最大 15% 的坡度。TM498 适合那些正在从健走向跑步转型的健走者和中级跑步者。TM498 售价是 1 750 美元。

最高端的 TM798 更大也更重，并且有更多的特色。它独有的特色包括一个亮蓝色背光的 LED 控制台，高速和倾斜的按键，附带电线胸袋的无线心率仪，速度与倾斜度遥控器，以及显示最少与最多运动的肌肉的解剖图。这个型号有一个非折叠的平台基座，可以承受高强度和频繁的跑步。因此 TM798 对那些高强度健走者和跑步者有吸引力。它的售价是 2 500 美元。

第一步，AdRight 的市场调查小组被分配了一项任务，找到每个型号跑步机的典型顾客的特征。市场研究小组决定调查不同型号的顾客是否存在不同的特征。小组决定收集之前 3 个月在 CardioGood 健身设备零售店购买了跑步机的消费者的数据。

小组决定用交易数据和每个购买者填写的个人情况调查结果作为他们的数据来源。小组决定研究以下顾客变量：购买的产品（TM195，TM498，TM798）；性别；年龄（岁）；教育水平（年）；婚姻状况（单身或有伴侣）；年家庭收入（美元）；顾客计划每周使用跑步机的平均次数；顾客预期每周使用跑步机健走/跑步的平均英里数；对身体健康的自我评价（1～5，1 为最差，5 为最好）。针对这些变量：

1. 调查中的哪些变量是属性变量？
2. 调查中的哪些变量是数值变量？
3. 调查中的哪些变量是离散数值变量？

Clear Mountain 州立大学学生调查

1. Clear Mountain 州立大学（CMSU）的学生新闻服务机构决定收集关于 CMSU 的本科生的信息。他们制作并分发了一份调查问卷，其中有 14 个问题，并获得了 62 个本科生的回复（存储在 UndergradSurvey 文件中）。下载并考察调查问卷 CMUndergradSurvey. pdf。就调查问卷中的每个问题，判断变量是属性变量还是数值变量。如果你确定它是数值变量，确定它是连续的还是离散的。

2. CMSU 的学生主任知道了这个本科生的调查，决定对 CMSU 的研究生做一个类似的问卷调查。她制作并分发了一份调查问卷，其中有 14 个问题，并获得了 44 个研究生的回复（存储在 GradSurvey 文件中）。下载并考察调查问卷 CMGradSurvey. pdf。就调查问卷中的每个问题，判断变量是属性变量还是数值变量。如果你确定它是数值变量，确定它是连续的还是离散的。

学习数字案例

正如你已经在本书中所学的，决策者使用统计方法来分析数据并传达结论。每天，在某些地方，或者由于失误或者出于故意，某些人会错误地使用这些技巧。发现并避免这些错误是所有经理人的重要职责。数字案例将使你练习并掌握完成这项任务所必需的技能。

每章的数字案例测试的是你对本章中一个重要的统计概念的理解。和在许多商业情境中一样，所有你掌握的信息并非都对你的任务有用，偶尔你可能会遇到矛盾的信息，而你必须解决它来完成案例的任务。

为了帮助你学习，每个数字案例的开头是学习目标和问题的小结。每个案例向你提供了得出结论和回答问题所需要的信息。许多案例，例如下面的例子，扩展了该章中“统计应用”中的情境。你可以下载数字案例的文件以供使用，或者在网上获取。

为了说明如何学习数字案例，请打开数字案例的文件 WhitneyWireless. pdf，它包含 Whitney Wireless 业务的总结性信息。回忆一下“统计应用”中的情境，Good Tunes & More 是一个想要收购移动设备的小型连锁店 Whitney Wireless 以扩张业务的零售商。很明显，从标题页开始，这家公司就在庆祝它“史上最佳销售年”。

考察 Who We Are，What We Do 和 What We Plan to Do 部分。这些部分是否包含有用的信息？提出了什么问题？你是否注意到虽然它提供了许多事实，但却没有提供数据来支持“史上最佳销售年”这一论断？那些移动的“移动 - 移动设备”是否仅仅用作推广？它们是否卖出去了？你是否认为嘴里塞满东西还说话的活动，无论多么新颖都会成功？

继续第三页“Our Best Sales Year Ever!”部分。你会怎样支持这个论断？表格数据？来自专家的评论？Whitney Wireless 用了一个图表来展示“2 年前”和“最近 12 个月”的各类销售数据。这么做有问题吗？绝对有！

首先，要注意使用的标签没有单位，因此我们不知道实际销售量到底是多少。实际上，如你将在 2. 7 节学到的，第三页上显示的包含夸张图标的图表是一种花哨图表，想要恰当演示数据的人绝对不应该使用它。使用花哨图表的标志给人一种印象，图示的是销售数量。如果的确如此，这些数据是否支持所做的论断，或者其他内容，例如美元，会不会是更好的显示？

目前，让我们假定图示的是销售数量。你怎样理解第二行，其中右边的三个花哨图标比左边的三个宽得多？这行代表一个更新的（更宽）型号还是更大的销售量？解释第四行。这行代表销售下降还是上升？（两个部分的图标代表多于一个完整的图标吗？）至于第五行，我们应该怎样想？黑色的图标比红色的价值更多还是相反？

至少第三行似乎显示销售在上升，而第六行显示销售持平。但是第七行说明了什么？那里，部分图标太小了，我们无法判断它代表什么。

也许更严重的问题是那些奇怪的图表的标签。“最近 12 个月”有歧义，它可能包括当年的月份以及上年的月份，因此不可能是与“2 年前”对等的期间。但是该公司成立于 2001 年，而声明说“史上最佳销售年”，那么为什么管理层没有包括每一年的销售数据？

Whitney Wireless 的管理层是在隐藏什么，还是他们不知道如何正确使用数据？无论如何，他们没有恰当地组织并可视化他们的数据，没有把他们的论断的关键部分表达出来。

在后面的数字案例中，你会被要求用开放式的案例问题作为指导，提供类似的分析。不是所有的案例都和这个例子一样直观，有些案例包括完全适当的统计学的应用。

第 2 章

整理并使变量可视化

Organizing and Visualizing Variables

学习目标

- 整理变量的方法
- 变量可视化的方法
- 同时整理并可视化多个变量的方法
- 适当可视化的原则

统计应用

Choice Is Yours

尽管 Tom Sanchez 才 20 多岁，但他已经意识到为退休存钱永远都不算早。根据已经研究的内容，Sanchez 想要通过投资一只或多只退休基金来为他的 401（k）退休金账户存款。

同时，Choice Is Yours 投资服务公司在考虑更好地为 Sanchez 这样的年轻人的退休基金提供咨询。为了实现这个业务目标，公司的任务小组选择了 316 只可能适合年轻人的退休基金。你被要求帮助顾客作出好的投资选择，定义、收集、整理并使这些基金的数据可视化。作为起点，你考虑了每只基金的特点以便帮助顾客加以比较。

你决定第一步是定义每只基金的关键特征，例如过去的表现。你也决定定义其他变量，例如每只基金管理的资产金额、基金的目标是投资于未来收入预期会有很大增长的公司（“成长型”基金）还是投资于那些股价与收入潜力相比被低估的公司(“价值型”基金)。

你从适当的来源收集数据并把数据整理成一个工作簿，把每个变量放在它们自己的列。随着你更多地思考，你意识到将数据显示为 316 行，每行是样本里的一只基金，对潜在客户而言不容易看懂。

你还能做其他事情吗？你能用更容易理解的方式把这些数据整理得更好并展示给潜在客户吗？

把数据放进一个工作簿里是 DCOVA 框架中整理任务最简单的一个例子。出于许多原因，也包括 Choice Is Yours 情境中提到的那些原因，我们通常需要寻求其他方法来整理数据，这是本章的主题之一。

当你使用本章讨论的方法整理数据时，你在把那些数据所代表的变量总结成表格形式。这些总结有助于加深对变量的理解，从而有助于作出决策。例如，整理退休基金样本并找出成长型和中等风险的基金的总结对 Tom Sanchez 这样的潜在客户就很有用。

总结可以采取形象的表现形式，可视化的方法是本章的另一个主题。形象的总结有助于考察大量的数据并展示某些变量的数值变化模式。例如，把基金的十年收益率和它们收取的管理费展示在一起有助于找到收费相对低廉的“好”基金，以及相对于收益率而言收费过高的基金。

由于表格和形象的总结都有用，DCOVA框架的第三和第四项任务整理与变量可视化经常紧密连接或者一起完成。当这些任务一起完成时，整理与可视化任务可以帮助决策者对数据得出初步结论而迅速启动分析，他们在后续的分析任务中还可以验证这些结论。

由于这个迅速启动的效果，在后续章节我们学习分析变量的方法时，也会不时地重复一些本章所讨论的方法。后续章节将讨论如表2-1所示的整理和数据可视化的其他方法。此外，2.6节还将讨论多维列联表、“数据透视表”（PivotTables）以及树状图（treemap），用来对一组属性和数值变量进行总结与可视化。

表2-1 整理并使变量可视化

属性变量 总结表，列联表（2.1节） 柱状图，饼图，帕累托图，并列的柱状图（2.3节）
数值变量 有序数组，频数分布，频率分布，百分比分布，累积百分比分布（2.2节） 茎叶图，直方图，多边形图，累计百分比多边形图（2.4节） 均值，中位数，众数，四分位数，全距，四分位间距，标准差，方差，相关系数，斜度，峰度（3.1，3.2，3.3节） 箱线图（3.3节） 正态概率分布图（6.3节） 对于两个数值变量：散点图，时间序列图（2.5节）

由于数值变量的数据和属性变量的数据在整理与可视化过程中所用的方法不同，本章在不同小节分别加以讨论。我们首先要确定变量是属性变量还是数值变量，以便选择适当的方法整理数据并实现可视化。

本章还将讨论在变量可视化过程中人们常犯的错误。在学习变量可视化的方法时，我们应当注意避免重犯这些错误，因为它们可能使你收集的数据误导决策者。

2.1 整理属性变量

对于属性变量的整理就是将它的值按照不同的类别计数，然后将计算结果记录到表格中。通常我们用总结表来整理单一属性变量的数据，用列联表来整理两个或更多属性变量的数据。

总结表

总结表（summary table）将每个类别的计数结果用频数或百分比来表示。总结表通常将频数、数量或者百分比用不同的列展示，因而可以帮助我们看清属性数据不同类别之间的差异。表2-2给出了一个总结表，列出了近期关于年轻人在网上购物原因的调查结果。通过这张表，我们可以得出结论，37%的人为了更便宜的价格而在网上购物，29%的人为了避开节假日的拥挤和麻烦而在网上购物。

表 2-2　年轻人在网上购物的主要原因

原因	百分比（%）
价格更便宜	37
避开节假日的拥挤或麻烦	29
方便	18
选择更多样	13
直接送货	3

资料来源：Data extracted and adapted from "Main Reason Young Adults Shop Online?" *USA Today*, December 5, 2012, p. 1A.

例 2.1

退休基金风险水平总结表

Choice is Yours 情境中的 316 只退休基金样本包括风险水平变量，风险水平的类别分为三类：低、平均和高。构建一个退休基金的总结表，按风险水平分类。

解答　从表 2-3 可以看到，大约 2/3 的基金是低风险基金。大约 30%的基金具有平均风险。少量基金具有高风险。

表 2-3　316 只退休基金风险水平的频数和百分比总结表

基金风险水平	基金数量	基金百分比（%）
低	212	67.09
平均	91	28.80
高	13	4.11
总计	316	100.00

列联表

列联表（contingency table）将两个属性变量的结果交叉分类列表，或者联合计数，以便我们发现变量之间可能存在的模式关系。计数的表现形式取决于我们使用的列联表类型，通常包括频数、总和百分比、行和百分比、列和百分比。每个计数结果显示在自己的**单元格**（cell）里，每个行列的交叉点有一个单元格用来表示**交叉结果**（joint response），它是被计数的两个变量独特的组合值。最简单的列联表只包含两个属性变量，一个变量的分类计数位于表格的各行，另一个变量的分类计数位于各列。

对 Choice Is Yours 情境中的 316 只退休基金的样本，我们可以生成一个列联表来考察基金类型变量和风险水平变量之间是否存在某种模式。因为基金类型可以分为成长型或价值型两个类别，风险水平可分为低、平均和高三种类别，那么这个表格就存在六个可能的交叉项。我们可以通过手工清点样本中退休基金的交叉项来构建这个表格。例如，对于样本中的第一只基金，由于它是一只低风险的成长型基金，我们把它计入成长型这行和低风险这列的交叉结果。

表 2-4 显示在 316 只基金全部清点完毕后得到的完整列联表。该表显示，143 只退休基金既是成长型又是低风险基金。通过总结全部六个交叉结果，这个表格显示出成长型与低风险是样本中 316 只基金出现次数最多的交叉结果。

表2-4 基金类型和基金风险水平的列联表

基金类型	风险水平			总计
	低	平均	高	
成长型	143	74	10	227
价值型	69	17	3	89
总计	212	91	13	316

单元格的值占总和的百分比有助于显示变量之间的模式。表2-5是显示表2-4各项占总和（316）百分比的列联表，表2-6是显示表2-4各项占行和（227和89）百分比的列联表，表2-7是显示表2-4各项占列和（212，91和13）百分比的列联表。

表2-5 基金类型和基金风险水平的基于总和百分比的列联表

类型	风险水平			总计
	低	平均	高	
成长型	45.25%	23.42%	3.16%	71.84%
价值型	21.84%	5.38%	0.95%	28.16%
总计	67.09%	28.80%	4.11%	100.00%

表2-6 基金类型和基金风险水平的基于行和百分比的列联表

类型	风险水平			总计
	低	平均	高	
成长型	63.00%	32.60%	4.41%	100.00%
价值型	77.53%	19.10%	3.37%	100.00%
总计	67.09%	28.80%	4.11%	100.00%

表2-7 基金类型和基金风险水平的基于列和百分比的列联表

类型	风险水平			总计
	低	平均	高	
成长型	67.45%	81.32%	76.92%	71.84%
价值型	32.55%	18.68%	23.08%	28.16%
总计	100.00%	100.00%	100.00%	100.00%

表2-5表明，在样本基金中，71.84%是成长型基金，28.16%是价值型基金，45.25%是低风险的成长型基金。表2-6显示，63%的成长型基金具有低风险，而77.53%的价值型基金具有低风险。表2-7显示，低风险的基金中，67.45%是成长型基金。从表2-5到表2-7我们可以看出，成长型基金具有低风险的可能性比价值型基金更小。

2.1 习题

掌握基础知识

2.1 某属性变量有三种类别，其出现的频数如下表所示：

类别	频数
A	13
B	28
C	9

a. 计算每一类所占的百分比。

b. 根据上述结果你能得出什么结论?

2.2 以下数据反映了 40 名商学院的学生在接受调查时对两个问题——性别（男性 = M；女性 = F）以及专业（会计学 = A；计算机信息系统 = C；市场营销 = M）——的回答：

性别	M	M	M	F	M	F	F	M	F	M	F	M	M	M	M	F	F	M	F	F
专业	A	C	C	M	A	C	A	A	C	C	A	A	A	M	C	M	A	A	A	C
性别	M	M	M	M	F	M	F	F	M	M	F	M	M	M	M	F	M	F	M	M
专业	C	C	A	A	M	M	C	A	A	A	C	C	A	A	A	A	C	C	A	C

a. 用列联表展示数据，两行代表性别的分类，三列代表专业的分类。

b. 建立以上 40 名学生百分比的列联表，包括行和百分比的列联表及列和百分比的列联表。

概念应用

2.3 下表代表了不同类型智能手机在 2011—2013 年的市场份额。

类型	2011 年	2012 年	2013 年
安卓	47%	66%	78%
iOS	19%	19%	16%
微软	2%	3%	3%
黑莓	11%	5%	2%
其他操作系统	21%	7%	1%

a. 就 2011—2013 年的智能手机市场，你能得出什么结论?

b. 2011—2013 年的智能手机市场有什么不同?

2.4 Edmunds.com 的 NHTSA Complaints Activity Report 包含消费者对汽车的投诉，根据汽车厂商、品牌、类别整理。下表显示 2013 年 1 月汽车厂商收到的投诉。

汽车厂商	投诉数
本田（美国）	169
克莱斯勒	439
福特	440
通用	511
日产	467
丰田	332
其他	516

a. 计算每个厂商的投诉率。

b. 就不同厂商收到的投诉，你能得出什么结论?

下表显示 2013 年 1 月的投诉类别。

类别	投诉数
气囊和安全带	201
车体和车窗	182
车闸	163
油/排放/尾气系统	240

续前表

类别	投诉数
内部电子/硬件设备	279
动力系统	1 148
转向	397
轮胎和方向盘	71

a. 计算每个类别的投诉率。

b. 就不同类别收到的投诉，你能得出什么结论？

2.5　2013 年 Mortimer Spinks and Computer Weekly Technology Survey 反映全英国科技和数字专家的观点（bit. ly/WS4jg3）。受访者被问道：“什么因素最能影响一个科技创业公司的成败？”假定以下结果：

最重要的因素	频数
领导	400
营销	346
产品	464
科技	86

a. 计算每个因素的百分比。

b. 就最能影响科技创业公司成败的因素，你能得出什么结论？

2.6　2013 年世界石油产量（百万桶/天）如下所示：

地区	石油产量（百万桶/天）
伊朗	2. 69
沙特阿拉伯	9. 58
其他 OPEC 国家	17. 93
非 OPEC 国家	51. 99

资料来源：opec. org，accessed February 2014.

a. 计算每个地区的百分比。

b. 就 2013 年世界石油产量，你能得出什么结论？

2.7　Visier's Survey of Employers 考察北美的组织怎样分析劳动力状况。雇主被问到哪些“需要”能够帮助他们成功使用管理人力资源的工具和报告。回答如下：

需要	频数
好用的分析工具	127
更快地获取数据	41
更好地展示和解释数据	123
更好地计划行动	33
更好地预测我的行动的影响	49
与业务组织更好的关系	37

资料来源：Data extracted from bit. ly/1fmpZrQ.

a. 计算每个需要的百分比。

b. 就哪些“需要”能帮助雇主成功使用管理人力资源的工具和报告，你能得出什么结论？

2.8　调查 1 085 个成年人：“你喜欢为自己买衣服吗？”结果显示，51% 的女性喜欢为自己买衣服，男性为 44%（数据节选自“Split Decision on Clothes Shopping,” *USA Today*，January 28，2011，p. 1B）。没有提供男性和女性的样本大小。假定结果如下表所示：

喜欢买衣服	性别		总和
	男	女	
是	238	276	514
否	304	267	571
总和	542	543	1 085

a. 建立总和百分比、行和百分比、列和百分比的列联表。

b. 从这些分析中你能得出什么结论?

2.9　一项对众筹创业项目的研究显示，54.2%的项目取得了成功，也就是达到了既定目标并筹集了至少预定的金额。为了找到影响成功的网络效应，众筹项目被分成过去支持过其他项目的创业者（有支持历史的创业者）和没有支持历史的创业者。结果如下:

项目结果	创业者的支持历史		总和
	有支持历史	无支持历史	
成功	17 667	19 202	36 869
未成功	10 921	20 267	31 188
总和	28 588	39 469	68 057

资料来源：Data extracted from Zvilichovsky et al.，"Playing Both Sides of the Market：Success and Reciprocity on Crowdfunding Platforms，" bit. ly/OoyhqZ.

a. 建立总和百分比、行和百分比、列和百分比的列联表。

b. 你认为哪个百分比——行、列还是总和——最有信息量? 解释。

c. 关于成功的众筹项目的模式，你能得出什么结论?

2.10　社交网站的推荐能否提高广告的有效性? 一项对网上视频观众的研究比较了那些跟随社交媒体推荐的链接查看某特定品牌的广告视频的观众和那些上网浏览时观看同一广告视频的观众。看完视频后，就观众是否能正确回忆起广告的品牌收集了数据。结果如下:

观看途径	正确记忆品牌	
	是	否
推荐	407	150
网络浏览	193	91

关于社交媒体推荐的结果说明了什么?

2.2　整理数值数据

整理数值数据时，我们把一个或多个变量有序排列。本节使用的餐费就是数值变量的一个实例，它代表在餐馆吃一顿饭的费用。餐费的数据已经收集到 100 个餐馆的调查样本中，这些餐馆可以进一步根据其地理位置分为"城区"和"郊区"的餐馆。餐费变量显示了一个常见的问题：当一个数值变量的数据来自多个组时，我们该怎样整理这些数据? 讨论完有序数组和分布之后，本节末回答了这个问题。

有序数组

有序数组（ordered array）把数值变量的值按从最小到最大的顺序排列。当有许多数值时，有序排列有助于我们看清数据的数值范围。例如，考察出差和娱乐费用的金融分析员的目标可能是判断城区的餐馆的餐费是否不同于郊区的餐馆。他们从 50 个城区餐馆的样本和 50 个郊区餐馆的样本中收集了每餐的费用（美元）。表 2 - 8A 显示了未排序的数据。缺乏排序让我们很难对就餐费用快速得出结论。

表 2-8A 50家城区餐馆和50家郊区餐馆的餐费

城区																								
33	26	43	32	44	44	50	42	44	36	61	50	51	50	76	53	44	77	57	43	29	34	77	50	74
56	67	57	66	80	68	42	48	60	35	45	32	25	74	43	39	55	65	35	61	37	54	41	33	27
郊区																								
47	48	35	59	44	51	37	36	43	52	34	38	51	34	51	34	51	56	26	34	34	44	40	31	54
41	50	71	60	37	27	34	48	39	44	41	37	47	67	68	49	29	33	39	39	28	46	70	60	52

相比之下，表2-8B，同一组数据的有序数组让我们迅速看出城区餐馆的餐费在25～80美元，郊区则在26～71美元。

表 2-8B 50家城区餐馆和50家郊区餐馆餐费的有序数组

城区																								
25	26	27	29	32	32	33	33	34	35	35	36	37	39	41	42	42	43	43	43	44	44	44	44	45
48	50	50	50	50	51	53	54	55	56	57	57	60	61	61	65	66	67	68	74	74	76	77	77	80
郊区																								
26	27	28	29	31	33	34	34	34	34	34	34	35	36	37	37	37	38	39	39	39	40	41	41	43
44	44	44	46	47	47	48	48	49	50	51	51	51	51	52	52	54	56	59	60	60	67	68	70	71

当一个变量包含大量数值时，从有序数组获得结论可能会很难。在这种情形下，通过建立以下分布来讨论问题会是一个更好的选择。

频数分布

频数分布（frequency distribution）把数值变量的值划分到按照数值顺序排列的**组**（classes）中。每组包含一个互斥的值的范围，叫做**组间**（class interval）。每个值只能分配到一个组中，而且必须被包括在某个组中。

在制作频数分布表时，必须注意选定适当的组数，以及每组合适的宽度。通常情况下，频数分布表应当包括至少5个组且不超过15个组，因为过多或过少都几乎不能提供新的信息。要确定**组距**（class interval width，见公式（2.1）），我们用最大值减去最小值，再把结果除以想要的组数。

确定组距

$$组距=\frac{最大值-最小值}{组数} \tag{2.1}$$

在表2-8A和表2-8B所示的城区餐馆数据中，由于样本容量是50，5～10组都可以接受。在表2-8B的城区餐馆餐费的有序数组中，最大值80与最小值25的差是55。根据公式（2.1），我们可以计算大致的组距如下：

$$组距=\frac{55}{10}=5.5$$

这个结果意味着，我们应当选择5.5美元作为组距。但是，组距应当简化频数分布表的阅读和解释。在这个例子中，这样的金额应当是5美元或者10美元，而我们应当选10美元，这样就构成7组，而不是5美元组距构成13组，后者对50的样本容量来说就太多了。

由于每个值只能出现在一组里，我们必须适当并清楚地定义好**组界**（class boundaries）。例如，如果用10美元作为餐馆数据的组距，就需要设定好组界以包括全部的值，并且简化频数分布表的阅读和解释。因为城区餐馆的费用的幅度是 25～80 美元，把第一组的范围设计成 20 美元到小于 30 美元，第二组设计为 30 美元到小于 40 美元，以此类推，直到最后一组为 80 美元到小于 90 美元，就满足这个要求。表 2-9 是根据这些组距得到的 50 家城区餐馆和 50 家郊区餐馆餐费的频数分布。

表 2-9　50 家城区餐馆和 50 家郊区餐馆餐费的频数分布

餐费（美元）	城区频数	郊区频数
大于等于 20 但小于 30	4	4
大于等于 30 但小于 40	10	17
大于等于 40 但小于 50	12	13
大于等于 50 但小于 60	11	10
大于等于 60 但小于 70	7	4
大于等于 70 但小于 80	5	2
大于等于 80 但小于 90	1	0
总计	50	50

频数分布能够让我们得出关于数据的初步结论。例如，表 2-9 显示城区餐馆的餐费集中在 30～60 美元，郊区餐馆也是如此，但是，餐费在 30～40 美元之间的郊区餐馆数量比城区餐馆多很多。

在本章接下来讨论的一些图表中，组距由**组中值**（class midpoints）表示，组中值是每组两个边界的中间点。表 2-9 所示的频数分布表中，组中值分别是 25 美元、35 美元、45 美元、55 美元、65 美元、75 美元和 85 美元。注意，正如这个例子所示，组距选择得当，则组中值也会简单易懂。

例 2.2

成长型和价值型基金年收益率的频数分布

作为 Choice Is Yours 任务小组的成员，你正在考察 316 只退休基金的样本。你想要比较两个不同类型（成长型和价值型）的基金的年收益率（1YrReturn%），这是个数值变量。你为成长型基金和价值型基金分别建立了频数分布表。

解答　成长型基金和价值型基金的年收益率都集中在 10%～20%之间（见表 2-10）。

表 2-10　成长型和价值型基金年收益率的频数分布

年收益率（%）	成长型基金频数	价值型基金频数
大于等于 -15 但小于 -10	1	0
大于等于 -10 但小于 -5	0	0
大于等于 -5 但小于 0	0	0
大于等于 0 但小于 5	6	2
大于等于 5 但小于 10	23	12
大于等于 10 但小于 15	104	29
大于等于 15 但小于 20	75	37
大于等于 20 但小于 25	12	8
大于等于 25 但小于 30	3	1
大于等于 30 但小于 35	3	0
总计	227	89

在例 2.2 的解答中，每组的总频数是不同的（227 和 89）。如果各组比较时这种总和不同，我们就不能像表 2-9 那样直接比较分布，因为这个表可能被误读。例如，

成长型基金“大于等于5但小于10”这组的频数——23，与价值型基金“大于等于10但小于15”这组的频数——29，看起来相似，但它们实际代表两个非常不同的比例，227中的23和89中的29，分别为10%和33%。当比较的各组的总频数不同时，我们要构建频率分布表或者百分比分布表。

频率分布和百分比分布

频率分布和百分比分布展示计数结果的方式与频数不同。**频率分布**（relative frequency distribution）展示的是每组占总数的相对频数，或者比率。**百分比分布**（percentage distribution）展示的是每组占总数的百分比。当我们比较两个或更多组时，每组占总数的比率（或者百分比）比每组的频数更有用，如表2-11所示。对比这个表和展示频数的表2-9。表2-11展示的餐费更具有可比性。

表2-11 城区和郊区餐馆餐费的频率分布和百分比分布

餐费（美元）	城区		郊区	
	频率	百分比（%）	频率	百分比（%）
大于等于20但小于30	0.08	8	0.08	8
大于等于30但小于40	0.20	20	0.34	34
大于等于40但小于50	0.24	24	0.26	26
大于等于50但小于60	0.22	22	0.20	20
大于等于60但小于70	0.14	14	0.08	8
大于等于70但小于80	0.10	10	0.04	4
大于等于80但小于90	0.02	2	0.00	0
总计	1.00	100	1.00	100

每组的**比率**（proportion），或者叫**频率**（relative frequency），等于该组的值的频数除以观测值的总数。比率（或频率）乘以100%得到**百分比分布**（percentage distribution）。

计算比率或频率

比率或频率是每组的值的频数除以观测值的总量。

$$比率=频率=\frac{每组的值的频数}{观测值的总量} \tag{2.2}$$

因此，如果有80个观测值并且某特定组的频数是20，该组观测值的比率是：

$$\frac{20}{80}=0.25$$

并且百分比是：

$$0.25\times100\%=25\%$$

制作频率分布时，首先要确定每组的频数。例如，在表2-9中，有50家城区餐馆，餐费在50～60美元之间的城区餐馆数量是11家。因此，如表2-11所示，餐费在50～60美元之间的城区餐馆的比率（或频率）是：

$$\frac{11}{50}=0.22$$

比率（或频率）乘以100%得到百分比分布。因此，餐费在50～60美元之间的城区餐馆的比率是11除以50（或者0.22），百分比是22%。表2-11描述了城区和郊区餐馆餐费的频率分布和百分比分布。

从表2-11可以得出结论，城区餐馆的餐费要略高于郊区餐馆。你会注意到，餐费在60～70美元之间的城区餐馆占14%，而郊区餐馆为8%；餐费在30～40美元之间的城区餐馆占20%，郊区餐馆为34%。

例2.3

成长型和价值型基金年收益率的频率分布和百分比分布

在Choice Is Yours的情境中，你想恰当地比较成长型和价值型基金的年收益率。构建成长型基金和价值型基金的频率分布和百分比分布。

解答 从表2-12我们可以得出结论，成长型基金的年收益率低于价值型基金。例如，45.81%的成长型基金的年收益率在10%～15%之间，而32.58%的价值型基金的年收益率在10%～15%之间。在成长型基金中，有33.04%的年收益率在15%～20%之间，而价值型基金是41.57%。

表2-12 成长型和价值型基金年收益率的频率分布和百分比分布

年收益率（%）	成长型		价值型	
	比率	百分比（%）	比率	百分比（%）
大于等于-15但小于-10	0.004 4	0.44	0.000 0	0.00
大于等于-10但小于-5	0.000 0	0.00	0.000 0	0.00
大于等于-5但小于0	0.000 0	0.00	0.000 0	0.00
大于等于0但小于5	0.026 4	2.64	0.022 5	2.25
大于等于5但小于10	0.101 3	10.13	0.134 8	13.48
大于等于10但小于15	0.458 1	45.81	0.325 8	32.58
大于等于15但小于20	0.330 4	33.04	0.415 7	41.57
大于等于20但小于25	0.052 9	5.29	0.089 9	8.99
大于等于25但小于30	0.013 2	1.32	0.011 2	1.12
大于等于30但小于35	0.013 2	1.32	0.000 0	0.00
总计	1.000 0	100.00	1.000 0	100.00

累积分布

累积百分比分布（cumulative percentage distribution）提供了一种方式来展示少于一个特定值的观测值所占的百分比。我们以百分比分布作为构建累积百分比分布的基础。

例如，你可能想要知道多少百分比的城区餐馆餐费低于40美元或者50美元。从表2-11中城区餐馆餐费的百分比分布开始，我们把各组的百分比加总得出累积百分比分布。表2-13展示了需要的计算。从该表中，我们看到没有哪餐的费用低于20美元（0%），8%的费用低于30美元，28%的费用低于40美元（因为20%的费用在30～40美元之间），以此类推，100%的费用低于90美元。

表2-13 城区餐馆餐费的累积百分比分布的计算过程

餐费（美元）	百分比（%）	餐费低于组下界的百分比（%）
大于等于20但小于30	8	0（费用低于20美元的为0）
大于等于30但小于40	20	8=0+8
大于等于40但小于50	24	28=8+20
大于等于50但小于60	22	52=8+20+24
大于等于60但小于70	14	74=8+20+24+22
大于等于70但小于80	10	88=8+20+24+22+14
大于等于80但小于90	2	98=8+20+24+22+14+10
大于等于90但小于100	0	100=8+20+24+22+14+10+2

表2-14总结了城区和郊区餐馆餐费的累积百分比，城区餐馆的数据来自表2-13的计算，郊区餐馆的计算没有显示。累积百分比显示郊区餐馆餐费低于城区餐馆。这个分布显示了42%的郊区餐馆餐费低于40美元，与此相比，城区餐馆仅为28%；68%的郊区餐馆餐费低于50美元，与此相比，城区餐馆仅为52%；88%的郊区餐馆餐费低于60美元，与此相比，城区餐馆仅为74%。

表2-14 城区和郊区餐馆餐费的累积百分比分布

餐费（美元）	城区餐馆餐费低于特定费用的百分比（%）	郊区餐馆餐费低于特定费用的百分比（%）
20	0	0
30	8	8
40	28	42
50	52	68
60	74	88
70	88	96
80	98	100
90	100	100
100	100	100

与其他分布不同，累积分布的行不代表组距。（回忆组距是互斥的，而累积分布的行间关系不是指下一行，而是"包括"它上面所有的行。）要确定一行，我们使用百分比分布中的组下限，如表2-14所示。

例2.4

成长型和价值型基金年收益率的累积百分比分布

作为Choice Is Yours任务小组的一员，你想继续比较成长型和价值型基金的年收益率。构建成长型基金和价值型基金的累积百分比分布。

解答 表2-15中的累积分布说明，成长型基金的收益比价值型基金低。该表显示，59.03%的成长型基金和48.31%的价值型基金的年收益率低于15%。该表还显示，92.07%的成长型基金的年收益率低于20%，而89.89%的价值型基金的年收益率低于20%。

表2-15 成长型和价值型基金年收益率的累积百分比分布

年收益率（%）	低于指定收益的成长型基金百分比（%）	低于指定收益的价值型基金百分比（%）
-15	0.00	0.00
-10	0.44	0.00
-5	0.44	0.00
0	0.44	0.00
5	3.08	2.25
10	13.22	15.73
15	59.03	48.31
20	92.07	89.89
25	97.36	98.88
30	98.68	100.00
35	100.00	100.00

2.2 习题

掌握基础知识

2.11　用下列会计课期中考试成绩样本建立一个有序数组。

68　94　63　75　71　88　64

2.12　用下列市场营销课期中考试成绩样本建立一个有序数组。

88　78　78　73　91　78　85

2.13　2013 年 11 月，全国小企业委员会（NSBA）对员工少于 500 人的小企业主做了一项调查，调查目的是研究美国的小企业如何应对日益上升的医疗成本，它们提供什么样的福利，以及《可负担的医疗法案》(Affordable Care Act，ACA）正在怎样影响它们的经营。小企业主被问到他们是否向员工提供包含健身项目和/或健身馆会员的健康福利，如果是，企业为该福利支付的成本占比是多少。下表总结了 70 个提供这样的健康福利的小企业“支付的福利成本占比”：

支付的福利成本占比	频数
少于 1%	17
1%～20%	7
21%～50%	7
51%～75%	4
76%～100%	35

资料来源：Data extracted from “NSBA 2014 Small Business Health Care Survey,” Bit. ly/NaQwzb.

a. 支付少于员工医疗福利成本的 21%的小企业占多少百分比?

b. 支付员工医疗福利成本的 21%～75%的小企业占多少百分比?

c. 支付超过员工医疗福利成本的 75%的小企业占多少百分比?

2.14　Facebook 上点赞(“liked”）最多的快餐品牌的数据被收集起来。观测值（每个快餐品牌被点赞的次数）的范围是 100 万到 2 920 000 万。

a. 如果把这些观测值放入 6 个组，说明各组边界。

b. 你选择的组距是多大?

c. 这 6 个组的组中点是什么?

概念应用

2.15　以下是 2013—2014 赛季 30 个全国棒球联盟的赛场里，4 张平均价门票、2 瓶啤酒、4 杯软饮料、2 顶成人帽子和 1 个停车位的总价格。

240.04	434.96	382.00	203.06	456.60	271.74	321.18	319.10
262.40	324.08	336.05	227.36	395.20	542.00	212.16	472.20
309.30	273.98	208.48	659.92	295.40	263.10	266.40	344.92
308.18	268.28	338.00	321.63	280.98	249.22		

a. 把价格组成有序数组。

b. 为这些数据构建一个频数分布和一个百分比分布。

c. 比赛的价格主要集中在哪个区间? 请解释。

2.16　文件 Utility 包含以下数据：2014 年 7 月在一个大城市的一居室的公寓中随机抽取的 50 个样本的电费（美元)。

96	171	202	178	147	102	153	197	127	82
157	185	90	116	172	111	148	213	130	165
141	149	206	175	123	128	144	168	109	167
95	163	150	154	130	143	187	166	139	149
108	119	183	151	114	135	191	137	129	158

a. 构建一个频数分布和一个百分比分布，其组上界分别为99美元、119美元，以此类推。

b. 构建一个累积百分比分布。

c. 月电费集中在哪个金额周围?

2.17 在城市或其附近居住的美国人在交通等待上花多少时间，这些等待每年带来多少金钱损失? 文件 Congestion 包含31个城市的等待时间和相关的成本。分别为等待时间和相关的成本:

a. 构建一个频数分布和一个百分比分布。

b. 构建一个累积百分比分布。

c. 就在城市或其附近居住的美国人在交通中的等待时间，你能得出什么结论?

d. 就在城市或其附近居住的美国人在交通中的等待时间及其带来的成本，你能得出什么结论?

2.18 在美国各个城市生活的人的平均信用分数有什么不同? 文件 CreditScores 是143个美国城市的居民按顺序排列的平均信用分数。

a. 构建一个频数分布和一个百分比分布。

b. 构建一个累积百分比分布。

c. 就在美国各个城市生活的人的平均信用分数，你能得出什么结论?

2.19 某钢铁厂的一项工作就是把钢切割成部件，用于汽车制造厂制造前座的框架。钢是用钻石锯切割的，切割的结果必须在汽车制造厂规定长度±0.005英寸之内。数据来自文件 Steel 中的100个部件样本。数据为用激光测量仪测量出的部件的实际长度与规定长度之间的差距。例如，第一个观测值是-0.002，它表示部件的长度比规定的长度短0.002英寸。

a. 构建一个频数分布和一个百分比分布。

b. 构建一个累积百分比分布。

c. 钢铁厂的工作是否很好地满足了汽车制造厂的要求? 解释一下。

2.20 某制造商生产电子设备的钢制机架。机架的主要部分是由14标准尺钢卷制作的钢槽。它用250吨冲压机操作将两个90度的形状放到平的钢板上来制造这个槽。由于户外设备必须能防风雨，从形状的一边到另外一边的距离非常重要。公司要求槽的宽度在8.31~8.61英寸之间。下列是存储在文件 Trough 中的49个样本槽的宽度（英寸）:

8.312	8.343	8.317	8.383	8.348
8.410	8.351	8.373	8.481	8.422
8.476	8.382	8.484	8.403	8.414
8.419	8.385	8.465	8.498	8.447
8.436	8.413	8.489	8.414	8.481
8.415	8.479	8.429	8.458	8.462
8.460	8.444	8.429	8.460	8.412
8.420	8.410	8.405	8.323	8.420
8.396	8.447	8.405	8.439	8.411
8.427	8.420	8.498	8.409	

a. 构建一个频数分布和一个百分比分布。

b. 构建一个累积百分比分布。

c. 就满足公司要求的必须在8.31~8.61英寸之间的槽的数量，你能够得出什么结论?

2.21 习题2.20中的制造商也生产电子绝缘体。如果绝缘体损坏，使用时很可能发生短路。为了测试绝缘体的强度，在高能实验室里进行了破坏性测试，通过测试观察在绝缘体损坏之前所施加的力量来衡量（单位：磅）。对30个绝缘体的测试结果如下（包含在文件 Force 中）:

1 870	1 728	1 656	1 610	1 634
1 784	1 522	1 696	1 592	1 662
1 866	1 764	1 734	1 662	1 734
1 774	1 550	1 756	1 762	1 866
1 820	1 744	1 788	1 688	1 810
1 752	1 680	1 810	1 652	1 736

a. 构建一个频数分布和一个百分比分布。

b. 构建一个累积百分比分布。

c. 如果公司要求损坏前力量测量至少 1 500 磅，你能够得出关于绝缘体强度的什么结论?

2.22 文件 Bulbs 包含制造商 A 生产的 40 个 20 瓦灯泡的使用寿命（小时）和制造商 B 生产的 40 个 20 瓦灯泡的使用寿命：

a. 为每一个制造商建立频数分布和百分比分布，每个分布分别使用下面的分组方式：

(1) 制造商 A：大于等于 6 500 小于 7 500，大于等于 7 500 小于 8 500，依此类推。

(2) 制造商 B：大于等于 7 500 小于 8 500，大于等于 8 500 小于 9 500，依此类推。

b. 构建累积百分比分布。

c. 哪个制造商——制造商 A 还是制造商 B——生产的灯泡寿命长? 解释一下。

2.23 文件 Drink 包含 50 个 2 升装软饮料的实际饮料含量（升）：

2.109	2.086	2.066	2.075	2.065
2.057	2.052	2.044	2.036	2.038
2.031	2.029	2.025	2.029	2.023
2.020	2.015	2.014	2.013	2.014
2.012	2.012	2.012	2.010	2.005
2.003	1.999	1.996	1.997	1.992
1.994	1.986	1.984	1.981	1.973
1.975	1.971	1.969	1.966	1.967
1.963	1.957	1.951	1.951	1.947
1.941	1.941	1.938	1.908	1.894

a. 构建一个频率分布。

b. 根据 (a) 的结论，灌装瓶中的软饮料的含量是否集中分布在某些特定的数值周围?

2.3 属性变量的可视化

用什么图形来实现单一属性变量的可视化取决于我们的目的：如果要在各类别之间进行比较，那么最好选用条形图。如果要观察各类别在整体中所占的比例，那么最好选用饼图。如果数据主要集中在少数几个类别里，最好用帕累托图。如果要对两个属性变量进行数据可视化，则可以用对比条形图。

条形图

在**条形图**（bar chart）中，每一类数据用一个条形表示。条形的长度代表该类观测值的频数或百分比，每个条形之间用空隙隔开，叫做间隔（gap）。

图 2-1 左部分是表 2-2 总结的数据的条形图，记录近期对年轻人为什么在网上购物的原因的调查。在图 2-1 中，你会看到受访者最常说的原因是价格更便宜，接

下来是避开节假日的拥挤或麻烦。很少有受访者提到直接送货。

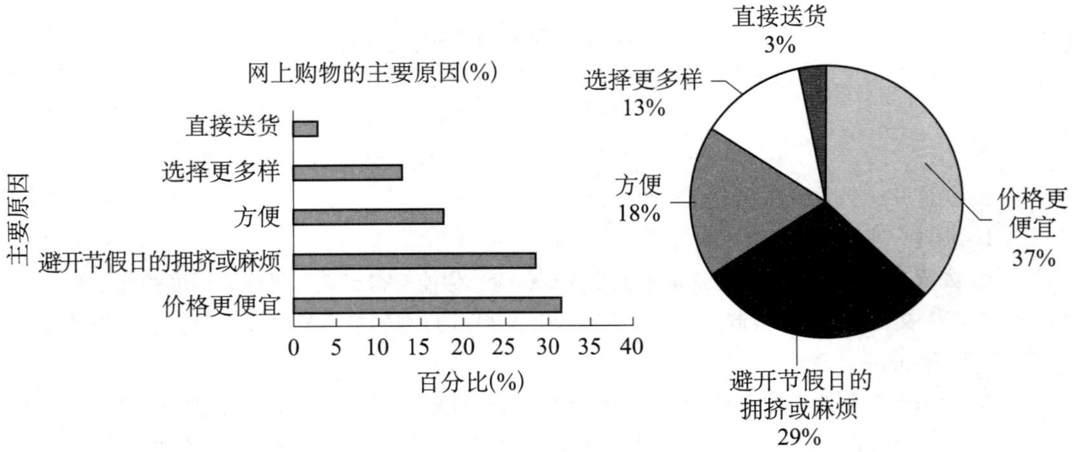

图 2-1 网上购物的原因的条形图和饼图

例 2.5

退休基金风险水平条形图

作为 Choice Is Yours 情境中任务小组的成员，你想要根据表 2-3 的数据构建基金风险水平的条形图，并且解释结果。

解答 从图 2-2 可以看到，低风险基金是数量最大的类别，其次是平均风险基金，只有很少的基金具有高风险。

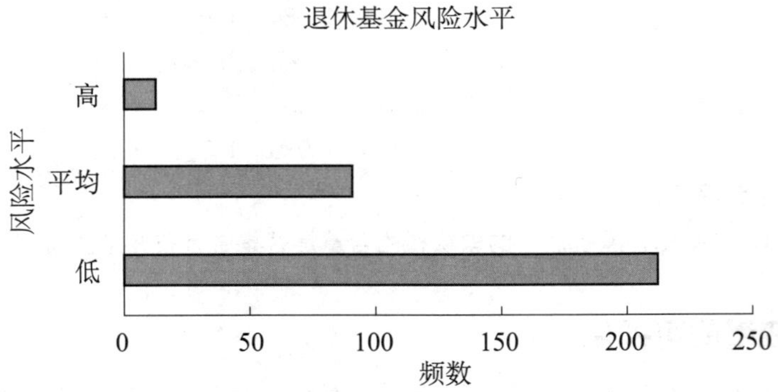

图 2-2 退休基金风险水平的条形图

饼图

饼图（pie chart）把圆形分成表示类别的各个组成部分。每部分的大小则依据相应类别所占百分比来决定。例如，在表 2-2 中，37%的回答者声称因为价格更便宜而选择网上购物。因此，在制作饼图时，将组成圆形的 360°乘以 37%，得到的结果在圆形 360°中占 133.2°，如图 2-1 所示。从图 2-1 的饼图中可以看到第二大的部分是避免节假日的拥挤或麻烦，占整块饼的 29%。

例 2.6

退休基金风险水平饼图

作为 Choice Is Yours 情境中任务小组的成员，你想要根据表 2-3 的数据把基金的风险水平用饼图来可视化，并解释结果。

解答　从图 2-3 可以看到，低风险基金超过 2/3，平均风险基金约占 30%，只有 4%的基金具有高风险。

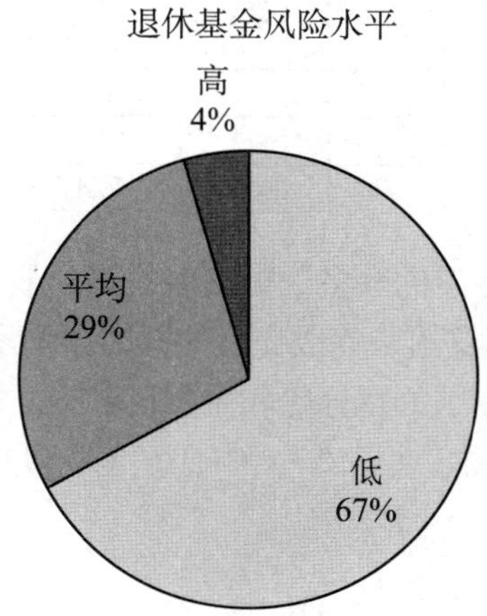

图 2-3　退休基金风险水平的饼图

现在有些人认为我们不应该使用饼图。而另外一些人则认为饼图对整体的各个组成部分的可视化提供了一种直观的方式。但所有评论者都同意，不应该使用 3D 视角的饼图和“爆炸”的饼图（饼的各个部分从中心抽出的饼图），因为这些做法会扭曲各组成部分在视觉上的印象。

帕累托图

帕累托图（Pareto chart）把每一类别的数据按照其频数的大小递减排列，并以此顺序作出柱状图，然后在同一幅图上添加上累积百分比线。帕累托图得名于**帕累托准则**（Pareto principle），对于许多观察数据集，属性变量的少数几个类别代表了数据的大部分，而其他很多类别只代表数据相对较小甚至微不足道的部分。

帕累托图能够帮助你生动形象地从“微不足道的众多”类别中识别出“最具决定性的几个”类别，从而便于你将注意力集中在最重要的类别上。当收集数据的目的是发现缺陷或不规范之处时，按帕累托图的优先顺序来采取改进措施就会成为行之有效的工具。

帕累托图将类别数据柱状排列，并在同一幅图上添加累积百分比线。这条累积线画在每个类别的中点上，高度为累积百分比。为了让帕累托图包括全部类别，甚至那些微不足道的类别，在某些情况下，需要设置一个名为“其他”或“杂项”的类别。如果包括这样的类别，就应该将其放在横轴的末端（最右侧）。

在探索现象背后的原因时，帕累托图是一种有效的可视化方法。例如，某银行研究小组希望改进自动取款机（ATM）的用户体验。研究小组在研究过程中把未完成的 ATM 交易作为一个严重问题并收集这些交易的相关数据。根据从银行内部的处理系统得到的原始数据，整理出若干未完成交易的原因，如表 2-16 所示。

表 2-16 未完成交易的原因

原因	频数	百分比（%）
ATM 故障	32	4.42
ATM 没有现金	28	3.87
请求金额错误	23	3.18
账户余额不足	19	2.62
无法读卡	234	32.32
卡弯曲并堵塞	365	50.41
按键错误	23	3.18
总计	724	100.00

为了从“微不足道的众多”类别中找出“最具决定性的几个”原因，银行研究小组构建了表 2-17，这里未完成交易的原因如帕累托图要求的那样根据频数降序排列。这个表格包括每个原因的百分比和累积百分比，然后研究小组根据这个表格构建了图 2-4 所示的帕累托图。在图 2-4 中，左侧的纵坐标为每个原因的频数，右侧的纵坐标为累积百分比。

表 2-17 未完成交易的原因的有序数组

原因	频数	百分比（%）	累积百分比（%）
卡弯曲并堵塞	365	50.41	50.41
无法读卡	234	32.32	82.73
ATM 故障	32	4.42	87.15
ATM 没有现金	28	3.87	91.02
请求金额错误	23	3.18	94.20
按键错误	23	3.18	97.38
账户余额不足	19	2.62	100.00
总计	724	100.00	

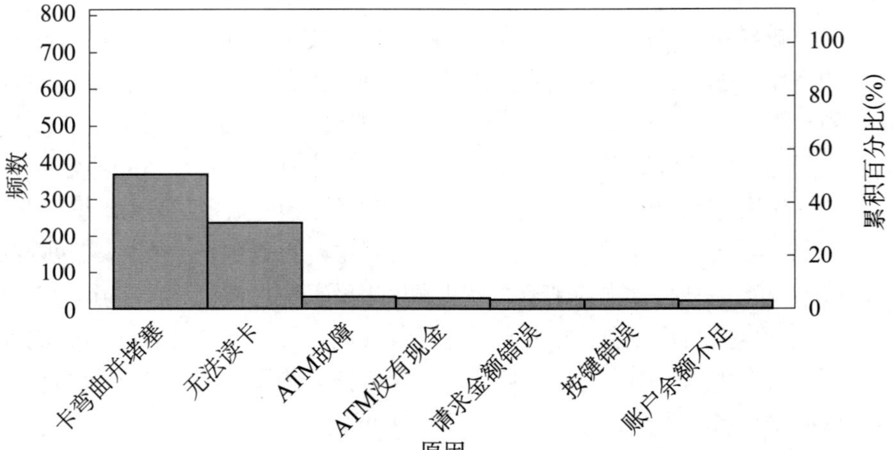

频数	365	234	32	28	23	23	19
百分比（%）	50.4	32.3	4.4	3.9	3.2	3.2	2.6
累积百分比（%）	50.4	82.7	87.2	91.0	94.2	97.4	100.0

图 2-4 未完成 ATM 交易的原因的帕累托图

由于帕累托图上的类别按降序排列，我们可以迅速看出哪些原因对未完成交易的影响最大。(这些就是“最具决定性的几个”，而找到避免这些原因的方法就是提升ATM用户体验的起点。)通过图2-4的累积百分比线，我们看到前面的两个原因，卡弯曲并堵塞（50.44%）和无法读卡（32.32%），占未完成交易的82.7%。减少由于卡弯曲和不能读取而造成的未完成交易会带来最大的成效。

例2.7

网上购物原因的帕累托图

根据表2-2构造帕累托图，总结年轻人在网上购物的主要原因。

解答 首先根据表2-2重新建立一个表格，把各类别按降序排列，并包括百分比和累积百分比。根据这个表格，建立图2-5所示的帕累托图。从图2-5中可以看出，更便宜的价格和避开节假日的拥挤或麻烦占回应的66%，而价格更便宜、避开节假日的拥挤或麻烦、选择更多样占回应的97%。

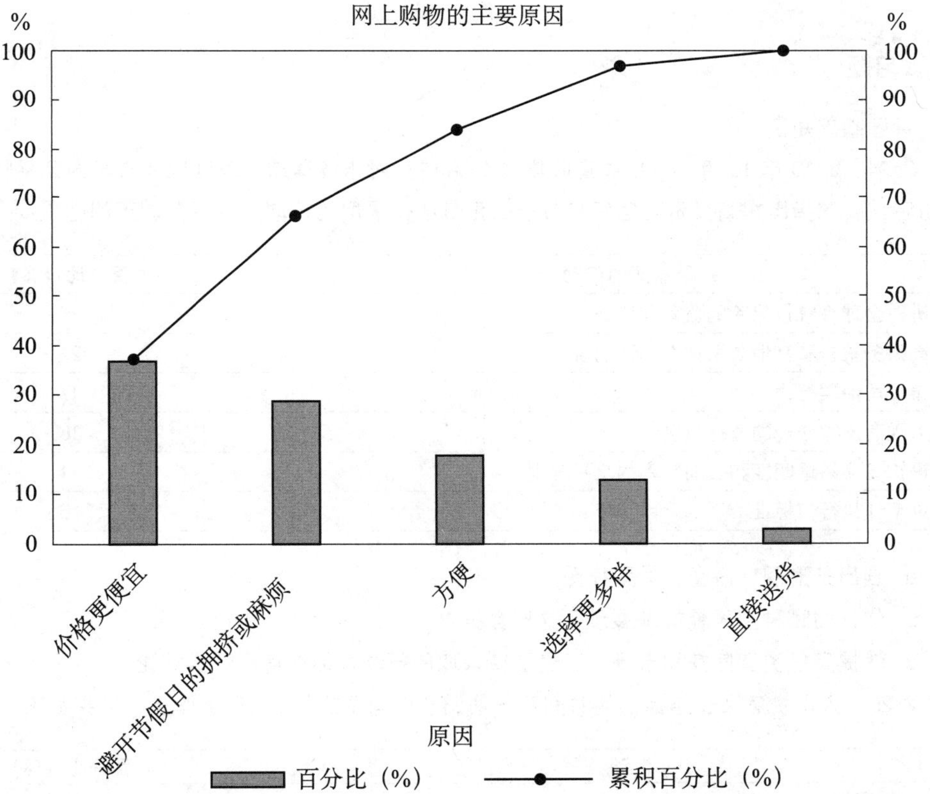

图2-5 网上购物原因的Microsoft Excel帕累托图

对比条形图

对比条形图（side-by-side bar chart）用一组条形来对照显示两个属性变量的结果。例如，图2-6的对比条形图就把表2-4所显示的成长型和价值型基金的数据可视化了。在图2-6中，我们看到成长型基金和价值型基金中都有很大一部分是低风险的，然而，成长型基金中具有平均风险的基金占比比较大。

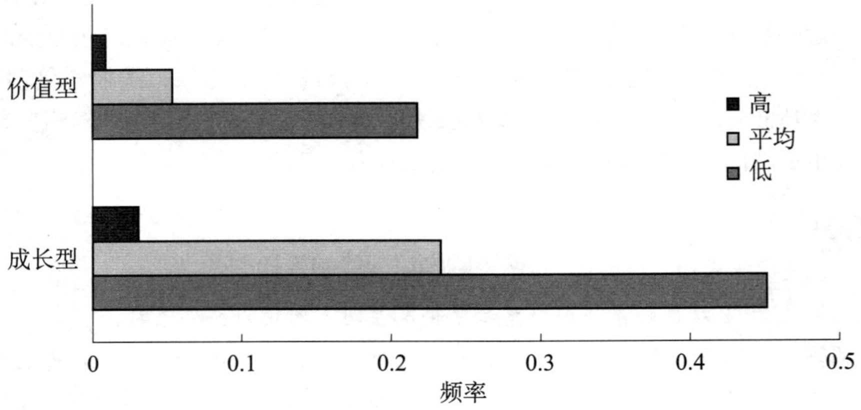

图 2-6 基金类型与风险的对比条形图

2.3 习题

掌握基础知识

2.24 2013 年 10 月，一项调查收集了 CFA 成员对市场情绪、表现以及市场的公平性问题的回答。受访者被要求指出提高投资者信任和市场公正最亟待采取的行动。以下是调查的结果：

最需要的行动	百分比（%）
改进对全球系统性风险的监管和监督	29
提高财务报告和其他公司披露的透明度	21
改善公司治理行为	17
加大现有法律法规的执行力度	16
改进市场交易透明度和交易频率的交易规则	11
改进审计执行与标准	6

a. 画出条形图、饼图、帕累托图。

b. 你认为哪种图表最好地展示了这些数据？

c. 就提高投资者信任和市场公正最亟待采取的行动，你能得出什么结论？

2.25 大学生怎么安排他们的时间？一项调查访问了 3 000 名普通学生，结果如下：

活动	百分比（%）
上课/做实验	9
睡觉	24
社交、放松、其他	51
学习	7
工作、志愿者活动、学生社团	9

a. 画出条形图、饼图、帕累托图。

b. 你认为哪种图表最好地展示了这些数据？

c. 就大学生如何安排时间，你能得出什么结论？

2.26 能源信息管理局公布 2013 年美国的电能来源如下：

电能来源	百分比（%）
煤	39
水利和可持续来源	13
天然气	27
核能	19
其他	2

资料来源：Energy Information Administration，2014.

a. 画出帕累托图。

b. 来自煤、核能或者天然气的能源占多少百分比?

c. 画出饼图。

d. 就这些数据而言，你更喜欢用帕累托图还是饼图? 为什么?

2.27　Edmunds.com 的 NHTSA Complaints Activity Report 包含消费者对汽车制造商的投诉，以下表格代表 2013 年 1 月按汽车制造商和类别收到的投诉。

汽车制造商	数量
本田（美国）	169
克莱斯勒	439
福特	440
通用	551
日产	467
本田	332
其他	516

a. 画出条形图和饼图。

b. 你认为哪种方法更好地展示了这些数据?

类别	数量
气囊和安全带	201
车体和车窗	182
车闸	63
油/排放/尾气系统	240
内部电子/硬件设备	279
动力系统	1 148
转向	397
轮胎和方向盘	71

a. 画出帕累托图。

b. 讨论投诉类别中“重要的少数”和“无足轻重的许多”原因。

2.28　下表显示今年美国居民根据用途计算的用电量的百分比。

用途	百分比（%）
烹饪	2
制冷	15
电器	9
暖气	15
照明	13
冰箱	10
热水	10
洗衣机	3
其他	23

资料来源：Department of Energy.

a. 画出条形图、饼图、帕累托图。

b. 你认为哪种图表最好地展示了这些数据?

c. 就美国居民用电量，你能得出什么结论?

2.29 Visier's Survey of Employers 考察北美的组织怎样分析劳动力状况。雇主被问到哪些“需要”能够帮助他们成功使用管理人力资源的工具和报告。回答如下：

需要	频数
好用的分析工具	127
更快地获取数据	41
更好地展示和解释数据	123
更好地计划行动	33
更好地预测我的行动的影响	49
与业务组织更好的关系	37

资料来源：Data extracted from bit. ly/1fmPZrQ.

a. 画出条形图和饼图。

b. 就哪些“需要”能帮助雇主成功使用管理人力资源工具和报告，你能得出什么结论?

2.30 调查1 085个成年人：“你喜欢为自己买衣服吗?”结果显示，51%的女性喜欢为自己买衣服，男性为44%（数据节选自“Split Decision on Clothes Shopping,” *USA Today*, January 28, 2011, p. 1B)。没有提供男性和女性的样本大小。假定结果如下表所示：

喜欢买衣服	性别		
	男	女	总和
是	238	276	514
否	304	267	571
总和	542	543	1 085

a. 画出喜欢购物和性别的对比条形图。

b. 从该图中你能得出什么结论?

2.31 一项对众筹创业项目的研究显示，54.2%的项目成功了，也就是达到了既定目标并筹集了至少预定的金额。为了找到影响成功的网络效应，众筹项目被分成过去支持过其他项目的创业者（有支持历史的创业者）和没有支持历史的创业者。结果如下：

项目结果	创业者的支持历史		
	有支持历史	无支持历史	总和
成功	17 667	19 202	36 869
未成功	10 921	20 267	31 188
总和	28 588	39 469	68 057

资料来源：Data extracted from Zvilichovsky et al.，“Playing Both Sides of the Market：Success and Reciprocity on Crowdfunding Platforms，” bit. ly/OoyhqZ.

a. 画出项目结果和创业者支持历史的对比条形图。

b. 就成功项目的特征，你能得出什么结论?

2.32 社交网站的推荐能否提高广告的有效性? 一项对网上视频观众的研究比较了那些跟随社交媒体推荐的链接查看一个特定品牌的广告视频的观众和那些上网浏览时观看同一个视频的观众。看完视频后，就观众是否能正确回忆起广告的品牌收集了数据。结果如下：

观看途径	正确记忆品牌	
	是	否
推荐	407	150
网络浏览	193	91

资料来源：Data extracted from “Social Ad Effectiveness：An Unruly White Paper，” www. unrulymedia. com，January 2012，p. 3.

a. 画出观看途径和正确记忆品牌的对比条形图。

b. 这个结果告诉了你什么？

2.4 数值变量的可视化

我们可以通过多种方法使数值变量可视化，这些方法包括本节讨论的茎叶图、直方图、百分比多边形图和累积百分比多边形图。3.3 节将讨论箱线图，它需要描述性的总结方法。

茎叶图

茎叶图（stem-and-leaf display）将数据整理成组（称为茎），因此每组中的值（叶）如同长出的枝条在每行的右边。对于那些有多个叶的茎，每个叶应按照升序排列。

从茎叶图能够清楚地看到数据是如何分布的，以及数据集中在哪里。叶子通常展示每个数值的最后一位重要的数字，但有时我们也取近似值。例如，假定我们收集了 15 个同学在快餐店吃午饭的餐费（美元）：

7.42	6.29	5.83	6.50	8.34	9.51	7.10	6.80
5.90	4.89	6.50	5.52	7.90	8.30	9.60	

为了形成茎叶图，你将整数部分作为茎，而将小数部分（叶）四舍五入成一位小数。例如，第一个值是 7.42。它的茎是 7，而它的叶是 4。第二个值是 6.29。它的茎是 6，而它的叶是 3。以同样方法处理其余数据，然后重新排列每个茎中的叶，如下所示：

4	9
5	589
6	3558
7	149
8	33
9	56

例 2.8

价值型基金年收益率的茎叶图

作为 Choice Is Yours 情境中任务小组的一员，你想研究价值型基金过去的表现。衡量过去表现的一种方式是采用数值变量——年收益率（1YrReturn%）。依据 89 只价值型基金的数据，你可以应用茎叶图的方法将这个变量可视化。

解答　图 2－7 用茎叶图把价值型基金的年收益率可视化了。

从图 2－7 我们可以得出结论：

- 最低的年收益率大约为 1%。
- 最高的年收益率是 28%。
- 年收益率集中在 12%～19%之间。
- 极少的基金收益率高于 21%。
- 年收益率看起来呈钟形分布。

Stem-and-Leaf Display: 1YrReturn%_Value

```
Stem-and-leaf of 1YrReturn%_Value  N  = 89
Leaf Unit = 1.0

  1     0  1
  1     0
  3     0  45
  7     0  6667
 14     0  8899999
 22     1  00001111
 36     1  22233333333333
(19)    1  4444444555555555555
 34     1  66666666667777
 20     1  88889999999
  9     2  00001
  4     2  222
  1     2
  1     2
  1     2  8
```

图 2-7　价值型基金年收益率的 Minitab 茎叶图

直方图

直方图（histogram）把数据可视化成一个竖条图，其中每个竖条表示频数分布或百分比分布的一个组。在直方图中，我们用横轴（X）表示数值变量，而用纵轴（Y）表示每一组内观测值的频数或者百分比。在直方图中相邻的竖条之间没有间隔。

图 2-8 显示了表 2-9 所示的城区和郊区餐馆餐费的一对频数直方图。城区餐馆的直方图表明其餐费大致集中在 30～60 美元。城区餐馆只有一餐费用高于 80 美元。郊区餐馆的直方图显示其餐费也集中在 30～60 美元。但是，郊区餐馆的餐费更多地集中在 30～40 美元。郊区餐馆的餐费很少高于 70 美元 。

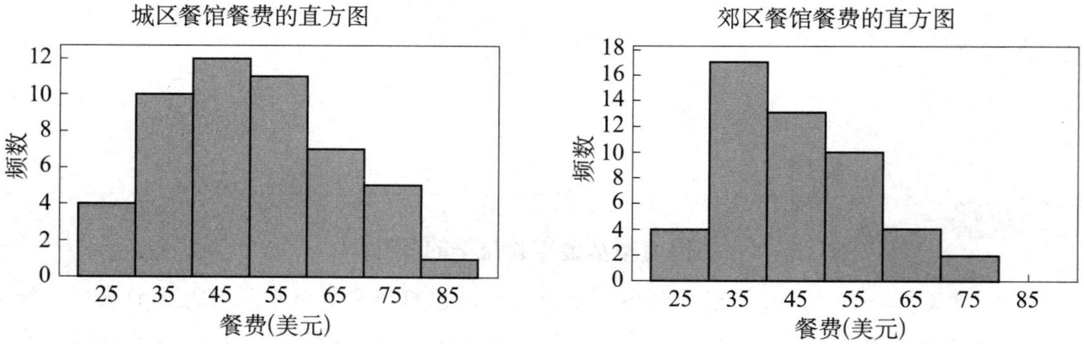

图 2-8　城区和郊区餐馆餐费的直方图

例 2.9

成长型和价值型基金年收益率的直方图

作为 Choice Is Yours 情境中任务小组的一员，你对比较成长型和价值型基金的年收益率感兴趣。用 316 只基金的样本，构造成长型基金和价值型基金年收益率的直方图。

解答　图 2－9 显示了成长型基金和价值型基金年收益率的直方图。

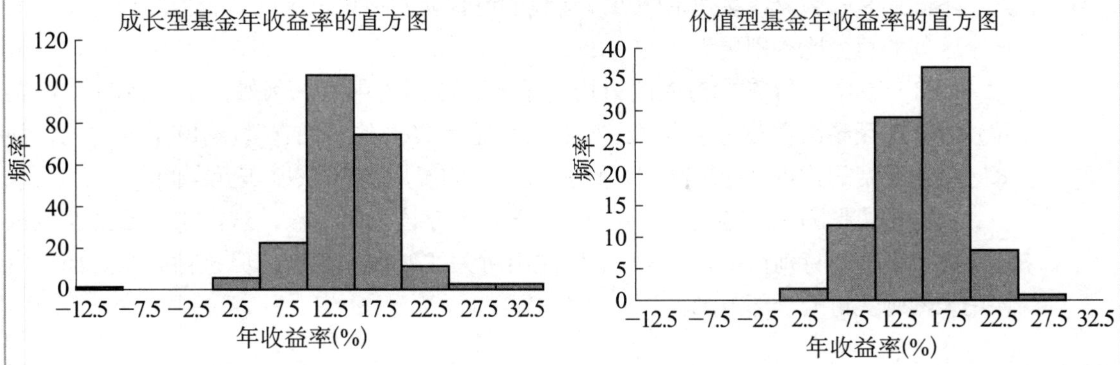

图 2－9　**成长型和价值型基金年收益率的 Excel 直方图**

图 2－9 说明，成长型基金的收益低于价值型基金。两类基金的收益都集中在 10%～20%之间，但是价值型基金的收益更多地集中在 15%～20%，而成长型基金的收益更多地集中在 10%～15%。

百分比多边形图

当我们用一个属性变量把一个数值变量的数据分成两个或多个组时，可以通过**百分比多边形图**（percentage polygon）使数据可视化。它是用各组组中点代表该组的数据，然后标出组中点和该组的百分比在坐标中对应的点，并把这些点连接起来构成的图形。我们可以如图 2－8 和图 2－9 那样画出两张或更多的直方图，也可以用一个百分比多边形图来更好地比较数据。（当然，我们不能把两张直方图组合到一张图上，因为两张图上的条形会重叠并模糊数据。）

图 2－10 显示了城区和郊区餐馆餐费的百分比多边形图。比较该图和图 2－8 中的一对直方图，图 2－10 会让我们得出与从图 2－8 中得出的一样的结论，包括虽然城区

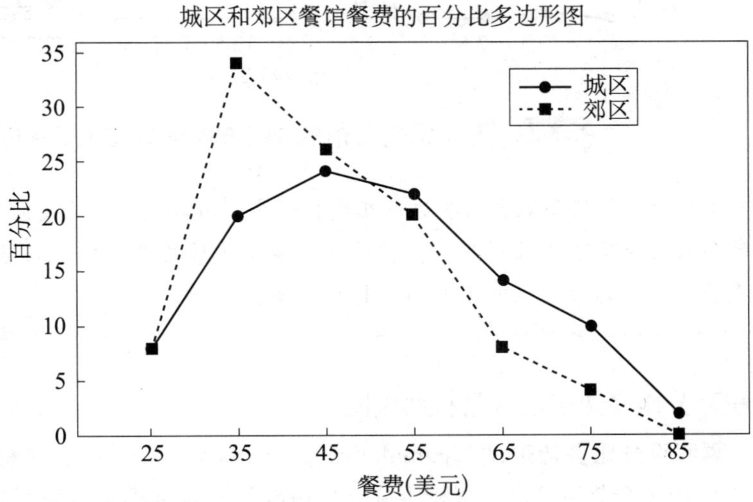

图 2－10　**城区和郊区餐馆餐费的百分比多边形图**

和郊区餐费都集中在30～60美元，郊区餐馆更多地集中在30～40美元。但是，和直方图不同的是，百分比多边形图可以让我们更容易发现哪个区间有相似的百分比，而哪个区间的百分比差别更大。

图2-10中，与X轴对应的值描述了各组区间的中点。例如，当$X=35$（35美元）时，城区餐馆餐费的这点（比较低的）显示20%的费用在30～40美元之间，而郊区餐馆餐费的这点（比较高的）则显示34%的费用在30～40美元之间。

在画多边形图或直方图时，在纵轴（Y）上应该标出零点，这样才不会扭曲数据的特征。不需要特别在横轴（X）上标注出所关注变量的零点，但该轴的主要部分应该用来刻画变量的全部范围。

例2.10

成长型和价值型基金年收益率的百分比多边形图

作为Choice Is Yours情境中任务小组的一员，你对比较成长型和价值型基金的年收益率感兴趣。用316只基金的样本，构造成长型基金和价值型基金年收益率的百分比多边形图。

解答 图2-11显示了成长型和价值型基金年收益率的百分比多边形图。

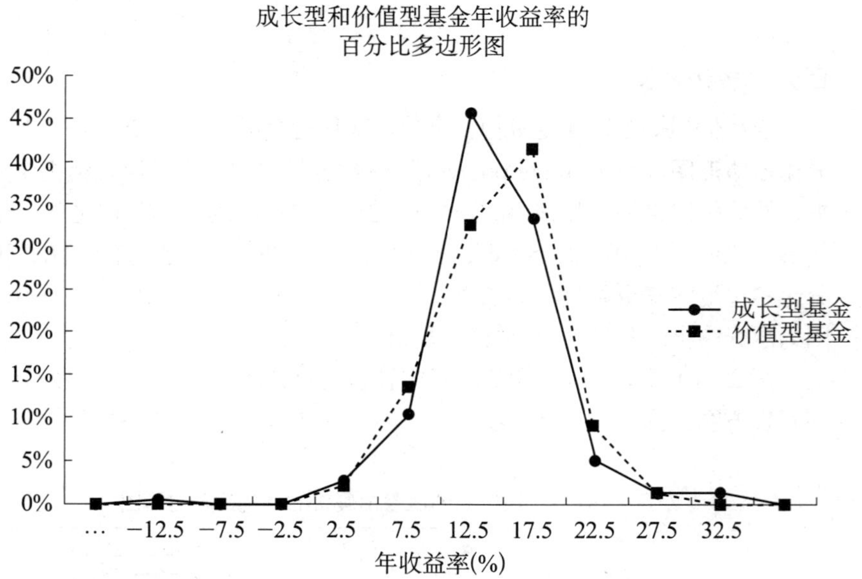

图2-11 成长型和价值型基金年收益率的百分比多边形图

图2-11显示，价值型基金的多边形在成长型基金的右边，于是我们可以得出结论，价值型基金的年收益率高于成长型基金。多边形也显示价值型基金的收益集中在15%～20%之间，而成长型基金的收益集中在10%～15%之间。

累积百分比多边形图（累积曲线图）

累积百分比多边形图（cumulative percentage polygon），又称为**累积曲线图**（ogive），用2.2节讨论过的累积百分比分布沿着Y轴来描绘累积百分比。不同于百分比多边形图，其X轴显示的是数值变量各组的组下限。

图 2-12 是城区和郊区餐馆餐费的累积百分比多边形图。在该图中，每组的组下限（20，30，40，等等）近似于前一组的组上限（19.99，20.99，30.99，等等）。城区餐馆餐费的曲线大部分在郊区餐馆餐费的曲线的右边。这表明城区餐馆低于某一特定值的餐数更少。例如，52%的城区餐馆餐费低于 50 美元，与此相比，68%的郊区餐馆餐费低于 50 美元。

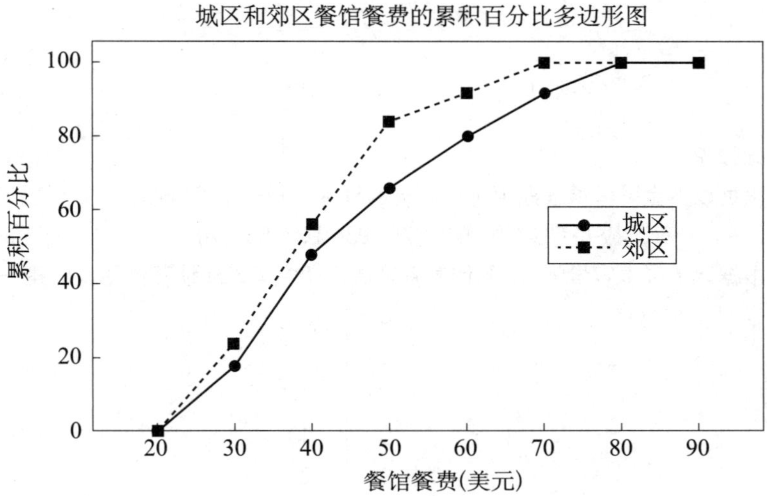

图 2-12 城区和郊区餐馆餐费的累积百分比多边形图

例 2.11

成长型和价值型基金年收益率的累积百分比多边形图

作为 Choice Is Yours 情境中任务小组的一员，你对比较成长型和价值型基金的年收益率感兴趣。用 316 只基金的样本，构建成长型基金和价值型基金年收益率的累积百分比多边形图。

解答 图 2-13 是成长型和价值型基金年收益率的累积百分比多边形图。

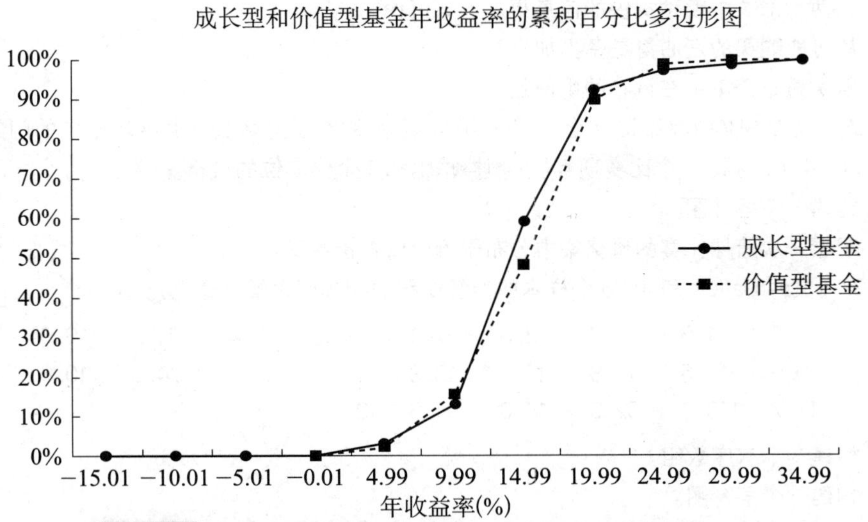

图 2-13 成长型和价值型基金年收益率的累积百分比多边形图

图2-13中的累积百分比多边形图显示，成长型基金的年收益率曲线在价值型基金稍微左边一点。这说明成长型基金的年收益率高于某一特定值的年份较少。例如，有59.03%的成长型基金年收益率低于15%，与此相比，有48.31%的价值型基金的年收益率低于15%。可以得出结论，一般而言，价值型基金表现略好于成长型基金。

2.4 习题

掌握基础知识

2.33 根据以下金融学课程期中考试成绩的样本，画一个茎叶图：

54 69 98 93 53 74

2.34 根据以下样本容量 $n=7$ 的信息系统课程期中考试成绩茎叶图，构建一个有序数列：

5	0
6	
7	446
8	19
9	2

概念应用

2.35 以下茎叶图代表在新泽西高速公路上的一个加油站加油的汽车的25个样本的购油量（加仑）（叶为0.1加仑）：

9	147
10	02238
11	125566777
12	223489
13	02

a. 构建一个有序数组。

b. 这两种形式中哪种提供的信息更多？请讨论。

c. 最可能购买的汽油量是多少加仑？

d. 购买量是否集中在分布的中部？

2.36 文件NBACost2013包含2013—2014赛季30个篮球场的4张平均价位的门票、2瓶啤酒、4瓶软饮料、4个热狗、2个比赛项目、2顶棒球帽和1个停车位的价格。

a. 构建一个茎叶图。

b. 观看一次篮球比赛的价格集中分布于哪个值？请解释。

2.37 文件Caffein包含26个样本的能量饮料的咖啡因含量（毫克）。

3.2	1.5	4.6	8.9	7.1	9.0	9.4	31.2	10.0	10.1
9.9	11.5	11.8	11.7	13.8	14.0	16.1	74.5	10.8	26.3
17.7	113.3	32.5	14.0	91.6	127.4				

a. 构建一个有序数组。

b. 构建一个茎叶图。

c. 这两种形式中哪种提供的信息更多？请讨论。

d. 能量饮料所含的咖啡因集中分布于哪个值？请解释。

2.38　文件 Utility 包含以下数据：2014 年 7 月在一个大城市的一居室的公寓中随机抽取的 50 个样本的电费（美元）。

96	171	202	178	147	102	153	197	127	82
157	185	90	116	172	111	148	213	130	165
141	149	206	175	123	128	144	168	109	167
95	163	150	154	130	143	187	166	139	149
108	119	183	151	114	135	191	137	129	158

a. 构建一个直方图和一个百分比多边形图。

b. 构建一个累积百分比多边形图。

c. 该月电费大致集中在哪个金额？

2.39　随着选手薪酬的增加，观看棒球比赛的成本也急剧增加。文件 BBcost2012 中的数据描述了 2012 年 30 个主要棒球场的 4 张门票、2 瓶啤酒、4 瓶软饮料、4 个热狗、2 个比赛项目、2 顶棒球帽和 1 辆汽车的停车费的成本。下面是由这些数据创建的直方图和累积百分比多边形图。

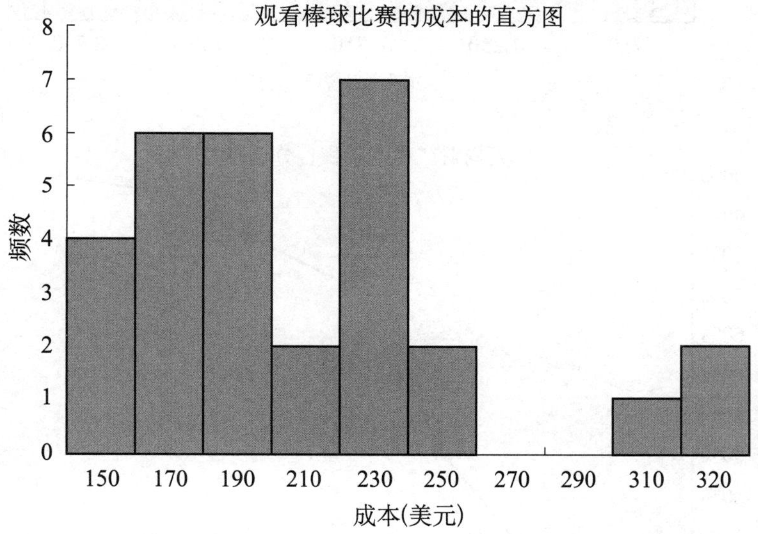

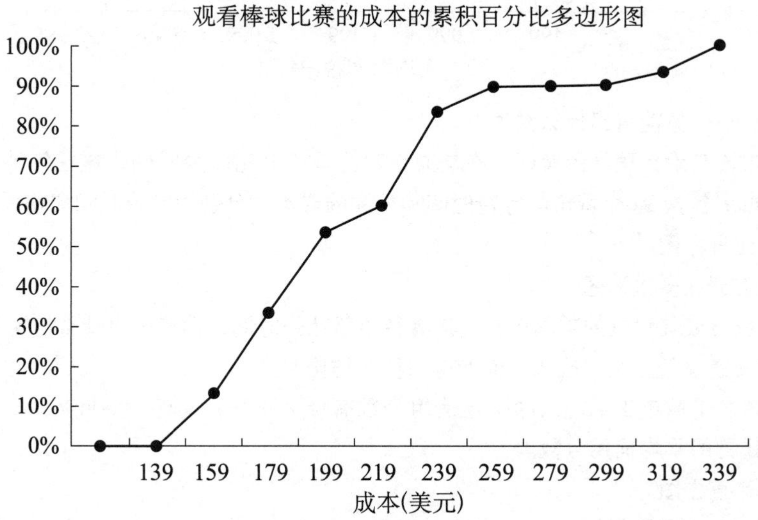

关于在不同棒球场观看棒球比赛的成本，你能得出什么结论？

2.40 文件 PropertyTaxes 中的数据包含 50 个州和哥伦比亚特区的人均财产税。下面是根据这些数据创建的直方图和累积百分比多边形图。

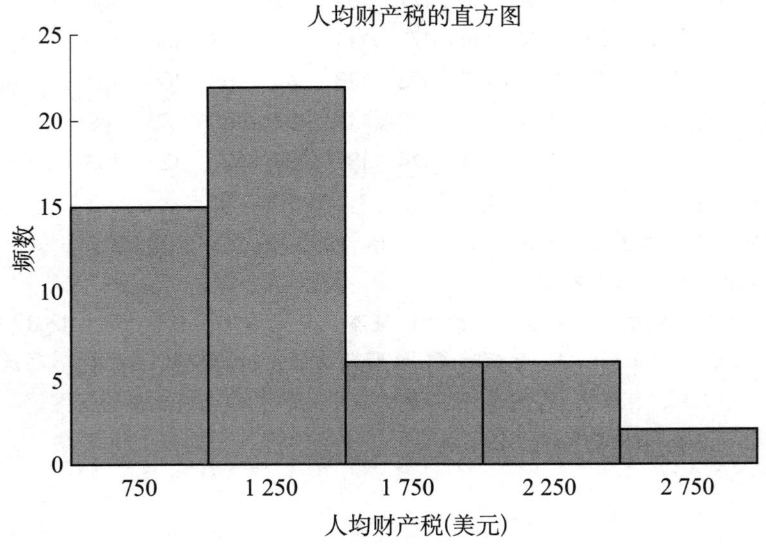

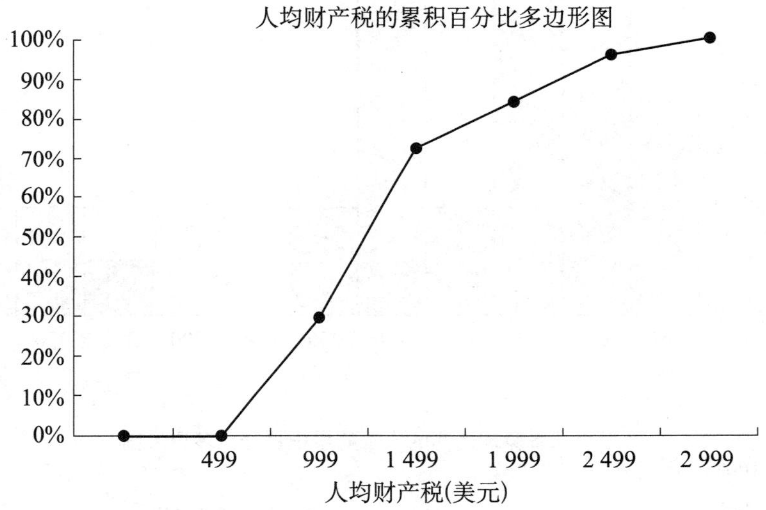

关于人均财产税，你能得出什么结论?

2.41 在城市或其附近居住的美国人在交通堵塞的等待上花多少时间，这些等待每年带来多少损失? 文件 Congestion 包含 31 个城市的等待时间和相关的成本。分别为等待时间和相关的成本:

a. 画出百分比直方图。

b. 画出累积百分比多边形图。

c. 就居住在城市或其附近的美国人在交通等待中所花的时间，你能得出什么结论?

d. 就每年与交通等待相关的成本，你能得出什么结论?

2.42 在美国各个城市生活的人的平均信用分数有什么不同? 文件 CreditScores 是 143 个美国城市的居民按顺序排列的平均信用分数。

a. 画出百分比直方图。

b. 画出累积百分比多边形图。

c. 就在美国不同城市生活的人的平均信用分数，你能得出什么结论?

2.43 某钢铁厂的一项工作就是把钢切割成部件，用于汽车制造厂制造前座的框架。钢是用钻石锯切割的，切割的结果必须在汽车制造厂规定长度±0.005 英寸之内。数据来自文件 Steel 中的 100 个部件样本。数据为用激光测量仪测量出的部件的实际长度与规定长度之间的差距。例如，第一个观测值是−0.002，它表示部件的长度比规定的长度短 0.002 英寸。

a. 画出百分比直方图。

b. 钢铁厂的工作是否很好地满足了汽车厂的要求？解释一下。

2.44 某制造商生产电子设备的钢制机架。机架的主要部分是由 14 标准尺钢卷制作的钢槽。它用 250 吨冲压机操作将两个 90 度的形状放到平的钢板上来制造这个槽。由于户外设备必须能防风雨，从形状的一边到另外一边的距离非常重要。公司要求槽的宽度在 8.31～8.61 英寸之间。下列是存储在文件 Trough 中的 49 个样本槽的宽度（英寸）：

8.312	8.343	8.317	8.383	8.348
8.410	8.351	8.373	8.481	8.422
8.476	8.382	8.484	8.403	8.414
8.419	8.385	8.465	8.498	8.447
8.436	8.413	8.489	8.414	8.481
8.415	8.479	8.429	8.458	8.462
8.460	8.444	8.429	8.460	8.412
8.420	8.410	8.405	8.323	8.420
8.396	8.447	8.405	8.439	8.411
8.427	8.420	8.498	8.409	

a. 分别画出百分比直方图和百分比多边形图。

b. 画出累积百分比多边形图。

c. 就满足公司要求的必须在 8.31～8.61 英寸之间的槽的数量，你能够得出什么结论？

2.45 习题 2.44 中的制造商也生产电子绝缘体。如果绝缘体损坏，使用时很可能发生短路。为了测试绝缘体的强度，在高能实验室里进行了破坏性测试，通过测试观察在绝缘体损坏之前所施加的力量来衡量（单位：磅）。对 30 个绝缘体的测试结果如下（包含在文件 Force 中）：

1 870	1 728	1 656	1 610	1 634
1 784	1 522	1 696	1 592	1 662
1 866	1 764	1 734	1 662	1 734
1 774	1 550	1 756	1 762	1 866
1 820	1 744	1 788	1 688	1 810
1 752	1 680	1 810	1 652	1 736

a. 建立百分比直方图和百分比分多边形图。

b. 画出累积百分比多边形图。

c. 如果公司要求损坏前力量测量至少 1 500 磅，你能够得出关于绝缘体强度的什么结论？

2.46 文件 Bulbs 包含制造商 A 生产的 40 个 20 瓦灯泡的使用寿命（小时）和制造商 B 生产的 40 个 20 瓦灯泡的使用寿命。

为各个分布使用下列组距：

(1) 制造商 A：大于等于 6 500 小于 7 500，大于等于 7 500 小于 8 500，依此类推。

(2) 制造商 B：大于等于 7 500 小于 8 500，大于等于 8 500 小于 9 500，依此类推。

a. 分别画出百分比直方图，并在一张图上画出百分比多边形图。

b. 画出累积百分比多边形图。

c. 哪个制造商——制造商A还是制造商B——生产的灯泡寿命长？解释一下。

2.47 文件Drink包含50个2升装软饮料的实际饮料含量（升）。

a. 画出直方图和百分比多边形图。

b. 画出累积百分比多边形图。

c. 根据（a）和（b）的结论，灌装到瓶中的软饮料的含量是否集中分布在某些特定的数值周围？

2.5 两个数值变量的可视化

把两个数值变量放在一起可视化，可以揭示这两个变量之间可能存在的关系，它也是第12章和第13章论述的方法的基础。要把两个数值变量可视化，我们可以制作散点图。当其中一个变量代表时间时，我们可以制作时间序列图。

散点图

可以使用**散点图**（scatter plot）来检查两个数值变量之间可能的关系。对每一组观测值，将一个变量放置在水平的 *X* 轴，另一个变量放置在垂直的 *Y* 轴。例如，一个市场分析员可以通过比较50个商店的每周销售收入和每周广告支出来研究广告的效果，用 *X* 轴代表广告支出，*Y* 轴代表销售收入。

例2.12

NBA投资分析的散点图

假定你是一个投资分析师并要考察30个NBA职业篮球队的估值。你想知道一个队的估值是否反映了它的收入。你收集了30个球队的收入和估值数据，并把数据整理在表2-18中。

表2-18 NBA球队的收入和估值

球队代码	收入（百万美元）	估值（百万美元）	球队代码	收入（百万美元）	估值（百万美元）	球队代码	收入（百万美元）	估值（百万美元）
ATL	119	425	HOU	191	775	OKC	144	590
BOS	169	875	IND	121	475	ORL	139	560
BKN	190	780	LAC	128	575	PHI	117	469
CHA	115	410	LAL	295	1 350	PHX	137	565
CHI	195	1 000	MEM	126	453	POR	140	587
CLE	145	515	MIA	188	770	SAC	115	550
DAL	162	765	MIL	109	405	SAS	167	660
DEN	124	495	MIN	116	430	TOR	149	520
DET	139	450	NOH	116	420	UTA	131	525
GSW	160	750	NYK	287	1 400	WAS	122	485

资料来源：Data extracted from www.forbes.com/nba-valuations.

为了迅速使球队收入和估值的关系可视化，我们可以制作一张散点图，如图2-14所示，用 X 轴代表收入，Y 轴代表估值。

解答 从图2-14可以看出，球队的收入和估值之间表现出很强的增长（正关联）关系。也就是说，收入较少的球队其估值也较低，而收入较高的球队其估值也较高。这个关系可以通过加入一条第 12 章将要讨论的线性回归预测线凸显出来。

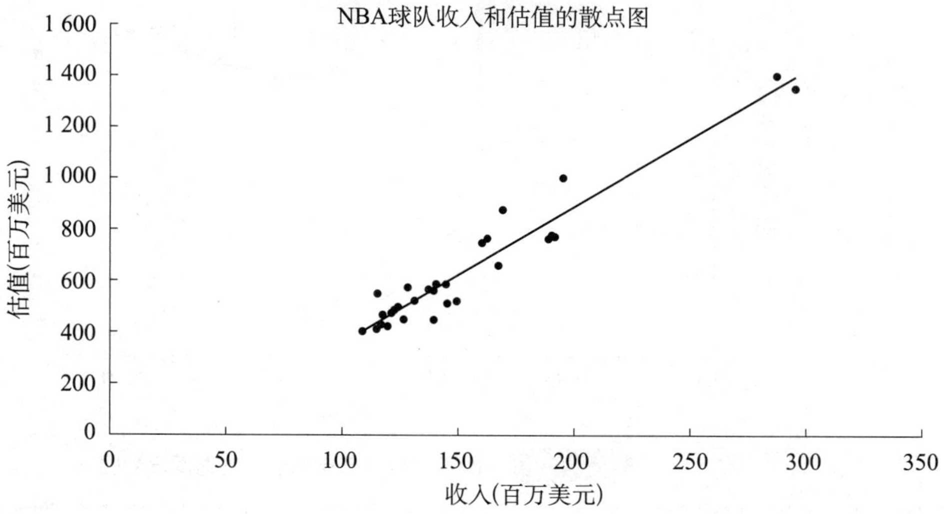

图 2-14　NBA 球队的收入与估值的散点图

分析其他成对的变量时，可能会出现下降（负关联）的关系，其中一个变量增加时另一个变量会减少。此外，两个变量之间还可能存在弱关联关系，或者没有关系。

时间序列图

时间序列图（time-series plot）用来研究数值变量随时间变化的模式。每个值都表示为一个二维的点，时间在 X 轴上，而关注的变量在 Y 轴上。

例 2.13

电影收入的时间序列图

作为一个专门关注娱乐行业的投资分析师，你想找到电影收入的长期趋势。你收集了 1995—2013 年每年的电影收入，并整理为表 2-19。

表 2-19　电影收入

单位：10 亿美元

年份	收入	年份	收入	年份	收入
1995	5.29	2002	9.19	2008	9.95
1996	5.59	2003	9.35	2009	10.65
1997	6.51	2004	9.11	2010	10.54
1998	6.78	2005	8.95	2011	10.19
1999	7.30	2006	9.25	2012	10.83
2000	7.48	2007	9.63	2013	9.77
2001	8.13				

资料来源：Data extracted from www.the-numbers.com/market，February 12，2014.

解答　从图 2-15 可以看出，电影收入在 1995—2003 年稳步上升，2003—2006 年趋于稳定，接着 2007—2009 年有所增加，然后 2010—2012 年继续稳定，2013 年下降到 2008 年的水平。在这段时间，收入从 1995 年的不到 60 亿美元增加到 2012 年的超过 100 亿美元。

图 2-15 1995—2013 年电影收入的时间序列图

2.5 习题

掌握基础知识

2.48 以下数据集取自一个包含 $n=11$ 个元素的样本：

X:	7	5	8	3	6	0	2	4	9	5	8
Y:	1	5	4	9	8	0	6	2	7	5	4

a. 制作散点图。

b. X 和 Y 之间是否有关联性？解释一下。

2.49 以下数据是 2003—2013 年这 11 年间的年度真实销售额（百万美元）：

年份：	2003	2004	2005	2006	2007	2008	2009	2010	2011	2012	2013
销售额：	13.0	17.0	19.0	20.0	20.5	20.5	20.5	20.0	19.0	17.0	13.0

a. 画出时间序列图。

b. 年度真实销售额是否随着时间而变化？解释一下。

概念应用

2.50 新电影首映之后，电影公司需要预测它的总收入，下表是八部哈利·波特电影的第一个周末收入、美国总收入和全球总收入（百万美元）。

电影	第一个周末的收入	美国总收入	全球总收入
Sorcerer's Stone	90.295	317.558	976.458
Chamber of Secrets	88.357	261.988	878.988
Prisoner of Azkaban	93.687	249.539	795.539
Goblet of Fire	102.335	290.013	896.013
Order of the Phoenix	77.108	292.005	938.469
Half-Blood Prince	77.836	301.460	934.601
Deathly Hallows Part Ⅰ	125.017	295.001	955.417
Deathly Hallows Part Ⅱ	169.189	381.011	1 328.111

资料来源：Data extracted from www.the-numbers.com/interactive/comp-HarryPotter.php.

a. 画出散点图，X 轴为第一个周末的收入，Y 为美国总收入。

b. 画出散点图，X 轴为第一个周末的收入，Y 为全球总收入。

c. 第一个周末的收入与美国总收入之间，以及第一个周末的收入与全球总收入之间有什么关系？

2.51　收集了一个大城市的一家酒店一英里内的美国餐馆的典型就餐费用。文件 Bundle 包含 40 个餐馆的典型费用（美元）和一个复合分数——受欢迎程度和客户忠诚度的总的度量。

a. 画出散点图，X 轴为复合分数，Y 轴为典型费用。

b. 就复合分数与典型费用的关系你能得出什么结论？

2.52　大学足球是一个较大的商业领域，其教练的薪酬、大学的收入达数百万美元。文件 College Football 包含 105 所大学的教练的薪酬和大学的收入。

a. 你是否认为收入高的大学教练的薪酬也高？

b. 画出散点图，X 轴为大学的收入，Y 轴为教练的薪酬。

c. 散点图与你在（a）中的答案是一致的还是矛盾的？

2.53　Pew 研究中心的调查发现，社交网络在许多国家都很流行。文件 GlobalSocialMedia 包含 24 个国家的社交网络流行程度（被调查者中使用社交网站的比率）与购买力平价的人均 GDP。

a. 画出散点图，X 轴为人均 GDP，Y 轴为社交网络流行程度。

b. 就 GDP 与社交网络流行程度的关系你能得出什么结论？

2.54　股票在过去表现如何？文件 Stock Performance 包含下表的数据，显示了 1830—2000 年间每个年代大部分股票的表现。

年代	股票表现（%）
1830s	2.8
1840s	12.8
1850s	6.6
1860s	12.5
1870s	7.5
1880s	6.0
1890s	5.5
1900s	10.9
1910s	2.2
1920s	13.3
1930s	−2.2
1940s	9.6
1950s	18.2
1960s	8.3
1970s	6.6
1980s	16.6
1990s	17.6
2000s*	−0.5

*截至 2009 年 12 月 15 日。

资料来源：Data extracted from T. Lauricella, "Investors Hope the '10s Beat the '00s," *The Wall Street Journal*, December 21, 2009, pp. C1, C2.

a. 根据 1830—2000 年间的股票表现画出时间序列图。

b. 这些数据看起来有什么模式？

2.55　文件 NewHomeSales 包含从 2000 年 1 月到 2013 年 12 月每月末记录的美国单一家庭式新房出售的数量和销售价格的中位数。

a. 画出新房销售价格的时间序列图。

b. 这些数据看起来有什么模式?

2.56　文件 Movie Attendance 包含 2001—2013 年每年看电影的人次。

年份	人次（10 亿）
2001	1.44
2002	1.58
2003	1.55
2004	1.47
2005	1.39
2006	1.41
2007	1.40
2008	1.39
2009	1.42
2010	1.34
2011	1.28
2012	1.36
2013	1.15

资料来源：Data extracted from the-numbers.com/market.

a. 为看电影的人次画出时间序列图。

b. 这些数据看起来有什么模式?

2.57　文件 Audit 包含 2001—2013 年间美国国内收入署（IRS）对资产超过 2.5 亿美元的公司所做的审计数量。

a. 画出时间序列图。

b. 这些数据看起来有什么模式?

2.6　一组变量的整理和可视化

到目前为止我们在本章讨论的方法适用于单一的属性变量或数值变量，或者两个数值变量的特例。我们也可以整理并可视化多个属性变量或数值变量，或者一组混合的属性变量和数值变量。虽然任何数量的变量都可以使用这些方法，但是同时使用超过三个或四个变量经常会导致难以解释的结果。

适用于一组变量的方法有助于我们发现那些简单的表格或者展示不易看出的模式与关系。但是，在总结数据以便找到模式和关系时，这些方法有时不如那些简单的方法精确。由于这个缺点，本节的方法通常被用来获取一组变量的初步结论，并且用于补充而不是取代 2.1～2.5 节讨论的那些方法。

多维列联表

多维列联表（multidimensional contingency table）记录三个或更多属性变量的观测值。在 Excel 中，我们构建一个**数据透视表**（PivotTable），它可以互动地改变总结的层级和变量的排列与格式。在 Minitab 中，我们建立一个非互动的表格，一些专门的统计和制图程序（超出本书的范围）可以用来分析和可视化多维的数据。在三个属性变量的例子中，每个单元格包含第三个变量的计数，根据行与列代表的变量的子集排列。

例如，回顾表 2-5，316 只样本基金对基金类型和风险的总和百分比的列联表。该表显示，成长型基金中低风险的远多于平均或高风险的基金。

在此基础上加入第三个属性变量，市值，可分为小、中、大三种类型，这样就产生了一个多维列联表，如图 2-16 所示。第二个表格揭示了第一个表格未能揭示的以下特征：

- 对于成长型基金，风险取决于基金的市值。大型基金更可能有低风险，更不可能有高风险。中型基金有同等可能具有低或平均风险。小型基金最可能有平均风险，更不可能有高风险。
- 价值型基金的风险模式与成长型基金不同。中型基金更可能有低风险。几乎全部大型价值型基金都有低风险，小型价值型基金有同样的可能具有低风险或平均风险。

	Risk			
Type	Low	Average	High	Grand Total
Growth	45.25%	23.42%	3.16%	71.84%
Value	21.84%	5.38%	0.95%	28.16%
Grand Total	67.09%	28.80%	4.11%	100.00%

	Risk			
Type	Low	Average	High	Grand Total
⊟Growth	45.25%	23.42%	3.16%	71.84%
Large	28.48%	3.16%	0.95%	32.59%
Mid-Cap	11.71%	11.08%	0.00%	22.78%
Small	5.06%	9.18%	2.22%	16.46%
⊟Value	21.84%	5.38%	0.95%	28.16%
Large	14.24%	1.27%	0.32%	15.82%
Mid-Cap	4.75%	1.27%	0.00%	6.01%
Small	2.85%	2.85%	0.63%	6.33%
Grand Total	67.09%	28.80%	4.11%	100.00%

图 2-16　在退休基金样本中每一子群体的总和百分比数据透视表

这些结果表明，市值是一个**潜在变量**（lurking variable），即对于解释其他变量间的关系有潜在影响的变量。基金类型与风险水平的关系明显受到退休基金市值大小的影响。

加入数值变量

多维列联表也可以包含一个数值变量。当我们在多维分析中加入一个数值变量时，用其他变量（属性变量或者代表时间的变量）作为行和列来构成整理数值变量的组。

通常情况下，我们将采用 3.1 和 3.2 节讨论的统计描述的方法整理数值数据。例如，图 2-17 显示了一个多维列联表，计算了每个由基金类型、风险和市值构成的组的 10 年平均收益率。

图 2-17 左边的表格把市值的不同类别收起来或者说隐藏了。这个表格突出这一特征：低或高风险的价值型基金的 10 年平均收益率低于同等风险水平的成长型基金。右边的表格显示了市值的影响，揭示了几个模式，例如大型的高风险的成长型基金表现最好，但是大型的高风险的价值型基金表现最差。（由于中型基金没有高风险的，

这组无法计算均值，代表这个组的单元格是空白。）

Mean 10YrReturn%	Risk			
Type	Low	Average	High	Grand Total
⊞Growth	7.13	8.17	6.65	7.45
⊞Value	6.69	8.11	6.22	6.95
Grand Total	6.99	8.16	6.55	7.31

Mean 10YrReturn%	Risk			
Type	Low	Average	High	Grand Total
⊟Growth	7.13	8.17	6.65	7.45
Large	6.37	7.16	8.42	6.51
Mid-Cap	8.36	8.65		8.50
Small	8.59	7.94	5.89	7.86
⊟Value	6.69	8.11	6.22	6.95
Large	5.81	7.01	4.03	5.87
Mid-Cap	7.87	8.23		7.94
Small	9.15	8.55	7.32	8.70
Grand Total	6.99	8.16	6.55	7.31

图 2-17　显示 10 年平均收益率的基金类型、风险和市值的数据透视表

数据发现

图 2－17 中的两个表格也形象地展示了**数据发现**（data discovery）。数据发现是能够让我们通过操作交互式的总结表进行初步分析的方法。数据发现可以用来快速查看历史数据或现状数据，或者迅速查找不寻常值。数据发现也可以让我们引入或剔除某些变量或统计量来发现数据中的新模式，正如把图 2－16 处理成图 2－17 的过程中所做的。在这些方法中，数据发现是管理信息系统帮助决策制定者探索和展示数据的工具。

在最简单的情形下，数据发现包括**向下钻取**（drill down）——从较高层面的总结向下展开数据挖掘。在图 2－17 中，当我们展开市值的类别时，我们就向下钻取了一级。向下钻取可以一直持续到未经整理的数据。例如，图 2－18 显示了全部低风险的小型价值型基金的详细内容，其 10 年平均收益率为 9.15%，如图 2－17 中右边的表格所示。

	A	B	C	D	E	F	G	H	I	J	K	L	M	N
1	Fund Number	Market Cap	Type	Assets	Turnover Ratio	Beta	SD	Risk	1YrReturn%	3YrReturn%	5YrReturn%	10YrReturn%	Expense Ratio	Star Rating
2	RF316	Small	Value	71.30	14.00	0.84	13.79	Low	4.83	7.12	4.41	9.80	1.27	Four
3	RF310	Small	Value	664.50	68.00	0.71	11.68	Low	8.87	9.63	11.35	11.51	1.46	Five
4	RF308	Small	Value	48.30	14.60	0.94	17.02	Low	11.79	10.40	-2.27	4.27	1.66	Two
5	RF306	Small	Value	40.90	28.00	1.16	18.97	Low	12.49	11.08	5.11	8.76	1.60	Three
6	RF304	Small	Value	73.30	32.00	1.15	18.69	Low	22.54	11.76	6.27	10.15	1.61	Three
7	RF303	Small	Value	103.20	16.78	1.05	17.41	Low	16.54	12.09	7.31	8.29	1.51	Four
8	RF302	Small	Value	1837.60	16.04	1.20	1.92	Low	13.78	12.11	4.91	10.10	1.38	Four
9	RF300	Small	Value	1980.30	27.00	1.14	18.80	Low	20.13	13.13	6.63	9.63	1.13	Four
10	RF298	Small	Value	127.80	89.00	0.95	15.90	Low	7.35	14.69	3.09	9.86	1.50	Four

图 2-18　向下钻取的结果：低风险的小型价值型基金的详细内容

有些数据发现主要靠可视化。**树状图**（treemap）用不同大小和颜色的长方形形象地比较两个或更多的变量。当与一个或多个属性变量一起使用时，树状图会生成一个多层结构，或者叫树（tree），以揭示存在于数值变量中的模式。

图 2－19 展示了一个把退休基金样本中的小型、低风险成长型与价值型基金的资产（面积大小）和 10 年平均收益率（颜色）进行可视化演示的树状图。该树状图表明，最高的 10 年平均收益率（颜色最深）与“中等规模”相关性最强，而最差的回报（颜色最浅）与规模更小的基金有更多的关联。如本节最初所谈到的，用树状图来

展示数据的大致模式也会以放弃数据的精确细节为代价。(你可以将图 2－19 右侧的价值型基金与图 2－18 中展示详细内容的表格加以比较。)

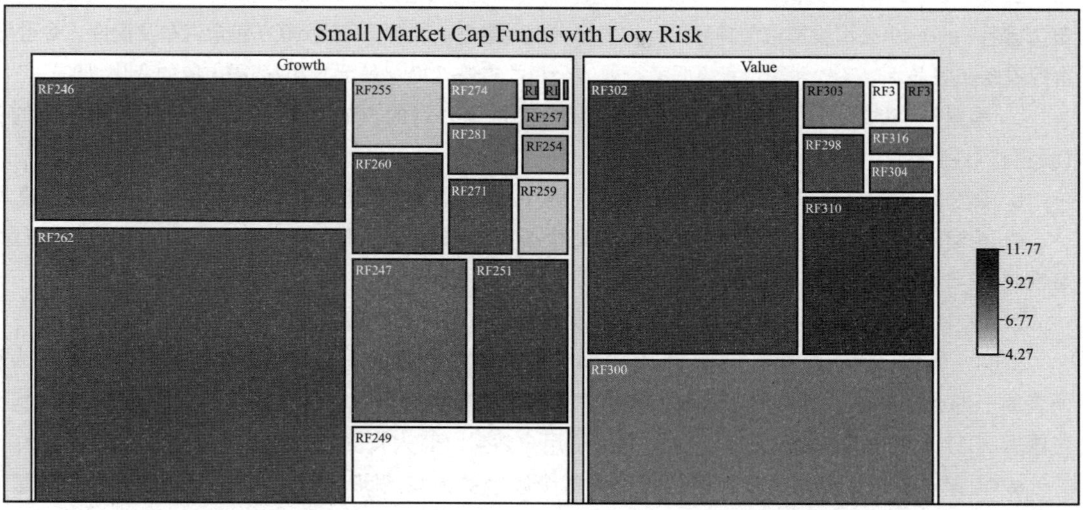

图 2－19　小型、低风险退休基金的资产和 10 年平均收益率树形图

2.6 习题

掌握基础知识

2.58　使用 RetirementFunds 文件中的数据。

a. 构建一个记录类型、市值和评级的表格。

b. 根据市值（小、中、大）和评级（1 级、2 级、3 级、4 级、5 级），对不同类型（成长型与价值型）的退休基金的不同点，你能得出什么结论?

2.59　使用 RetirementFunds 文件中的数据。

a. 构建一个记录市值、风险和评级的表格。

b. 根据市值（小、中、大）、风险（低、平均和高）和评级（1 级、2 级、3 级、4 级、5 级），对各退休基金的不同点，你能得出什么结论?

2.60　使用 RetirementFunds 文件中的数据。

a. 构建一个记录类型、风险和评级的表格。

b. 根据风险（低、平均和高）和评级（1 级、2 级、3 级、4 级、5 级），对不同类型（成长型与价值型）的退休基金的不同点，你能得出什么结论?

2.61　使用 RetirementFunds 文件中的数据

a. 构建一个记录类型、市值、风险和评级的表格。

b. 根据市值（小、中、大）、类型（成长型与价值型）、风险（低、平均和高）和评级（1 级、2 级、3 级、4 级、5 级），对各退休基金的不同点，你能得出什么结论?

2.62　美国职业篮球联盟（NBA）的特许经营在过去几年戏剧性地大幅增值。某个机构的估值取决于球队所在城市的规模、它取得的收入以及球队的成功与否。文件 NBAValues 包含每个球队上年的估值和估值的变化。

a. 构建一个树状图，使 NBA 球队的估值（面积大小）和一年间估值的变化（颜色）可视化。

b. 就 NBA 球队的估值和一年间估值的变化，你能得出什么结论?

2.63 2013 年，《财富》全球 500 强的名单向我们展示了全球最大的公司的一个剪影。这些公司根据市值排名——一个公司股票市值越靠前，它的排名就越靠前。文件 FTGlobal500 包含汽车及配件、金融服务、医疗设备和服务，以及软件和计算机服务行业的公司的市值（10 亿美元）和 52 周市值的变化（%）。

a. 构建一个树状图，按照行业与国家分组，使每个公司的市值（面积大小）和 52 周市值的变化（颜色）可视化。

b. 哪个行业的公司看起来市值增长最大? 哪个行业的公司看起来市值增长最小（或者减少最大)?

c. 构建一个树状图，按照国家分组，使每个公司的市值（面积大小）和 52 周市值的变化（颜色）可视化。

d. 像（c）那样画树状图比像（a）那样画更容易作出什么比较?

2.64 作为公司国际战略管理团队的一员，你的任务是调查进入一个外国市场的潜力。作为初步调查的一部分，你必须对美洲、亚洲和太平洋地区的国家的经济进行评估。文件 DoingBusiness 包含这些国家 2012 年的人均 GDP 以及 2011 年的网络用户数量（百人），以及 2011 年的手机用户（百人）。

a. 构建一个树状图，按照地区分组，使每个国家的人均 GDP（面积大小）和网络用户数量（颜色）可视化。

b. 构建一个树状图，按照地区分组，使每个国家的人均 GDP（面积大小）和手机用户数量（颜色）可视化。

c. 两个树状图显示出什么模式? 两个树状图的模式是相似的还是有差异? 请解释。

2.65 美国汽车销售每月、每年都不同。文件 AutoSales 包含 2013 年 7 月各个汽车制造商的销售量以及与 2013 年 6 月相比的百分比变化。

a. 构建一个树状图，使汽车销售（面积大小）和与 2013 年 6 月相比的变化（颜色）可视化。

b. 就汽车销售（大小）和与 2013 年 6 月相比的变化，你能得出什么结论?

2.66 使用 RetirementFunds 文件中的数据。

a. 构建一个记录类型、市值和评级的表格。

b. 向下钻取评级为 3 级的大型基金，一共有多少? 就这些基金你能得出什么结论?

2.67 使用 RetirementFunds 文件中的数据。

a. 构建一个记录市值、风险和评级的表格。

b. 向下钻取评级为 3 级的高风险的大型基金，一共有多少? 就这些基金你能得出什么结论?

2.68 使用 RetirementFunds 文件中的数据。

a. 构建一个记录类型、风险和评级的表格。

b. 向下钻取评级为 3 级的高风险的成长型基金，一共有多少? 就这些基金你能得出什么结论?

2.69 使用 RetirementFunds 文件中的数据。

a. 构建一个记录类型、市值和风险的表格。

b. 向下钻取高风险的大型成长型基金，一共有多少? 就这些基金你能得出什么结论?

2.7 变量整理与可视化中的挑战

在变量整理和可视化过程中可以得到许多有用的总结结果，以便我们迅速展开对变量的分析。但是，必须意识到读者接受和理解这些总结结果时往往并不那么容易。此外，演示中出现的问题也可能削弱本章讨论的那些方法的作用。

我们可能很容易制作出一些令人对数据难以理解的总结，或者让人产生错误的印象，使分析无法取得成效。变量整理与可视化中的挑战就是要尽量避免这些问题。

朦胧数据

管理者早就知道，信息过载、展示过多细节都可能导致数据朦胧从而妨碍决策制定（见参考文献 3）。表格和形象化的总结都可能有这些问题。例如，考虑图 2－20，它显示了基于基金类型、规模、风险和评级的总和百分比对比条形图。该图显示出低风险和 3 级评级的大型基金更多，而其他细节就不那么明显了。即使是那些颜色分辨能力毫无问题的人，也会很难看懂过于复杂的标识。

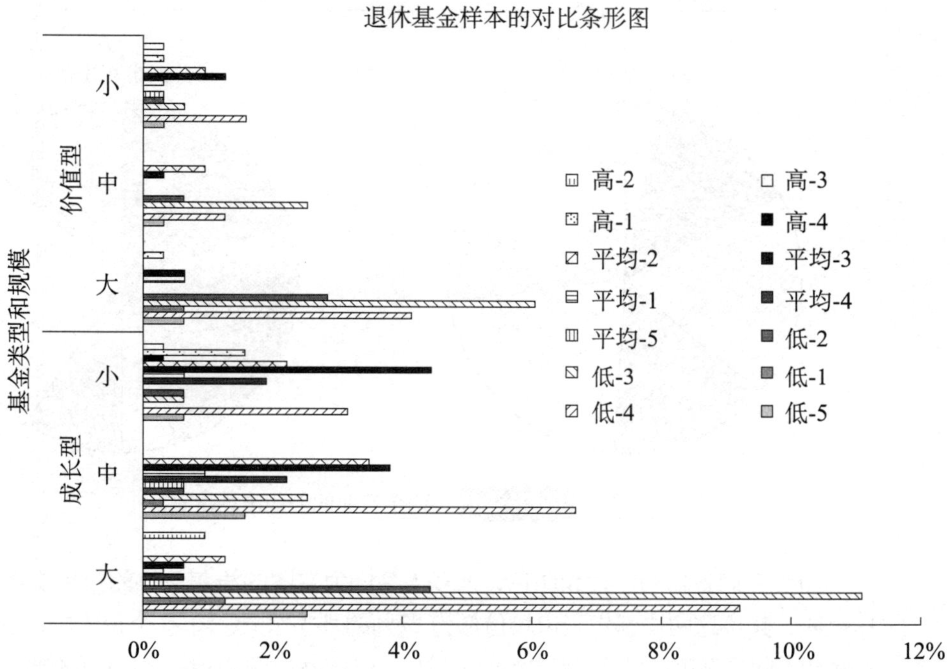

图 2－20　退休基金对比条形图：基金类型、规模、风险和评级的总和百分比

造成错误印象

在变量整理和可视化过程中，我们必须小心不要给读者留下错误的印象，以免影响结论的基本含义。选择性总结和不适当的可视化通常会造成错误的印象。

所谓选择性总结（selective summarization），就是仅仅展示收集到的数据中的一部分。当长期的数据被收集并展示为短期变化百分比时，常常会出现选择性总结。例如，表 2－20（左边）显示了 7 个汽车公司在 4 月的销售业绩与上一年同期相比发生的变化。作为对比，表 2－20（右边）显示了包括 2008 年经济衰退期的三年同比变化，选择性总结讲述了一个不同的故事，尤其是对公司 G 而言。

制作不当的图形容易使人产生错误的印象。图 2－21 显示了两个饼图，分别代表几个公司在两个行业的市场份额。你多快能意识到这两个饼图总结的是一组完全相同的数据？

表2-20 左边：4月销售同比变化；右边：连续三年的变化（%）

公司	较上年的变化	公司	较上年的变化		
			第一年	第二年	第三年
A	+7.2	A	−22.6	−33.2	+7.2
B	+24.4	B	−4.5	−41.9	+24.4
C	+24.9	C	−18.5	−31.5	+24.9
D	+24.8	D	−29.4	−48.1	+24.8
E	+12.5	E	−1.9	−25.3	+12.5
F	+35.1	F	−1.6	−37.8	+35.1
G	+29.7	G	+7.4	−13.6	+29.7

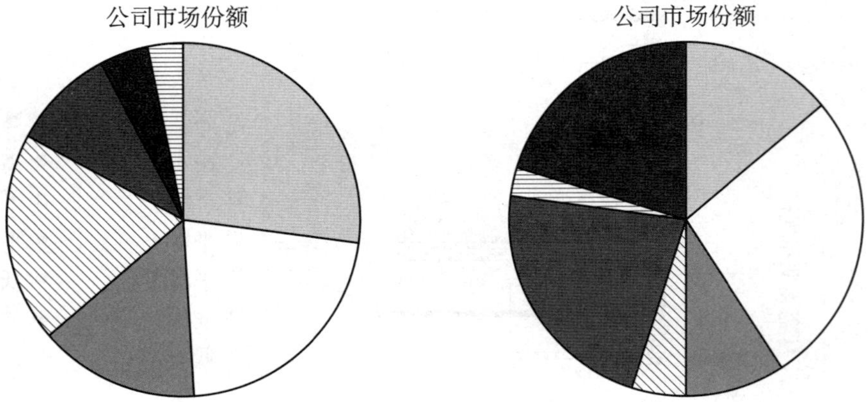

图2-21 两个行业的公司市场份额

由于它们各自的位置和颜色，很多人会以为左图的浅灰色块的市场份额小于右图的白色块，其实这两块都代表市场份额为27%的那家公司。在这个例子中，饼图各部分的顺序和不同的颜色都可能导致错误的印象。在其他种类的图形中，选择不当的坐标轴，或者起点不是原点的Y轴，或者缺少中间值的“断”轴等错误，都可能导致错误的印象。

花哨图表

为了用可视化的图表传达重要观点，有些人会加入一些装饰性的元素来强化或者取代本章讨论的那些条状或线形的图表。恰当地使用这类装饰元素可以增强人们对一个图表的印象（见参考文献1），但是大多数这类装饰元素时常不尽如人意，要么令人费解，要么造成对数据本意的误解。这样的装饰元素称为**花哨图表**（chartjunk）。

图2-22展示了几种软饮料产品的市场份额。花哨图表并没有比简单的条形图或饼图传递更多的信息，而图中软饮料瓶顶部的泡沫图案却使数据本意朦胧和扭曲了。右边的对比条形图表明，如果用第一个泡沫和瓶子的高度代表20%，那么它夸大了5个更小的品牌的市场份额。

图2-23是4年间澳大利亚出口到美国的葡萄酒数量的可视化图形。左边的花哨图表版本用酒杯来装饰，右边为准确的时间序列图。由于不同酒杯之间的年份不是等距的，这四个酒杯对不断增长的葡萄酒出口造成了错误的印象。由于使用了三维的物体，这个图也扭曲了数据。（1997年的出口量应该是1989年的6倍多一点，然而图中

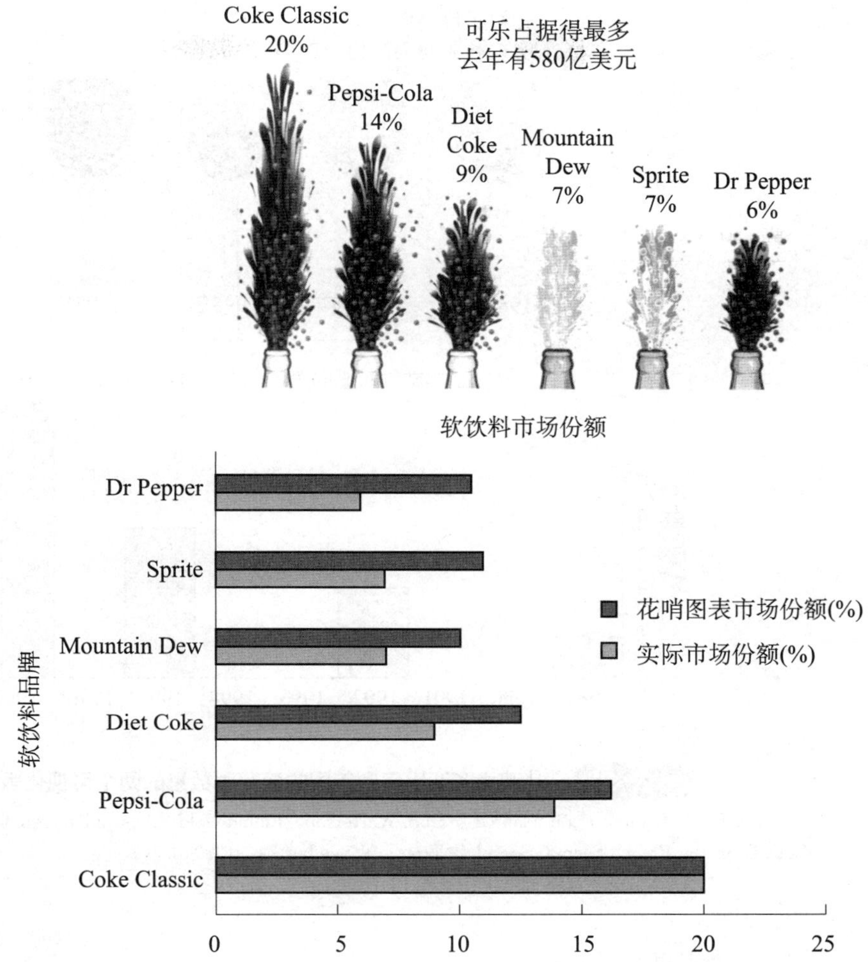

图 2-22　软饮料市场份额的两个可视化版本

资料来源：Left illustration adapted from Anne B. Carey and Sam Ward, "Coke Still Has Most Fizz," *USA Today*, May 10, 2000, p. 1B.

1997 年的杯中酒量比几乎空着的 1989 年的杯中酒量显得多很多。）

图 2-24 显示了同一篇杂志文章中所用的另外一幅图。这幅图中有好几个常见的花哨图表问题。葡萄藤叶以及葡萄串增加了装饰性却没有传达任何有用信息。该图错误地把 1949—1950 年耕种的 135 326 英亩土地标到了其他更大的数值的上方，例如它在 1969—1970 年耕种的 150 300 英亩土地的上方。横轴上的时间度量也不一致（注意，后两个度量相差 8 年，与 1959—1989 之间的 30 年的距离差不多）。这些制图不当之处带来了非常严重的错误印象，以至于 20 世纪 90 年代以来耕种土地加速增加的趋势被喧宾夺主的图形淡化了。

准确构造图表的恰当做法

为了避免扭曲数据并制作出最佳数据表达的可视化图表，我们应当遵循以下指导原则：

- 使用最简单的可视化图形；
- 包含一个标题；

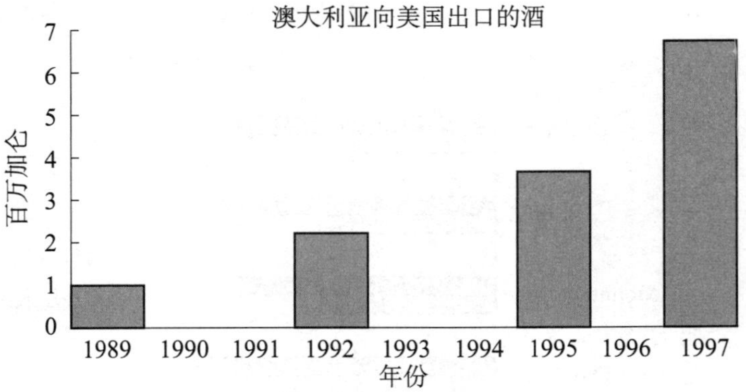

图 2-23　从澳大利亚出口到美国的葡萄酒数量的两个可视化版本

资料来源：Left illustration adapted from S. Watterson, "Liquid Gold—Australians Are Changing the World of Wine. Even the French Seem Grateful." *Time*, November 22, 1999, p. 68.

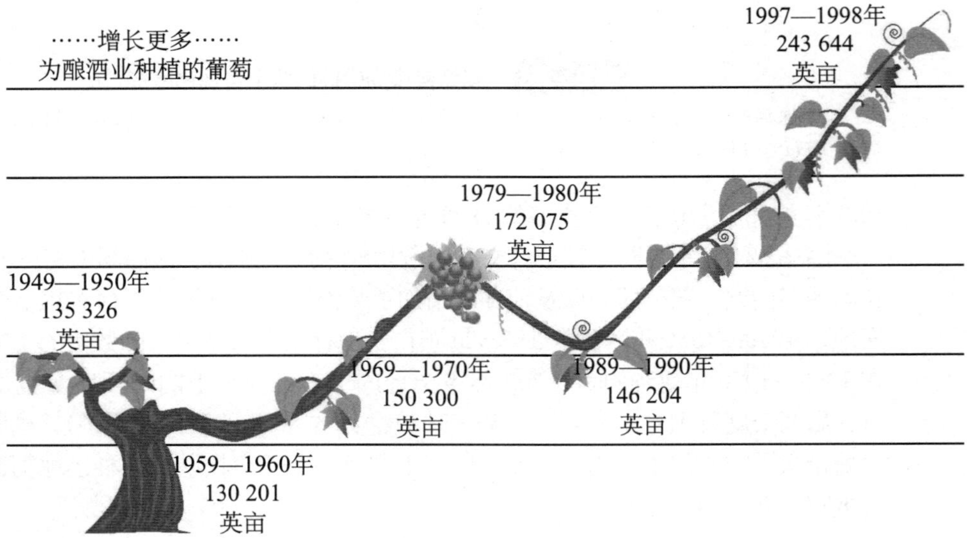

图 2-24　"不适当"的酒业种植葡萄的土地数量显示

资料来源：Adapted from S. Watterson, "Liquid Gold—Australians Are Changing the World of Wine. Even the French Seem Grateful," *Time*, November 22, 1999, pp. 68-69.

- 标明所有的轴；
- 如果图表包括轴，每个轴都应包括刻度；

- 纵轴刻度应该以零作为起点；
- 使用固定的比例尺；
- 避免 3D 特效；
- 避免花哨图表。

使用 Excel 时，尤其要注意上述扭曲。Excel 会自动生成纵轴起点不为零的图表，而且可能引诱你把简单的图表重新制作成复杂的风格，或者让你使用不常见的格式，例如圆环图、雷达图、曲面图、气泡图、锥形图和金字塔图。你应该尽量避免使用这样的图表，因为它们通常会导致朦胧数据或者错误的印象。

2.7 习题

概念应用

2.70　（学生项目）上课时带来一张来自网站、报纸或杂志的你认为拙劣地演示某些数值变量的图表。写一份评论，说明它为什么不合适，将图表和评论交给老师。你是否认为该图表的目的是故意误导读者？同时，做好准备，在班里展示并评论这份图表。

2.71　（学生项目）上课时带来一张来自网站、报纸或杂志的你认为拙劣地演示某些属性变量的图表。写一份评论，说明它为什么不合适，将图表和评论交给老师。你是否认为该图表的目的是故意误导读者？同时，做好准备，在班里展示并评论这份图表。

2.72　（学生项目）数据和存储图书馆（DASL）是一个展示基本统计方法应用的数据文件和故事的在线图书馆。访问 lib. stat. cmu. edu/index. php，点击 DASL，探索各种图表。

a. 选择一个你认为很好地揭示了数据传达意思的图表。讨论为什么你认为它是一个好的图表。

b. 选择一个你认为需要许多改进的图表。讨论为什么你认为它是一个构造糟糕的图表。

2.73　下图节选自一个数字营销博客上的帖子。

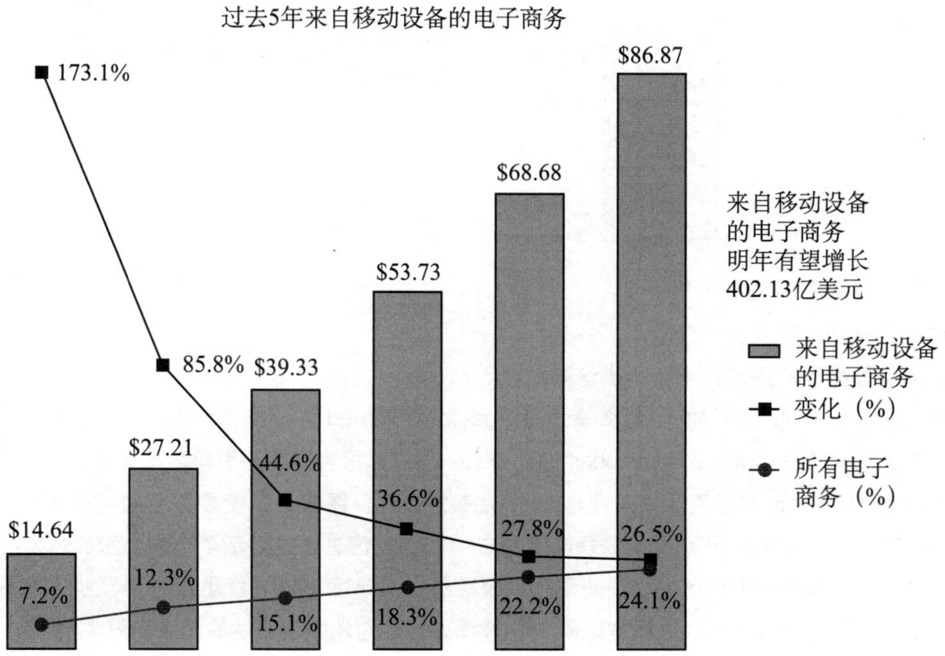

a. 说明这张图表的至少一个优点。

b. 说明这张图表的至少一个缺点。

c. 应用上面提到的原则，重新画出这张图表。

2.74 下图节选自2013年2月2日网站graphicspolicy.com上的帖子“Who Are the Comic Book Fans on Facebook?”。

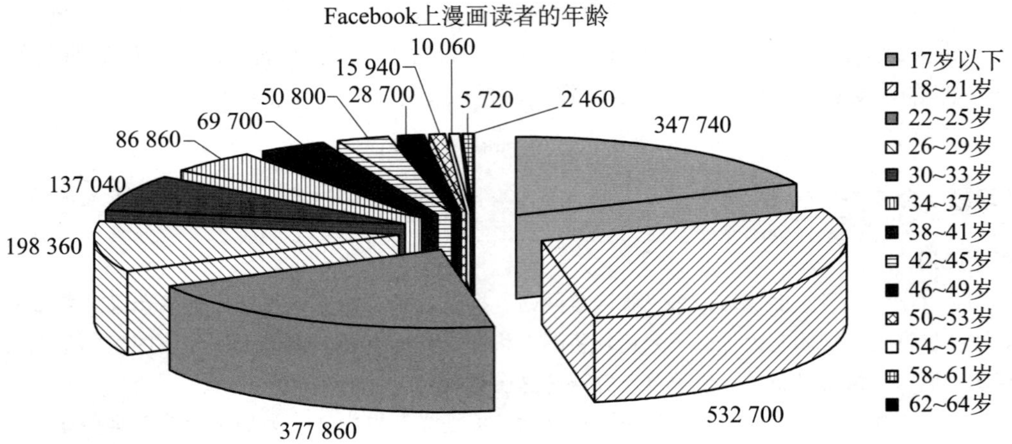

a. 说明这张图表的至少一个优点。

b. 说明这张图表的至少一个缺点。

c. 应用上面提到的原则，重新画出这张图表。

2.75 下图节选自一份管理咨询白皮书。

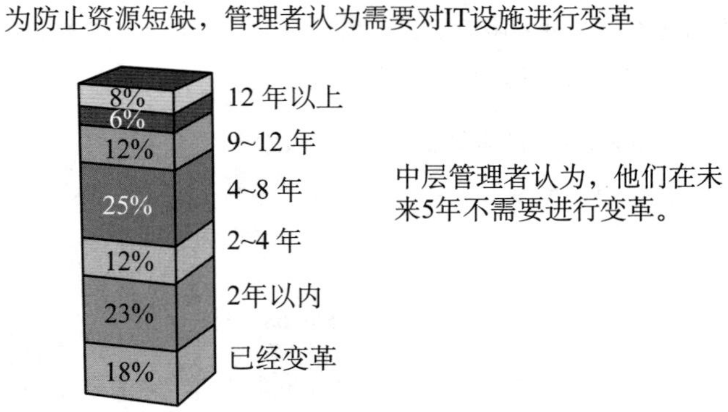

a. 说明这张图表的至少一个优点。

b. 说明这张图表的至少一个缺点。

c. 应用上面提到的原则，重新画出这张图表。

2.76 《纽约时报》上的一篇文章（D. Rosato，“Worried About the Numbers? How About the Charts?” *The New York Times*，September 15，2002，p. B7）报告了就公司年度报告佛罗里达海湾大学Deanna Oxender Burgess教授所做的研究。Burgess教授发现，图表上即使是很小的扭曲也会改变读者对信息的感知。这篇文章显示了Zale公司年度报告中的销售信息并且显示了结果如何被夸大。

利用互联网或者图书馆资源，研究一个选定公司最近的年度报告。找出报告中至少一个你认为需要改进的图表，并且给出一个改进版本的图表。解释为什么你认为改进后的图表更好。

2.77 图2-1显示了人们为什么在网上购物的条形图和饼图。

a. 构建人们为什么在网上购物的爆破了的饼图、圆环图、锥形图和金字塔图。

b. 你最喜欢哪张图——条形图、饼图还是爆破了的饼图、圆环图、锥形图和金字塔图？解释一下。

2.78　图 2-2 和图 2-3 是退休基金的风险水平的条形图和饼图。

a. 构建退休基金的风险水平的一张爆破了的饼图、圆环图、锥形图和金字塔图。

b. 你最喜欢哪张图——条形图、饼图和帕累托图还是爆破了的饼图、圆环图、锥形图和金字塔图？解释一下。

统计应用

Choice Is Yours，回顾

在这个“统计应用”专栏中，你被 Choice Is Yours 投资公司雇用来协助有兴趣投资退休基金的客户。你选择了一个 316 只退休基金的样本并且记录了基金的信息和过去的表现，还对每一只基金收集了 13 个变量的数据。这么多的数据要使用合适的图表来总结。

利用条形图和饼图，你能够发现大约 2/3 的基金被分类为低风险，大约 30% 为平均风险，大约仅 4% 为高风险。这些基金的风险水平和主要类型（成长型或价值型）的交叉分类表显示，价值型基金更多的是低风险的，而不是平均或高风险的。在构建年收益率的直方图和百分比多边形图后，你可以得出结论，价值型基金的年收益率稍高于成长型基金。价值型与成长型基金的年收益率都集中在 10%～20% 之间，成长型基金更多地集中在 10%～15%，而价值型基金更多地集中在 15%～20% 之间。

从多维列联表中，你发现了更复杂的关系，例如，对于成长型基金，风险取决于基金的市值。

有了这些见解，你就可以告诉你的客户不同的基金表现如何。当然，一只基金的历史表现并不能保证它未来的表现。你可能还想分析过去 3 年、5 年和 10 年的收益率差异，以及观察成长型基金、价值型基金与小型、中型和大型基金的表现如何。

小　结

整理与数据可视化是 DCOVA 框架的第三项和第四项任务。如何完成这些任务取决于变量的类型——是属性变量还是数值变量，以及同时整理并加以可视化的变量个数。表 2-21 总结了完成这些任务的适当方法。

表 2-21　数据整理与可视化

变量类型	方法
属性变量	
整理	总结表，列联表（2.1 节）
单变量的可视化	条形图，饼图，帕累托图（2.3 节）
两变量的可视化	对比条形图（2.3 节）
数值变量	
整理	有序数列，频数分布，频率分布，百分比分布，累积百分比分布（2.2 节）
单变量的可视化	茎叶图，直方图，百分比多边形图，累积百分比多边形图（2.4 节）
两变量的可视化	散点图，时间序列图（2.5 节）
多变量一起	
整理	多维列联表，树状图（2.5 节）

采用适当的数据整理和可视化方法有助于我们获得初步结论。在不同的例子中，

图表有助于我们对年轻人在网上购物、城区与郊区餐馆的餐费等问题得出结论，它们也帮助我们对“统计应用”专栏中的退休基金样本有了更加深入的理解。

使用适当的数据可视化方法可以帮助我们获得初步结论，同时促使我们进一步提出问题以便日后做更深入的分析。但正如 2.7 节所述，如果整理并使数据可视化的方法使用不当，则可能导致朦胧数据并造成错误的印象。

数据整理和可视化方法有助于总结数据。对于数值数据而言，还有很多其他方法可以用来概括总结数据，它们与计算样本统计量或总体参数有关。数值描述性度量是最常见的例子，它是第 3 章的主题。

参考文献

1. Batemen, S., R. Mandryk, C. Gutwin, A. Genest, D. McDine, and C. Brooks. "Useful Junk? The Effects of Visual Embellishment on Comprehension and Memorability of Charts." April 10, 2010, **www.hci.usask.ca/uploads/173-pap0297-bateman.pdf**.
2. Few, S. *Displaying Data for At-a-Glance Monitoring*, Second ed. Burlingame, CA: Analytics Press, 2013.
3. Gross, B. *The Managing of Organizations: The Administrative Struggle, Vols. I & II*. New York: The Free Press of Glencoe, 1964.
4. Huff, D. *How to Lie with Statistics*. New York: Norton, 1954.
5. *Microsoft Excel 2013*. Redmond, WA: Microsoft Corporation, 2012.
6. *Minitab Release 16*. State College, PA: Minitab, 2010.
7. Tufte, E. R. *Beautiful Evidence*. Cheshire, CT: Graphics Press, 2006.
8. Tufte, E. R. *Envisioning Information*. Cheshire, CT: Graphics Press, 1990.
9. Tufte, E. R. *The Visual Display of Quantitative Information*, 2nd ed. Cheshire, CT: Graphics Press, 2002.
10. Tufte, E. R. *Visual Explanations*. Cheshire, CT: Graphics Press, 1997.
11. Wainer, H. *Visual Revelations: Graphical Tales of Fate and Deception from Napoleon Bonaparte to Ross Perot*. New York: Copernicus/Springer-Verlag, 1997.

关键词

条形图（bar chart）
单元格（cell）
花哨图表（chartjunk）
组界（class boundaries）
组间（class interval）
组距（class interval width）
组中点（class midpoint）
组（classes）
列联表（contingency table）
累积百分比分布（cumulative percentage distribution）
累积百分比多边形图（累积曲线图）（cumulative percentage polygon（ogive））
数据发现（data discovery）
向下钻取（drill-down）
频数分布（frequency distribution）
直方图（histogram）
交叉结果（joint response）
潜在变量（lurking variable）
多维列联表（multidimensional contingency table）
累积曲线图（累积百分比多边形图）（ogive（cumulative percentage polygon））
有序数组（ordered array）
帕累托图（Pareto chart）
帕累托准则（Pareto principle）
百分比分布（percentage distribution）
百分比多边形图（percentage polygon）
饼图（pie chart）
数据透视表（PivotTable）
比率（proportion）
频率（relative frequency）
频率分布（relative frequency distribution）
散点图（scatter plot）
对比条形图（side-by-side bar chart）
茎叶图（stem-and-leaf display）
总结表（summary table）
时间序列图（time-series plot）
树状图（treemap）

检查你对本章的理解

2.79 在结构和用途方面，直方图和多边形图有哪些区别?

2.80 为什么要构建总结表?

2.81 条形图、饼图和帕累托图的优点和缺点各是什么?

2.82 比较用于展示属性数据的条形图和展示数值数据的直方图的异同。

2.83 时间序列图和散点图的不同点是什么?

2.84 为什么说帕累托图的主要作用在于它可以区分“至关重要的少数几个”和“无关紧要的很多”?

2.85 在列联表中分解百分比的三种方式是什么?

2.86 多维列联表与两个变量的列联表有什么不同?

2.87 从一个包括三个变量的列联表中，你可以得出哪些从包含两个变量的列联表中无法得出的结论?

本章复习题

2.88 下列数据显示了一本新大学教材价格的构成。

收入类别	百分比（%）
出版社	64.8
生产成本	32.3
营销和促销	15.4
管理成本和税	10.0
税后利润	7.1
书店	22.4
雇员薪酬和津贴	11.3
运营	6.6
税后利润	4.5
作者	11.6
运费	1.2

资料来源：Data extracted from T. Lewin, “When Books Break the Bank,” The *New York Times*, September 16, 2003, pp. B1, B4.

a. 使用出版社、书店、作者和运费这 4 个类别，画出条形图、饼图和帕累托图。

b. 使用出版社的 4 个子类别和书店的 3 个子类别，加上作者和运费，构建帕累托图。

c. 基于（a）和（b）的结果，你能够得出关于谁得到了销售新大学教材的收入的什么结论? 这些结果是否让你感到惊讶? 解释一下。

2.89 下表代表 2013 年各类电影的市场份额。

类别	数量	收入（百万美元）	票数（百万张）
原创剧本	365	4 468.0	547.6
根据小说/短故事改编	77	2 083.8	255.4
根据漫画/图画书改编	15	1 399.9	171.6
根据真实事件改编	210	934.4	114.5
根据事实性书籍/文章改编	11	407.0	49.9
根据传说/童话改编	7	398.3	48.8
根据电视改编	5	345.9	42.4

续前表

类别	数量	收入（百万美元）	票数（百万张）
重新制作	12	142.8	17.5
根据短片改编	3	173.9	21.3
分拆	2	256.4	31.4

资料来源：Data extracted from www.the-numbers.com/market/2013/summary.

a. 为电影数量、收入、票数画出条形图、饼图和帕累托图。

b. 对于2013年电影市场份额，你能得出什么结论？

2.90 高级营销人员对市场营销者下一年的预期和观察做了调查，包括营销支出水平、媒体覆盖以及新业务活动。营销人员被问到他们最常发现要雇用的营销机构的方式以及他们对自己行业的营销公司价值的评估。结果如下表所示。

发现新营销机构的最常见方式	百分比（%）
机构的电话/电子邮件	32
社交外联	6
Google，Bing 搜索	7
朋友、同事推荐	48
寻找机构的咨询人员	7

资料来源：Data extracted from "2014 RSW/US New Year Outlook Report," Bit.ly/1fVZTj5.

a. 画出条形图、饼图和帕累托图。

b. 你认为哪种图最好地展示了这些数据？

聚焦所在行业的营销机构的重要性	百分比（%）
非常重要	43
有点重要	45
一点不重要	12

资料来源：Data extracted from "2014 RSW/US New Year Outlook Report," bit.ly/1fVZTj5.

c. 画出条形图、饼图和帕累托图。

d. 你认为哪种图最好地展示了这些数据？

e. 根据上两个总结，就市场营销人员对新的市场营销机构的看法，你能得出什么结论？

2.91 一个欧陆菜的饭店的营业目标是更多地了解顾客在星期五到星期天这段时间的需求模式。630个顾客点的主菜数据被收集，如下表所示。

主菜种类	点单次数
牛肉	187
鸡肉	103
混合	30
鸭肉	25
鱼	122
意大利面	63
贝类	74
小牛肉	26
总和	630

a. 构建主菜种类的百分比总结表。

b. 画出主菜种类的条形图、饼图和帕累托图。

c. 你更喜欢用饼图还是帕累托图展示这些数据？为什么？

d. 就不同种类的主菜，餐馆的业主可以得出什么结论？

2.92 假定习题 2.91 中的餐馆的业主也想研究同一时段顾客对甜品的需求。她决定，除了要知道顾客是否点了甜品，还要知道顾客的性别以及是否点了牛肉。630 个顾客的数据如下表所示。

点了甜品	性别		总和
	男	女	
是	50	96	146
否	250	234	484
总和	300	330	630
点了甜品	**牛肉主菜**		**总和**
	是	**否**	
是	74	68	142
否	123	365	488
总和	197	433	630

a. 为每个列联表，构建行和百分比、列和百分比和总和百分比的列联表。

b. 你认为哪种百分比对各个性别最有信息量？对牛肉主菜呢？请解释。

c. 餐馆的业主对点甜品的模式可以得出什么结论？

2.93 下列数据代表美国、日本和俄罗斯在近期某年吃掉的新鲜食品和包装食品的人均磅数。

新鲜食品	国家		
	美国	日本	俄罗斯
鸡蛋、坚果和豆类	88	94	88
水果	124	126	88
肉和海鲜	197	146	125
蔬菜	194	278	335
包装食品			
烘焙食品	108	53	144
奶制品	298	147	127
意大利面	12	32	16
处理过的、冷冻的、脱水的和冷藏的食品，以及速食品	183	251	70
调料、蘸料、酱料	63	75	49
零食和糖果	47	19	24
汤和罐装食品	77	17	25

资料来源：Data extracted from H. Fairfield, "Factory Food," *The New York Times*, April 4, 2010, p. BU5.

a. 为美国、日本、俄罗斯画出不同种类新鲜食品的条形图、饼图和帕累托图。

b. 为美国、日本、俄罗斯画出不同种类包装食品的条形图、饼图和帕累托图。

c. 就美国、日本、俄罗斯在新鲜食品和包装食品消费方面的差别，你能得出什么结论？

2.94 《航空顾客报告》是航空执行和程序交通办公室的月度报告，为消费者提供不同航空公司服务质量方面的信息。该报告包括按行业和投诉类别整理的消费者投诉总结。2013 年 12 月的 1 114 次消费者投诉按行业分类的情况如下表所示。

行业	消费者投诉数量
航空公司	992
旅行社	94
旅行调度	1
其他	27
行业总和	1 114

资料来源：Data extracted from "The Travel Consumer Report," Office of Aviation Enforcement and Proceedings, February 2014.

a. 构建一个按行业分类的消费者投诉帕累托图。哪个行业投诉最多？

这里的 992 次针对航空公司的投诉包括两类：针对美国航空公司的和针对外国航空公司的。下表总结了这 992 次投诉的类别。

投诉类别	针对美国航空公司	针对外国航空公司
飞行问题	263	41
超额售票	38	5
预订/出票/登机	98	41
费用	23	4
返还	48	24
行李	147	56
客户服务	92	30
残疾人服务	38	8
广告	8	0
歧视	6	3
动物	0	0
其他	14	5
总和	775	217

b. 构建一个饼图来展示针对美国和外国航空公司的投诉的百分比。

c. 为针对美国航空公司的投诉构建一个帕累托图。是否有一个投诉类别占投诉的绝大部分？

d. 为针对外国航空公司的投诉构建一个帕累托图。是否有一个投诉类别占投诉的绝大部分？

2.95 衡量一个机构服务质量的一个主要标准是客户投诉得以解决的速度。一家大型家族百货商店主要出售家具和地板材料（包括地毯）等。它在过去的几年内经历了大规模扩张，特别是地板材料部门由最初的 2 支安装队伍发展到 1 名安装主管、1 名测量专员和 15 支安装队伍。在最近的一年中，这家企业共收到了关于铺设地毯的 50 次投诉。下面的数据（包含在文件 Furniture 中）是从收到投诉到解决投诉所用的天数。

54	5	35	137	31	27	152	2
123	81	74	27	11	19	126	110
110	29	61	35	94	31	26	5
12	4	165	32	29	28	29	26
25	1	14	13	13	10	5	27
4	52	30	22	36	26	20	23
33	68						

a. 建立频数分布和百分比分布。

b. 画出直方图和百分比多边形图。

c. 建立累积百分比分布并画出累积曲线图（累积百分比多边形图）。

d. 根据（a）至（c）的结果，如果你需要告诉这家企业的总裁，每位客户需要等待多长时间其投诉才能得到解决，你会怎样说？解释一下。

2.96 关于美国 156 种最畅销的啤酒的数据在文件 Domesticbeer 中，包括 3 个变量的观测值：酒精百分比、每 12 盎司卡路里数和每 12 盎司碳水化合物数（克）。

资料来源：Data extracted from www. Beer100. com，May 12，2014.

a. 为三个变量画出百分比直方图。

b. 画出三个散点图：酒精百分比对卡路里、酒精百分比对碳水化合物和卡路里对碳水化合物。

c. 讨论你从研究（a）和（b）的图形得到的信息。

2.97 文件 CigarTax 中的数据是 2014 年 1 月 1 日各州的烟草税（美元）。

a. 构造一个有序数组。

b. 画出百分比直方图。

c. 你能够得出关于各州烟草税差异的什么结论？

2.98 文件 CDRate 包含 2014 年 3 月 12 日美国 22 家银行一年期定期存款和五年期定期存款的利率。

a. 为一年期定期存款和五年期定期存款的利率构建茎叶图。

b. 对照一年期定期存款和五年期定期存款的利率，画出散点图。

c. 一年期定期存款和五年期定期存款的利率有什么关系？

2.99 文件 CEO-Compensation 包含 2012 年 170 家大型上市公司的 CEO 的薪酬总和（百万美元）和投资回报。为薪酬总和：

a. 建立频数分布和百分比分布。

b. 画出直方图和百分比多边形图。

c. 建立累积百分比分布并画出累积曲线图（累积百分比多边形图）。

d. 根据（a）至（c）的结果，就 2012 年 CEO 的薪酬，你能得出什么结论？

e. 对薪酬总和与投资回报画出散点图。

f. 2012 年 CEO 的薪酬总和与投资回报之间有什么关系？

2.100 Boston 牌和 Vermont 牌屋面板的制造商在调查中发现，产品的重量是消费者判断产品质量的一个主要因素。此外，重量也反映了使用的原材料数量，因而从成本角度考虑对公司非常重要。产品装配线上的最后一个步骤是包装屋面板，然后把包装箱放到木质货盘上。一旦货盘装满（对于大多数品牌来说，一个货盘能装 16 平方米屋面板），就称它的重量，然后把结果记录下来。企业希望 Boston 牌屋面板的重量不小于 3 050 磅，也不大于 3 260 磅。Vermont 牌屋面板的重量则应该在 3 600～3 800 磅之间。文件 Pallet 是从一个由 368 个装有 Boston 牌屋面板的货盘和 330 个装有 Vermont 牌屋面板的货盘构成的样本中得到的重量（磅）的数据。

a. 对于 Boston 牌屋面板，建立频数分布，分 8 组，组界分别为 3 015，3 050，3 085，3 120，3 155，3 190，3 225，3 260 和 3 295。

b. 对于 Vermont 牌屋面板，建立频数分布，分 7 组，组界分别为 3 550，3 600，3 650，3 700，3 750，3 800，3 850 和 3 900。

c. 画出 Boston 牌屋面板和 Vermont 牌屋面板的百分比直方图。

d. 对装有 Boston 牌屋面板和 Vermont 牌屋面板的货盘的重量分布作出评论。确定过轻或过重的货盘所占的百分比。

2.101 2013 年上半年世界大城市的二星、三星和四星酒店的平均房价是多少？文件 HotelPrices 包含英镑价格（2013 年 7 月 1 英镑约为 1.52 美元）。为二星、三星和四星酒店完成下列问题：

a. 建立频数分布和百分比分布。

b. 画出直方图和百分比多边形图。

c. 建立累积百分比分布并画出累积曲线图（累积百分比多边形图）。

d. 根据（a）至（c）的结果，就二星、三星和四星酒店的价格，你能得出什么结论?

e. 分别画出散点图对比二星酒店与三星酒店、二星酒店与四星酒店、三星酒店与四星酒店的价格。

f. 二星、三星和四星酒店的价格之间有什么关系?

2.102　文件 Protein 包含常见的蛋白质食品（新鲜的红肉、家禽和鱼）所含卡路里和胆固醇的信息。

资料来源：U. S. Department of Agriculture.

a. 对卡路里的数量画出百分比直方图。

b. 对胆固醇的数量画出百分比直方图。

c. 从（a）和（b）的分析中，你能得出什么结论?

2.103　文件 Natural Gas 包含美国从 2008 年 1 月到 2013 年 1 月 1 日天然气的每月平均阀门数量和居民用气价格。针对阀门数量和居民用气价格：

a. 画出时间序列图。

b. 这些数据呈现出什么模式（如果有的话）?

c. 构建阀门数量和居民用气价格的散点图。

d. 关于阀门价格和居民用气价格的关系你能得出什么结论?

2.104　文件 Drink 包含 50 个 2 升装软饮料的实际饮料含量（升）。

2.109	2.086	2.066	2.075	2.065
2.057	2.052	2.044	2.036	2.038
2.031	2.029	2.025	2.029	2.023
2.020	2.015	2.014	2.013	2.014
2.012	2.012	2.012	2.010	2.005
2.003	1.999	1.996	1.997	1.992
1.994	1.986	1.984	1.981	1.973
1.975	1.971	1.969	1.966	1.967
1.963	1.957	1.951	1.951	1.947
1.941	1.941	1.938	1.908	1.894

a. 用 X 轴表示瓶号（从 1 到 50 连续分布），Y 轴表示软饮料的含量，画出时间序列图。

b. 这些数据呈现出什么模式（如果有的话）?

c. 如果你必须预测灌装到下一瓶的软饮料的含量，你会怎么预测?

d. 根据（a）至（c）的结果，解释为什么画出时间序列图是重要的，而不是像习题 2.47 那样画出直方图。

2.105　文件 Currency 包含 1980—2013 年间加拿大元、日元和英镑的汇率，其中加拿大元、日元和英镑用单位美元数来表示。

a. 为每年收市的加拿大元、日元和英镑构建时间序列分析图。

b. 解释图中的模式。

c. 简要总结你的发现。

d. 分别为加拿大元对日元、加拿大元对英镑、日元对英镑构建散点图。

e. 就加拿大元、日元和英镑的价值，你能得出什么结论?

2.106　公司使用 A/B 测试法来测试一个网页的不同设计和格式，以确定新网页是否比现有网页更有效。网页设计师测试了网页上的一个召唤行动（call to action）按钮。网页的每个访问者被随机显示原来的召唤行动按钮（控制组）或者新的设计。用来衡量成功与否的标准是下载率：下载文件的人数除以看到相应的召唤行动按钮的人数。结果如下表所示。

类别	下载量	访问量
原来的召唤行动按钮	351	3 642
新的召唤行动按钮	485	3 556

a. 计算原来的召唤行动按钮和新的召唤行动按钮的下载率。

b. 构建原来的召唤行动按钮和新的召唤行动按钮的下载率的条形图。

c. 就原来的召唤行动按钮和新的召唤行动按钮，你能得出什么结论？

网站设计师在其网站上采用了一种新的网页设计。网页的访问者被随机显示原来的网页（控制组）或者新的设计。用来衡量成功与否的标准是下载率：下载文件的人数除以看到相应的网页的人数。结果如下表所示。

类别	下载量	访问量
原来的网页设计	305	3 427
新的网页设计	353	3 751

d. 计算原来的网页和新的网页的下载率。

e. 构建原来的网页和新的网页的下载率的条形图。

f. 就原来的网页和新的网页你能得出什么结论？

g. 比较你在（f）中的结论和（c）中的结论。

现在，网站设计师要同时测试两个因素——召唤行动按钮和新的网页设计。每个网页的访问者随机看到：

旧的召唤行动按钮和新的网页设计

新的召唤行动按钮和旧的网页设计

旧的召唤行动按钮和旧的网页设计

新的召唤行动按钮和新的网页设计

同样，用来衡量成功与否的标准是下载率：下载文件的人数除以看到相应的召唤行动按钮和网页的人数。结果如下表所示。

召唤行动按钮	网页设计	下载	拒绝下载	总和
旧	旧	83	917	1 000
新	旧	137	863	1 000
旧	新	95	905	1 000
新	新	170	830	1 000
合计		485	3 515	4 000

h. 为每种召唤行动按钮和网页设计的组合计算下载率。

i. 就原来的召唤行动按钮和新的召唤行动按钮，以及原来的网页和新的网页，你能得出什么结论？

j. 比较（i）中的结论与（c）和（g）中的结论。

2.107　（班级作业）让班里的每位同学都回答“你最喜爱哪种碳酸软饮料？”老师把答案记录在一张总结表里。

a. 把数据转换成百分比并画出帕累托图。

b. 分析你的发现。

2.108 （班级作业）将班里的所有同学按照性别（男、女）和目前是否在职（是、否）列成交叉分类表，以便老师记录结果。

a. 构建行和百分比或列和百分比的表格，构建哪一种取决于它能表达信息量的多少。

b. 从这项研究中你可以得出什么结论？

c. 为了有更多的发现，你还需要知道哪些关于职业的变量？

报告写作练习

2.109 习题2.100中提到了Boston牌和Vermont牌屋面板的重量问题，利用这一题的结果写一份报告来评价装有这两种屋面板的货盘的重量是否达到了企业的预期值。报告中要求有图表。

第2章案例 管理 Ashland MultiComm Services

近来，Ashland MultiComm Services受到了批评，由于其未能提供充足的客户服务来回应客户对于电话、有线电视和互联网服务方面的咨询以及解决出现的问题。为此，公司高管组织了一个专项工作组负责改善客户的服务。为了解决问题，专项工作组收集了关于客户服务错误的相关数据，包括客户服务错误的类别以及错误的收费通知造成的损失。

客户服务错误

错误类别	频数
不正确的附件	27
不正确的地址	42
不正确的联系电话	31
无效电汇	9
及时程序错误	14
未下的订单	8
暂停错误	15
终止错误	22
网站接入错误	30
错误的账单	137
错误的结束日期	17
错误的连接数量	19
错误的报价	20
错误的开始日期	24
错误的订阅种类	33
总和	448

去年客户服务失误的造成的损失

错误类别	损失（千美元）
不正确的附件	17.3
不正确的地址	62.4
不正确的联系电话	21.3
无效电汇	40.8
及时程序错误	38.8

续前表

错误类别	损失（千美元）
未下的订单	20.3
暂停错误	46.8
终止错误	50.9
网站接入错误	60.7
错误的账单	121.7
错误的结束日期	40.9
错误的连接数量	28.1
错误的报价	50.3
错误的开始日期	40.8
错误的订阅种类	60.1
总和	701.2

错误的收费的类别及其损失

错误的收费的类别	损失（千美元）
拒绝或者暂停的交易	7.6
不正确的账户号码	104.3
无效验证	9.8
总和	121.7

1. 检查这些数据（存储在文件 AMS2-1 中），找到对描述客户服务问题重要的变量。对每个变量，构建你认为最适当的图形，并解释你的选择。你认为关于不同的错误其他哪些信息还有用？向任务小组和管理层给出行动建议以改进客户服务。

2. 为跟进行动，任务小组决定收集数据来研究客户服务电话的模式（存储在文件 AMS2-2）。分析这些数据并用报告演示你的结论。

数字案例

在“统计应用”中，你被要求收集信息以帮助作出明智的投资选择。这些信息的来源包括经纪公司和投资顾问以及其他金融服务商。在这个数字案例中，对位于阿什兰地区的一个金融服务公司的愿景和卓越的声明，应用你关于正确使用表格和图形的知识进行分析。

打开文件 EndRun. Pdf，其中包括 EndRun 金融服务公司的投资指南“Guide to Investing”。阅读这个指南，特别注意公司的声明和支持性数据，回答以下问题：

1. 指南上关于 EndRun 的一般信息的演示如何影响你的商业感觉？

2. EndRun 关于赢家比输家更多的声明是其投资服务质量公平和准确的反映吗？如果你不认为该声明是公平和准确的，提供一个你认为公平和准确的来替代并演示。

3. 考察对 EndRun 的 Big Eight 共同基金的讨论，并打开附带的共同基金样本。文件中哪些其他相关数据可以包含到 Big Eight 表中？新的数据表格如何改变你对 EndRun 声明的感觉？

4. EndRun 以所有的 Big Eight 基金在过去 5 年在价值上获利而骄傲。你是否赞同 EndRun 应该为它的选择而骄傲？为什么？

CardioGood 健身设备

AdRight 的市场研究团队被分配了一项任务，为 CardioGood 健身设备公司生产的每款跑步机产品找到典型顾客的概述。市场研究团队决定调查，顾客特征是否根据不同的产品而变化。团队决定收集前三个月在 CardioGood 健身设备零售店购买了跑步机的顾客的信息。数据存储在 Cardogood Fitness 文件中。团队找到了以下几个要研究的变量：购买的产品（TM195，TM498，TM798）；性别；年龄（岁）；教育水平（年）；婚姻状况（单身或有伴侣）；年家庭收入（美元）；顾客计划每周使用跑步机的平均次数；顾客预期每周使用跑步机跑步/健走的平均英里数；对身体健康的自我评价（1～5，1 为最差，5 为最好）。

1. 通过画出适当的表格或图形为 CardioGood 的每款跑步机制作一个顾客概述。
2. 把你的发现写成演示给管理层的详细的报告。

Choice Is Yours，回顾

回顾“统计应用”专栏的内容，分析存储在 RetirementFunds 文件中的 316 只退休基金 3 年回报率、5 年回报率和 10 年回报率的不同。在你的分析中考察成长型基金和价值型基金的不同，以及小型、中型和大型基金的不同。

Clear Mountain 州立大学学生调查

1. Clear Mountain 州立大学（CMSU）的学生新闻服务机构决定收集关于 CMSU 的本科生的信息。他们制作并分发了一份调查问卷，其中有 14 个问题，并获得了 62 个本科生的回复（存储在 UndergradSurvey 文件中）。就调查问卷中的每个问题，构建适当的表格并写一份报告总结你的结论。
2. CMSU 的学生主任知道了这个本科生的调查，决定对 CMSU 的研究生做一个类似的问卷调查。她制作并分发了一份调查问卷，其中有 14 个问题，并获得了 44 个研究生的回复（存储在 GradSurvey 文件中）。就调查问卷中的每个问题，构建适当的表格并写一份报告总结你的结论。

第3章

数值描述度量

Numerical Descriptive Measures

学习目标

- 描述数值数据的集中趋势、变异程度和分布形状
- 构建和解释箱线图
- 计算总体的描述性总结度量
- 计算协方差与相关系数

统计应用

更多的描述性选择

作为 Choice Is Yours 任务小组的成员，你协助整理 316 只退休基金样本的变量并加以可视化。几个星期之后，潜在的顾客要求更多的信息以便做出投资决策。具体而言，他们想要比较一只特定的退休基金和与其相似的基金的表现。

例如，虽然你的团队之前的工作显示了年收益率的分布，潜在的顾客想知道一只特定的中型的成长型基金和全部中型的成长型基金相比价值如何。他们还想了解收益的差异。全部的值是否相似？是否有哪些变量存在特别大或者特别小的非常值？

虽然完整地搜索全部退休基金的数据可以得到前面这些问题的答案，但你想知道是否还有比全面搜索更好的途径。你还想知道对于基金样本是否存在其他更具描述性的方法，以便回答那些潜在客户尚未提出的问题。如果你能帮助 Choice Is Yours 投资服务公司得到这些问题的答案，潜在顾客就可以更好地评价这些退休基金。

在"更多的描述性选择"情境中潜在顾客已经开始提出关于数值变量的问题，例如构成样本的 316 只基金之间年收益率的差异。在描述数值变量时，第 2 章讨论的总结方法仅仅是开始。我们也需要使用有助于描述这些变量的集中趋势、变异程度和分布形状的方法。

集中趋势（central tendency）是某个数值变量在一个典型的或者中心的值周围集中的程度。**变异程度**（variation）用于衡量距离数值变量的中心值的离散或分散程度。**分布形状**（shape）是观测值从最低值到最高值分布的模式。

如同在 DCOVA 框架下开始分析数据，本章讲述计算这些数值描述度量的方法，也会学习协方差和相关系数，它们有助于衡量两个数值变量之间联系的紧密程度。借助本章讨论的描述度量的计算方法，可以帮助 Choice Is Yours 的潜在顾客找到他们的答案。

3.1 集中趋势

大多数数据集表现出集聚在中心点附近的明显趋势。当人们谈论“平均值”或“中间值”或“最常出现的值”时，他们就是在非正式地谈论平均数、中位数和众数——集中趋势的三种度量方式。

算数平均数

算术平均数（arithmetic mean，通常又称为**均值**（mean））是最常见的集中趋势的度量指标。均值可以表示一组数据的典型值或中心值，并作为这组数的“平衡点”，就像跷跷板的支点。均值是所有观测值发挥相同作用的唯一常见的度量。计算均值只需将一组数据的某个变量的所有观测值加总，再除以观测值的个数。

$\overline{X}$用来表示一个样本的均值。对于一组包含 n 个观测值的样本，其样本均值的公式可以写成：

$$\overline{X}=\frac{\text{观测值的和}}{\text{观测值的个数}}$$

如果用序列 X_1，X_2，…，X_n来表示 n 个观测值的集合，n 表示样本中观测值的个数，则上述公式变为：

$$\overline{X}=\frac{X_1+X_2+\cdots+X_n}{n}$$

用求和符号将 $X_1+X_2+\cdots+X_n$替换成 $\sum_{i=1}^{n} X_i$（表示所有 X_i的值加在一起得到的总和，从第一个 X 值 X_1一直加到最后一个 X 值 X_n），得到公式（3.1），样本均值的正式定义。

样本均值

样本均值（sample mean）是样本中的数值总和除以样本数值的个数。

$$\overline{X}=\frac{\sum_{i=1}^{n} X_i}{n} \tag{3.1}$$

式中

$\overline{X}$ =样本均值

n=观测值个数或样本容量

X_i=变量 X 的第 i 项观测值

$\sum_{i=1}^{n} X_i$=样本中所有 X_i值的总和

因为所有的观测值发挥相同的作用，均值很容易受与其他值差异很大的极端值影响。当存在这样的极端值时，应该避免使用均值作为集中趋势的唯一度量方式。

例如，如果你知道早晨准备好出发所需要的典型时间，就能够更准时地到达第一个目的地。使用 DCOVA 框架，我们首先定义准备时间为从你起床到离开家的时间（四舍五入到分钟），收集到如下显示的连续 10 个工作日的时间（保存在 Times 文件中）。

使用这些收集到的数据，我们可以计算均值以找到准备好出发所需要的“典型”

时间。在这些数据中：

天：	1	2	3	4	5	6	7	8	9	10
时间（分钟）：	39	29	43	52	39	44	40	31	44	35

平均时间是39.6分钟，计算如下：

$$\overline{X}=\frac{\text{观测值的和}}{\text{观测值的个数}}$$

$$\overline{X}=\frac{\sum_{i=1}^{n}X_i}{n}$$

$$\overline{X}=\frac{39+29+43+52+39+44+40+31+44+35}{10}=\frac{396}{10}=39.6$$

尽管样本中没有一天实际为39.6分钟，在早上分配这些时间去做准备是一个合理的决策。因为数据集不包含任何极端的小或者大的观测值，均值在本例中是集中趋势的一个很好的度量。

为了展示平均值如何受与其他值差异很大的观测值的影响，假定在第三天，由于偶然情况的耽搁，你花了额外1小时做准备，因此这天的准备时间是103分钟。这个极端值足以导致均值提高到45.6分钟，如下：

$$\overline{X}=\frac{\text{观测值的和}}{\text{观测值的个数}}$$

$$\overline{X}=\frac{\sum_{i=1}^{n}X_i}{n}$$

$$\overline{X}=\frac{39+29+103+52+39+44+40+31+44+35}{10}$$

$$\overline{X}=\frac{456}{10}=45.6$$

这个极端值使得均值比原先增加了6分钟，也改变了均值相对于全部观测值的位置。原先的均值，39.6分钟，在全部观测值中处于中间或者中心的位置：大于5个准备时间而小于另外的5个时间。相比之下，使用了极端值的均值大于10个准备时间中的9个。因为存在极端值的影响，现在均值并不是一个度量集中趋势的好指标。

例3.1

麦片的平均热量

一个由7种早餐麦片组成的样本的营养成分数据（存储在Cereals文件中）包含每份麦片的卡路里数量：

麦片	卡路里
Kellogg's All Bran	80
Kellogg's Corn Flakes	100
Wheaties	100
Nature's Path Organic Multigrain Flakes	110
Kellogg's Rice Krispies	130
Post Shredded Wheat Vanila Almond	190
Kellogg's Mini Wheats	200

计算这些麦片的卡路里的均值。

解答　卡路里的均值是130，计算如下：

$$\bar{X}=\frac{观测值的和}{观测值的个数}$$

$$\bar{X}=\frac{\sum_{i=1}^{n}X_i}{n}$$

$$=\frac{910}{7}=130$$

中位数

中位数（median）是按从最小到最大的顺序排列的一组数据中位于正中间的数据值。一半观测值小于或等于中位数，而另一半观测值大于或等于中位数。中位数不容易受数据中存在的极端值的影响，因此，当存在极端值时可以使用中位数。

为了计算一组数据的中位数，首先必须从最小到最大按顺序排列观测值，然后可以用公式（3.2）得到中位数。

中位数

$$中位数=按大小顺序排列在第\frac{n+1}{2}位的观测值 \tag{3.2}$$

按照下列两个规则之一计算中位数：

- 规则1：如果数据集的观测值项数为奇数，中位数是排列在中间位置上的观测值。
- 规则2：如果数据集的观测值项数为偶数，中位数介于数据集正中位置上的两个观测值之间。中位数为这两个中间观测值的算术平均数。

为了计算10个早晨准备时间的样本的中位数，将这些时间按照以下顺序排列：

按顺序排列好的观测值：	29	31	35	39	39	40	43	44	44	52
序号：	1	2	3	4	5	6	7	8	9	10

↑

中位数=39.5

因为对于这个10个时间的样本 $n+1$ 除以2的结果是（10+1）/2=5.5，必须使用规则2并且对按顺序排列的第5和第6个观测值39和40取平均。因此，中位数是39.5。39.5的中位数意味着这些天的一半日子中，准备时间小于或者等于39.5分钟，并且这些天的另一半日子中，准备时间大于或者等于39.5分钟。在本例中，准备时间的中位数39.5分钟与准备时间的均值39.6分钟非常接近。

例3.2

计算奇数样本容量的数据的中位数

一个由7种早餐麦片组成的样本的营养成分数据（储存在Cereals文件中）包含每份麦

片的卡路里数量（参考例 3.1）。计算这些早餐麦片的卡路里的中位数。

解答 因为对于这个 7 个观测值的样本 $n+1$ 除以 2 的结果是（7＋1）/2＝4，使用规则 1，中位数是按顺序排列的第 4 个观测值。卡路里数从最小到最大排列为：

按顺序排列好的观测值：	80	100	100	110	130	190	200
序号：	1	2	3	4	5	6	7

↑

中位数＝110

卡路里数的中位数是 110。一半的麦片等于或者小于 110 卡路里，一半的麦片等于或者大于 110 卡路里。

众数

众数（mode）是出现最频繁的数据值。与中位数相似而和算术平均数不同，众数不易受极端值的影响。通常在一个数据集中，可能会有多个众数或者根本不存在众数。例如，考虑下面的早晨准备时间数据：

29　31　35　39　39　40　43　44　44　52

有两个众数，39 分钟和 44 分钟，因为这两个值都出现了两次。但是，在手机制造商提供的 7 个手机价格的样本中（存储在 Smartphones 文件中）：

20　80　150　200　230　280　370

一个众数都没有。没有任何一个数值是“最典型”的，因为每个值出现的次数相同（均为一次）。

例 3.3

求众数

一个负责公司网络的系统经理掌握着每天服务器的故障次数。下面的数字反映了过去两周服务器每天出故障的次数：

1　3　0　3　26　2　7　4　0　2　3　3　6　3

求这组数据的众数。

解答 这组数据的有序数组如下：

0　0　1　2　2　3　3　3　3　3　4　6　7　26

因为数值 3 出现了 5 次，多于其他所有观测值，众数是 3。因此，该系统经理可以说一天之中服务器最常出现故障的次数是 3。注意，在这组数据中，中位数也是 3，均值是 4.5，数值 26 是异常值。因此，对这组数据来说，中位数和众数是对集中趋势更好的描述指标。

3.2 变异程度和分布形状

除了集中趋势，每组数据还可通过变异程度和分布形状来描述。变异程度衡量数据的**离散程度**（spread），或**分散程度**（dispersion）。变异程度的一个简单的度量就是全距，即最大观测值与最小观测值之差。统计学中更常用的度量指标是标准差和方差，这两个度量指标将在后面讨论。变量的分布形状是所有观测值从最低值到最高值的模式。正如你将在本节后面学到的，许多数据集都大体上呈现出看起来像钟形的模式，在中间某个地方有一个观测值较为集中的高点。

全距

全距（range）是最大值与最小值的差，也是对数值变量变异程度的最简单的描述度量指标。

全距

全距等于最大值减去最小值。

$$全距 = X_{最大} - X_{最小} \tag{3.3}$$

为了计算早晨准备时间的全距，将数据从最小到最大排列：

29 31 35 39 39 40 43 44 44 52

使用公式（3.3），全距是 52－29＝23（分钟）。23 分钟的全距说明，任何两天的早晨准备时间之间最大的差异是 23 分钟。

例 3.4

计算麦片热量卡路里的全距

一个由 7 种早餐麦片组成的样本的营养成分数据（存储在 Cereals 文件中）包含每份麦片的卡路里数量（参考例 3.1）。计算这些早餐麦片的卡路里的全距。

解答 从最小到最大排列，7 种麦片的卡路里为：

80 100 100 110 130 190 200

因此，使用公式（3.3），全距＝200－80＝120。任何两份麦片的卡路里最多相差 120。

全距衡量一组数据的总离散程度。尽管全距是变量的总变异程度的简单度量，但它没有考虑在最小值和最大值之间数据是如何分布的。换句话说，全距没有说明这些观测值是均匀分布在整个数据观察范围，还是聚集在中间附近，抑或是聚集在一个或两个极端值附近。因此，当数据中至少存在一个极端值时，使用全距度量变异程度就可能会造成误解。

方差和标准差

作为变异程度的简单度量，全距没有考虑观测值在极端值之间是如何分布或聚集的。两个常用的观测值分布变异程度的度量指标就是**方差**（variance）和**标准差**（standard deviation）。这些统计量衡量样本观测值在均值周围的“平均”离散程度——较大的值是如何在它之上波动的和较小的值是如何在它之下波动的。

对均值周围的变异程度的一个简单度量就是计算每个观测值与均值之间的差，然后将它们加总到一起。但是，如果你那样做，就会发现由于均值是一组数据的平衡点，对于每组数据，它们的差加在一起总是等于 0。一种衡量各组数据之间变异程度的度量就是对每个观测值与均值之间的离差取平方，然后加总这些取平方后的离差。在统计学里，这些**离差的平方和**（sum of squares，SS），就可以用来计算样本方差（S^2）和样本标准差（S）。

样本方差（sample variance，S^2）是离差平方和除以观测值数目减 1 的差。**样本标准差**（sample standard deviation，S）是样本方差的平方根。因为平方根据算术法则永远非负，不管方差还是标准差都永远不会为负。事实上，对于几乎所有的变量，方差和标准差都是正值。只有当样本中的每个值都一样时（即这些值没有差异），这两个统计量才会为零。

一个样本中包含 n 个观测值，样本方差（用符号 S^2 表示）为：

$$S^2=\frac{(X_1-\overline{X})^2+(X_2-\overline{X})^2+\cdots+(X_n-\overline{X})^2}{n-1}$$

公式（3.4）和公式（3.5）用求和符号定义了样本方差和样本标准差。$\sum_{i=1}^{n}(X_i-\overline{X})^2$ 代表离差平方和。

样本方差

样本方差是相对均值的离差平方和除以样本容量减 1 的差。

$$S^2=\frac{\sum_{i=1}^{n}(X_i-\overline{X})^2}{n-1} \qquad (3.4)$$

式中

$\overline{X}$=样本均值

n=样本容量

X_i=变量 X 的第 i 项观测值

$\sum_{i=1}^{n}(X_i-\overline{X})^2$ = 观测值 X_i 相对均值 $\overline{X}$ 的离差平方和

样本标准差

样本标准差是相对均值的离差平方和除以样本容量减 1 的差的商的平方根。

$$S=\sqrt{S^2}=\sqrt{\frac{\sum_{i=1}^{n}(X_i-\overline{X})^2}{n-1}} \qquad (3.5)$$

注意在上述两个公式中，平方和被除以样本容量减 1，$n-1$。用这个值的原因与统计推断和样本分布属性有关，这些将在 7.2 节中讨论。现在，注意随着样本容量的增加，除以 n 和除以 $n-1$ 的差异会逐渐变小。

在实践中，你最有可能用样本标准差作为变异程度的度量指标。样本方差是经过平方的度量指标，而样本标准差和原始样本数据的度量单位相同。对几乎所有的数据集，大部分的观测值都在均值上下各加减一个标准差的范围内。因此，均值和标准差通常告诉我们大部分的样本数据集中聚集在哪些区间。

可按如下步骤计算样本方差 S^2 和样本标准差 S：

1. 计算每个观测值与均值的差。
2. 将每个差平方。
3. 将平方加总。
4. 将加总得到的总和除以 $n-1$ 便可得到样本方差。
5. 将样本方差开平方便可得到样本标准差。

为进一步分析早晨准备时间的 10 个观测值，表 3-1 显示了均值为 39.6 的准备时间数据的方差和标准差的前4个步骤。表3-1的第二列显示了步骤1，第三列显示了步骤2。加总差的平方（步骤3）显示在表3-1的底部。平方总和除以10－1＝9来计算方差（步骤4）。

表3-1 计算准备时间的方差

$n=10$
$\bar{X}=39.6$

时间（X）	第1步：$(X_i-\bar{X})$	第2步：$(X_i-\bar{X})^2$
39	-0.60	0.36
29	-10.60	112.36
43	3.40	11.56
52	12.40	153.76
39	-0.60	0.36
44	4.40	19.36
40	0.40	0.16
31	-8.60	73.96
44	4.40	19.36
35	-4.60	21.16
第3步：求和		412.40
第4步：除以$(n-1)$		45.82

也可以将数值代入公式（3.4）中来计算方差：

$$S^2=\frac{\sum_{i=1}^{n}(X_i-\bar{X})^2}{n-1}$$
$$=\frac{(39-39.6)^2+(29-39.6)^2+\cdots+(35-39.6)^2}{10-1}$$
$$=\frac{412.4}{9}$$
$$=45.82$$

因为方差是平方单位（对这些数据，平方分钟），为计算标准差，取方差的平方根。使用公式（3.5），计算样本标准差：

$$S=\sqrt{S^2}=\sqrt{\frac{\sum_{i=1}^{n}(X_i-\bar{X})^2}{n-1}}=\sqrt{45.82}=6.77$$

这表明这个样本中的准备时间聚集在均值39.6分钟附近的6.77分钟内。（聚集在$\bar{X}-1S=32.83$和$\bar{X}+1S=46.37$之间。）实际上，10个准备时间中有7个位于这个区间内。

使用表3-1的第二列，也可以计算出每个观测值与均值之间的差的和是0。对于任何数据集，这个和将始终为0：

$$\sum_{i=1}^{n}(X_i-\bar{X})=0 \text{ 对于任何数据集}$$

这个性质是均值是使用最多的集中趋势的度量的一个原因。

例 3.5

计算麦片热量卡路里的方差和标准差

一个由7种早餐麦片组成的样本的营养成分数据（存储在 Cereals 文件中）包含每份麦片的卡路里数量（参考例 3.1）。计算这些早餐麦片的卡路里的方差和标准差。

解答 表 3-2 展示了早餐麦片的卡路里的方差和标准差的计算。

表 3-2 计算卡路里的方差和标准差

$n=7$
$\bar{X}=130$

卡路里	第1步：$(X_i-\bar{X})$	第2步：$(X_i-\bar{X})^2$
80	−50	2 500
100	−30	900
100	−30	900
110	−20	400
130	0	0
190	60	3 600
200	70	4 900
第3步：求和		13 200
第4步：除以（$n-1$）		2 220

使用公式（3.4）：

$$S^2=\frac{\sum_{i=1}^{n}(X_i-\bar{X})^2}{n-1}$$

$$=\frac{(80-130)^2+(100-130)^2+\cdots+(200-130)^2}{7-1}$$

$$=\frac{13\ 200}{6}=2\ 200$$

使用公式（3.5），计算样本标准差：

$$S=\sqrt{S^2}=\sqrt{\frac{\sum_{i=1}^{n}(X_i-\bar{X})^2}{n-1}}=\sqrt{2\ 200}=46.904\ 2$$

标准差 46.904 2 表明，麦片热量相对聚集在均值 130±46.904 2 的范围内。（聚集在 $\bar{X}-1S=83.095\ 8$ 和 $\bar{X}+1S=176.904\ 2$ 之间。）实际上，57.1%（7 种中有 4 种）的麦片的卡路里位于这个区间内。

变异系数

变异系数等于标准差除以均值，再乘以 100%。与前面介绍的几种变异程度的度量指标不同，**变异系数**（coefficient of variation，CV）度量数据相对于均值的离散程度。变异系数是变异程度的一个相对度量指标，它总是用百分比来表示，而不是用特定数据的度量单位。公式（3.6）定义了变异系数。

变异系数

变异系数等于标准差除以均值再乘以 100%。

$$CV=\left(\frac{S}{\bar{X}}\right)100\% \tag{3.6}$$

式中

S=样本标准差

$\overline{X}$ ＝样本均值

在早晨准备时间的10个观测值组成的样本中，因为 $\overline{X}=39.6$ 且 $S=6.77$，变异系数为：

$$CV=\left(\frac{S}{\overline{X}}\right)100\%=\frac{6.77}{39.6}\times 100\%=17.10\%$$

对于早晨准备时间，标准差是均值大小的17.1%。

变异系数在比较两组或更多组用不同单位度量的数据时尤其有用。例3.6说明了这一点。

例 3.6

当两个变量用不同的度量单位时比较两个变异系数

不同的麦片之间，哪个差异更大——卡路里数还是含糖量（克）？

解答 因为卡路里数和含糖量的度量单位不同，我们应该比较两种度量的相对变异程度。

对于卡路里，利用例3.1和例3.5的计算，变异系数为：

$$CV_{\text{Calories}}=\frac{46.9042}{130}\times 100\%=36.08\%$$

对于以克计的含糖量，7种麦片的数值分别为：

6　2　4　4　4　11　10

对于这组数据，$\overline{X}=5.8571$，$S=3.3877$。因此，变异系数为：

$$CV_{\text{Sugar}}=\frac{3.3877}{5.8571}\times 100\%=57.84\%$$

我们可以得出结论，相对于均值来说，麦片的含糖量比卡路里变动更大。

Z 值

Z 值（Z score）等于观测值与均值之间的差再除以标准差。Z 值为零意味着观测值等于均值。如果 Z 值为正或负，则表示观测值高于或低于均值的标准差的倍数。

异常值（outlier）是与其他观测值极其不同的值，应用 Z 值有助于识别异常值。观测值与均值的距离很大时，Z 值就会非常小（负数）或者非常大（正数）。通常来说，Z 值小于－3.0或者大于＋3.0就意味着观测值为异常值。

Z 值

$$Z=\frac{X-\overline{X}}{S} \tag{3.7}$$

要进一步分析早晨准备时间的10个样本数据，我们可以计算 Z 值。均值是39.6分钟，且标准差是6.77分钟。第一天的准备时间是39.0分钟。利用公式（3.7）计算第一天的 Z 值：

$$\begin{aligned}Z&=\frac{X-\overline{X}}{S}\\&=\frac{39.0-39.6}{6.77}\\&=-0.09\end{aligned}$$

−0.09 的 Z 值意味着第一天的准备时间与均值非常接近。表 3−3 显示了所有 10 天早晨准备时间的 Z 值。

表 3-3 早晨准备时间的 Z 值

$\bar{X}=39.6$
$S=6.77$

时间（X）	Z 值
39	−0.09
29	−1.57
43	0.50
52	1.83
39	−0.09
44	0.65
40	0.06
31	−1.27
44	0.65
35	−0.68

最大的 Z 值是第四天的 1.83，该天准备时间是 52 分钟。最小的 Z 值是第二天的 −1.57，该天准备时间是 29 分钟。由于没有一个 Z 值小于 −3.0 或大于 3.0，我们可以得出结论：上述准备时间中没有异常值。

例 3.7

计算麦片卡路里的 Z 值

一个由 7 种早餐麦片组成的样本的营养成分数据（存储在 Cereals 文件中）包含每份麦片的卡路里数量（参考例 3.1）。计算早餐麦片的卡路里的 Z 值。

解答 表 3−4 显示了麦片的卡路里的 Z 值。最大的 Z 值是 1.49，这种麦片的卡路里数是 200。最小的 Z 值是 −1.07，这种麦片含 80 卡路里。因为没有 Z 值小于 −3.0 或大于 3.0，这组数据中没有明显的异常值。

表 3-4 麦片的卡路里的 Z 值

$\bar{X}=130$
$S=46.9042$

卡路里	Z 值
80	−1.07
100	−0.64
100	−0.64
110	−0.43
130	0.00
190	1.28
200	1.49

分布形状：偏度

偏度（skewness）衡量数据围绕均值不对称分布的程度。三种可能的情况如下：

- 均值＜中位数：负偏，或左偏分布；
- 均值＝中位数：对称，或零偏度；
- 均值＞中位数：正偏，或右偏分布。

在对称（symmetrical）分布中，小于均值的观测值的分布形状与大于均值的观测值的分布形状完全一致，偏度为零。在**偏斜的**（skewed）分布中，大于和小于均值的观测值不对称，偏度非零（小于零为左偏分布，大于零为右偏分布）。图 3－1 是这些可能性的形象化表示。

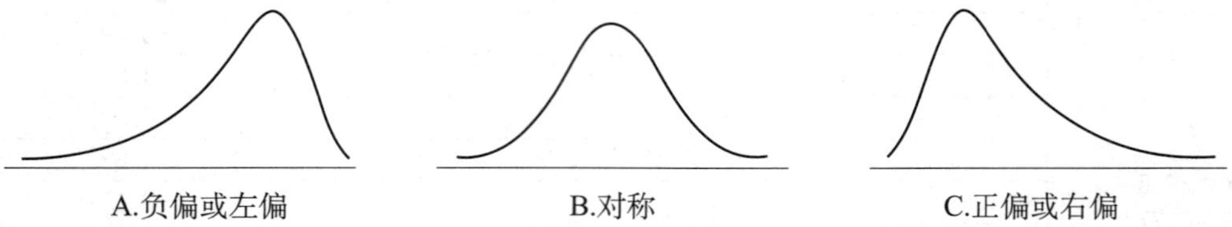

图 3－1 三种数据分布形状比较

图（A）的数据呈负偏，或左偏（left-skewed）分布。在左偏分布中，大多数观测值在分布的上部分。由于存在极小值，将数据拉向左方，在左边形成一个长长的尾部。这些极小值降低了均值，使均值小于中位数。由于偏度统计量小于零，有人用负偏这个术语描述这种分布。

图（B）展示的是一个对称分布。在对称分布中，观测值在上部分和下部分等量分布。这种均等导致低于均值部分的曲线是高于均值部分曲线的镜像，并且使均值与中位数相等。

图（C）展示了一个正偏，或右偏（right-skewed）分布。在右偏分布中，大多数观测值在分布的下部分。由于存在极大值，将数据拉向右方，在右边形成一个长长的尾部。这些极大值增大了均值，使均值大于中位数。由于偏度统计量大于零，有人用正偏这个术语描述这个分布。

分布形状：峰度

峰度（kurtosis）衡量分布曲线顶尖部分的形状——也就是说，曲线如何向分布的中心聚集。峰度把一个分布的顶部与钟形正态分布的顶部相比较（参见第 6 章），根据定义钟形分布的峰度为零。一个具有比钟形分布更尖锐的尖顶的分布有正的峰度，即峰度大于零，它被叫做**尖峰**（lepokurtic）。一个具有比钟形分布上升更慢（更平缓）的尖顶的分布有负的峰度，即峰度小于零，它被叫做**低峰**（platykurtic）。与正态分布相比，尖峰分布的观测值更多地集中在均值附近，而低峰分布则更少。

观测值在均值附近的集中程度不仅影响中心顶点的形状，也影响分布曲线的末端，也就是尾部。与正态分布相比，尖峰分布的尾部更平，有更多的观测值。如果一个尖峰分布被误认为是正态分布，那么据此所做的决策就会低估极端值（与均值相差很大的观测值）。这样的观察是金融市场近期经历的惊人逆转和崩溃的几个解释的基础。（参考文献 5 是主要的解释的一个例子。）

例 3.8

成长型与价值型基金的统计描述

在“更多描述性选择”情境中，我们想要比较 316 只样本基金中成长型基金与价值型基金过去的表现。衡量过去表现的一个指标就是年收益率变量。计算成长型基金与价值型基金的描述性统计量。

解答　图3-2展示了两类基金的描述性统计总结。其中包括均值、中位数、众数、最小值、最大值、全距、方差、标准差、协方差、偏度、峰度、计数（样本容量）和标准误差。我们在7.2节将讨论标准误差，它是标准差除以样本容量的平方根。

	A	B	C
1	Descriptive Statistics for the 1YrReturn% Variable		
2			
3		Growth	Value
4	Mean	14.28	14.70
5	Median	14.18	15.30
6	Mode	16.95	19.09
7	Minimum	-11.28	1.67
8	Maximum	33.98	28.27
9	Range	45.26	26.6
10	Variance	25.0413	19.9369
11	Standard Deviation	5.0041	4.4651
12	Coeff. of Variation	35.05%	30.38%
13	Skewness	0.2039	-0.2083
14	Kurtosis	5.1479	0.6684
15	Count	227	89
16	Standard Error	0.3321	0.4733

Descriptive Statistics: 1YrReturn%

```
                     Total
Variable    Type     Count    Mean   StDev  Variance  CoefVar  Minimum      Q1
1YrReturn%  Growth     227  14.278   5.004    25.041    35.05  -11.280  11.780
            Value       89  14.698   4.465    19.937    30.38    1.670  12.165

Variable    Type    Median      Q3  Maximum    Range    IQR                Mode
1YrReturn%  Growth  14.180  16.640   33.980   45.260  4.860               16.95
            Value   15.300  17.225   28.270   26.600  5.060  13.83, 15.3, 19.09

                     N for
Variable    Type      Mode  Skewness  Kurtosis
1YrReturn%  Growth       3      0.20      5.15
            Value        2     -0.21      0.67
```

图3-2　**成长型和价值型基金的年收益率的描述性统计量**

通过分析这些结果，我们看到成长型和价值型基金的年收益率存在一些差异。成长型基金年收益率的均值为14.28，中位数为14.18，而价值型基金的年收益率均值为14.70，中位数为15.30。中位数说明一半的成长型基金的年收益率为14.18或更高，一半的价值型基金的年收益率为15.30或更高。我们的结论是价值型基金的年收益率比成长型基金略高。

成长型基金年收益率的标准差比价值型基金更大（前者标准差为5.004 1，后者为4.465 1）。两类基金的偏度都不大，成长型基金的偏度为0.203 9，而价值型基金的偏度为−0.208 3。成长型基金的峰度符号为正且数值较大，说明其分布的顶峰看上去比正态分布更尖一些。价值型基金的峰度符号为正但数值很小，说明其分布形态与正态分布相比偏离不大。

例3.9

使用多维列联表的统计描述

例3.9继续“更多的描述性选择”的情境，我们想要探索基金类型、市值和风险的各种组合对过去表现的影响。过去表现的一个衡量方法是3年收益率。计算基金类型、市值和风险的各种组合的收益率的均值。

解答　通过在多维列联表中加入3年收益率这个变量来计算每个组合的均值。Excel和Minitab的结果如下：

分析基金类型、市值和风险的各种组合可以揭示出一些模式，如果我们仅仅分析成长型和价值型基金的3年收益率的均值（与例3.8所做的相似），则很难看出上述模式。空的单元格（Excel）和有星号的单元格（Minitab）代表在316只基金的样本中不存在的组合。

Average of 3YrReturn%	Risk			
Type	Low	Average	High	Grand Total
⊟Growth	10.65	10.20	11.88	10.56
Large	9.56	8.83	22.17	9.86
Mid-Cap	12.10	10.28		11.21
Small	13.41	10.58	7.47	11.03
⊟Value	9.49	10.24	9.30	9.63
Large	8.76	6.94	6.70	8.57
Mid-Cap	10.56	11.65		10.79
Small	11.33	11.08	10.61	11.15
Grand Total	10.27	10.21	11.29	10.29

Tabulated statistics: Type, Market Cap, Risk

```
Rows: Type / Market Cap    Columns: Risk

                    Average    High     Low     All
Growth
        Large          8.83   22.17    9.56    9.86
                         10       3      90     103
        Mid-Cap       10.28       *   12.10   11.21
                         35       0      37      72
        Small         10.58    7.47   13.41   11.03
                         29       7      16      52
Value
        Large          6.94    6.70    8.76    8.57
                          4       1      45      50
        Mid-Cap       11.65       *   10.56   10.79
                          4       0      15      19
        Small         11.08   10.61   11.33   11.15
                          9       2       9      20
All
        All           10.21   11.29   10.27   10.29
                         91      13     212     316

Cell Contents:  3YrReturn%  :  Mean
                               Count
```

3.1 和 3.2 习题

掌握基础知识

3.1　一个样本容量 $n=5$ 的数据集如下：

7　4　9　8　2

a. 计算该样本的均值、中位数以及众数。

b. 计算全距、方差、标准差以及变异系数。

c. 计算 Z 值。是否存在异常值？

d. 描述该数据集的形状。

3.2　一个样本容量 $n=6$ 的数据集如下：

7　4　9　7　3　12

a. 计算该样本的均值、中位数以及众数。

b. 计算全距、方差、标准差以及变异系数。

c. 计算 Z 值。是否存在异常值？

d. 描述该数据集的形状。

3.3　一个样本容量 $n=7$ 的数据集如下：

12　7　4　9　0　7　3

a. 计算该样本的均值、中位数以及众数。

b. 计算全距、方差、标准差以及变异系数。

c. 计算 Z 值。是否存在异常值？

d. 描述该数据集的形状。

3.4　一个样本容量 $n=5$ 的数据集如下：

7　−5　−8　7　9

a. 计算该样本的均值、中位数以及众数。

b. 计算全距、方差、标准差以及变异系数。

c. 计算 Z 值。是否存在异常值？

d. 描述该数据集的形状。

概念应用

3.5　*Wired* 是一本展望商业、文化、创新与科学的未来的杂志，它的两类订户——印刷品读者和数字电子版读者的家庭收入（美元）如下：

读者	中位数
杂志读者	93 437
Wired. com 网站使用者	91 769

资料来源：Data extracted from "*Wired* 2014 Media Kit," www. condenast. com/brands/wired/media-kit.

解释杂志读者与网站使用者的家庭收入的中位数。

3.6　一家轮胎生产商的运营经理欲对两类轮胎的实际内径进行比较，这两类轮胎直径的期望值都是 575 毫米。对两类轮胎各取 5 个样本，其内径按从小到大顺序排列如下：

X 等级					*Y* 等级				
568	570	575	578	584	573	574	575	577	578

a. 分别计算这两类轮胎内径的平均值、中位数以及标准差。

b. 判断哪类轮胎质量更高并给出解释。

c. 如果 *Y* 等级轮胎最后一个样本值改变为 588，（a）与（b）的结果有什么变化？请解释。

3.7　根据美国统计局的调查，2013 年新房销售价格的中位数是 265 900 美元，平均销售价格是 322 100 美元。

a. 解释销售价格的中位数。

b. 解释平均销售价格。

c. 讨论新房价格的分布形状。

3.8　文件 MobileLoyalty 中的数据包含通过移动忠诚项目获得奖励的 15 个顾客在 3 个月中的支出情况。

55.35　22.90　67.50　46.10　57.45　108.25　50.75　35.20

78.30　50.65　63.00　59.70　41.55　56.65　52.60

a. 计算均值和中位数。

b. 计算方差、标准差、全距、变异系数以及 *Z* 值。

c. 这些数据是否有偏度？如有，是左偏还是右偏？

d. 基于（a）到（c）的结果，你能够得出什么结论？

3.9　文件 Sedans 中的数据展示了 2014 年中型四门私家车的每加仑总里程（MPG）。

38　26　30　26　25　27　24　22　27　32　39

26　24　24　23　24　25　31　26　37　22　33

资料来源：Data extracted from " Which Car Is Right for You?" *Consumer Reports*, April 2014, pp. 40-41.

a. 计算均值、中位数和众数。

b. 计算方差、标准差、全距、变异系数以及 *Z* 值。

c. 这些数据是否有偏度？如有，是左偏还是右偏？

d. 比较（a）到（c）的结果与习题 3.10（a）到（c）的小型 SUV 每加仑总里程的结果。

3.10　文件 SUV 中的数据展示了 2014 年小型 SUV 的每加仑总里程（MPG）。

26　22　23　21　25　24　22　26　25　22

21　21　22　22　23　24　23　22　21　22

资料来源：Data extracted from " Which Car Is Right for You?" *Consumer Reports*, April 2014, pp. 60-61.

a. 计算均值、中位数和众数。

b. 计算方差、标准差、全距、变异系数以及 Z 值。

c. 这些数据是否有偏度？如有，是左偏还是右偏？

d. 比较（a）到（c）的结果与习题3.9（a）到（c）的中型四门私家车每加仑总里程的结果。

3.11　文件 AccountingPartners 包含被标记为“要关注的企业”的一组扩张中的会计师事务所的合伙人数。它们有如下数量的合伙人：

17	23	19	23	18	17	23	16	34	10	14	30	14	33	26	17	19	22
20	27	33	25	12	26	13	30	13	13	33	21	17	12	10	14	12	

资料来源：Data extracted from bit. ly/ODuzd3.

a. 计算均值、中位数和众数。

b. 计算方差、标准差、全距、变异系数以及 Z 值。是否有异常值？解释一下。

c. 这些数据是否有偏度？如有，是左偏还是右偏？

d. 根据（a）到（c）的结果，你能够就扩张中的会计师事务所的合伙人数得出什么结论？

3.12　文件 MarketPenetration 包含 Facebook 在世界最大的 22 个经济体的市场渗透值（该经济体使用 Facebook 的人数占总人口的百分比）。

56	57	43	55	42	35	7	25	42	17	43
6	31	28	59	20	27	36	45	80	57	56

资料来源：Data extracted from slidesha. re/ODv6vG.

a. 计算均值、中位数和众数。

b. 计算方差、标准差、全距、变异系数以及 Z 值。是否有异常值？解释一下。

c. 这些数据是否有偏度？如有，是左偏还是右偏？

d. 根据（a）到（c）的结果，你能够得什么结论？

3.13　不同种类的投资收益的差异是否不同？文件 CD Rate 包含 2014 年 3 月 12 日美国 22 家银行一年定期存款和五年定期存款的利率。

资料来源：Data extracted from www. Bankrate. com，March 12，2014.

a. 对一年期和五年期存款，分别计算方差、标准差、全距和变异系数。

b. 根据（a）的结果，一年期和五年期存款哪个利率的差异更大？解释一下。

3.14　文件 HotelAway 包含 2013 年不同国家的人在国外旅行时支付的平均房价（美元）：

179	173	175	173	164	143	153	155

资料来源：Data extracted from http：//bit. ly/1pdFkOG.

a. 计算均值、中位数以及众数。

b. 计算全距、方差和标准差。

c. 根据（a）和（b）的结果，就 2013 年的房价你能够得出什么结论？

3.15　位于城市商业区的一家银行分支机构为午间12:00—1:00客流高峰改进了服务流程。支行连续记录了一个包含 15 位顾客的随机样本一周在午间这一小时内的等候时间（分钟）。等候时间一般定义为从加入排队到得到服务所用的时间。结果包含在文件 Bank1 中，如下所示：

4.21	5.55	3.02	5.13	4.77
2.34	3.54	3.20	4.50	6.10
0.38	5.12	6.46	6.19	3.79

a. 计算样本的均值和中位数。

b. 计算样本方差、标准差、全距、变异系数和 Z 值。是否有异常值？解释一下。

c. 样本数据是否有偏度？如有，是左偏还是右偏？

d. 设想一位顾客午间进入这家支行并询问经理她要等待多长时间，经理的回答是："几乎可以肯定不超过 5 分钟。" 请结合（a）～（c）的结果对经理回答的准确性加以评论。

3.16　假设该银行位于居民区的另一家分支机构最关心的也是午间12:00—1:00的高峰时间。这一支行记录了一个包含 15 位的随机样本一周在这一时间段的等候时间（分钟）。等候时间一般定义为加入排队到得到服务所用的时间。结果包含在文件 Bank2 中，如下所示：

9.66	5.90	8.02	5.79	8.73
3.82	8.01	8.35	10.49	6.68
5.64	4.08	6.17	9.91	5.47

a. 计算样本的均值和中位数。

b. 计算样本方差、标准差、全距、变异系数和 Z 值。是否有异常值？解释一下。

c. 样本数据是否有偏度？如有，是左偏还是右偏？

d. 设想一位顾客周五这一时间段进入这家支行询问经理她要等待多长时间，经理的回答是："几乎可以肯定不超过 5 分钟。" 请根据（a）～（c）的结果对经理回答的准确性加以评论。

3.17　使用文件 Retirement Funds 中的年收益率变量：

a. 构建一个表格，计算类型、市值和风险的各种组合的均值。

b. 构建一个表格，计算类型、市值和风险的各种组合的标准差。

c. 不同类型的退休基金（成长型与价值型），根据不同的市值（小型、中型和大型）和风险（低、平均和高）有什么不同？

3.18　使用文件 Retirement Funds 中的年收益率变量：

a. 构建一个表格，计算类型、市值和评级的各种组合的均值。

b. 构建一个表格，计算类型、市值和评级的各种组合的标准差。

c. 不同类型的退休基金（成长型与价值型），根据不同的市值（小型、中型和大型）和评级（1 级、2 级、3 级、4 级、5 级）有什么不同？

3.19　使用文件 Retirement Funds 中的年收益率变量：

a. 构建一个表格，计算类型、风险和评级的各种组合的均值。

b. 构建一个表格，计算类型、风险和评级的各种组合的标准差。

c. 就不同的市值（小型、中型和大型）、风险（低、平均和高）和评级（1 级、2 级、3 级、4 级、5 级），你能得出什么结论？

3.20　使用文件 Retirement Funds 中的收益率变量：

a. 构建一个表格，计算类型、风险和评级的各种组合的均值。

b. 构建一个表格，计算类型、风险和评级的各种组合的标准差。

c. 不同类型的退休基金（成长型与价值型），根据不同的风险（低、平均和高）和评级（1 级、2 级、3 级、4 级、5 级）有什么不同？

3.3　探索数值数据

3.1 节和 3.2 节讨论了集中趋势、变异程度和分布形状的度量。我们还可以通过计算四分位数、五值概括法和箱线图来对数值变量的分布加以分析。

四分位数

四分位数（quartiles）是将全部数据分成相等的四部分——**第一四分位数**（first

quartile，Q_1），将25%的观测值从其他更大的75%中分离出来。**第二四分位数**（second quartile，Q_2）是中位数——50%的观测值小于中位数且50%大于中位数。**第三四分位数**（third quartile，Q_3）将75%的观测值从其他更大的25%中分离出来。公式（3.8）和公式（3.9）定义了第一和第三四分位数。

第一四分位数 Q_1

25%的观测值小于或等于 Q_1，第一四分位数，并且75%的观测值大于或等于第一四分位数，Q_1。

$$Q_1 = \text{第 } \frac{n+1}{4} \text{ 个按从小到大顺序排列的观测值} \tag{3.8}$$

第三四分位数 Q_3

75%的观测值小于或等于第三四分位数，Q_3，并且25%的观测值大于或等于第三四分位数，Q_3。

$$Q_3 = \text{第 } \frac{3(n+1)}{4} \text{ 个按顺序排列的观测值} \tag{3.9}$$

使用下列规则来计算一组按顺序排列的观测值的四分位数：

- 规则1：如果求得的位置是整数，该位置上的这个观测值就是四分位数。例如，如果样本容量 $n=7$，第一四分位数 Q_1 等于第（7+1）/4=2个按顺序排列的观测值。
- 规则2：如果求得的位置处于两个整数的中间，则它们相应的观测值的均值就是四分位数。例如，如果样本容量 $n=9$，第一四分位数 Q_1 等于第（9+1）/4=2.5个按顺序排列的观测值，在第2个和第3个按顺序排列的观测值之间。
- 规则3：如果求得的位置既不是整数也不在两个整数的中间，一个简单的规则是就近取整，并找出对应于该整数位置的观测值。例如，如果样本容量 $n=10$，第一四分位数 Q_1 等于第（10+1）/4=2.75个按顺序排列的观测值。将2.75就近取整到3并且使用第3个按顺序排列的观测值。

为了说明对于早晨准备时间的样本数据的四分位数计算，我们首先将准备时间数据从小到大按顺序排列：

按顺序排列的观测值：	29	31	35	39	39	40	43	44	44	52
序数：	1	2	3	4	5	6	7	8	9	10

第一四分位数是（n+1）/4=（10+1）/4=2.75位置上的观测值。使用规则3，将其就近取整到第3个观测值。准备时间数据第3个按顺序排列的观测值是35分钟。解释35的第一四分位数意义为这些天的25%的准备时间小于或者等于35分钟，并且这些天的75%的准备时间大于或者等于35分钟。

第三四分位数是3（n+1）/4=3（10+1）/4=8.25位置上的观测值。使用规则3，将其就近取整到第8个观测值。准备时间数据第8个按顺序排列的观测值是44分钟。因此这些天的75%的准备时间小于或者等于44分钟，并且这些天的25%的准备时间大于或者等于44分钟。

百分位数

百分位数与四分位数的划分方法类似，**百分位数**（percentiles）将变量分成100个等份。根据这个定义，第一四分位数等于第25百分位数，第二四分位数等于第50

百分位数，第三四分位数等于第 75 百分位数。

例 3.10

计算四分位数

一个由 7 种早餐麦片组成的样本的营养成分数据（存储在 Cereals 文件中）包含每份麦片的卡路里数量（参考例 3.1）。计算这些麦片卡路里数的第一四分位数和第三四分位数。

解答 从小到大排列，这 7 种麦片的卡路里数为：

按顺序排列的观测值：	80	100	100	110	130	190	200
序号：	1	2	3	4	5	6	7

对于这些数据

$$Q_1 = 第\frac{n+1}{4}个按顺序排列的观测值 = 第\frac{7+1}{4}个按顺序排列的观测值$$

$$= 第 2 个按顺序排列的观测值$$

因此，使用规则 1，Q_1 是第 2 个按顺序排列的观测值。因为第 2 个按顺序排列的观测值是 100，第一四分位数 Q_1 是 100。

第三四分位数 Q_3

$$Q_3 = 第\frac{3(n+1)}{4}个按顺序排列的观测值 = 第\frac{3(7+1)}{4}个按顺序排列的观测值$$

$$= 第 6 个按顺序排列的观测值$$

因此，使用规则 1，Q_3 是第 6 个按顺序排列的观测值。因为第 6 个按顺序排列的观测值是 190，Q_3 是 190。

第一四分位数为 100，表明 25%的麦片的卡路里数小于或者等于 100，并且 75%的麦片的卡路里数大于或者等于 100。第三四分位数为 190 表明，75%的麦片的卡路里数小于或者等于 190，并且 25%的麦片的卡路里数大于或者等于 190。

四分位间距

四分位间距（interquartile range or midspread）用于衡量分布的第三四分位数与第一四分位数之差。

四分位间距

四分位间距是第三四分位数与第一四分位数的差。

$$四分位间距 = Q_3 - Q_1 \tag{3.10}$$

四分位间距度量的是处于样本分布中间部分的 50%的数据的分散程度，因此，它不容易受极端值的影响。计算早晨准备时间数据的四分位间距：

29 31 35 39 39 40 43 44 44 52

使用公式（3.10）和之前的计算结果，$Q_1 = 35$，$Q_3 = 44$：

四分位间距 = 44 − 35 = 9（分钟）

因此，早晨准备时间的四分位间距是 9 分钟。从 35 到 44 的区间经常被称为居中的半数（middle fifty）。

例 3.11

计算麦片卡路里数的四分位间距

一个由7种早餐麦片组成的样本的营养成分数据（存储在 Cereals 文件中）包含每份麦片的卡路里数量（参考例 3.1）。计算这些麦片卡路里数的四分位间距。

解答 从小到大排列，这7种麦片的卡路里数为：

80　100　100　110　130　190　200

使用公式（3.10）和例 3.10 的计算结果，$Q_1=100$，$Q_3=190$：

四分位间距＝190－100＝90

因此，这些麦片卡路里数的四分位间距为 90 卡路里。

因为四分位间距没有考虑比 Q_1 小且比 Q_3 大的那部分观测值，因此不易受潜在的极端值的影响。描述性统计量，如中位数、Q_1，Q_3 和四分位间距，不受极端值的影响，称为**抗干扰度量**（resistant measures）。

五值概括法

变量的**五值概括法**（five-number summary）中包括的统计量为：最小观测值、第一四分位数、中位数、第三四分位数和最大观测值。

五值概括法

$X_{最小}$　Q_1　中位数　Q_3　$X_{最大}$

五值概括法是确定分布形状的一种分析判断方法。表 3－5 解释了五值之间的关系如何有助于识别数据集的分布形状。

表 3－5　五值概括法和分布类型之间的关系

比较	分布类型		
	左偏	对称	右偏
最小值到中位数的距离与最大值到中位数的距离	最小值到中位数的距离大于最大值到中位数的距离	两个距离相等	最小值到中位数的距离小于最大值到中位数的距离
最小值到第一四分位数的距离与最大值到第三四分位数的距离	最小值到第一四分位数的距离大于最大值到第三四分位数的距离	两个距离相等	最小值到第一四分位数的距离小于最大值到第三位四分位数的距离
第一四分位数到中位数的距离与中位数到第三四分位数的距离	第一四分位数到中位数的距离大于中位数到第三四分位数的距离	两个距离相等	第一四分位数到中位数的距离小于中位数到第三四分位数的距离

要进一步分析早晨准备时间样本，我们可以应用五值概括法。其中，最小的观测值是 29 分钟，最大的观测值是 52 分钟。此前完成的计算显示，中位数＝39.5，Q_1＝35，且 Q_3＝44。因此，五值概括法为：

29　35　39.5　44　52

$X_{最小}$到中位数的距离（39.5－29＝10.5）略小于 $X_{最大}$到中位数的距离（52－39.5＝12.5）。$X_{最小}$到 Q_1 的距离（35－29＝6）略小于 Q_3 到 $X_{最大}$的距离（52－44＝8）。Q_1 到中位数的距离（39.5－35＝4.5）与中位数到 Q_3 的距离（44－39.5＝4.5）相同。

因此，准备时间是略微右偏的分布。

例 3.12

计算麦片卡路里数的五值概括法

一个由 7 种早餐麦片组成的样本的营养成分数据（存储在 Cereals 文件中）包含每份麦片的卡路里数量（参考例 3.1）。计算麦片的卡路里数的五个概括值。

解答 从之前的计算中我们知道，中位数＝110，Q_1＝100，Q_3＝190。

此外，最小值是 80，最大值是 200，因此，五值概括法为：

80 100 110 190 200

表 3－5 中列举的三个比较可以用来衡量分布形状的偏斜。$X_{最小}$到中位数的距离（110－80＝30）小于 $X_{最大}$到中位数的距离（200－110＝90）。$X_{最小}$到 Q_1 的距离（100－80＝20）比 Q_3 到 $X_{最大}$的距离（200－190＝10）大。Q_1 到中位数的距离（110－100＝10）小于中位数到 Q_3 的距离（190－110＝80）。三个比较中有两个指向右偏分布，有一个指向左偏分布。因此，由于样本容量较小，加上相反的结果，该样本数据的分布形状无法确定。

箱线图

箱线图（boxplot）又译作盒须图，是利用五值概括法对变量所做的可视化。图 3－3 是早晨准备时间的箱线图。

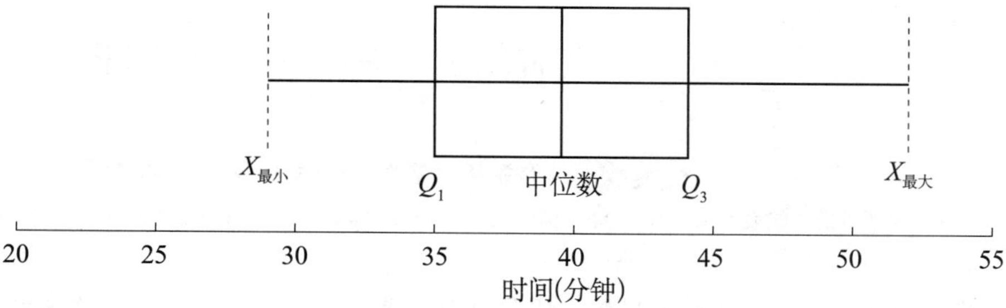

图 3－3 早晨准备时间的箱线图

图中长方形盒子中间的垂直线代表中位数。盒子左边的垂直线表示 Q_1，盒子右边的垂直线表示 Q_3。因此，盒子中包含了这组数据位于中间的 50%的观测值。这组数据中较小的 25%的观测值由连接盒子左端与最小值 $X_{最小}$的直线表示，同样，这组数据中较大的 25%的观测值由连接盒子右端与最大值 $X_{最大}$的直线表示。

图 3－3 中早晨准备时间的箱线图说明样本数据略微右偏，因为从中位数到最大值的距离略大于从最小值到中位数的距离。另外，右边的尾部也比左边的尾部略长。

例 3.13

成长型和价值型基金年收益率的箱线图

在“更多描述性选择”的情境中，我们想要比较 316 只样本基金中成长型和价值型基金的历史表现。历史表现的一个度量是年收益率变量。为成长型和价值型基金构建这个变量的箱线图。

解答 图 3－4 显示了成长型和价值型基金年收益率的箱线图。成长型基金的五值概括法为 $X_{最小}=-11.28$，$Q_1=11.78$，中位数$=14.18$，$Q_3=16.64$，$X_{最大}=33.98$。价值型基金的五值概括法为 $X_{最小}=1.67$，$Q_1=12.17$，中位数$=15.3$，$Q_3=17.23$，$X_{最大}=28.27$。

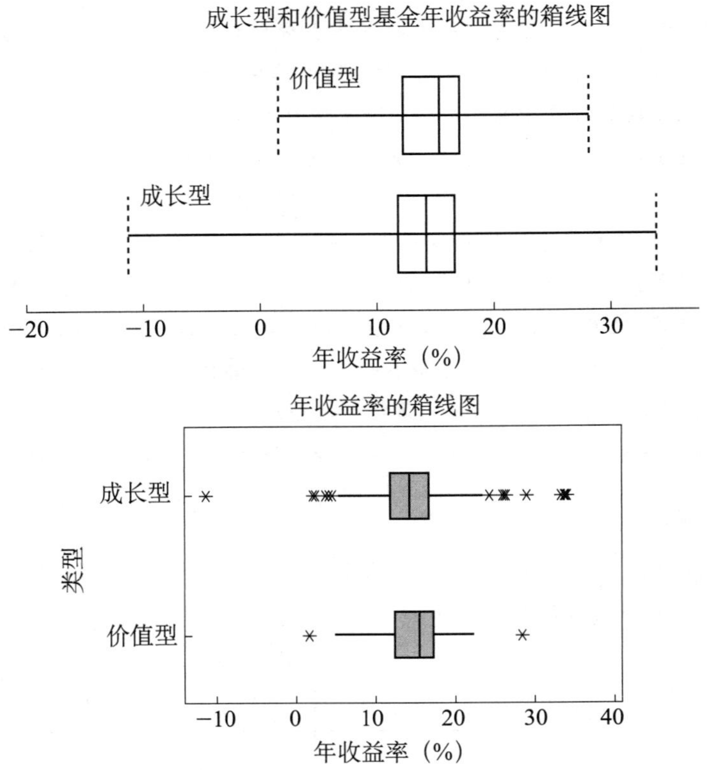

图 3－4　基金年收益率的 Excel 和 Minitab 箱线图

说明：盒子外的直线表示 1.5 倍四分位间距，在此线以外的观测值则被认为是异常值，用 * 号表示。

价值型基金年收益率的中位数、四分位数、最小值都比成长型基金要高一些。成长型和价值型基金均显得较为对称，但成长型基金的年收益率分布区间比价值型基金要大得多。这些分析结果与图 3－2 中的统计量比较结果是一致的。

图 3－5 展示了四种不同类型分布的箱线图与密度曲线之间的关系。根据箱线图的五值概括法，密度曲线下的区域被分成四份。

在图 3－5 中，分布 A 和 D 是对称的。对称型分布的中位数与均值相等，延伸至两端的连线长度也相等，中位数线将盒子分成均等的两半。

在图 3－5 中，分布 B 是左偏的。少数的小观测值使均值偏向左边尾部。对于这个左偏的分布，大量观测值集中在数轴的高端（即右边）；75％的数据在盒子左边线（Q_1）和右边须线的末端（$X_{最大}$）之间。左边的长须线仅包含数据中最小的 25％的观测值，表现出这组数据偏离对称的特征。

图 3－5 中的分布 C 是右偏的，大量观测值集中在数轴的低端（箱线图的左边）。75％的观测值分布在左边须线的起始端（$X_{最小}$）与盒子的右边线（Q_3）之间，长长的右尾包含数值较大的 25％的观测值，表明这组数据不具备对称性。

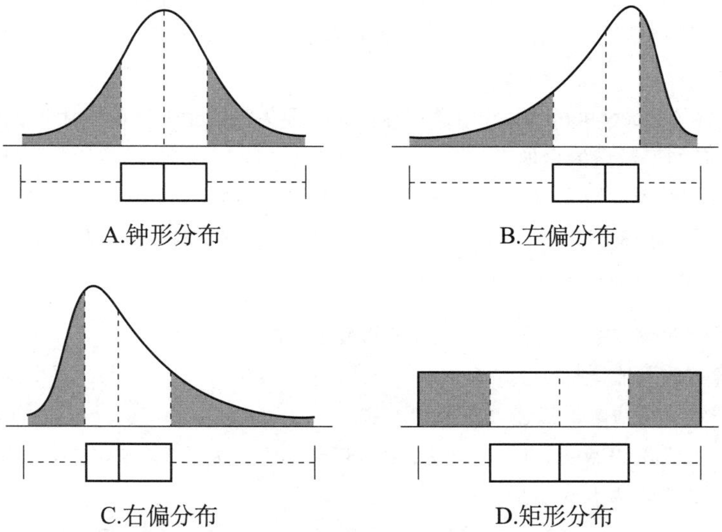

图 3-5　四种不同类型分布的箱线图和相应的密度曲线

3.3 习题

掌握基础知识

3.21　一个样本容量 $n=7$ 的数据集如下：

12　7　4　9　0　7　3

a. 计算第一四分位数、第三四分位数和四分位间距。

b. 列出样本的五值概括法。

c. 制作样本的箱线图，描述分布形状。

d. 将（c）所得结果与习题 3.3（d）的结果相比较。讨论一下。

3.22　一个样本容量 $n=6$ 的数据集如下：

7　4　9　7　3　12

a. 计算第一四分位数、第三四分位数和四分位间距。

b. 列出样本的五值概括法。

c. 制作样本的箱线图，描述分布形状。

d. 将（c）所得结果与习题 3.2（d）的结果相比较。讨论一下。

3.23　一个样本容量 $n=5$ 的数据集如下：

7　4　9　8　2

a. 计算第一四分位数、第三四分位数和四分位间距。

b. 列出样本的五值概括法。

c. 制作样本的箱线图，描述分布形状。

d. 将（c）所得结果与习题 3.1（d）的结果相比较。讨论一下。

3.24　一个样本容量 $n=5$ 的数据集如下：

7　−5　−8　7　9

a. 计算第一四分位数、第三四分位数和四分位间距。

b. 列出样本的五值概括法。

c. 制作样本的箱线图，描述分布形状。

d. 将（c）所得结果与习题3.4（d）的结果相比较。讨论一下。

概念应用

3.25 文件 AccountingPartners 包含被标记为“要关注的企业”的一组扩张中的会计师事务所的合伙人数。它们有如下数量的合伙人：

17	23	19	23	18	17	23	16	34	10	14	30	14	33	26	17	19	22
20	27	33	25	12	26	13	30	13	13	33	21	17	12	10	14	12	

资料来源：Data extracted from bit. ly/ODuzd3.

a. 计算第一四分位数、第三四分位数和四分位间距。

b. 列出样本的五值概括法。

c. 制作样本的箱线图，描述分布形状。

3.26 文件 MarketPenetration 包含 Facebook 在世界最大的 22 个经济体的市场渗透值（该经济体使用 Facebook 的人数占总人口的百分比）。

56	57	43	55	42	35	7	25	42	17	43
6	31	28	59	20	27	36	45	80	57	56

资料来源：Data extracted from slidesha. re/ODv6vG.

a. 计算第一四分位数、第三四分位数和四分位间距。

b. 列出样本的五值概括法。

c. 制作样本的箱线图，描述分布形状。

3.27 文件 HotelAway 包含 2013 年不同国家的人在国外旅行时支付的平均房价（美元）：

179	173	175	173	164	143	153	155

资料来源：Data extracted from http：//bit. ly/1pdFkOG.

a. 计算第一四分位数、第三四分位数和四分位间距。

b. 列出样本的五值概括法。

c. 制作样本的箱线图，描述分布形状。

3.28 文件 SUV 中的数据展示了 2014 年小型 SUV 的每加仑总里程（MPG）。

26	22	23	21	25	24	22	26	25	22
21	21	22	22	23	24	23	22	21	22

资料来源：Data extracted from “Which Car Is Right for You,” *Consumer Reports*，April 2014，pp. 60 - 61.

a. 计算第一四分位数、第三四分位数和四分位间距。

b. 列出样本的五值概括法。

c. 制作样本的箱线图，描述分布形状。

3.29 文件 CD Rate 包含 2014 年 3 月 12 日美国 22 家银行一年定期存款和五年定期存款的利率。

资料来源：Data extracted from www. Bankrate. com，March 12，2014.

为每种账户：

a. 计算第一四分位数、第三四分位数和四分位间距。

b. 列出样本的五值概括法。

c. 制作样本的箱线图，描述分布形状。

3.30 位于城市商业区的一家银行分支机构为午间12:00—1:00客流高峰改进了服务流程。支行连续记录了一个包含 15 位顾客的随机样本一周在午间这一小时内的等候时间（分钟）。等候时间一般定义为从加入排队到得到服务所用的时间。结果包含在文件 Bank1 中，如下所列：

4.21　5.55　3.02　5.13　4.77

2.34　3.54　3.20　4.50　6.10

0.38　5.12　6.46　6.19　3.79

位于居民区的另一家分支机构最关心的也是午间12:00—1:00的高峰时间。这一支行记录了一个包含 15 位顾客的随机样本一周在这一时间段的等候时间（分钟）。等候时间一般定义为加入排队到得到服务所用的时间。结果包含在文件 Bank2 中，如下所列：

9.66　5.90　8.02　5.79　8.73

3.82　8.01　8.35　10.49　6.68

5.64　4.08　6.17　9.91　5.47

a. 为两个银行分支机构的等候时间列出五值概括法。

b. 制作两家银行的箱线图，描述分布形状。

c. 这两个银行分支机构的等候时间有哪些相似和不同之处？

3.4　总体的数值描述度量

在 3.1 节和 3.2 节中讨论了描述样本的集中趋势、变异程度的各种统计量。当我们收集整个总体的数据时，需要计算和分析总体的参数，包括总体均值、总体方差和总体标准差。

为了帮助阐述这些参数，考虑道琼斯工业指数中被戏称成“Dogs of the Dow”的 10 只主要成分股：道琼斯工业股票中，前一年的股息与股价比值最高的 10 家公司。表 3-6 包括 2012 年的“Dow Dogs”在 2013 年的收益率（不包括股息）。这些数据存储在 DowDogs 中，被用来描述总体参数。

表 3-6　“Dow Dogs”股票的年收益率

股票	年收益率	股票	年收益率
AT&T	4.3	DuPont	44.4
Verizon	13.6	Johnson & Johnson	30.7
Merck	22.3	Intel	25.9
Pfizer	22.1	Hewlett-Packard	96.4
General Electric	33.5	McDonald's	10.0

资料来源：Data extracted from dogsofthedow.com.

总体均值

总体均值（population mean）是总体中所有数值之和除以总体容量 N 的结果。这个参数通常用希腊小写字母 μ 表示，代表集中趋势。公式（3.11）定义了总体均值。

总体均值

总体均值是总体中所有数值之和除以总体容量 N。

$$\mu = \frac{\sum_{i=1}^{N} X_i}{N} \tag{3.11}$$

式中

μ=总体均值

X_i=变量 X 的第 i 个观测值

$\sum_{i=1}^{N} X_i$ = 总体中所有 X_i 的总和

计算表 3 - 6 中"Dow Dogs"股票的总体的年收益率的均值，使用公式（3.11）：

$$\mu = \frac{\sum_{i=1}^{N} X_i}{N}$$

$$= \frac{4.3+13.6+22.3+22.1+33.5+44.4+30.7+25.9+96.4+10.0}{10}$$

$$= \frac{303.2}{10} = 30.32$$

因此，"Dow Dogs"股票的平均年收益率是 30.32。

总体方差和标准差

总体方差（population variance）和**总体标准差**（population standard deviation）度量总体的变异程度。总体方差是相对总体均值的离差平方和除以总体容量 N，总体标准差是总体方差的平方根。在实践中，人们常用总体标准差，因为与总体方差不同，标准差与原始总体数据的度量单位永远是相同的。

符号（希腊小写字母）σ 表示总体标准差，符号 σ^2 表示总体方差。公式（3.12）和公式（3.13）定义了这些参数。这些等式右边的分母使用 N 而不是样本方差和标准差等式中的（$n-1$），参见公式（3.4）和公式（3.5）。

总体方差

总体方差是相对总体均值的离差平方和除以总体容量 N。

$$\sigma^2 = \frac{\sum_{i=1}^{N} (X_i - \mu)^2}{N} \quad (3.12)$$

式中

μ=总体均值

X_i=变量 X 的第 i 个观测值

$\sum_{i=1}^{N} (X_i - \mu)^2$ = X_i 相对 μ 的离差平方和

总体标准差

$$\sigma = \sqrt{\frac{\sum_{i=1}^{N} (X_i - \mu)^2}{N}} \quad (3.13)$$

计算表 3 - 6 中数据的总体方差，使用公式（3.9）：

$$\sigma^2 = \frac{\sum_{i=1}^{N} (X_i - \mu)^2}{N}$$

$$= \frac{677.0404+279.5584+64.5684+67.5684+10.1124+198.2464+0.1444+19.5364+4366.5664+412.9024}{10}$$

$$=\frac{6\ 095.996}{10}=609.599\ 6$$

根据公式（3.13），样本标准差为：

$$\sigma=\sqrt{\sigma^2}=\sqrt{\frac{\sum_{i=1}^{N}(X_i-\mu)^2}{N}}=\sqrt{\frac{6\ 095.996}{10}}=24.690\ 1$$

因此，典型的年收益率与均值 30.32 之差大约是 24.690 1。这个较大的变异程度度量表明，“Dow Dogs” 股票之间的收益率差别很大。

经验法则

对于大多数数据集，大部分观测值通常集中在均值周围。在右偏的数据集中，观测值集中在中位数左边——也就是小于均值。在左偏的数据集中，观测值集中在中位数右边——也就是大于均值。在对称的数据集中，中位数和均值相等，观测值经常对等地分布在这些集中趋势衡量指标的两边，形成一个钟形的正态分布。

经验法则（empirical rule）是指对于构成正态分布的总体数据，以下判断成立：

- 大约 68%的观测值会落在均值两边各一个标准差的范围内。
- 大约 95%的观测值会落在均值两边各两个标准差的范围内。
- 大约 99.7%的观测值会落在均值两边各三个标准差的范围内。

经验法则可以帮助度量总体的变异程度，识别异常值。经验法则意味着对于正态分布，仅仅 1/20 的观测值会偏离均值超过两个标准差。作为一般法则，可以认为不在 $\mu-2\sigma$ 和 $\mu+2\sigma$ 之间的观测值是潜在的异常值。该法则也意味着大约仅仅 3/1 000 的观测值会偏离均值超过三个标准差。因此，不在区间 $\mu\pm3\sigma$ 内的观测值几乎可以确认为异常值。

例 3.14

运用经验法则

已知一个 2 升的瓶装可乐的总体的平均容量是 2.06 升，标准差是 0.02 升。总体是钟形分布的。描述瓶装可乐的容量分布，出现一瓶少于 2 升的可乐的可能性有多大？

解答 $\mu\pm\sigma=2.06\pm0.02=(2.04,2.08)$

$\mu\pm2\sigma=2.06\pm2(0.02)=(2.02,2.10)$

$\mu\pm3\sigma=2.06\pm3(0.02)=(2.00,2.12)$

使用经验法则，大约 68%在 2.04～2.08 升之间，大约 95%在 2.02～2.10 升之间，大约 99.7%在 2.00～2.12 升之间。因此不太可能出现一瓶少于 2 升的可乐。

切比雪夫法则

对于很偏的非正态分布的数据集，我们应当使用切比雪夫法则而不是经验法则。**切比雪夫法则**（Chebyshev rule）（见参考文献 2）是指对于任何数据集，无论分布形状如何，位于偏离均值 k 个标准差范围之内的观测值的百分比至少为：

$$(1-1/k^2)\times100\%$$

对于任何 k 大于 1 的值都可以采用这一法则。考虑 $k=2$，切比雪夫法则表明至少

$(1-1/2^2) \times 100\% = 75\%$的观测值必然位于偏离均值±2个标准差范围之内。

切比雪夫法则很普遍且可以应用于任何分布。该法则表明至少多少百分比的观测值落到偏离均值一个给定的距离内。如果数据集较为接近钟形分布，经验法则会更精确地反映数据更多地聚集在均值附近这一特征。对切比雪夫法则和经验法则的比较如表3-7所示。

表3-7 数据如何偏离均值

区间	均值附近的观测值的比例	
	切比雪夫法则（所有分布）	经验法则（钟形分布）
$(\mu-\sigma, \mu+\sigma)$	至少0%	大约68%
$(\mu-2\sigma, \mu+2\sigma)$	至少75%	大约95%
$(\mu-3\sigma, \mu+3\sigma)$	至少88.89%	大约99.7%

例3.15

运用切比雪夫法则

在例3.14中，已知一个2升装可乐的总体的平均容量是2.06升，标准差是0.02升。但是，总体分布形状未知，并且不能假设它是钟形的。描述容量的分布。可能出现一瓶少于2升的可乐吗？

解答 $\mu \pm \sigma = 2.06 \pm 0.02 = (2.04, 2.08)$

$\mu \pm 2\sigma = 2.06 \pm 2(0.02) = (2.02, 2.10)$

$\mu \pm 3\sigma = 2.06 \pm 3(0.02) = (2.00, 2.12)$

因为分布可能是非对称的，不能使用经验法则。使用切比雪夫法则，我们不知道任何包含2.04～2.08升可乐的百分比。我们可以知道至少75%包含2.02～2.10升的可乐，并且至少88.89%在2.00～2.12升之间。因此，0～11.11%会包含少于2升的可乐。

当有样本数据时，可以使用这两种法则来理解数据是如何围绕均值分布的。在每种情形下，使用计算的$\bar{X}$值替代μ并且用计算的S值替代σ。使用样本统计量计算的结果是近似值，因为使用的是样本统计量（$\bar{X}$，S）而不是总体参数（μ，σ）。

3.4 习题

掌握基础知识

3.31 一个总体容量$N=10$的数据集如下：

7 5 11 8 3 6 2 1 9 8

a. 计算该总体的均值。

b. 计算该总体的标准差。

3.32 一个总体容量$N=10$的数据集如下：

7 5 6 6 6 4 8 6 9 3

a. 计算该总体的均值。

b. 计算该总体的标准差。

概念应用

3.33 文件 RadioShack 包含截至 2013 年 12 月 31 日位于美国 50 个州和哥伦比亚特区的 RadioShack 商店的数量：

65	20	76	53	565	82	68	18	12	309	127
24	28	197	122	68	56	75	81	33	99	115
155	81	47	97	28	33	40	36	156	41	342
139	9	203	59	70	232	20	69	22	88	408
41	16	144	111	36	101	19				

资料来源：Data extracted from "RadioShack closing up to 1,100 stores," *USA Today*, March 6, 2014, p. 1B.

a. 计算该总体的均值、方差及标准差。

b. 有多少比例的州的商店数量落在均值 ± 1，2 或 3 个标准差范围内？

c. 将结果与经验法则的预期结果相对比。(b) 的结果是否出乎你的意料？

3.34 考察主要投资于大型企业的 1 024 只基金。这些基金的年收益率作为一个总体，均值 $\mu=8.20$，标准差 $\sigma=2.75$。

a. 根据经验法则估计有多少百分比的基金落在均值 ± 1 个标准差范围内？

b. 根据经验法则估计有多少百分比的基金落在均值 ± 2 个标准差范围内？

c. 根据切比雪夫法则估计有多少百分比的基金落在均值 ± 1，2 或 3 个标准差范围内？

d. 根据切比雪夫法则估计有 93.75% 的基金年收益率落在哪两个值之间？

3.35 文件 CigaretteTax 中的数据包含截至 2014 年 1 月 1 日 50 个州的烟草税（美元）。

a. 计算烟草税的总体均值和总体标准差。

b. 解释 (a) 中的参数。

3.36 文件 Energy 中的数据是最近一年 50 个州和哥伦比亚特区的人均能源消费（千瓦时）。

a. 计算该总体的均值、方差及标准差。

b. 这些州有多少比例的人均能源消费在均值 ± 1 个标准差、均值 ± 2 个标准差或均值 ± 3 个标准差范围内？

c. 将结果与经验法则的预期结果相对比。(b) 的结果是否出乎你的意料？

d. 不考虑哥伦比亚特区，重复 (a) ～ (c)。结果如何改变？

3.37 道琼斯工业指数（DJIA）由 30 家公司组成。这些公司规模多大？一种衡量公司规模大小的常用方法是使用其市值，即通过将股票份额数量乘以股票每股价格来计算。2014 年 3 月 14 日，这些公司市值的范围从旅行者集团的 291 亿美元到埃克森美孚 4 039 亿美元。整个市值的总体记录在文件 DowMarketCap 中。

a. 计算 30 家公司总体的市值的均值和标准差。

b. 解释 (a) 中计算的参数。

3.5 协方差与相关系数

在 2.5 节，我们曾用散点图来形象地表示两个数值变量之间的关系。本节介绍两个数值变量之间关系的度量方法——协方差和相关系数。

协方差

协方差（covariance）度量两个数值变量（X 和 Y）之间线性关系的强度。公式 (3.14) 定义了**样本协方差**（sample covariance），例 3.16 演示了这个指标的使用。

样本协方差

$$\text{cov}(X,Y)=\frac{\sum_{i=1}^{n}(X_i-\overline{X})(Y_i-\overline{Y})}{n-1} \tag{3.14}$$

例 3.16

计算样本协方差

在例 2.12 中，我们用 NBA 球队的收入和价值数据构建了散点图来显示这两个变量的关系。现在，我们想要通过计算样本协方差来衡量年收入与球队价值之间的关系。

解答 图 3-6 包括两个工作簿，利用表 2-18 的数据计算协方差。

	A	B	C	D
1	Revenue	Value	(X-XBar)	(Y-YBar)
2	119	425	-32.8667	-209.3000
3	169	875	17.1333	240.7000
4	190	780	38.1333	145.7000
5	115	410	-36.8667	-224.3000
6	195	1000	43.1333	365.7000
7	145	515	-6.8667	-119.3000
8	162	765	10.1333	130.7000
9	124	495	-27.8667	-139.3000
10	139	450	-12.8667	-184.3000
11	160	750	8.1333	115.7000
12	191	775	39.1333	140.7000
13	121	475	-30.8667	-159.3000
14	128	575	-23.8667	-59.3000
15	295	1350	143.1333	715.7000
16	126	453	-25.8667	-181.3000

	A	B	C	D
1	Revenue	Value	(X-XBar)	(Y-YBar)
17	188	770	36.1333	135.7000
18	109	405	-42.8667	-229.3000
19	116	430	-35.8667	-204.3000
20	116	420	-35.8667	-214.3000
21	287	1400	135.1333	765.7000
22	144	590	-7.8667	-44.3000
23	139	560	-12.8667	-74.3000
24	117	469	-34.8667	-165.3000
25	137	565	-14.8667	-69.3000
26	140	587	-11.8667	-47.3000
27	115	550	-36.8667	-84.3000
28	167	660	15.1333	25.7000
29	149	520	-2.8667	-114.3000
30	131	525	-20.8667	-109.3000
31	122	485	-29.8667	-149.3000

	A	B	
1	Covariance Analysis of Revenue and Value		
2			
3	Intermediate Calculations		
4	XBar	151.8667	=AVERAGE(DATA!A:A)
5	YBar	634.3000	=AVERAGE(DATA!B:B)
6	Σ(X-XBar)(Y-YBar)	321350.2000	=SUMPRODUCT(DATA!C:C, DATA!D:D)
7	n-1	29	=COUNT(DATA!A:A) - 1
8			
9	Covariance	11081.0414	=COVARIANCE.S(DATA!A:A, DATA!B:B)

图 3-6 30 支 NBA 球队收入与价值的 Excel 数据与协方差工作表

通过协方差工作表的 B9 单元格，或者利用公式（3.14）直接计算（如下所示），我们可以得知协方差为 11 081.041 4：

$$\text{cov}(X,Y)=\frac{321\ 350.2}{30-1}=11\ 081.041\ 4$$

协方差作为两个数值变量之间线性关系的度量方式有一个主要缺点。因为协方差可以有任何值，无法确定变量之间关系的相对强度。在例 3.16 中，我们不能判断 11 081.041 4 是不是一个强关联关系或一个弱关联关系的标志。为了更好地判定关系的相对强度，需要计算相关系数。

相关系数

相关系数（coefficient of correlation）衡量两个数值变量之间线性关系的相对强度。相关系数的数值介于完全负相关的−1 和完全正相关的+1 之间。完全（相关）是指如果把这些点都画在散点图上，那么它们都在一条直线上。

当研究两个数值变量的总体数据时，相关系数用希腊字母 ρ 表示。图 3-7 说明了两个变量之间的三种不同关系。

在图 3-7（A）中，X 和 Y 是完全的负线性关系。因而，相关系数 ρ 等于−1，并且当 X 增加时，Y 以完全可预测的方式减少。图 3-7（B）表示在 X 和 Y 之间没有关系。在这种情况下，相关系数 ρ 等于 0，并且当 X 增加时，Y 既没有增加的趋势，也没有减少的趋势。图 3-7（C）表示完全的正线性关系，ρ 等于+1。在这种情况下，当 X 增加时，Y 以完全可预测的方式增加。

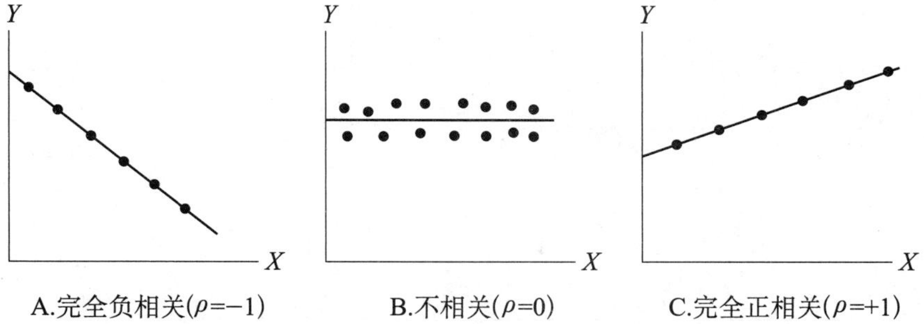

图3-7 变量之间关系的类型

仅有相关性无法证明变量之间存在因果关系——一个变量的变化导致了另一个变量的变化。强相关性的产生也可以仅仅是偶然的，或是由于没有考虑到的第三种变量的作用，或是由于因果关系。我们需要进一步分析以确定是这三种形式中的哪一种造成的相关性。因此，我们可以说因果关系意味着相关性，但是相关性本身并不意味着因果关系。

公式（3.15）定义了**样本相关系数**（sample coefficient of correlation，r）。

样本相关系数

$$r=\frac{\mathrm{cov}(X,Y)}{S_X S_Y} \tag{3.15}$$

式中

$$\mathrm{cov}(X,Y)=\frac{\sum_{i=1}^{n}(X_i-\overline{X})(Y_i-\overline{Y})}{n-1}$$

$$S_X=\sqrt{\frac{\sum_{i=1}^{n}(X_i-\overline{X})^2}{n-1}}$$

$$S_Y=\sqrt{\frac{\sum_{i=1}^{n}(Y_i-\overline{Y})^2}{n-1}}$$

当有样本数据时，我们可以计算样本相关系数。在使用样本数据时，不太可能得到一个恰巧为+1，0或−1的样本相关系数。图3-8显示了散点图与各自对应的样本相关系数r。有6个数据集，每个包含100个X和Y的值。

在图3-8（A）中，相关系数r是−0.9。可以看到对于较小的X值，Y很可能为一个较大的数值。也就是说，较大的X值倾向于与较小的Y值配对。数据并不在一条直线上，因此X与Y之间并非完全相关。图3-8（B）中的数据的相关系数等于−0.6，且较小的X值倾向于与较大的Y值配对。但图3-8（B）中X与Y之间的线性关系不如图3-8（A）强。因此，图3-8（B）中的相关系数不如（A）那样负。图3-8（C）中X和Y之间的线性关系很弱，$r=-0.3$，较小的X值只有很弱的倾向与较大的Y值配对。从图3-8（D）到图3-8（F）描述了有正相关系数的数据集，因为较小的X值倾向于与较小的Y值配对，且较大的X值倾向于与较大的Y值配对。图3-8（D）显示出弱的正相关，$r=0.3$。

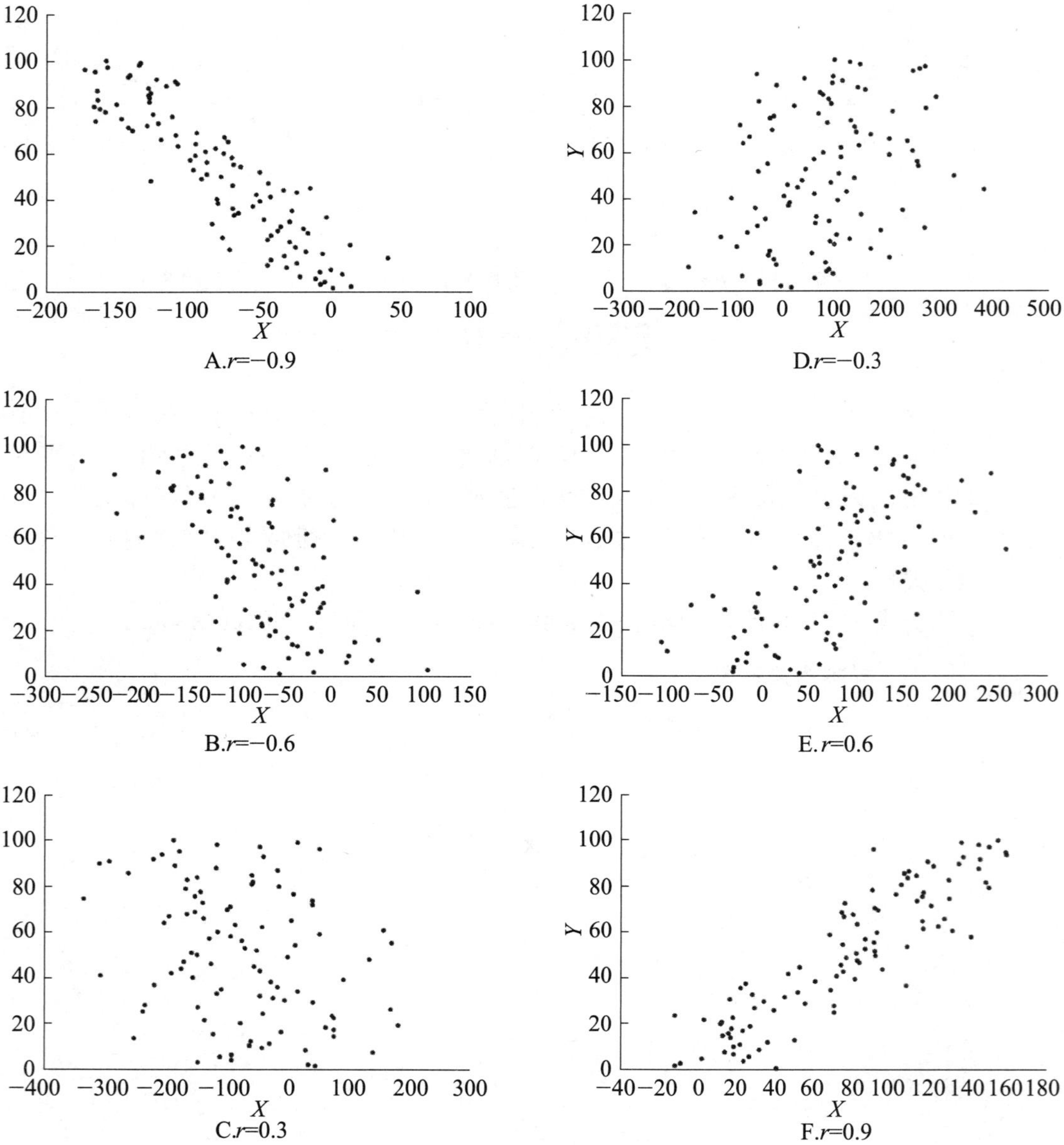

图 3-8 六张散点图和各自的样本相关系数 r

图 3－8（E）显示出较强的正相关关系，$r=0.6$。图 3－8（F）显示出非常强的正相关关系，$r=0.9$。

例 3.17

计算样本相关系数

在例 3.16 中，我们计算了 30 支 NBA 球队的收入与价值的协方差。现在，我们要通过计算样本相关系数来衡量球队收入与价值的线性关系的相对强度。

解答 通过公式（3.15）（如下所示）或者图 3－9 所示的相关系数工作簿的 B14 单元格，我们可以得知样本的相关系数是 0.966 0。

$$r = \frac{\text{cov}(X,Y)}{S_X S_Y}$$

$$= \frac{11\,081.041\,4}{(45.531\,9)\ (251.940\,4)}$$

$$= 0.966\,0$$

	A	B	
1	**Coefficient of Correlation Analysis**		
2			
3	Intermediate Calculations		
4	*XBar*	151.8667	=AVERAGE(DATA!A:A)
5	*YBar*	634.3000	=AVERAGE(DATA!B:B)
6	$\Sigma(X\text{-}XBar)^2$	60121.4667	=DEVSQ(DATA!A:A)
7	$\Sigma(Y\text{-}YBar)^2$	1840744.3000	=DEVSQ(DATA!B:B)
8	$\Sigma(X\text{-}XBar)(Y\text{-}YBar)$	321350.2000	=SUMPRODUCT(DATA!C:C, DATA!D:D)
9	*n*-1	29	=COUNT(DATA!A:A) - 1
10	Covariance	11081.0414	=COVARIANCE.S(DATA!A:A, DATA!B:B)
11	S_X	45.5319	=SQRT(B6/B9)
12	S_Y	251.9404	=SQRT(B7/B9)
13			
14	*r*	0.9660	=CORREL(DATA!A:A, DATA!B:B)

图 3-9　计算收入与其价值相关系数的 Excel 结果

很显然，NBA 球队的收入与其价值是高度相关的。最低收入的球队的价值也最低，最高收入的球队的价值也最高。这个关系非常强，正如相关系数 $r=0.966\,0$ 所显示的。

通常而言，我们不能假设由于两个变量相关，一个变量的变化就会导致另一个变化。但是，在这个例子中，认为收入变化会导致球队价值变化的结论确实是有道理的。

总之，相关系数说明了两个变量之间的线性关系或者联系。相关系数越接近+1或-1，两个变量的线性关系就会越强。当相关系数在 0 附近时，两个变量没有或者只有微弱的线性关系。相关系数的符号说明了数据或者正相关（即较大的 X 值往往和较大的 Y 值相对应），或者负相关（即较大的 X 值往往和较小的 Y 值相对应）。变量间存在强相关关系并不意味着变量间存在因果关系，仅仅意味着有这种可能性。

3.5 习题

掌握基础知识

3.38　以下是一组容量 $n=11$ 的样本数据：

X	7	5	8	3	6	10	12	4	9	15	18
Y	21	15	24	9	18	30	36	12	27	45	54

a. 计算该样本的协方差。

b. 计算该样本的相关系数。

c. X 与 Y 的相关度有多高？解释一下。

概念应用

3.39　一项对 483 名大学一年级女生的研究表明，媒体使用情况（例如用手机发短信、聊天，在 Facebook 上发布状态更新）与成绩有关。更多使用媒体的学生的成绩比更少使用媒体的学生更低。

a. 这项研究说明媒体使用与成绩之间是正相关还是负相关的？

b. 你认为媒体使用与成绩之间是否存在因果关系？解释一下。

3.40 文件 Cereals 列出了7种早餐麦片的卡路里数和含糖量。

麦片	卡路里数	含糖量
Kellogg's All Bran	80	6
Kellogg's Corn Flakes	100	2
Wheaties	100	4
Nature's Path Organic Multigrain Flakes	110	4
Kellogg's Rice Krispies	130	4
Post Shredded Wheat Vanila Almond	190	11
Kellogg's Mini Wheats	200	10

a. 计算协方差。

b. 计算相关系数。

c. 你认为哪一个在表示卡路里数和含糖量之间关系上更有价值——协方差或者相关系数？解释一下。

d. 你能得出关于卡路里数和含糖量之间关系的什么结论？

3.41 新电影首映之后，电影公司需要预测它的总收入，下表是八部哈利·波特电影的第一个周末的收入、美国总收入和全球总收入（百万美元）。

电影	第一个周末的收入	美国总收入	全球总收入
Sorcerer's Stone	90.295	317.558	976.458
chamber of Secrets	88.357	261.988	878.988
Prisoner of Azkaban	93.687	249.539	795.539
Goblet of Fire	102.335	290.013	896.013
Order of the Phoenix	77.108	292.005	938.469
Half-Blood Prince	77.836	301.460	934.601
Deathly Hallows Part I	125.017	295.001	955.417
Deathly Hallows Part II	169.189	381.011	1 328.111

资料来源：Data extracted from www.the-numbers.com/interactive/comp-HarryPotter.php.

a. 计算第一个周末的收入和美国总收入之间、第一个周末的收入与全球总收入之间，以及美国总收入与全球总收入之间的协方差。

b. 计算第一个周末的收入和美国总收入之间、第一个周末的收入与全球总收入之间，以及美国总收入与全球总收入之间的相关系数。

c. 你认为哪个在描述第一个周末的收入、美国总收入和全球总收入之间关系上更有价值——协方差或者相关系数？解释一下。

d. 就第一个周末的收入、美国总收入和全球总收入之间的关系，你能得出什么结论？

3.42 大学足球是一个很大的商业领域，教练的薪酬、学校收入达数百万美元。文件 College Football 包含足球杯一区的124所大学的105位教练的薪酬和学校收入。

a. 计算协方差。

b. 计算相关系数。

c. 你能得出关于教练的薪酬和学校收入之间关系的什么结论？

3.43 Pew 研究中心的调查发现，社交网络在许多国家都很流行。文件 GlobalSocialMedia 包含24个国家的社交网络流行程度（被调查的人中使用社交网站的比例）与购买力平价的人均 GDP。

a. 计算协方差。

b. 计算相关系数。

c. 关于 GDP 和社交网络使用之间的关系，你能得出什么结论？

3.6 描述性统计量：缺陷和道德问题

本章描述了如何用各种度量集中趋势、变异程度和分布形状的统计量描述一组数值数据的特征。在商务活动中，你学过的这些统计描述的方法经常包含在公司定期发布的总结性报告中。

互联网上流传的、报纸和杂志刊登的大量信息已经使人们对数据的客观性产生疑问。当你阅读包含描述性统计信息的报道时，应该记住 19 世纪英国政治家本杰明·迪斯雷利那句广为流传的嘲讽："有三种谎言：谎言、该死的谎言和统计学。"

例如，在考察提供的统计量时，你需要比较均值和中位数。它们是相似的还是很不相同？或者只提供了均值？这些问题的答案能够使你知道数据是不对称还是对称的，中位数是不是比均值更好的关于集中趋势的度量。另外，你应该注意对于一个非常偏斜的分布，标准差和四分位间距是否包含在提供的统计量中。没有这些，很难判断在这组数据中存在多大的变异程度。

当决定报告哪些结果时，常会遇到道德问题。好的和坏的结果都应该被记录。另外，当做口头演示和书面报告时，需要在一种公平、客观和中立的方式下得出结论。出于对某种特定立场的保护，有选择地隐瞒有关结果是不道德的行为。

统计应用

更多的描述性选择，回顾

在"更多的描述性选择"情境中，你被 Choice Is Yours 投资公司雇来协助对共同基金感兴趣的投资者。一个 316 只共同基金的样本包含 227 只成长型基金和 89 只价值型基金。通过比较这两个类别，你能够给你的投资者提供有价值的见解。

正如箱线图（图 3-4）所示，成长型基金和价值型基金的年收益率大体上是对称的。统计描述使你得以比较成长型和价值型基金之间收益的集中趋势和变化性以及分布形状。均值说明成长型基金收益平均是 14.28%，中位数说明这些基金中的一半有着 14.18%或更高的回报。价值型基金的集中趋势比成长型基金稍微高些——平均有 14.70%或一半的基金有着 15.30%或更高的收益。而且，成长型基金的回报比价值型基金变异程度更高——标准差是 5.004 1，而价值型基金的标准差是 4.465 1。成长型基金的峰度为正，表明它的分布比正态分布更尖。尽管过去的表现不能保证未来的收益，价值型基金在 2012 年比成长型基金表现稍微好些。（你可以考察文件 Retirement Funds 中的其他变量，看看 2010—2012 年的三年和 2008—2012 年的五年期间价值型基金的表现是否比成长型基金更好。）

小 结

在本章和前一章中，我们学习了描述性统计分析——如何通过表格整理数据，通过图表使数据可视化，以及如何使用不同的统计量来分析数据并获得结论。在第 2 章中，我们通过构建总结表整理数据，并使用条形图、饼图、直方图和其他图形方法来形象地展示数据。在本章中，我们学习了如何使用诸如均值、中位数、四分位数、全距、标准差等统计指标来描述集中趋势、变异程度和分布形状。此外，我们通过制作箱线图使数据的分布可视化，还学习了如何使用相关系数来描述两个数值变量之间的关系。表 3-8 总结了本章的全部方法。

表 3-8 统计描述方法总结

分析类型	数值型数据
集中趋势	均值、中位数、众数（3.1 节）
变异程度和分布形态	四分位数、全距、四分位间距、方差、标准差、变异系数、Z 值、箱线图（3.2～3.4 节）
描述两个数值变量之间的关系	协方差、相关系数（3.5 节）

我们还学习了数据变异程度的一些概念，它们在后面的章节中有用。这些概念是：

- 数据的分散或离散程度越大，全距、方差和标准差越大。
- 数据的分散或离散程度越小，全距、方差和标准差越小。
- 如果观测值都相等（数据中没有差异），全距、方差和标准差都等于零。
- 变异的度量（全距、方差和标准差）永不为负。

下一章将介绍概率的基本原理，以便在统计描述和统计推断的内容之间架起一座桥梁。

参考文献

1. Booker, J., and L. Ticknor. “A Brief Overview of Kurtosis.” **www.osti.gov/bridge/purl.cover.jsp?purl=/677174-zdulqk/webviewable/677174.pdf.**
2. Kendall, M. G., A. Stuart, and J. K. Ord. *Kendall's Advanced Theory of Statistics, Volume 1: Distribution Theory*, 6th ed. New York: Oxford University Press, 1994.
3. *Microsoft Excel 2013*. Redmond, WA: Microsoft Corporation, 2012.
4. *Minitab Release 16*. State College, PA: Minitab, Inc., 2010.
5. Taleb, N. *The Black Swan*, 2nd ed. New York: Random House, 2010.

关键词

算术平均数（均值）（arithmetic mean（mean））
集中趋势（central tendency）
相关系数（coefficient of correlation）
协方差（covariance）
经验法则（empirical rule）
四分位间距（interquartile range（midspread））
左偏（left-skewed）
潜在变量（lurking variable）
中位数（median）
众数（mode）
百分位数（percentiles）
总体均值（population mean，r）
总体方差（population variance）
第二四分位数（second quartiles，Q_2）
四分位数（quartiles）
抗干扰度量（resistant measure）
箱线图（boxplot）
切比雪夫法则（Chebyshev rule）
变异系数（coefficient of variation，cv）
分散程度（离散）（dispersion（spread））
五值概括法（five-number summary）
峰度（kurtosis）
尖峰（lepokurtic）
均值（mean）
四分位间距（midspread（interquartile range））
异常值（outlier）
低峰（platykurtic）
总体标准差（population standard deviation）
第一四分位数（first quartiles，Q_1）
第三四分位数（third quartiles，Q_3）
全距（range）
右偏（right-skewed）

样本相关系数（sample coefficient of correlation，r）
样本均值（sample mean）
样本方差（sample variance，S^2）
偏斜的（skewed）
离散（spread (dispersion)）
离差平方和（sum of squares，SS）
方差（variance）
Z值（Z score）
样本协方差（sample covariance）
样本标准差（sample standard deviation，S）
分布形状（shape）
偏度（skewness）
标准差（standard deviation）
对称（symmetrical）
变异程度（variation）

检查你对本章的理解

3.44 数值数据具有哪些特性？

3.45 集中趋势这一特性指什么？

3.46 均值、中位数、众数这三个参数有什么区别？它们各有什么优点和缺点？

3.47 你如何解释第一四分位数、均值和第三四分位数？

3.48 变异程度这一特性指什么？

3.49 Z值衡量什么？

3.50 变异程度的度量如全距、四分位间距、方差、标准差以及变异系数之间有什么差异？各有什么优缺点？

3.51 如何借助经验法则解释数值数据的集中度和分布？

3.52 经验法则与切比雪夫法则之间有什么不同？

3.53 分布形状这一特性指什么？

3.54 斜度和峰度有什么区别？

3.55 协方差与相关系数之间有什么不同？

3.56 不同分布形状的箱线图有什么区别？

本章复习题

3.57 美国质量协会（ASQ）进行了一项包含其所有成员的薪酬调查。ASQ成员分布在生产和服务的所有领域，它们的共同点是都很关注质量。回应最多的是经理和质量工程师，其次是黑带大师，他们在六西格玛项目担任领导角色，以及绿带，他们兼职在六西格玛项目工作。下表是上述四类人员的薪酬的描述性统计量：

头衔	样本容量	最小值	最大值	标准差	均值	中位数
绿带	39	45 000	140 000	21 272	73 045	67 045
经理	1 517	27 000	306 000	28 700	92 740	90 000
质量工程师	964	29 000	180 000	21 793	79 621	77 000
黑带大师	75	58 000	200 000	32 328	119 274	116 750

资料来源：Data extracted from M. Hansen, "QP Salary Survey," *Quality Progress*, December 2013, p. 31.

比较绿带、经理、质量工程师和黑带大师的薪酬。

3.58 纽约州允许储蓄银行出售一种名为“储蓄银行保险”（SBLI）的保险。申保程序包括保险申请书的审核、权威证明的医疗记录，还可能要求出示附加的医疗记录以及体检，最后是将设立的保险方案送交银行等待正式批准的保险方案确认阶段。双方满意的保险方案尽早出台则成为银行盈利的关键。我们随机选取了一个月内27项获得认可的保险方案作为样本，并记录完成整个流程所花的天数；这些数据包含在文件 Insurance 中：

73	19	16	64	28	28	31	90	60	56	31	56	22	18
45	48	17	17	17	91	92	63	50	51	69	16	17	

a. 计算均值、中位数、第一四分位数与第三四分位数。

b. 计算全距、四分位间距、方差、标准差以及变异系数。

c. 制作箱线图。样本数据是否有偏度？如有，情况如何？

d. 一个客户走进银行打算购买这种类型的保险，并向你咨询该方案申报程序需要多久，你该如何回答？

3.59 对顾客投诉的反应速度已成为衡量很多企业服务质量的标准。一家经营家具、地板（包括地毯）的大型家族百货商场近几年经历了快速的成长，尤其是地板经营部门，已经从2支安装队伍壮大到拥有1名主管、1名测量专员以及15支安装队伍。我们随机抽取了近一年内客户关于地板安装的50次投诉作为样本。文件 Furniture 中的数据表示每次投诉从收到至解决所花的天数。

54	5	35	137	31	27	152	2	123	81	74	27	11
19	126	110	110	29	61	35	94	31	26	5	12	4
165	32	29	28	29	26	25	1	14	13	13	10	5
27	4	52	30	22	36	26	20	23	33	68		

a. 计算均值、中位数、第一四分位数与第三四分位数。

b. 计算全距、四分位间距、方差、标准差以及变异系数。

c. 制作箱线图。数据是否有偏度？如有，情况如何？

d. 根据（a）～（c）的结果，如果公司的经理问你客户投诉后预期要等待多久才能解决，你将如何回答？给出你的理由。

3.60 一家中西部的制造厂商生产电器装备的钢质遮盖物。遮盖物的主要结构是由规格14号的钢卷制成的钢槽。利用带有下压装置的渐进冲床以垂直90度的角度将两根钢板冲嵌入平直钢板中，从而形成钢槽。由于户外设备需要具备防风雨、抗腐蚀性，厂商对两根平行钢板的距离也就是槽宽要求极为严格，必须控制在8.31～8.61英寸之间。文件 Trough 中包含49个观察值的样本的槽宽（英寸）：

8.312	8.343	8.317	8.383	8.348	8.410	8.351	8.373	8.481	8.422
8.476	8.382	8.484	8.403	8.414	8.419	8.385	8.465	8.498	8.447
8.436	8.413	8.489	8.414	8.481	8.415	8.479	8.429	8.458	8.462
8.460	8.444	8.429	8.460	8.412	8.420	8.410	8.405	8.323	8.420
8.396	8.447	8.405	8.439	8.411	8.427	8.420	8.498	8.409	

a. 计算槽宽的均值、中位数、全距以及标准差，并对这些集中趋势以及变异程度的度量加以解释。

b. 列出样本的五值概括法。

c. 制作样本的箱线图，描述分布形状。

d. 关于符合厂商要求的槽宽介于8.31～8.61英寸之间的钢槽根数，你能够得出什么结论？

3.61 习题3.60中厂商的另一类产品是绝缘体。如果绝缘体断裂就会发生短路。为检测绝缘体的绝缘强度，该厂商在高压实验室里进行了绝缘体的受力强度测试，实验的观察值取的是绝缘体断裂前能承受的最大压力（磅）。文件 Force 中包含该实验的30个观察值：

1 870	1 728	1 656	1 610	1 634	1 784	1 522	1 696	1 592	1 662
1 866	1 764	1 734	1 662	1 734	1 774	1 550	1 756	1 762	1 866
1 820	1 744	1 788	1 688	1 810	1 752	1 680	1 810	1 652	1 736

a. 计算压力变量的均值、中位数、全距以及标准差。

b. 对(a)中所计算的集中趋势以及变异程度的度量加以解释。

c. 制作样本的箱线图，描述分布形状。

d. 假如该厂商对压力的最低要求是1 500磅，你可以根据以上抽样结果得出什么结论?

3.62 收集了一个大城市的一家酒店一英里内的美国餐馆的典型就餐费用。文件Bundle包含40个餐馆的典型费用(美元)和一个复合分数，即受欢迎程度和客户忠诚度的总的度量。

对每一个变量:

a. 计算均值、中位数、第一四分位数与第三四分位数。

b. 计算全距、四分位间距、方差、标准差以及变异系数。

c. 制作箱线图。样本数据是否有偏度? 如有，如何偏?

d. 计算复合分数和典型价格的相关系数。

e. 你能够得出关于复合分数和典型价格的什么结论?

3.63 茶叶装袋流程的一个重要数量特征就是每个茶袋内茶叶的重量。如果重量不足，会产生两个问题:一是顾客的茶水达不到理想的浓度;二是公司可能会受到内容与标签不符的指控。本例中，茶袋标明每袋茶净重5.5g。如果茶叶超重，对公司又是一种浪费。然而，由于装袋时工厂内温度、湿度的不稳定，茶叶密度的不均匀，机器装袋操作的极高速(约达170袋/分钟)等一系列问题，很难保证每袋茶叶净重恰好为5.5克。如下所示，文件Teabags中的数据提供了同一台机器在1小时内包装的50袋茶叶的样本的净重:

5.65	5.44	5.42	5.40	5.53	5.34	5.54	5.45	5.52	5.41
5.57	5.40	5.53	5.54	5.55	5.62	5.56	5.46	5.44	5.51
5.47	5.40	5.47	5.61	5.53	5.32	5.67	5.29	5.49	5.55
5.77	5.57	5.42	5.58	5.58	5.50	5.32	5.50	5.53	5.58
5.61	5.45	5.44	5.25	5.56	5.63	5.50	5.57	5.67	5.36

a. 计算均值、中位数、第一四分位数与第三四分位数。

b. 计算全距、四分位间距、方差、标准差以及变异系数。

c. 针对本题解释集中趋势和变异程度的度量的具体意义。为什么这个生产茶叶包的公司应该关注集中趋势和变异程度?

d. 制作箱线图。样本数据是否有偏度? 如有，如何偏?

e. 该公司究竟有没有满足其标签上注明的:每袋茶平均净重5.5克? 设想现在由你来接管该流程，你将针对每袋茶叶净重的分布做什么改进?

3.64 一家制造Boston和Vermont屋面板的厂商对其大部分产品都向客户提供20年质量保证。为检验屋面板是否能达到20年的质量保证要求，制造车间进行了加速老化测试。加速老化测试是利用实验设备在几分钟内模拟屋面板整个生命周期正常使用的磨损程度，屋面板在刷头反复摩擦下刮落的小颗粒以克数计重。磨损掉落颗粒少的屋面板比颗粒多的具有更长的预期寿命。一块屋面板要能达到20年的质量保证要求，掉落的颗粒不应超过0.8克。文件Granule包含该厂商Boston屋面板的170个测量值和Vermont屋面板的140个测量值。

a. 列出Boston屋面板和Vermont屋面板的五值概括法。

b. 为Boston和Vermont两个品牌的屋面板绘制并行的箱线图，描述其分布形状。

c. 对这些屋面板达到不超过0.8克的颗粒损失的能力作出评价。

3.65 文件Restaurants包含50家城市餐馆和50家郊区餐馆的餐费和对食品、装修与服务的评分(以及综合评分)。完成下列问题:

a. 建立餐费的五值概括法。

b. 制作餐费的箱线图。分布的形状是什么？

c. 计算和解释综合评分和餐费的相关系数。

d. 就城市与郊区餐馆的餐费你能得出什么结论？

3.66 文件 Protein 包含流行的蛋白质食品（新鲜红肉、家禽和鱼类）的卡路里、蛋白质和胆固醇含量。

a. 计算卡路里和蛋白质的相关系数。

b. 计算卡路里和胆固醇的相关系数。

c. 计算蛋白质和胆固醇的相关系数。

d. 根据（a）至（c）的结论，你能得出关于卡路里、蛋白质和胆固醇的什么结论？

3.67 文件 HotelPrices 包含 2013 年全世界大城市的二星、三星和四星酒店的英镑价格（2013 年 7 月 1 英镑约为 1.52 美元）。为二星、三星和四星酒店完成下列问题：

a. 计算均值、中位数、第一四分位数和第三四分位数。

b. 计算全距、四分位间距、方差、标准差和变异系数。

c. 在本题情境下解释集中趋势和变异程度。

d. 制作箱线图。样本数据是否有偏度？如有，如何偏？

e. 计算二星酒店和三星酒店的平均价格、二星酒店和四星酒店的平均价格、三星酒店和四星酒店的平均价格之间的协方差。

f. 计算二星酒店和三星酒店的平均价格、二星酒店和四星酒店的平均价格、三星酒店和四星酒店的平均价格之间的相关系数。

g. 你认为在表达二星、三星和四星酒店的平均价格之间的关系上哪个更有价值——协方差还是相关系数？请解释。

h. 根据（f），就二星、三星和四星酒店的平均价格之间的关系，你能得出什么结论？

3.68 文件 PropertyTaxes 包含 50 个州和哥伦比亚特区的人均房产税。

a. 计算均值、中位数、第一四分位数与第三四分位数。

b. 计算全距、四分位间距、方差、标准差以及变异系数。

c. 制作箱线图。样本数据是否有偏度？如有，如何偏？

d. 根据（a）至（c），就每个州和哥伦比亚特区的人均房产税，你能得出什么结论？

3.69 你是否想过世界各地网络下载速度有何不同？文件 DownloadSpeed 包含不同国家的下载速度。

a. 计算均值、中位数、第一四分位数与第三四分位数。

b. 计算全距、四分位间距、方差、标准差以及变异系数。

c. 制作箱线图。样本数据是否有偏度？如有，如何偏？

d. 根据（a）至（c），就全球各地的下载速度，你能得出什么结论？

3.70 芝加哥为信息和非紧急服务所设置的网络和电话号码是 311。311 为居民、游客和企业主提供一站式服务，因此，311 的客服代表及时正确地接听电话并给出回应至关重要。311 的目标回应时间是 45 秒。委托放弃率是 311 官员跟踪的指标之一，它是 45 秒过后来电者挂掉电话的百分比。文件 311CallCenter 包含早上 7 点到下午 3 点的运营时间段内 22 个星期中的委托放弃率。

a. 计算均值、中位数、第一四分位数与第三四分位数。

b. 计算全距、四分位间距、方差、标准差以及变异系数。

c. 制作箱线图。样本数据是否有偏度？如有，如何偏？

d. 计算日期与委托放弃率之间的相关系数。

e. 根据（a）至（c），就 311 电话服务中心的工作表现，你能得出什么结论？

3.71　在城市或其附近居住的美国人在交通堵塞的等待上花多少时间，这些等待每年带来多少损失？文件 Congestion 包含 31 个城市的等待时间和相关的成本。

a. 计算均值、中位数、第一四分位数与第三四分位数。

b. 计算全距、四分位间距、方差、标准差以及变异系数。

c. 制作箱线图。样本数据是否有偏度？如有，如何偏？

d. 计算等待时间与交通堵塞成本损失之间的变异系数。

e. 根据（a）至（c），就等待时间与交通堵塞成本损失，你能得出什么结论？

3.72　在美国各个城市生活的人的平均信用分数有什么不同？文件 CreditScores 是 143 个美国城市的居民按顺序排列的平均信用分数。

a. 计算均值、中位数、第一四分位数与第三四分位数。

b. 计算全距、四分位间距、方差、标准差以及变异系数。

c. 制作箱线图。样本数据是否有偏度？如有，如何偏？

e. 根据（a）至（c），就在美国不同城市居住的人的平均信用分数，你能得出什么结论？

3.73　你打算和一组同学准备统计学考试，其中一个同学给你留下了特别深刻的印象。这个人自愿使用 Microsoft Excel 或 Minitab 来得到为了研究的目的由导师分配给你们的一个包含若干数值变量和属性变量的数据集所需要的汇总信息、表格和图表。这个人带着打印结果来找你并大声说："我都找到了——均值、中位数、标准差、箱线图、饼图——给所有的变量。问题是一些结果看起来很怪异——像性别和主修专业的箱线图与学分绩和身高的饼图。同时，我不能理解为什么 Szabat 老师说我们不能得到一些变量的描述性统计量——我得到了所有的！看，身高的均值是 68.23，学分绩的均值是 2.76，性别的均值是 1.5，主修专业的均值是 4.33。"你的回答是什么？

报告写作练习

3.74　关于美国 156 种最畅销的啤酒的数据包含在文件 DomesticBeer 中。包括 3 个变量的观测值：酒精百分比、每 12 盎司卡路里数和每 12 盎司碳水化合物数（克）。写一份关于每一个数值变量——酒精百分比、每 12 盎司卡路里数和每 12 盎司碳水化合物数的完整的描述性评估的报告。把所有适当的表格、图表和数值描述度量都附在报告中。

第 3 章案例　管理 Ashland MultiComm Services

第 2 章的"管理 Ashland MultiComm Services"案例中的哪些变量需要数值描述度量？

1. 为你找到的变量，计算合适的数值描述度量并构造箱线图。
2. 为你找到的变量构造一个图形显示。从这个图形能够得出箱线图得不出的什么结论？
3. 总结你的发现，并把它写入特别工作组的研究报告。

数字案例

在这个第 2 章后续的数字案例中，应用你关于正确使用数值描述度量的知识。

打开文件 EndRunGuide.pdf，阅读 EndRun 金融服务公司的投资指南"Guide to Investing"。再次检查 EndRun 公司对于"More Winners Than Losers"和"The Big Eight Difference"的支持性数据，回答以下问题：

1. 对任何变量，描述性统计量都可以计算吗？这些总结性统计量如何支持 EndRun 的声明？这些总结性统计量如何影响你对 EndRun 的记录的看法？

2. 评价 EndRun 用来总结其客户调查（Customer Survey Results）的方法。在总结这些结果方面你会有不同的方式吗？

3. 注意调查的最后一个问题比其他问题的回答少。什么因素限制了该问题的回答数量?

CardioGood 健身设备

结合前两章介绍的 CardioGood 健身设备案例，使用 CardioGoodFitness 文件中的数据：

1. 计算描述性统计量，并为每款跑步机产品建立一个客户侧影。
2. 写一份展示给管理层的报告详细介绍你的发现。

更多的描述性选择，回顾

回顾本章的“统计应用”内容，用存储在文件 Retirement Funds 中的 316 只样本基金计算描述性统计量，分析 3 年回报率、5 年回报率和 10 年回报率。在你的分析中，考察成长型基金和价值型基金的差异，以及小型、中型和大型基金之间的差异。

Clear Mountain 州立大学学生调查

1. Clear Mountain State University（CMSU）的学生新闻服务机构决定收集关于 CMSU 本科生的信息。他们制作并分发了一份调查问卷，其中有 14 个问题，并获得了 62 个本科生的回复（存储在 UndergradSurvey 文件中）。就调查问卷中的每个数值变量，计算所有适当的描述性统计量，并写一份报告总结你的结论。

2. CMSU 的学生主任知道了这个本科生的调查，决定对 CMSU 的研究生做一个类似的问卷调查。她制作并分发了一份调查问卷，其中有 14 个问题，并获得了 44 个研究生的回复（存储在 GradSurvey 文件中）。就调查问卷中的每个数值变量，计算所有适当的描述性统计量，并写一份报告总结你的结论。

第 4 章
概率论基础
Basic Probability

学习目标

- 掌握概率论的基本概念
- 理解条件概率
- 根据贝叶斯定理修正概率
- 学习各种计数规则

统计应用

M&R 电子世界中的概率

M&R 电子世界公司的市场部门向 1 000 个家庭询问他们是否有意愿在未来一年内购买大屏幕高清电视机（50 英寸以上）。作为营销经理，你拿到了这份调查的结果并展开从意向到购买的分析工作。你计划一年后开展第二轮调查再次访问这 1 000 个家庭以便了解他们是否购买了电视机。此外，你还希望进一步了解那些在这一年间购买了大屏幕高清电视机的家庭。你想知道他们购买的是刷新率较高（240 Hz 或更高）的电视机还是标准刷新率（60 或 120 Hz）的电视机，他们是否在这一年间还购买了流媒体机顶盒，他们对购买的大屏幕高清电视机是否满意。

你将根据这些调查结果规划一项新的市场战略。该市场战略将扩大销售，并且更好地定位于很有可能购买多功能或更加昂贵产品的家庭。在调查中，你要问什么样的问题呢？你怎样表述各个家庭给出的多种多样从意向到购买的回应之间的关系呢？

概率论是连接描述统计和推断统计的桥梁。同时，概率论也是概率分布、数学期望、二项分布，以及泊松分布的基础。我们将在第 5 章中讨论上述概念与理论。在本章中，我们将通过学习概率论来回答以下问题：

- 一个家庭在未来一年中计划购买大屏幕高清电视机的概率是多少？
- 一个家庭在未来一年中实际购买大屏幕高清电视机的概率是多少？
- 一个家庭在未来一年中不仅计划而且实际购买大屏幕高清电视机的概率是多少？
- 在计划购买电视机的家庭中，实际购买大屏幕高清电视机的概率是多少？
- 家庭对于是否购买电视机的计划会不会影响该家庭购买电视机的概率预测？
- 在购买大屏幕高清电视机的家庭中，选择高刷新率电视机的概率是多少？
- 在购买高刷新率大屏幕高清电视机的家庭中，选择同时购买流媒体机顶盒的概率是多少？

● 在购买大屏幕高清电视机的家庭中，对该产品感到满意的概率是多少？

这些问题的答案将帮助你制定营销策略。例如，你可以针对有意向购买电视机的家庭制定营销策略，你也可以把刷新率较高的电视机作为销售重点，或者两者兼顾。你还可以探索是否容易劝说购买高刷新率大屏幕高清电视机的家庭同时购买流媒体机顶盒。

4.1 概率论基本概念

什么是概率？**概率**（probability）是一个表示机会大小的数值，或者说，概率表示某一特定事件发生的可能性。这个事件可以是股价上涨，下雨，生产出次品，或者掷一次骰子出现5的结果，等等。上述事件中，概率都总是大于等于0并且小于等于1的比率或分数。任何**不可能事件**（impossible event）发生的概率为0。任何**必然事件**（certain event）发生的概率为1。

概率可分为三类：

- 先验概率；
- 经验概率；
- 主观概率。

举一个最简单的例子，如果我们假设各种事件发生的概率相同，那么某个事件发生的概率就可以用公式（4.1）计算。

事件发生的概率

$$\text{概率} = \frac{X}{T} \tag{4.1}$$

式中

X=这个事件发生的次数

T=所有可能发生的结果总数

先验概率（priori probability）是根据有关事件发生过程预先掌握的知识来推测的事件发生的概率。例如，一副标准的扑克牌中包括26张红色牌和26张黑色牌。从这副牌中抽到一张黑色牌的概率是26/52=0.50。根据公式（4.1），X代表26张黑色牌，T代表52张牌的总数，计算得出的概率是0.50。然而这个概率又意味着什么呢？如果抽出一张牌，再将它放回，然后再抽出一张牌，那么我们所抽到的两张牌中是否一定有一张黑色牌呢？结论并非如此，因为概率并不能准确地为我们预测接下来几轮的抽牌结果。但是，如果我们长时间不停地重复上述抽牌过程，并在每次抽取后再将牌放回，那么，在我们抽到的所有牌中，黑色牌所占比率会趋近0.5。例4.1为我们提供了另一个计算先验概率的例子。

例4.1

计算先验概率

一个标准的色子有六个面，分别刻有1～6的不同点数。现在掷一次色子，出现5点朝上的概率是多少？

解答 每一个面出现朝上的概率都是相同的。由于色子总共有六个面，所以出现5点朝上的概率是1/6。

在上例中应用了先验概率的计算方式。这是因为在我们了解色子或者一副牌的构成后，就可以知道我们所关注的事件可能发生的次数，以及所有可能发生的结果总数。

经验概率（empirical probability）的计算需要依据观测数据，而不是有关过程的先验知识。通常使用统计调查的方法得到经验概率，比如在本章开始的“统计应用”中实际购买大屏幕高清电视机的人数比率、已登记选民对某政治候选人的支持率，或者学生兼职工作的比率。例如，你在调查学生兼职情况时发现，调查对象中60%的学生正在从事兼职工作，那么某个学生从事兼职的概率就是0.6。

第三类概率叫**主观概率**（subjective probability）。与其他两种概率不同，主观概率的含义因人而异。例如，一家企业的产品开发团队认为新产品的成功率是0.6，但这家企业的总裁却可能认为成功率只有0.3。主观概率上的差异源自人与人之间不同的经历、观点，以及对特定情形的分析。通常在先验概率和经验概率都无法应用的情况下，主观概率会成为十分有用的决策工具。

事件与样本空间

概率论的基本着眼点就是研究变量可能出现的单个结果。在研究概率论之前，需要了解以下几个定义。

事件

一个变量每种可能出现的结果都可以被看做一个**事件**（event）。

仅仅由一个特征来描述的事件称为**简单事件**（simple event）。

例如，当你抛一枚硬币时，朝上的那面只能是正面或反面。正面朝上，以及反面朝上，各代表一个简单事件。同理，当你掷一枚色子时，朝上的那面只能是色子的六面之一，因此构成了六个可能发生的简单事件。一个事件可以由一个简单事件构成，也可以由一组简单事件的集合构成，还可以由一组简单事件中的一部分（子集）构成。例如，掷色子得出偶数结果这一事件包含三个简单事件（2点朝上、4点朝上，或6点朝上）。

联合事件

联合事件（joint event）是指具有两个或两个以上特征的事件。

“抛一枚硬币两次得到的结果均为正面朝上”是联合事件的一个例子，因为这个事件包含第一次抛掷结果为正面朝上和第二次抛掷结果为正面朝上这两个特征。

补集

事件 A 的**补集**（complement）包含所有不属于 A 的事件，用 A' 来表示。

以抛硬币为例，“正面朝上”这个事件的补集是“反面朝上”，因为“反面朝上”是仅有的不属于“正面朝上”的事件。在掷色子的例子中，“掷出5点朝上”这个事件的补集是其他所有可能发生的事件，包括1点、2点、3点、4点或者6点朝上。

样本空间

所有可能发生的事件的集合称为**样本空间**（sample space）。

抛硬币的样本空间包括“正面朝上”和“反面朝上”。掷色子的样本空间包括色子的六个面分别朝上。例 4.2 对事件和样本空间做了进一步的说明。

例 4.2

事件与样本空间

我们继续讨论本章开头的“统计应用”中的 M&R 电子世界的案例。表 4－1 给出了 1 000 个样本家庭购买大屏幕电视机的情况。

表 4－1 大屏幕电视机的销售情况

计划购买	实际购买		
	是	否	合计
是	200	50	250
否	100	650	750
合计	300	700	1 000

这个例子中的样本空间是什么？请举出简单事件和联合事件的例子。

解答 这个例子中的样本空间由 1 000 个受访者的回应构成。简单事件包括“有计划购买”“无计划购买”“实际购买”和“实际没有购买”。“有计划购买”这个事件的补集是“无计划购买”。“有计划购买并实际购买”是一个联合事件，因为在这个事件中，回答者不仅有购买计划，而且有实际购买的行为。

列联表与韦恩图

一个特定的样本空间有多种观察方法。其中的一种方法就是制作像表 4－1 那样的**列联表**（contingency table，参见 2.1 节）。表中单元格的数值是根据构成样本空间的 1 000 个家庭是否计划购买或已经购买大屏幕高清电视机而得到的。例如，我们可以从表中看到共有 200 个家庭不但曾计划购买而随后确实购买了大屏幕高清电视机。

第二种方法是用**韦恩图**（Venn diagram）来表示样本空间。该图通过圆形的“并集”和“交集”来形象地表示各种不同的事件。图 4－1 是一幅典型的两变量韦恩图，其中每一个变量仅包括两个事件（A，A'，B，B'）。左侧的深灰色圆形代表全部事件 A。右侧的浅灰色圆形代表全部事件 B。

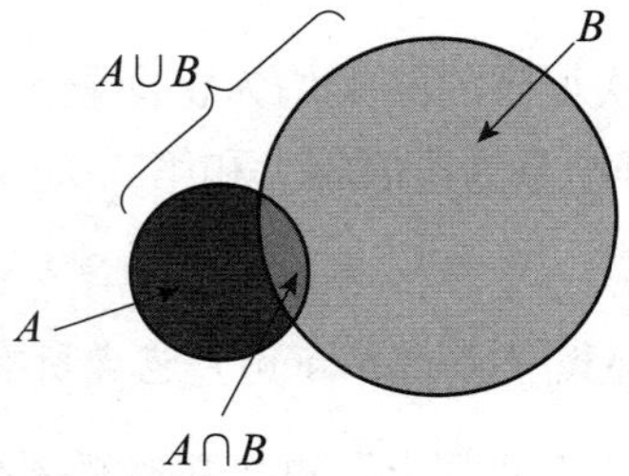

图 4－1 事件 A 和 B 的韦恩图

两个圆形重叠的中心区域代表 A 和 B 的交集（用 $A \cap B$ 表示），因为这部分既属于 A 也属于 B。两个圆的总面积是 A 和 B 的并集（用 $A \cup B$ 表示），包含位于两边仅

属于 A 和仅属于 B 的部分，以及位于中间的不但属于 A 也属于 B 的部分。图中两个圆以外的部分代表既不属于 A 也不属于 B 的情形。

在制作韦恩图之前必须先对 A 和 B 做出明确的定义。你可以将 A 和 B 定义为任何事件。但在随后研究其他事件时，上述定义要保持一致。对于我们此前讨论的购买大屏幕高清电视机的案例，可以进行如下定义：

A＝计划购买　　B＝实际购买

A'＝未计划购买　　B'＝未实际购买

制作韦恩图（见图 4-2）时，必须先确定 A 与 B 交集的大小，以便随后确定其他部分在样本空间中的大小。交集 $A\cap B$ 代表 200 个计划并实际购买电视机的家庭。事件 A（计划购买）的剩余部分代表剩下 50 个曾计划购买但此后改变主意并没有购买电视机的家庭。事件 B（未计划购买）的剩余部分代表 100 个未曾计划购买此后却改变主意购买了电视机的家庭。剩下的 650 个样本家庭代表既没有计划也没有购买电视机的家庭。

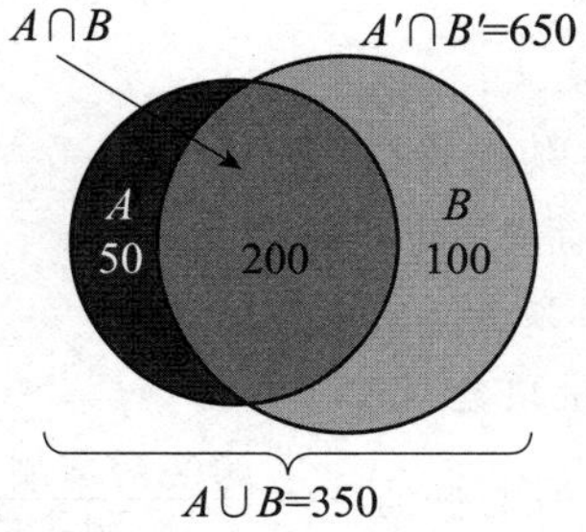

图 4-2　M&R 电子世界案例的韦恩图

简单概率

现在你可以回答此前"统计应用"中提出的一些问题了。鉴于我们将使用调查得到的数据（参见表 4-1），因此可以使用经验概率的计算方法。

正如我们此前提到的，概率最基本的规则是它的值永远介于 0～1 之间。不可能事件发生的概率为 0。必然事件发生的概率为 1。

所谓**简单概率**（simple probability），指的是简单事件发生的概率，即 $P(A)$。在"统计应用"中，计划购买电视机可以看做一个简单事件。那么，从样本中抽到一个计划购买电视机的家庭的概率是多少呢？根据公式（4.1）：

$$\text{事件发生的概率}=\frac{X}{T}$$

$$P(\text{计划购买})=\frac{\text{计划购买的家庭总数}}{\text{接受调查的家庭总数}}$$

$$=\frac{250}{1\,000}=0.25$$

因此，一个家庭计划购买电视机的概率是 0.25（或 25%）。

例 4.3 给出了另一个简单概率的应用实例。

例 4.3

计算购买大屏幕高清电视机的家庭选择高刷新率的概率

在“统计应用”的后续调查中，300 个实际购买了大屏幕高清电视机的家庭接受了进一步调查。表 4-2 汇集了过去一年中消费者回应是否选择了高刷新率的电视机以及是否购买了流媒体机顶盒的结果。

随机抽取一户购买了大屏幕高清电视机的家庭，回应同时选择高刷新率的概率是多少？

表 4-2 关于不同刷新率以及流媒体机顶盒的购买情况

是否选择高刷新率电视	是否购买流媒体机顶盒		
	是	否	合计
选择高刷新率	38	42	80
选择标准刷新率	70	150	220
合计	108	192	300

解答 根据简单概率的定义：

A＝购买了高刷新率的电视机

A'＝购买了标准刷新率的电视机

B＝购买了流媒体机顶盒

B'＝未购买流媒体机顶盒

$$P(\text{购买了高刷新率的电视机}) = \frac{\text{购买的高刷新率的电视机总数}}{\text{购买的电视机总数}} = \frac{80}{300} = 0.267$$

因此随机选择一户购买大屏幕高清电视机的家庭，其拥有高刷新率的电视机的概率为 26.7%。

联合概率

简单概率指的是简单事件发生的概率。**联合概率**（joint probability）则指的是两个或两个以上事件发生的概率。例如，连续两次抛硬币得到的结果均为正面朝上的概率就是一个联合概率。

在表 4-1 中，计划并且实际购买了电视机的家庭数量可以从对“计划购买”选项回答“是”的那一行与对“实际购买”回答“是”的那一列的交叉单元格中找到。这个单元格的值是 200，由此可知一个随机抽取的家庭既有计划也实际购买了电视机的概率可以这样计算：

$$P(\text{计划并实际购买电视机}) = \frac{\text{计划且实际购买的家庭总数}}{\text{接受调查的家庭总数}} = \frac{200}{1\ 000} = 0.20$$

例 4.4 再次演示了如何计算联合概率。

例 4.4

计算一个家庭购买高刷新率电视机以及流媒体机顶盒的联合概率

表 4-2 列出了样本家庭对于刷新率和流媒体机顶盒的选择结果。在购买大屏幕高清电视机的家庭中随机选择一个家庭，这个家庭在选择高刷新率的同时也购买了流媒体机顶盒概率是多少？

解答 根据公式（4.1），有

$$P(\text{购买了高刷新率电视机以及流媒体机顶盒})$$
$$=\frac{\text{购买了高刷新率电视机且同时购买了流媒体机顶盒的家庭数}}{\text{购买了电视机的样本家庭总数}}$$
$$=\frac{38}{300}=0.127$$

因此，在购买了大屏幕高清电视机的家庭中随机选择一个家庭，这个家庭选择了高刷新率并且同时购买了流媒体机顶盒的概率是 12.7%。

边缘概率

一个事件的**边缘概率**（marginal probability）由一组联合概率构成。通过上述计算联合概率的方法可以求出边缘概率。例如，如果 B 包含事件 B_1 和 B_2，那么事件 A 发生的概率 $P(A)$ 由 A 与 B_1 同时发生的联合概率以及 A 与 B_2 同时发生的联合概率构成。公式（4.2）提供了边缘概率的计算方法。

边缘概率

$$P(A)=P(A\text{ 且 }B_1)+P(A\text{ 且 }B_2)+\cdots+P(A\text{ 且 }B_k) \tag{4.2}$$

式中，B_1，B_2，…，B_k 为 k 个互斥且完备的事件。所谓互斥与完备，可以如下定义：

如果两个事件不能同时发生，那么这两个事件称为**互斥事件**（mutually exclusive）。

如果一组事件中必有某个事件发生，则称这组事件为**完备事件**（collectively exhaustive）。

在抛硬币时，“正面朝上”和“反面朝上”构成一组互斥事件，因为抛一次硬币的结果不可能既是正面朝上又是反面朝上。与此同时，硬币的正反面还是一组完备事件。抛硬币的结果不是正面朝上就是反面朝上。同理，男性和女性也是一组互斥且完备的事件。一个人既然是男性就不会同时是女性（因此互斥），一个人或者是男性或者是女性，两者必居其一（因此完备）。

根据公式（4.2）计算一个家庭计划购买电视机的边缘概率：

$$P(\text{计划购买})=P(\text{计划且购买})+P(\text{计划但未购买})$$
$$=\frac{200}{1\,000}+\frac{50}{1\,000}$$
$$=\frac{250}{1\,000}=0.25$$

你也可以通过汇总“计划购买”的简单事件数值得出相同的结果。

一般加法法则

如何计算“事件 A 或 B”发生的概率？你需要计算事件 A 发生的概率、事件 B 发生的概率，以及事件 A 和事件 B 共同发生的概率。例如，如何计算一个家庭计划购买或实际购买了电视机的概率？

一个家庭“计划购买”或“实际购买”这一复合事件包括所有计划购买电视机的家庭以及所有实际购买电视机的家庭。查看列联表（表4-1）中的每个单元格并判断其代表的家庭是否属于这两个事件。在表4-1中，代表“计划购买却实际并未购买”的单元格属于这个事件，因为它包括所有计划购买电视机的家庭。代表“未计划购买却实际购买了电视机”的单元格也属于这个事件，因为它包括实际购买电视机的家庭。最后，代表“计划购买且实际购买”的单元格包括两项都符合的家庭。因此，一种计算家庭“计划购买或实际购买”电视机概率的方法是：

$$
\begin{aligned}
& P(\text{计划购买或实际购买}) \\
=& P(\text{计划购买却实际并未购买}) + P(\text{未计划购买却实际购买}) \\
& + P(\text{计划购买且实际购买}) \\
=& \frac{50}{1\,000}+\frac{100}{1\,000}+\frac{200}{1\,000} \\
=& \frac{350}{1\,000}=0.35
\end{aligned}
$$

根据一般加法法则来计算 $P(A \text{ 或 } B)$，也就是事件 A 或 B 发生的概率，通常会更为简单。公式（4.3）定义了**一般加法法则**（general addition rule）。

一般加法法则

事件 A 或 B 发生的概率等于事件 A 发生的概率加上事件 B 发生的概率减去事件 A 且 B 发生的概率。

$$P(A \text{ 或 } B) = P(A) + P(B) - P(A \text{ 且 } B) \tag{4.3}$$

根据公式（4.3）计算上述示例可以得到以下结果：

$$
\begin{aligned}
P(\text{计划购买或实际购买}) &= P(\text{计划购买}) + P(\text{实际购买}) \\
&\quad - P(\text{计划且实际购买}) \\
&= \frac{250}{1\,000}+\frac{300}{1\,000}-\frac{200}{1\,000} \\
&= \frac{350}{1\,000}=0.35
\end{aligned}
$$

一般加法法则将事件 A 发生的概率加上事件 B 发生的概率，减去事件 A 和 B 同时发生的概率，最后得出事件 A 或 B 发生的概率。减去 A 和 B 同时发生的概率，是因为这个联合概率在 $A+B$ 中被计入了两次。在表4-1中，“计划购买”的家庭包括“计划购买且实际购买”的家庭，“实际购买”的家庭也包括“计划且实际购买”的家庭。因此，当你对“计划购买”和“实际购买”的概率求和时，“计划购买且实际购买”的家庭被重复计算。减去其中的一次，才能得到正确的答案。例4.5提供了另一个一般加法法则的应用示例。

例 4.5

根据一般加法法则计算家庭购买大屏幕高清电视机的概率

在例 4.3 中，表 4-2 提供了样本家庭对电视机刷新率以及是否购买流媒体机顶盒的选择结果。在购买了大屏幕高清电视机的家庭中，一个随机抽取的家庭选择高刷新率或购买流媒体机顶盒的概率是多少？

解答 根据公式 (4.3)，有

$$
\begin{aligned}
&P(\text{购买高刷新率电视机或购买流媒体机顶盒})\\
&=P(\text{购买高刷新率电视机})+P(\text{购买流媒体机顶盒})\\
&\quad -P(\text{购买高刷新率电视机且购买流媒体机顶盒})\\
&=\frac{80}{300}+\frac{108}{300}-\frac{38}{300}\\
&=\frac{150}{300}=0.50
\end{aligned}
$$

因此，在购买了大屏幕高清电视机的家庭中，一个随机抽取的家庭有50%的概率会选择高刷新率电视机或购买流媒体机顶盒。

4.1 习题

掌握基础知识

4.1 抛两枚硬币。

a. 举一个简单事件的例子。

b. 举一个联合事件的例子。

c. 第一次抛出硬币正面的补集是什么？

d. 样本空间是什么？

4.2 罐子里有 12 个红球和 8 个白球。从罐中拿出一个球。

a. 举一个简单事件的例子。

b. 拿出红球的补集是什么？

c. 样本空间是什么？

4.3 给出如下列联表：

	B	B'
A	10	20
A'	20	40

试求下列概率：

a. 事件 A。

b. 事件 A'。

c. 事件 A'且 B'。

d. 事件 A'或 B'。

4.4 给出如下列联表：

	B	B'
A	10	30
A'	25	35

试求下列概率：

a. 事件 A'。

b. 事件 A 且B。

c. 事件 A'且 B'。

d. 事件 A'或 B'。

概念应用

4.5 就下列问题，指出所涉及的概率是先验概率、经验概率还是主观概率。

a. 下一次抛硬币将会正面朝下。

b. 下一届世界杯足球赛意大利将会夺冠。

c. 两枚色子的点数之和将为 7。

d. 上班的火车将晚点超过 10 分钟。

4.6 就下列问题，说一说事件之间是否互斥或完备。

a. 一个本科生正在就读大二或大三。

b. 将调查对象按拥有的车辆车型分类：轿车、越野车、美国车、亚洲车，或者没有车。

c. 一个人居住在公寓或独栋房屋。

d. 一件产品是否有缺陷。

4.7 下列哪些事件发生的概率为 0？请说明理由。

a. 一家企业既在纽约证券交易所上市，也在纳斯达克上市。

b. 一位消费者既有手机也有平板电脑。

c. 一部手机既是摩托罗拉制造，也是三星制造。

d. 一辆丰田汽车在美国生产。

4.8 在工作中，男性还是女性更会感到紧张或有压力呢？哈里斯互动公司（Harris Interactive）代表美国心理学协会对就业人员进行了一项在线调查。调查结果如下：

性别	**是否在工作中感到紧张或有压力**	
	是	**否**
男性	244	495
女性	282	480

资料来源："The 2013 Work and Well-Being Survey," American Psychological Association and Harris Interactive, March 2013, p. 5, bit. ly/11JGcPf.

a. 在这个案例中，举一个简单事件的例子。

b. 在这个案例中，举一个联合事件的例子。

c. "在工作中感到紧张或有压力"的补集是什么？

d. 为什么"作为男性并且在工作中感到紧张或有压力"是一个联合事件？

4.9 参考习题 4.8 中的列联表，如果随机抽取一个就业者，试求下列事件发生的概率：

a. 这个就业者在工作中感到紧张或有压力。

b. 这个就业者是男性，并且在工作中感到紧张或有压力。

c. 这个就业者是男性，或在工作中感到紧张或有压力。

d. 解释（b）和（c）的结果为什么不同。

4.10　未来的市场营销将如何发展？社会媒体测试公司（Social Media Examiner）的一项调查指出，78%的B2B企业（面向企业客户的公司）将增加对领英（LinkedIn）的使用；与此同时，只有54%的B2C企业（面向消费者的公司）有类似的计划。这项调查的对象包括1 331家B2B企业，以及1 694家B2C企业。调查结果如下表所示：

企业是否计划增加领英的使用	企业类型		
	B2B	B2C	总计
是	1 038	915	1 953
否	293	779	1 072
总计	1 331	1 694	3 025

资料来源："2013 Social Media Marketing Industry Report," May 2013, bit.ly/1g5vMQN.

a. 在这个案例中，举一个简单事件的例子。

b. 在这个案例中，举一个联合事件的例子。

c. 一家企业计划增加领英的使用的补集是什么？

d. 为什么一家企业计划增加对领英的使用并且属于B2C企业是一个联合事件？

4.11　参见习题4.10中的列联表，如果随机选取一家企业，求下列概率：

a. 企业计划增加对领英的使用。

b. 企业属于B2C企业。

c. 企业计划增加对领英的使用或属于B2C企业。

d. 解释（b）和（c）结果的区别。

4.12　对于当今从事商务智能、商务分析以及信息管理的人来说，哪些商务知识和技术能力最重要？信息周刊（InformationWeek）在2013年的美国信息技术行业薪酬调查中向商务智能、商务分析以及信息管理的从业者和管理者询问了他们认为在工作中最重要的技能。调查结果中包括"数据分析"这项技能。下表提供了调查中这项技能的相关信息：

对"数据分析"技能的评价	职位		
	员工	管理者	总计
重要	4 374	3 633	8 007
不重要	3 436	2 631	6 067
总计	7 810	6 264	14 074

资料来源："IT Salaries Show Slow Growth," *InformationWeek Reports*, April 2013, p. 40, ubm.io/1ewjKT5.

随机选择一位从业者，试计算下列概率：

a. 该从业者认为数据分析重要。

b. 该从业者是一位管理者。

c. 该从业者认为数据分析重要或者是一位管理者。

d. 解释（b）和（c）结果的差别。

4.13　美国人更喜欢喝可口可乐还是百事可乐？公共政策民意调查公司（Public Policy Polling）在2013年进行了一项调查，结果如下：

喜好	性别		
	女性	男性	总计
可口可乐	120	95	215
百事可乐	95	80	175
都不喜欢/不确定	65	45	110
总计	280	220	500

资料来源："Public Policy Polling," Report 2013, bit.ly/YKXfzN.

随机抽取一位受访者，试求下列概率：

a. 受访者更喜欢百事可乐。

b. 受访者是男性并且更喜欢百事可乐。

c. 受访者是男性或更喜欢百事可乐。

d. 解释（b）和（c）结果的差别。

4.14 某项调查访问了1 085位成年人，了解他们“是否喜欢为自己买衣服”（“Split Decision on Clothes Shopping,” *USA Today*，January 28，2011，p. 1B）。调查结果显示：51%的女性，以及44%的男性，喜欢为自己买衣服。接受调查的男性总数和女性总数并没有作记录。假设共有542位男性接受了调查，其中238位表示喜欢为自己买衣服；543位女性接受了调查，其中276位表示喜欢为自己买衣服。请以此建立列联表并计算下列概率。

随机抽取一位受访者：

a. 该受访者喜欢为自己买衣服。

b. 该受访者为女性并且喜欢为自己买衣服。

c. 该受访者为女性或者喜欢为自己买衣服。

d. 该受访者为男性或者女性。

4.15 每年新车上路后前90天的使用记录会被收集整理。假定我们已经将车按照是否需要（在保修项目内）维修，以及汽车生产商所在的国家是不是美国进行分类。基于已经收集的数据，新车需要维修的概率是0.04，由美国生产商生产的概率是0.6，新车需要维修且由美国生产商生产的概率是0.025。构造列联表或者韦恩图来计算下列概率。随机选取一辆新车：

a. 需要维修。

b. 需要维修并且由美国生产商生产。

c. 需要维修或者由美国生产商生产。

d. 需要维修或者不是美国生产商生产的。

4.2 条件概率

在4.1节讨论的所有示例中的概率计算都是以整个样本空间为基础的。在获得更多有关事件的信息时，我们又该怎样计算事件发生的概率呢？

计算条件概率

给定事件B发生的有关信息，事件A发生的概率称为**条件概率**（conditional probability）。

条件概率

给定事件B发生的概率，事件A的发生概率等于事件A且B发生的概率除以事件B发生的概率。

$$P(A \mid B)=\frac{P(A\text{ 且 }B)}{P(B)} \tag{4.4a}$$

给定事件A发生的概率，事件B发生的概率等于事件A且B发生的概率除以事件A发生的概率。

$$P(B \mid A)=\frac{P(A\text{ 且 }B)}{P(A)} \tag{4.4b}$$

式中

$P(A\text{ 且 }B)$＝事件 A 且 B 发生的联合概率

$P(A)$＝事件 A 发生的边缘概率

$P(B)$＝事件 B 发生的边缘概率

回顾此前关于购买电视机的“统计应用”实例，如果已知一个家庭计划购买大屏幕高清电视机，这个家庭实际购买电视机的概率是多少？

若要回答上述问题，就要计算概率 P(实际购买｜计划购买)。因为已知这个家庭计划购买电视机，所以样本空间从 1 000 个家庭缩小到有计划购买电视机的 250 个家庭。我们又知道在这 250 个家庭中，有 200 个家庭实际购买了电视机。因此，根据表 4-1，如果一个家庭计划购买电视机，这个家庭实际购买的概率为：

$$P(\text{实际购买}\mid\text{计划购买})=\frac{\text{计划购买且实际购买}}{\text{计划购买}}=\frac{200}{250}=0.80$$

也可以使用公式（4.4b）：

$$P(B\mid A)=\frac{P(A\text{ 且 }B)}{P(A)}$$

式中

事件 A＝计划购买

事件 B＝实际购买

可以得到：

$$P(\text{实际购买}\mid\text{计划购买})=\frac{200/1\ 000}{250/1\ 000}=\frac{200}{250}=0.8$$

例 4.6 进一步讲述了条件概率的计算方法。

例 4.6

计算购买流媒体机顶盒的条件概率

表 4-2 是一张列联表，提供了样本家庭对于不同刷新率以及是否购买流媒体机顶盒的选择结果。给定一个家庭购买了高刷新率的电视机，这个家庭同时购买了流媒体机顶盒的概率是多少？

解答 由于已知该家庭购买了高刷新率的电视机，所以我们将样本空间减少到 80 个家庭。在这 80 个家庭中，有 38 个家庭同时购买了流媒体机顶盒。因此，给定一个家庭购买了高刷新率的电视机，这个家庭同时购买了流媒体机顶盒的概率为：

$$P(\text{购买流媒体机顶盒}\mid\text{购买高刷新率电视机})$$

$$=\frac{\text{购买高刷新率电视机且购买流媒体机顶盒的家庭}}{\text{购买高刷新率电视机的家庭}}$$

$$=\frac{38}{80}$$

$$=0.475$$

如果使用公式（4.4b）计算，且

A=购买高刷新率电视机

B=购买流媒体机顶盒

则

$$P(B \mid A)=\frac{P(A\text{ 且 }B)}{P(A)}=\frac{38/300}{80/300}=0.475$$

因此我们可以说，当知道一个家庭购买了高刷新率电视机时，这个家庭有47.5%的概率也会购买流媒体机顶盒。将条件概率和购买流媒体机顶盒的边缘概率（108/300=0.36，或36%）加以比较，可以发现，购买高刷新率电视机的家庭比购买标准刷新率电视机的家庭更有意向购买流媒体机顶盒。

决策树

表4-1按照一个家庭是否计划购买以及实际购买电视机，对所有的家庭进行分类。除了列联表，如图4-3所示，分类还可以使用**决策树**（decision tree）。

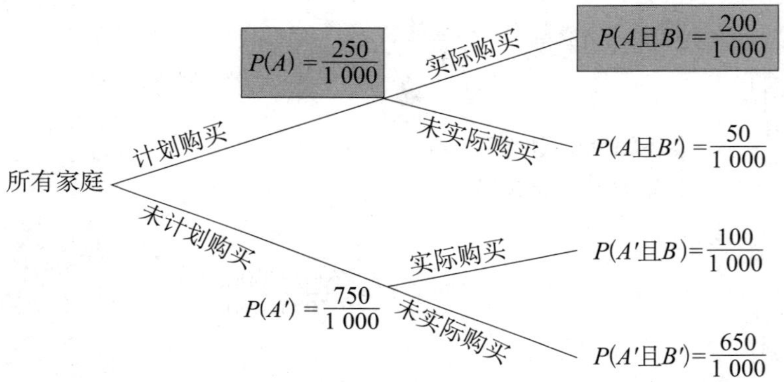

图4-3 计划购买和实际购买电视机的决策树

在图4-3中，最左侧的两个大分支根据是否计划购买电视机对全部家庭进行分类。每个大分支又向右细分成两个小分支，分别代表每个家庭最终的购买选择。两个大分支的末端分别代表事件A和事件A'发生的边缘概率。四个小分支的末端则分别代表四种联合事件发生的概率。联合概率除以边缘概率就可以得出相应的条件概率。

例如，给定一个家庭有计划购买电视机，求这个家庭实际购买电视机的概率。你可以用P（计划购买且实际购买）除以P（计划购买）。根据图4-3可以计算得出：

$$P(\text{计划购买且实际购买} \mid \text{计划购买})=\frac{200/1\,000}{250/1\,000}$$

$$=\frac{200}{250}=0.80$$

例4.7展示了如何制作决策树。

例 4.7

制作实际购买电视机家庭的决策树

决策树可以用表 4-2 中交叉分类数据来制作。给定一个家庭购买了高刷新率电视机，用决策树求这个家庭购买流媒体机顶盒的概率。

解答 图 4-4 的决策树提供了购买流媒体机顶盒和高刷新率电视机家庭的相关信息。

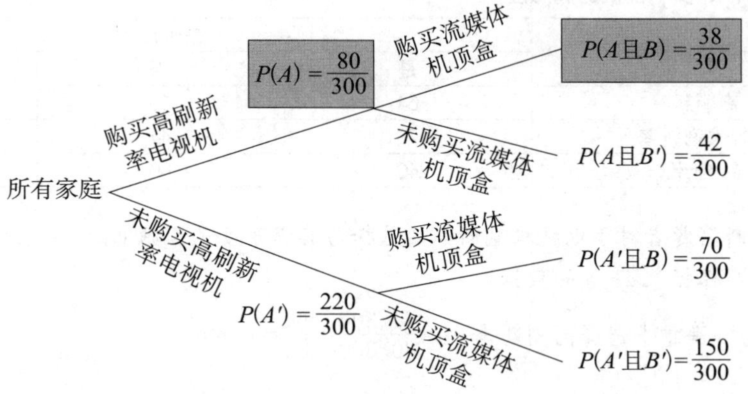

图 4-4 购买流媒体机顶盒和高刷新率电视机家庭的决策树

应用公式（4.4b）和以下定义：

A=购买高刷新率电视机

B=购买流媒体机顶盒

$$P(B\mid A)=\frac{P(A\text{ 且 }B)}{P(A)}=\frac{38/300}{80/300}=0.475$$

统计独立性

在购买电视机的例子中，给定一个计划购买电视机的家庭实际购买电视机的条件概率是 200/250=0.80。然而，如果从所有样本家庭中任选一个家庭，这个家庭实际购买电视机的简单概率是 300/1 000=0.30。该结果表明，一个家庭是否有计划购买电视机的相关先验信息，会影响这个家庭实际购买电视机的概率。换句话说，一个事件是否发生取决于另一个事件的结果。

当一个事件的结果不影响另一个事件发生的概率时，这两个事件就被称为是相互独立的。**独立性**（independence）可以通过公式（4.5）计算。

独立性

事件 A 和事件 B 是相互独立的，当且仅当

$$P(A\mid B)=P(A) \tag{4.5}$$

式中

$P(A\mid B)$=给定事件 B 时，事件 A 发生的条件概率

$P(A)$=事件 A 发生的边缘概率

例 4.8 展示了公式（4.5）的应用方法。

例 4.8

独立性的判断

对 300 个实际购买了电视机的家庭进行后续调查，并询问他们对所购电视机是否满意。通过交叉划分购买电视机的不同刷新率与满意度得到表 4-3。

表 4-3 购买电视机的满意度

电视机刷新率	是否满意		
	是	否	合计
高刷新率	64	16	80
标准刷新率	176	44	220
合计	240	60	300

试判断消费者对于电视机刷新率的选择与其满意度是否独立。

解答 根据表 4-3 的数据：

$$P(\text{满意} \mid \text{选择高刷新率})=\frac{64/300}{80/300}=\frac{64}{80}=0.80$$

等于

$$P(\text{满意})=\frac{240}{300}=0.80$$

因此，一个家庭对于电视机刷新率的选择与对电视机的满意度在统计上是相互独立的。这意味着，给定这个事件的结果并不会影响另一个事件发生的概率。

乘法法则

回顾公式（4.4a）：

$$P(A \mid B)=\frac{P(A\text{ 且 }B)}{P(B)}$$

基于上述公式，在求 $P(A$ 且 $B)$ 时，可以得出**一般乘法法则**（general multiplication rule）。

一般乘法法则

事件 A 且 B 发生的概率等于给定事件 B 时事件 A 发生的条件概率乘以事件 B 发生的概率。

$$P(A\text{ 且 }B)=P(A \mid B)P(B) \tag{4.6}$$

例 4.9 展示了一般乘法法则的应用方法。

例 4.9

一般乘法法则的应用

表 4-3 显示，在 80 个购买了高刷新率电视机的家庭中，64 个家庭表示满意，16 个家庭表示不满意。从这 80 个家庭中同时随机抽取两个家庭，计算这两个家庭都表示满意的概率。

解答 应用乘法法则，如果

A=第二个抽取的家庭表示满意

B=第一个抽取的家庭表示满意

那么

$$P(A\text{且}B)=P(A\mid B)P(B)$$

第一个家庭满意的概率是64/80。第二个家庭满意的概率则依赖于第一个家庭的抽取方式。如果第一个家庭抽取后不放回（就是不重复抽样），那么在第二次抽取时就只剩下79个家庭。如果第一个家庭是满意的，那么第二个家庭也满意的概率为63/79，因为在79个家庭中只剩下63个满意的家庭。我们可以如下计算：

$$P(A\text{且}B)=\frac{63}{79}\times\frac{64}{80}=0.6380$$

即任取两个家庭都对购买的电视机满意的概率为63.80%。

独立事件的乘法法则（multiplication rule for independent events）可以用 $P(A)$ 代替公式（4.6）中的 $P(A\mid B)$ 得到。

独立事件的乘法法则

如果事件 A 和事件 B 在统计上是独立的，那么事件 A 且 B 发生的概率等于事件 A 发生的概率乘以事件 B 发生的概率。

$$P(A\text{且}B)=P(A)P(B) \tag{4.7}$$

如果事件 A 和事件 B 符合这个法则，那么事件 A 和事件 B 就是独立的。因此，现在我们有了两种判断独立性的方法：

1. 事件 A 和事件 B 是独立的，当且仅当 $P(A\mid B)=P(A)$。
2. 事件 A 和事件 B 是独立的，当且仅当 $P(A\text{且}B)=P(A)P(B)$。

根据一般乘法法则计算边缘概率

在4.1节中，边缘概率是用公式（4.2）定义的。我们现在也可以根据一般乘法法则来定义边缘概率。如果

$$P(A)=P(A\text{且}B_1)+P(A\text{且}B_2)+\cdots+P(A\text{且}B_k)$$

那么应用乘法法则可根据如下公式（公式（4.8））计算边缘概率。

边缘概率

$$P(A)=P(A\mid B_1)P(B_1)+P(A\mid B_2)P(B_2)+\cdots+P(A\mid B_k)P(B_k) \tag{4.8}$$

式中，B_1，B_2，…，B_k 表示 k 个互斥且完备的事件。

可通过表4-1来说明公式（4.8）。

设

$P(A)$ =计划购买电视机的概率

$P(B_1)$ =实际购买电视机的概率

$P(B_2)$ =未实际购买电视机的概率

应用公式（4.8），计划购买电视机的概率就是：

$$P(A) = P(A \mid B_1)P(B_1) + P(A \mid B_2)P(B_2)$$
$$= \frac{200}{300} \times \frac{300}{1\ 000} + \frac{50}{700} \times \frac{700}{1\ 000}$$
$$= \frac{200}{1\ 000} + \frac{50}{1\ 000} = \frac{250}{1\ 000} = 0.25$$

4.2 习题

掌握基础知识

4.16 给定如下列联表：

	B	B'
A	10	20
A'	20	40

试求如下概率：

a. $A \mid B$。

b. $A \mid B'$。

c. $A' \mid B'$。

d. 事件 A 和事件 B 是否相互独立？

4.17 给定如下列联表：

	B	B'
A	10	30
A'	25	35

试求如下概率：

a. $A \mid B$。

b. $A' \mid B'$。

c. $A \mid B'$。

d. 事件 A 和事件 B 是否相互独立？

4.18 $P(A$ 且 $B) = 0.4$，$P(B) = 0.8$，求 $P(A \mid B)$。

4.19 $P(A) = 0.7$，$P(B) = 0.6$，A 和 B 相互独立，求 $P(A$ 且 $B)$。

4.20 $P(A) = 0.3$，$P(B) = 0.4$，$P(A$ 且 $B) = 0.2$，A 和 B 是否相互独立？

概念应用

4.21 在工作中，男性还是女性更容易感到紧张和有压力呢？哈里斯互动公司（Harris Interactive）代表美国心理学协会对就业人员进行了一项在线调查。调查结果如下：

性别	是否在工作中感到紧张或有压力	
	是	否
男性	244	495
女性	282	480

资料来源："The 2013 Work and Well-Being Survey," American Psychological Association and Harris Interactive, March 2013, p. 5, bit. ly/11JGcPf.

a. 给定一位随机抽取的员工在工作中感到紧张和有压力，这位员工是男性的概率是多少？

b. 给定一位随机抽取的员工是男性，他在工作中感到紧张和有压力的概率是多少？

c. 解释（a）和（b）结果的差别。

d. 在工作中感到紧张和有压力与员工的性别是独立的吗？

4.22 未来的市场营销将如何发展？社会媒体测试公司（Social Media Examiner）展开了一项针对 1 331 家 B2B 企业（面向企业客户的公司）以及 1 694 家 B2C 企业（面向消费者的公司）的调查。调查结果如下表所示：

企业是否计划增加领英的使用	企业类型		
	B2B	B2C	总计
是	1 038	915	1 953
否	293	779	1 072
总计	1 331	1 694	3 025

资料来源："2013 Social Media Marketing Industry Report," May 2013, bit. ly/1g5vMQN.

a. 给定一家随机抽取的 B2B 企业，它计划增加领英的使用的概率是多少？

b. 给定一家随机抽取的 B2C 企业，它计划增加领英的使用的概率是多少？

c. 企业类型与计划增加领英的使用是否相互独立？

4.23 美国人更喜欢喝可口可乐还是百事可乐？公共政策民意调查公司（Public Policy Polling）在 2013 年进行了一项调查，结果如下：

喜好	性别		
	女性	男性	总计
可口可乐	120	95	215
百事可乐	95	80	175
都不喜欢/不确定	65	45	110
总计	280	220	500

资料来源："Public Policy Polling," Report 2013, bit. ly/YKXfzN.

a. 给定一位随机抽取的男性，他更喜欢百事可乐的概率是多少？

b. 给定一位随机抽取的女性，她更喜欢百事可乐的概率是多少？

c. 对这两种可乐的喜好与调查对象的性别是否独立？解释原因。

4.24 对于现今从事商务智能、商务分析以及信息管理的人来说，什么商务知识和技术能力最重要？信息周刊（InformationWeek）在 2013 年的美国信息技术行业薪酬调查中向从事商务智能、商务分析以及信息管理的从业者和管理者询问了他们认为在业务中最重要的技能。调查结果中包括"数据分析"这项技能。下表提供了调查中这项技能的相关信息：

对"数据分析"技能的评价	职位		
	员工	管理者	总计
重要	4 374	3 633	8 007
不重要	3 436	2 631	6 067
总计	7 810	6 264	14 074

资料来源："IT Salaries Show Slow Growth," *InformationWeek Reports*, April 2013, p. 40, ubm. io/1ewjKT5.

a. 给定一位员工，这位员工认为"数据分析"重要的概率是多少？

b. 给定一位员工，这位员工认为"数据分析"不重要的概率是多少？

c. 给定一位管理者，这位管理者认为"数据分析"重要的概率是多少？

d. 给定一位管理者，这位管理者认为"数据分析"不重要的概率是多少？

4.25 在一项调查中询问 1 085 位成年人他们"是否喜欢为自己买衣服"。调查结果（"Split Decision on Clothes Shopping," *USA Today*, January 28, 2011, p. 1B）指出51%的女性，以及44%的男性，喜欢为自己买衣服。接受调查的男性总数和女性总数并没有作记录。调查结果如下：

喜欢为自己买衣服	性别		
	男性	女性	总计
是	238	276	514
否	304	267	571
总计	542	543	1 085

a. 给定一位随机受访者为女性，她不喜欢为自己买衣服的概率是多少？

b. 给定一位随机受访者喜欢为自己买衣服，是男性的概率是多少？

c. 喜欢为自己买衣服和性别是否相互独立？解释原因。

4.26　每年新车上路后前90天的使用记录会被收集整理。假定我们将车按照是否需要（在保修项目内）维修以及汽车生产商所在的国家是不是美国进行分类。基于已经收集的数据，新车需要维修的概率是0.04，由美国生产商生产的概率是0.60，新车需要维修且由美国生产商生产的概率是0.025。

a. 给定一辆随机抽取的由美国生产商生产的汽车，求该车需要维修的概率。

b. 给定一辆随机抽取的由其他国家生产的汽车，求该车需要维修的概率。

c. 需要保修和由美国生产商生产这两个事件是否相互独立？

4.27　1950—2013年（2011年几乎没有变化）这63年间，有41年标普（S&P）500指数在每年的第五个交易日收盘高于第一个交易日。在这41年中有36年标普500指数在年终收盘时高于年初。第一个交易周股指走强是否预示着年终收盘也会高于年初呢？下表给出了这63年间每年前五个交易日和年度的表现。

第一周	标普500指数年度表现	
	更高	更低
更高	36	5
更低	11	11

a. 随机选取一年，标普500指数的年终收盘比年初开盘更高的概率是多少？

b. 随机选取一年，给定标普500指数头五个交易日结束后收盘比之前更高，年终收盘比年初更高的概率是多少？

c. "第一周表现"和"全年表现"是相互独立的两个事件吗？解释原因。

d. 在finance.yahoo.com上查找标普500指数在2014年前五个交易日后的收盘情况和2014年的年度表现，并对你查到的结果进行评价。

4.28　用一副标准的扑克牌玩一个游戏。有四种花色（红桃、方块、梅花和黑桃），每种花色有13张牌（A，2，3，4，5，6，7，8，9，10，J，Q，K），共52张牌。把这副牌打乱，抽出两张牌（抽出后不放回）。

a. 两张牌都是Q的概率是多少？

b. 第一张牌是10，第二张是5或6的概率是多少？

c. 如果在抽第二张牌前将第一张牌放回并重新洗牌，(a）的结果会怎样改变？

d. 在21点游戏里，有图案的扑克牌（J，Q，K）算作10点，A算作1点或11点，其他的按照牌面的点数来计算。如果两张牌的点数和为21点，就称得到了"blackjack"，那么得到21点的概率是多少？

4.29　一个盒子里装有9部苹果手机，其中2部黄的、7部绿的。

a. 如果从盒中无放回随机选取两部手机，得到两部绿色手机的概率是多少？

b. 如果从盒中无放回随机选取两部手机，得到一黄一绿的概率是多少?

c. 如果有放回地抽取三部手机，三部都是黄色的概率是多少?

d. 如果有放回地抽样，(a) 和 (b) 的答案是什么?

4.3 贝叶斯定理

贝叶斯定理（Bayes' theorem）为我们提供了结合新信息修改原有概率的方法。托马斯·贝叶斯（Thomas Bayes）在 18 世纪（参见参考文献 1，2，3 和 5）将我们此前学过的条件概率延伸发展为贝叶斯定理。

让我们应用贝叶斯定理来思考 M&R 电子世界的新电视机营销问题。以往的记录表明，该公司新推出的电视机有 40%获得成功，而 60%以失败告终。因此，在这款新电视机投放市场之前，公司的市场营销部进行了一项深入的调查，并对新产品能否成功提出了市场调研结果。经验证明，过去成功的电视机有 80%得到理想市场调研的结果，过去失败的电视机也有 30%得到理想的市场调研结果。现在，M&R 电子世界即将推出的新款电视机取得了理想的市场调研结果。这款电视机最终获得成功的概率是多少?

贝叶斯定理可由条件概率的定义导出。给定 A，求 B 发生的条件概率可用公式（4.4b）来计算：

$$P(B \mid A)=\frac{P(A\text{ 且 }B)}{P(A)}=\frac{P(A \mid B)P(B)}{P(A)}$$

将公式（4.4b）分母中的 $P(A)$ 用公式（4.8）替代便可以得到贝叶斯定理。

贝叶斯定理

$$P(B_i \mid A)=\frac{P(A \mid B_i)P(B_i)}{P(A \mid B_1)P(B_1)+P(A \mid B_2)P(B_2)+\cdots+P(A \mid B_k)P(B_k)} \tag{4.9}$$

式中

B_i＝k 个互斥且完备事件中的第 i 个事件

根据贝叶斯定理，可以对新电视机销售问题作如下定义：

事件 S＝新电视机最终成功　　事件 F＝取得理想的市场调研结果

事件 S'＝新电视机最终失败　　事件 F'＝取得不理想的市场调研结果

已知

$$P(S)=0.40 \qquad P(F \mid S)=0.80$$

$$P(S')=0.60 \qquad P(F \mid S')=0.30$$

应用公式（4.9）

$$\begin{aligned}P(S \mid F)&=\frac{P(F \mid S)P(S)}{P(F \mid S)P(S)+P(F \mid S')P(S')}\\&=\frac{(0.80)(0.40)}{(0.80)(0.40)+(0.30)(0.60)}\\&=\frac{0.32}{0.32+0.18}=\frac{0.32}{0.50}\\&=0.64\end{aligned}$$

因此，给定一款新电视机已取得理想的市场调研结果，这款电视机最终获得成功的概率是 0.64，最终失败的概率就是 1－0.64＝0.36。

表4-4总结了有关概率的计算过程。图4-5给出了决策树。

表4-4 用贝叶斯定理分析新电视机营销问题

事件 S_i	先验概率 $P(S_i)$	条件概率 $P(F \mid S_i)$	联合概率 $P(F \mid S_i)P(S_i)$	修正概率 $P(S_i \mid F)$
S=获得成功	0.40	0.80	0.32	$P(S \mid F)=0.32/0.50=0.64$
S'=失败告终	0.60	0.30	0.18/0.50	$P(S' \mid F)=0.18/0.50=0.36$

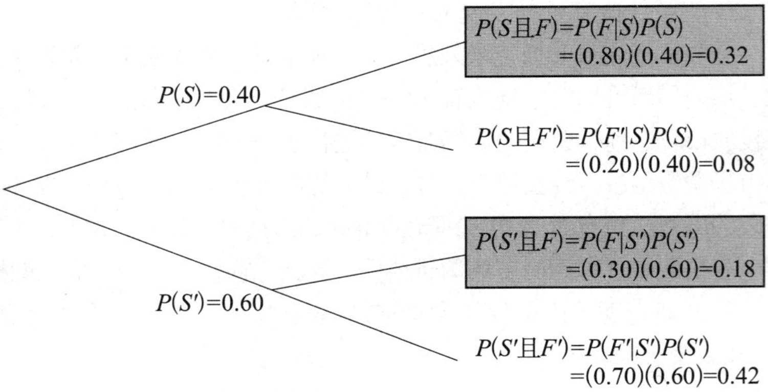

图4-5 新电视机销售的决策树

例4.10将贝叶斯定理应用于医疗诊断问题。

例4.10

在医疗诊断问题中应用贝叶斯定理

假设一个人患有某种疾病的概率为0.03。医生的诊断过程依据医学化验来进行。如果化验结果为阳性，则诊断为患病。当测试者确实患病时，化验结果呈阳性（诊断为患病）的概率为0.90。当测试者未患病时，化验结果呈阳性（诊断为患病）的概率为0.02。假如某人的化验结果呈阳性，其确实患病的概率是多少？化验结果呈阳性的概率是多少？

解答 令

事件 D=确实患病　　事件 T=化验结果呈阳性

事件 D'=未患病　　事件 T'=化验结果呈阴性

因此

$P(D)=0.03$　　$P(T \mid D)=0.90$

$P(D')=0.97$　　$P(T \mid D')=0.02$

应用公式(4.9)：

$$P(D \mid T)=\frac{P(T \mid D)P(D)}{P(T \mid D)P(D)+P(T \mid D')P(D')}$$

$$=\frac{(0.90)(0.03)}{(0.90)(0.03)+(0.02)(0.97)}$$

$$=\frac{0.0270}{0.0270+0.0194}=\frac{0.0270}{0.0464}$$

$$=0.582$$

因此，若某人化验结果呈阳性，他确实患病的概率为 0.582。表 4－5 总结了概率的计算过程，图 4－6 给出了决策树。此外，在本例中，贝叶斯定理中的分母代表 $P(T)$，表明化验结果呈阳性的概率为 0.046 4，或 4.64%。

表 4－5　用贝叶斯定理计算医疗诊断问题

事件 D_i	先验概率 $P(D_i)$	条件概率 $P(T \mid D_i)$	联合概率 $P(T \mid D_i)P(D_i)$	修正概率 $P(D_i \mid T)$
D＝确实患病	0.03	0.90	0.027 0	$P(D \mid T)$ ＝0.027 0/0.046 4 ＝0.582
D'＝未患病	0.97	0.02	0.019 4/0.046 4	$P(D' \mid T)$ ＝0.019 4/0.046 4 ＝0.418

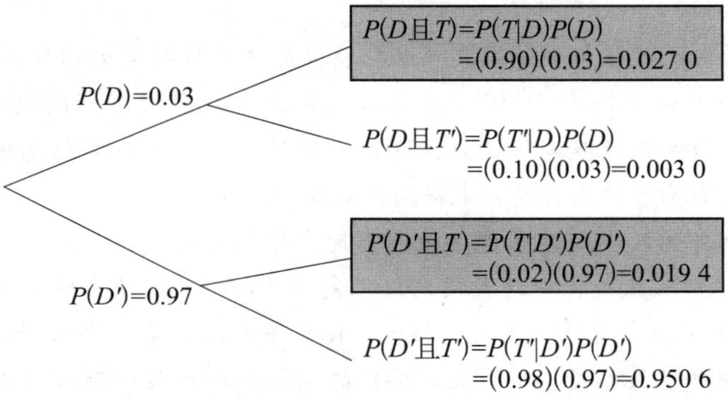

图 4－6　医疗诊断问题的决策树

想一想

神赐恩惠与垃圾邮件

你可能难以想象一篇试图证明上帝存在的文章（*Divine Benevolence*：*Or*，*An Attempt to Prove That the Principal End of the Divine Providence and Government Is the Happiness of His Creatures*）和一篇旨在解决随机问题的学术论文（*An Essay Towards Solving a Problem in the Doctrine of Chances*）会是同一个人写的。同样，你或许也想不到贝叶斯定理在垃圾邮件过滤器的设计中有着重要的应用。

你之所以难以想象上述两篇文章是同一个人所写，可能是因为你从这两篇文章的标题推断它们说的是完全不同的事情。你所使用的一个隐含的规则就是，不同主题的作品中的用词频率不同。统计学论文很有可能出现“统计量”以及类似“机会”“问题”“解答”之类的词汇。一篇 18 世纪的关于神学和宗教的文章很可能出现首字母大写的“Divine”（神圣）、“Providence”（天意）这类词汇。

同样的道理，还有很多词汇你觉得不可能出现在这两篇文章里，比如金融术语。还有一些词汇这两篇文章中很可能都会有，比如 a，an，the。当我们对词汇分类并考虑其出现的可能性时，我们实际上就在应用概率论。当然，可能或不可能都是很模糊的概念。当我们过于天真地进行判断，例如仅仅依靠诸如 Divine 和 Providence 之类词汇的出现频率来判断文章的内容时，就有可能出现误判。

有一篇关于哈里斯·米尔斯蒂德（常被称为“神圣”（Divine），是电影《发胶》和其他一些电影的主角）成名后拜访罗得岛州普罗维登斯市的概述。尽管文中恰巧出现了一些神学方面常用的名词，但这并不是一篇神学方面的文章。实际上，如果我们搜索全文，就会找到像“电影”“约翰·沃特斯”（导演了许多由“神圣”出演的影片）等词汇，并发现这是一篇与20世纪电影有关，而与神学和宗教无关的文章。

参照上面的例子，我们可以用类似的步骤把收件箱中的新邮件分为两类：垃圾邮件和合法邮件。首先，我们需要在邮件系统里加一个垃圾邮件过滤器，它可以在人们每天查看信箱并区分垃圾邮件和合法邮件时，跟踪计算两类邮件中词汇出现的频率。随着数据的积累，过滤器将不断产生更加准确的先验概率，使贝叶斯定理的计算结果更加精确。通过这些概率计算，过滤器可以得出当某个特定词汇出现时，一封邮件是垃圾邮件的概率。

根据公式（4.9），垃圾邮件过滤器可以在垃圾邮件里找到某个词的概率 $P(A \mid B)$，乘以这封邮件是垃圾邮件的概率 $P(B)$，再除以从邮件中找到这个词的概率 $P(A)$，即公式（4.9）中的分母。贝叶斯垃圾邮件过滤器还可以通过着重分析垃圾信息中一小部分出现概率高的词和一小部分出现概率低的词来提高识别成功率。

当发送垃圾邮件的人得知存在这些过滤器时，他们开始寻找漏洞。了解到贝叶斯过滤器会给像 Viagra 这种垃圾邮件中的常用词以很高的 $P(A \mid B)$ 值，他们开始把单词故意误拼成 Vi@gr@或者 Vlagra 来蒙混过关。然而，他们不知道，事实上误拼的词汇在垃圾邮件里比正确拼写的词更容易被发现。因此，误拼的词汇反而使贝叶斯过滤器更容易捕捉垃圾邮件。

还有的垃圾邮件发送者试图通过加一些“好词”来愚弄过滤器，如使用一些在垃圾邮件中很少用的词或者在任何邮件中都很少用的词汇。但这些人没有意识到，条件概率在不断更新。随着 $P(A \mid B)$ 值的提高，一些以往的好词很快就会被识别出来。同样道理，随着罕见用词在垃圾邮件里出现次数增加，而在合法邮件却很少出现，这些词会像误拼的词汇一样很容易识别出来。

尽管如此，了解贝叶斯统计原理的垃圾邮件发送者仍然认为他们可以通过在垃圾邮件中随机加入单词来蒙混过关。这些随机词对过滤器的影响是让很多词的 $P(A \mid B)$ 值看起来都很低。因此他们认为这样做可以使贝叶斯过滤器失效，并把很多垃圾邮件标成合法邮件。然而和之前一样，他们忘记了过滤器的条件概率是不断更新的。

还有些垃圾邮件发送者决定删除信息里的文字并使用图片，这样过滤器就无法使用条件概率进行辨识。这种方法同样会失败，因为贝叶斯过滤器对邮件的关注并不仅限于词汇。对于贝叶斯定理而言，“没有文本的图形”和“邮件中的某个词”均可看成统计事件。同样的道理，未来将会出现其他把戏，但最终也会失败。（顺带一提，除贝叶斯方法以外，垃圾邮件过滤器还会采用其他运算方法，这将使垃圾邮件发送者的日子更加艰难。）

统计学在日常生活中很有用，贝叶斯垃圾邮件过滤器就是一个出人意料的实例。继续阅读本书，你将会看到更多应用实例。另外，开始提到的两篇文章的作者正是托马斯·贝叶斯。与第一篇试图证明上帝存在的文章相比，显然，第二篇文章更能令他声名显赫。

4.3 习题

基础知识

4.30 若 $P(B)=0.05$，$P(A\mid B)=0.80$，$P(B')=0.95$，$P(A\mid B')=0.40$，求 $P(B\mid A)$。

4.31 若 $P(B)=0.30$，$P(A\mid B)=0.60$，$P(B')=0.70$，$P(A\mid B')=0.50$，求 $P(B\mid A)$。

概念应用

4.32 在例4.10中，当测试者未患病时，化验结果呈阳性的概率从0.02降到0.01。

a. 给定在一次诊断中，化验结果呈阳性，测试者确实患病的概率是多少?

b. 给定在一次诊断中，化验结果呈阴性，测试者未患病的概率是多少?

4.33 一位银行的管理者决定研究客户对银行的信任与银行口碑的关系，以及这份信任对银行和客户关系的影响。基于调查结果，44%的银行顾客对其主要业务银行十分信任，49%的顾客对其银行一般信任，7%的顾客对其银行不信任。在十分信任的顾客中，有68%的顾客称赞其银行；在一般信任的顾客中，有20%的顾客称赞其银行；在表示不信任的顾客中，只有3%的顾客称赞他们的银行（“Global Consumer Banking Survey—2014,” bit. ly/IgwJJuT）。

a. 给定一位顾客称赞其银行，求他十分信任这家银行的概率。

b. 求一位随机抽取的客户称赞其银行的概率。

4.34 奥利弗建设公司正在决定是否要竞标一家购物中心。从过去的情况来看，它的主要竞争对手贝斯建设公司的投标率是70%。如果贝斯建设公司不投标，奥利弗建设公司中标的概率是0.5。如果贝斯建设公司投标，奥利弗建设公司中标的概率是0.25。

a. 如果奥利弗建设公司中标，贝斯建设公司没有投标的概率是多少?

b. 奥利弗建设公司中标的概率是多少?

4.35 根据Kauffman Foundation和LegalZoom的报告，2013年有35%的新企业由女性创办，65%的新企业由男性创办。在女性创办的新企业中，20%的企业收入超过5万美元，而在男性创办的新企业中，24%的企业收入超过5万美元。

a. 随机选择一家2013年的新企业，给定这家企业收入超过5万美元，创业者为女性的概率是多少?

b. 随机选择一家2013年的新企业，这家企业收入超过5万美元的概率是多少?

4.36 一家教材出版公司的编辑正在决定是否要出版一本商务统计学教材。以前出版的信息表明，10%的出版物取得巨大成功，20%的出版物取得一般成功，40%出版物刚好盈亏平衡，30%的出版物赔钱。在作出出版决策以前，每本书都要经过评估。过去，99%取得巨大成功的书、70%一般成功的书、40%盈亏平衡的书、20%赔钱的书都在评估中得到了好评。

a. 如果一本书在评估中得到了好评，它在出版后各种结果发生的概率分别是多少?

b. 一本书在评估中得到好评的概率是多少?

4.37 一家市政债券服务机构有三个评级标准：A，B和C。假定在过去的一年，美国发行的市政债券里，70%评级为A，20%评级为B，10%评级为C。A级债券里，50%是由城市发行的，40%由郊区发行，10%由农村地区发行。B级债券里，60%由城市发行，20%由郊区发行，20%由农村地区发行。C级债券里，90%由城市发行，5%由郊区发行，5%由农村地区发行。

a. 城市发行的债券得到评级A的概率是多少?

b. 城市发行的债券在所有债券中占比是多少?

c. 郊区发行的债券在所有债券中占比是多少?

4.4 计数规则

在公式（4.1）中，事件发生的概率是该事件可能发生的结果数除以所有可能发生结果的总数。有时，所有可能发生结果的总数庞大，因此很难准确计算。在这种情况下，需要用前人总结出来的计数规则来计算所有可能发生结果的总数。我们在本节介绍五种不同的计数规则。

计数规则 1

计数规则 1 为互斥且完备的事件组提供了计算所有可能发生结果的总数的方法。

计数规则 1（可重复排列）

事件的完成分为 n 个步骤，每一步有 k 个不同的互斥且完备的结果可能发生，则可能发生的结果总数为：

$$k^n \tag{4.10}$$

例如，根据公式（4.10），抛一枚硬币 5 次可以得到 $2^5=2\times2\times2\times2\times2=32$ 个结果。

例 4.11

掷两次色子

掷两次色子，共有多少种可能出现的结果？

解答 根据公式（4.10），总共有 $6^2=36$ 种结果。

计数规则 2

计数规则 2 是规则 1 的延伸，适用于更一般的问题。它允许在事件完成的各个步骤出现不同数量的结果。

计数规则 2

第一步共有 k_1 个结果，第二步有 k_2 个结果，……，第 n 步有 k_n 个结果，则所有可能出现的结果总数为：

$$(k_1)(k_2)\cdots(k_n) \tag{4.11}$$

例如，一个州的交通管理局想知道由三个字母加三个数字可以组成多少种不同的车牌。根据公式（4.11）可得出结果，总共能组成(26)(26)(26)(10)(10)(10)=17 576 000 种不同的车牌。

例 4.12

计算套餐种类

一个餐厅有固定价格的套餐，包括小菜、主菜、饮料以及甜品。一共有 5 种小菜、10 种主菜、3 种饮料和 6 种甜品。则有多少种不同的组合方式？

解答 根据公式（4.11），共有(5)(10)(3)(6)=900 种不同的组合方式。

计数规则 3（全排列）

计数规则 3 可以计算一组物品共有多少种不同的排序方法。

计数规则 3

n 个物品不同的排序总数为：

$$n! = (n)(n-1)\cdots(1) \tag{4.12}$$

式中，$n!$ 是 n 的阶乘。定义 $0!$ 的结果为 1。

例 4.13

计数规则 3 的应用

书架上共有 6 本书，这 6 本书可以有多少种方式排放？

解答 首先，书架上的第一个位置可以放这 6 本书中的任何一本。当书架的第一个位置摆放了一本书后，第二个位置可以摆放剩下的 5 本书中的任何一本。以此类推，直到书架上全部 6 个位置都占满。由此可以得出 6 本书的全排列总数为：

$$n! = 6! = (6)(5)(4)(3)(2)(1) = 720$$

计数规则 4（选排列）

在许多情况下，需要知道一组物品中的一部分物品可以有多少种方式排序。每种可能的排序结果称为一种**排列**（permutation）。

计数规则 4：排列

从 n 个物品中选出 x 个物品进行排序，不同排序的总数为：

$$_nP_x = \frac{n!}{(n-x)!} \tag{4.13}$$

式中

n=物品的总数

x=选出的物品数量

$n!$ =n 的阶乘=$n(n-1)\cdots(1)$

P=排列的符号

例 4.14

计数规则 4 的应用

沿用例 4.13，如果现在有 6 本书，但书架上只有摆放 4 本书的位置，有多少种方式可以将 4 本书排列在书架上？

解答 根据公式（4.13），将 4 本书排列在书架上的方式共有

$$_nP_x = \frac{n!}{(n-x)!} = \frac{6!}{(6-4)!} = \frac{(6)(5)(4)(3)(2)(1)}{(2)(1)} = 360$$

计数规则 5（组合）

在很多场合，顺序并不重要，人们只关注有多少种方式从 n 个物品中选出 x 个物品。这种不考虑顺序，从 n 个物品中选出 x 个物品的结果称为**组合**（combination）。

计数规则 5：组合

不考虑排序，从 n 个物品中选出 x 个物品的不同组合总数为：

$$ {}_nC_x = \frac{n!}{x!(n-x)!} \tag{4.14} $$

式中

n=物品的总数

x=选出的物品数量

$n!$ =n 的阶乘=$n(n-1)\cdots(1)$

C=组合的符号

如果将计数规则5和规则4加以比较，你会发现唯一的区别在于分母中的$x!$。当计算排列时，所有不同的排序都是有意义的。然而在计算组合时，我们忽略了选出的$x!$种不同的排序。

例 4.15

计数规则5的应用

沿用例4.14，如果现在不考虑书架上摆放顺序，从6本书中选出4本书共有多少种方式？

解答 根据公式（4.14），从6本书中选出4本书的组合方式合计为：

$$ {}_nC_x = \frac{n!}{x!(n-x)!} = \frac{6!}{4!(6-4)!} = \frac{(6)(5)(4)(3)(2)(1)}{(4)(3)(2)(1)(2)(1)} = 15 $$

4.4 习题

概念应用

4.38 一次考试中共有10道多选题，每道题有3个答案，一共有多少种排序的方法？

4.39 金库有三把旋转锁，每个锁有30个数字，打开金库需要三个锁针都指向正确的数字。

a. 三把锁一共有多少种不同的组合方式？

b. 随机选择三个数字，一次打开金库的概率是多少？

c. 解释为什么（a）所求的并不是公式（4.14）讨论的组合问题。

4.40 抛硬币和掷色子。

a. 抛一枚硬币7次，共有多少种不同结果？

b. 掷一枚色子7次，共有多少种不同结果？

c. 讨论（a）与（b）的区别是什么。

4.41 一款牛仔裤有7种不同的尺寸、3种不同的颜色、3种不同的样式。一共有多少种组合方式？

4.42 你需要制作一个汉堡包。现在有5种面包、7种芝士、4种蔬菜、5种酱。从每个类别中选一种做成汉堡包，一共有多少种不同的汉堡包制作方法？

4.43 4个人要占据4个位置，一共有多少种排列的方式？

4.44 在职业棒球联赛中，美国东部赛区共有5支球队——亚特兰大、佛罗里达、纽约、费城，以及华盛顿。不考虑平局，赛季结束时的最终排名一共有多少种可能性？你认为这些排名发生的概率都是一样的吗？

4.45 基于习题4.44，前四名一共有多少种可能性？

4.46　农场里有 6 块土地，种了西红柿、茄子、青椒、黄瓜、豆角和生菜。每种蔬菜种在一块土地上。一共有多少种不同的方法种植这些蔬菜？

4.47　从 8 位数据科学家中选一位担任项目总管，再选一位担任副总管。一共有多少种选择方式？

4.48　从 10 个人中选 4 个人组队，一共有多少种选择方法？

4.49　一个学生有 7 本书，可是她只能拿 4 本，不考虑排序，一共有多少种选择方法？

4.50　从 100 个人中选择两个人抽奖，一共有多少种选择方式？

4.51　从 15 辆健身自行车中选 3 辆，一共有多少种选择方式？

4.5　道德问题与概率

向公众陈述任何与概率有关的问题都可能引发道德问题。这种现象在广告中尤其常见。由于大部分人并不熟悉许多数量概念背后的含义（见参考文献 7），很容易错误地理解生活中出现的各种概率所表达的信息。有时，这种错误的理解并非有人刻意为之。但在另一些情况下，广告会不道德地误导潜在消费者。

例如，有时美国各州彩票的广告就存在故意误导消费者的嫌疑。购买彩票时，消费者在一大组数字（比如 54 个数字）中选择一组数字（比如 6 个数字）。尽管绝大部分参与者都知道他们不太可能中奖，但他们并不知道选中 6 个数字的概率究竟有多小，更不知道连一个中奖数字都选不到的概率有多大。

了解了这样的事实，也许你就会认为彩票在广告中使用的语言具有欺骗性，并且存在道德问题。最近的一则广告说："我们会一直发行彩票，直到每个人都成为百万富翁。"彩票每年给政府带来数百万美元的收入，你觉得政府有任何理由停止彩票的发行吗？与此同时，彩票有可能会让所有人都变成百万富翁吗？向公众暗示发行彩票的目的在于让所有人变成百万富翁，这样的做法道德吗？

投资产品的广告有时同样存在使用概率误导消费者的嫌疑。例如，有的广告承诺 90%的概率获得 20%的投资回报。任何有道德的投资产品都会澄清两点：(a) 提供所承诺概率的计算方式；(b) 以更加明确的方式表达概率，比如"10 次中有 9 次会实现承诺的回报率"；(c) 解释如果那不幸的 10%发生，也就是说 20%的投资回报没有实现，会发生什么情况（比如消费者的本金是否存在重大损失的风险）。

上述隐患都可能引发严重的道德问题。如果你能够给美国各州彩票写一则广告，有道德地描述赢得某个奖项的概率，你应该怎么做？如果你能够为一款投资产品写一则广告，有道德地描述获得 20%投资回报的概率，你又该怎么做？

统计应用

M&R 电子世界中的概率，回顾

作为 M&R 电子世界公司的营销经理，你分析了一项购买意向调查的统计结果。这项调查访问了 1 000 个家庭在接下来一年中购买大屏幕高清电视机的意向。12 个月后，M&R 对这些家庭进行了跟进调查，看他们是否真的购买了电视机。此外，对于那些真的购买了电视机的家庭，跟进调查询问了他们选择的电视机的刷新率，是否同时购买了流媒体机顶盒，以及是否对购买的大屏幕高清电视机感到满意。

通过分析这项调查的结果，你发现了许多有价值的信息，并且规划了扩大销售以及针对高消费客户群体的营销战略。尽管调查显示，仅有 30% 的家庭实际购买了大屏幕高清电视机，但一旦一个家庭表示在未来一年内有购买意图，他们有 80% 的概率会实际购买。因此，公司的营销战略应该针对那些有购买意向的家庭。

你发现，购买高刷新率电视机的家庭有 47.5% 的概率会同时购买流媒体机顶盒。将这个条件概率和购买流媒体机顶盒的边缘概率 36% 进行对比得到的结论是，购买高刷新率电视机的家庭比购买标准刷新率电视机的家庭更有可能购买流媒体机顶盒。

你还在 M&R 电子世界的市场研究报告中运用了贝叶斯定理。这份报告在新款电视机投放前对市场反应进行了预测。如果市场调研报告结果是有利的，新款电视机获得成功的可能性为 64%。反之，如果市场调研报告结果是不利的，新款电视机获得成功的概率仅有 16%。因此，在制定 M&R 的营销策略时需要密切关注新产品市场调查研究的结果。

小　结

本章从介绍概率的基本概念开始。我们了解到概率是一个在 0～1 之间的数值，表示某个事件发生的可能性。除了简单概率之外，还学习了条件概率和独立事件。贝叶斯定理则可以用来计算结合新信息对原有概率的修正。在整个第 4 章中，我们使用了列联表、韦恩图以及决策树来形象地展示信息。此外，还学习了各种计数规则。在下一章，我们将讲述一些重要的离散概率分布，包括二项分布和泊松分布。

参考文献

1. Anderson-Cook, C. M. “Unraveling Bayes’ Theorem.” *Quality Progress*, March 2014, p. 52–54.
2. Bellhouse, D. R. “The Reverend Thomas Bayes, FRS: A Biography to Celebrate the Tercentenary of His Birth.” *Statistical Science*, 19 (2004), 3–43.
3. Hooper, W. “Probing Probabilities.” *Quality Progress*, March 2014, pp. 18–22.
4. Lowd, D., and C. Meek. “Good Word Attacks on Statistical Spam Filters.” Presented at the Second Conference on Email and Anti-Spam, 2005.
5. *Microsoft Excel 2013*. Redmond, WA: Microsoft Corp., 2012.
6. *Minitab Release 16*. State College, PA: Minitab, Inc, 2010.
7. Paulos, J. A. *Innumeracy*. New York: Hill and Wang, 1988.
8. Silberman, S. “The Quest for Meaning,” *Wired 8.02*, February 2000.
9. Zeller, T. “The Fight Against V1@gra (and Other Spam).” *The New York Times*, May 21, 2006, pp. B1, B6.

关键词

先验概率（a priori probability）
贝叶斯定理（Bayes’ theorem）
必然事件（certain event）
完备（collectively exhaustive）
组合（combination）
补集（complement）
条件概率（conditional probability）
列联表（contingency table）
决策树（decision tree）
经验概率（empirical probability）
事件（event）
一般加法法则（general addition rule）
一般乘法法则（general multiplication rule）
不可能事件（impossible event）
独立性（independence）
联合事件（joint event）
联合概率（joint probability）
边缘概率（marginal probability）
独立事件的乘法法则（multiplication rule for independent events）

互斥（mutually exclusive）
概率（probability）
简单事件（simple event）
主观概率（subjective probability）
排列（permutation）
样本空间（sample space）
简单概率（simple probability）
韦恩图（Venn diagram）

检查你对本章的理解

4.52　先验概率、经验概率、主观概率的区别是什么？

4.53　简单事件和联合事件的区别是什么？

4.54　如何根据一般加法法则求事件 A 或事件 B 发生的概率？

4.55　互斥事件和完备事件的区别是什么？

4.56　条件概率和统计独立性有什么关系？

4.57　对于独立事件和非独立事件，乘法法则有何不同？

4.58　得到新的信息后如何根据贝叶斯定理修正概率？

4.59　在贝叶斯定理中先验概率和修正概率有何不同？

本章复习题

4.60　普华永道的健康研究中心进行过一项调查，结果显示 80% 的年轻人（18～24 岁）更倾向于在社交网络上分享自己的健康信息，而对于 45～64 岁的中年群体，这个比例则下降到 45%（“Social Media ‘Likes’ Healthcare: From Marketing to Social Business,” Health Research Institute, April 2012, p. 8）。

假设这项研究共有 500 位年轻人以及 500 位中年人。

a. 构建一个列联表。

b. 举一个简单事件和一个联合事件的例子。

c. 随机选取一个受访者，这个受访者倾向于在社交网络上分享自己健康信息的概率是多少？

d. 随机选取一个受访者，这个受访者倾向于在社交网络上分享自己健康信息并且年龄在 45～64 岁之间的概率是多少？

e. 一个随机选取的受访者的“年龄群组”和“在社交网络上分享自己健康信息的倾向”是否相互独立？请解释。

4.61　SHL Americas 公司的全球人才趋势报告为衡量人才提供了独特的全球视角。这份报告汇集了 2012 下半年间由全球各地的人力资源从业人员回答的在线问卷所提供的信息。报告的撰写者针对发展中经济体与发达经济体中从业人员的不同回答展开调查。他们认为这项调查能够帮助人力资源从业人员更好地为他们在全球扩张的企业建立人才评估体系。调查重点关注调查对象对以下两个选项的选择：“我所在的企业认为人力资源是一种战略部署”，以及“我所在的企业根据人才信息进行实际决策”。收到的回答如下：

经济体	企业把人力资源当做战略部署		
	是	否	总计
发达	171	78	249
发展中	222	121	343
总计	393	199	592

经济体	企业根据人才信息进行实际决策		
	是	否	总计
发达	122	127	249
发展中	130	213	343
总计	252	340	592

随机选择一位从业人员。

a. 来自发达经济体的概率是多少?

b. 来自发达经济体或表示他的企业“根据人才信息进行实际决策”的概率是多少?

c. 表示他的企业“并不认为人力资源是一项战略部署”并且来自发展中经济体的概率是多少?

d. 表示他的企业“并不认为人力资源是一项战略部署”或者来自发展中经济体的概率是多少?

e. 给定一位随机抽取的从业人员表示他的企业“不认为人力资源是一项战略部署”，他来自发展中经济体的概率是多少?

f. 从业者的企业认为“人力资源是一项战略部署”与企业所在的经济体在统计上是相互独立的吗?

g. 从业者的企业“根据人才信息进行实际决策”与企业所在的经济体在统计上是相互独立的吗?

4.62 2012年的餐饮业形势预测对当今消费者进行了深入的研究。根据2011年国家餐饮协会的一项调查，根据消费者的财务状况、目前的消费行为以及整体经济的局势，可以将消费者分为三类(乐观、谨慎、消极)。假设这项调查访问了100位男性和100位女性。调查结果如下:

消费者分类	性别		
	男	女	总计
乐观	26	16	42
谨慎	41	43	84
消极	33	41	74
总计	100	100	200

资料来源：“The 2012 Restaurant Industry Forecast,” National Restaurant Association，2012，p. 12，restaurant. org/research/forecast.

随机选择一位消费者。

a. 这位消费者的分类为“谨慎”的概率是多少?

b. 这位消费者的分类为“乐观”或“谨慎”的概率是多少?

c. 这位消费者是男性或属于“消极”分类的概率是多少?

d. 这位消费者是男性并且属于“消极”分类的概率是多少?

e. 给定这位消费者是女性，她的分类是“乐观”的概率是多少?

4.63 内容营销研究所（Content Marketing Institute）提供内容营销（通过创造对消费者有价值的信息吸引消费者并进行市场营销）的咨询。其客户包括各种非营利机构。该研究所针对非营利机构的市场营销人员进行了一项调查。调查结果显示，26%的非营利机构营销人员认为他们十分善于利用内容营销。在这26%的营销人员中，又有63%明确记录了他们创造内容的策略。在不认为自己十分善于利用内容营销的从业者中，只有21%明确记录了他们创造内容的策略（2014 Nonprofit Content Marketing，bit. ly/KrCLvl)。

随机选择一位非营利机构营销人员，给定这位营销人员明确记录了创造内容的策略，他认为自己十分善于利用内容营销的概率是多少?

4.64 CMO Council and SAS公司决定进行一项调查，研究各类企业的首席营销官（CMO）和信息主管（CIO）所面对的主要问题、机遇与需求，以便帮助他们建设以客户为中心的企业。这项在线研究的对象包括237名营销高管和210名IT高管。

管理领域	大数据对于开发以客户为中心的项目必不可少		
	是	否	总计
营销	95	142	237
IT	107	103	210
总计	202	245	447

管理领域	职能独立阻断企业内客户信息的整合		
	是	否	总计
营销	122	115	237
IT	95	115	210
总计	217	230	447

资料来源："Big Data's Biggest Role：Aligning the CMO & CIO，" March 2013，bit. ly/11z7uKW.

a. 随机选择一位高管，这位高管认为"大数据对于开发以客户为中心的项目必不可少"的概率是多少?

b. 随机选择一位高管，给定这是一位营销高管，这位高管认为"大数据对于开发以客户为中心的项目必不可少"的概率是多少?

c. 随便选择一位高管，给定这是一位 IT 高管，这位高管认为"大数据对于开发以客户为中心的项目必不可少"的概率是多少?

d. 随机选择一位高管，这位高管认为"职能独立阻断企业内客户信息的整合"的概率是多少?

e. 随机选择一位高管，给定这是一位营销高管，这位高管认为"职能独立阻断企业内客户信息的整合"的概率是多少?

f. 随机选择一位高管，给定这是一位 IT 高管，这位高管认为"职能独立阻断企业内客户信息的整合"的概率是多少?

4.65 Sage 北美公司在 2013 年的一项研究中调查了小企业主的财务知识程度。这项调查指出，23%的小企业主对相关的税务规则表示困惑；在这些表示困惑的小企业主中，41%的人使用会计软件。没有对税务规则没有表示困惑的小企业主中，58%的人使用会计软件（"Sage Financial Capability Survey：What Small business Owners Don't Understand Could Be Holding Them Back，" April 17，2013，http：//bit. ly/Z3FAqx）。

a. 随机抽取一位小企业主，给定这位企业主使用会计软件，根据贝叶斯定理，计算这位企业主对税务规则表示困惑的概率。

b. 计算一位随机抽取的小企业主使用会计软件的概率，并与（a）的结果对比。讨论小企业主的财务知识程度与使用会计软件之间的关系。

第 4 章案例

数字案例

在第 3 章的后续数字案例中应用列联表以及简单概率、联合概率的有关知识。

打开文件 EndRunGuide. pdf，阅读 EndRun 金融服务公司的投资指南"Guide to Investing"，阅读有关 Guaranteed Investment Package（GIP）的介绍。阅读有关条款并检验其依据的数据。然后回答如下问题：

1. 该投资组合 EndRunGIP 所声称的成功概率有多准确？这个条款是以什么方式误导大家的？如何计算和表述有不小于15%年收益率的概率？

2. 使用在“赢的概率”网页上找到的表格。该报告7%概率的条款犯了什么错误？

3. 对于评价一项投资服务有没有合适的概率计算？为什么有或者为什么没有？

CardioGood 健身设备

1. 对每一条 CardioGood 跑步机生产线，根据 CardioGoodFitness 文件中的数据，对性别、教育（年）、婚姻状况以及健康水平自我评价建立两因素分析列联表。（对于每一款跑步机产品，总共会有6张表。）

2. 对每张列联表，计算全部条件概率和边缘概率。

3. 写一份报告，向 CardioGood 健身设备公司的管理层详细展示你的研究结果。

Choice Is Yours，回顾

1. 回顾第2章结尾部分“统计应用”专栏的内容，分析存储在 RetirementFunds 文件中的316只退休基金的样本，通过建立列联表分别对市值与类型、市值与风险、市值与评级、类型与风险、类型与评级，以及风险与评级之间的关系加以研究。

2. 对每张列联表，计算全部条件概率和边缘概率。

3. 概括你的研究结果并写出报告。

Clear Mountain 州立大学学生调查

Clear Mountain 州立大学（CMSU）的学生新闻服务机构决定收集关于 CMSU 本科生的调查数据。他们发出了一份由14个问题组成的调查问卷并且收到了62份回答（保存在文件 Undergrad-Survey 中）。

1. 根据这些数据制作如下列联表：性别与主修专业，性别与研究生意愿，性别与就业状况，性别与计算机偏好，班级与研究生意愿，班级与就业状况，主修专业与研究生意愿，主修专业与就业状况，主修专业与计算机偏好。

a. 对每张列联表，计算全部条件概率和边缘概率。

b. 概括你的研究结果并写出报告。

2. CMSU 学生主任知道了这项本科生调查，决定对该校的研究生也进行类似的调查。她设计并发出了一份由14个问题组成的调查问卷并且收到了44份研究生的回答（保存在文件 GradSurvey 中）。根据这些数据制作如下列联表：性别与研究生专业，性别与本科生专业，性别与就业状况，性别与计算机偏好，研究生专业与本科生专业，研究生专业与就业状况，研究生专业与计算机偏好。

a. 对每张列联表，计算全部条件概率和边缘概率。

b. 概括你的研究结果并写出报告。

第 5 章

离散概率分布

Discrete Probability Distributions

学习目标

- 掌握概率分布的特性
- 计算概率分布的期望值和方差
- 计算二项分布和泊松分布的概率
- 应用二项分布和泊松分布解决商务问题

统计应用

Ricknel 家居公司

Ricknel 家居公司是一家地区性连锁企业。与诸多大型企业一样，它通过会计信息系统（AIS）管理企业的会计与财务数据。这种会计信息系统为企业内外部决策者收集、处理、存储、转换并且传递财务信息。

Ricknel 的 AIS 最为重要的功能之一，便是对企业的财务信息不断进行审核，并寻找错误、不完整或不合理的信息。例如，当 Ricknel 的顾客提交网上订单时，公司 AIS 将检查订单是否有错；任何有问题的订单都会被标注出来，放在每天的反常交易报告里。最近公司收集的数据显示一份订单被标记的概率是 0.1。

作为 AIS 小组的成员之一，Ricknel 公司要求你计算在一个特定大小的样本里发现一定数量的被标记订单的可能性。例如，在 4 份订单的样本里没有被标记订单的概率是多少？4 份订单的样本里只有 1 份被标记订单的概率是多少？

你将如何解决这类概率问题呢？

本章将向你介绍概率分布的概念与特性。你将学习如何使用二项分布和泊松分布解决商务问题。在 Ricknel 家居公司的案例中，你可以将概率分布看做一个小模型——一个模拟订单产生过程的数学模型。通过使用这样的模型，你可以推断实际订单的产生过程，并预测在一个样本中出现一定数量被标记订单的概率。

5.1 离散变量的概率分布

我们在 1.1 节讨论过，数值变量是代表数量的变量。一家餐厅食品的价格或你注册的社交网站的数量都是数值变量 。数值变量分为离散和连续两类。连续数值变量来自测量的结果（比如在第 2 和第 3 章中提到的基金的年增长率）。离散数值变量来自计数的结果（比如你注册的社交网站数量）。本章主要讲述离散数值变量的概率分布。

离散变量的概率分布

离散变量的概率分布（probability distribution for a discrete variable）是指变量所有可能出现的互斥结果的取值以及对应的概率的列表。

例如，表5-1给出的是一个大型计算机系统每天发生故障数量的概率分布。因为表5-1中包括了所有可能的结果，表中的数是完备的，所以这些概率值加起来等于1。与表5-1对应的图是图5-1。

表5-1　每天发生故障数量的概率分布

每天发生的故障数量	概率
0	0.35
1	0.25
2	0.20
3	0.10
4	0.05
5	0.05

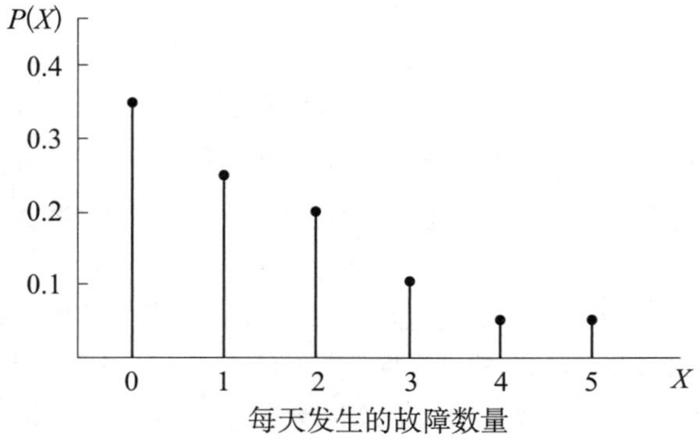

图5-1　每天发生故障数量的概率分布

离散变量的期望值

一个离散变量的概率分布的均值 μ 就是该变量的**期望值**（expected value）。期望值的计算是用每一个可能的结果 x_i 乘以它相应的概率 $P(X=x_i)$，然后加总。

离散变量的期望值 μ

$$\mu = E(X) = \sum_{i=1}^{N} x_i P(X = x_i) \tag{5.1}$$

式中

x_i = 离散变量 X 的第 i 个结果

$P(X = x_i) = X$ 的第 i 个结果发生的概率

在计算上述系统每天发生故障数量的概率分布时，我们可以使用公式（5.1）求出故障数量的期望值，如表5-2所示。

$$\mu = E(X) = \sum_{i=1}^{N} x_i P(X = x_i)$$

$$=(0)(0.35)+(1)(0.25)+(2)(0.20)+(3)(0.10)$$
$$+(4)(0.05)+(5)(0.05)$$
$$=0+0.25+0.40+0.30+0.20+0.25$$
$$=1.40$$

表 5-2 计算每天发生故障数量的期望值

每天发生的故障数量 (X_i)	$P(X=x_i)$	$x_iP\ (X=x_i)$
0	0.35	(0)(0.35)=0.0
1	0.25	(1)(0.25)=0.25
2	0.20	(2)(0.20)=0.40
3	0.10	(3)(0.10)=0.30
4	0.05	(4)(0.05)=0.20
5	0.05	(5)(0.05)=0.25
	1.00	$\mu=E(X)=1.40$

每天发生故障数量的期望值为 1.40。1.40 这个期望值对于每天发生的故障数量而言是一个不可能的结果，因为在给定的一天内发生的故障数量只能是整数。期望值代表的是每天发生的平均故障数量。

离散变量的方差和标准差

方差的计算是用每一个可能出现结果的离差平方 $[X_i-E(X)]^2$ 乘以相应的概率 $P(X=x_i)$，然后再把乘积相加。公式（5.2）定义了**离散变量的方差**（variance of a discrete variable）。

离散变量的方差

$$\sigma^2=\sum_{i=1}^{N}[x_i-E(X)]^2P(X=x_i) \tag{5.2}$$

式中

x_i=离散变量 X 的第 i 个结果

$P(X=x_i)$ =X 的第 i 个结果发生的概率

公式（5.3）给出了**离散变量的标准差**（standard deviation of a discrete variable）。

离散变量的标准差

$$\sigma=\sqrt{\sigma^2}=\sqrt{\sum_{i=1}^{N}[x_i-E(X)]^2P(X=x_i)} \tag{5.3}$$

每天发生故障数量的方差和标准差可以用公式（5.2）和公式（5.3）计算，如下所示并列示在表 5-3 中。

$$\sigma^2=\sum_{i=1}^{N}[x_i-E(X)]^2P(X=x_i)$$
$$=(0-1.4)^2(0.35)+(1-1.4)^2(0.25)+(2-1.4)^2(0.20)$$
$$+(3-1.4)^2(0.10)+(4-1.4)^2(0.05)+(5-1.4)^2(0.05)$$
$$=0.686+0.040+0.072+0.256+0.338+0.648$$
$$=2.04$$

$$\sigma=\sqrt{\sigma^2}=\sqrt{2.04}=1.4283$$

表 5-3 计算每天发生故障数量的方差与标准差

每天发生故障的数量 (x_i)	$P(X=x_i)$	$x_iP(X=x_i)$	$[x_i-E(X)]^2$	$[x_i-E(X)]^2P(X=x_i)$
0	0.35	0.0	$(0-1.4)^2=1.96$	(1.96) (0.35) =0.686
1	0.25	0.25	$(1-1.4)^2=0.16$	(0.16) (0.25) =0.040
2	0.20	0.40	$(2-1.4)^2=0.36$	(0.36) (0.20) =0.072
3	0.10	0.30	$(3-1.4)^2=2.56$	(2.56) (0.10) =0.256
4	0.05	0.20	$(4-1.4)^2=6.76$	(6.76) (0.05) =0.338
5	0.05	0.25	$(5-1.4)^2=12.96$	(12.96) (0.05) =0.648
	1.00	$\mu=E(X)=1.40$		$\sigma^2=2.04$
				$\sigma=\sqrt{\sigma^2}=1.4283$

因此，每天发生故障数量的分布的均值为1.4，方差为2.04，标准差为1.43。

5.1 习题

掌握基础知识

5.1 给定如下概率分布：

A 分布		B 分布	
x_i	$P(X=x_i)$	x_i	$P(X=x_i)$
0	0.50	0	0.05
1	0.20	1	0.10
2	0.15	2	0.15
3	0.10	3	0.20
4	0.05	4	0.50

a. 计算每个分布的期望值。

b. 计算每个分布的标准差。

c. 比较 *A* 分布和 *B* 分布的结果。

概念运用

5.2 下表包含了一个小城市每天发生的交通事故数量的概率分布。

每天发生的事故数 (X)	$P(X)$
0	0.10
1	0.20
2	0.45
3	0.15
4	0.05
5	0.05

a. 计算每天的平均事故数量。

b. 计算标准差。

5.3 一家汽车经销商向顾客发出奖券。奖券共分三种：价值25 000美元的汽车、100美元的加油卡，以及5美元的沃尔玛代金券。获奖的顾客需要将奖券带往经销店兑奖。在奖券的背面记录了获得各类奖品的概率。获得汽车的概率是1/31 478，获得加油卡的概率是1/31 478，获得代金券的概率是

31 476/31 478。

a. 你认为这家经销商一共发出了多少份奖券?

b. 基于你对（a）的回答以及题目中给出的概率，一位得到奖券的顾客赢得的奖品价值的期望值是多少?

c. 基于你对（a）的回答以及题目中给出的概率，一位得到奖券的顾客赢得的奖品价值的标准差是多少?

d. 你认为这样的宣传有效吗？为什么?

5.4　在一种叫做“大小 7”的嘉年华游戏中，掷一对色子一次，将得到的结果相加决定游戏者是否获胜。例如，游戏者可以 1 美元赌两个色子的总数小于 7——也就是说，结果是 2，3，4，5 或 6——如果结果真的小于 7，游戏者就赢得 1 美元；如果结果大于等于 7，游戏者就输掉 1 美元。同样，游戏者可以以 1 美元赌总数会大于 7——也就是说，结果是 8，9，10，11 或者 12——如果结果大于 7，游戏者就赢得 1 美元；如果结果小于等于 7，游戏者就输掉 1 美元。第三种玩法，以 1 美元赌结果等于 7。如果结果是 7，玩家就赢得 4 美元，不是 7 就输掉 1 美元。

a. 花 1 美元赌结果小于 7，构建代表不同结果的概率分布。

b. 花 1 美元赌结果大于 7，构建代表不同结果的概率分布。

c. 花 1 美元赌结果等于 7，构建代表不同结果的概率分布。

d. 证明不管采用哪种玩法，游戏者的期望利润都是一样的。

5.5　某大城市中心商业区的一家银行每分钟到来的顾客数在 200 分钟时段里的记录结果如下所示：

到来人数	频率
0	14
1	31
2	47
3	41
4	29
5	21
6	10
7	5
8	2

a. 计算每分钟到来人数的期望值。

b. 计算标准差。

5.6　一家大银行的商业抵押贷款部经理在过去两年间收集了每周批准通过的商业抵押贷款数。这两年（104 周）的结果如下所示：

批准的商业抵押贷款数	频率
0	13
1	25
2	32
3	17
4	9
5	6
6	1
7	1

a. 计算每周批准的商业抵押贷款数量的期望值。

b. 计算标准差。

5.7 你在研究对于两只股票的购买策略。假设对每只股票投资 1 000 美元，在四种不同经济环境下的预期年回报以及这四种经济环境发生的概率分布如下表所示：

概率	经济环境	回报	
		股票 X	股票 Y
0.1	低迷	−50	−100
0.3	增长放缓	20	50
0.4	正常增长	100	130
0.2	高速增长	150	200

a. 计算每只股票回报的期望值。

b. 计算每只股票回报的标准差。

c. 你会购买哪只股票？为什么？

5.8 你在研究对于企业债券和股票基金的购买策略。下表列出了各种经济环境发生的概率分布以及在每种经济环境下每种金融产品的预期年回报（基于每 1 000 美元投资）。

概率	经济环境	债券基金	股票基金
0.01	极度低迷	−200	−999
0.09	低迷	−70	−300
0.15	静止	30	−100
0.35	增长放缓	80	100
0.30	正常增长	100	150
0.10	高速增长	120	350

a. 计算债券基金和股票基金各自回报的期望值。

b. 计算债券基金和股票基金各自回报的标准差。

c. 你会购买债券基金还是股票基金？为什么？

d. 如果你选择购买股票基金，你对在极度低迷的市场中出现严重损失（−999 美元）的概率怎么看？

5.2 二项分布

本节和下节将研究数学模型。**数学模型**（mathematical model）是对一个我们关注的变量的数学表达。得到这样的数学表达后，你就可以精确地计算这个变量发生任意结果的概率。我们称离散变量的数学模型为**概率分布函数**（probability distribution function）。

二项分布（binomial distribution）是商务问题中常用的数学模型之一。当离散变量是 n 个观测值组成的样本中我们关注的事件的数量时，便可以使用二项分布。二项分布有四个基本特征。

二项分布的基本特征

- 样本包含 n 个固定数目的观测值。
- 所有观测值归为两类，这两类具有互斥性和完备性。
- 某个观测值被归为我们关注的事件的概率为 π，且该概率不随观测值的改变而改变。因此，某个观测值被归类为我们不关注的事件的概率为 $1-\pi$，也不随观测值的改变而改变。

● 任何观测值都与其他观测值相互独立。

回到关于 Ricknel 家居公司的“统计应用”中，我们需要在给定的订单样本中判断被标记订单的数量。因此，我们将“我们关注的事件”定义为“被标记订单”。

结果会是什么呢？考虑一个包含 4 份订单的样本，被标记的订单数量有 5 种可能的结果：0，1，2，3，4。被标记的订单数量不可能取其他数值，因为被标记的订单数目不会超出样本容量 n，也不会小于 0，所以这个二项分布变量的取值范围是0～n。

假设我们在一个有 4 份订单的样本中观察到以下结果：

订单 1	订单 2	订单 3	订单 4
标记	标记	未标记	标记

在一个有 4 份订单的样本中出现 3 份被标记订单的概率是多少？由于被标记订单出现的历史概率是 0.10，因此每个订单出现上述结果的概率如下：

订单 1	订单 2	订单 3	订单 4
$\pi=0.10$	$\pi=0.10$	$1-\pi=0.90$	$\pi=0.10$

每个结果与其他结果相互独立，因为这些订单抽取自一个数量巨大的或在实践中近乎无限的总体，每份订单只会被抽到一次。于是，得到这一特定序列的概率为：

$$\begin{aligned}\pi\pi(1-\pi)\pi &= \pi^3(1-\pi)\\ &= (0.10)^3(0.90)\\ &= (0.10)(0.10)(0.10)(0.90)\\ &= 0.000\,9\end{aligned}$$

这个结果表示的仅仅是从 4 份订单的样本中以某种次序出现 3 份被标记订单的概率。不考虑排列顺序，从 n 个物品中选出 x 个物品，共有多少种不同的选法，需要运用**组合计算法则**（rule of combinations）。由下面的公式（5.4）给出。

组合计算法则

从 n 个物品中选出 x 个物品的组合数共有：

$$_nC_x=\frac{n!}{x!(n-x)!} \tag{5.4}$$

式中

$n!=n(n-1)\cdots(1)$，称为 n 的阶乘。$0!=1$

令 $n=4$，$x=3$，则有

$$_nC_x=\frac{n!}{x!(n-x)!}=\frac{4!}{3!(4-3)!}=\frac{4\times3\times2\times1}{(3\times2\times1)(1)}=4$$

种选取次序。即

次序 1=（标记，标记，标记，未标记），其概率为：

$$\pi\pi\pi(1-\pi)=\pi^3(1-\pi)=0.000\,9$$

次序 2=（标记，标记，未标记，标记），其概率为：

$$\pi\pi(1-\pi)\pi=\pi^3(1-\pi)=0.000\,9$$

次序 3＝（标记，未标记，标记，标记），其概率为：

$\pi(1-\pi)\pi\pi=\pi^3(1-\pi)=0.0009$

次序 4＝（未标记，标记，标记，标记），其概率为：

$(1-\pi)\pi\pi\pi=\pi^3(1-\pi)=0.0009$

因此，4 份订单中 3 份订单有标记的概率为：

可能的次序数×每一特定次序发生的概率＝4×0.000 9＝0.003 6

以此类推，我们还可以对该变量的其他可能结果——0，1，2，4 份被标记订单的情况做类似的推导。然而，随着观测值数量 n 的增大，这种直观的计算方法会变得非常复杂。公式（5.5）是一个数学模型，给出了给定 n 和 π 的值，计算二项概率分布下关注的事件数为 x 的概率的一般公式。

二项分布

$$P(X=x\mid n,\pi)=\frac{n!}{x!(n-x)!}\pi^x(1-\pi)^{n-x} \tag{5.5}$$

式中

$P(X=x\mid n,\pi)$＝给定参数 n 和 π，关注的事件数为 $X=x$ 的概率

n＝样本容量

π＝我们关注的事件发生的概率

$1-\pi$＝我们关注的事件未发生的概率

x＝样本中我们关注的事件发生的次数（X＝0，1，2，…，n）

$\frac{n!}{x!(n-x)!}$＝从 n 个样本中选出 x 个我们关注的事件的不同组合数

公式（5.5）是前面直观结果的另一种表达。二项变量 X 可以取 0～n 的任何整数值 x。在式（5.5）中，乘积

$\pi^x(1-\pi)^{n-x}$

表示 n 次观测中按照某一特定组合正好有 x 个我们关注的事件的概率。而

$\frac{n!}{x!(n-x)!}$

表示 n 次观测中有 x 个我们所关注的事件的不同组合数。因此，给定样本数目 n 和我们关注的事件发生的概率 π，有 x 个我们关注的事件发生的概率为：

$$\begin{aligned}P(X=x\mid n,\pi)&=\text{组合数}\times\text{出现某一特定组合的概率}\\&=\frac{n!}{x!(n-x)!}\pi^x(1-\pi)^{n-x}\end{aligned}$$

例 5.1 是公式（5.5）的具体应用。如例 5.2 和例 5.3 所示，我们还可以计算当 X 取不同值时的结果。

例 5.1

给定 $n=4$ 和 $\pi=0.1$，计算 $P(X=3)$

如果出现一份被标记订单的概率是 0.1，那么在有 4 份订单的样本中出现 3 份被标记订单的概率是多少？

解答 用公式（5.5），在有 4 份订单的样本中恰好出现 3 份被标记订单的概率是：

$$P(X=3 \mid n=4,\pi=0.1)=\frac{4!}{3!(4-3)!}(0.1)^3(1-0.1)^{4-3}$$
$$=\frac{4!}{3!(1)!}(0.1)^3(0.9)^1$$
$$=4(0.1)(0.1)(0.1)(0.9)=0.0036$$

例 5.2

给定 $n=4$ 和 $\pi=0.1$，计算 $P(X\geqslant 3)$

如果出现一份被标记订单的概率是 0.1，那么在有 4 份订单的样本中出现 3 份或 3 份以上（即至少 3 份）被标记订单的概率是多少？

解答 如例 5.1 所示，在有 4 份订单的样本中恰好出现 3 份被标记订单的概率是 0.003 6。为计算至少出现 3 份被标记订单的概率，需要把出现 3 份被标记订单的概率和出现 4 份被标记订单的概率相加。出现 4 份被标记订单的概率是：

$$P(X=4 \mid n=4,\pi=0.1)=\frac{4!}{4!(4-4)!}(0.1)^4(1-0.1)^{4-4}$$
$$=\frac{4!}{4!(0)!}(0.1)^4(0.9)^0$$
$$=1(0.1)(0.1)(0.1)(0.1)(1)=0.0001$$

这样，至少出现 3 份被标记订单的概率就是：

$$P(X\geqslant 3)=P(X=3)+P(X=4)$$
$$=0.0036+0.0001$$
$$=0.0037$$

在有 4 份订单的样本中，至少出现 3 份被标记订单的概率是 0.37%。

例 5.3

给定 $n=4$ 和 $\pi=0.1$，计算 $P(X<3)$

如果出现一份被标记订单的概率是 0.1，那么在有 4 份订单的样本中被标记订单少于 3 份的概率是多少？

解答 被标记订单少于 3 份的概率是：

$$P(X<3)=P(X=0)+P(X=1)+P(X=2)$$

用公式（5.5）可以得到上述每个概率值：

$$P(X=0 \mid n=4,\pi=0.1)=\frac{4!}{0!(4-0)!}(0.1)^0(1-0.1)^{4-0}=0.6561$$

$$P(X=1 \mid n=4,\pi=0.1)=\frac{4!}{1!(4-1)!}(0.1)^1(1-0.1)^{4-1}=0.2916$$

$$P(X=2 \mid n=4,\pi=0.1)=\frac{4!}{2!(4-2)!}(0.1)^2(1-0.1)^{4-2}=0.0486$$

因此

$$P(X<3)=0.6561+0.2916+0.0486=0.9963$$

$P(X<3)$ 也可以像下面那样，通过它的补集 $P(X\geqslant 3)$ 来计算：

$$P(X<3)=1-P(X\geqslant 3)$$
$$=1-0.0037=0.9963$$

例 5.2 中的计算可能过于麻烦，尤其当 n 很大时。为避免烦琐的计算，二项分布概率值还可以用 Microsoft Excel 或 Minitab 来计算，如图 5－2 和图 5－3 所示（注意：Minitab 使用 p 而不是 π 来表示事件的概率）。此外，你也可以通过查阅概率表来计算二项分布的概率。

	A	B	
1	**Binomial Probabilities**		
2			
3	**Data**		
4	Sample size	4	
5	Probability of an event of interest	0.1	
6			
7	**Statistics**		
8	Mean	0.4	=B4 * B5
9	Variance	0.36	=B8 * (1 - B5)
10	Standard deviation	0.6	=SQRT(B9)
11			
12	**Binomial Probabilities Table**		
13	*X*	*P(X)*	
14	0	0.6561	=BINOM.DIST(A14, B4, B5, FALSE)
15	1	0.2916	=BINOM.DIST(A15, B4, B5, FALSE)
16	2	0.0486	=BINOM.DIST(A16, B4, B5, FALSE)
17	3	0.0036	=BINOM.DIST(A17, B4, B5, FALSE)
18	4	0.0001	=BINOM.DIST(A18, B4, B5, FALSE)

Cumulative Distribution Function

```
Binomial with n = 4 and p = 0.1

x  P( X <= x )
0       0.6561
1       0.9477
2       0.9963
3       0.9999
4       1.0000
```

图 5－2　给定 $n=4$，$\pi=0.1$，计算二项分布概率的 Excel 和 Minitab 工作表

二项概率分布的形状取决于 n 和 π 的数值。每当 $\pi=0.5$ 时，二项分布就是对称的，无论 n 的取值大小如何。然而，当 $\pi\neq 0.5$ 时，分布就是有偏的。π 值越接近 0.5，观测次数 n 越大，分布的偏斜程度就越小。例如，当 $\pi=0.1$，$n=4$ 时，被标记订单数量的分布就会右偏较多（见图 5－3）。

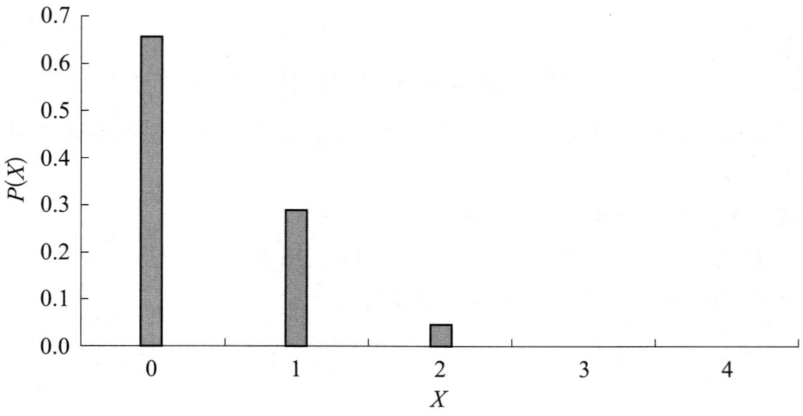

图 5－3　给定 $n=4$，$\pi=0.1$ 的二项分布概率直方图

图 5－3 与第 2 章 2.4 节中代表连续变量的直方图不同，图 5－3 中的柱形较为细长，柱形之间的空隙也比较大。这是因为这里的每个柱形都代表一个离散变量（理论上，这里的柱形宽度应该为零）。

二项分布的均值（期望值）可以由它的两个参数 n 和 π 相乘得到。我们使用公式（5.6）来计算服从二项分布的变量的均值，而不是公式（5.1）。

二项分布的均值

二项分布的均值 μ 等于样本容量 n 乘以成功的概率 π。

$$\mu = E(X) = n\pi \tag{5.6}$$

平均而言，从长远来看，在理论上可以期望：对于所有 4 份订单的样本，平均会出现 $\mu = E(X) = n\pi = (4)(0.1) = 0.4$ 份被标记订单。

二项分布的标准差由公式（5.7）计算得出。

二项分布的标准差

$$\sigma = \sqrt{\sigma^2} = \sqrt{Var(X)} = \sqrt{n\pi(1-\pi)} \tag{5.7}$$

被标记订单数的标准差为：

$$\sigma = \sqrt{4(0.1)(0.9)} = 0.60$$

这个结果与利用公式（5.3）计算的结果相同。

例 5.4 将二项分布应用于快餐店的服务。

例 5.4

计算二项分布概率

对快餐连锁店来说，免下车窗口点餐的准确性很重要。准确性由正确完成的点餐的比例来度量，《QSR 杂志》（www.qsrmagazine.com）每月都会公布其调查结果。最近一个月，Wendy's（一家快餐店）正确完成的点餐的百分比约为 86.8%。假定你去 Wendy's 的免下车窗口点餐。你的两个朋友也在同一家 Wendy's 的免下车窗口独立点餐。全部三人、没有任何一人、至少两人正确完成点餐的概率分别是多少？在这三份点餐的样本中，正确完成的点餐数所满足的二项分布，其均值和方差各是多少？

解答 由于有 3 份点餐，且正确完成一份点餐的概率是 0.868，$n=3$，$\pi=0.868$。应用公式（5.5）：

$$\begin{aligned}
P(X=3 \mid n=3,\pi=0.868) &= \frac{3!}{3!(3-3)!}(0.868)^3(1-0.868)^{3-3} \\
&= \frac{3!}{3!(3-3)!}(0.868)^3(0.132)^0 \\
&= 1(0.868)(0.868)(0.868)(1) = 0.654\,0
\end{aligned}$$

$$\begin{aligned}
P(X=0 \mid n=3,\pi=0.868) &= \frac{3!}{0!(3-0)!}(0.868)^0(1-0.868)^{3-0} \\
&= \frac{3!}{0!(3-0)!}(0.868)^0(0.132)^3 \\
&= 1(1)(0.132)(0.132)(0.132) = 0.002\,3
\end{aligned}$$

$$\begin{aligned}
P(X=2 \mid n=2,\pi=0.868) &= \frac{3!}{2!(3-2)!}(0.868)^2(1-0.868)^{3-2} \\
&= \frac{3!}{2!(3-2)!}(0.868)^2(0.132)^1 \\
&= 3(0.868)(0.868)(0.132) = 0.298\,4
\end{aligned}$$

$$P(X \geqslant 2) = P(X = 2) + P(X = 3)$$
$$= 0.2984 + 0.6540$$
$$= 0.9524$$

应用公式（5.6）和公式（5.7）：

$$\mu = E(X) = n\pi = 3(0.868) = 2.604$$
$$\sigma = \sqrt{\sigma^2} = \sqrt{Var(X)} = \sqrt{n\pi(1-\pi)}$$
$$= \sqrt{3(0.868)(0.132)}$$
$$= \sqrt{0.3437} = 0.5863$$

在3份点餐的样本中正确完成的点餐数的均值是2.604，并且标准差是0.586 3。全部3份点餐都正确完成的概率是0.654 0，或65.4%。点餐都没有正确完成的概率是0.002 3，或0.23%。至少有两份点餐正确完成的概率是0.952 4或95.24%。

5.2 习题

掌握基础知识

5.9 试求如下概率：

a. 对 $n=4$，$\pi=0.12$，$P(X=0)$是多少？

b. 对 $n=10$，$\pi=0.40$，$P(X=9)$是多少？

c. 对 $n=10$，$\pi=0.50$，$P(X=8)$是多少？

d. 对 $n=6$，$\pi=0.83$，$P(X=5)$是多少？

5.10 试求下列二项分布中 X 的均值和标准差：

a. $n=4$ 且 $\pi=0.10$。

b. $n=4$ 且 $\pi=0.40$。

c. $n=5$ 且 $\pi=0.80$。

d. $n=3$ 且 $\pi=0.50$。

概念运用

5.11 一个交易日开盘和收盘股价的上涨或下跌被认为是等可能的随机事件。连续5天股价表现出收盘价上涨的概率是多少？

5.12 Pew研究中心最近的一项调查发现在美国18～29岁的人群中，48%拥有平板电脑（"Tablet and E-Reader Ownership," bit.ly/lgEwogC）。使用二项分布，任选6个18～29岁的人并进行调查，试求如下概率：

a. 6人中有4人拥有平板电脑？

b. 6人都拥有平板电脑？

c. 至少4人拥有平板电脑？

d. 在这6个18～29岁的人中，拥有平板电脑的人数的均值和标准差是多少？

e. 在（a）～（c）中，你需要进行怎样的假设？

5.13 一个学生在参加单项选择题的考试，每个问题有4个选项。假定他对任何一题都不知道正确答案，于是设计了一个策略，把4个球（标有A，B，C和D）放进一个盒子里。对于每一个问题，他从中抽取一个球，然后把球放回盒中。球上的记号就是他选择的答案。一共有5道单选题。试求如下概率：

a. 5 题全对。

b. 至少 4 题对。

c. 没有题对。

d. 不超过 2 题对。

5.14 一家公司定期对生产的产品进行质量检测。根据历史数据，这家公司生产的 LED 灯泡不合格的概率是 5%。现在随机抽取 10 只 LED 灯泡进行检测，试求下列概率：

a. 全部合格。

b. 只有一只不合格。

c. 小于等于两只不合格。

d. 大于等于三只不合格。

5.15 历史数据显示，网上的交易有 0.08 的概率涉嫌诈骗。假设欺诈的概率是一个二项随机变量，那么一天中如果有 20 次网上交易。

a. 在这 20 次交易中，涉嫌欺诈的交易数量的均值与标准差是多少？

b. 不存在任何欺诈交易的概率是多少？

c. 仅有一次交易涉嫌欺诈的概率是多少？

d. 两次或以上交易涉嫌欺诈的概率是多少？

5.16 在例 5.4 中，你和两个朋友去了 Wendy's（一家快餐店）。假定这次你们去了汉堡王，而这家店能够正确地完成 82.3% 的点餐。试求如下概率：

a. 3 份点餐全部正确完成。

b. 3 份点餐没有一份正确完成。

c. 3 份点餐里至少有 2 份正确完成。

d. (a) ～ (c) 所使用的二项分布均值和标准差是多少？解释这些值。

5.17 在例 5.4 中，你和两个朋友去了 Wendy's（一家快餐店）。假定这次你们去了麦当劳，而这家店能够正确地完成 88.3% 的点餐，试求如下概率：

a. 3 份点餐全部正确完成。

b. 3 份点餐没有一份正确完成。

c. 3 份点餐里至少有 2 份正确完成。

d. (a) ～ (c) 所使用的二项分布均值和标准差是多少？解释这些值。

e. 对比 (a) ～ (d) 的结果与上题以及例 5.4 中的结果。

5.3 泊松分布

许多研究都基于在一个给定的时间段或空间（常被称为机会域）内某个特定事件发生的次数。在上述**机会域**（area of opportunity）中，一个事件可以发生多次。而计算这类事件发生的概率时，我们可以使用泊松分布。这类事件可以是冰箱表面的缺陷、一天中网络故障的次数、进入一家银行的人数，或者狗身上跳蚤的数量。只要以下特性成立，就可以使用**泊松分布**（Poisson distribution）来计算这类事件发生的概率：

- 在给定的机会域中，你想知道某一事件发生的次数。机会域由时间、长度、表面积等来定义。
- 一个事件发生的概率在整个机会域中都是一样的。

● 在某个机会域中事件发生的数量与其他任何机会域中的事件发生的数量相互独立。

● 随着机会域变小，在某个机会域中两个或两个以上事件发生的概率近乎于0。

考虑一家位于大城市中心商业区的银行午餐时间到访的顾客数。你想知道每分钟到来的顾客数量。这个情境符合上面给出的泊松分布的4个特性吗？首先，我们关注的事件是顾客到访，给定的机会域定义区间为1分钟。会有0个顾客，1个顾客，还是2个顾客……到访呢？其次，我们可以假定一位顾客在某1分钟内到访的概率和在其他任何1分钟内到访的概率相等。再次，在任何1分钟内到访的顾客对其他1分钟内到访的任何顾客都没有影响（是独立的）。最后，在0.01秒内到访两名顾客的概率几乎是0。因此，你可以使用泊松分布来确定与午餐时间在1分钟内到访顾客数量有关的概率。

泊松分布有一个参数，称为λ，表示均值，或单位时间或空间中期望的事件发生的数量。泊松分布的方差也等于λ，因此，标准差等于$\sqrt{\lambda}$。泊松随机变量的取值区间，也就是事件发生数量X的取值范围，可以从0一直到正无穷（∞）。

公式（5.8）给出了用泊松分布计算事件数为$X=x$的概率的函数，给定期望的事件发生数为λ。

泊松分布

$$P(X=x\mid\lambda)=\frac{e^{-\lambda}\lambda^{x}}{x!} \tag{5.8}$$

式中

$P(X=x\mid\lambda)$＝机会域中给定λ，发生$X=x$个事件的概率

λ＝每单位时间或空间期望的事件数量

e＝数学常数，约为2.718 28

x＝事件数量（$x=0$，1，2，…）

举个泊松分布的例子，假定从正午到下午1点间每分钟到银行来的顾客平均数量为3，在给定的1分钟里，刚好有两名顾客来银行的概率是多少？在给定的1分钟里，超过两名顾客到银行来的概率是多少？应用公式（5.8），且$\lambda=3$，给定的1分钟里，刚好有两名顾客来银行的概率是：

$$P(X=2\mid\lambda=3)=\frac{e^{-3.0}(3.0)^2}{2!}=\frac{9}{(2.718\,28)^3(2)}=0.224\,0$$

要计算给定的1分钟里超过两名顾客来到银行的概率，有

$$P(X>2)=P(X=3)+P(X=4)+\cdots$$

由于在概率分布中，所有概率加总为1，公式$P(X>2)$的右边等于X小于等于2的补集（即$1-P(X\leqslant 2)$）。因此

$$P(X>2)=1-P(X\leqslant 2)=1-[P(X=0)+P(X=1)+P(X=2)]$$

然后，应用公式（5.8）：

$$\begin{aligned}P(X>2)&=1-\left[\frac{e^{-3.0}(3.0)^0}{0!}+\frac{e^{-3.0}(3.0)^1}{1!}+\frac{e^{-3.0}(3.0)^2}{2!}\right]\\&=1-(0.049\,8+0.149\,4+0.224\,0)\\&=1-0.423\,2=0.576\,8\end{aligned}$$

因此，超过两名顾客在同一分钟内到达的概率为57.68%。

为了避免烦琐的计算，你可以用 Excel 或者 Minitab 来计算泊松概率，如图 5-4 所示。你也可以在概率表中查找各种泊松概率。

	A	B	C	D	E
1	Poisson Probabilities				
2					
3	Data				
4	Mean/Expected number of events of interest:				3
5					
6	Poisson Probabilities Table				
7	X	P(X)			
8	0	0.0498	=POISSON.DIST(A8, E4, FALSE)		
9	1	0.1494	=POISSON.DIST(A9, E4, FALSE)		
10	2	0.2240	=POISSON.DIST(A10, E4, FALSE)		
11	3	0.2240	=POISSON.DIST(A11, E4, FALSE)		
12	4	0.1680	=POISSON.DIST(A12, E4, FALSE)		
13	5	0.1008	=POISSON.DIST(A13, E4, FALSE)		
14	6	0.0504	=POISSON.DIST(A14, E4, FALSE)		
15	7	0.0216	=POISSON.DIST(A15, E4, FALSE)		
16	8	0.0081	=POISSON.DIST(A16, E4, FALSE)		
17	9	0.0027	=POISSON.DIST(A17, E4, FALSE)		
18	10	0.0008	=POISSON.DIST(A18, E4, FALSE)		
19	11	0.0002	=POISSON.DIST(A19, E4, FALSE)		
20	12	0.0001	=POISSON.DIST(A20, E4, FALSE)		
21	13	0.0000	=POISSON.DIST(A21, E4, FALSE)		
22	14	0.0000	=POISSON.DIST(A22, E4, FALSE)		
23	15	0.0000	=POISSON.DIST(A23, E4, FALSE)		

Probability Density Function

Poisson with mean = 3

x	P(X = x)
0	0.049787
1	0.149361
2	0.224042
3	0.224042
4	0.168031
5	0.100819
6	0.050409
7	0.021604
8	0.008102
9	0.002701
10	0.000810
11	0.000221
12	0.000055
13	0.000013
14	0.000003
15	0.000001

图 5-4 λ= 3 的泊松分布概率的 Excel 和 Minitab 计算结果

例 5.5

计算泊松概率

有一家制造工厂，已知每月的工伤数服从均值为 2.5 的泊松分布。在给定的一个月中，没有工伤发生的概率是多少？至少发生一起工伤的概率是多少？

解答 应用公式 (5.8)，$\lambda=2.5$（或者查阅概率表，使用 Excel 或 Minitab），在给定的一个月中，没有工伤发生的概率是：

$$P(X=0 \mid \lambda=2.5)=\frac{e^{-2.5}(2.5)^0}{0!}=\frac{1}{(2.71828)^{2.5}(1)}=0.0821$$

在给定的一个月中，没有工伤发生的概率是 0.082 1 或 8.21%。因此

$$\begin{aligned}P(X\geqslant 1)&=1-P(X=0)\\&=1-0.0821\\&=0.9179\end{aligned}$$

至少发生一起工伤的概率是 0.917 9 或者 91.79%。

5.3 习题

掌握基础知识

5.18 假定泊松分布。

a. 如果 $\lambda=2.5$，求 $P(X=2)$。

b. 如果 $\lambda=8.0$，求 $P(X=8)$。

c. 如果$\lambda=0.5$，求 $P(X=1)$。

d. 如果$\lambda=3.7$，求 $P(X=0)$。

5.19 假定泊松分布。

a. 如果$\lambda=2.0$，求 $P(X\geqslant 2)$。

b. 如果$\lambda=8.0$，求 $P(X\geqslant 3)$。

c. 如果$\lambda=0.5$，求 $P(X\leqslant 1)$。

d. 如果$\lambda=4.0$，求 $P(X\geqslant 1)$。

e. 如果$\lambda=5.0$，求 $P(X\leqslant 3)$。

5.20 假定泊松分布$\lambda=5.0$。试求以下概率：

a. $X=1$。

b. $X<1$。

c. $X>1$。

d. $X\leqslant 1$。

概念应用

5.21 假设在一小时内访问一个网站的人数服从泊松分布。平均一小时有4.0位新用户访问网站。在任意一小时内，试求如下概率：

a. 新增访问人数为0。

b. 新增访问人数为1。

c. 新增访问人数大于等于2。

d. 新增访问人数小于3。

5.22 玛丽莲小甜饼干的质量控制经理正在检查一批刚刚出炉的巧克力薄片饼干。如果生产线运行正常，每一块饼干薄片数量的均值是6个。在任意一块被检查到的饼干里，试求如下概率：

a. 发现少于5个薄片。

b. 发现5个薄片。

c. 发现5个或5个以上薄片。

d. 发现4个或5个薄片。

5.23 参考习题5.22。如果公司的政策是要求所有出售的巧克力薄片饼干有至少4个巧克力薄片，在100块饼干里，经理预期要扔掉多少块?

5.24 美国运输部记录了每1 000位航空乘客中托运行李遇到丢失错运的人数。2013年10月，达美航空的每1 000位乘客中有1.55件行李丢失错运。在下1 000位乘客里，试求如下概率：

a. 没有搞错的行李。

b. 至少有一件搞错的行李。

c. 至少有两件搞错的行李。

5.25 美国运输部也保存着航空乘客被拒绝登机的统计数字。2013年7—9月间，美国航空的每10 000名乘客中就有0.45位乘客被拒绝登机。在下10 000名乘客里，试求如下概率：

a. 没有乘客被拒绝登机。

b. 至少有一名乘客被拒绝登机。

c. 至少有两名乘客被拒绝登机。

5.26 消费者财务保障管理局的消费者应对小组直接与消费者接触，了解消费者在市场中遇到的困难，并将这些问题传达给金融机构，最后协助金融机构出台有利于消费者的政策。消费者应对小组接受消费者关于抵押债权、银行账户与服务、个人学生贷款、各类消费贷款以及信用记录的投诉。调查显示，关于信用记录的消费者投诉平均每天有2.70例（*Consumer Response*：*A Snapshot of Com-*

plaints Received，1. usa. gov/WZ9N8Q)。假设关于信用记录的消费者投诉数量是一个泊松随机变量。试求任意一天中如下概率：

a. 没有任何关于信用记录的投诉。

b. 只有一条关于信用记录的投诉。

c. 多于一条关于信用记录的投诉。

d. 少于两条关于信用记录的投诉。

5.27　J. D. Power and Associates 计算并且出版大量关于汽车质量的统计数据。数据中一辆汽车的可靠性得分来自上路三年后的车辆中在过去一年中发生的故障数量。福特生产的车辆中每辆汽车平均发生 1.27 起故障，丰田生产的车辆中每辆汽车平均发生 1.12 起故障（"2013 U. S. Vehicle Dependability Study，" J. D. Power and Associates，February 13，2013，bit. ly/101aR9I)。令 X 为一辆上路三年的福特汽车在过去一年中发生的故障数量。

a. 如果我们说 X 是服从泊松分布的随机变量，需要做哪些假设？这些假设合理吗？

作出如上假设，如果你在三年前购买了一辆福特，试求过去一年间如下概率：

b. 没有故障。

c. 两起或以下故障。

d. 给"故障"一个可操作定义。为什么这个定义在理解可靠性得分的含义时非常重要？

5.28　参考习题 5.27，如果你三年前购买了一辆丰田汽车，试求过去一年间如下概率：

a. 没有故障。

b. 两起或以下故障。

c. 把（a）和（b）的答案和习题 5.27（b）和（c）的答案做比较。

5.29　参考习题 5.27，现在另一篇报道称，2011 年生产的车辆中，福特平均每辆车发生 1.40 起故障，而丰田发生 1.14 起故障（J. B. Healey，"Used Cars Get Less Reliable，" *USA Today*，February 13，2014，p. 2B)。如果你购买了一辆 2011 年生产的福特，试求过去一年间如下概率：

a. 没有故障。

b. 两起或以下故障。

c. 把（a）和（b）的答案和习题 5.27（b）和（c）的答案做比较。

5.30　参考习题 5.29，如果你购买了 2011 年生产的丰田，试求过去一年间如下概率：

a. 没有故障。

b. 两起或以下故障。

c. 把（a）和（b）的答案和习题 5.28（a）和（b）的答案做比较。

5.31　为方便顾客投诉从你们公司购买的产品，你们提供了从早上 9 点到晚上 9 点的一个免费电话号码。过去的历史表明，平均每分钟接到 0.8 个电话。

a. 如果使用泊松分布计算任意 1 分钟内接到的电话数的概率分布，上述案例需要满足哪些特性？

假定这个案例和我们在（a）中讨论的特性相吻合，选择任意 1 分钟并试求如下概率：

b. 接到 0 个电话。

c. 接到 3 个或 3 个以上电话。

d. 在 99.99% 的概率下，一分钟里接到电话数量的上限是多少？

统计应用

Ricknel 家居公司，回顾

在"统计应用"中，你是 Ricknel 家居公司的会计。公司的会计信息系统会自动审核并判断网上顾客的订单是否存在问题，有问题的订单会被标记并放在每日异常交易报告中。现在已知一份订单被标记的概率是 0.10，你能够通过二项分布来确定在 4 份订单样本中，得到一定数量被标记订单的概率。没有订单被标记的概率是 65.6%，一份订单被标记的概率是 29.2%，两份或两份以上订单被标记的概率是 5.2%。你还知道，在 4 份订单中，平均有 0.4 份被标记，标准差是 0.6。学会将二项分布应用于已知概率为 0.10 和容量为 4 的样本的方法后，你将能够把同样的方法应用于任何给定的概率和样本容量。因此，你将能够推断通过互联网下订单的过程，更重要的是，了解任何在该过程中发生的变化对下单结果的影响。

小　结

在本章中，你学习了离散变量的概率分布以及两个重要的离散概率分布：二项分布和泊松分布。在下一章中，你将学习正态分布。

在决定针对某个特定的情境要使用什么样的概率分布时，你可以参考下列提示：

- 当存在固定的观测值数量 n 并且每个观察值要么是我们关注的，要么是不关注的事件时，可以使用二项分布。
- 当存在机会域时，使用泊松分布。

参考文献

1. Levine, D. M., P. Ramsey, and R. Smidt. *Applied Statistics for Engineers and Scientists Using Microsoft Excel and Minitab*. Upper Saddle River, NJ: Prentice Hall, 2001.
2. *Microsoft Excel 2013*. Redmond, WA: Microsoft Corp., 2012.
3. *Minitab Release 16*. State College, PA: Minitab, Inc., 2010.

关键词

机会域（area of opportunity）
二项分布（binomial distribution）
期望值（expected value）
数学模型（mathematical model）
泊松分布（Poisson distribution）
离散变量的概率分布（probability distribution for a discrete variable ）
概率分布函数（probability distribution function）
组合计算法则（rule of combinations）
离散变量的标准差（standard deviation of a discrete variable）
离散变量的方差（variance of a discrete variable）

检查你对本章的理解

5.32　随机变量的期望值指的是什么？

5.33　要使用二项分布，必须具备哪四个条件？

5.34　要使用泊松分布，必须具备哪四个条件？

本章复习题

5.35　35 岁的锯木厂工人 Darwin Head 在温哥华加拿大佬队国家冰球联盟比赛中，24 秒内命中 15

球，赢得了 100 万美元和一辆雪佛兰 Malibu 混合动力汽车（B. Ziemer, "Darwin Evolves into an Instant Millionaire," *Vancouver Sun*, February 28, 2008, p. 1)。Head 说他会用这笔钱先付清自己的抵押贷款，再分一些给他的孩子，并没有辞职的打算。这项比赛是"雪佛兰 Malibu 百万美元发射"活动的一部分，由通用汽车加拿大分公司赞助。通用汽车加拿大分公司是在拿 100 万美元冒险吗？没有！通用汽车加拿大分公司从一家专营推销类似半场投篮，或者当地慈善高尔夫一杆进洞这样的体育运动的公司处购买了事件保险。事件保险公司估计参赛者赢得比赛的概率，为事件提供保险，并收取小额费用。通用汽车支付保费，但不承担额外的风险，因为保险公司会在参赛者胜利这个不太可能的事件发生时付出这笔巨额费用。假设保险公司估计参赛者会赢得 100 万美元的概率是 0.001，保险公司收费 4 000 美元。

a. 计算保险公司利润的期望值。

b. 许多人称这种情况为保险公司和推销者的双赢。你同意这种观点吗？解释一下。

5.36　从 1896 年道琼斯指数被创造到 2013 年间，道琼斯指数在 66% 的年份中上涨（M. Hulbert, "What the Past Can't Tell Investors," *The New York Times*, January 3, 2010, p. BU2 and bit. ly/100zwvT)。基于这个信息，假定道琼斯指数是否上涨服从二项分布，你认为股价在下列情况下上涨的概率是多少？

a. 明年。

b. 后年。

c. 之后 5 年中的 4 年。

d. 之后 5 年中没有任何一年。

e. 对于这种情境，二项分布的哪些假设可能是无效的？

5.37　近来美国使用智能手机的年轻人大幅增长，同时移动网络覆盖面积大幅增加。每四个青年中有一个青年属于"手机网络用户"，也就是说，这个群体在使用网络时，相比其他设备（例如台式机和笔记本电脑），主要使用智能手机（*Teens and Technology 2013*, Pew Research Center, bit. ly/101ciF1)。

随机选择 10 位美国青年，试求如下概率：

a. 4 位属于"手机网络用户"。

b. 至少 4 位属于"手机网络用户"。

c. 最多 8 位属于"手机网络用户"。

d. 如果你在某个地区得到的 10 个样本中，没有一个人属于"手机网络用户"，对于上述手机网络用户的概率为 25%，你有什么评价？

5.38　一个涉及道琼斯工业指数的理论是，该指数在美国总统大选的年份很有可能会上涨。1964—2012 年，道琼斯工业指数在 13 个美国大选年份中的 10 个年份上涨了。如果道琼斯工业指数在大选年份上涨纯属无法预测的随机事件，那么这个事件发生的概率应为 50%。

a. 如果道琼斯工业指数平时上涨的实际概率是 0.50，那么它在 13 个美国大选年份中的 10 个年份上涨的概率是多少？

b. 如果道琼斯工业指数平时上涨的实际概率是 0.75，那么它在 13 个美国大选年份中的 10 个或 10 个以上年份上涨的概率是多少？

5.39　医疗收费错误以及诈骗的数量正在不断增加。根据 MBAA 的网站，你拿到的医疗账单 10 次中有 8 次都是错误的("Accurate Medical Billing," bit. ly/1lHKlu3, April 2, 2014)。如果收集 10 份医疗账单作为样本，试求如下概率：

a. 没有账单存在错误。

b. 5 份账单存在错误。

c. 5 份以上账单存在错误。

d. 概率分布的均值和标准差是多少?

5.40 参考习题5.39。假定质量改进的创新将有问题的账单比例减少到40%。如果收集10份账单作为样本，试求如下概率：

a. 没有账单存在错误。

b. 5份账单存在错误。

c. 5份以上账单存在错误。

d. 概率分布的均值和标准差是多少?

e. 比较（a）～（c）的结果和习题5.39（a）～（c）的结果。

5.41 人们常常在推荐和分享在线文章时登录他们的社交网站账户。根据Janrain，在2013年第四季度，45%的使用者通过Facebook登录，35%的使用者通过Google登录（“Social Login Trends Across the Web for Q4 2013，” bit. ly/1jmLXRr）。如果收集10次登录的数据，试求如下概率：

a. 多于5次登录使用Facebook。

b. 多于5次登录使用Google。

c. 没有一次登录使用Facebook。

d. 在（a）～（c）的计算过程中你进行了哪些假设?

5.42 消费者财务保障管理局的消费者应对小组直接与消费者接触，了解消费者在市场中遇到的困难，并将这些问题传达给金融机构，最后协助金融机构出台有利于消费者的政策。消费者应对小组接受消费者关于抵押债权、银行账户与服务、个人学生贷款、各类消费贷款以及信用记录的投诉。调查显示，关于银行账户和银行服务的投诉中，45%是关于账户管理的问题。这些问题包括开户、销户、账户的管理以及地址修改所带来的费用、障碍、信息混乱、账单和联合账户（*Consumer Response Annual Report*，1. usa. gov/1kjpS2k）。

现在收集20次关于银行账户与服务的投诉，使用二项分布模型回答如下问题：

a. 二项分布的期望值是多少?

b. 二项分布的标准差是多少?

c. 20次投诉中10次投诉是关于账户管理问题的概率是多少?

d. 少于等于5次投诉是关于账户管理问题的概率是多少?

e. 5次或以上投诉是关于账户管理问题的概率是多少?

5.43 参考习题5.42。与此同时，关于银行账户与服务的投诉中，25%是关于储蓄和取款问题的。这些问题包括交易限制以及未经用户授权的交易项目。

a. 二项分布的期望值是多少?

b. 二项分布的标准差是多少?

c. 20次投诉中没有投诉是关于储蓄和取款问题的概率是多少?

d. 不超过2次投诉是关于储蓄和取款问题的概率是多少?

e. 3次或3次以上投诉是关于储蓄和取款问题的概率是多少?

5.44 一项涉及标普500指数的理论认为，如果它在一年中的头五个交易日上涨，它就有可能在一整年中上涨。1950—2013年，标普500指数在其中41年在头五个交易日上涨，在这41年中有36年一整年上涨。假定该指标是随机事件无预测值，可以认为该指标在50%的情况下是正确的。标普500指数在36年或多于36年中上涨的概率是多少，给定标普500指数上涨的真实概率为：

a. 0.50?

b. 0.70?

c. 0.90?

d. 基于（a）～（c）的结果，如果标普500指数在一年中的头五个交易日上涨，它在一整年中上涨的概率是多少？解释一下。

5.45 伪相关指的是两个要么没有真实关系，要么和没有度量的其他变量有相关关系的变量之间的明显关系。在美国一个经常提到的指标（作为伪相关的例子）就是国家橄榄球联盟超级杯的胜利者和当年道琼斯工业平均指数的关系。这个指标表明，如果赢得超级杯的球队是在国家橄榄球联盟和美国橄榄球联盟合并前创立的，该指数当年就会上涨（当然，事实上这两个事件之间没有任何关系）。反之，该指数当年就会下跌。超级杯在 1967—2013 年间每年都举办，该指标 47 年中有 37 次是正确的。假定该指标是随机事件无预测值，可以认为该指标 50% 的情况下是正确的。

a. 该指标在 47 年中的 37 个或以上年份中正确的概率是多少?

b. 上题的答案说明用这个指标判断股市是否有价值?

5.46 美国 United Auto Courts Report 的博客称国家保险犯罪管理局认为迈阿密 Dade，Broward，以及 Palm Beach 这三个郡存在大量有问题的保险赔偿。假设这三个郡每天有问题的保险赔偿数量是一个泊松随机变量，其均值为 7。

a. 如果把有问题的保险数量当作一个泊松随机变量，我们需要做哪些假设?

默认（a）中的假设，试求如下概率：

b. 这三个郡中每天有 5 件有问题的保险赔偿。

c. 这三个郡中每天有 10 件或以下有问题的保险赔偿。

d. 这三个郡中每天有 11 件或以上有问题的保险赔偿。

第 5 章案例　管理 Ashland MultiComm Services

Ashland MultiComm Services（AMS）的市场部门希望增加公司的三合一（电话、电视和网络）的套餐订阅量。AMS 的市场部门已经采取了大量的直接性市场营销，包括投放邮政和电子传单以及电话推销。根据市场营销的反馈，将收费频道对套餐的订阅者开放的话，无论对现有订阅者还是潜在订阅者来说都是至关重要的。因此，经过几轮思考，市场部门决定将收费频道免费向三合一套餐的订阅者开放。

Mona Fields 作为这项调查的主管计划向潜在客户进行一轮调查，以决定开放多少收费频道才能增加套餐的订阅量。根据过去的市场营销以及业内资料，她做出了如下估计：

开放的收费频道数量	订阅的概率
0	0.02
1	0.04
2	0.06
3	0.07
4	0.08
5	0.085

1. 选择 50 位潜在顾客，如果不开放任何收费频道，根据上表，试求如下概率：

a. 少于 3 位顾客会订阅三合一套餐。

b. 0 位或 1 位顾客会订阅三合一套餐。

c. 多于 4 位顾客会订阅三合一套餐。

2. 现在决定开放 2 个收费频道，试求如下概率：

a. 少于 3 位顾客会订阅三合一套餐。

b. 0 位或 1 位顾客会订阅三合一套餐。

c. 多于 4 位顾客会订阅三合一套餐。

d. 比较本题和上题中（a）～（c）的答案。

e. 如果在这次调查中，6位顾客决定订阅三合一套餐。对于之前用户订阅概率的历史数据，这次的调查说明了什么？

f. （e）的结果对于开放收费频道以吸引顾客订阅三合一套餐这种营销方式的效率作出了怎样的说明？

3. 假设在对50位潜在顾客的调查中，改变开放的收费频道数量并得到如下数据：

开放的收费频道数量	订阅的顾客数量
1	5
3	6
4	6
5	7

调查主管应该推荐三合一套餐开放多少收费频道？请解释。

数字案例

在第3章和第4章的后续数字案例中应用你所学的关于期望值的知识。

打开文件 BullsAndBears. pdf，一本 EndRun 金融服务公司的市场营销小册子。阅读有关条款并检验其依据的数据。回答如下问题：

1. 小册子对 Happy Bull and Worried Bear 基金的收益率的表述中是否有“隐情”？

2. 哪些主观数据可能对这些基金的回报率产生影响？EndRun 公司是否会由于提供虚假和误导的消息而受到投诉？为什么？

3. 期望—回报分析似乎显示 Worried Bear 基金比 Happy Bull 基金有更高的期望回报，理性的投资者是否应该远离 Happy Bull 基金？为什么？

第6章
正态分布
The Normal Distribution

学习目标

- 计算正态分布的概率
- 应用正态分布解决商务问题
- 通过正态概率图来决定一系列数据是否大致满足正态分布

统计应用

MyTVLab 的正态下载

假设你是 MyTVLab 公司的一位项目经理，这是一家允许用户上传原创视频，并且提供在线影视节目的网络服务平台。为了吸引并且留住用户，你需要确保用户能够快速地下载每天的原创视频。

为了检测下载速度，你在公司办公室的一台个人电脑上打开网页浏览器，登录 MyTVLab 首页，下载首页上出现的第一个原创视频，并且记录下载时间。下载时间——从点击下载到视频开始播放所使用的秒数——由网站的网络技术和在线的用户数量决定 。过去的数据表明，下载时间的平均值为 7 秒，标准差为 2 秒，下载次数中有 2/3 的下载时间在 5～9 秒之间，并且有 95%的下载时间在 3～11 秒之间。换句话说，下载所需的时间呈钟形分布，并且集中在均值 7 秒附近。如何利用这些数据来解答关于视频下载时间的一些问题呢?

在第 5 章，Ricknel 家居公司的经理需要解决给定样本大小情况下被标记订单数量的问题。作为 MyTVLab 的项目经理，你面对不同的问题。你的任务涉及连续的度量，因为下载时间不仅可以是整数，还可以是分数。如何解答关于这种连续数值变量的问题呢？比如：

- 下载一个视频的时间超过 9 秒的概率是多少？
- 10%的样本视频完成下载需要多少秒？
- 99%的样本视频完成下载需要多少秒？
- 如果使用更高效的网络技术，那么以上问题的答案会有怎样的变化？

像在第 5 章那样，你可以将概率分布作为模型使用。阅读本章，你将学会连续概率分布的特征和使用正态分布解决商务问题的技巧。

6.1 连续概率分布

概率密度函数（probability density function）是定义连续变量分布的数学表达式。图 6－1 以图形的方式展示了三种概率密度函数。

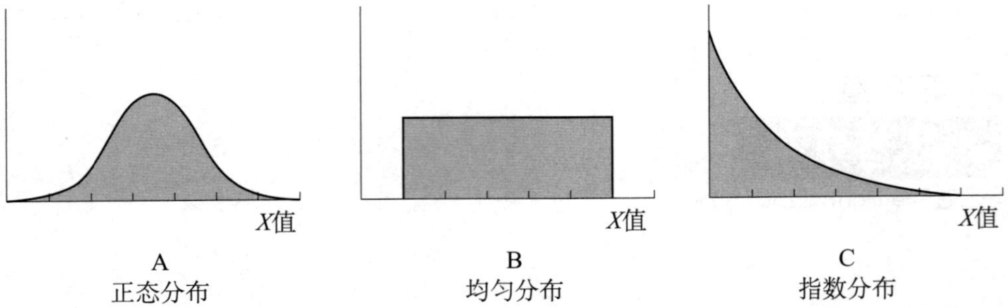

图6-1 三种连续概率分布

图A表示**正态分布**（normal distribution）。正态分布呈对称的钟形，表明大部分的数值都聚集在均值附近。由于正态分布是对称的，其均值和中位数相等。尽管正态分布的数值可以从负无穷到正无穷，分布的形状告诉我们，特别大或者特别小的 X 值所代表的事件不太可能发生。

图B表示**均匀分布**（uniform distribution）。在最小值 a 和最大值 b 之间任何一个值所代表的事件发生的概率都是相等的。有时，均匀分布也称作矩形分布（rectangular distribution）。均匀分布是对称的，因此均值等于中位数。

图C表示**指数分布**（exponential distribution）。该分布是右偏的，因此均值比中位数要大。指数分布的范围是从0到正无穷，但是分布的形状决定了特别大的 X 值所代表的事件不太可能发生。

6.2 正态分布

正态分布（有时也称为高斯分布）是统计学中最常见的连续分布。正态分布在统计学中的重要性主要由以下三个原因决定：

- 许多商业中的连续变量都近似服从正态分布。
- 可以用正态分布近似计算若干离散概率的分布。
- 中心极限定理（将在7.2节讨论该定理）和正态分布的关系表明，正态分布是经典统计推断的基础。

正态分布呈经典的钟形（如图6-1（A）所示）。在正态分布下，你可以计算在某些范围或区间事件发生的概率。然而，由于我们需要通过求密度函数曲线下的面积来计算连续变量的概率，在正态分布这样的连续分布里取一个特定值的概率为0。例如，时间（按秒计）是可度量而不可计数的。因此，你可以计算一个视频的下载时间在7～10秒之间、8～9秒之间或者7.99～8.01秒之间的概率。然而，下载时间刚好是8秒的概率是0。

正态分布具有几个重要的理论特性：

- 分布是对称的，因此均值和中位数相等。
- 图形呈钟形。
- 四分位间距等于1.33倍的标准差。这意味着以均值为中心，50%的数值落在小于均值2/3个标准差和大于均值2/3标准差的范围内。
- 随机变量分布的区间为无穷大（$-\infty<X<\infty$）。

在实际应用中，许多变量的分布都和正态分布的理论特性非常相似。为了说明这一点，我们来看表6-1。

表6-1中的数据代表某家企业在一天中装瓶的10 000瓶一升装软饮料的实际容量数据。我们感兴趣的连续变量——每瓶中饮料的实际量可以认为是近似服从正态分布的。10 000瓶饮料的实际量分布主要集中在区间1.05～1.055升，并以这个区间为中心形成钟形的对称分布。

表6-1 10 000瓶饮料的实际量

每瓶的实际量	频率
小于1.025	48/10 000=0.004 8
1.025～1.030	122/10 000=0.012 2
1.030～1.035	325/10 000=0.032 5
1.035～1.040	695/10 000=0.069 5
1.040～1.045	1 198/10 000=0.119 8
1.045～1.050	1 664/10 000=0.166 4
1.050～1.055	1 896/10 000=0.189 6
1.055～1.060	1 664/10 000=0.166 4
1.060～1.065	1 198/10 000=0.119 8
1.065～1.070	695/10 000=0.069 5
1.070～1.075	325/10 000=0.032 5
1.075～1.080	122/10 000=0.012 2
大于1.080	48/10 000=0.004 8
总计	1.000 0

图6-2给出了10 000瓶饮料实际量分布的频率直方图和曲线图。这些数据看起来满足前三个理论特性，但并不满足第4个特性（取值范围无穷大）。一瓶饮料的实际量不可能小于等于0，也不能超过瓶子的容量。从表6-1中可以看出，10 000瓶饮料中只有48瓶的实际量大于等于1.08升；同样，实际量小于或等于1.025升的也只有48瓶。

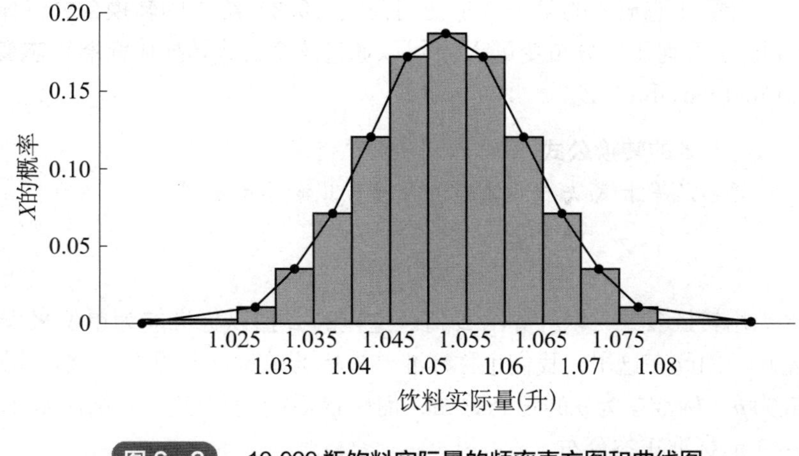

图6-2 10 000瓶饮料实际量的频率直方图和曲线图

概率密度函数的数学模型或表达式用符号 $f(X)$ 表示。公式（6.1）给出了**正态分布的概率密度函数**（probability density function for the normal distribution）。

正态分布的概率密度函数

$$f(X)=\frac{1}{\sqrt{2\pi}\sigma}\mathrm{e}^{-\frac{1}{2}\left(\frac{X-\mu}{\sigma}\right)^2} \tag{6.1}$$

式中

e＝常数，约等于 2.718 28

π＝常数，约等于 3.141 59

μ＝总体的均值

σ＝总体的标准差

X＝连续变量的任何数值，$-\infty<X<\infty$

尽管上述函数看起来很复杂，然而由于 e 和 π 是常数，随机变量 X 的概率分布只取决于正态分布的两个参数——总体的均值 μ 和总体的标准差 σ。不同的均值 μ 与标准差 σ 会产生不同的正态分布，图 6－3 描述了三种不同的正态分布。

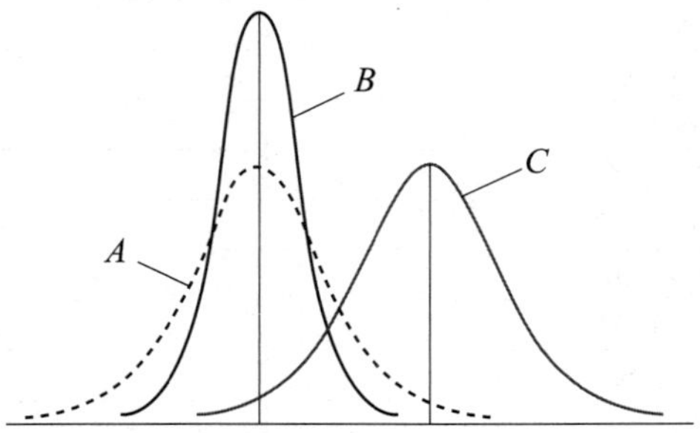

图 6－3　三种正态分布

A 分布和 B 分布有相同的均值（μ），但是具有不同的标准差；A 分布和 C 分布具有相同的标准差（σ），但是均值不同；B 分布和 C 分布的方差和均值都不同。

计算正态分布的概率

计算正态概率的第一步是使用公式（6.2）给出的**转换公式**（transformation formula）。任何正态分布变量 X 都可以通过这个公式转换成**标准正态变量**（standardized normal variable）Z。

***Z* 的转换公式**

Z 等于 X 与样本均值 μ 之差除以标准差 σ。

$$Z=\frac{X-\mu}{\sigma} \tag{6.2}$$

用转换公式可以计算出 Z 值。这里的 Z 值以标准差为单位来表示 X 与均值 μ 的差距。因此在这里，我们也称标准差为标准单位（参见 3.2 节）。随机变量 X 服从均值为 μ，标准差为 σ 的正态分布，而转换后的随机变量 Z 则服从均值 $\mu=0$，标准差 $\sigma=1$ 的标准正态分布。

任何一组服从正态分布的数据都可以转换成标准形式，因此任何想要的概率都可以从**累积标准正态分布**（cumulative standardized normal distribution）表中得到（见附表 E.2）。为了演示如何使用转换公式以及学习怎样从表 E.2 中查找所要的概率，我们需要回顾“统计应用”。历史数据表明，下载视频所需的时间呈正态分布，并且均值 $\mu=7$ 秒，标准差 $\sigma=2$ 秒。在图 6-4 中，每个测量值 X 通过转换公式（公式(6.2)）都有一个标准化后的测量值与之相对应。

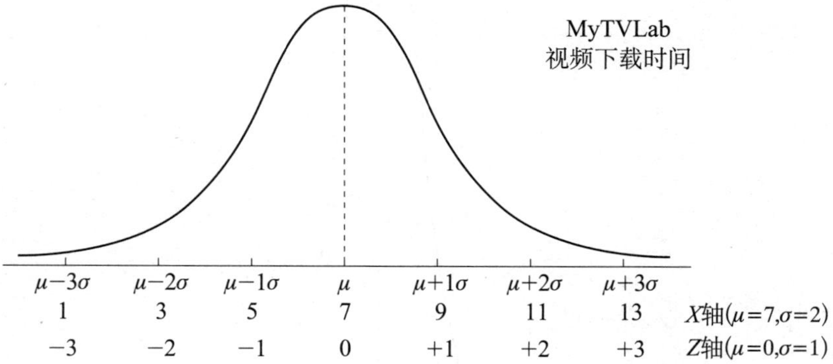

图 6-4 坐标变换

因此，下载时间为 9 秒，等同于高于均值 1 个标准单位（1 个标准差），因为

$$Z=\frac{9-7}{2}=+1$$

下载时间为 1 秒等同于低于均值 3 个标准单位（3 个标准差），因为

$$Z=\frac{1-7}{2}=-3$$

在图 6-4 中，标准差是测量的单位。换句话说，9 秒（下载时间）比作为均值的 7 秒要多 2 秒（1 个标准差）；类似地，1 秒（下载时间）比平均时间要少 6 秒（3 个标准差）。

为了进一步说明如何使用转换公式，假定从另外一个网站下载视频的时间也服从正态分布，并且均值 $\mu=4$ 秒，标准差 $\sigma=1$ 秒，如图 6-5 所示。

将这个结果和 MyTVLab 的下载结果相比，我们发现 5 秒的下载时间比平均时间多 1 个标准差，因为

$$Z=\frac{5-4}{1}=+1$$

1 秒的下载时间比平均时间少 3 个标准差，因为

$$Z=\frac{1-4}{1}=-3$$

计算出 Z 值之后，就可以通过累积标准正态分布表找到需要的正态概率。假设你想知道从 MyTVLab 的网站下载视频所需时间小于 9 秒的概率。首先将 $X=9$ 代入公式（6.2）转换成标准化的 Z 值。因为均值 $\mu=7$ 秒，标准差 $\sigma=2$ 秒，9 秒比均值多一个标准差，因此 $Z=+1.00$。

接下来使用表 E.2 找出正态分布曲线下小于 $Z=+1.00$（在左边）的累积面积。要想从表 E.2 找出曲线下小于 $Z=+1.00$ 值的概率或面积，先要在标有 Z 的列中找到精确到小数点后一位的 Z 值，即找到 $Z=1.0$ 的行，然后沿着该行移动直到找到与包含 Z 的小数点后两位数字的列相交的数值。因此，在该表格中，$Z=1.00$ 对应的概率是行 $Z=1.0$ 和列 $Z=0.00$ 相交的位置，如表 6-2 所示，概率是 0.841 3。这意味着，

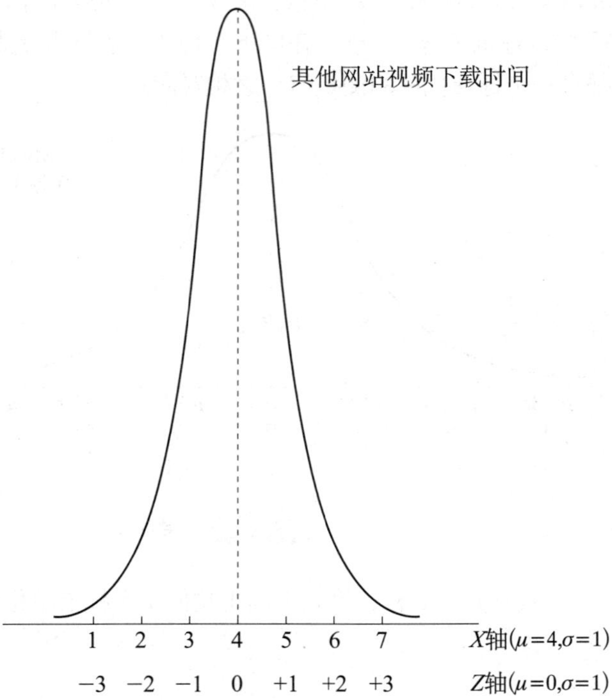

图 6-5 坐标变换的另一个案例

下载时间小于 9 秒的概率为 84.13%。图 6-6 用图形的形式呈现了这一概率。

表 6-2 找出正态曲线下的累积面积

Z	0.00	0.01	0.02	0.03	0.04	0.05	0.06	0.07	0.08	0.09
0.0	0.500 0	0.504 0	0.508 0	0.512 0	0.516 0	0.519 9	0.523 9	0.527 9	0.531 9	0.535 9
0.1	0.539 8	0.543 8	0.547 8	0.551 7	0.555 7	0.559 6	0.563 6	0.567 5	0.571 4	0.575 3
0.2	0.579 3	0.583 2	0.587 1	0.591 0	0.594 8	0.598 7	0.602 6	0.606 4	0.610 3	0.614 1
0.3	0.617 9	0.621 7	0.625 5	0.629 3	0.633 1	0.636 8	0.640 6	0.644 3	0.648 0	0.651 7
0.4	0.655 4	0.659 1	0.662 8	0.666 4	0.670 0	0.673 6	0.677 2	0.680 8	0.684 4	0.687 9
0.5	0.691 5	0.695 0	0.698 5	0.701 9	0.705 4	0.708 8	0.712 3	0.715 7	0.719 0	0.722 4
0.6	0.725 7	0.729 1	0.732 4	0.735 7	0.738 9	0.742 2	0.745 4	0.748 6	0.751 8	0.754 9
0.7	0.758 0	0.761 2	0.764 2	0.767 3	0.770 4	0.773 4	0.776 4	0.779 4	0.782 3	0.785 2
0.8	0.788 1	0.791 0	0.793 9	0.796 7	0.799 5	0.802 3	0.805 1	0.807 8	0.810 6	0.813 3
0.9	0.815 9	0.818 6	0.821 2	0.823 8	0.826 4	0.828 9	0.831 5	0.834 0	0.836 5	0.838 9
1.0	0.841 3	0.843 8	0.846 1	0.848 5	0.850 8	0.853 1	0.855 4	0.857 7	0.859 9	0.862 1

现在，从另一个网站下载所需时间为 5 秒，比平均时间 4 秒多一个标准单位，因此，从该网站下载视频所需时间小于 5 秒的概率也是 0.841 3。图 6-7 说明，不管正态分布变量的均值 μ 和标准差 σ 是多少，我们都可以通过公式（6.2）把该正态分布变量标准化为 Z 值。

现在我们已经学会了如何使用表 E.2 和公式（6.2），你可以用正态分布解决许多和 MyTVLab 视频下载有关的问题。

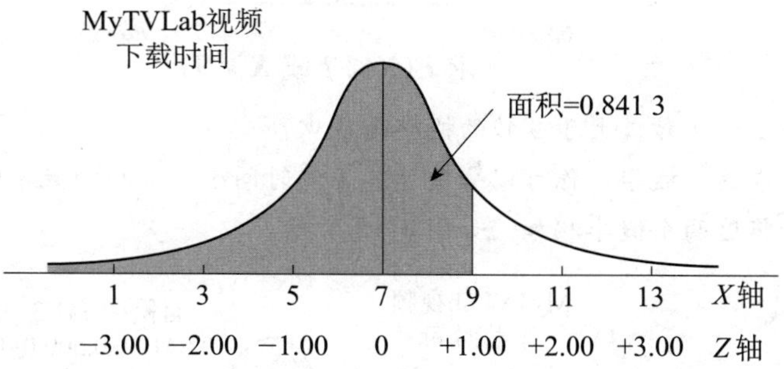

图6-6 从累积标准正态分布表中求出小于Z值的面积

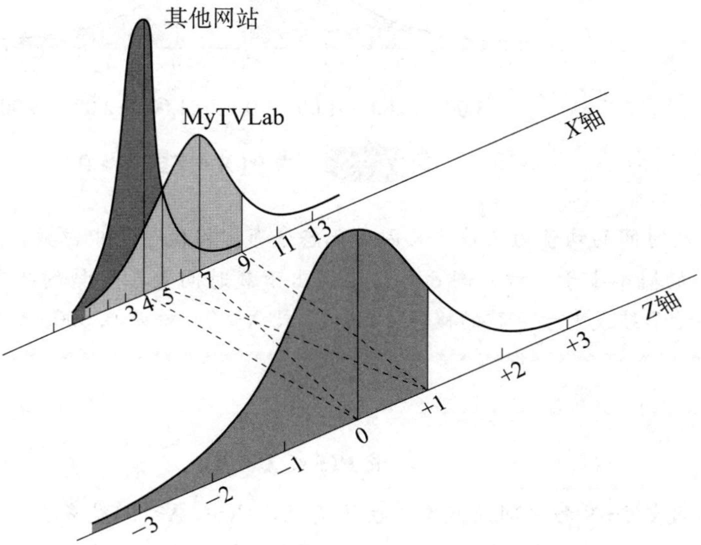

图6-7 演示两条正态曲线下对应累积部分的坐标变换

例6.1

求 $P(X>9)$

下载视频所需时间大于9秒的概率是多少？

解答 因为从图6-6可以得出下载时间小于9秒的概率是0.841 3，因此大于9秒的概率一定是小于9秒概率的补集，即1−0.841 3=0.158 7，如图6-8所示。

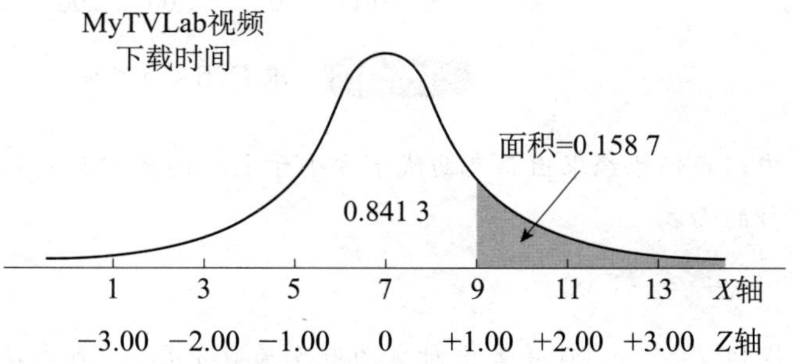

图6-8 求P(X>9)

例 6.2

求 $P(X<7 \text{或} X>9)$

下载时间小于 7 秒或大于 9 秒的概率是多少？

解答 要求这一概率，你可以分别计算下载时间小于 7 秒的概率以及下载时间大于 9 秒的概率，最后将这两个概率相加，如图 6－9 所示。

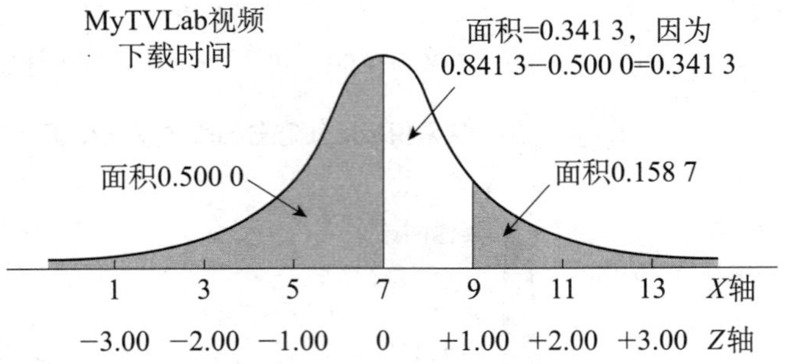

图 6－9 求 P(X < 7或 X > 9)

因为下载时间的均值为 7 秒，又因为正态分布中均值等于中位数，因此我们知道，下载时间有 50%的概率小于 7 秒。例 6.1 已经得出下载时间大于 9 秒的概率为 0.158 7，因此，下载时间小于 7 秒或大于 9 秒的概率 $P(X<7 \text{或} X>9)$ 就是 0.500 0＋0.158 7＝0.658 7。

例 6.3

求 $P(5<X<9)$

下载时间在 5～9 秒之间的概率，也就是说，$P(5<X<9)$是多少？

解答 从图 6－10 可以看出，要计算的区域处于 5 秒和 9 秒之间。

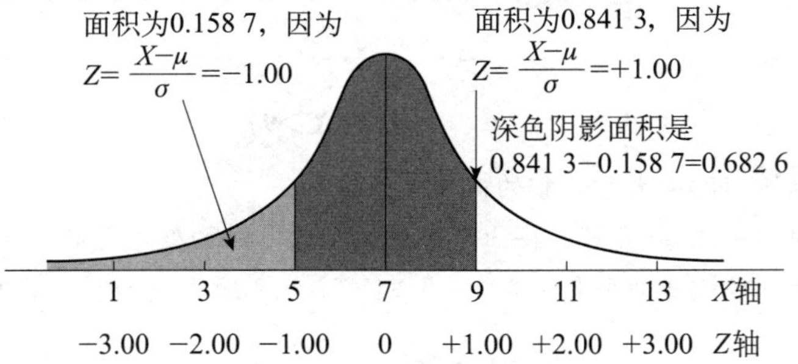

图 6－10 求 P(5 < X < 9)

在例 6.1 中，我们已经求出正态曲线下方小于 9 秒的面积为 0.841 3。为了求出正态曲线下方小于 5 秒的面积

$$Z=\frac{5-7}{2}=-1.00$$

使用表 E.2，找到 $Z=-1.00$ 并查出对应的概率为 0.158 7。因此在 5～9 秒之间的概率为 0.841 3－0.158 7＝0.682 6。图 6－10 描述了该过程。

例 6.3 的结果允许我们得出这样一个结论，对于任何正态分布，68.26%的值落在距离均值±1 个标准差的范围里。从图 6-11 可以看出，95.44%的值落在距离均值±2 个标准差的范围里，因此 95.44%的下载时间在 3～11 秒之间。从图 6-12 可以看出，99.73%的值落在距离均值±3 个标准差的范围里，这说明 99.73%的下载时间在 1～13 秒之间。

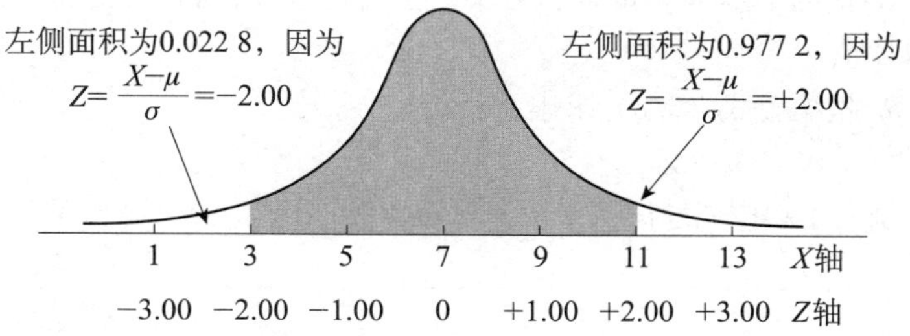

图 6-11 求 $P(3<X<11)$

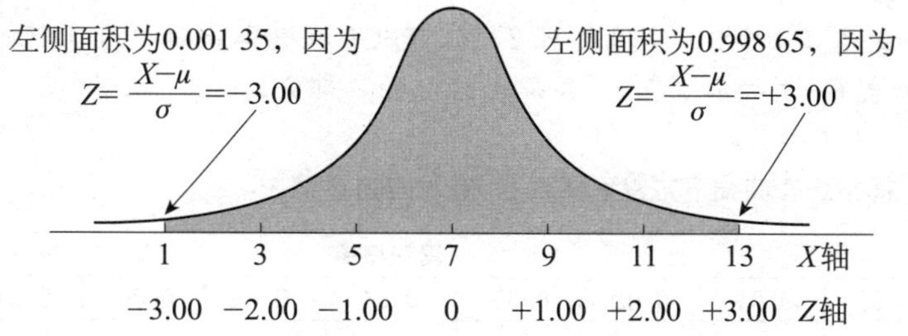

图 6-12 求 $P(1<X<13)$

因此，下载时间太快或者太慢以至于小于 1 秒或大于 13 秒的情况几乎不会发生（概率为 0.002 7，或者 10 000 个中有 27 个）。一般来说，可以将 6σ（偏离均值±3 个标准差）作为正态分布数据的近似范围。

图 6-10、图 6-11 以及图 6-12 演示了正态分布的值是如何在均值附近聚集的。对于任何正态分布：

- 大约 68.26%的值落在距离均值±1 个标准差的范围里。
- 大约 95.44%的值落在距离均值±2 个标准差的范围里。
- 大约 99.73%的值落在距离均值±3 个标准差的范围里。

这个结果是对前面 3.4 节中提出的经验法则的一个证明。数据集越符合正态分布，经验法则的准确性就越高。

求 X 值

从例 6.1 到例 6.3，我们使用正态分布表 E.2 找出了不同的测量值所对应的正态曲线下的面积。但有些时候，还需要找出与特定区域相对应的 X 值。在这种情况下，可以使用公式（6.3）计算 X 值。

计算与已知概率相对应的 X 值

X 等于样本均值 μ 加上 Z 值与样本标准差 σ 乘积的和。

$$X=\mu+Z\sigma \qquad (6.3)$$

找出与已知概率相对应的特定值应遵循如下步骤：

1. 大概画出正态曲线，然后在坐标轴上分别以 X 和 Z 为坐标轴标出对应的均值和 X。

2. 找到小于要计算的 X 所对应的累积面积。

3. 用阴影标出该累积面积。

4. 根据小于 X 值的累积概率，使用表 E. 2 找到和正态曲线下小于 X 的面积相对应的 Z 值。

5. 根据公式（6. 3）求出 X：

$$X=\mu+Z\sigma$$

例 6. 4 和例 6. 5 展示了上述计算方式。

例 6. 4

求累积概率为 0. 10 的 X 值

视频下载最快的 10%需要多长时间（以秒计）？

解答 因为 10%的视频预计在小于 X 秒的时间内完成下载，所以在正态曲线下小于 Z 值的面积一定是 0. 100 0。使用表 E. 2，你可以查找概率或面积为 0. 100 0，最接近的结果为 0. 100 3，如表 6－3 所示（表 6－3 是表 E. 2 的一部分）。

表 6－3 找出正态曲线下方累积面积 0. 10 对应的 Z 值

	累积概率									
Z	0. 00	0. 01	0. 02	0. 03	0. 04	0. 05	0. 06	0. 07	0. 08	0. 09
.	.	.	.	.	.	.	.	.	.	.
.	.	.	.	.	.	.	.	.	.	.
.	.	.	.	.	.	.	.	.	.	.
.	.	.	.	.	.	.	.	.	.	.
－1. 5	0. 066 8	0. 065 5	0. 064 3	0. 063 0	0. 061 8	. 060 6	0. 059 4	0. 058 2	0. 057 1	0. 055 9
－1. 4	0. 080 8	0. 079 3	0. 077 8	0. 076 4	0. 074 9	0. 073 5	0. 072 1	0. 070 8	0. 069 4	0. 068 1
－1. 3	0. 096 8	0. 095 1	0. 093 4	0. 091 8	0. 090 1	0. 088 5	0. 086 9	0. 085 3	0. 083 8	0. 082 3
－1. 2	0. 115 1	0. 113 1	0. 111 2	0. 109 3	0. 107 5	0. 015 6	0. 013 8	0. 102 0	0. 100 3	0. 098 5

资料来源：Extracted from Table E. 2.

沿着 0. 100 3 所在位置到表的边缘，与特定的 Z 行（－1. 2）和 Z 列（0. 08）对应的 Z 值为－1. 28（见图 6－13）。

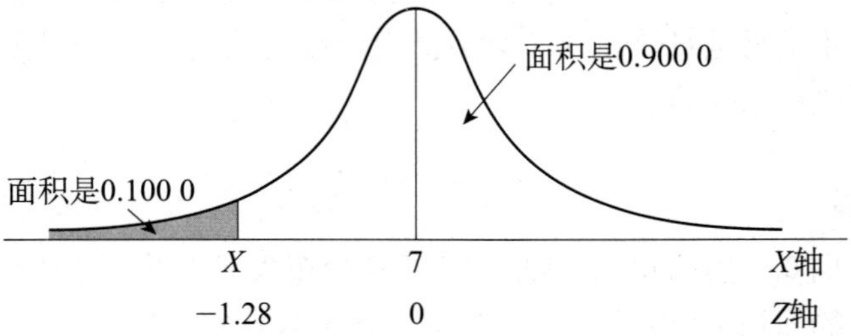

图 6－13 找到 Z 值以便确定 X

一旦得到 Z 值，便可利用转换公式（公式（6. 3））求出 X。

将 $\mu=7$，$\sigma=2$，$Z=-1.28$ 代入公式，得

$X = \mu + Z\sigma$

$X = 7 + (-1.28)(2) = 4.44$(秒)

因此，视频下载最快的 10%的预计时间不超过 4.44 秒。

例 6.5

求出包括 95%下载时间的 X 值

如何求得对称分布在均值两边的 X 值，使这两个 X 值之间包括 95%的视频下载时间？

解答 首先需要找出较小的 X 值（X_L），然后再找出较大的 X 值（X_U）。因为 95%的数值落在 X_L 和 X_u 之间，并且由于 X_L 和 X_u 与均值的距离相等，所以 2.5%的数值小于 X_L（见图 6-14）。

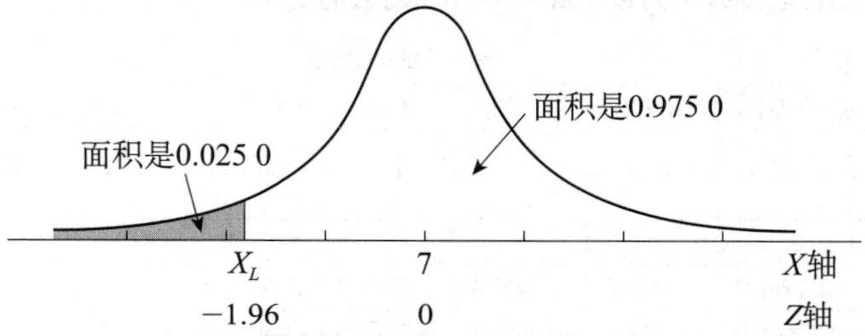

图 6-14 找出 Z 值以便确定 X_L

虽然 X_L 的值未知，但是 X_L 对应的 Z 值可以获得，因为正态曲线下方小于这个 Z 值的面积为 0.025 0。使用表 6-4 找到概率 0.025 0。

表 6-4 找出正态曲线下方累积面积 0.025 对应的 Z 值

	累积面积									
Z	0.00	0.01	0.02	0.03	0.04	0.05	0.06	0.07	0.08	0.09
.	.	.	.	.	.	.	.	.	.	.
.	.	.	.	.	.	.	.	.	.	.
.	.	.	.	.	.	.	.	.	.	.
−2.0	0.022 8	0.022 2	0.021 7	0.021 2	0.020 7	0.020 2	0.019 7	0.019 2	0.018 8	0.018 3
−1.9	0.028 7	0.028 1	0.027 4	0.026 8	0.026 2	0.025 6	0.025 0	0.024 4	0.023 9	0.023 3
−1.8	0.035 9	0.035 1	0.034 4	0.033 6	0.032 9	0.023 2	0.031 4	0.030 7	0.030 1	0.029 4

资料来源：Extracted from Table E. 2.

从表的主干部分到边缘，找到 Z 行（−1.9）和 Z 列（0.06）相对应的 Z 值为−1.96。得到 Z 值以后，最后一步就是使用公式（6.3）：

$$
\begin{aligned}
X &= \mu + Z\sigma \\
&= 7 + (-1.96)(2) \\
&= 7 - 3.92 \\
&= 3.08(\text{秒})
\end{aligned}
$$

可以使用类似的方法求 X_U，由于仅有 2.5%的视频下载时间大于 X_U，也就是说，97.5%的网页下载时间小于 X_U。根据正态分布的对称性，我们要求的 Z 值，如图 6-15 所示，为+1.96（因为 Z 在标准化均值 0 的右边）。你也可以选择从表 6-5 中得出这个 Z 值。无论你选择哪种方式，都可以发现 0.975 是正态曲线下小于 Z 值（+1.96）的面积。

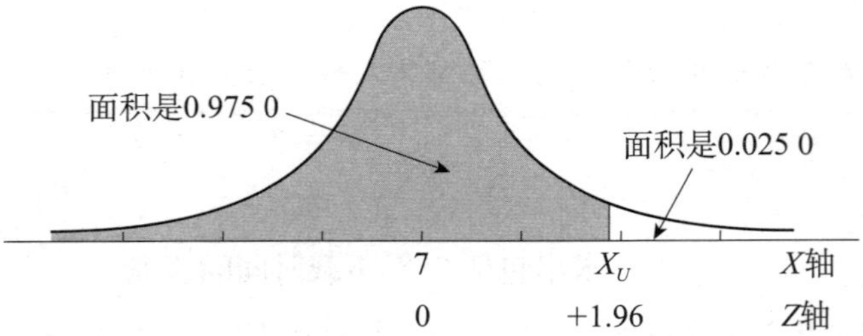

图 6-15 找出 Z 值以便确定 X_U

表 6-5 找出正态曲线下方累积面积 0.975 对应的 Z 值

	累积面积									
Z	0.00	0.01	0.02	0.03	0.04	0.05	0.06	0.07	0.08	0.09
.	.	.	.	.	.	.	.	.	.	.
.	.	.	.	.	.	.	.	.	.	.
.	.	.	.	.	.	.	.	.	.	.
+1.8	0.964 1	0.964 9	0.965 6	0.966 4	0.967 1	0.967 8	0.968 6	0.969 3	0.969 9	0.970 6
+1.9	0.971 3	0.971 9	0.972 6	0.973 2	0.973 8	0.974 4	0.975 0	0.975 6	0.976 1	0.976 7
+2.0	0.977 2	0.977 8	0.978 3	0.978 8	0.979 3	0.979 8	0.980 3	0.980 8	0.981 2	0.981 7

资料来源：Extracted from Table E. 2

然后利用公式（6.3）：

$$
\begin{aligned}
X &= \mu + Z\sigma \\
&= 7 + (+1.96)(2) \\
&= 7 + 3.92 = 10.92(\text{秒})
\end{aligned}
$$

因此，95%的下载时间介于 3.08～10.92 秒之间。

你也可以使用 Microsoft Excel 或 Minitab 计算正态概率。图 6-16 说明了如何利用 Excel 来计算正态分布以及 X 值。因此我们也可以用 Excel 来解例 6.1 到例 6.5。

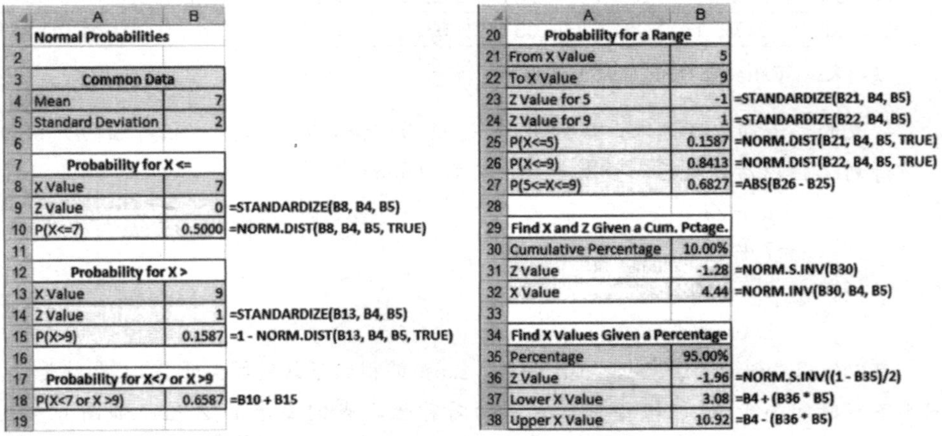

图 6-16 计算正态概率和 X 值的 Excel 表单

图 6-17 给出了例 6.1 和例 6.4 在 Minitab 里的结果（你需要用 1 减去左下侧图中的数字以得出例 6.1 中的结果）。

Cumulative Distribution Function

```
Normal with mean = 7 and standard deviation = 2

x  P( X <= x )
9     0.841345
```

Inverse Cumulative Distribution Function

```
Normal with mean = 7 and standard deviation = 2

P( X <= x )        x
        0.1  4.43690
```

图 6-17 例 6.1 和例 6.4 的 Minitab 结果

直观探索

破解正态分布

打开 VE-Normal Distribution add-in workbook 并计算正态分布。当工作簿（workbook）正确打开后，Add-ins（内嵌功能）面板中将出现正态分布菜单。

在这里，你可以考察均值和标准差的变动对正态分布曲线下方面积的影响。选择 Add-ins（内嵌功能）→ Normal Distribution（正态分布）→ Probability Density Function（概率密度函数）。你会看见“统计应用”中视频下载案例的正态曲线，以及一个可以让你调整曲线形状和曲线下阴影面积的浮动控制面板（如下图上半部分所示）。用滚动条的按钮改变算术平均数、标准差和 X 值，并观察你的改变对 $X<$值的概率的影响和相应曲线下阴影区域的变化。你还可以点击“Z value”选项按钮，以观察标有 Z 值的正态曲线。点击“Reset”按钮可以重置控制面板上的值 。完成这项探索，点击“Finish”结束。

如果要画出曲线下阴影面积以解决类似例 6.2 和例 6.3 的问题，选择 Add-ins → Normal Distribution → Areas（面积）。在面积控制面板中（如下图下半部分所示），输入各值，选择“面积”选项，并点击“OK”。这项内嵌功能将根据你提供的数值画出正态分布曲线并用阴影覆盖相对应的面积。

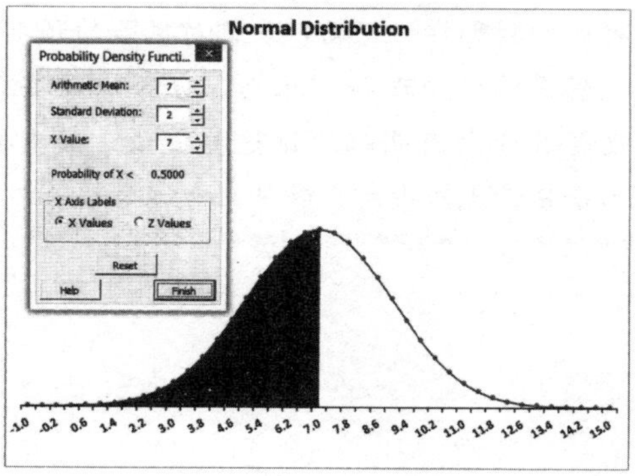

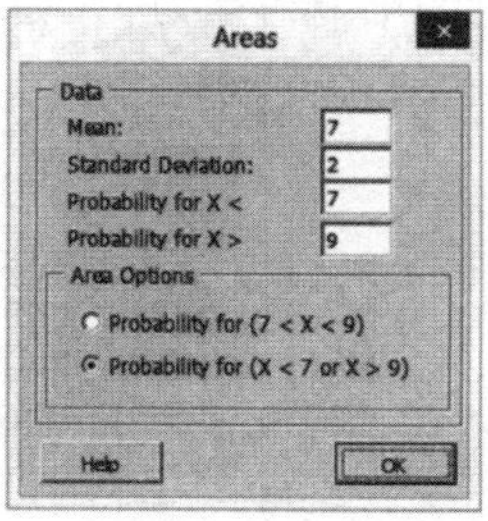

想一想

什么是正态？

具有讽刺意味的是，一位以应用6.2节讨论的正态分布而闻名的统计学家并不认为日常生活中遇到的事件通常属于正态分布。也就是说，这位统计学家所谓的“正态”与我们日常用语中的含义截然不同。

卡尔·皮尔逊（Karl Pearson）从他1894年的论文开始，就认为现象的度量并非自然地或者“正态地”服从古典钟形。尽管现在这个原理已经成为现代统计学的共识，但在那个时候，对于把世界看做标准正态的学术界而言，皮尔逊的观点是非常超前的。通过证明一些总体存在自然的偏斜（并创造了偏度（skew）这个词），皮尔逊改变了所有现象背后都自然存在正态分布这一误解。

然而遗憾的是，如今许多人仍然在皮尔逊所指出的误区中犯错。作为一名学生，你可能听说过许多关于分数通胀的讨论（这在许多学校是一种普遍现象）。但你是否听说过一个观点，作为支持这种“通胀”行为的证明——低分“太少”是因为分数偏向A和B。支持“通胀”的人错误地认为分数的分布应该自然遵从“正态”分布。阅读本书之后，你会认识到，由于大学生群体本身就是一个少数非随机样本，我们有很多理由去质疑，基于这样非随机样本的分数的分布是否应该遵从正态分布。

这些年，关于正态分布的误解既可以在商业部门看到，也可以在政府部门看到。这些误解已经导致一些实业界的重大损失并引发了一些著名的政策论战。例如2008年多家大型金融公司的破产。根据某种理论，投资银行界用正态分布来评估风险的做法，可能是导致全球金融危机的原因之一（参见“A Finer Formula for Assessing Risks,” *The New York Times*，May 11，2010，p. B2）。这一理论指出，对于正态分布的应用导致这些银行过度相信市场的稳定性，并且低估了市场出现异乎寻常的严重亏损的概率。

根据这一理论，如果这些银行使用的是其他更注重两端的分布，而不是中间密集的正态分布，那么最终的损失或许能够减少很多。这是因为模型的两端代表着市场中的异常变动。而银行如果能更加准确地预判那样的变动，它们对风险的预期就会更加准确。

继续学习本章之前，先确保你已经理解“正态”分布以及要正确使用时必须成立的前提假设。投资银行界的失误就在于没有明确验证这些假设。最重要的是，要永远记住正态分布的所谓的“正态”并不是日常生活中所说的“正常”！

6.2 习题

掌握基础知识

6.1 给定一个标准正态分布（均值为0，标准差为1，如表E.2所示），试求如下概率：

a. Z 比1.57小。

b. Z 比1.84大。

c. Z 在1.57～1.84之间。

d. Z 小于1.57或者大于1.84。

6.2 给定一个标准正态分布（均值为0，标准差为1，如表E.2所示），试求如下概率：

a. Z 在−1.57～1.84之间。

b. Z 比−1.57小或者比1.84大。

c. 如果只有 2.5% 的值大于 Z，求 Z 值。

d. 在哪两个 Z 值之间（对称分布于均值两端）包括了 68.26% 的数据？

6.3 给定一个标准正态分布（均值为 0，标准差为 1，如表 E.2 所示），试求如下概率：

a. Z 比 1.08 小。

b. Z 比 -0.21 大。

c. Z 比 -0.21 小或者比均值大。

d. Z 小于 -0.21 或者大于 1.08。

6.4 给定一个标准正态分布（均值为 0，标准差为 1，如表 E.2 所示），试求如下概率：

a. $P(Z>1.08)$。

b. $P(Z<-0.21)$。

c. $P(-1.96<Z<-0.21)$。

d. 如果只有 15.87% 的值大于 Z，求 Z 值。

6.5 给定一个正态分布，$\mu=100$，$\sigma=10$，试求如下概率：

a. $X>75$。

b. $X<70$。

c. $X<80$ 或 $X>110$。

d. 在哪两个 Z 值之间（对称分布于均值两端）包括了 80% 的所有可能的 Z 值？

6.6 给定一个正态分布，$\mu=50$，$\sigma=4$，试求如下概率：

a. $X>43$。

b. $X<42$。

c. 如果 5% 的值小于 X，求 X 值。

d. 在哪两个 Z 值之间（对称分布于均值两端）包括了 60% 的所有可能的 Z 值。

概念应用

6.7 根据 2014 年瓶装水市场分析报告（Bottled Water Trends for 2014，bit.ly/1gx5ub8），2013 年美国人均瓶装水饮用量为 31.8 加仑。假设美国的人均瓶装水饮用量服从均值为 31.8 加仑，标准差为 10 加仑的正态分布。试求如下概率：

a. 2013 年一个美国人瓶装水饮用量超过 32 加仑的概率。

b. 2013 年一个美国人瓶装水饮用量在 10～20 加仑之间的概率。

c. 2013 年一个美国人瓶装水饮用量少于 10 加仑的概率。

d. 99% 的美国人 2013 年瓶装水饮用量少于 X 加仑，求 X。

6.8 托比客车公司根据年度数据发现，每辆卡车行驶的里程数呈均值为 5.0 万英里，标准差为 1.2 万英里的正态分布。

a. 每年行驶里程在 3.4 万～5.0 万英里的卡车比率是多少？

b. 有多少比例的卡车预期每年行驶里程在 3.0 万英里以下或 6.0 万英里以上？

c. 至少有 80% 的客车每年会行使 X 英里，求 X。

d. 如果标准差为 1.0 万英里，问题（a）～（c）的答案会是多少？

6.9 2013 年消费者平均在餐厅的消费金额为 14.99 美元（bit.ly/1hObH22）。假设在餐厅的消费金额服从正态分布，且标准差为 2 美元。试求如下概率：

a. 随机选择一次消费，金额超过 15 美元的概率。

b. 随机选择一次消费，金额在 10～12 美元之间的概率。

c. 取正态分布中间的 95%，其上限和下限值分别是多少？

6.10 一门初级统计课程的期终考试分数服从正态分布，均值为 73，标准差为 8。试求一位学生考试结果的如下概率：

a. 分数低于 91 分。

b. 分数在 65～89 之间。

c. 分数高于 X 分的概率是 5%，求 X 值。

d. 如果教授根据分布曲线来评定成绩（最高的 10% 为 A），你的得分为 81，你是否能得 A? 如果参加另一门考试，这门考试呈分数均值为 62，标准差为 3 的正态分布，你的分数为 68，你是否会感觉好一些? 从统计角度回答并给出解释。

6.11 尼尔森的一项调查显示，18～24 岁的人群每月平均花 135 分钟在智能手机上看视频(bit.ly/1hF3BP2)。假设人们在手机上看视频的事件服从正态分布，且标准差为 15 分钟。试求如下概率：

a. 一个 18～24 岁的人每月花少于 112 分钟在手机上看视频的概率。

b. 一个 18～24 岁的人每月花 112～158 分钟在手机上看视频的概率。

c. 一个 18～24 岁的人每月花多于 158 分钟在手机上看视频的概率。

d. 1% 18～24 岁的人每月在手机上看视频的时间少于 X 分钟，求 X 值。

6.12 根据《饮料行业分析》（*Beverage Digest*）的一份特刊（bit.ly/1e9ORS3），美国 2013 年人均软饮料饮用量为 42.2 加仑。假设这个饮用量服从正态分布，均值为 42.2 加仑，且标准差为 13 加仑。试求如下概率：

a. 2013 年一个美国人饮用超过 60 加仑软饮料的概率。

b. 2013 年一个美国人饮用 15～30 加仑软饮料的概率。

c. 2013 年一个美国人饮用少于 15 加仑软饮料的概率。

d. 99% 的美国人饮用少于 X 加仑软饮料，求 X 值。

6.13 许多制造问题在于设计机械零件之间的精确匹配，例如轴与轴承孔之间的配合。一个特定的设计要求轴直径为 22.000 毫米，实际上直径在 21.990～22.010 毫米之间都是可以接受的。假设现有一批轴，其直径符合均值为 22.002 毫米，标准差为 0.005 毫米的正态分布。试求如下概率：

a. 直径尺寸在 21.99～22.00 毫米之间的轴的比率。

b. 一个轴合格的概率。

c. 只有 2% 的轴直径超过 X 毫米，求 X 值。

d. 在问题（a）～（c）中，如果轴径的标准差变为 0.004 毫米，答案又会是怎样的?

6.3 评估正态性

在 6.2 节中，我们指出了正态分布有几个非常重要的理论特性：

- 正态分布是对称的，因此均值和中位数相等。
- 正态分布呈钟形，因此经验法则可以应用。
- 四分位间距相当于 1.33 个标准差。
- 变量分布范围约为 6 个标准差。

正如 6.2 节所述，许多商务中常见的连续变量都近似服从正态分布。要确定一组数据是否可以用正态分布来近似表示，既可以将正态分布的理论性质与数据的特性加以比较，也可以构建正态概率图。

比较数据性质和理论特性

实际问题中许多连续变量具有类似正态分布理论性质的特征。与此同时，也有许多连续变量既不服从正态分布，也不与正态分布相似。对于这些变量，其数据的描述性特征往往不符合正态分布的四个性质。检验一组数据是否服从正态分布的一种方法是观察这组数据所展现的特征，并将这些特征与数据服从正态分布时应该具有的特征相比较。你可以通过如下方式来进行上述类比：

● 画出图形，并检查该图形的形状。对于小样本或者中等样本的数据，可以使用茎叶图或者箱线图。对于大样本数据，可以画出直方图或者多边图。

● 计算描述性统计量并比较数据特征和正态分布的理论特性；比较均值和中位数；四分位间距是否大致等于 1.33 个标准差；样本分布范围是否大约等于 6 个标准差。

● 判断数据值是怎样分布的。确定是否接近 2/3 的数据分布在偏离均值 1 个标准差的范围内；确定是否接近 4/5 的数据分布在偏离均值 1.28 个标准差的范围内；确定 20 个观察值中是否几乎有 19 个落在距离均值 2 个标准差的范围内。

举个例子，你可以用上述方式判断第 2 章和第 3 章里讨论的年收益率数据（见文件 Retirement Funds）是否具有正态分布的特性。

表 6-6 给出了这些数据的描述性统计量以及年收益率分布的四分位数据。图 6-18 给出了用 Excel 和 Minitab 制作的年收益率分布的箱线图。

表 6-6 年收益率的描述性统计量和五值概括法

年收益率的描述性统计量		四分位数据	
均值	14.40	最小值	−11.28
中位数	14.48	第一四分位	11.80
众数	14.50	中位数	14.48
最小值	−11.28	第三四分位	16.81
最大值	33.98	最大值	33.98
全距	45.26		
方差	23.57		
标准差	4.86		
变异系数	33.72%		
偏度	0.103 6		
峰度	4.251 1		
样本容量	316		
标准误	0.27		

从表 6-6 和图 6-18 以及年收益率的有序排列（这里没有给出）中，可以得出如下论述：

● 均值 14.40 与中位数 14.48 大致相等。(在正态分布中，均值和中位数相等。)

● 箱线图轻度左偏（正态分布是对称的)。

● 四分位间距 5.01 大致是标准差的 1.03 倍。(在正态分布中，四分位间距是标准差的 1.33 倍)

● 取值范围 45.26 等于标准差的 9.32 倍。(在正态分布中，取值范围大致是标准差的 6 倍。)

● 76.27%的数据在均值±1 个标准差范围内。(在正态分布中，68.26%的值在均值±1 个标准差范围内。)

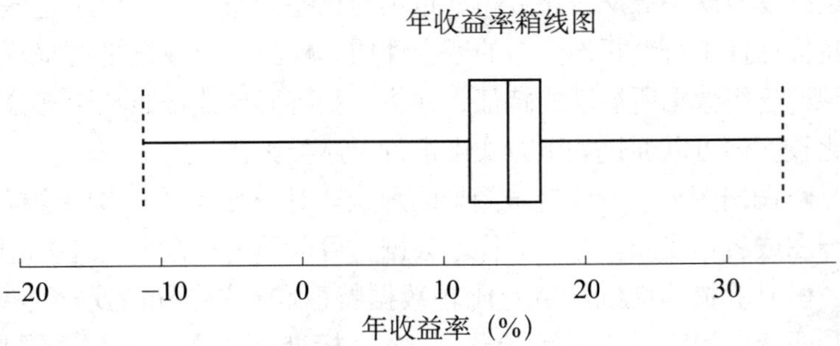

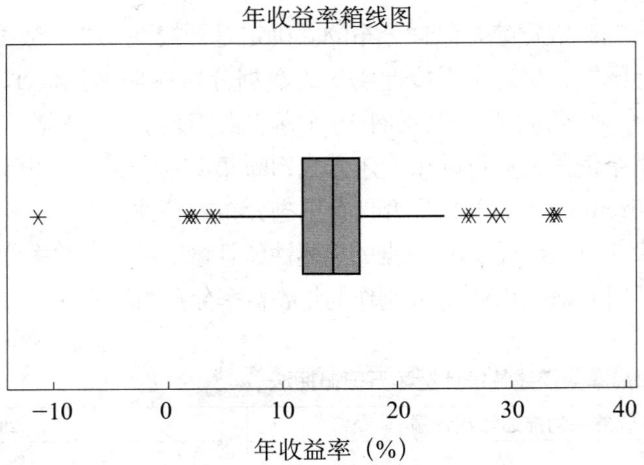

图 6-18 年收益率的 Excel 和 Minitab 箱线图

- 85.13%的数据在均值±1.28 个标准差范围内。(在正态分布中，80%的值在均值±1.28 个标准差范围内。)
- 94.94%的数据在均值±2 个标准差范围内。(在正态分布中，95.44%的值在均值±2 个标准差范围内。)
- 样本的偏度为 0.103 6，峰度为 4.251 1。(在正态分布中，这两项都应为 0。)

基于这些论述以及前面给出的准则，我们发现年收益率的分布稍向左偏，并且和预期相比包含更多接近均值的数值（在±1 个标准差范围内的数值)。该取值范围比正态分布中的预期范围值要大，但这在很大程度上是由于−11.28 这个异常值的存在。偏度略大。峰度表示数据分布更向均值靠拢。你可以得出结论，此年收益率的数据特征和正态分布的理论特征差异较多。

构建正态概率图

正态概率图（normal probability plot）是估计数据是否服从正态分布的图表方法。一种常见的正态概率图叫做 **QQ 图**（quantile-quantile plot）。制作 QQ 图时，首先把每个序数转换成 Z 值。例如，包含 19 个数的一个样本，最小值的 Z 值的对应累积面积为：

$$\frac{1}{n+1}=\frac{1}{19+1}=\frac{1}{20}=0.05$$

累积面积 0.05 的 Z 值（查阅表 E.2）是-1.65。表 6－7 给出了容量为 $n=19$ 的样本的全部对应的 Z 值。

表 6－7　容量为 $n=19$ 的样本序数和对应的 Z 值

序数	Z 值	序数	Z 值
1	−1.65	11	0.13
2	−1.28	12	0.25
3	−1.04	13	0.39
4	−0.84	14	0.52
5	−0.67	15	0.67
6	−0.52	16	0.84
7	−0.39	17	1.04
8	−0.25	18	1.28
9	−0.13	19	1.65
10	0		

要构建 QQ 图，首先将 Z 值画在 X 轴上，对应变量的值画在 Y 轴上。如果数据服从正态分布，数值会构成一条近似直线的分布。图 6－19 给出了三个典型的 QQ 正态概率图，它们分别代表向左偏的分布（A）、正态分布（B）、向右偏的分布（C）。如果数据是左偏的，曲线开始时上升比较快，然后变平缓。如果数据是正态分布的，数据点会大致沿直线分布。如果数据是右偏的，数据点开始上升较为缓慢，然后会在取值较大的变量处以更快的速度上升。

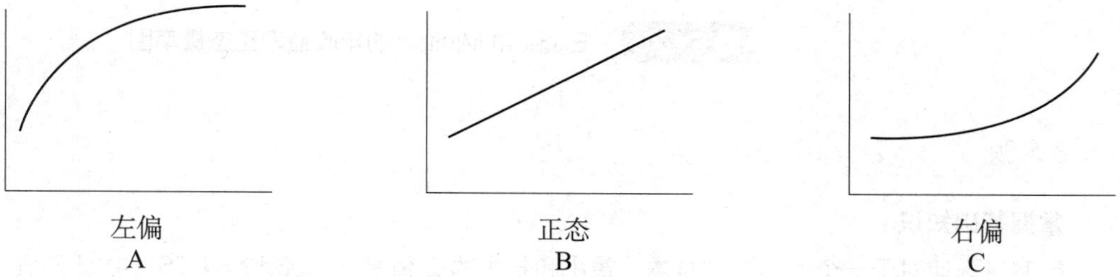

图 6－19　左偏分布、正态分布、右偏分布的正态概率图

图 6－20 给出了 Microsoft Excel 和 Minitab 对上述年收益率数据制作的正态概率图。Excel 的 QQ 图显示，收益率大致符合一条直线，但在分布的下端和上端有少数偏离点。

Minitab 的正态概率图以年收益率作为 X 轴，正态分布的累积百分比作为 Y 轴。和 QQ 图一样，当数据服从正态分布时，这里的图形的形状也会接近一段直线。然而，当数据右偏时，我们会看到一条开始时上升较快然后趋于平缓的曲线。当数据左偏时，我们会看到一条开始时较为平缓随后快速上升的曲线。尽管上图与一条线段相似，我们可以看到在线段的上端有一些偏离的数据点。因此我们认为这组数据在一定程度上与正态分布有差别。

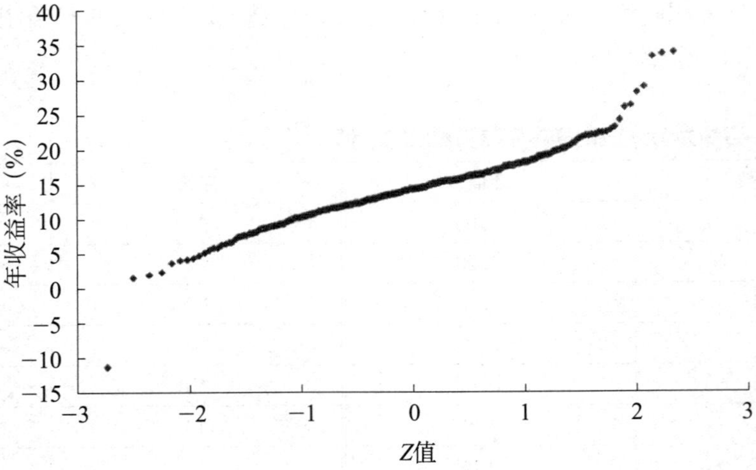

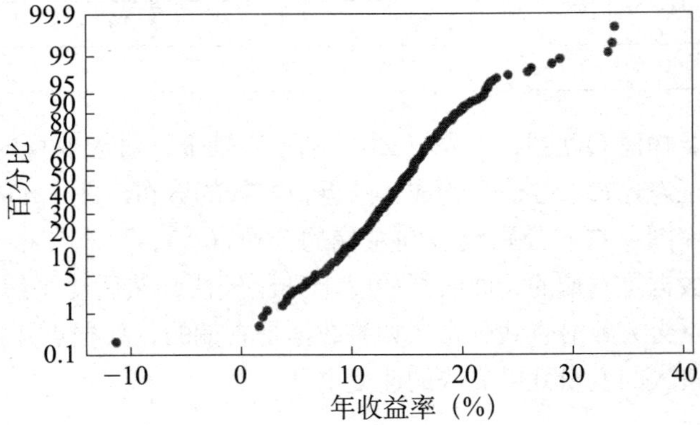

图 6-20　Excel 和 Minitab 的年收益率正态概率图

6.3 习题

掌握基础知识

6.14　证明对于一个 $n=39$ 的样本，最小和最大的 Z 值是 -1.96 和 $+1.96$，中间 Z 值（第 20 个）是 0.00。

6.15　对于 $n=6$ 的样本，列出 6 个 Z 值。

概念应用

6.16　文件 SUV 中包括 2014 年小型 SUV 综合油耗数据（英里/加仑），数据（$n=20$）如下所示：

26	22	23	21	25	24	22	26	25	22
21	21	22	22	23	24	23	22	21	22

资料来源："Which Car Is Right for You," *Consumer Reports*, April 2014, pp. 60-61.

通过以下途径确定这组数据看上去是否近似正态分布：

a. 将数据特征和理论特性做比较。

b. 构建正态概率图。

6.17　随着球员工资上涨，观看比赛的成本急剧上升。文件 NBACost2013 中的价格数据包括 4 张均价票、2 瓶啤酒、4 瓶软饮料、4 份热狗、2 个比赛项目、2 顶棒球帽、30 支球队每个主场 2013—

2014赛季停车票一张。票价数据如下所示:

240.04	434.96	382.00	203.06	456.60	271.74
321.18	319.10	262.40	324.08	336.05	227.36
395.20	542.00	212.16	472.20	309.30	273.98
208.48	659.92	295.40	263.10	266.40	344.92
308.18	268.28	338.00	321.63	280.98	249.22

资料来源:"NBA FCI 13—14 Fan Cost Experience," bit. ly/1nnu9rf.

通过以下途径判断这组数据是否服从正态分布:

a. 将数据特征和理论特性做比较。

b. 构建正态概率图。

6.18 文件 Property Taxes 中的数据包括美国50个州和哥伦比亚特区的人均房产税。通过以下途径确定该数据看上去是否服从正态分布:

a. 将数据特征和理论特性做比较。

b. 构建正态概率图。

6.19 道琼斯工业指数由30家企业构成。这些企业有多大?对企业估值的常用方式之一是衡量企业的市值。而企业的市值是通过将企业的股价与总股数相乘得出。2014年3月14日,道琼斯所覆盖的30家企业市值区间包括最小的 Traveler's (291亿美元) 和最大的 ExxonMobil (4 039亿美元)。所有的市值数据都存在 DowMarketCap 文件中 (money. cnn. com, March 14, 2014)。通过以下途径判断这些企业市值的分布是否服从正态分布:

a. 将数据特征和理论特性做比较。

b. 构建正态概率图。

c. 构建直方图。

6.20 建材厂的一道工序是用金刚钻锯把钢片锯断成零件,这些零部件用于汽车工厂制造前椅的边框。汽车工厂要求锯成的部分在规定的长度±0.005英寸范围内。文件 Steel 中存储了来源于100个钢材零件的数据。数据代表了零件实际长度(由激光度量设备量出)和零件规定长度之间的差,用英寸表示。通过以下途径判断数据看上去是否服从正态分布:

a. 将数据特征和理论特性做比较。

b. 构建正态概率图。

6.21 文件 CD Rate 中的数据是美国22家银行截至2014年3月12日1年定期存单和5年定期存单的利率 (www. Bankrate. com, March 12, 2014)。对于上述每种投资产品,通过以下途径判断数据是否看上去服从正态分布:

a. 将数据特征和理论特性做比较。

b. 构建正态概率图。

6.22 下面的数据存储在文件 Utility 中,代表了2014年7月一个大城市里50个一居室的随机样本的电费:

96	171	202	178	147	102	153	197	127	82
157	185	90	116	172	111	148	213	130	165
141	149	206	175	123	128	144	168	109	167
95	163	150	154	130	143	187	166	139	149
108	119	183	151	114	135	191	137	129	158

通过以下途径判断数据看上去是否服从正态分布:

a. 将数据特征和理论特性做比较。

b. 构建正态概率图。

统计应用

MyTVLab 的正态下载，回顾

在“统计应用”中，你是 MyTVLab 这家集社交媒体与视频网站于一体的企业的项目经理。你的任务是确保用户能够高速下载视频。通过在公司的办公室进行的实验，你可以确定从点击下载链接到视频下载完成的时间（用秒计算）呈钟形分布，下载时间均值为 7 秒，标准差为 2 秒。使用正态分布，你了解到大约 84% 的下载时间在 9 秒及 9 秒以下，95% 的下载时间在 3. 08～10. 92 秒之间。

明白了如何使用正态分布计算概率之后，你可以估计不同网页设计下的视频下载时间。例如，如果标准差仍然是 2 秒，把均值降低到 6 秒会使整个分布的数值降低 1 秒。因此，大约 84% 的下载时间会是 8 秒或 8 秒以下，95% 的下载时间会在 2. 08～9. 92 秒之间。另一个可以减少下载时间的途径是降低标准差。例如，考虑均值仍然是 7 秒，但我们将标准差减小到 1 秒。这时，我们再次得到 84% 的下载时间在 8 秒或 8 秒以下，95% 的下载时间在 5. 04～8. 96 秒之间。

小 结

在本章和前一章中，你已经学到了一些通常称为概率分布的数学模型，以及它们是如何用于解决商务问题的。在第 5 章，你了解到对于那些通过计数过程数出来的数据（比如，你注册过账户的不同社交网站的数量、由会计信息系统产生的报告里被标记订单的数量等），你可以用离散概率分布来解决概率问题。在本章中，你学会了对于那些通过测量设备测出的数据（比如你的身高或者下载视频的速度），你可以用连续概率分布来解决问题。

连续概率分布以各种形式出现，但是商务中最普遍也是最重要的就是正态分布。正态分布是对称的，因此均值和中位数相等；形状如钟形，并且大约 68. 26%的观察值位于距离均值 1 个标准差范围之内，大约 95. 44%的观察值位于距离均值 2 个标准差范围之内，大约 99. 73%的观察值位于距离均值 3 个标准差范围之内。尽管商务问题中许多数据集可以用正态分布来近似，但并不应该认为所有数据都可以用正态分布来近似。在 6. 3 节中，你学到了估计正态性的不同方法，可以用来评估在特定的情况下正态分布数学模型是否适用。在第 7 章中，我们将学习用正态分布进一步做统计推断。

参考文献

1. Gunter, B. “Q-Q Plots.” *Quality Progress* (February 1994): 81–86.
2. Levine, D. M., P. Ramsey, and R. Smidt. *Applied Statistics for Engineers and Scientists Using Microsoft Excel and Minitab*. Upper Saddle River, NJ: Prentice Hall, 2001.
3. *Microsoft Excel 2013*. Redmond, WA: Microsoft Corp., 2012.
4. Miller, J. “Earliest Known Uses of Some of the Words of Mathematics.” **jeff560.tripod.com/mathword.html**.
5. *Minitab Release 16*. State College, PA: Minitab, Inc., 2010.
6. Pearl, R. “Karl Pearson, 1857–1936.” *Journal of the American Statistical Association*, 31 (1936): 653–664.
7. Pearson, E. S. “Some Incidents in the Early History of Biometry and Statistics, 1890–94.” *Biometrika* 52 (1965): 3–18.
8. Taleb, N. *The Black Swan*, 2nd ed. New York: Random House, 2010.
9. Walker, H. “The Contributions of Karl Pearson.” *Journal of the American Statistical Association* 53 (1958): 11–22.

关键词

累积标准正态分布（cumulative standardized normal distribution）
指数分布（exponential distribution）
正态分布（normal distribution）
正态概率图（normal probability plot）
概率密度函数（probability density function）
正态分布的概率密度函数（probability density function for normal distribution）
QQ 图（quantile-quantile plot）
标准正态变量（standardized normal variable）
转换公式（transformation formula）
均匀分布（uniform distribution）

检查你对本章的理解

6.23 为什么只需要一张像表 E.2 那样的正态分布表就可以求出任何正态分布曲线下的概率?

6.24 如何求出正态曲线下方两个值之间的面积?

6.25 如何求出和正态分布给定的百分位数相对应的 X 值?

6.26 正态分布有哪些特点?

6.27 正态分布的形状为什么不同于均匀分布和指数分布的形状?

6.28 如何使用正态概率图判断一组数据是不是服从正态分布?

本章复习题

6.29 一种缝纫机使用的滚珠轴承的目标直径是 0.75 英寸。轴承可以使用所设定的上下限分别是 0.74 英寸和 0.76 英寸。过去的经验表明滚珠轴承的实际直径近似服从正态分布，均值为 0.753 英寸，标准差为 0.004 英寸。试求滚珠轴承具备如下特征的概率：

a. 在目标直径和实际均值之间。

b. 在设定下限和目标直径之间。

c. 在设定上限值以上。

d. 在设定下限值以下。

e. 93%的直径大于 X，求 X 值。

6.30 软饮料瓶的实际装填量呈正态分布，均值为 2 升，标准差为 0.05 升。如果瓶子里装有净含量少于95%的饮料（在本例中，即 1.9 升），生产商可能会遭到州消费者事务办公室的处罚。净含量超过 2.10 升，打开瓶盖时会有过多的饮料洒出来。多少比率的瓶子会含有如下装填量的饮料?

a. 1.90～2.0 升。

b. 1.90～2.10 升。

c. 少于 1.90 升或多于 2.10 升。

d. 99%的瓶子装填量大于等于 X 升，求 X 值。

e. 99%的瓶子装填量在哪两个数值（对称分布于均值两端）之间?

6.31 为了减少装填量在 1.90 升以下的饮料，习题 6.30 中的装瓶者设定了装填机器，均值改为 2.02 升。在这个情况下，(a) ～ (e) 的答案分别是什么?

6.32 一项 Ipsos MediaCT 的调查显示，使用移动设备购买电子消费品的消费者在过去 6 个月中，人均购买电子消费品的金额为 1 539 美元（iab.net/showrooming）。假设电子消费品的人均消费服从正态分布，且标准差为 500 美元。试求如下概率：

a. 一个使用移动设备消费的消费者在电子消费品上的消费金额小于 1 000 美元的概率。

b. 一个使用移动设备消费的消费者在电子消费品上的消费金额在 2 500～3 000 美元之间的概率。

c. 90%消费者的消费金额小于 X 美元，求 X 值。

d. 以均值为中心80%的数据分布在哪两个值之间?

6.33 美国156种最畅销的啤酒数据保存在文件DomesticBeer里。其中包括三个变量：酒精百分比、每12盎司的卡路里数量和每12盎司的碳水化合物数量（克）。判断每个变量是否服从正态分布。用正确的统计量和图来支持你的结论。(Data extracted from www.Beer100.com，March 12，2014.)

6.34 餐馆的晚班经理希望减少顾客排队等候座位所需要的时间。与此同时，她还希望减少顾客的用餐时间（也就是从顾客就坐到离开餐馆的时间)。在一个星期中，随机选取100名顾客（每桌不超过一个人)，将他们的等待时间和用餐时间记录在文件Wait里。

a. 想想你最喜欢的餐馆。你认为等候时间更像均匀分布、指数分布还是正态分布?

b. 再想想你最喜欢的餐馆。你认为用餐时间更像均匀分布、指数分布还是正态分布?

c. 构造等候时间的直方图和正态概率图。你认为这些等候时间更像均匀分布、指数分布还是正态分布?

d. 构造用餐时间的直方图和正态概率图。你认为这些用餐时间更像均匀分布、指数分布还是正态分布?

6.35 所有主要股市指数在2013年出现了大幅上涨。标普500指数中的股票（500个大公司的股票）平均年收益率为+29.6%。纳斯达克，由3 200个中小企业组成的指数，平均年收益率为+38.3%。历史上看，年收益率的分布近似为正态分布，标普500指数的股票年收益率的标准差近似为20%，纳斯达克的股票年收益率的标准差近似为30%。

a. 标普500指数中的一只股票在2013年收益为正的概率是多少?

b. 标普500指数中的一只股票在2013年增值10%或以上的概率是多少?

c. 标普500指数中的一只股票在2013年损失20%或以上的概率是多少?

d. 标普500指数中的一只股票在2013年损失30%或以上的概率是多少?

e. 将（a）～（d）中的标普500指数换成纳斯达克，试求上述各题中的概率。

d. 对你的结果写一份小总结，并讨论和较大标准差有关的风险问题。

6.36 一份针对实习生的调查显示，在实习生选择工作时，发展前景、工资、城市、交通以及公司文化和价值都是至关重要的因素。根据Glassdoor的博客，2014年实习生待遇最好的25家企业中(*25 Highest Paying Companies for Interns 2014*，bit.ly/1gx6vjx)，英特尔公司（Intel）的实习生平均月薪为4 648美元。假设实习生的月薪服从正态分布，且标准差为400美元。试求一位在英特尔公司工作的实习生得到以下月薪的概率：

a. 少于4 500美元。

b. 在4 300～4 700美元之间。

c. 超过5 200美元。

d. 99%实习生月薪高于 X 美元，求 X 值。

e. 以均值为中心，95%的实习生月薪在哪两个值（对称分布于均值两端）之间?

6.37 习题6.36中提到的同一份调查报告指出，Facebook的实习生平均月薪为6 213美元。假设月薪分布服从正态分布，且标准差为500美元。试求一位Facebook的实习生得到以下月薪的概率：

a. 少于4 500美元。

b. 在4 300～4 700美元之间。

c. 超过5 200美元。

d. 99%实习生月薪高于 X 美元，求 X 值。

e. 以均值为中心，95%的实习生月薪在哪两个值（对称分布于均值两端）之间？

f. 把习题 6.36 的计算结果与本题的结果做比较。

6.38 （班级项目）一种理论认为，股票收盘价每日的变化属于随机游走——也就是说这些每日发生的事件彼此独立并且以一种随机的方式向上或者向下运动——可以用正态分布来近似。要验证这个理论，从报纸或者互联网选一家纽约证券交易所上市的公司、一家纳斯达克上市的公司、一家美国证券交易所上市的公司，然后进行如下操作。

1. 记录连续 6 周这些公司收盘价的数据（每个公司有 30 个数据）。

2. 记录连续 6 周这些公司收盘价的每日变动数据（每个公司有 30 个数据）。

提示：随机游走理论指的是股票收盘价每天的变动，而不是每天的收盘价。

通过以下方式判断这 6 个数据集里的数据是否服从正态分布：

a. 检验茎叶图、直方图或者多边图、箱线图。

b. 将数据特征和理论特性作比较。

c. 构造正态概率图。

d. 讨论（a）～（c）的结果。对于三只股票的日收盘价和收盘价的每日变动，你有何评价？如果有的话，哪些数据集是近似服从正态分布的？

第 6 章案例　管理 Ashland MultiComm Services

AMS 的技术服务部门启动了一项以提高服务质量为核心的企划。企划的第一个项目的目标是稳定 AMS 网络用户的上传速度。上传速度通过标准单位衡量。目标速度为 1.0 个标准单位。根据历史数据，我们认为上传速度的分布近似正态分布，其均值为 1.005，标准差为 0.10。每天记录一次上传速度。如果这个速度对应的标准单位在 0.95～1.05 之间，就认为这个速度是满足要求的。

1. 假定我们所收集的数据服从历史数据的分布（正态分布），试求上传速度以标准单位衡量的如下概率：

a. 小于 1.0。

b. 0.95～1.0。

c. 1.0～1.05。

d. 小于 0.95 或者大于 1.05。

2. 项目的目标是减少上传速度在 1.0 以下的概率。你认为最有效的做法是提高上传速度均值到 1.05，还是减少标准差到 0.075？解释你的答案。

数字案例

在本章数字案例中应用你所了解的关于正态分布的知识。该案例是“统计应用”专栏的延伸。

要满足潜在广告客户的需求，MyTVLab 的管理层决定开始调查用户加载一个拥有许多视频的复杂页面所需要的时间。市场部收集了一些数据，并且基于数据服从正态分布的判断，给出了一些结论。

这些数据和结论可以在文件 MTL_QRTStudy.pdf 中找到。阅读市场部的内部调查结果，然后回答如下问题：

1. 市场部门收集的数据可以用正态分布来模拟吗？

2. 回顾并评价 MyTVLab 市场部所给的结论。哪些结论是正确的？哪些不正确？

3. 如果 MyTVLab 可以将平均时间减少 5 秒，概率将如何改变？

CardioGood 健身设备

回到第 1 章末 CardioGood 健身设备的案例（数据存储在 CardioGood Fitness 文件中）：

1. 对于每款 CardioGood 跑步机，判断预期用户的年龄、收入、用途以及使用量是否服从正态分布。

2. 为 CardioGood 健身设备的管理层写一份调查报告，陈述你的发现。

更多的描述性选择，回顾

回到第 3 章的“统计应用”专栏——“更多的描述性选择”，使用 Retirement Funds 文件里 316 只退休基金的 3 年收益率、5 年收益率以及 10 年收益率的数据，构建正态概率图。在研究过程中，探讨成长型基金和价值型基金所展现的区别以及小型、中型和大型基金之间收益率分布的区别。

Clear Mountain 州立大学学生调查

1. Clear Mountain 州立大学（CMSU）的学生新闻服务机构决定收集关于 CMSU 本科生的调查数据。他们发出了一份由 14 个问题组成的调查问卷并且收到了 62 份回答（保存在文件 UndergradSurvey 中）。对于数据里每一项数值变量，通过如下途径确定数据是否近似服从正态分布：

a. 将数据特征和理论特性作比较。

b. 构造正态概率图。

c. 写一份报告总结你的发现。

2. CMSU 的学生主任知道了这项本科生调查，决定对 CMSU 的研究生也进行一项类似的调查。她发出了一份由 14 个问题组成的问卷并且收到了 44 份回答（保存在文件 GradSurvey 中）。对于数据里每一项数值变量，通过如下途径确定数据是否近似服从正态分布：

a. 将数据特征和理论特性作比较。

b. 构造正态概率图。

c. 写一份报告总结你的发现。

第 7 章
抽样分布
Sampling Distributions

学习目标

- 了解抽样分布的概念
- 计算样本均值和样本比率的概率
- 理解中心极限定理的重要性

统计应用

Oxford 麦片抽样

在 Oxford 麦片公司的自动化生产线上，每个工作时段可以生产上千盒麦片。作为这家工厂的运营经理，你负责监控每盒里所装的麦片重量。按照包装盒上标明的净重，每盒应该装有 368 克麦片。由于流水线快速运转，每盒麦片的重量都不一样，在 368 克上下浮动。如果生产过程出现问题，那么盒装麦片的重量就会严重偏离 368 克，从而不符合生产要求。

由于逐一检查每盒麦片的重量非常耗时，不仅成本很高而且效率低下，所以必须采取抽样的方式进行检测。抽取一组样本，对样本中的产品逐一称重，得到样本均值。然后做出判断，确定这组样本是从均值为 368 克的总体中随机抽样得到的。基于上述分析来决定是继续生产，还是调整或停止生产过程。

在第 6 章中，你通过正态分布研究了 MyTVLab 网站的视频下载速度的分布。在本章中，你将基于 Oxford 麦片样本的重量作出关于麦片包装过程的决策。你将学习抽样分布，以及如何使用抽样分布解决经营管理实际问题。

7.1 抽样分布

在许多应用中，我们需要用从样本计算出的统计量估计总体的参数值。在接下来的两节中，将学习怎样用样本均值（统计量）来估计总体均值（参数），以及如何用样本比率（统计量）来估计总体比率（参数）。在做统计推断的时候，主要关注的是对总体做出的结论，而不是样本。例如，一个政治民意调查者对样本感兴趣，仅仅是因为它有助于我们预估每个候选人能够从选民中获得选票的实际比率 。同理，Oxford 麦片的工厂运营经理感兴趣的不是盒装麦片样本重量的均值，而是通过这个数据计算得出的盒装麦片总体重量的均值。

在实际操作中，我们按照预定的样本容量从总体中随机抽取一组样本。从理论上讲，要用样本统计量估计总体参数，我们可以考察给定样本容量下的所有可能出现的样本。**抽样分布**（sampling distribution）就是抽取所有可能的样本时得到结果的数据分布。在实际操作中得到的一组样本代表的仅仅是抽样分布中一个可能出现的结果。

7.2 均值的抽样分布

在第3章中，我们对几种集中趋势的度量方法（包括均值、中位数和众数）进行了讨论。毫无疑问，使用均值是衡量集中趋势最常见的方法，通常用样本均值来估计总体均值。**均值的抽样分布**（sampling distribution of the mean）是指在给定样本容量的情况下所有可能的样本均值的分布。

样本均值的无偏性

样本均值是**无偏**（unbiased）的，因为所有可能出现的样本均值（给定样本容量 n）的平均值肯定等于总体均值 μ。我们用一个简单的例子来直观地说明这一性质，这个例子涉及一个由4名行政助理构成的总体。如果要求每一名助理为人力资源数据库录入同样一组数据，那么他们出错的数量如表7－1所示。

表7－1 每名行政助理出错的数量

行政助理	错误数
Ann	$X_1=3$
Bob	$X_2=2$
Carla	$X_3=1$
Dave	$X_4=4$

总体分布如图7－1所示。

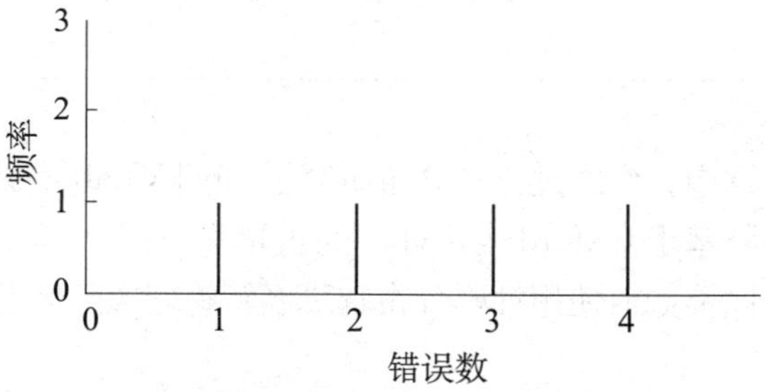

图7－1 由4名行政助理构成的总体的出错数量

一旦有了总体的数据，那么总体均值就可以用公式（7.1）计算得出。

总体均值

总体的均值等于总体的所有数值之和除以总体容量 N。

$$\mu=\frac{\sum_{i=1}^{n}X_i}{N} \tag{7.1}$$

总体标准差 σ 就可以用公式（7.2）计算。

总体标准差

$$\sigma=\sqrt{\frac{\sum_{i=1}^{n}(X_i-\mu)^2}{N}} \tag{7.2}$$

根据表 7-1 的数据，计算得到总体均值

$$\mu=\frac{3+2+1+4}{4}=2.5(\text{个})$$

和总体标准差

$$\sigma=\sqrt{\frac{(3-2.5)^2+(2-2.5)^2+(1-2.5)^2+(4-2.5)^2}{4}}$$

$$=1.12(\text{个})$$

如果以可重复抽样的方式从上述总体中每次抽取一个由 2 名行政助理组成的样本，总共有 16 种可能的样本（$N^n=4^2=16$），其结果如表 7-2 所示。如果在 16 个样本均值的基础上再次取平均值就得到 $\mu_{\bar{X}}=2.5$，这个再次平均后的样本均值就等于总体均值 μ。

表 7-2　从 N= 4 的行政助理总体中可重复抽取所有 16 个 n= 2 的样本

样本	行政助理	样本结果	样本均值
1	Ann，Ann	3，3	$\bar{X}_1=3$
2	Ann，Bob	3，2	$\bar{X}_2=2.5$
3	Ann，Carla	3，1	$\bar{X}_3=2$
4	Ann，Dave	3，4	$\bar{X}_4=3.5$
5	Bob，Ann	2，3	$\bar{X}_5=2.5$
6	Bob，Bob	2，2	$\bar{X}_6=2$
7	Bob，Carla	2，1	$\bar{X}_7=1.5$
8	Bob，Dave	2，4	$\bar{X}_8=3$
9	Carla，Ann	1，3	$\bar{X}_9=2$
10	Carla，Bob	1，2	$\bar{X}_{10}=1.5$
11	Carla，Carla	1，1	$\bar{X}_{11}=1$
12	Carla，Dave	1，4	$\bar{X}_{12}=2.5$
13	Dave，Ann	4，3	$\bar{X}_{13}=3.5$
14	Dave，Bob	4，2	$\bar{X}_{14}=3$
15	Dave，Carla	4，1	$\bar{X}_{15}=2.5$
16	Dave，Dave	4，4	$\bar{X}_{16}=4$
			$\mu_{\bar{X}}=2.5$

由于 16 个样本均值的平均值等于总体均值，所以样本均值是总体均值的一个无偏估计量。因此，虽然我们不知道某个特定的样本均值和总体均值有多接近，但是至少能保证所有可能被抽取的样本的均值等于总体均值。

均值的标准误差

图 7-2 展示了抽取所有 16 个可能出现的样本时样本均值的变动情况。

在这个小样本中，尽管样本均值会随着被选中的两名行政助理不同而发生变化，但样本均值的波动总会比总体自身单个数值的波动小，这是因为事实上每个样本均值

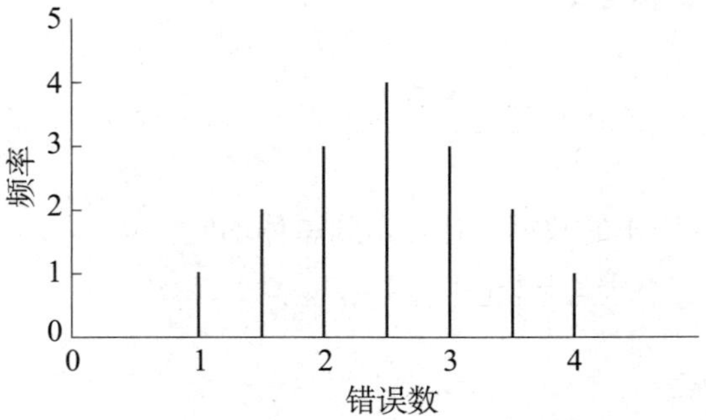

图7-2 基于所有可能的包含两名行政助理的样本计算得出的平均错误数的抽样分布

都已经对该样本中的所有数值做了平均计算。总体中的单个结果可以在从极小值到极大值之间的更宽的区间波动。如果样本中包含一个极端数值，尽管它会对样本均值有影响，但由于它的影响会被样本中其他数值平均分摊，因此它对样本均值的影响也会相应减弱。随着样本容量的增大，单个极端数据的影响就会越来越小，因为它被越来越多的数据平均分摊了。

所有可能出现的样本均值的标准差称为**均值的标准误差**（standard error of the mean），表达了样本均值是如何随着样本的不同而变动的。随着样本容量的增加，均值的标准误差也会随着样本容量的平方根增大而减小。公式（7.3）定义了可重复抽样或从一个大的或无穷大的总体中不重复抽样时，其样本均值的标准误差。

均值的标准误差

均值的标准误差$\sigma_{\overline{X}}$等于总体标准差除以样本容量n的平方根。

$$\sigma_{\overline{X}} = \frac{\sigma}{\sqrt{n}} \tag{7.3}$$

在抽样样本少于5%总体的情形下进行不重复抽样时，也可以用公式（7.3）估计均值的标准误差。例7.1演示了这种情况下均值的标准误差的计算方式。

例7.1

计算均值的标准误差

回到“统计应用”中的麦片装盒过程问题。如果从数以千计的盒装麦片中不重复地随机抽取一个由25盒麦片组成的样本，这个样本在总体中占比非常小。给定麦片装盒重量的总体标准差为15克，试计算均值的标准误差。

解答 $n=25$，$\sigma=15$，应用公式（7.3），均值的标准误差计算如下：

$$\sigma_{\overline{X}} = \frac{\sigma}{\sqrt{n}} = \frac{15}{\sqrt{25}} = \frac{15}{5} = 3$$

与每盒麦片的重量波动相比，由25盒麦片组成的样本的平均值的波动要小得多（也就是说，$\sigma_{\overline{X}}=3$，而$\sigma=15$）。

正态分布总体的抽样

我们已经介绍了抽样分布和均值的标准误差的定义，那么样本均值$\overline{X}$的抽样分布又是什么呢？如果总体服从正态分布，均值为μ，标准差为σ，那么不管样本容量n的大小，均值的抽样分布也服从以$\mu_{\bar{X}}=\mu$为均值，以均值的标准误差$\sigma_{\bar{X}}=\sigma/\sqrt{n}$为标准差的正态分布。

在最简单的情况下，样本容量$n=1$，那么样本均值就是总体中的单个观察值，因为

$$\bar{X}=\frac{\sum_{i=1}^{n}X_i}{n}=\frac{X_1}{1}=X_1$$

所以，如果总体呈正态分布，均值为μ，标准差为σ，那么样本容量$n=1$的$\bar{X}$的抽样分布就一定服从正态分布，均值$\mu_{\bar{X}}=\mu$，标准误差$\sigma_{\bar{X}}=\sigma\sqrt{1}=\sigma$。接下来，随着样本容量的增大，均值的抽样分布仍然服从均值为$\mu_{\bar{X}}=\mu$的正态分布。但是，均值的标准误差会不断变小。所以，随着样本容量的增大，样本均值就越来越接近于总体均值。图 7-3 显示了样本均值的波动随样本容量增大而减小的情形。注意我们从正态分布中随机抽取了 500 个样本，样本容量依次为 1，2，4，8，16 和 32。从图中的多边形可以看出，尽管对于任意的样本容量而言，均值的抽样分布都接近于正态分布，但随着样本容量的增大，样本均值就会越来越趋近总体均值（要记住，这里我们从无穷大数量的样本中“仅仅”抽取了 500 组样本，因此这里展示的抽样分布只是对总体分布的近似）。

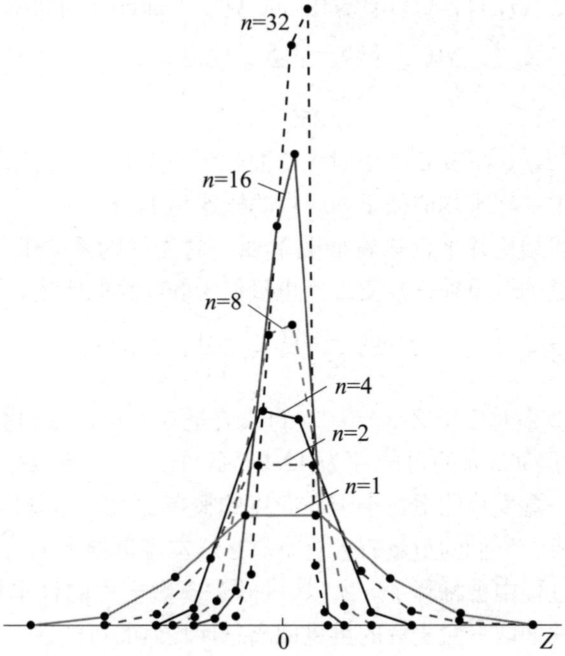

图 7-3　从正态分布总体中抽取的 500 个容量分别为 n= 1，2，4，8，16，32 的样本均值的抽样分布

我们用“统计应用”中的例子进一步说明均值的抽样分布概念。如果麦片装盒设备的设置规定每盒麦片装 368 克，那么每盒麦片的重量应服从正态分布，均值为 368 克。由过去的经验知道，这个装盒过程的总体标准差为 15 克。

如果从一天包装的数以千计的盒装麦片中随机抽取25盒作为样本来计算样本重量的均值，我们会期待出现什么样的结果呢？样本均值等于368克？200克？365克？

由于样本是总体的一个缩影，如果总体呈正态分布，那么样本中的数值也应该近似服从正态分布。因此，如果总体的均值是368克，那么样本的均值也很有可能在368克左右。

得到25盒样本麦片的均值低于365克的可能性有多大呢？由正态分布我们知道，正态分布曲线下小于任何值的那部分面积可以通过转换成标准化的Z值得到。

$$Z=\frac{X-\mu}{\sigma}$$

我们已经在6.2节的例子中学习过单个数值X与总体均值之间的差异。而在麦片装盒这个例子中，我们要研究样本均值$\overline{X}$与总体均值之间的差异。将$\overline{X}$代替X，$\mu_{\overline{X}}$代替μ，$\sigma_{\overline{X}}$代替σ，就得到了公式（7.4）。

确定均值抽样分布的Z值

Z值等于样本均值$\overline{X}$与总体均值μ的差除以均值的标准误差$\sigma_{\overline{X}}$。

$$Z=\frac{\overline{X}-\mu_{\overline{X}}}{\sigma_{\overline{X}}}=\frac{\overline{X}-\mu}{\frac{\sigma}{\sqrt{n}}} \tag{7.4}$$

由公式（7.4），可以计算出365克以下那部分的面积：

$$Z=\frac{\overline{X}-\mu_{\overline{X}}}{\sigma_{\overline{X}}}=\frac{365-368}{\frac{15}{\sqrt{25}}}=\frac{-3}{3}=-1.00$$

$Z=-1.00$在表E.2中对应的面积为0.158 7。因此，在样本容量为25的所有可能的样本中，样本均值低于365克的概率为15.87%。

但上述结论并不意味着抽取单独一盒麦片的重量低于365克的概率为15.87%。如果要计算抽取单独一盒麦片的重量低于365克的概率，可用下列公式：

$$Z=\frac{X-\mu}{\sigma}=\frac{365-368}{15}=\frac{-3}{15}=-0.20$$

表E.2中对应于$Z=-0.20$的数值是0.420 7。因此，单独抽取一盒麦片，其重量预期低于365克的可能性为42.07%。比较一下结果，我们发现和样本均值相比，抽取单独一盒麦片的重量小于365克的概率更高。这是因为每组样本都由25个不同的个体组成，它们的重量有大有小。当样本容量很大的时候，单个数值的重要性在平均计算的过程中被稀释了。所以，抽取25盒麦片的样本均值偏离总体均值的可能性要小于单独抽取一盒麦片的重量偏离总体均值的可能性。

例7.2和例7.3表明不同的样本容量对上述结果的影响。

例7.2

样本容量n对$\sigma_{\overline{X}}$计算结果的影响

将样本容量从25增加到100，会给样本均值的标准误差带来怎样的影响？

解答　应用公式（7.3），当$n=100$时，得

$$\sigma_{\bar{X}}=\frac{\sigma}{\sqrt{n}}=\frac{15}{\sqrt{100}}=\frac{15}{10}=1.5$$

即当样本容量增加4倍，从25变成100时，均值的标准误差减少了一半——从3克变为1.5克。这表明，样本容量越大，样本均值的波动就越小。

例7.3

样本容量 *n* 对样本均值在抽样分布中聚集程度的影响

如果选择100盒麦片作为样本，样本均值低于365克的概率是多少?

解答 应用公式（7.4），得

$$Z=\frac{\bar{X}-\mu_{\bar{X}}}{\sigma_{\bar{X}}}=\frac{365-368}{\frac{15}{\sqrt{100}}}=\frac{-3}{1.5}=-2.00$$

查找表E.2得出，小于 $Z=-2.00$ 的那部分的面积为0.022 8。在样本容量为100的所有可能的样本中，只有2.28%的样本均值小于365克。相比之下，当样本容量为25时，这个概率却高达15.87%。

有时我们需要确定包含样本均值的某个特定比例的区间。这就意味着需要计算总体正态曲线下对称分布在均值两侧的某个特定区域的面积。使用公式（7.4）:

$$Z=\frac{\bar{X}-\mu}{\frac{\sigma}{\sqrt{n}}}$$

由公式（7.5）计算得到 $\bar{X}$。

求均值抽样分布对应的 $\bar{X}$

$$\bar{X}=\mu+Z\frac{\sigma}{\sqrt{n}} \tag{7.5}$$

例7.4说明了公式（7.5）的应用方式。

例7.4

计算包含样本均值的一个特定比例的区间

试计算在麦片装盒的例子中，基于容量为25的样本，95%的样本均值会落在总体均值两侧对称的区间。

解答 如果95%的样本均值落在区间内，则有5%在区间以外。将这5%分成两个均等的2.5%。表E.2中标准正态分布左侧尾部对应累积面积为0.025 0的 Z 值为 -1.96；对应累积面积为0.975 0的 Z 值为 $+1.96$（也就是说，正态曲线右侧尾部面积同样为0.025 0）。

$\bar{X}$ 的下限临界值（称为 $\bar{X}_L$）和上限临界值（称为 $\bar{X}_U$）可以由公式（7.5）求得:

$$\bar{X}_L=368-(1.96)\frac{15}{\sqrt{25}}=368-5.88=362.12$$

$$\overline{X}_U = 368 + (1.96)\frac{15}{\sqrt{25}} = 368 + 5.88 = 373.88$$

对于所有样本容量为25的样本均值，有95%会落在362.12～373.88克之间。

非正态分布的总体的抽样——中心极限定理

这一节到目前为止，我们讲的都是正态分布总体的样本均值的分布。但是，在很多情况下，我们能够得知面对的总体并不服从正态分布，或者假设总体服从正态分布并不符合实际情况。为了应对这种情况，我们需要学习统计学中一个重要的定理——**中心极限定理**（central limit theorem）。

中心极限定理

当样本容量（样本中的观察值数量）足够大的时候，无论总体的分布形状如何，样本均值的抽样分布都近似服从正态分布。

样本容量多大才能看做足够大呢？作为一项一般准则，统计学家发现，对于许多总体分布，样本容量至少要达到30，均值的抽样分布才近似服从正态分布。然而，如果总体近似呈钟形分布，那么对于更小的样本容量，我们也可以应用中心极限定理。如果总体分布极端偏斜或者呈多峰分布，样本容量则要大于30，以保证均值的抽样分布的正态性。

图7-4形象地展示了中心极限定理在不同形态总体中的应用结果。图中还显示了增加样本容量对于均值分布的影响。

- 图中左列总体呈正态分布；
- 图中中间列总体呈均匀分布；
- 图中右列总体呈极为右偏的指数分布。

当总体服从正态分布时，样本均值的抽样分布也总是服从正态分布。然而，随着样本容量的增加，样本均值的波动性逐渐变小，因此图中分布图形的宽度也越来越窄。

至于其他两个总体，中心极限效应使样本均值逐渐靠拢，因此均值的抽样分布图形也越来越接近正态分布。在样本容量较小时，中心极限效应对严重右偏的指数分布总体的影响与均匀分布相比也更小一些。但随着样本容量增加到30，两个非正态总体的样本均值抽样分布都越来越接近正态分布总体的样本均值的抽样分布。

从以上常用统计分布（正态分布、均匀分布、指数分布）得出的结果，我们可以总结如下几条关于中心极限定理的结论：

- 对于大部分总体分布而言，不管其分布形状如何，只要抽取的样本容量大于等于30，样本均值的抽样分布总会近乎服从正态分布。

- 如果总体分布较为对称，那么只要样本容量大于等于5，样本均值的抽样分布就近乎服从正态分布。

- 如果总体服从正态分布，那么不管样本容量大小，样本均值的抽样分布均服从正态分布。

在应用统计推断做出有关总体的结论时，中心极限定理起非常关键的作用。它使我们无须知道总体分布的具体形状就可以对总体均值作出推断。例7.5直观展示了一

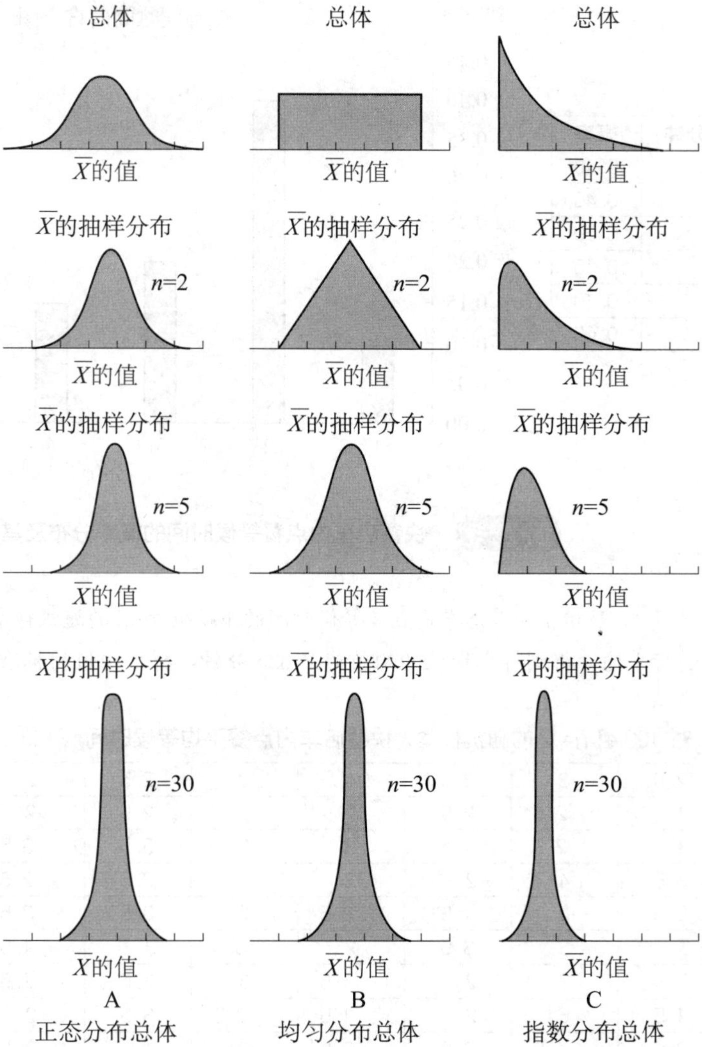

图 7-4 取自 3 个不同总体的样本容量分别为 $n=2$，5，30 的均值的抽样分布

注意：由于图中 3 列的样本均值均具有无偏的特性，因此每个抽样分布的均值都等于总体均值。

个偏斜总体的抽样分布。

例 7.5

构建偏斜总体的抽样分布

图 7-5 给出了一家快餐店的车内点餐等候时间的分布。注意这里的概率分布表与表 7-1 不同。表 7-1 描述的总体中，每个数值发生的概率相同。

应用公式 (5.1)，我们可以计算出总体均值为 2.9 分钟。使用公式 (5.3)，我们求出总体标准差为 1.34。随机抽取 100 组 $n=2$，$n=15$，$n=30$ 的样本。通过这些样本，你能对快餐店车内点餐等候时间的抽样分布得出哪些结论？

等候时间(分钟)	概率
1	0.10
2	0.40
3	0.20
4	0.15
5	0.10
6	0.05

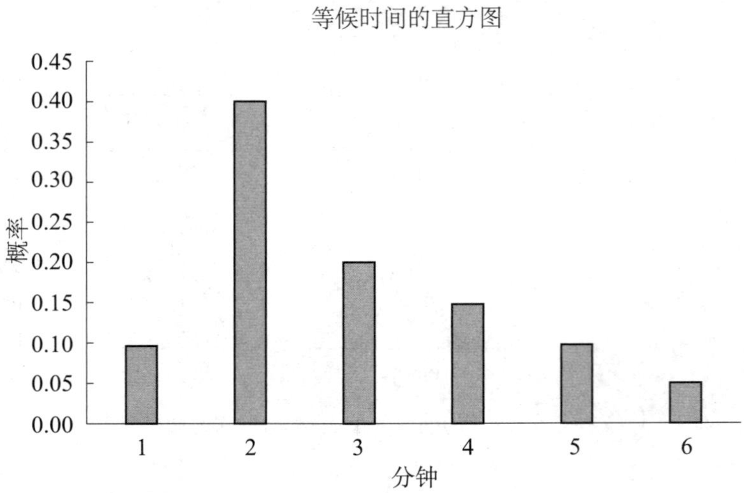

图 7-5 快餐店车内点餐等候时间的概率分布及其直方图

解答 表 7-3 显示了快餐店车内点餐等候时间的 100 组 $n=2$ 的随机样本均值。对这 100 组样本均值再次进行平均，得到样本均值的均值为 2.825 分钟，样本均值的标准误差为 0.883。

表 7-3 对 100 组 $n=2$ 的随机样本，快餐店车内点餐平均等候时间 单位：分钟

3.5	2.5	3	3.5	4	3	2.5	2	2	2.5
3	3	2.5	2.5	2	2.5	2.5	2	3.5	1.5
2	3	2.5	3	3	2	3.5	3.5	2.5	2
4.5	3.5	4	2	2	4	3.5	2.5	2.5	3.5
3.5	3.5	2	1.5	2.5	2	3.5	3.5	2.5	2.5
2.5	3	3	3.5	2	3.5	2	1.5	5.5	2.5
3.5	3	3	2	1.5	3	2.5	2.5	2.5	2.5
3.5	1.5	6	2	1.5	2.5	3.5	2	3.5	5
2.5	3.5	4.5	3.5	3.5	2	4	2	3	3
4.5	1.5	2.5	2	2.5	2.5	2	2	2	4

表 7-4 显示了快餐店车内点餐等候时间的 100 组 $n=15$ 的随机样本均值。这 100 组样本均值的均值为 2.931 3 分钟，样本均值的标准误差为 0.345 8。

表 7-4 对 100 组 $n=15$ 的随机样本，快餐店车内点餐平均等候时间 单位：分钟

3.533 3	2.866 7	3.133 3	3.600 0	2.533 3	2.800 0	2.866 7	3.133 3	3.266 7	3.333 3
3.000 0	3.333 3	2.733 3	2.600 0	2.866 7	3.066 7	2.133 3	2.533 3	2.800 0	3.133 3
2.800 0	2.733 3	2.600 0	3.133 3	2.866 7	3.466 7	2.933 3	2.800 0	2.200 0	3.000 0
2.933 3	2.600 0	2.600 0	3.133 3	3.133 3	3.133 3	2.533 3	3.066 7	3.933 3	2.800 0
3.000 0	2.733 3	2.600 0	2.466 7	3.200 0	2.466 7	3.200 0	2.933 3	2.866 7	3.466 7
2.666 7	3.000 0	3.133 3	3.133 3	2.733 3	2.733 3	3.333 3	3.400 0	3.200 0	3.000 0
3.200 0	3.000 0	2.600 0	2.933 3	3.066 7	2.866 7	2.266 7	2.533 3	2.733 3	2.266 7
2.800 0	2.800 0	2.600 0	3.133 3	2.933 3	3.066 7	3.666 7	2.666 7	2.866 7	2.666 7
3.000 0	3.400 0	2.733 3	3.600 0	2.600 0	2.733 3	3.333 3	2.600 0	2.866 7	2.800 0
3.733 3	2.933 3	3.066 7	2.666 7	2.866 7	2.266 7	2.733 3	2.866 7	3.533 3	3.200 0

表7-5显示了快餐店车内点餐等候时间的100组 $n=30$ 的随机样本均值。这100组样本均值的均值为2.952 7分钟，样本均值的标准误差为0.270 1。

表7-5 对100组 $n=30$ 的随机样本，快餐店车内点餐平均等候时间 单位：分钟

3.000 0	3.366 7	3.000 0	3.133 3	2.866 7	2.833 3	3.266 7	2.900 0	2.700 0	3.200 0
3.233 3	2.766 7	3.233 3	2.800 0	3.400 0	3.033 3	2.866 7	3.000 0	3.133 3	3.400 0
2.300 0	3.000 0	3.066 7	2.966 7	3.033 3	2.400 0	2.866 7	2.800 0	2.500 0	2.700 0
2.700 0	2.900 0	2.833 3	3.300 0	3.133 3	2.866 7	2.666 7	2.600 0	3.233 3	2.866 7
2.766 7	2.933 3	2.566 7	2.533 3	3.033 3	3.233 3	3.066 7	2.966 7	2.400 0	3.300 0
2.800 0	3.066 7	3.200 0	2.966 7	2.966 7	3.233 3	3.366 7	2.900 0	3.033 3	3.133 3
3.333 3	2.866 7	2.833 3	3.066 7	3.366 7	3.066 7	3.066 7	3.200 0	3.166 7	3.366 7
3.033 3	3.166 7	2.466 7	3.000 0	2.633 3	2.666 7	2.966 7	3.133 3	2.800 0	2.833 3
2.933 3	2.700 0	3.033 3	2.733 3	2.666 7	2.633 3	3.133 3	3.066 7	2.533 3	3.333 3
3.100 0	2.566 7	2.900 0	3.933 3	2.900 0	2.700 0	2.733 3	2.800 0	2.666 7	2.833 3

图7-6（A～C）为快餐店三份随机样本（每份100组）车内点餐平均等候时间的直方图。这些数据来自上面的表7-3至表7-5。图A代表的是 $n=2$ 的100组随机样本的均值，分布图形仍有些偏斜，但是偏斜的程度没有总体等候时间的分布（图7-5）那么严重。

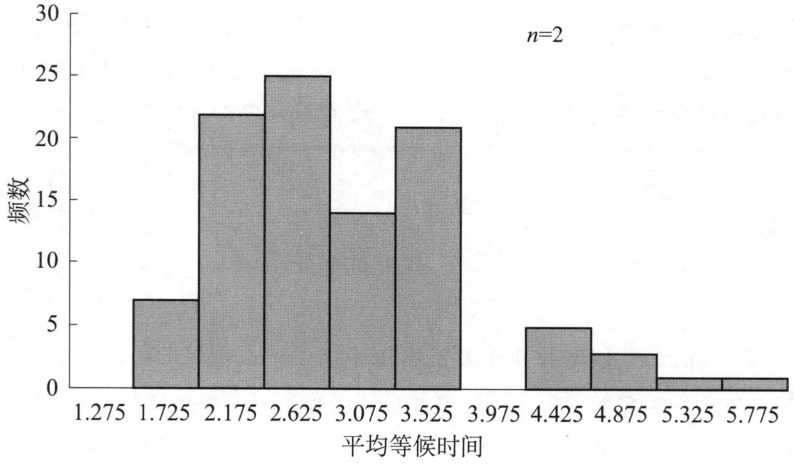

A

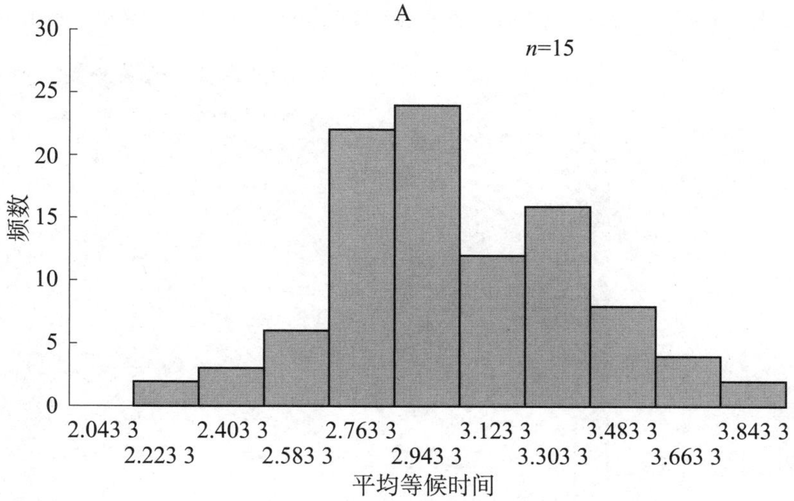

B

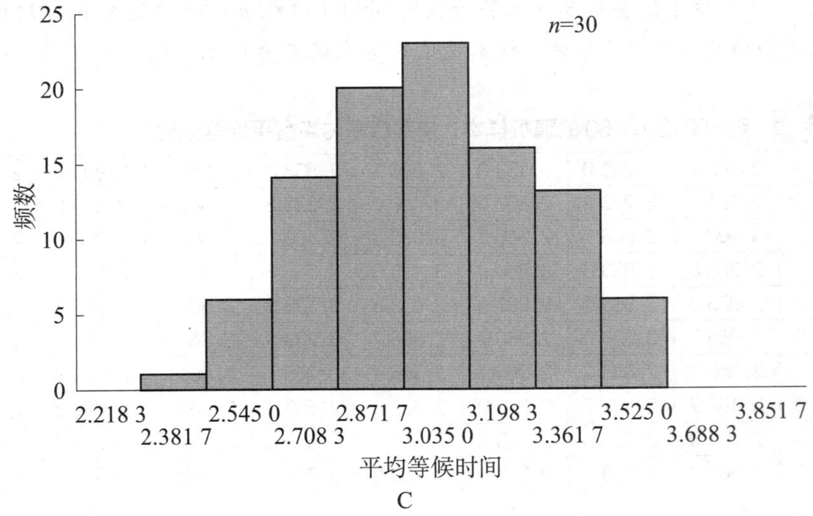

图 7-6 快餐店三份随机样本（每份 100 组）车内点餐平均等候时间的直方图

图 B 代表的是 $n=15$ 的 100 组随机样本的平均等候时间。图中数据在一定程度上呈对称分布并向分布中心聚集。图 C 代表的是 $n=30$ 的 100 组随机样本的平均等候时间。图中数据向分布的中心聚集，分布的形状近似钟形。三幅直方图展示了原本偏斜的分布随着样本容量的不断增加逐渐变成近乎钟形分布。这一现象符合中心极限定理。

直观探索

探究抽样分布

打开 VE-Sampling Distribution 工作簿插件（add-in workbook），观察掷两只色子的结果，可以模拟点数相加之和的频率分布。打开工作簿之后，添加抽样分布菜单到插件选项页。

选择 Sampling Distribution→Two Dice Simulation。在抽样分布对话框中，输入每轮掷色子的次数（Number of rolls per tally），并点击按钮 Tally。最后点击按钮 Finish 以结束模拟。

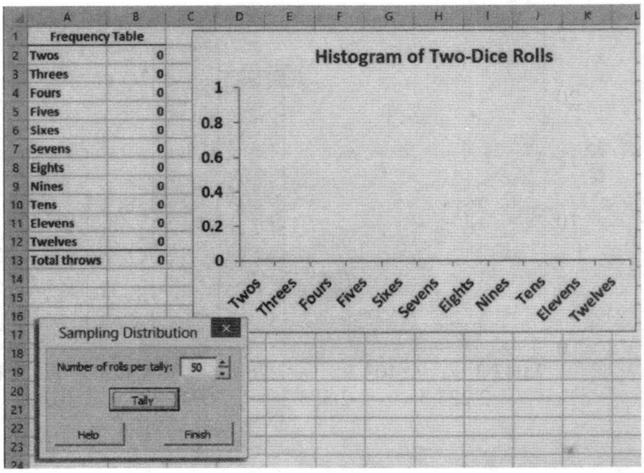

7.2 习题

掌握基础知识

7.1 给定 $\mu=100$，$\sigma=10$ 的正态分布，如果你选择 $n=25$ 的样本，试求 $\bar{X}$ 为如下情况时的概率。

a. 小于 95。

b. 95～97.5。

c. 大于 102.2。

d. 65%的 $\bar{X}$ 大于 y，求 y 值。

7.2 给定 $\mu=50$，$\sigma=5$ 的正态分布，现在随机选择 $n=100$ 的样本，试求 $\bar{X}$ 为如下情况时的概率。

a. 小于 47。

b. 47～49.5。

c. 大于 51.1。

d. 35%的 $\bar{X}$ 大于 y，求 y 值。

概念应用

7.3 对于下列三个总体中的每一个，说明样本数为 25 的抽样分布会由什么组成?

a. 一年里某超市开具的收银小票。

b. 某地区一年中的保险赔付 。

c. 电话客服中心在一年中为一家信用卡企业客户所受理电话咨询的时间记录。

7.4 下列数据代表了一个有 6 名员工作为总体的小公司每年缺勤的天数:

1 3 6 7 9 10

a. 假定进行无放回抽样，选出 $n=2$ 的所有可能样本，构建均值的抽样分布。计算所有样本均值的均值和总体均值。它们相等吗? 这个特性叫做什么?

b. 对于 $n=3$ 的所有样本，重复（a）的步骤。

c. 比较（a）和（b）中均值抽样分布的形状。哪一个抽样分布波动更小? 为什么?

d. 假定有放回抽样，重复（a）～（c）的步骤，比较结果。哪种抽样分布波动性最小——（a）中的还是（b）中的? 为什么?

7.5 某品牌的网球直径近似服从正态分布，均值为 2.63 英寸，标准差为 0.03 英寸。现在随机选取 9 个网球。

a. 均值的抽样分布是什么?

b. 样本均值小于 2.61 英寸的概率是多少?

c. 样本均值在 2.62～2.64 英寸之间的概率是多少?

d. 60%的样本均值在哪两个对称分布于总体均值两端的值之间?

7.6 美国统计局公布，2013 年新房销售价格中位数是 265 900 美元，而平均售价是 322 100 美元（www.census.gov/newhomesales，March 1，2014）。假定价格的标准差是 90 000 美元。

a. 如果你选择 $n=4$ 的样本，描述 $\bar{X}$ 的抽样分布的形状。

b. 如果你选择 $n=100$ 的样本，描述 $\bar{X}$ 的抽样分布的形状。

c. 如果你选择 $n=100$ 的随机样本，样本均值小于 346 000 美元的概率是多少?

d. 如果你选择 $n=100$ 的随机样本，样本均值在 326 000～341 000 美元之间的概率是多少?

7.7 根据一篇社交媒体博客，人们在 Tumblr（一家博客平台和社交网站）上每次访问花费的平均时间为 20 分钟（"2014: The year of Tumblr," bit.ly/QwM8ga）。假设用户在 Tumblr 上每次访问花的时间服从正态分布，且标准差为 5 分钟。现在随机选择一份 $n=25$ 的样本。

a. 样本均值在 19.5～20.5 分钟之间的概率是多少?

b. 样本均值在 19～20 分钟之间的概率是多少?

c. 如果随机选择一份 $n=100$ 的样本，样本均值在 19.5～20.5 分钟之间的概率是多少?

d. 解释（a）和（c）结果的差别。

7.8 一份最近的全职大学生报告指出，学生每周在学习相关的活动（包括在教室里的活动和教室外的活动）上平均花费 27 小时（"A Challenge to College Students for 2013: Don't Waste Your 6,570," *Huffington Post*, January 29, 2013, huff. to/13dNtuT)。假设花在学习相关活动上的时间的标准差为 4 小时。现在随机选择一份 $n=16$ 的全职学生样本。

a. 样本均值大于等于 26 小时的概率是多少?

b. 样本均值小于 X 小时的概率为 85%，求 X 值。

c. 为了解答（a）和（b)，你必须作出什么假设?

d. 现在选择一份 $n=64$ 的随机样本，样本均值小于 X 小时的概率为 85%，求 X 值。

7.3 比率的抽样分布

考虑一个只有两种取值的属性变量，比如顾客要么偏好你的品牌，要么偏好竞争者的品牌。我们感兴趣的是属于某一特定取值的占比——例如，喜欢你的品牌的顾客所占的比率。总体比率是整个总体中具备我们感兴趣的特征的单位所占的比率，用 π 表示。样本比率是样本中具备我们感兴趣的特征的单位所占的比率，用 p 表示。样本比率是用来估算总体比率（参数）的统计量。为了计算样本比率，用两个可能结果的得分 1 或 0 分别代表具备和不具备某种特征，再把所有的 1 分和 0 分加总，除以 n（样本容量)。例如，对于一个由 5 位顾客组成的样本，其中有 3 位顾客喜欢你的品牌，另外 2 位不喜欢，这样，你就得到 3 个 1 分、2 个 0 分。把这些数加在一起然后除以 5，就得到了样本比率 0.6。

样本比率

$$p=\frac{X}{n}=\frac{\text{具有感兴趣特征的单位数}}{\text{样本容量}} \tag{7.6}$$

样本比率 p 的取值范围为 0～1。如果所有单位都具备我们感兴趣的特征，那么所有的单位得分都是 1，因此 p 等于 1。如果一半的单位具备我们感兴趣的特征，那么一半的单位得分为 1，另一半得分为 0，则 p 等于 0.5。如果没有单位具备特征，那么每个单位得分都是 0，则 p 等于 0。

在 7.2 节中我们学过，样本均值 $\overline{X}$ 是总体均值 μ 的无偏估计值。类似地，样本比率 p 是总体比率 π 的一个无偏估计值。

类似均值的抽样分布标准误差，$\sigma_{\overline{X}}=\frac{\sigma}{\sqrt{n}}$，**比率的标准误差**（standard error of the proportion)，σ_p，由公式（7.7）给出。

比率的标准误差

$$\sigma_p=\sqrt{\frac{\pi(1-\pi)}{n}} \tag{7.7}$$

正如 5.2 节中指出的，在可重复抽样时（或从极大总体中不重复抽样时)，**比率的抽样分布**（sampling distribution of the proportion）服从二项分布。但是，当 $n\pi$ 和

$n(1-\pi)$ 都至少等于5的时候，我们可以用正态分布去近似计算二项分布。在大多数情况下，对于总体进行推断时，样本容量都足以满足上述使用正态分布去近似计算的条件（见参考文献1）。因此，在许多情况下，我们都可以用正态分布来估计比率的抽样分布。用 p 代替 $\bar{X}$，π 代替 μ，以及 $\sqrt{\frac{\pi(1-\pi)}{n}}$ 代替公式（7.4）中的 $\frac{\sigma}{\sqrt{n}}$，就得到了公式（7.8）。

求比率抽样分布的 Z 值

$$Z=\frac{p-\pi}{\sqrt{\frac{\pi(1-\pi)}{n}}} \tag{7.8}$$

举例说明比率的抽样分布。最近的一项调查（"Can You Stop Thinking About Work on Your Vacation?" *USA Today Snapshots*，October 5，2011，p.1A）指出，32%的成年人在度假时无法停止思考与工作有关的事情。假设现在从某旅行社的客户中随机抽取一份 $n=200$ 的样本。求40%或以上的受访者在度假时无法停止思考工作的概率。已知 $n\pi=200(0.32)=64>5$，并且 $n(1-\pi)=200(1-0.32)=136>5$。因此，样本容量足够大，可以满足假设，使我们得以用正态分布近似计算比率的抽样分布。我们用上述调查结果报道中的百分比——32%作为总体比率。应用公式（7.8），我们就可以求出40%或以上受访者无法在假期中停止思考工作的概率：

$$\begin{aligned}Z&=\frac{p-\pi}{\sqrt{\frac{\pi(1-\pi)}{n}}}\\&=\frac{0.40-0.32}{\sqrt{\frac{(0.32)(0.68)}{200}}}=\frac{0.08}{\sqrt{\frac{0.2176}{200}}}=\frac{0.08}{0.0330}\\&=2.42\end{aligned}$$

查看表E.2，正态曲线下方大于2.42的面积是0.0078。因此，如果总体中我们感兴趣的单位的真实比率是0.32，那么在 $n=200$ 的样本里，40%或以上的受访者在度假时无法停止思考工作的概率仅为0.78%。

7.3 习题

掌握基本概念

7.9　在一个64人的随机样本里，48人被分类为“成功”。

a. 确定“成功”人士的样本比率 p。

b. 如果总体比率是0.70，计算总体比率的标准误差。

7.10　随机选取50个样本家庭做电话调查。询问的关键问题是：“你或者你的家人是否使用任何苹果产品（包括iPhone，iPod，iPad，以及Mac电脑）？”在50名受访者中，20人回答“是”，30人回答“否”。

a. 计算家庭中有人使用苹果产品的样本比率 p。

b. 如果总体比率是0.45，计算总体比率的标准误差。

7.11　下列数据代表了来自40名学生对问题“你现在有买股票吗？”的回答所构成的样本（Y为

"有"，N为"否"）。

N N Y N N Y N Y N Y N N Y N Y Y N N N Y

N Y N N N N Y N N Y Y N N N Y N N Y N N

a. 计算买股票的大学生的样本比率 p。

b. 如果总体比率是0.30，计算总体比率的标准误差。

概念应用

7.12 一个政治民意调查者正在进行一项样本结果的分析，以对选举结果作出预测。假定有两名候选人参加选举，如果某候选人在样本中获得了至少55%的选票，那么该候选人就被预测为这次选举的获胜者。如果你选择一个有100名投票者的随机样本，当出现如下情况时，候选人被预测为获胜者的概率是多少？

a. 这位候选人得票数的真实比率是50.1%。

b. 这位候选人得票数的真实比率是60%。

c. 这位候选人得票数的真实比率是49%（并且他将竞选失败）。

d. 如果样本容量增加到400人，你对（a）～（c）作出的回答是什么？讨论一下。

7.13 你打算进行一项营销实验：让学生品尝两种不同品牌的软饮料中的一种，并正确辨认所品尝的品牌。选出200名学生的随机样本，假定他们没有分辨两种品牌的能力。（提示：如果学生没有分辨两种品牌的能力，每种品牌会被等可能地选中。）

a. 样本中50%～60%判断正确的概率为多少？

b. 90%的样本比率在以总体比率为中心的区间里。求区间的上限和下限。

c. 辨认正确的样本比率超过65%的概率是多少？

d. 在200人的样本里有超过60%的正确辨认和在1 000人的样本中超过55%的正确辨认，哪种更有可能发生？解释一下。

7.14 埃森哲公司（Accenture）的"定义成功"（*Defining Success*）全球调查指出，如果可以选择的话，如今大多数工作的女性会选择更好地平衡生活和工作时间，而不是追求更高的薪酬。所谓更好的生活与工作平衡，调查指出，很重要的一个衡量标准就是工作时间的灵活度。80%受访的女性认为，灵活的工作时间对她们的职业发展非常重要或者极其重要（bit.ly/17IM8gq）。现在随机选择100名工作的女性作为样本。

a. 样本中，少于85%的女性认为灵活的工作时间至关重要的概率是多少？

b. 样本中，75%～85%的女性认为灵活的工作时间至关重要的概率是多少？

c. 样本中，超过82%的女性认为灵活的工作时间至关重要的概率是多少？

d. 如果样本容量增加到400人，你对（a）～（c）的答案有何变化？

7.15 企业持续发展的目的在于管理企业运营对环境、经济以及社会的影响，从而确保企业在对社会负责的同时保持长期的盈利。Hill + Knowlton Strategy的一项调查发现，在美国57%的受访者更倾向于购买公开讨论长期发展策略的企业的股票并在这些企业的店铺中消费（"Sustainability，" bit.ly/10A2SnI）。现在随机选择100位美国的受访者。

a. 在样本中，少于57%的受访者倾向于公开讨论长期发展策略的企业的概率是多少？

b. 在样本中，52%～62%的受访者倾向于公开讨论长期发展策略的企业的概率是多少？

c. 在样本中，超过62%的受访者倾向于公开讨论长期发展策略的企业的概率是多少？

d. 如果样本容量增加到400位受访者，你对（a）～（c）的答案有何变化？

7.16 根据GMI Ratings的《2013女性董事报告》（*2013 Women on Boards Report*），美国企业的董事会成员中女性占比在2009—2012年略微增加，目前达到14%，但仍远远低于北欧国家和法国。一系列项目正在试图增加女性成员的比率。例如，一个由投资者、企业领导和其他支持者组成，叫做30%

联盟的组织希望在 2015 年之前将女性董事占比提高至 30%。这份调查还指出，15% 的美国企业有 3 名或以上女性董事（bit. ly/13oSFem）。现在随机选择 200 家美国企业组成样本。

a. 样本中 12%～18% 的美国企业有 3 名或以上女性董事的概率是多少？

b. 90% 美国企业有 3 名或以上女性董事的样本比率，以总体比率为中心，对称分布在哪两个值之间？

c. 95% 美国企业有 3 名或以上女性董事的样本比率，以总体比率为中心，对称分布在哪两个值之间？

7. 17　特许财务分析师（CFA）协会指出，其 49% 的美国成员认为，金融机构中缺少与道德相关的文化是人们不信任金融产业的主要原因（“Global Market Sentiment Survey 2014,” cfa. is/Psk5O3）。现在随机选择 100 位 CFA 成员。

a. 赞同上述观点的样本比率在 48%～53% 的概率是多少？

b. 90% 的样本比率以总体比率为中心，对称分布在哪两个值之间？

c. 95% 的样本比率以总体比率为中心，对称分布在哪两个值之间？

d. 如果现在样本容量增加到 400 位 CFA 成员，这将如何改变你对（a）～（c）的答案？

7. 18　一项 Pew 研究中心针对新闻传媒的研究指出，数字视频的需求正在增加，而且数字新闻视频的需求也随之增加。根据 Pew 研究中心的数据，36% 的美国成年人观看新闻视频（“The State of the News Media 2014,” bit. ly/1ielXR7）。

a. 现在随机选择 100 位美国成年人。如果美国成年人观看新闻视频的总体比率为 0. 36，样本中少于 30% 的人看新闻视频的概率是多少？

b. 现在将样本容量增加到 400 位美国成年人。总体比率不变。样本中少于 30% 的人看新闻视频的概率是多少？

c. 讨论样本容量对比率的抽样分布的影响，以及对（a）和（b）中概率的影响。

统计应用

Oxford 麦片抽样，回顾

作为 Oxford 麦片工厂的运营经理，你负责监控盒内所装的麦片重量。按照包装盒上标明的重量，每盒麦片应该装 368 克。当流水线运作时，生产出来数以千计的盒装麦片，因此称每一盒的重量被认为是耗时、成本高且无效率的行为。相反，我们选择一些盒装麦片作为样本。根据你对样本的分析，你要做出决定是维持、改变还是关闭生产线。

应用均值的抽样分布这一概念，你可以计算出一个样本均值从均值为 368 克的总体中随机抽取出来的概率。说得更具体一些，如果从均值为 368 克、标准差为 15 克的总体中选出容量 $n=25$ 的样本，我们可以通过计算得知，均值小于等于 365 克的样本出现的概率是 15. 87%。如果增加样本容量，样本均值应该更加接近总体均值。要证明这一点，你可以将样本容量增加到 $n=100$ 。在增加样本容量之后，我们可以通过计算得知，均值等于或者小于 365 克的样本出现的概率下降到 2. 28%。

小　结

你学到了样本均值的抽样分布、样本比率的抽样分布，以及这两个分布和中心极限定理的关系。你还了解到样本均值是总体均值的无偏估计量，样本比率是总体比率的一个无偏估计量。在接下来的 4 章里，我们将讨论统计推断中常见的置信区间和假设检验。

参考文献

1. Cochran, W. G. *Sampling Techniques*, 3rd ed. New York: Wiley, 1977.
2. *Microsoft Excel 2013*. Redmond, WA: Microsoft Corp., 2012.
3. *Minitab Release 16*. State College, PA: Minitab, Inc., 2010.

关键词

中心极限定理（central limit theorem）

抽样分布（sampling distribution）

均值的抽样分布（sampling distribution of the mean）

比率的抽样分布（sampling distribution of the proportion）

均值的标准误差（standard error of the mean）

比率的标准误差（standard error of the proportion）

无偏（unbiased）

检查你对本章的理解

7.19 为什么样本均值是总体均值的一个无偏估计量?

7.20 为什么均值的标准误差随着样本容量 n 的增加而减少?

7.21 为什么均值的抽样分布对于足够大的样本容量服从正态分布，即使总体可能不一定是正态分布?

7.22 总体和抽样分布之间的区别是什么?

7.23 在什么情况下比率的抽样分布近似服从正态分布?

本章复习题

7.24 一台工业缝纫机使用的滚珠轴承目标直径是0.75英寸。滚珠轴承可以运作的下限直径和上限直径分别是0.74英寸（下限）和0.76英寸（上限)。过去的经验表明滚珠轴承的直径近似服从正态分布，均值为0.753英寸，标准差为0.004英寸。现在随机选择25个滚珠轴承作为样本，样本均值是如下情况的概率为多少?

a. 在目标直径和总体均值0.753之间。

b. 在下限和目标直径之间。

c. 大于上限值。

d. 小于下限值。

e. 样本均值有93%的概率大于 X，求 X 值。

7.25 软饮料瓶的灌装量服从正态分布，均值为2升，标准差为0.05升。现在随机选择25瓶饮料作为样本，样本均值是如下情况的概率是多少?

a. 1.99～2升。

b. 在1.98升以下。

c. 大于2.01升。

d. 99%的样本均值大于 X，求 X 值。

e. 以总体均值为中心，99%的样本均值对称分布在哪两个值之间?

7.26　一个橘汁生产商从一家大型橘园购进所有的橘子，均为单一品种。从每只橘子中榨得的汁量近似服从正态分布，均值为 4.70 盎司，标准差为 0.40 盎司。现在随机选择 25 只橘子作为样本。

a. 样本均值至少为 4.60 盎司的概率是多少?

b. 以总体均值为中心，70%的样本均值对称分布在哪两个值之间?

c. 样本均值大于 X 的概率为 77%，求 X 值。

7.27　在习题 7.26 中，假设每只橘子榨得的汁量均值为 5.0 盎司，其他不变。

a. 样本均值至少为 4.60 盎司的概率是多少?

b. 以总体均值为中心，70%的样本均值对称分布在哪两个值之间?

c. 样本均值大于 X 的概率为 77%，求 X 值。

7.28　法国股市在 2013 年收益上涨。股市总体平均年收益为 15.23% (*The Wall Street Journal*, January 2, 2014, p. R5)。假设法国股市中股票的收益服从正态分布，均值为 15.23，标准差为 20。现在从法国股市中随机选择 16 只股票，求样本的回报均值如下时的概率:

a. 小于 0 (亏损)。

b. −10～10。

c. 大于 10。

7.29　习题 7.28 中的那篇文章指出，2013 年中国股市的平均收益为 3.17%。假设中国股市中股票的收益服从正态分布，均值为 3.17，标准差为 10。现在随机选择 1 只中国股市中的股票，试求得到如下回报的概率:

a. 小于 0 (亏损)。

b. −10～20 之间。

c. 大于 −5。

如果你从该总体中随机选择 4 只股票作为样本，该样本具有如下收益均值的概率是多少?

d. 小于 0 (亏损)。

e. −10～20。

f. 大于 −5。

g. 把你在 (d) ～ (f) 中得到的结果和 (a) ～ (c) 中的结果做比较。

7.30　(班级项目) 随机数表是均匀分布的一个例子，因为每个数字都等可能地发生。从和你的出生日期相对应的行开始，使用随机数表 (表 E.1)，一次取一个数字。

分别按照 $n=2$，$n=5$ 和 $n=10$，选择 5 个不同的样本。计算每个样本的样本均值。基于 $n=2$，$n=5$ 和 $n=10$ 的样本容量，为整个班级的结果构建样本均值的频率分布。

对于不同样本容量的抽样分布形状，你可以得出哪些结论?

7.31　(班级项目) 抛 10 次硬币，记录正面的数量。如果每个学生做 5 次这样的实验，从整个班级的结果，我们可以构建正面数的频率分布。这个分布近似服从正态分布吗?

7.32　(班级项目) 在汽车冲洗站排队等候的汽车数量分布如下表所示:

汽车数量	概率
0	0.25
1	0.40
2	0.20
3	0.10
4	0.04
5	0.01

你可以使用随机数表 (表 E.1) 通过如下方法赋值来从这个分布中选择样本:

1. 从你出生日期相对应的行开始。

2. 选择一个两位数随机数。

3. 如果你选择了一个 00～24 的随机数，记录长度为 0；如果是 25～64，记录长度为 1；如果是 65～84，记录长度为 2；如果是 85～94，记录长度为 3；如果是 95～98，记录长度为 4；如果是 99，记录长度为 5。

选择 $n=2$，$n=5$ 和 $n=10$ 的样本。计算每个样本的均值。例如，如果容量为 2 的样本得出的随机数是 18 和 46，就分别和长度 0 和 1 对应，得到 0.5 的样本均值。如果每个学生针对每种样本容量选择 5 个不同的样本，就可以从整个班级的结果中计算出样本均值的频率分布（针对每种样本容量）。随着样本容量值的增加，关于均值的抽样分布你可以得出怎样的结论？

7.33 （班级项目）使用表 E.1，用如下步骤模拟从一个碗中选择不同颜色的球：

1. 从你出生日期相对应的行开始。

2. 选择一位数随机数。

3. 如果选到了 0～6 之间的随机数，认为球是白的；如果随机数是 7，8 或 9，认为球是红的。

选择 $n=10$，$n=25$ 和 $n=50$ 的数字样本。在每组样本内，数出白球的数量，计算样本中白球的比率。如果每个学生针对每种样本容量选择 5 个不同的样本，就可以从整个班级的结果当中计算出白球比率的频率分布（针对每种样本容量）。随着样本容量值的增加，关于比率的抽样分布你可以得出怎样的结论？

7.34 （班级项目）假定习题 7.33 的步骤 3 使用如下准则：“如果选到了 0～8 之间的随机数，认为球是白的；如果随机数是 9，认为球是红的。”将现在的计算结果和习题 7.33 的计算结果相比较。

第 7 章案例　管理 Ashland MultiComm Services

继续第 6 章“管理 Ashland MultiComm Services”案例中描述的质量改进项目。我们继续关注 AMS 网络用户的上传速度是否达到目标。和之前一样，上传速度由标准单位来表示，目标速度为 1.0。过去一年的数据显示，上传速度的分布服从正态分布，均值为 1.005，标准差为 0.10。

1. 每天用户的上传速度在随机分布的 25 个时间点被记录。假设上传速度的分布依旧服从正态分布，试求上传速度均值为如下各值的概率：

a. 小于 1.0。

b. 0.95～1.0 之间。

c. 1.0～1.05 之间。

d. 小于 0.95 或大于 1.05。

e. 假设今天的 25 个样本均值为 0.952，基于这个样本，你可以对今天的平均上传速度做出什么结论？

2. 比较上题中（a）～（d）和第 6 章中这个案例各题的答案。对于答案中的不同，你能做出什么结论？

数字案例

在这个数字案例中应用抽样分布的知识，重新考虑“统计应用”专栏中的 Oxford 麦片案例。

倡导者团体 CCACC（Consumers Concerned About Cereal Cheaters）怀疑麦片公司，包括 Oxford 麦片，通过按照少于标签标示的重量装填麦片来欺骗消费者。最近这个群体对 Oxford 麦片的两款产品进行了调查。打开文件 CCACC.pdf，检查他们的说法和支持数据，然后回答如下问题：

1. CCACC 用来得出结论的数据收集过程是否有问题？该组织应该遵循怎样的步骤以使他们的分析更加严格？

2. 假定列示在 CCACC 网站上的两组样本，每组包括 5 盒麦片样本（每组样本代表一个麦片品牌），是由组织成员随机收集的。对于每一个样本，进行如下操作：

a. 计算样本均值。

b. 假定该生产线产出的麦片标准差为 15 克，总体均值为 368 克。在所有样本中计算样本均值小于（a）中计算结果的概率。

c. 假定标准差为 15 克，计算一盒麦片样本少于（a）中计算结果的概率是多少。

3. 通过使用你对两种不同麦片装填生产线的计算，你能得到什么结论（如果有的话）？

4. 一位来自 Oxford 麦片的代表要求 CCACC 撤掉他们讨论 Oxford 麦片缺陷的网页。该要求合理吗？为什么？

5. 从本章学到的技巧可以用来证明 CCACC 所说的麦片作假吗？为什么？

第 8 章

置信区间估计

Confidence Interval Estimation

学习目标

- 构建并解释均值和比率的置信区间估计
- 根据均值或比率的置信区间估计来决定所需的样本容量

统计应用

为 Ricknel 家居公司做出估计

作为 Ricknel 家居公司（回顾第 5 章开篇的“统计应用”）的会计信息系统（AIS）小组成员，你在以往的“统计应用”中已经计算出一份订单出现问题（被标记）的概率。现在，你被派去审核该公司综合库存管理和销售信息系统记录的准确性。

你可以通过逐一检查每条记录的方法，确保记录的准确性。但是这样做成本很高，很费时间。所以，你想知道能否使用统计推断的方法，即从全部记录中选取一个较小的样本，然后用样本结果来推断总体记录的准确程度。比如，在每个月末的销售单据中抽取部分单据作为样本，然后用样本计算结果来推断下列总体参数：

- 各个月的销售单据的平均金额。
- 各种错误记录的发生比率。错误记录指各种违反库房内部控制规定的记录 。

如果你使用了上述抽样推断方法，样本结果的准确率有多高？如何使用这个准确率？多大的样本容量才能达到你要求的准确率？

在 7.2 节，我们讨论了中心极限定理和关于总体分布的知识，计算了样本均值在以总体均值为中心的某个特定区间内的概率。例如，第 7 章（例 7.4）的盒装麦片案例中，我们了解到有 95%的样本均值介于 362.12～373.88 克之间。在该案例中，我们使用的是演绎推理的方法，因为我们要得出的结论是以正确的（关于总体的）普遍规律为基础，然后将其运用于某些特殊的（关于样本均值的）具体情况。

然而，在本章这个案例中，Ricknel 家居公司需要用到的是归纳推理。归纳推理让你从（关于样本的）具体情况出发，然后得出具有普遍意义的结论。尽管不能保证普遍意义的结论是绝对正确的，但是在谨慎选取特定样本和严格使用正确方法后，你将能够得出有实际意义的结论。作为 Ricknel 家居公司的会计师，你将使用归纳推理，即通过样本结果（“某些具体情况”）来估计总体（“具有普遍意义”）的未知参数。这些未知参数可以是总体均值，或者总体比率。应当记住统计学家使用“估计”一词，就像我们在日常生活中一样：认为一件事应该是正确的但又无法完全保证它绝对正确。

一般来说，我们使用点估计或者区间估计来推断总体参数。**点估计**（point estimate）就是使用单个样本的统计量来估计总体参数的方法。**置信区间估计**（confidence interval estimate）则是在点估计基础上，向两边延伸形成一个**区间**（interval）。构建置信区间可以帮助我们计算总体的某个参数落在特定区间内的概率。

例如，你希望估计你所在的大学所有学生的平均 GPA。所有学生的平均 GPA 是一个未知的总体均值，用 μ 来表示 。于是，你从整个大学这一总体中选取部分学生作为样本，并且计算出 GPA 样本均值（用 $\overline{X}$ 来表示），$\overline{X}$ 等于 2.80，作为对于总体均值 μ 的一个点估计。那么 2.80 的精确度有多高呢？考虑到用不同样本计算得到的均值有波动（关于均值的抽样分布，参考 7.2 节），我们可以构建一个置信区间来估计总体的均值。

构建置信区间估计，就需要预先给定正确估计总体参数 μ 的置信水平 。也就是说，在某一特定的置信水平下，总体均值 μ 会落在这个估计区间的范围内。

在学习本章后，或许你会计算出全校平均 GPA 的 95%的置信区间估计为 $2.75\leqslant\mu\leqslant2.85$。这就意味着，你可以说有 95%的把握，全校平均 GPA 会在 2.75～2.85 之间。

在本章的学习过程中，你将学习如何构建总体均值和总体比率的置信区间。你还将学习如何根据构建置信区间的宽度的需要，估计所需的样本容量。

8.1　对总体均值的置信区间估计（σ 已知）

在 7.2 节，我们讨论了中心极限定理和关于总体分布的知识，计算了样本均值在以总体均值为中心的某个特定区间内的概率。现在假设在盒装麦片的案例中，你需要使用单个样本信息来推断总体均值。在第 7 章中，我们使用公式 $\mu\pm(1.96)(\sigma/\sqrt{n})$ 来计算位于 μ 两侧的上限与下限。现在，我们用样本均值 $\overline{X}$ 代替未知的总体参数 μ，并用 $\overline{X}\pm(1.96)(\sigma/\sqrt{n})$ 作为未知参数 μ 的估计区间。尽管在实践中我们通常只抽取一个容量为 n、样本均值为 $\overline{X}$ 的样本，但是为了更好地理解区间估计的含义，就需要考虑容量为 n 的所有可能出现的样本。

假设盒装麦片的案例中样本容量 $n=25$，样本均值为 362.3 克，样本标准差为 15 克。总体均值 μ 的区间估计为 $362.3\pm(1.96)(15)/(\sqrt{25})$ 或 362.3 ± 5.88。即 μ 的估计区间为：

$$356.42\leqslant\mu\leqslant368.18$$

由于真实的总体均值 μ（等于 368）确实在这个区间内，因此我们可以得出结论，根据这个样本对总体均值 μ 作出的区间估计是正确的（见图 8－1）。

接下来我们继续上面假设的案例，如果有另外一组 $n=25$ 的样本，其均值是 369.5 克，那么根据这个样本得出的区间估计为：

$$369.5\pm(1.96)(15)/(\sqrt{25})$$

或 369.5 ± 5.88。即

$$363.62\leqslant\mu\leqslant375.38$$

由于总体均值 μ（等于 368）也在这个估计区间里，因此这个根据样本作出的估计也是正确的。

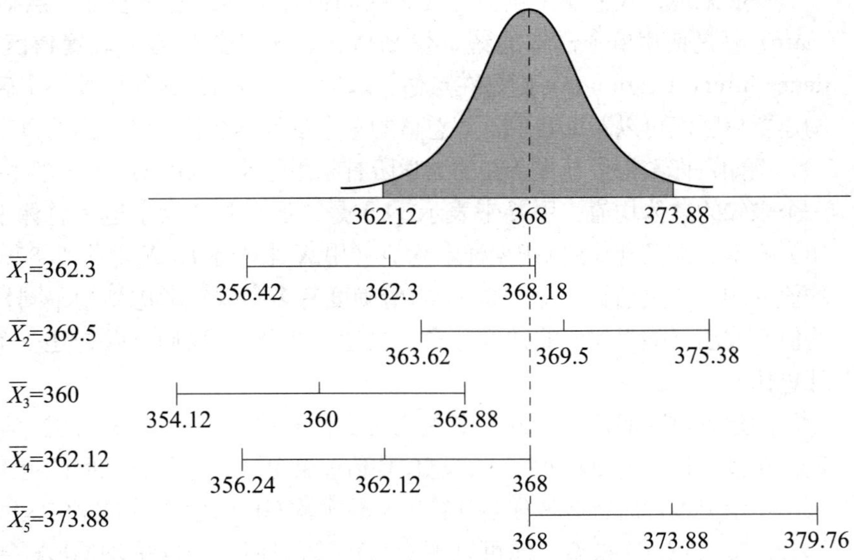

图 8-1 $\mu=368$，$\sigma=15$ 的总体中 5 个 $n=25$ 的不同样本的区间估计

或许你就快要认为用一个样本构造的区间总能正确估计 μ 了。现在来看看第三个假设的 $n=25$ 的样本，其均值为 360 克，相应的估计区间为 $360\pm(1.96)(15)/(\sqrt{25})$ 或 360 ± 5.88。即

$$354.12\leqslant\mu\leqslant365.88$$

由于这个样本估计的区间不包含总体均值 μ，所以它是不正确的估计（见图 8-1）。也就是说，有些样本能够得出包含 μ 的估计区间，而另一些则不能。但是，在实践中，我们通常只抽取一个样本，而且真实的总体均值是未知数，因此我们并不能判断得出的区间估计是否正确。为了解决区间估计有时正确、有时错误的难题，我们需要判断样本在多大程度上可以得到正确估计总体均值 μ 的区间。现在我们考虑另外两个样本：一个样本的均值 $\overline{X}=362.12$，另一个样本的均值 $\overline{X}=373.88$。如果 $\overline{X}=362.12$，那么估计的区间就是 $362.12\pm(1.96)(15)/(\sqrt{25})$ 或 362.12 ± 5.88。即

$$356.24\leqslant\mu\leqslant368.00$$

因为总体均值 368 正好落在这个区间的上限，所以该估计区间是正确的（见图 8-1）。

如果 $\overline{X}=373.88$，那么估计的区间是 $373.88\pm(1.96)(15)/(\sqrt{25})$ 或 373.88 ± 5.88。即

$$368.00\leqslant\mu\leqslant379.76$$

因为总体均值 368 正好是这个区间的下限，所以该估计也是正确的。

从以上例子（见图 8-1）可以看出，如果 $n=25$ 的样本均值介于 362.12～373.88 克之间，那么用样本推断的总体均值区间将包含真实的总体均值。在例 7.4 中，我们知道所有可能的样本均值有 95%将会介于 362.12～373.88 克之间。也就是说，$n=25$ 的样本中有 95%的均值可以让我们构建包含总体均值的区间。

由于在实践中我们只抽取样本容量为 n 的一组样本，而且 μ 未知，所以无法得知用这个样本估计的区间是否包含真实的总体均值。然而，假如我们选择所有容量为 n 的样本，并且计算了它们的 95%置信水平的置信区间，那么其中 95%的区间会包括

总体的均值，并且只有 5%没有包括。也就是说，我们有 95%的把握认为，这个样本估计的区间包含真实的总体均值。

再来考虑一次本节的第一个案例。一个 $n=25$ 的样本，均值为 362.3 克。用来估计均值 μ 的置信区间为：

$$362.3\pm(1.96)(15)/(\sqrt{25})$$

$$362.3\pm5.88$$

$$356.42\leqslant\mu\leqslant368.18$$

区间 356.42～368.18 被称为 95%的置信区间。下面的论述从商业人士的视角解释了这一区间的含义（有关置信区间的技术性的解释请参阅参考文献 4）。

我有 95%的信心相信，盒装麦片的总体平均重量在 356.42～368.18 克之间。

为了帮助你理解置信区间的含义，下面是某家网站有关订货—供应信息的案例。完成一项订单包括以下几步：获取订单，选取订单中的部件，核实订单，包装，以及发货。文件 Order 中包括最近一天中完成 200 份订单分别花费的时间（分钟）。尽管在现实中我们很少能够知道有关总体的性质，但是在这个订单的总体中，均值 μ 已知为 69.637 分钟，标准差为 10.411 分钟，且样本呈正态分布。为了说明样本均值和样本标准差如何在不同的样本中变化，我们从总体 200 个订单中抽取了 20 组样本，每组 $n=10$，并且使用 Minitab 计算了每组的均值和标准差。图 8－2 列出了具体结果。

样本	n	均值	标准差	最小值	中位数	最大值	全距	95%的置信区间
S01	10	74.15	13.39	56.10	76.85	97.70	41.60	(67.70，80.60)
S02	10	61.10	10.60	46.80	61.35	79.50	32.70	(54.65，67.55)
S03	10	74.36	6.50	62.50	74.50	84.00	21.50	(67.91，80.81)
S04	10	70.40	12.80	47.20	70.95	84.00	36.80	(63.95，76.85)
S05	10	62.18	10.85	47.10	59.70	84.00	36.90	(55.73，68.63)
S06	10	67.03	9.68	51.10	69.60	83.30	32.20	(60.58，73.48)
S07	10	69.03	8.81	56.60	68.85	83.70	27.10	(62.58，75.48)
S08	10	72.30	11.52	54.20	71.35	87.70	32.80	(65.85，78.75)
S09	10	68.18	14.10	50.10	69.95	86.20	36.10	(61.73，74.63)
S10	10	66.67	9.08	57.10	64.65	86.10	29.00	(60.22，73.12)
S11	10	72.42	9.76	59.60	74.65	86.10	26.50	(65.97，78.87)
S12	10	76.26	11.69	50.10	80.60	87.00	36.90	(69.81，82.71)
S13	10	65.74	12.11	47.10	62.15	86.10	39.00	(59.29，72.19)
S14	10	69.99	10.97	51.00	73.40	84.60	33.60	(63.54，76.44)
S15	10	75.76	8.60	61.10	75.05	87.80	26.70	(69.31，82.21)
S16	10	67.94	9.19	56.70	67.07	87.80	31.10	(61.49，74.39)
S17	10	71.05	10.48	50.10	71.15	86.20	36.10	(64.60，77.50)
S18	10	71.68	7.96	55.60	72.35	82.60	27.00	(65.23，78.13)
S19	10	70.97	9.83	54.40	70.05	84.60	30.20	(64.52，77.42)
S20	10	74.48	8.80	62.00	76.25	85.70	23.70	(68.03，80.93)

图 8－2 从总体 200 个订单中随机抽取的 20 组 $n=10$ 的样本的统计量及 95%的置信区间

从图 8-2 中可以看到：

- 每一组样本的统计量存在差异。样本方差从 61.10～76.26 分钟不等，样本标准差从 6.50～14.10 分钟不等，样本中位数从 59.70～80.60 分钟不等，并且样本全距从 21.50～41.60 分钟不等。
- 一些样本的均值大于总体均值 69.637 分钟，而另一些样本的均值小于总体均值。
- 一些样本的标准差大于总体标准差 10.411 分钟，而另一些样本的标准差小于总体标准差。
- 样本全距的变动幅度大于样本标准差。

不同样本的统计量存在差异，这一现象称为**抽样误差**（sampling error）。抽样误差是由从总体中抽取一组样本时样本统计量与总体参数之间的偏差所造成的。抽样误差的大小主要与总体的波动和样本的大小有关。样本数越多，抽样误差越小，但这样的抽样成本也会越大。

图 8-2 中最后一列包含了 20 组 $n=10$ 的样本中每组样本 95%置信水平的置信区间。从第一个样本开始分析。其均值为 74.15 分钟，而总体均值的区间为 67.70～80.60 分钟。通常，你不知道这一区间是否包含总体均值，因为总体均值是一个未知参数。但在这个案例中，我们知道总体均值为 69.637 分钟。也就是说，总体均值确实在 67.70～80.60 分钟这个区间的最小值和最大值之间。因此，第一个样本提供了正确的区间估计。接着看剩下的 19 组样本，你可以发现除了第 2，5 和 12 组以外，同样的结果出现在其他各组中。换句话说，总体均值（69.637 分钟）出现在每一组样本（除了第 2，5 和 12 组外）构建的区间内。

对于第 2 组样本来说，样本均值为 61.10 分钟，区间为 54.65～67.55 分钟；对于第 5 组样本来说，均值为 62.18 分钟，区间 55.73～68.63 分钟；而第 12 组，均值为 76.26 分钟，区间为 69.81～82.71 分钟。总体均值 69.637 分钟不在这三组样本所构建的区间内，因此使用这三组样本构建的总体均值区间是不正确的。虽然这 20 组样本所构建的区间中有 3 组不包含总体均值，但如果我们从 $n=200$ 的总体中选择所有 $n=10$ 的样本，这些样本中 95%的区间将包含总体均值。

有时，我们需要样本构建的区间对于包含总体均值具有更高的置信水平（例如 99%）。有时，我们可以接受区间包含总体均值的置信水平较低（比如 90%）。一般来说，**置信水平**（level of confidence）可以用 $(1-\alpha)\times 100\%$ 表示，其中 α 为置信区间以外的两个尾部在概率分布中所占的总比例。置信区间的上限临界值以上部分所占比例为 $\alpha/2$，下限临界值以下部分所占比例同样为 $\alpha/2$。当 σ 已知时，$(1-\alpha)\times 100\%$ 的置信区间可以用公式（8.1）计算。

总体均值的置信区间（σ 已知）

$$\bar{X} \pm Z_{\alpha/2}\frac{\sigma}{\sqrt{n}}$$

或者

$$\bar{X} - Z_{\alpha/2}\frac{\sigma}{\sqrt{n}} \leqslant \mu \leqslant \bar{X} + Z_{\alpha/2}\frac{\sigma}{\sqrt{n}} \tag{8.1}$$

式中，$Z_{\alpha/2}$ 是在标准正态分布曲线下，上限临界值之外的概率为 $\alpha/2$ 时的 Z 值（累积面积为 $1-\alpha/2$ 时的 Z 值）。

构建置信区间所需要的$Z_{\alpha/2}$的数值称为分布的**临界值**（critical value）。构建一个置信水平为 95% 的置信区间时，$\alpha=0.05$。而对应累积面积 0.975 的临界 Z 值为 1.96。这里 Z 值等于 1.96 是因为分布的上限临界值以上的部分为 0.025，而小于 $Z=1.96$ 的累积面积为 0.975。

不同的置信水平对应不同的临界值 $1-\alpha$。95%置信水平对应的 Z 值为 1.96（见图 8-3）。99%置信水平对应的 α 值为 0.01。当 α 值为 0.01 时，由于上限临界值以上部分的面积为 0.005，又知 $Z=2.58$ 以下的累积面积为 0.995，所以 Z 值约为 2.58（见图 8-4）。

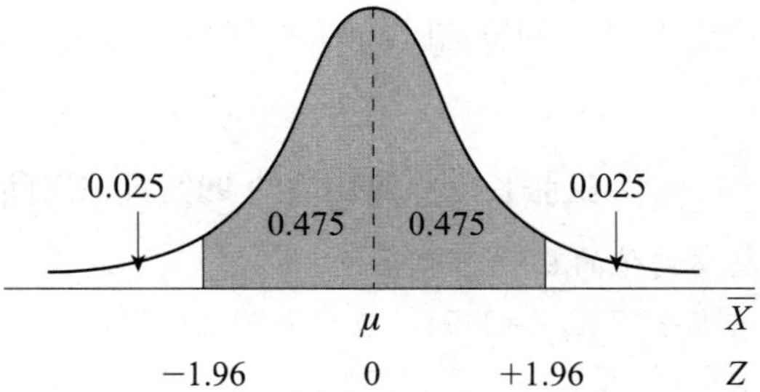

图 8-3 正态分布曲线下 95%置信水平的 Z 值

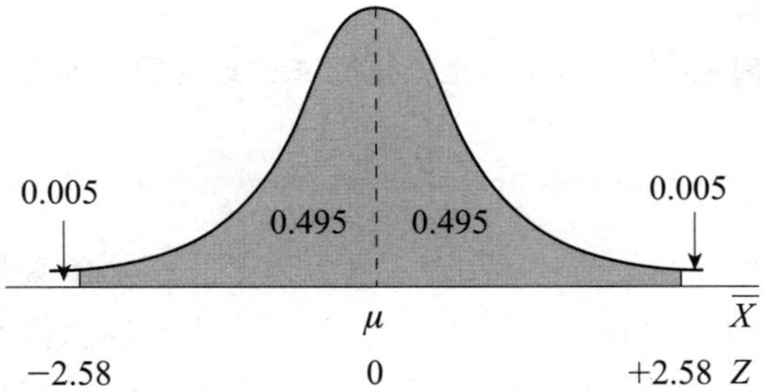

图 8-4 正态分布曲线下 99%置信水平的 Z 值

既然可以选择不同的置信水平，为什么不尽可能选择接近于 100%的置信水平呢？在提高置信水平之前，你需要意识到，只有使置信区间加宽才能提高置信水平。这里没有“免费的午餐”，而置信区间的加宽会使得置信区间的精准度下降。也就是说，通过扩大总体均值的估计范围可以得到更高的置信水平，但是这样的估计值在现实中的用处会变小。我们将在 8.4 节深入讨论置信水平和置信区间宽度之间的关系。例 8.1 说明了置信区间的应用。

例 8.1

纸张长度均值的 95%置信区间

某纸张制造商拥有一个连续运作的生产流程。预计纸张的平均长度为 11 英寸，标准差为 0.02 英寸。现在每隔一段时间抽取一些纸张作为样本，判断纸张的平均长度是否保持在 11 英寸，从而及时发现纸张的生产流程是否出错。一旦发现错误，则需要及时加以调整。

现在随机抽取 100 张纸，平均长度为 10.998 英寸。构造纸张长度总体均值的 95%置信区间。

解答 95%置信水平下 $Z_{\alpha/2}=1.96$，应用公式（8.1）：

$$\bar{X}\pm Z_{\alpha/2}\frac{\sigma}{\sqrt{n}}=10.998\pm(1.96)\frac{0.02}{\sqrt{100}}$$
$$=10.998\pm0.0039$$

$$10.9941\leqslant\mu\leqslant11.0019$$

即纸张长度的总体均值的95%置信区间为10.994 1～11.001 9英寸。因为这个区间包括11英寸（生产流程正常运转时的纸张平均长度），所以没有理由相信生产流程出错。

例8.2给出了99%的置信区间的估计过程。

例8.2

纸张长度总体均值的99%置信区间

构建纸张长度总体均值的99%置信区间。

解答 99%置信水平下 $Z_{\alpha/2}=2.58$，应用公式（8.1）：

$$\bar{X}\pm Z_{\alpha/2}\frac{\sigma}{\sqrt{n}}=10.998\pm(2.58)\frac{0.02}{\sqrt{100}}$$
$$=10.998\pm0.00516$$

$$10.9928\leqslant\mu\leqslant11.0032$$

同样，这个区间包含11英寸（生产流程正常运转时的纸张平均长度），所以也没有理由相信生产流程出错。

正如我们在7.2节讨论过的，如果我们所关心的变量 X 的总体呈正态分布，则样本均值 $\bar{X}$ 的抽样分布也服从正态分布。即便 X 的总体不是正态分布的，在 n 较大的情况下，中心极限定理也可以保证 $\bar{X}$ 接近正态分布。然而，在处理小样本，并且 X 的总体不是正态分布的情况下，样本 $\bar{X}$ 的分布就不再服从正态分布了，因此本节中讨论的置信区间也不再适用。在实际案例中，只要样本的数量足够大，总体的分布偏度不是很严重，而且已知 σ，就可以使用公式（8.1）中讨论的置信区间来估计总体均值。在分析正态分布的假设是否成立时，可以使用直方图、茎叶图、箱线图或者正态图来衡量样本数据的分布形状。

怎样才能知道总体标准差 σ

如果要使用公式（8.1），就必须先知道总体的标准差 σ。然而，要知道总体的标准差就意味着我们知道构成总体的全部数值。（否则又如何计算得出总体参数 σ 的值？）而如果我们已经知道总体中的每一个值，就可以直接计算总体的均值，而不用再通过统计学的归纳推理来估计总体均值。换句话说，如果已经知道 σ，那就完全没必要使用公式（8.1）来构建总体均值的置信区间。

更重要的是，几乎在所有实际的商务应用案例中，都不会知道总体的标准差，因为实际案例中的总体往往大到无法考察所有数据。那么，为何还要学习 σ 已知的均值置信区间估计呢？因为 σ 已知的置信区间使用正态分布，而我们已经在第6章和第7章中充分地讨论过正态分布，因此通过 σ 已知的置信区间估计来介绍置信区间的概念是非常有效的途径。在下一节中，你将学习在 σ 未知的情况下构建置信区间需要使用的另一种分布（t 分布）。

8.1 习题

掌握基础知识

8.1 如果 $\bar{X}=85$，$\sigma=8$，$n=64$，构建总体均值 μ 的 95%置信区间。

8.2 如果 $\bar{X}=125$，$\sigma=24$，$n=36$，构建总体均值 μ 的 99%置信区间。

8.3 为什么在例 8.1 中置信水平不可能为 100%？

8.4 在例 8.1 中你能否判断总体均值是否在 10.994 1～11.001 9 英寸之间？请解释。

概念应用

8.5 市场研究人员从总体为 2 亿人的推特（Twitter）使用者中选择了容量为 $n=100$ 的随机样本。在分析样本之后，她说她有 95%的信心判断推特的使用者每天的平均使用时间为 15～57 分钟。解释这一论述的含义。

8.6 如果你要从一个总体或者总体的一组随机样本中收集一批数据：

a. 你会先计算均值还是标准差？

b.（a）的答案告诉你使用公式（8.1）构建置信区间的“实际意义”是什么？

8.7 考虑习题 8.5 中的置信区间。如果总体每天的使用时间均值为 36 分钟，则习题 8.5 中估计的置信区间是否正确？请解释。

8.8 假设你是大学的科系研究主任的助手。她希望调查校友会中毕业 5 年的校友在刚取得学士学位时的起薪是多少。从该校 2 500 名毕业生中随机选取了 100 名作为样本。如果目标是构建总体起薪均值 95%的置信区间，为何你无法使用公式（8.1）？请予以解释。

8.9 一家瓶装水经销商希望估计从一家国内知名的瓶装水制造商购买的一加仑装瓶装水的实际含量。这家制造商的产品规格显示，瓶内的实际含量标准差为 0.02 加仑。选择一组 $n=50$ 的随机样本，样本瓶装水实际含量的均值为 0.995 加仑。

a. 构建 99%的置信区间以判断一加仑装瓶装水的实际含量均值。

b. 基于（a）的答案，你认为这家经销商应该向制造商投诉吗？

c. 你是否一定要假设每瓶水的实际含量服从正态分布？请解释。

d. 构建 95%的置信区间。你的答案与（b）的答案有什么区别？

8.10 一家小型荧光灯泡（CFL）制造商想判断一大批灯泡的平均使用寿命。这家制造商的产品规格显示使用寿命的标准差为 1 000 小时。一个由 64 只灯泡组成的样本显示，平均寿命为 7 500 小时。

a. 为总体的平均寿命构建 95%的置信区间。

b. 你认为这家制造商能否宣称灯泡的平均使用寿命为 8 000 小时？请解释。

c. 你是否必须假设总体的使用寿命服从正态分布？

d. 假设标准差改为 800 小时，（a）和（b）的答案各为多少？

8.2 对总体均值的置信区间估计（σ 未知）

在前一节中，你了解到许多商务问题中，我们并不知道总体的标准差 σ。本节将介绍一种用样本统计量 S 来估计总体参数 σ，从而构建总体 μ 的置信区间的方法。

学生 t 分布

20 世纪初期，有位统计学家叫威廉·S. 戈塞特（William S. Gosset），他是爱尔兰 Guinness 公司的雇员（见参考文献 5）。他在工作期间曾试图降低酿酒的成本。但当时他只有较少的样本量可用于研究，他需要一种能够在不知道总体 σ 的情况下对总体均值做出推断的方法。使用笔名"学生"（student）[①]，戈塞特发表了今天我们使用的学生 t 分布（或 t 分布）并解决了他当时面临的难题。

如果变量 X 服从正态分布，那么以下统计量服从**自由度**（degree of freedom）为 $n-1$ 的 t 分布：

$$t=\frac{\overline{X}-\mu}{\frac{S}{\sqrt{n}}}$$

这个表达式和公式（7.4）在表达形式上是一致的，但是由于 σ 未知，所以用 S 替代了 σ。

t 分布的特性

从图形上看，t 分布和标准正态分布曲线非常接近。两者都呈对称的钟形，且均值和中位数等于 0。但是，因为 σ 未知，所以使用 S 来估计 σ，因此观察到的 t 值的波动要大于 Z 值的波动。由于同样的原因，t 分布曲线在两个尾部的面积大于标准正态分布曲线，而中心部分的面积又小于标准正态分布曲线（见图 8－5）

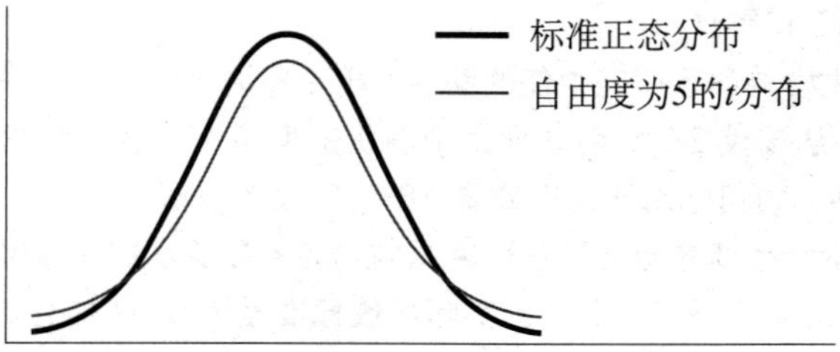

图 8－5　标准正态分布和自由度为 5 的 t 分布

自由度 $n-1$ 与样本容量 n 有直接关系。有关自由度的概念将在后面更加详细地讨论。随着样本容量和自由度的增大，t 分布就会逐渐接近于标准正态分布，最终这两个分布会重合在一起。随着样本容量的增大，σ 的估计值 S 就会越来越准确。一般来说，在样本容量大于等于 120 时，S 就足够精确，t 值和 Z 值的差别也就变得微不足道了。

正如此前所述，t 分布的前提假设要求所研究的随机变量 X 服从正态分布。不过，实践中只要样本容量足够大，而且总体分布不是非常偏斜的，那么在 σ 未知时，也可以采用 t 分布来估计总体均值。当处理小样本容量和偏斜分布的总体时，置信区间对总体均值估计的有效性会下降。在检验数据正态性时，可以通过观察样本数据的直方图、茎叶图、盒须图或者正态概率图来评估。但是要知道，当样本容量较小时，上述各种图形对你的帮助也会较为有限。

各个自由度下的 t 临界值可以从 t 分布表（表 E. 3）得到。表中第一行是 t 分布的

---

① Guinness 公司规定所有员工的研究都属于商务机密，所有的员工都无法发表他们的研究成果。因此，戈塞特通过笔名"学生"发表了他的研究。

右尾部面积（因为表中提供的是单侧的数值，所以 t 值所对应的数值也就是右尾部的面积）；下面的各行则是对应于不同自由度的 t 值。表中每个数据点代表的是 t 的临界值。比如，查找自由度为 99，置信水平为 95%的 t 值（如表 8-1 所示）。首先，95%的置信水平意味着分布曲线中两个尾部的面积各为 2.5%。然后查找表中尾部面积为 0.025 的列和自由度为 99 的行，结果就可以得到 t 值 1.984 2（见图 8-6）。因为 t 分布是一个均值为 0 的对称分布，所以如果右尾部的 t 值为+1.984 2，那么左尾部（面积为 0.025 的左尾部部分）t 值就是−1.984 2。−1.984 2 的 t 临界值说明 t 小于−1.984 2 的可能性是 0.025，或者 2.5%。

表 8-1 在 t 值表中查找自由度为 99，尾部面积各为 0.025 的临界值

自由度	累积概率					
	0.75	0.90	0.95	0.975	0.99	0.995
	右尾部面积					
	0.25	0.10	0.05	0.025	0.01	0.005
1	1.000 0	3.077 7	6.313 8	12.706 2	31.820 7	63.657 4
2	0.816 5	1.885 6	2.920 0	4.302 7	6.964 6	9.924 8
3	0.764 9	1.637 7	2.353 4	3.182 4	4.540 7	5.840 9
4	0.740 7	1.533 2	2.131 8	2.776 4	3.746 9	4.604 1
5	0.726 7	1.475 9	2.015 0	2.570 6	3.364 9	4.0322
⋮	⋮	⋮	⋮	⋮	⋮	⋮
96	0.677 1	1.290 4	1.660 9	1.985 0	2.365 8	2.628 0
97	0.677 0	1.290 3	1.660 7	1.984 7	2.365 4	2.627 5
98	0.677 0	1.290 2	1.660 6	1.984 5	2.365 0	2.626 9
99	0.677 0	1.290 2	1.660 4	1.984 2	2.364 6	2.626 4
100	0.677 0	1.290 1	1.660 2	1.984 0	2.364 2	2.625 9

资料来源：Extracted from Table E. 3.

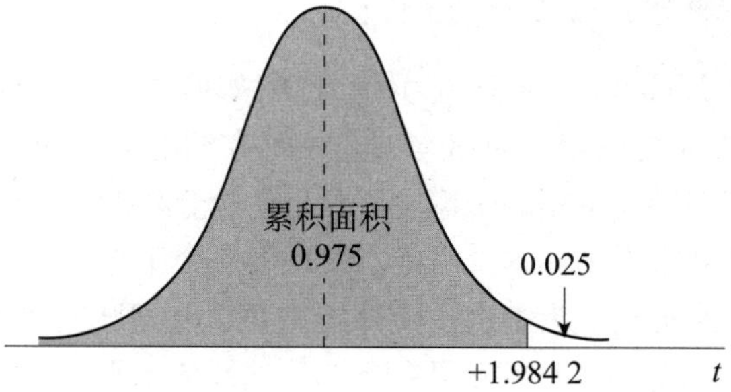

图 8-6 自由度为 99 的 t 分布曲线

注意，对于 95%的置信区间来说，你需要的累积概率为 0.975，右尾部面积为 0.025。对于 99%的置信区间来说，使用 0.995 的累积概率和 0.005 的右尾部面积；对于 90%置信水平，使用 0.95 的累积概率和 0.05 的右尾部面积。

自由度的概念

在第 3 章中，样本方差 S^2 的计算公式（3.4）中的分子代表的是样本中每个数据与样本均值差的平方和：

$$\sum_{i=1}^{n}(X_i - \overline{X})^2$$

要计算 S^2，首先要知道 $\overline{X}$。因此，样本中只有 $n-1$ 个观测值是可以自由变动的。这意味着一共有 $n-1$ 个自由度。举例说明，样本中有 5 个观测值，已知它们的均值是 20。至少要知道多少个数据的值才能确定样本中所有数据的取值？$n=5$ 和 $\overline{X}=20$ 的事实说明：

$$\sum_{i=1}^{n} X_i = 100$$

因为

$$\sum_{i=1}^{n} X_i / n = \overline{X}$$

也就是说，因为所有数据的总和为 100，所以当知道其中 4 个数据的值的时候，我们就已经知道第 5 个数据的值了。如果 4 个观测值分别为 18，24，19 和 16，那么第 5 个观测值就只能是 23，否则它们的总和就不等于 100 了。

置信区间的表达式

当 σ 未知时，均值的（$1-\alpha$）$\times 100\%$置信区间可以用公式（8.2）定义。

总体均值的置信区间（σ 未知时）

$$\overline{X} \pm t_{\alpha/2}\frac{S}{\sqrt{n}}$$

或者

$$\overline{X} - t_{\alpha/2}\frac{S}{\sqrt{n}} \leqslant \mu \leqslant \overline{X} + t_{\alpha/2}\frac{S}{\sqrt{n}} \tag{8.2}$$

式中，$t_{\alpha/2}$是在自由度为 $n-1$ 时，右尾部面积为 $\alpha/2$ 所对应的 t 分布临界值（即累积面积为 $1-\alpha/2$ 时的 t 值）。

下面以 Ricknel 家居公司为例，说明如何在 σ 未知时构建均值的置信区间。回忆“统计应用”中的情境。使用本书开始时介绍的 DCOVA 框架，首先将我们关注的变量设定为每月销售单据的金额。目标是估计金额的平均值。现在从本月的销售单据总体中选取 100 张作为样本。将样本整理到一个工作簿中，然后通过各种图表，了解金额数据的分布形状。为了进一步分析数据，计算出样本均值为 110.27 美元，样本标准差为 28.95 美元。现在公司需要 95%的置信水平，那么 t 分布的临界值就是 1.984 2（如表 8-1 所示）。应用公式（8.2）：

$$\overline{X} \pm t_{\alpha/2}\frac{S}{\sqrt{n}} = 110.27 \pm (1.984\ 2)\frac{28.95}{\sqrt{100}}$$

$$= 110.27 \pm 5.74$$

$$104.53 \leqslant \mu \leqslant 116.01$$

图 8-7 提供了 Excel 和 Minitab 计算每月销售单据金额均值的置信区间估计结果。

因此，在 95%置信水平上，你认为所有销售单据的平均金额介于 104.53～116.01 美元之间。95%置信水平意味着，如果选择所有可能的样本（尽管实践中不会

	A	B	
1	Confidence Interval Estimate for the Mean		
2			
3	Data		
4	Sample Standard Deviation	28.95	
5	Sample Mean	110.27	
6	Sample Size	100	
7	Confidence Level	95%	
8			
9	Intermediate Calculations		
10	Standard Error of the Mean	2.895	=B4/SQRT(B6)
11	Degrees of Freedom	99	=B6 - 1
12	t Value	1.9842	=T.INV.2T(1 - B7, B11)
13	Interval Half Width	5.7443	=B12 * B10
14			
15	Confidence Interval		
16	Interval Lower Limit	104.53	=B5 - B13
17	Interval Upper Limit	116.01	=B5 + B13

One-Sample T

```
  N     Mean  StDev  SE Mean         95% CI
100   110.27  28.95     2.90  (104.53, 116.01)
```

图 8-7　Excel 和 Minitab 中 Ricknel 销售单据金额均值的置信区间

发生)，95%样本构建的区间中将包含总体均值。置信区间估计是否准确，取决于所有的销售单据金额是否服从正态分布。当样本容量为 100 时，对于总体服从正态分布的假设并不需要那么严格（参照中心极限定理），所以 t 分布的使用是比较合理的。下面的例 8.3 说明了如何构建总体标准差未知时的均值的置信区间。

例 8.3

估计寿险申请的平均处理时间

一家保险公司希望缩短审核寿险申请的时间。审核的过程包括对于申请材料的审阅，与官方机构核实医疗信息，如果需要的话进一步要求额外的医疗信息或医学检查，以及最终保单的生成与递送的阶段。使用 DCOVA 框架，首先判断我们关注的变量为总体审核时间。我们随机收集了一个月中 27 份被批准的申请，并将这些数据整理在一个工作簿中。表 8-2 提供了样本中申请花费的审核时间（天）。你可以在 Insurance 文件中找到这些数据。现在为了进一步分析数据，我们需要构建总体平均审核时间 95%的置信区间。

表 8-2　寿险申请的审核时间

73	19	16	64	28	28	31	90	60	56
31	56	22	18	45	48	17	17	17	91
92	63	50	51	69	16	17			

解答　为了研究数据分布的形状，我们将构建处理时间的箱线图（如图 8-8 所示）以及正态概率图（如图 8-9 所示）。为了进一步分析数据，我们还将构建置信区间（如图 8-10 所示）。

图 8-10 告诉我们，样本均值 $\overline{X}=43.89$ 天，样本标准差 $S=25.28$ 天。要使用公式 (8.2) 计算置信区间，则需要先从 t 值表中查出临界值：在自由度为 29 的行中，95%置信水平下，选取右尾部面积为 0.025 的列，即累积分布概率为 0.975 对应的列。从表 E.3 中可以看到 $t_{\alpha/2}=2.055\,5$。因此 $\overline{X}=43.89$，$S=25.28$，$n=27$ 且 $t_{\alpha/2}=2.055\,5$。使用上述各值构建置信区间：

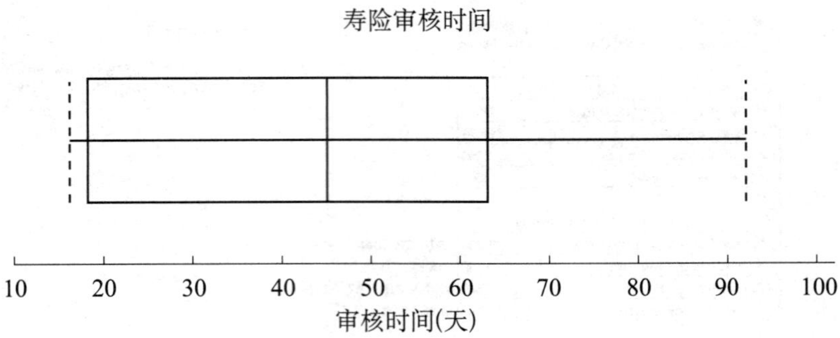

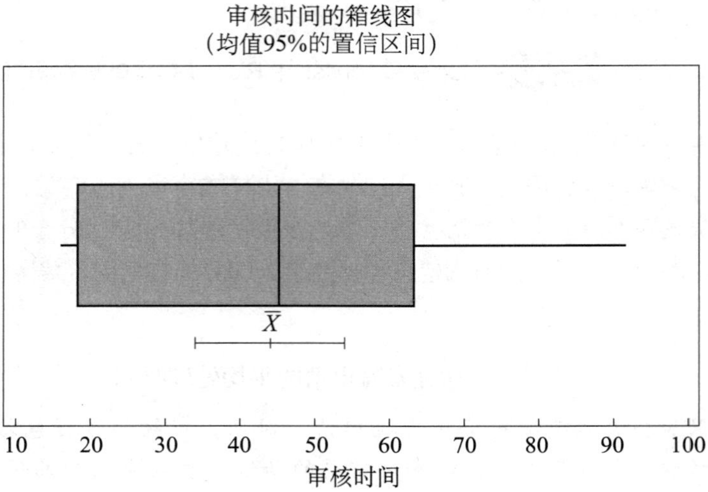

图 8-8 Excel 和 Minitab 生成的寿险审核时间的箱线图

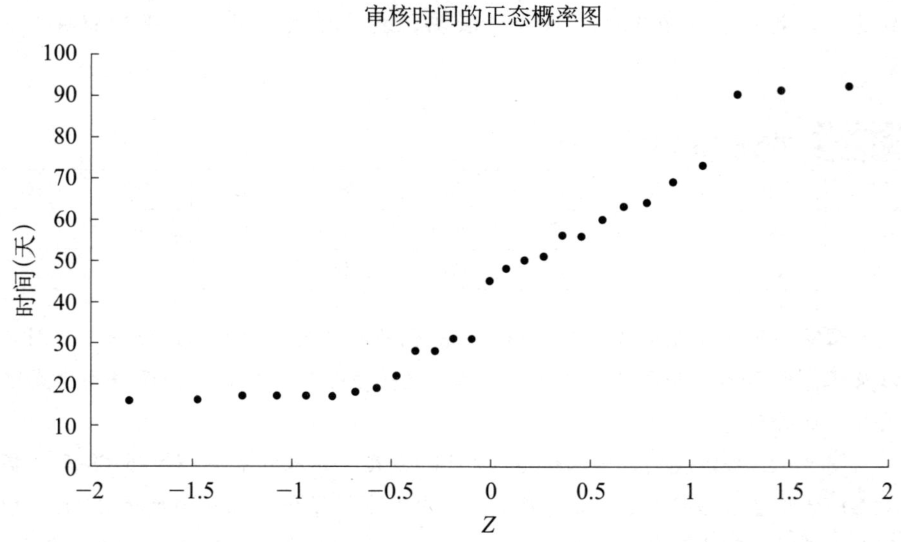

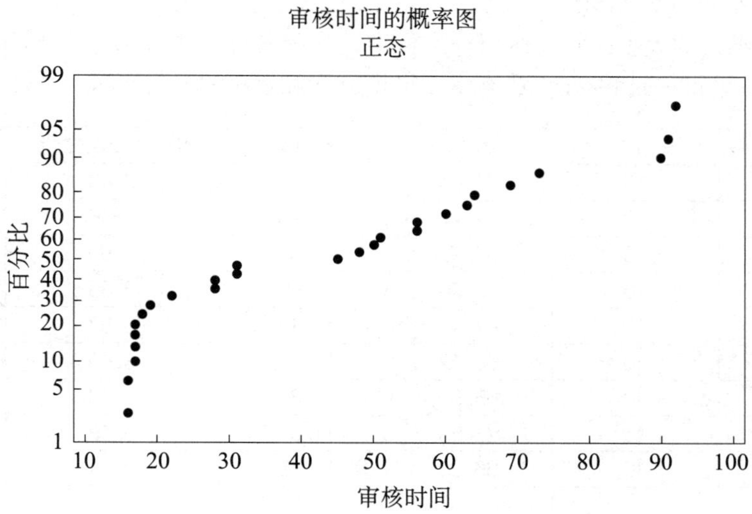

图 8-9 Excel 和 Minitab 生成的寿险审核时间的正态概率图

	A	B
1	Processing Time for Life Insurance Applications	
2		
3	Data	
4	Sample Standard Deviation	25.28
5	Sample Mean	43.89
6	Sample Size	27
7	Confidence Level	95%
8		
9	Intermediate Calculations	
10	Standard Error of the Mean	4.8651
11	Degrees of Freedom	26
12	t Value	2.0555
13	Interval Half Width	10.0004
14		
15	Confidence Interval	
16	Interval Lower Limit	33.89
17	Interval Upper Limit	53.89

One-Sample T: Time

```
Variable   N   Mean  StDev  SE Mean       95% CI
Time      27  43.89  25.28     4.87  (33.89, 53.89)
```

图 8-10 Excel 和 Minitab 生成的寿险审核时间均值的置信区间

$$\overline{X} \pm t_{\alpha/2}\frac{S}{\sqrt{n}} = 43.89 \pm (2.0555)\frac{25.28}{\sqrt{27}}$$

$$= 43.89 \pm 10.00$$

$$33.89 \leqslant \mu \leqslant 53.89$$

根据上述计算，你有 95%的把握（置信水平）得出结论认为寿险申请的总体平均审核时间在 33.89～53.89 天之间。这个置信区间估计是否有效，取决于审核时间是否服从正态分布。从图 8-8 的箱线图以及图 8-9 的正态概率图中可以发现，审核时间有些右偏。因此，尽管样本容量接近 30，你仍然应该对得出的置信区间的有效性持慎重态度。你需要注意，基于右偏分布的小容量样本在 95%的置信区间内包含总体均值的概率实际上将小于 95%。在面对非正态分布和小容量样本时，你可以考虑使用样本中位数作为衡量集中趋势的标准，并以此构建总体中位数的置信区间（见参考文献 2）。

在 σ 未知时对于置信区间的解释与 σ 已知时相同。为了说明置信区间在 σ 未知时

的变动幅度比 σ 已知时更大，我们回忆 8.1 节中讨论的订单案例。假设现在你不知道标准差的大小，所以你用样本标准差代替总体标准差并以此构建总体均值的置信区间。图 8-11 列示了 20 组 $n=10$ 的样本和对应的置信区间。

样本	n	均值	标准差	均值的标准误差	95%置信区间
S01	10	71.64	7.58	2.40	(66.22，77.06)
S02	10	67.22	10.95	3.46	(59.39，75.05)
S03	10	67.97	14.83	4.69	(57.36，78.58)
S04	10	73.90	10.59	3.35	(66.33，81.47)
S05	10	67.11	11.12	3.52	(59.15，75.07)
S06	10	68.12	10.83	3.43	(60.37，75.87)
S07	10	65.80	10.85	3.43	(58.03，73.57)
S08	10	77.58	11.04	3.49	(69.68，85.48)
S09	10	66.69	11.45	3.62	(58.50，74.88)
S10	10	62.55	8.58	2.71	(56.41，68.69)
S11	10	71.12	12.82	4.05	(61.95，80.29)
S12	10	70.55	10.52	3.33	(63.02，78.08)
S13	10	65.51	8.16	2.58	(59.67，71.35)
S14	10	64.90	7.55	2.39	(59.50，70.30)
S15	10	66.22	11.21	3.54	(58.20，74.24)
S16	10	70.43	10.21	3.23	(63.12，77.74)
S17	10	72.04	6.25	1.96	(67.57，76.51)
S18	10	73.91	11.29	3.57	(65.83，81.99)
S19	10	71.49	9.76	3.09	(64.51，78.47)
S20	10	70.15	10.84	3.43	(62.39，77.91)

图 8-11　σ 未知时均值的置信区间，从 200 个订单中抽取 20 组 $n=10$ 的样本

从图 8-11 中可以看到，样本标准差从 6.25（样本 17）到 14.83（样本 3）变动。所以，置信区间的宽度从第 17 组的 8.94 到第 3 组的 21.22。因为你知道总体均值为 $\mu=69.637$ 分钟，可以发现第 8 组区间（69.68～85.48）和第 10 组区间（56.41～68.69）没有正确估计总体均值。其他区间都正确估计了均值的范围。再一次提醒你谨记，在实践中人们只会选取其中一组样本，并且永远不能确定这一样本是否正确地包含总体均值。

8.2 习题

掌握基础知识

8.11　如果 $\bar{X}=75$，$S=24$，$n=36$，且假设总体呈正态分布，计算总体均值 μ 的 95% 的置信区间。

8.12　计算以下各种情况的 t 临界值：

a. $1-\alpha=0.95$，$n=10$

b. $1-\alpha=0.99$，$n=10$

c. $1-\alpha=0.95$，$n=32$

d. $1-\alpha=0.95$，$n=65$

e. $1-\alpha=0.90$，$n=16$

8.13　假设总体服从正态分布，基于以下样本，计算总体均值的 95% 的置信区间：

样本 A：1，1，1，1，8，8，8，8

样本 B：1，2，3，4，5，6，7，8

解释为什么上面两组数据的置信区间存在差异，即使它们的均值和全距相同。

8.14　假设一个总体服从正态分布，根据以下 $n=7$ 的样本构建总体均值的 95% 的置信区间：

1　2　3　4　5　6　20

现在把 20 改为 7，重新计算总体均值的置信区间。通过这些结果说明异常值对置信区间的影响。

概念应用

8.15　一位市场研究员想知道那些在实体店寻找喜欢的产品却只在网上购买（通常以较低的价格）的消费者平均能够节省多少钱。随机选择 100 位最近在光顾实体店后在网上购买电子产品的消费者，他们平均节省的金额为 58 美元，标准差为 55 美元。

a. 为所有光顾实体店后在网上购买电子产品的消费者的平均节省金额构建 95% 的置信区间 。

b. 假设一家实体店的店主想估计 1 000 位光顾实体店却只在网上消费的消费者所代表的潜在购买力。你对（a）的答案可以怎样帮助这位店主？

8.16　一项针对非营利组织的调查显示，去年在线募捐的数量有所增长。基于一组由 55 家非营利组织构成的随机样本，去年一次性捐款的均值为 75 美元，标准差为 9 美元。

a. 构建总体一次性捐款金额均值的 95% 的置信区间。

b. 解释（a）中置信区间的含义。

8.17　美国交通部要求轮胎制造商在其生产的轮胎侧边提供轮胎信息，以便消费者在购买时能够了解更多的信息。衡量轮胎优劣程度的重要指标是轮胎面耐磨系数。耐磨系数通过与系数为 100 的标准轮胎相比较，为消费者提供一款轮胎耐磨性的信息。也就是说，如果一款轮胎的耐磨系数为 200，那么这款轮胎可以持续使用的时间是一般轮胎（系数为 100）的 2 倍。假设消费者组织想要估计某种品牌轮胎的实际耐磨系数，其制造商提供的系数为 200。随机抽取 18 个轮胎作为样本，样本均值为 195.3，标准差为 21.4。

a. 假设轮胎面耐磨系数总体服从正态分布，计算这个品牌制造商的轮胎面耐磨系数总体均值 95% 的置信区间。

b. 你认为消费者组织是否应该认为该制造商不符合胎壁的指标信息而起诉这个轮胎制造商？

c. 解释为什么这款轮胎的一个样本耐磨系数可以达到 210，虽然它并不在问题（a）中构建的置信区间内。

8.18　文件 FastFood 中的样本包括 15 位顾客在一家快餐店购买午餐的平均消费金额：

7.42　6.29　5.83　6.50　8.34　9.51　7.10　6.80　5.90

4.89　6.50　5.52　7.90　8.30　9.60

a. 假设顾客在这家快餐店的消费金额呈正态分布，构建总体消费均值的 95% 的置信区间。

b. 解释（a）中得到的置信区间的含义。

8.19　文件 Sedans 中包括 2014 年中型轿车的综合每加仑里程（MPG）数据：

38　26　30　26　25　27　24　22　27　32　39

26　24　24　23　24　25　31　26　37　22　33

资料来源："Which Car Is Right for You," *Consumer Reports*, April 2014, pp. 40 - 41.

a. 假设 2014 年中型轿车的 MPG 服从正态分布，构建总体 MPG 均值的 95% 的置信区间。

b. 解释（a）中得到的置信区间的含义。

c. 将（a）中得到的结果与习题 8.20（a）的相应结果进行比较。

8.20 文件 SUV 中包括 2014 年小型 SUV 的综合每加仑里程（MPG）数据：

26	22	23	21	25	24	22	26	25	22
21	21	22	22	23	24	23	22	21	22

资料来源："Which Car Is Right for You," *Consumer Reports*, April 2014, pp. 60 - 61.

a. 假设 2014 年小型 SUV 的 MPG 服从正态分布，构建总体 MPG 均值的 95%的置信区间。

b. 解释（a）中得到的置信区间的含义。

c. 将（a）中得到的结果与习题 8.19（a）的相应结果进行比较。

8.21 不同投资产品的回报有何不同？文件 CDRate 中包含截至 2014 年 3 月 12 日 22 家美国银行 1 年和 5 年定期存款的收益（www.Bankrate.com，March 12，2014）。

a. 为 1 年定期存款的收益均值构建 95%的置信区间。

b. 为 5 年定期存款的收益均值构建 95%的置信区间。

c. 比较（a）和（b）的结果

8.22 对于任何企业服务质量的一个重要评定是顾客投诉的反应速度。一家主要销售家具以及地板材料（包括地毯）的家族百货商场在过去的几年中飞速扩张。特别是地板材料部门从 2 支安装队伍扩张成由一个安装总监、一个测量人员和 15 支安装队伍组成的团队。现在，这家百货商场决定加快顾客投诉的反应速度。在测量反应速度时，我们关注的是从投诉发生到投诉被解决所需的天数。现在抽取 50 个去年的投诉组成样本（存储在文件 Furniture 中），如下所示：

54	5	35	137	31	27	152	2	123	81	74	27	11
19	126	110	110	29	61	35	94	31	26	5	12	4
165	32	29	28	29	26	25	1	14	13	13	10	5
27	4	52	30	22	36	26	20	23	33	68		

a. 计算投诉从提出到解决总共所需天数的总体均值的 95%的置信区间。

b. 为了构建（a）中的置信区间，你需要作哪些假设？

c. 你认为（b）中的假设是否合理？请解释。

d. 你在（c）中的结论可能会对（a）的结果的有效性造成什么影响？

8.23 一家制造商生产电子绝缘体。现在你需要研究这款绝缘体的强度。使用中破碎的绝缘体会导致短路。为了检测绝缘体的强度，你对绝缘体进行破坏实验并试图判断破坏绝缘体所需要的力。绝缘体的破坏实验通过对绝缘体施加不同力度（磅）直到绝缘体破碎为止。你收集了 30 次实验所产生的结果并记录在文件 Force 中：

1 870	1 728	1 656	1 610	1 634	1 784	1 522	1 696	1 592	1 662
1 866	1 764	1 734	1 662	1 734	1 774	1 550	1 756	1 762	1 866
1 820	1 744	1 788	1 688	1 810	1 752	1 680	1 810	1 652	1 736

a. 计算总体力度均值的 95%的置信区间。

b. 为了构建（a）中的置信区间，你需要作哪些假设？

c. 你认为（b）中的假设是否合理？请解释。

8.24 在文件 Market Penetration 中记录了世界上最大的 22 个经济体中使用 Facebook 的人群的占比：

56	57	43	55	42	35	7	25	42	17	43
6	31	28	59	20	27	36	45	80	57	56

资料来源：slidesha.re/ODv6vG。

a. 构建所有国家中使用 Facebook 的人群占比的均值的 95%的置信区间。

b. 要构建（a）中的置信区间，你需要作哪些假设？

c. 根据以上的数据，你认为（b）中的假设是否合理？请解释。

8.25　一家工厂将钢材切割用于汽车前座的制造。钢材用金刚钻进行切割处理，并需要按照汽车公司的前座要求长度误差在 ±0.005 英寸之内。100 个切割后钢材样本的测量数据（存储在文件 Steel 中）代表了测量长度与要求长度之间的差距。例如，观测样本 1 的值为 -0.002，即表示这个样本的长度比要求长度短 0.002 英寸。

a. 构建总体测量长度与要求长度之间差距的均值的 95% 的置信区间。

b. 为了构建（a）中的置信区间，你需要作哪些假设？

c. （b）中的假设是否合理？请解释。

d. 将（a）的结果与习题 2.43 的结果相比较。

8.3　比率的置信区间估计

本节将把置信区间的概念延伸到属性数据。通过对属性数据的讨论，我们将研究如何估计总体中具有某一特性的数据量所占的比率 。未知的总体比率用希腊字母 π 来表示。总体比率 π 的点估计可以用公式 $p=X/n$ 计算。式中，n 为样本容量；X 为样本中具有我们感兴趣属性的数量。公式（8.3）为构建总体比率的置信区间提供了表达式。

注意：尽管都用希腊字符 π 表示，不要将这里的总体比率和圆周率混淆。

总体比率的置信区间

$$p \pm Z_{\alpha/2}\sqrt{\frac{p(1-p)}{n}}$$

或者

$$p - Z_{\alpha/2}\sqrt{\frac{p(1-p)}{n}} \leqslant \pi \leqslant p + Z_{\alpha/2}\sqrt{\frac{p(1-p)}{n}} \tag{8.3}$$

式中

$$p = \text{样本比率} = \frac{X}{n} = \frac{\text{样本中具有我们感兴趣属性的数据量}}{\text{样本容量}}$$

π＝总体比率

$Z_{\alpha/2}$＝标准正态分布的临界值

n＝样本容量

注意：在使用上述公式构建区间时，样本容量 n 必须足够大以保证 X 和 $n-X$ 均大于 5。

提示：这里的样本比率 p 的取值范围在 0～1 之间。

现在你可以用公式（8.3）中构建总体比率置信区间的方法，计算“统计应用”中 Ricknel 家居公司存在错误的销售单据的比率。使用 DCOVA 框架，首先确定我们感兴趣的变量是存在错误的销售单据的比率。然后，我们收集一组 $n=100$ 的销售单据样本。将数据整理输入工作簿后，你发现其中 10 张销售单据存在错误。现在进一步分析数据，你发现数据中 $p=X/n=10/100=0.10$。因为 X 大于 5（10>5），且 $n-X=100-10=90$，90>5，所以我们可以使用公式（8.3）。给定 95% 的置信水平，临界值 $Z_{\alpha/2}=1.96$，应用公式（8.3）：

$$p \pm Z_{\alpha/2}\sqrt{\frac{p(1-p)}{n}} = 0.10 \pm (1.96)\sqrt{\frac{(0.10)(0.90)}{100}}$$

$$= 0.10 \pm (1.96)(0.03)$$
$$= 0.10 \pm 0.0588$$
$$0.0412 \leqslant \pi \leqslant 0.1588$$

即在 95%的置信水平上，销售单据有 0.041 2～0.158 8 的比率存在错误。这意味着对于全部销售单据构成的总体，我们估计有 4.12%～15.88%的销售单据存在错误。图 8-12 显示了这个案例的置信区间。

	A	B
1	Proportion of In-Error Sales Invoices	
2		
3	Data	
4	Sample Size	100
5	Number of Successes	10
6	Confidence Level	95%
7		
8	Intermediate Calculations	
9	Sample Proportion	0.1
10	Z Value	-1.9600
11	Standard Error of the Proportion	0.03
12	Interval Half Width	0.0588
13		
14	Confidence Interval	
15	Interval Lower Limit	0.0412
16	Interval Upper Limit	0.1588

Test and CI for One Proportion

```
Sample   X    N  Sample p         95% CI
1       10  100  0.100000  (0.041201, 0.158799)

Using the normal approximation.
```

图 8-12 使用 Excel 和 Minitab 对 Ricknel 家居公司销售单据错误比率构建的置信区间

例 8.4 提供了另一个为总体比率构建置信区间的案例。

例 8.4

估计印刷错误的比率

一家大型报社的运营经理想要了解报纸印刷出错的比率。使用 DCOVA 框架，首先确定我们感兴趣的变量为印刷是否出错，包括过度擦拭、错误的页面设置、漏页、重页。他决定将一天中随机抽取的 200 份报纸作为样本来分析。然后，他将整理好的数据输入工作簿中，并发现其中 35 份报纸存在印刷错误。为了进一步分析数据，我们需要为他构建总体印刷错误比率的 90%的置信区间。

解答 使用公式（8.3），置信区间可以如下计算：

$$p = X/n = 35/200 = 0.175$$

与 90%置信水平对应的临界值为 $Z_{\alpha/2}=1.645$。

$$p \pm Z_{\alpha/2}\sqrt{\frac{p(1-p)}{n}}$$

$$= 0.175 \pm (1.645)\sqrt{\frac{(0.175)(0.825)}{200}}$$

$$= 0.175 \pm (1.645)(0.0269)$$

$$= 0.175 \pm 0.0442$$

$$0.1308 \leqslant \pi \leqslant 0.2192$$

因此，你有 90%信心相信当天报纸印刷出错的比率在 0.130 8～0.219 2 之间。这意味着 13.08%～21.92%的报纸存在印刷问题。

公式（8.3）包含了 Z 统计量，因为当样本容量足够大时，我们可以使用正态分布来近似计算二项分布问题 。在例 8.4 中，之所以可以用正态分布近似计算二项分布问题，是因为 X 和 $n-X$ 都足够大（大于 5）。但是，如果样本容量不够大的话，那么就应该采用二项分布表达式计算（见参考文献 1，3 和 9），而不应使用公式（8.3）。构建不同样本容量和不同比率的置信区间可以参考 Fisher 和 Yates 的表格（见参考文献 3）或使用 Minitab 计算。

8.3 习题

掌握基础知识

8.26　如果 $n=200$，$X=50$，计算总体比率的 95% 的置信区间。

8.27　如果 $n=400$，$X=25$，计算总体比率的 99% 的置信区间。

概念应用

8.28　一家手机经销商希望了解，如果降低一款较高性能手机的价格，有多少用户将升级他们的手机。现在收集一组 $n=500$ 的随机样本。数据显示，500 名用户中有 135 名表示会在手机降价后升级手机。

a. 计算在降价后会升级手机的用户在总体中所占比率的 99% 的置信区间。

b. 这家经销商的经理可以如何使用（a）中的结果进行决策?

8.29　在一项对 529 位旅行者的调查中，386 位表示在选择酒店时酒店的地理位置非常重要，323 位表示房间的质量非常重要（C. Jones，"Top Reason for Picking a Hotel? It's Where It's At，" *USA Today*，April 28，2014，p. 3B）。

a. 为总体中认为酒店位置非常重要的旅行者的比率构建 95% 的置信区间。

b. 为总体中认为房间质量非常重要的旅行者的比率构建 95% 的置信区间。

c. 对（a）和（b）的结果进行总结。

8.30　你会更容易购买明星在社交网站上代言的产品吗? 根据 Brand Republic 的一项调查，26% 的社交网络用户曾购买明星在社交网站上代言的产品（"Celebrity endorsement on social media，" bit. ly/1o4yNHa）。

a. 假设这项调查的样本容量为 1 000 名用户。为总体中购买过社交网站上明星代言产品的用户的比率构建 95% 的置信区间。

b. 基于（a）的结果，你能否宣布超过 1/4 的社交网络用户购买过明星在社交网站上代言的产品?

c. 假设现在样本容量增加到 10 000 名用户，重新计算（a）和（b）。

d. 讨论样本容量对于构建置信区间的影响。

8.31　在一项对 239 家企业的调查中，75 家企业表示，"不同地区之间员工的合作需求" 使它们开始使用云技术。云技术为企业带来更有效的内部沟通，并且为企业高层提供了使用实时数据的可能性（*The Benefit of Cloud ERP：It's About Transforming Your Business*，Aberdeen Group，available at bit. ly/ImeEC3D）。

为总体中由于上述原因使用云技术的企业的比率构建 95% 的置信区间。

8.32　在一项 Pew 研究中心对于 960 位 Facebook 使用者的调查中，452 位使用者表示他们使用 Facebook 是因为 Facebook 上的图片和视频，298 位使用者表示他们为了解新闻时事才使用 Facebook（"6 new facts about Facebook，" bit. ly/1lAmkv5）。

a. 为 Facebook 使用者中因为图片和视频而使用 Facebook 的用户比率构建 95% 的置信区间。

b. 为 Facebook 使用者中为了解新闻时事而使用 Facebook 的用户比率构建 95% 的置信区间。

c. 比较（a）和（b）中的结果。

8.33 科技企业的 CEO 认为什么国际趋势将改变市场形势？根据普华永道的有关报告，117 位来自世界各地的科技企业 CEO 中有 105 位表示科技的发展将改变市场形势；42 位表示资源的短缺以及气候变化将改变市场形势（*Fit for the Future*：*17th Annual Global CEO Survey*，available at pwc. to/PRQZYr）。

a. 为所有科技公司的 CEO 中认为科技发展将改变市场形势的 CEO 比率构建 95% 的置信区间。

b. 为所有科技公司的 CEO 中认为资源短缺和气候变化将改变市场形势的 CEO 比率构建 95% 的置信区间。

c. 解释（a）和（b）中置信区间的含义。

8.4 确定样本容量

在本章上述全部置信区间的案例中，样本的容量都不是基于置信区间宽度决定的。但在现实商务活动中，为了构建足够精确的置信区间以支持商务决定，样本容量需要在数据收集之前决定。决定样本容量是一个十分复杂的过程，需要考虑到预算、时间以及可以接受的样本误差等。在 Ricknel 家居公司的案例中，如果你希望估计销售单据的平均金额（美元），就必须提前决定在估计总体均值时能够接受的样本误差有多大。此外，你还必须提前决定所需要的置信水平有多高（如 90%，95% 或者 99%）。

估计均值所需样本容量的确定

在寻找能够帮助我们计算构建总体均值置信区间所需要的样本容量的公式时，回忆公式（8.1）：

$$\overline{X} \pm Z_{\alpha/2}\frac{\sigma}{\sqrt{n}}$$

以 $\overline{X}$ 为基础，减去的或者加上的部分等于置信区间的一半宽度。这部分面积代表了由于抽样误差导致的估计偏离精确的程度。

抽样误差[①]（sampling error），用 e 表示，定义为：

$$e = Z_{\alpha/2}\frac{\sigma}{\sqrt{n}}$$

解出 n 就能得到构建特定均值置信区间所需要的样本容量。这里"特定"意味着得到的置信区间的抽样误差将在可以接受的范围内。

估计均值所需样本容量的确定

样本容量 n 等于 $Z_{\alpha/2}$ 的平方和方差 σ^2 的乘积除以抽样误差 e 的平方。

$$n = \frac{Z_{\alpha/2}^2\sigma^2}{e^2} \tag{8.4}$$

为了确定样本容量，必须知道以下三个数值：

- 与目标置信水平相对应的标准正态分布临界值 $Z_{\alpha/2}$[②]；

---

① 有时，抽样误差 e 也称为边际误差（margin of error）。

② 我们使用了 Z 而不是 t，因为我们并不知道样本的容量。在不知道样本容量的情况下，无法使用 t。在大多数情况下，样本容量都足够大，因此我们可以使用标准正态分布模拟 t 分布。

- 可以接受的抽样误差 e；
- 总体标准差 σ。

在一些商务情境中，如果需要估计一些重要的参数，那么通常会在法律合同里说明可接受的抽样误差和置信水平。食品和药品行业的抽样误差和置信水平则通常由政府制定。但是，一般来说，想要知道用来确定样本容量的这三个参数，并不是一件容易的事。抽样误差和置信水平要如何确定？一般情况下，只有相关的专家才能回答这些问题（也就是那些最熟悉被估计变量的人）。虽然 95%是最常用的置信水平（此时 $Z=1.96$），如果需要更高的精确度，那么 99%的置信水平也许会更加合适；如果更低的精确度也可以接受，那么 90%的置信水平也许就足够了。关于抽样误差的选择，并不是说我们想要多大的抽样误差，而是说在总结调查结果时，我们可以容忍多大程度的抽样误差。

另外，为了确定置信水平和抽样误差，还需要估计标准差。遗憾的是，我们很少知道总体的标准差 σ。有时，我们可以通过历史数据估计标准差；有时则可以通过变量的取值范围和分布来预测其标准差。比如正态分布的变量，其全距接近于 6σ（也就是说，均值附近 $\pm 3\sigma$），所以 σ 可以用全距除以 6 来估计。如果不能用这种方法估计 σ，那么可以先做一个初步的调查，然后用初步调查的结果估计标准差。

为了进一步讨论估计总体均值所需的样本容量，我们再次回到 Ricknel 家居公司的案例中。在 8.2 节中，我们选择 100 份销售单据作为样本，并构建了销售单据总体平均金额的 95%的置信区间。这个样本容量是怎么确定的呢？我们是否应该使用不同的样本容量呢？

假如通过咨询公司的职员发现，他们不仅希望有 95%的置信水平，还希望样本抽样误差不要超过±5 美元。历史数据显示，销售单据金额的标准差接近 25 美元。所以 $e=5$ 美元，$\sigma=25$ 美元，$Z_{\alpha/2}=1.96$（95%的置信水平）。应用公式（8.4）得到

$$n=\frac{Z_{\alpha/2}^2\sigma^2}{e^2}=\frac{(1.96)^2(25)^2}{(5)^2}$$

$$=96.04$$

一般来说我们选择向上取整，所以需要的样本容量为 97。通过计算，我们知道了选择容量为 100 的样本并不是必要的。容量为 97 的样本就足以满足公司对于估计均值所需的标准差、置信水平以及抽样误差的要求。在案例中，由于样本标准差是 28.95 美元，稍稍高于目标标准差的 25 美元，所以置信区间的宽度稍微大于目标要求。图 8－13 是使用 Excel 工作簿所得到的样本容量的计算结果。

	A	B	
1	For the Mean Sales Invoice Amount		
2			
3	Data		
4	Population Standard Deviation	25	
5	Sampling Error	5	
6	Confidence Level	95%	
7			
8	Intemediate Calculations		
9	Z Value	-1.9600	=NORM.S.INV((1 - B6)/2)
10	Calculated Sample Size	96.0365	=((B9 * B4)/B5)^2
11			
12	Result		
13	Sample Size Needed	97	=ROUNDUP(B10, 0)

图 8－13　使用 Excel 计算估计 Ricknel 家居公司销售单据均值时所需的样本容量

例 8.5 是判断构建均值置信区间时所需样本的容量的另一个应用实例。

例 8.5

估计均值所需的样本容量

回到例 8.3，假设现在你需要估计在 95%的置信水平下，可以接受±4 天的标准误差，总体审核时间的均值。根据去年的一项调查，你认为总体审核时间的标准差为 25 天。判断需要的样本容量。

解答 使用公式（8.4），我们可用 $e=4$，$\sigma=25$ 和 95%的置信水平的 $Z_{\alpha/2}=1.96$ 判断样本容量。

$$n=\frac{Z_{\alpha/2}^2\sigma^2}{e^2}=\frac{(1.96)^2(25)^2}{(4)^2}$$

$$=150.06$$

因此，向上取整后，我们认为合理的样本容量为 151。如果样本中 151 个数据的标准差大于 25，那么样本的抽样误差便会略微大于 4；反之，则会比 4 略小。

估计比率所需样本容量的确定

到目前为止，我们已经讨论了如何确定估计总体均值所需样本的容量。接下来，我们要讨论如何确定估计总体比率所需样本的容量。

确定估计总体比率 π 所需样本的容量，与确定估计总体均值所需样本的容量的过程十分相似。在判断为总体均值构建置信区间所需样本的容量时，我们曾用下式计算抽样误差：

$$e=Z_{\alpha/2}\frac{\sigma}{\sqrt{n}}$$

在确定估计比率所需样本的容量时，则需要用 $\sqrt{\pi(1-\pi)}$ 代替 σ。因此，抽样误差的计算公式为：

$$e=Z_{\alpha/2}\sqrt{\frac{\pi(1-\pi)}{n}}$$

所以，确定估计总体比率所需样本的容量 n 可以用公式（8.5）来计算。

估计比率所需样本容量的确定

样本容量 n 等于 Z 值的平方乘以总体比率 π 和（$1-\pi$），然后除以抽样误差 e 的平方。

$$n=\frac{Z_{\alpha/2}^2\pi(1-\pi)}{e^2} \tag{8.5}$$

所以，要确定估计总体比率所需的样本容量，首先必须计算以下三个变量：

- 与目标置信水平相对应的标准正态分布临界值 $Z_{\alpha/2}$；
- 可接受的抽样误差 e；
- 实际总体比率 π。

实践中，判断上述变量的取值需要一些计划。首先，当你确定目标置信水平后，就可以从标准正态分布中获得合理的 $Z_{\alpha/2}$ 值。抽样误差 e 代表的是在估计总体比率时你愿意接受或容忍的误差程度。然而接下来，你会发现我们需要的第三个变量——实

际总体比率 π 正是你想要估计的实际总体参数！那么，如何确定这个未知的参数呢？

有两种可以选择的方法。首先，在很多情形下，可以基于过去的信息或者相关的经历判断 π 的估计值。其次，如果没有过去的信息或者相关经历，你可以尝试用一个绝对不会低估样本容量的 π 值。因为变量 $\pi(1-\pi)$ 出现在公式（8.5）的分子中，所以你可以选择一个值使 $\pi(1-\pi)$ 最大化。比如，当 $\pi=0.5$ 时，$\pi(1-\pi)$ 最大。不同的 π 值得出的不同的 $\pi(1-\pi)$ 乘积如下：

当 $\pi=0.9$ 时，$\pi(1-\pi)=(0.9)(0.1)=0.09$

当 $\pi=0.7$ 时，$\pi(1-\pi)=(0.7)(0.3)=0.21$

当 $\pi=0.5$ 时，$\pi(1-\pi)=(0.5)(0.5)=0.25$

当 $\pi=0.3$ 时，$\pi(1-\pi)=(0.3)(0.7)=0.21$

当 $\pi=0.1$ 时，$\pi(1-\pi)=(0.1)(0.9)=0.09$

所以，在没有实际总体比率 π 的先验知识或者估计值时，你应该使用 $\pi=0.5$。因为当 $\pi=0.5$ 时，样本容量的估计将最大化，置信区间的宽度将最小化，而精确度也将最高。但遗憾的是，这样得出的样本容量意味着有时抽样成本也会异常庞大。也就是说，通过增加样本量获得更高精确度的代价是更高的抽样成本与更长的时间。此外，当你使用 $\pi=0.5$ 时，如果实际总体比率不是 0.5 的话，你最终构建的置信区间宽度会小于期待值，这意味着你将高估所需的样本容量。

回到 Ricknel 家居公司的案例中，假设要求以 95%的置信水平估计销售单据总体的出错比率，并且不能超过真实总体比率的 ± 0.07。在以往各月中最大的出错比率不超过 0.15。所以 $e=0.07$，$\pi=0.15$，$Z_{\alpha/2}=1.96$（对应于 95%的置信水平），应用公式（8.5）得到

$$
\begin{aligned}
n &= \frac{Z_{\alpha/2}^2\pi(1-\pi)}{e^2} \\
&= \frac{(1.96)^2(0.15)(0.85)}{(0.07)^2} \\
&= 99.96
\end{aligned}
$$

按照惯例将样本容量向上取整，我们所需的样本容量为 100。选择样本容量 100 正好可以满足该公司估计总体比率所需的目标置信水平和抽样误差。注意，由于在此前的案例研究中我们使用 0.10 作为样本比率，而在公式（8.5）中使用的 π 是 0.15，所以相应的置信区间宽度要明显小于要求的置信区间宽度。图 8-14 提供了包含计算结果的工作簿。

	A	B	
1	For the Proportion of In-Error Sales Invoices		
2			
3	Data		
4	Estimate of True Proportion	0.15	
5	Sampling Error	0.07	
6	Confidence Level	95%	
7			
8	Intermediate Calculations		
9	Z Value	-1.9600	=NORM.S.INV((1 - B6) / 2)
10	Calculated Sample Size	99.9563	=(B9^2 * B4 * (1 - B4)) / B5^2
11			
12	Result		
13	Sample Size Needed	100	=ROUNDUP(B10, 0)

图 8-14 使用 Excel 计算估计 Ricknel 家居销售单据出错比率所需的样本容量

例8.6给出了估计总体比率所需样本容量的另一个案例。

例8.6

估计总体比率所需的样本容量

你需要估计90%置信水平下办公室职员在1小时内回复电子邮件的比率，并且不得超过真实总体比率的±0.05。由于你从未做过类似的调查，所以没有历史数据。试确定所需的样本容量。

解答 因为没有历史数据，所以选择$\pi=0.50$。即$e=0.05$，$\pi=0.5$，90%置信水平的$Z_{\alpha/2}=1.645$：

$$n=\frac{Z_{\alpha/2}^2\pi(1-\pi)}{e^2}$$

$$=\frac{(1.645)^2(0.50)(0.50)}{(0.05)^2}$$

$$=270.6$$

即你需要样本的容量为$n=271$。因此，为了确保90%的置信水平，且总体比率估计值不超过真实值的±0.05，需要的样本容量为271位办公室职员。

8.4 习题

掌握基础知识

8.34 样本的抽样误差为±5，标准差等于15，如果你希望构建总体均值的95%的置信区间，那么你需要多大的样本容量?

8.35 样本的抽样误差为±20，标准差等于100，如果你希望构建总体均值的99%的置信区间，那么你需要多大的样本容量?

8.36 如果你希望对总体比率的估计有99%的置信水平，误差为±0.04，那么你需要多大的样本容量?

8.37 如果你希望对总体比率的估计有95%的置信水平，误差为±0.02，而且有历史证据表明总体比率接近于0.40，那么你需要多大的样本容量?

概念应用

8.38 一家大公司调查其员工每年每户家庭医疗费用支出，公司经理希望样本均值在总体均值±50美元以内，并以95%的置信水平正确估计每年每户家庭医疗费用支出的总体均值。历史数据显示标准差为400美元。

a. 我们需要多大的样本容量?

b. 如果经理希望在±25美元内正确估计，那么样本容量必须多大?

8.39 一家瓶装水经销商的经理想要调查，在95%的置信水平下一桶1加仑装饮用水的平均实际容量。可接受的抽样误差为±0.004加仑。标准差为0.02加仑。这位经理需要的样本容量为多大?

8.40 如果质量控制经理希望在±200个小时以内，以95%的置信水平估计灯泡的平均使用寿命。假设灯泡寿命的标准差为1 000个小时，那么需要多大的样本容量?

8.41 如果某县的工商部门希望在±0.01升之内，以95%的置信水平估计2升装软饮料的实际重量均值。假设标准差为0.05升，那么需要多大的样本容量?

8.42　一家广告公司的经理希望估计每周消费者看电视的平均时间。基于历史数据，我们知道标准差为 20 分钟。这位经理想知道，以 99% 的置信水平，在 ±5 分钟之内，消费者平均每周花多少时间看电视。

a. 需要多大的样本容量?

b. 如果希望置信水平为 95%，需要多大的样本容量?

8.43　一家广告公司的经理希望估计每天消费者花在数字媒体上的平均时间。根据历史数据，我们知道标准差为 45 分钟。

a. 如果这位经理想在 ±5 分钟内以 90% 的置信水平估计消费者在数字媒体上花费的时间均值，需要多大的样本容量?

b. 如果需要的置信水平增加到 99%，需要的样本容量为多大?

8.44　餐饮业一个日益增长的缝隙市场是休闲美食早餐、午餐和早午餐。这类连锁店包括 EggSpectation 和 Panera Bread。假设 EggSpectation 的早餐人均消费为 14.50 美元。

a. 假设标准差为 2 美元，构建总体人均消费在 95% 置信水平下 ±0.25 美元的置信区间需要多大的样本容量?

b. 假设标准差为 2.5 美元，构建总体人均消费在 95% 置信水平下 ±0.25 美元的置信区间需要多大的样本容量?

c. 假设标准差为 3 美元，构建总体人均消费在 95% 置信水平下 ±0.25 美元的置信区间需要多大的样本容量?

d. 讨论样本方差对于样本容量要求的影响。

8.45　通过什么途径投放广告最容易提高品牌的声誉并影响消费者的购买决定? 根据 Adroit Digital 的一项调查，35% 的年轻人认为通过电视投放广告是最能提高品牌声誉的途径("U. S. Millennials: TV is Most Influential Advertising Medium," *MC Marketing Charts*, March 20, 2014)。

a. 现在进行第二轮调查，以 95% 置信水平，在 ±0.04 范围内，估计总体比率需要的样本容量为多大?

b. 将 (a) 中的置信水平增加到 99%，需要的样本容量为多大?

c. (a) 中的置信水平不变 (仍为 95%)，可接受的抽样误差减少至 ±0.02，需要的样本容量为多大?

d. (a) 中的置信水平增加到 99%，可接受的抽样误差减少至 ±0.02，需要的样本容量为多大?

e. 讨论改变置信水平和可接受的抽样误差对于样本容量要求的影响。

8.46　尼尔森手机消费报告 (Nielsen Mobile Shopping Report) 调查了消费者在消费过程中对手机的使用方式。调查结果显示，27% 的平板电脑用户表示他们使用移动设备付款，21% 的平板电脑用户使用移动设备对购买的产品在社交网络上发表评论，10% 的平板电脑用户使用移动设备获得优惠券("Mobile Ticks All the Shopping Boxes," bit. ly/1hfKC8K)。

假设这项调查的样本容量包括 300 位平板电脑用户。为如下使用移动设备的平板电脑用户占总体平板电脑用户的比率构建 95% 的置信区间:

a. 使用移动设备付款。

b. 使用移动设备在社交网络上对购买的产品发表评论。

c. 使用移动设备获取优惠券。

d. 你被要求再进行一次调查。为了估计 95% 置信水平下 ±0.02 误差范围内 (a) ～ (c) 中占总体用户的比率，需要选择多大的样本容量?

8.47　在一项针对美国 413 家非营利机构的调查中，83 家非营利机构表示，人才流失是其在人力资源管理中面临的最主要问题 (Nonprofit HR, *2014 Nonprofit Employment Practices Survey*, available at bit. ly/1mfy2tJ)。

a. 为认为人才流失为主要问题的机构所占的比率构建95%的置信区间。

b. 解释（a）中置信区间的含义。

c. 现在进行第二轮调查，目标为在95%置信水平下±0.01的误差内估计认为人才流失为主要问题的机构占总体的实际比率，需要多大的样本容量?

8.48 根据Financial Brand（一家研究私人业务银行和信用联盟所面对的品牌问题并提供建议的网络刊物）的一项研究，68%的金融机构利用顾客流失率来衡量市场营销的效率（"2014 State of Bank & Credit Union Marketing," bit. ly/1np8FVx)。

a. 如果你想进一步判断使用顾客流失率的金融企业所占总体的比率，你会在样本容量公式中使用0.68还是0.50作为π值?

b. 根据（a）的结果，构建总体比率的95%的置信区间，并接受±0.03的误差，需要多少样本?

8.49 消费者为什么不愿和销售者分享信息? 近期ClickFox消费者行为调查（bit. ly/1fAfJAI）指出，32%的消费者担心信息的安全性。

a. 为了进一步判断这类消费者占总体的比率，构建99%的置信区间并接受±0.03的误差，需要多少样本?

b. 如果将接受的误差增加到±0.05，需要多少样本?

c. 比较（a）和（b）的结果。

8.5 置信区间估计与道德问题

在选取样本和进行统计推断时经常会出现道德问题。比如，是否应该同时提供置信区间估计和点估计。如果只提供样本统计量的点估计，而不提供其他信息，比如置信区间的上下限（一般以95%置信水平设定）、使用的样本容量以及能够使外行理解的置信区间的通俗含义，或者这些信息不全，就会出现道德问题。这是因为不提供置信区间估计时，听众很容易被误导，以为从样本中得出的点估计能够准确估计总体特征。所以，我们需要在书面报告的显著位置说明样本的区间估计结果，以及置信区间估计的简单解释。另外，样本容量信息也需要给予高度的重视。

当媒体发表对政治选举结果的预测时，它们往往会忽视提供完整信息的重要性。有时，一项调查存在抽样误差，但媒体却将这种误差记录在不显眼的位置，仿佛它们无关紧要。如果用更加道德的方式呈现一份调查的完整信息，就应该在最明显的地方提供置信区间、样本容量、抽样误差以及调查的置信水平等信息。

8.6 自助抽样法

本章中介绍的构建置信区间的方法需要特定的假设成立。而这些假设往往不一定成立，尤其是当样本容量较小的时候。自助抽样法（bootstrapping）是通过选择一组样本，并不断从这同一组样本中抽样的方法。自助抽样法提供了一种不需要任何假设的方法。

统计应用

为 Ricknel 家居公司做出估计，回顾

在“统计应用”中，你作为 Ricknel 家居公司的会计，负责审核该公司综合库存管理和销售信息系统记录的准确性。你准备用置信区间统计推断的方法，即从全部记录中选取一个较小的样本，然后用样本结果来推断总体记录的准确度。

在月末，你随机抽取了 100 份销售单据记录，并且得出以下推断：

- 在 95% 的置信水平下，各个月的销售单据平均金额在 104.53～116.01 美元之间；
- 在 95% 的置信水平下，4.12%～15.88% 的销售单据存在错误记录。

这些估计提供了包含总体参数的估计区间。如果对 Ricknel 的决策层来说这个区间估计过宽（即估计误差过大），则需要选取更大的样本。你可以使用在 8.4 节中介绍的方法来决定合适的销售单据样本容量。

小　结

本章主要讨论了如何为估计总体的某个参数构建置信区间，以及如何确定必要的样本容量大小。通过学习本章，你应该掌握运用数值数据和属性数据的方法。表 8-3 提供了本章涉及的主题。

表 8-3　第8章小结

分析方法	数据类型	
	数值型	属性型
总体参数的置信区间	均值的置信区间（8.1，8.2 节）	比率的置信区间（8.3 节）
决定样本容量大小	估计均值所需的样本容量（8.4 节）	估计比率所需的样本容量（8.4 节）

为了判断在一个特定的情形下应该选择哪个公式，你需要回答两个问题：

- 你是在构建置信区间还是在决定样本容量？
- 你所获得的数据是数值形式的还是属性形式的？

在接下来的三章中，我们将讨论总体假设的检验方法。

参考文献

1. Cochran, W. G. *Sampling Techniques*, 3rd ed. New York: Wiley, 1977.
2. Daniel, W. W. *Applied Nonparametric Statistics*, 2nd ed. Boston: PWS Kent, 1990.
3. Fisher, R. A., and F. Yates. *Statistical Tables for Biological, Agricultural and Medical Research*, 5th ed. Edinburgh: Oliver & Boyd, 1957.
4. Hahn, G., and W. Meeker. *Statistical Intervals: A Guide for Practitioners*. New York: John Wiley and Sons, Inc., 1991.
5. Kirk, R. E., ed. *Statistical Issues: A Reader for the Behavioral Sciences*. Belmont, CA: Wadsworth, 1972.
6. Larsen, R. L., and M. L. Marx. *An Introduction to Mathematical Statistics and Its Applications*, 5th ed. Upper Saddle River, NJ: Prentice Hall, 2012.
7. *Microsoft Excel 2013*. Redmond, WA: Microsoft Corp., 2012.
8. *Minitab Release 16*. State College, PA: Minitab, Inc., 2010.
9. Snedecor, G. W., and W. G. Cochran. *Statistical Methods*, 7th ed. Ames, IA: Iowa State University Press, 1980.

关键词

置信区间估计（confidence interval estimate）　　临界值（critical value）

自由度（degree of freedom）
边际误差（margin of error）
抽样误差（sampling error）
置信水平（level of confidence）
点估计（point estimate）
学生 t 分布（student's t distribution）

检查你对本章的理解

8.50 为什么我们永远不可能对总体参数的估计有100%的把握？

8.51 什么时候应用 t 分布来对均值构建置信区间？

8.52 为什么给定样本容量 n，置信水平越高，置信区间就越宽（且估计值越不精确）？

8.53 为何在估计总体比率时，如果历史数据显示总体比率为0.20，需要的样本容量要小于总体比率为0.50时需要的样本容量？

本章复习题

8.54 Pew Internet Project 调查了1 006位美国成年人。以下为调查结果：

906人拥有手机
584人拥有智能手机
322人拥有电子书
423人拥有平板电脑

资料来源："Device Ownership Over Time，" bit. ly/1fvWYrL.

a. 为上述每种电子产品的拥有者在总体中所占比率构建95%的置信区间。

b. 对于成年人拥有的电子产品，我们能得出什么结论？

8.55 美国人认为能源和环境政策应该朝哪个方向发展？盖洛普对1 048位成年人进行了一项调查，调查对象覆盖美国50个州以及哥伦比亚特区。调查结果如下：

政府应投资开发太阳能和风能：702
对企业的排污制定更高要求：681
对天然气的开采制定更严格的技术标准：608
增加核能源的使用：493

资料来源："Americans Still Favor Energy Conservation Over Production，" bit. ly/1iLhkn2.

a. 为支持以上每种政策的人在总体中所占比率构建95%的置信区间 。

b. 对于美国人所支持的环境和能源政策，我们能得出什么结论？

8.56 一家电子产品企业的市场研究员希望了解一个区域中人们观看媒体节目的时间。随机选择40位受访者并要求他们记录在各种设备（包括电视机、DVD、游戏机、网络视频、计算机、手机等）上观看媒体节目的时间。调查的结果如下：

- 每周收看时间：$\bar{X}=41$ 小时，$S=3.5$ 个小时。
- 样本中有30位受访者至少拥有一台高清电视机。

a. 为总体的平均收看时间构建95%的置信区间。

b. 为拥有高清电视机的人在总体中所占的比率构建95%的置信区间。

如果市场研究员想要在另一个城市进行相同的调查，那么：

c. 如果他希望以95%的置信水平，在±2小时内正确估计总体的平均收看时间，假设总体标准差为5小时，那么他需要多大的样本容量？

d. 如果他希望以95%的置信水平，在±0.06内正确估计拥有高清电视机的人在总体中所占的比率，且没有历史数据提供标准差，那么他需要多大的样本容量?

e. 基于（c）和（d），如果这位市场研究员只做一组抽样，那么他会选择多大的样本容量?

8.57　一家 IT 咨询公司为顾客提供医保的相关业务。这家企业想针对医保行业中沟通不力所造成的损失进行一项调查。随机选择 70 位医保工作人员并得到如下结果:

- 一天中因落后的通信技术所浪费的时间：$\overline{X}=45$ 分钟，$S=10$ 分钟。
- 样本工作人员中有 36 位医保工作人员缺乏传呼机。

a. 为一天中所有医保工作人员因为落后的通信技术所浪费的时间均值构建 99% 的置信区间。

b. 为缺乏寻呼机的工作人员在总体中所占的比率构建 95% 的置信区间。

8.58　一家大型企业的人事主管希望研究公司去年核心部门行政工作人员的缺勤情况，随机选择了 25 位行政人员作为样本，结果如下:

- 缺勤：$\overline{X}=6.2$ 天，$S=7.3$ 天。
- 样本中有 13 位行政人员因压力过大而缺勤。

a. 为缺勤天数的均值构建 95% 的置信区间。

b. 为因压力过大缺勤的行政人员在总体中所占比率构建 95% 的置信区间。

现在这位主管决定在企业的另一个部门中进行同样的调查。

c. 如果他希望以 95% 的置信水平，在 ±1.5 天内正确估计总体缺勤天数的均值，假设总体标准差为 4.5 天，那么他需要多大的样本容量?

d. 如果他希望以 90% 的置信水平，在 ±0.075 内正确估计因压力过大而缺勤的人员占总体的比率，假设没有历史数据可以提供标准差，那么他需要多大的样本容量?

e. 基于（c）和（d）的结果，如果只进行一次抽样，那么这位人事主管需要多大的样本容量?

8.59　一个致力于企业人力资源项目、制度和培训的全国性组织希望进行一项调查。调查的主要内容包括企业人事部门的制度，以及企业的人才流动率。人力资源和企业的高层十分重视人才流动率，因为它不仅代表着显著的人力成本，还和企业的总体表现有着密切的联系。这项调查希望计算拥有足够人力和培训项目的企业在总体中所占的比率，以及企业每年的平均人才流动率（离开的人数/总职工人数)。随机选择 100 家企业组成样本并得到以下结果:

- 年人才流动率：$\overline{X}=8.1\%$，$S=1.5\%$。
- 样本中有 30 家企业有足够的人力和培训项目。

a. 为总体人才流动率的均值构建 95% 的置信区间。

b. 为拥有足够人力和培训项目的企业在总体中所占比率构建 95% 的置信区间。

c. 如果以 99% 置信水平，在 ±1.5% 的范围内估计总体人才流动率的均值，需要多少样本?

d. 如果以 90% 置信水平，在 ±0.045 的范围内估计拥有足够人力和培训项目的企业在总体中所占的比率，需要多少样本?

8.60　如今的工厂运营管理所面临的主要问题之一是 IT 系统下线维护时所带来的财务损失。一项针对制造企业的调查希望了解这些企业对其 IT 系统在可靠度和可用性方面的评价。调查主要关注三个变量：企业使用的 IT 系统在过去一年中是否曾需要下线维护，过去一年中下线维护的次数，以及每次下线维护所造成损失的均值。随机选择 200 家制造企业组成样本，调查结果如下:

- 样本中有 62 家企业在过去一年中曾需要下线维护。
- 下线维护的次数：$\overline{X}=3.5$，$S=2.0$。
- 每次下线维护的成本：$\overline{X}=18\,000$ 美元，$S=3\,000$ 美元。

a. 为过去一年间曾需要下线维护的企业占总体的比率构建 90% 的置信区间。

b. 为过去一年间企业总体平均下线维护的次数构建 95% 的置信区间。

c. 为过去一年间企业每次下线维护的总体成本均值构建 95% 的置信区间。

8.61 一家大型宠物用品连锁店的店长想了解顾客的特点。她对两个变量感兴趣：每位顾客的消费金额，以及顾客是只养 1 只狗，只养 1 只猫，还是养了多于 1 只宠物。随机选择 70 位顾客进行调查并得到以下结果：

- 消费金额：$\overline{X}=21.34$ 美元，$S=9.22$ 美元。
- 样本中有 37 位顾客只养了 1 只狗。
- 样本中有 26 位顾客只养了 1 只猫。
- 样本中有 7 位顾客养了多只宠物。

a. 为总体的人均消费金额构建 95% 的置信区间。

b. 为只养 1 只猫的顾客在所有顾客中所占的比率构建 90% 的置信区间。

另一家分店的店长也想进行类似的调查。在不知道上述调查结果的前提下，回答以下问题：

c. 如果以 95% 置信水平，在 ±1.50 美元的范围内估计总体人均消费金额，给定总体标准差为 10 美元，需要多少样本?

d. 如果以 90% 置信水平，在 ±0.045 的范围内估计只养 1 只猫的顾客在总体顾客中所占比率，需要多少样本?

e. 基于（c）和（d）中的答案，这位店长在调查时应选择多少样本?

8.62 斯卡利特和海瑟是一家高档餐厅的老板。他们想对顾客的就餐特点进行一项调查。他们感兴趣的事情有两件：顾客的消费金额，以及顾客是否购买了甜品。随机选择 60 位顾客作为样本，并得到如下结果：

- 消费金额：$\overline{X}=38.54$ 美元，$S=7.26$ 美元。
- 样本中有 18 位顾客购买了甜品。

a. 为总体顾客的平均消费金额构建 95% 的置信区间。

b. 为购买甜品的顾客在总体中所占比率构建 90% 的置信区间。

珍妮是一家竞争餐厅的店主。她也想做一项类似的调查。在不知道上述调查结果的前提下，回答以下问题：

c. 如果以 95% 置信水平，在 ±1.50 美元的范围内估计总体人均消费金额，给定总体标准差为 8 美元，需要多少样本?

d. 如果以 90% 置信水平，在 ±0.04 的范围内估计购买甜品的顾客在总体中所占比率，需要多少样本?

e. 基于（c）和（d）中的结果，珍妮应该选择多少样本?

8.63 Ice Melt 的制造商称其产品能在 0°F 及以上的环境中融化冰雪。一家大型五金器具连锁店的代表决定测试 Ice Melt 的性能。连锁店购买了一批 5 磅规格的袋装 Ice Melt 用来分销。代表希望以 95% 的置信水平，在 ±0.05 的范围内估计符合制造商宣布的性能的产品在总数中所占的比率。

a. 代表需要选择多少样本，并且需要对总体的真实比率作出什么假设?（这种调查被称为破坏性调查，也就是说，样本产品将在调查中被破坏，因此不能再用来出售。）

b. 在 50 包 Ice Melt 组成的样本中，其中 42 包符合要求。计算总体中存在问题的比率的 95% 的置信区间。

c. 代表应该如何使用（b）的结果来判断是否销售 Ice Melt?

8.64 保险欺诈以及夸大赔付一直是提供车险业务的企业所面临的主要问题。保险欺诈指的是对于事故或损失情况的捏造。夸大赔付指的是夸大遭受的损失以获取额外的补偿。一项近期的调查研究了个人保险中车辆事故的人身伤害赔付。当事人受到的伤害、得到的治疗、提交的损失金额、获得的赔付，以及处理赔付的方法等数据都被详细记录。此外，审计师还对所有的赔付文件进行了审阅，并指出了所有欺诈或夸大的金额。文件 InsuranceClaims 包括了 90 个随机选择的人身伤害赔付事件。文件中包含以下变量：CLAIM——赔付的序列号；BUILDUP——如果金额存在夸大的现象，则为 1，否则为 0；EXCESSPAYMENT——夸大的赔付金额（美元）。

a. 为夸大赔付在总体中所占比率构建 95% 的置信区间。

b. 为总体夸大赔付的均值构建 95% 的置信区间。

8.65 茶叶填充过程中的一项质量指标是茶叶袋中的茶叶分量。茶叶包装袋上的说明显示，平均每包茶叶的质量为 5.5 克。一方面如果茶叶袋中茶叶的分量不足，就会产生两个问题。首先，消费者不能冲泡出足够浓的茶水。第二，公司违反真实标签法。然而另一方面，如果袋中茶叶平均分量过多，那么公司就是在免费送茶叶。但是由于工厂中温度、湿度波动，茶叶密度，以及机器填充操作（每分钟大约填充 170 包）的误差影响，不太可能实现每包茶叶分量都正好。以下（存储在文件 Teabags 中）提供了从某台机器 1 小时内填充的茶叶袋中随机选择 50 包组成的样本数据（克）。

5.65	5.44	5.42	5.40	5.53	5.34	5.54	5.45	5.52	5.41
5.57	5.40	5.53	5.54	5.55	5.62	5.56	5.46	5.44	5.51
5.47	5.40	5.47	5.61	5.53	5.32	5.67	5.29	5.49	5.55
5.77	5.57	5.42	5.58	5.58	5.50	5.32	5.50	5.53	5.58
5.61	5.45	5.44	5.25	5.56	5.63	5.50	5.57	5.67	5.36

a. 构建茶叶袋总体的平均重量的 99% 的置信区间。

b. 公司是否符合包装袋上平均 5.5 克的承诺？

c. 为建立（a）中置信区间的相关假设是否合理？

8.66 一家企业生产电子设备的钢架。钢架的主要部分是用工业钢做出的钢槽。通过 250 吨的特殊压制工艺，钢槽两壁之间的距离必须达到特定标准才能满足钢架在户外使用时的需要。在文件 Trough 中你可以找到钢槽两壁之间距离的数据。数据来自 49 个钢槽组成的样本。

8.312	8.343	8.317	8.383	8.348	8.410	8.351	8.373	8.481	8.422
8.476	8.382	8.484	8.403	8.414	8.419	8.385	8.465	8.498	8.447
8.436	8.413	8.489	8.414	8.481	8.415	8.479	8.429	8.458	8.462
8.460	8.444	8.429	8.460	8.412	8.420	8.410	8.405	8.323	8.420
8.396	8.447	8.405	8.439	8.411	8.427	8.420	8.498	8.409	

a. 为钢槽两壁之间的总体距离均值构建 95% 置信区间。

b. 解释（a）中结果的含义。

c. 你认为（a）所需的假设是否成立？

8.67 Boston 和 Vermont 屋面板的制造商知道，商品的重量是顾客评判屋面板质量好坏的重要标准。装配线的最后一道工序是将屋面板放入木制的托盘中。当托盘装满之后（通常来说一个托盘可以装 16 块左右屋面板），称重并记录。文件 Pallet 存储了 368 个来自 Boston 的托盘重量，以及 330 个来自 Vermont 的托盘重量（磅）。

a. 为 Boston 屋面板构建总体平均重量的 95% 的置信区间。

b. 为 Vermont 屋面板构建总体平均重量的 95% 的置信区间。

c. 你认为（a）和（b）所需的假设是否成立？

d. 基于（a）和（b）的结果，对于两种屋面板的平均重量你可以得出何种结论？

8.68 Boston 和 Vermont 屋面板的制造商为大多数产品提供 20 年的保质期。为了判断所生产的屋面板是否能够达到承诺的使用寿命，制造商使用加速寿命测试系统来进行测试。该系统利用实验室在短暂的时间内将屋面板暴露在其整个使用过程中可能受到的压力下。在该测试中，屋面板在短时间内被反复地刮磨，掉落的颗粒被称量并记录（克）。在这种情况下，如果期望屋面板能够达到承诺的使用寿命，则其掉落的颗粒重量不应该大于 0.8 克。文件 Granule 包含了 170 个 Boston 屋面板的测量结果和 140 个 Vermont 屋面板的测量结果。

a. 为 Boston 屋面板计算掉落颗粒重量均值的 95% 的置信区间。

b. 为 Vermont 屋面板计算掉落颗粒重量均值的 95% 的置信区间。

c. 你认为（a）和（b）所需的假设是否成立？

d. 基于（a）和（b）的结果，对于掉落颗粒重量均值你可以得出何种结论？

报告写作练习

8.69 对于习题 8.66 中有关钢槽宽度的结果撰写研究报告，报告你的结论。

第 8 章案例　管理 Ashland MultiComm Services

市场部门希望增加三合一套餐服务（电视、电话、网络）的使用者数量。根据经理助理 Lauren Adler 的提议，市场部门设计了一份调查问卷。这份问卷试图判断已经在 Ashland 购买电视服务的消费者的特征。问卷包括以下 10 道题。

1. 你的家庭是否使用 Ashland 提供的电话服务？

(1) 是　　(2) 否

2. 你的家庭是否使用 Ashland 提供的网络服务？

(1) 是　　(2) 否

3. 你订购了哪种电视服务？

(1) 基本版　　(2) 增强版

（如果选择基本版，请跳至问题 5。）

4. 你观看增强版所提供的电视频道的频率如何？

(1) 每天

(2) 大部分时间

(3) 偶尔或从不

5. 你观看付费节目的频率如何？

(1) 每天

(2) 每周几次

(3) 很少

(4) 从不

6. 你正在使用的 AMS 服务是通过什么渠道购买的？

(1) AMS 免费客服电话

(2) AMS 官网

(3) 回复 AMS 发出的信件

(4) Good Tunes & More 促销活动

(5) 其他

7. 如果提供折扣，你会考虑使用 AMS 的三合一套餐服务吗？

(1) 是　　(2) 否

（如果回答为否，请跳至问题 9。）

8. 如果分开购买，电视、电话以及网络服务每周的价格为 24.99 美元。你愿意支付的三合一套餐价格为多少？

9. 你的家庭是否使用其他电话服务?

(1) 是　　　(2) 否

10. AMS 正在考虑为签约使用三合一套餐服务（两年期）的顾客提供 Ashland 金卡。这张卡将在 Ashland 地区的一些餐厅为顾客提供折扣。如果为你提供 Ashland 金卡，你会同意签署两年的使用合同吗?

(1) 是　　　(2) 否

选择并联系 500 个在 Ashland 购买电视服务的家庭，其中 82 个家庭没有回复（拒绝回答问卷，无人应答，或电话号码无效）。下表提供了来自 418 个家庭的回答。

是否订购 AMS 电话服务	**频数**
是	83
否	335
是否订购 AMS 网络服务	**频数**
是	262
否	156
电视服务的种类	**频数**
基本版	164
增强版	254
观看增强版服务频道的频率	**频数**
每天	50
大部分时间	144
偶尔或从不	60
观看收费节目	频数
每天	14
每周几次	35
很少	313
从不	56
目前 AMS 服务的购买渠道	**频数**
客服电话	230
官网	106
信件	46
Good Tunes & More	10
其他	26
是否考虑以折扣价购买三合一服务	**频数**
是	40
否	378

每周为三合一服务你愿意支付多少（单位：美元)?

23.00	20.00	22.75	20.00	20.00	24.50	17.50	22.25	18.00	21.00
18.25	21.00	18.50	20.75	21.25	22.25	22.75	21.75	19.50	20.75
16.75	19.00	22.25	21.00	16.75	19.00	22.25	21.00	19.50	22.75
23.50	19.50	21.75	22.00	24.00	23.25	19.50	20.75	18.25	21.50

是否使用其他电话服务	**频数**
是	354
否	64
愿意签署两年协议获取金卡	**频数**
是	38
否	380

分析上述来自 Ashland 电视服务的顾客的数据。写一份报告，讨论这份调查结果对 AMS 的市场营销政策应该产生什么样的影响。

数字案例

以下是第6章中 MyTVLab 网络案例的拓展版，请在此使用你学习到的置信区间的相关概念。

在所有提供的服务中，MyTVLab 允许顾客在线购买 MyTVLab LifeStyles 系列产品。为了支持在线付款，MyTVLab 联系了下面两家公司：

- PayAFriend（PAF）：一家网络支付系统，顾客和像 MyTVLab 这样的商户可以在注册后通过 PAF 进行付款，方便快捷，顾客不需要使用信用卡。
- Continental Banking Company（Conbanco）：一家缴费代理服务，允许 MyTVLab 的顾客在网站上使用国内主流信用卡付款。

为了减少成本，管理层只考虑一种付费方式 。但是，销售部的 Lorraine Hildick 认为购买行为不同的顾客支付习惯也会不同，因此两种支付渠道的使用人数并不相同。可供选择的支付渠道会影响顾客的购买意愿以及数量。所以，需要首先确定：

- 使用 PAF 和信用卡支付方式的消费者的比率分别是多少。
- 使用两种支付方式的消费者平均消费金额是多少。

基于一个随机抽取的50次交易观测样本，请帮助 Hildick 进行适当的分析。样本在 PaymentsSample. pdf 文件中。总结你的发现，并判断使用不同付款方式的顾客，是否如 Hildick 预测的那样，具有不同的购买行为（平均消费金额不同）。如果你希望估计平均消费金额的误差在3美元之内，Hildick 的样本容量是否足够大？

Sure Value 便利店

你在一家拥有近万家便利店的集团总部工作。最近，集团旗下的门店平均每天的顾客人数一直在900人上下浮动。为了增加顾客数量，集团决定降低咖啡的价格。12盎司咖啡从0. 99美元下降至0. 59美元，16盎司咖啡从1. 19美元下降至0. 69美元。在降低价格之后，咖啡的利润率仍将高达40%。为了测试这项促销活动的效益，集团先在34家每天顾客人数在900人左右的便利店中实施这项策略。4周之后，样本门店的每天顾客人数均值为974人，标准差为96人。你认为样本中顾客数量的增长幅度显著，但与此同时，你又担心样本容量或许太小。如何判断降低咖啡价格对所有门店的平均顾客量的影响呢？你认为降低咖啡价格是一个能有效增加顾客量的策略吗？

CardioGood 健身设备

回到之前讨论的 CardioGood 健身设备案例。使用 CardioGood Fitness 文件中的数据：

1. 为每款 CardioGood 跑步机的顾客构建95%的置信区间。
2. 给 CardioGood 健身设备的管理层写一份报告，陈述你的结论。

更多的描述性选择，回顾

回到“更多的描述性选择”情境，针对小型、中型和大型基金，构建3年收益率、5年收益率，以及10年收益率的95%的置信区间。根据你的研究，讨论不同类型基金的表现。

Clear Mountain 州立大学学生调查

1. Clear Mountain 州立大学（CMSU）的学生新闻服务社决定对 CMSU 的本科生进行一项调查。他们从62位本科生得到了对于问卷中14个问题的回答（存储在文件 UndergradSurvey 中）。为调查中的每个变量的总体参数构建95%的置信区间。写一份报告总结你的发现。

2. CMSU 的学生主任知道学生新闻服务社的调查后，决定对 CMSU 的研究生进行一项类似的调查。从44位研究生得到了对于问卷中14个问题的回答后（存储在文件 GradSurvey 中），她需要你为调查中每个变量的总体参数构建95%的置信区间。写一份报告总结你的发现。

第 9 章

假设检验基础：单样本检验

Fundamentals of Hypothesis Testing: One-Sample Tests

学习目标

- 假设检验的基本原理
- 如何对均值和比率进行假设检验
- 每种假设检验的前提，如何评价它们，以及严重违反的后果
- 假设检验的缺陷以及需要注意的伦理道德问题
- 如何避免假设检验的缺陷

统计应用

Oxford 麦片公司

正如在第 7 章中一样，你再次作为 Oxford 麦片公司工厂的运营经理，负责监控盒装麦片的重量。公司要求保证每盒麦片的平均重量为 368 克。你的任务是在平均的装盒重量偏离 368 克时调整装盒过程。调整装盒过程需要暂时关闭麦片生产线，你不想做不必要的调整。

可以使用什么决策方法来确定装盒过程是否需要调整？你决定选取一个包含 25 盒麦片的随机样本并称出每盒的重量。根据收集的重量数据，你算出了一个样本均值，那么这个样本均值如何帮助你来判断是否有必要调整生产线呢？

第 7 章中，你学习了如何判定一个样本的均值是否与其来源总体的均值相一致。在这个 Oxford 麦片公司的情景中，你需要处理一个不同的问题：怎样利用样本均值来证实一个有关总体均值的论断？面对这样的问题，你需要使用被称为**假设检验**（hypothesis testing）的推断方法。假设检验需要你陈述一个没有歧义的论断。在本例中论断为总体均值是 368 克，通过检查样本统计量来判断是否应支持这一被称为零假设的论断，或者得出与之互不相容的论断（在这里即总体均值不是 368 克）。

在本章中，你会学习一些假设检验的应用。你会学习如何通过分析观察到的结果与样本统计量以及在潜在假设成立下期望得到的结果之间的差异来推断总体参数。例如，在 Oxford 麦片公司的情景中，假设检验可以使你做出以下推断之一：

- 如果全部盒装麦片的平均重量为 368 克，则抽样的盒装麦片的平均重量与预期的一致。
- 由于样本均值与 368 克相差甚远，因此总体均值不等于 368 克。

9.1　基本假设检验方法

假设检验一般从关于某一总体参数的理论、主张或断言开始。例如，在麦片的例子中，为了进行统计分析，所做的初始假设为装盒过程运行正常，即平均每盒麦片的重量为 368 克，因此无须采取任何措施。

零假设与备择假设

我们假设总体参数与公司所标明的数值相等，这一假设称为**零假设**（null hypothesis)。零假设常用来表示现状，用 H_0 表示。在这里，零假设为装盒过程运行正常，平均每盒麦片的重量为 Oxford 麦片公司所标明的 368 克。这一假设可表述为：

$$H_0: \mu=368$$

尽管我们所拥有的信息仅仅来自样本，零假设仍然是关于总体参数的假设。这是因为我们所关心的参数是关于整个装盒过程（总体）的，样本统计量将被用来推断所有装盒过程结果。一个可能的推断是：通过样本数据所观察到的结果，表明零假设为假。如果零假设为假，一定会有其他假设为真。

在我们给出零假设时，必须同时给出备择假设。并且，当零假设被证明为假时，备择假设则一定为真。**备择假设**（alternative hypothesis）H_1 是与零假设 H_0 相对立的。在麦片的例子中，备择假设可表述为：

$$H_1: \mu\neq 368$$

备择假设表述了在零假设被拒绝的情况下得到的结果。在许多研究中，备择假设是研究所关注的重点。如果从样本信息中得到的证据足以证明零假设不太可能为真，那么就可以拒绝零假设，从而得到备择假设所代表的结论。在盒装麦片案例中，如果抽样所得到的盒装麦片的重量与公司所标明的 368 克平均值之间的差距足够大，我们就可以拒绝零假设，从而接受备择假设（即平均装盒重量并非 368 克)。需要停产，或采取其他必要的措施来解决问题。如果零假设没有被拒绝，你应该相信装盒过程运行正常，不需要进行调整。事实上，在第二种情况下，你并没有证明此过程运行正常，而是你无法证明装盒过程出现问题，因此继续相信并未得到证实的零假设。

在假设检验中，当样本证明备择假设很有可能为真时，拒绝零假设。但是，不能被拒绝的零假设并不能证明是真的。我们永远也不可能证明零假设是真的，因为我们的判断仅仅基于样本信息，而不是整个总体信息。因此，如果不能拒绝零假设，只能得出结论：不存在足够的证据来拒绝零假设。以下要点对零假设和备择假设进行了总结：

- 零假设 H_0 代表对现时状况的某种信念。
- 备择假设 H_1 是与零假设相对立的假设，代表某个有待证明的研究结论或者特定的推断。
- 如果你拒绝了零假设，则在统计意义上能够证明备择假设是正确的。
- 如果你不能拒绝零假设，是因为无法证明备择假设的正确性。但是，无法证明备择假设并不意味着你已经证明了零假设的正确性。
- 零假设 H_0 总是对总体参数（如总体均值 μ）的某一特定值而言的，而不是关于样本统计量（如样本均值 $\overline{X}$）的假设。

- 零假设表达式中总会包含使总体参数等于某一特定值的等号（如 H_0：$\mu=368$）。
- 备择假设表达式中从不包含使总体参数等于某一特定值的等号（如 H_1：$\mu\neq368$）。

例 9.1

零假设与备择假设

你是一家快餐店的经理。你希望判断在过去的一个月中，顾客等候点餐的时间是否与原先的总体每单平均 4.5 分钟有所变化。请列出问题的零假设和备选假设。

解答 问题的零假设是总体均值并没有与原先的每单 4.5 分钟不同，即

H_0：$\mu=4.5$

备择假设是零假设的对立面。因为零假设是总体均值是 4.5 分钟，所以备择假设是总体均值不再是 4.5 分钟，即

H_1：$\mu\neq4.5$

检验统计量的临界值

假设检验使用样本数据来决定多大程度上零假设为真。在 Oxford 麦片公司的例子中，零假设为：在整个装盒过程中，每盒麦片的平均重量为 368 克（即公司所标明的总体参数）。从装盒过程中得到盒装麦片的一个样本，称取样本中每盒麦片的重量，然后计算出样本均值 $\bar{X}$。这一样本统计量是对相应的总体参数 μ 的估计。由于抽样有波动性，即使零假设在事实上为真，统计量 $\bar{X}$ 也有可能与参数值不同。

但是，在零假设为真的情况下，我们就可以预测样本统计量与总体参数非常接近。此时，就没有足够的证据拒绝零假设。例如，如果样本均值为 367.9 克，直观的结论是，总体均值（即 $\mu=368$）没有变化，这是因为样本均值 367.9 克与所假设的总体均值 368 克之间相差无几。从直觉上讲，我们会认为一个均值为 368 克的总体完全有可能产生一个均值为 367.9 克的样本。

然而，如果统计量的值和所假设的参数值之间存在很大偏差，那么直观的结论是零假设很可能不成立。例如，若样本均值为 320 克，我们就会倾向于断定总体均值不等于 368 克（即 $\mu\neq368$），因为样本均值和所假设的参数值 368 克相差很大，在这种情况下，从均值为 368 克的总体中得到均值为 320 克的样本的可能性非常小，因此，更符合逻辑的结论是总体均值不等于 368 克。这样，我们就拒绝了零假设。

令人遗憾的是，决策过程并不总是如此明确。如果没有清晰的界定，依靠个人主观来判断什么是“很接近”，什么是“相差很大”就太随意了。假设检验方法论提供了清晰的定义来衡量这些差别，使我们能够量化决策过程，从而计算出在零假设成立的情况下，得到某一样本值的概率。要做到这一点，首先要确定有关的样本统计量（即样本均值）的抽样分布，然后根据给定的样本值计算出特定的**检验统计量**（test statistic）。由于检验统计量的抽样分布通常服从某些已知的统计分布，比如标准正态分布和 t 分布，我们可以利用这些分布来确定零假设是否为真。

拒绝域和非拒绝域

我们可以将检验统计量的抽样分布分为两个区域：**拒绝域**（region of rejection）（有时也称临界域）和**非拒绝域**（region of nonrejection）（见图9-1）。如果检验统计量落入非拒绝域，我们不能拒绝零假设。在麦片的例子中，结论是，没有充足的证据表明盒装麦片的平均重量不等于368克。如果检验统计量落入了拒绝域，零假设被拒绝。在这种情况下，结论为总体均值不等于368克。

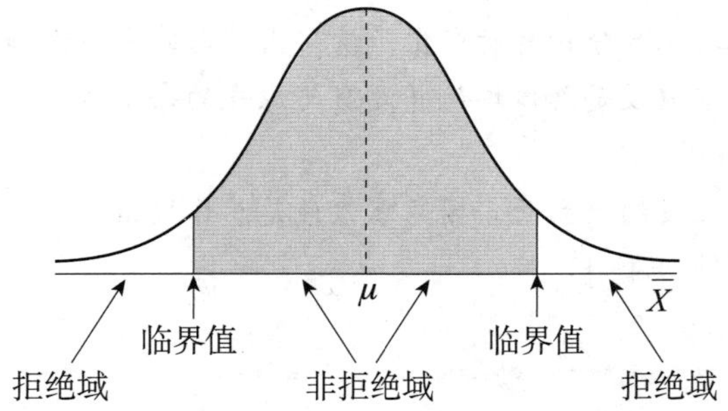

图9-1 假设检验的拒绝域和非拒绝域

在零假设为真的条件下，检验统计量的值落入拒绝域的可能性非常小。在零假设不为真时，检验统计量的值落入拒绝域的可能性就会增大很多。因此，如果检验统计量的值落入拒绝域，零假设将被拒绝，因为在零假设为真的条件下，检验统计量的值落入拒绝域的可能性很小。

为了得出有关零假设的决策，首先必须确定检验统计量的**临界值**（critical value）。临界值将非拒绝域和拒绝域区分开来。临界值的确定依赖于拒绝域的大小，而拒绝域的大小又和根据样本信息来决定总体参数的风险直接相关。

根据假设检验方法进行决策的风险

用假设检验进行决策时，存在得出错误结论的风险。你或许会错误地拒绝了一个正确的零假设 H_0，或者相反，没有拒绝一个错误的零假设 H_0。这些不同类型的错误被称为**第一类错误**（type Ⅰ error）和**第二类错误**（type Ⅱ error）。

第一类错误与第二类错误

零假设 H_0 被拒绝，但事实上它是真的，不应该被拒绝，这类错误为第一类错误。第一类错误是一种“错误报警”，发生第一类错误的概率用 α 来表示。

零假设 H_0 没有被拒绝，但事实上它是假的，应该被拒绝，这类错误则为第二类错误。第二类错误代表本可以采取正确选择但却“坐失良机”，发生第二类错误的概率用 β 来表示。

在麦片装盒过程的例子中，如果事实上总体平均装盒重量等于368克，但从样本信息中所得出的结论却是不等于368克，那么就产生了第一类错误。这一错误导致即使在装盒过程运转正常的情况下，你依然会对其进行调整，所以第一类错误是一种“错误报警”；相反，如果事实上总体平均装盒重量不等于368克，从样本信息中得出的结论却是等于 368 克，则产生了第二类错误。在有必要调整的情况下坐视装盒过程出错而不加以调整，所以第二类错误代表“坐失良机”。

根据传统，可以通过决定风险水平 α（希腊字母 alpha 的小写）来控制犯第一类错误的概率，α 是人们可以接受的拒绝正确零假设的风险。这种犯第一类错误的风险或者说概率，被称为统计检验的**显著性水平**（level of significance）。由于在进行假设检验之前就要确定显著性水平，因此犯第一类错误的风险 α 可以人为加以控制。通常人们会选择 0.01，0.05 或者 0.10 作为显著性水平。具体的犯第一类错误风险水平的选择取决于犯第一类错误的代价。确定了 α 的值之后，就可以确定临界值或者说划分拒绝域和非拒绝域的边界了。

犯第二类错误的概率被称为 **β 风险**（β risk），与能够通过 α 选择来控制风险的第一类错误不同，犯第二类错误的概率依赖于总体参数的假设值与真实值之间的差别。由于差别大比差别小更易于识别，如果总体参数的假设值与真实值之间的差别很大，犯第二类错误的概率 β 就会很小。例如，若真实的总体均值是 330 克，得出均值没有偏离 368 克这一结论的可能性就会很小。另一方面，如果总体参数假设值与真实值之间的差别很小，犯第二类错误的概率 β 就会很大。因此，若真实的总体均值是 367 克，得出结论均值没有偏离 368 克这一给定值（从而犯第二类错误）的可能性就会很大。

犯第一类错误和第二类错误的概率

统计检验的显著性水平（α）是犯第一类错误的概率。

β 风险是犯第二类错误的概率。

与犯第一类错误的概率 α 互补的值（$1-\alpha$）称为**置信系数**（confidence coefficient）。置信系数是当零假设 H_0 为真不应被拒绝时人们不拒绝它的概率。在 Oxford 麦片公司的例子中，置信系数度量了当每盒麦片的实际平均重量为 368 克时，假设检验的结论也是 368 克的概率。

与犯第二类错误的概率 β 互补的值（$1-\beta$）称为**统计检验能力**（power of a statistical test）。统计检验能力是当零假设错误应当被拒绝时人们拒绝它的概率。在 Oxford 麦片公司的例子中，如果事实上平均装盒重量不等于 368 克，那么得出均值不等于 368 克这一结论的概率就是统计检验能力。

第一类错误和第二类错误的互补值

置信系数 $1-\alpha$，是在零假设为真且不应该被拒绝的情况下，零假设没有被假设检验拒绝的概率。

统计检验能力 $1-\beta$，是在零假设为假且应该被拒绝的情况下，零假设被假设检验拒绝的概率。

表 9-1 列出了任何假设检验中两种可能的决策结果（不能拒绝 H_0 或拒绝 H_0）。人们可能会做出正确的决策，也可能会犯两类错误中的一种。

控制和降低犯第二类错误的概率的途径之一就是扩大样本容量。扩大样本容量通常有助于我们发现假设值与总体参数之间微小的差别。给定 α，扩大样本容量，将使 β 值变小，从而增大发现零假设 H_0 非真的统计检验能力。

表 9-1 假设检验和决策

统计决策	真实情况	
	H_0 为真	H_0 为假
不能拒绝 H_0	正确决策 置信水平 $=1-\alpha$	第二类错误 P(第二类错误) $=\beta$
拒绝 H_0	第一类错误 P(第一类错误) $=\alpha$	正确决策 检验能力 $=1-\beta$

但是，我们拥有的资源总是有限的，这就涉及采用多大的样本容量合适的问题。因此，给定样本容量，我们必须权衡两类可能的错误之间此消彼长的关系。由于犯第一类错误的风险能得到直接控制，可以选择一个较小的 α 来降低这一风险。例如，如果犯第一类错误会带来很大的损害，我们就可以选择 α 为 0.01，而不是 0.05。然而，随着 α 减小，β 将会增大，这样，降低犯第一类错误的风险的后果就是增加了犯第二类错误的风险。另一方面，如果想要减小 β，可以选择一个较大的 α。因此，如果犯第二类错误的后果很严重，可以将 α 的取值从 0.01 增大到 0.05 甚至 0.10。

在麦片装盒过程的例子中，犯第一类错误的风险涉及如下情况：当实际上每盒麦片重量的均值与所设定的 368 克相同时，却得出发生改变的结论。犯第二类错误的风险则涉及：当实际上每盒麦片重量的均值发生变化，偏离设定的 368 克时，却得出无改变的结论。选择多大的 α 值是合理的呢？这取决于犯这两类错误的代价。例如，如果调整麦片装盒过程代价高昂，则必须在很有把握时才能决定进行调整，在这种情况下应该极为重视第一类错误，并且将其风险控制在很低的水平上。另一方面，如果把察觉偏离 368 克这一均值视为至关重要，那么就要更为重视第二类错误，并且选择较大的 α。

前面介绍了假设检验方法，让我们回顾一下本章“统计应用”中的情形。在这个例子中商务问题是，Oxford 麦片公司想要确定麦片装盒过程是否运行正常（即在整个装盒过程中，每盒麦片重量的均值是否偏离了所标明的 368 克），从而决定是否需要采取调整措施。为了做出判断，我们抽取 25 盒麦片作为样本，称取它们的重量（以克计），比较样本平均重量 $\bar{X}$ 和公司所标明的 368 克的总体均值，从而评价样本统计量与所假设总体参数之间的偏离程度。对麦片装盒过程而言，零假设和备择假设分别为：

H_0：$\mu=368$

H_1：$\mu\neq368$

均值的 Z 检验（σ 已知）

若标准差 σ 已知（通常并不常见）且总体服从正态分布，则可以使用**对均值的 Z 检验**（Z test for the mean）进行假设检验；如果总体并非正态分布，但是样本容量足够大，根据中心极限定理（参见 7.2 节），仍然可以使用 Z 统计量。公式（9.1）定义了在 σ 已知的情况下用以判定样本均值 $\bar{X}$ 和总体均值 μ 之间差距的 Z_{STAT} 检验统计量。

对均值的 Z 检验（σ 已知）

$$Z_{STAT}=\frac{\bar{X}-\mu}{\frac{\sigma}{\sqrt{n}}} \tag{9.1}$$

在公式（9.1）中，分子度量的是观测到的样本均值 $\overline{X}$ 与假设的样本均值 μ 的差距，而分母是均值的标准差。所以 Z_{STAT} 表示以标准差为单位度量的 $\overline{X}$ 与 μ 之间的差距。

假设检验的临界值法

在假设检验的临界值法中，需要将根据公式（9.1）计算得到的 Z_{STAT} 检验统计量与把正态分布划分为拒绝域和非拒绝域的临界值进行比较。这一临界值可表示为由显著性水平决定的标准化的 Z 值。

例如，如果显著性水平取值为 0.05，那么拒绝域的大小则为 0.05。由于零假设包含等号而备择假设包含不等号，我们使用**双侧检验**（two-tail test），拒绝域分别位于分布的两侧，0.05 被分成两个相等的部分，每个部分为 0.025。对正态分布而言，如果每侧拒绝域的大小都是 0.025，这意味着，左侧临界值以左累积区域的大小为 0.025，而右侧临界值以左累积区域的大小为 0.975（1－0.025）。根据累积标准正态分布表（表 E.2），将拒绝域和非拒绝域区分开的临界值为－1.96 与＋1.96。图 9－2 表明了这种情况。在图中，如果确实如零假设 H_0 所述，均值为 368 克，那么 Z_{STAT} 检验统计量的值将服从以 0 为中心的标准正态分布，这一中心对应于样本均值 $\overline{X}$ 等于 368 克。Z_{STAT} 的观察值大于＋1.96 或小于－1.96 意味着，$\overline{X}$ 与 μ 的假设值 368 克相差甚远，因此，当 H_0 为真时，出现这种观测值的可能性非常小。

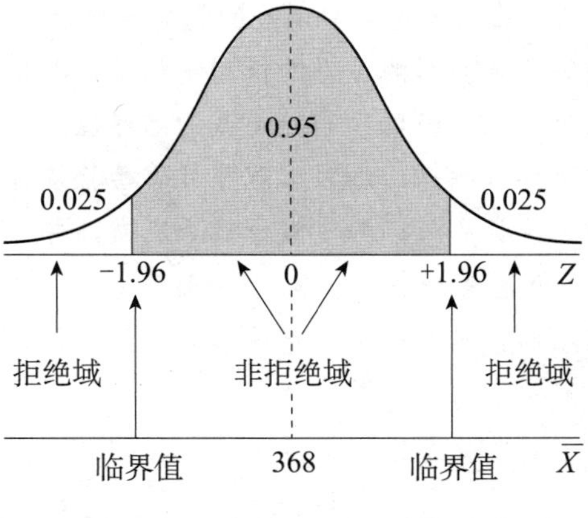

图 9－2　显著性水平为 0.05 时对均值的假设检验（σ 已知）

因此，决策准则为：

若 $Z_{STAT}>+1.96$ 或 $Z_{STAT}<-1.96$，则拒绝 H_0；

否则，不能拒绝 H_0。

假设从 25 个盒装麦片的样本中得到 $\overline{X}=372.5$，总体标准差 σ 被设定为 15 克。使用公式（9.1）：

$$Z_{STAT}=\frac{\overline{X}-\mu}{\frac{\sigma}{\sqrt{n}}}=\frac{372.5-368}{\frac{15}{\sqrt{25}}}=+1.50$$

由于 $Z_{STAT}=+1.50$，且 $-1.96<+1.50<+1.96$，因此结论为不能拒绝 H_0（见图 9－3）。我们仍然可以相信平均装盒重量为 368 克。考虑到犯第二类错误的概率，

这一结论还可以表述为“没有充分的证据表明平均装盒重量偏离了368克”。

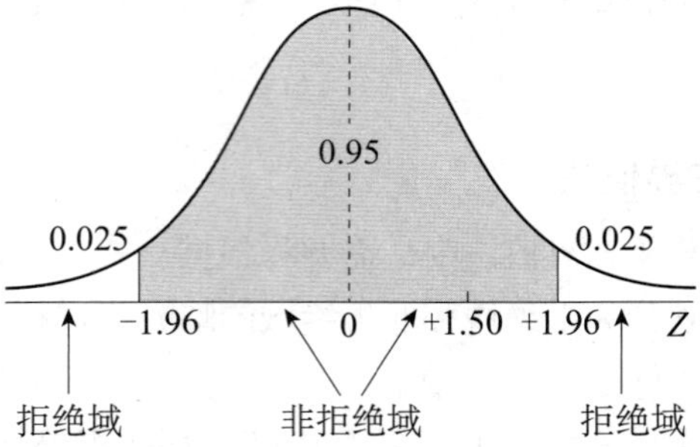

图9-3 显著性水平为0.05时对均值的假设检验（σ已知）

要点9.1总结了假设检验的临界值法。步骤1和2包含定义的任务，步骤5结合了收集和整理的任务，步骤3，4和6则包含DCOVA框架下可视化和分析的任务。例9.2和例9.3将假设检验中的临界值法应用到Oxford麦片公司和快餐店的例子中。

要点9.1　假设检验的六个步骤

1. 写出零假设 H_0，以及备择假设 H_1。

2. 选择显著性水平 α，以及样本容量 n。显著性水平应该根据具体问题中犯第一类错误和第二类错误的风险的相对重要性来确定。

3. 确定所要使用的适当的检验统计量以及样本分布。

4. 确定划分拒绝域和非拒绝域的临界值。

5. 收集样本数据，加以整理并计算检验统计量的值。

6. 作出统计决策，判定假设能否成立，并且在相应理论、声明和断言已被检验的情况下得出管理结论。如果检验统计量落入非拒绝域，则不能拒绝零假设 H_0。如果检验统计量落入拒绝域，则拒绝零假设 H_0。

例9.2

使用假设检验六步法分析Oxford麦片公司问题

请列出对Oxford麦片公司问题的临界值法分析过程。

解答

步骤1：写出零假设 H_0，以及备择假设 H_1。零假设总是用数学表达式表述总体参数。在检验盒装麦片平均重量是否为368克时，零假设表述为 $\mu=368$。备择假设同样须用数学表达式表述总体参数。所以，备择假设表述为 $\mu\neq368$。

步骤2：选择显著性水平 α，以及样本容量 n。显著性水平 α 应该根据具体问题中犯第一类错误和第二类错误的风险的相对重要性来确定。选择的 α 越小，则犯第一类错误的概率越小。在本例中，犯第一类错误意味着当总体均值为368克时，却得出不等于368克的结论，从而导致在装盒过程原本正常运行的情况下停下来整改。这里，选择 $\alpha=0.05$，样本容量 $n=25$。

步骤3：选择适当的检验统计量。在此例中，根据有关装盒过程的信息，已知总体方差σ的值，我们选用正态分布和Z_{STAT}检验统计量。

步骤4：确定拒绝域。对应于适当的检验统计量的临界值被选定后，当H_0为真时，拒绝域包含的全部面积为α，而非拒绝域包含的全部面积为$1-\alpha$。在麦片的例子中，由于$\alpha=0.05$，Z_{STAT}检验统计量的临界值即为-1.96和$+1.96$。所以拒绝域为$Z_{STAT}<-1.96$或者$Z_{STAT}>+1.96$。非拒绝域为$-1.96\leqslant Z_{STAT}\leqslant+1.96$。

步骤5：收集样本数据并计算检验统计量的值。在麦片的例子中，$\overline{X}=372.5$，$Z_{STAT}=+1.50$。

步骤6：作出统计决策并得出管理结论。首先判断检验统计量落入拒绝域还是非拒绝域之中。在麦片的例子中，$Z_{STAT}=+1.50$，位于非拒绝域中，因为$-1.96\leqslant Z_{STAT}=+1.50\leqslant+1.96$。由于检验统计量落入非拒绝域，零假设$H_0$不能被拒绝。所得出的管理结论是：没有充分的证据表明装盒重量不等于368克。因此，不需要对装盒过程采取任何整改行动。

例9.3

检验并拒绝零假设

你是一家快餐店的经理。你希望判断在过去的一个月中，顾客等候点餐的时间是否与原先的总体每单平均4.5分钟有所变化。根据以往的经验，你可以假设总体为正态分布，总体标准差为1.2分钟。你选择了1小时期间收集到的由25份订单构成的样本。样本均值为5.1分钟。使用要点9.1中所列示的六步法来判断是否有足够的证据表明，在0.05的显著性水平下，在过去的一个月中，顾客等候点餐的时间与原先的每单平均等候4.5分钟相比有所变化。

解答

步骤1：零假设为总体均值并没有偏离原先的4.5分钟：

$$H_0:\mu=4.5$$

备择假设是零假设的对立面。因为零假设为总体均值并没有偏离原先的4.5分钟，所以备择假设为总体均值不等于4.5分钟：

$$H_1:\mu\neq4.5$$

步骤2：选择样本容量$n=25$。显著性水平为0.05（即$\alpha=0.05$）。

步骤3：由于假设σ已知，可以使用正态分布和Z_{STAT}检验统计量。

步骤4：因为$\alpha=0.05$，Z_{STAT}检验统计量的临界值为-1.96和$+1.96$，所以拒绝域为$Z_{STAT}<-1.96$或者$Z_{STAT}>+1.96$，非拒绝域为$-1.96\leqslant Z_{STAT}\leqslant+1.96$。

步骤5：收集样本数据并且计算得到样本均值$\overline{X}=5.1$。应用公式(9.1)，计算得到检验统计量的值：

$$Z_{STAT}=\frac{\overline{X}-\mu}{\frac{\sigma}{\sqrt{n}}}=\frac{5.1-4.5}{\frac{1.2}{\sqrt{25}}}=+2.50$$

步骤6：因为$Z_{STAT}=+2.50>+1.96$，所以拒绝零假设。可以得出结论：有证据表明平均等候点餐时间已经与原先的4.5分钟不同。顾客平均等候时间与一个月前相比有所增加。作为经理，你现在需要了解怎样减少等候时间来提高服务水平。

假设检验的 p 值法

p 值（p-value）是在 H_0 为真的情况下，使得某一检验统计量等于或者大于样本结果的概率。p 值经常被称为观察到的显著性水平（observed level of significance）。根据 p 值来确定拒绝域和非拒绝域是假设检验的另一种方法。

在 p 值检验过程中，拒绝 H_0 的决策准则是：

- 如果 p 值大于或等于 α，不能拒绝零假设。
- 如果 p 值小于 α，则拒绝零假设。

很多人经常混淆以上准则，错误地认为高 p 值意味着拒绝零假设。可以使用以下顺口溜来帮助记忆上述准则：

如果 p 值低，H_0 可离去。

为了理解 p 值法，我们考虑 Oxford 麦片公司的例子。我们要检验装盒重量的均值是否等于 368 克。所得到的 $Z_{STAT}=+1.50$，由于 $+1.50$ 小于右侧临界值 $+1.96$，而大于左侧临界值 -1.96，因此零假设不能被拒绝。

使用 p 值法进行双侧检验，我们可以得到一个 Z_{STAT} 检验统计量相应的概率，它的值偏离标准正态分布的中间位置，正处在或者比 1.50 个标准差更加偏离中心。这意味着我们需要计算出 Z_{STAT} 检验统计量的值大于 $+1.50$ 和小于 -1.50 的概率。表 E.2 显示，Z_{STAT} 检验统计量的值小于 -1.50 的概率为 0.066 8，小于 $+1.50$ 的概率为 0.933 2，因此，Z_{STAT} 检验统计量的值大于 $+1.50$ 的概率为 $1-0.9332=0.0668$。因此，这一双侧检验中的 p 值 $=0.0668+0.0668=0.1336$（见图 9-4）。检验统计量正处在或比样本观测结果更偏离中心的概率是 0.133 6。由于 0.133 6 大于 0.05，因此不能拒绝零假设。

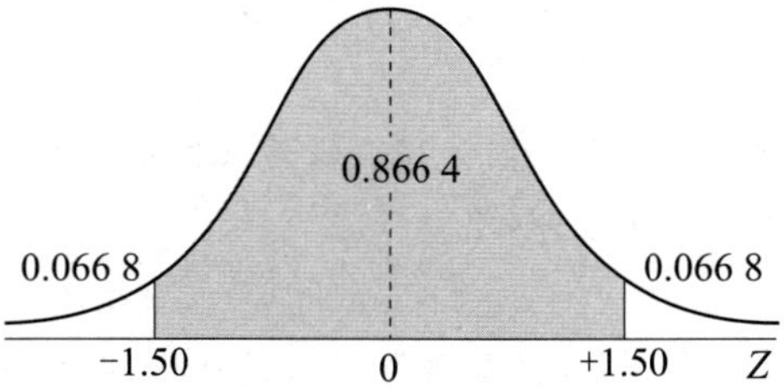

图 9-4 计算双侧检验的 p 值

在前面麦片公司的例子中，观测到的样本均值是 372.5 克，这比假设值多出 4.5 克，p 值 $=0.1336$。因此，如果实际的总体均值为 368 克，得到一个样本均值，使之比 368 克偏离 4.5 克，p 值 $=0.1336$（即大于或等于 372.5 克，或者小于或等于 363.5 克）的概率为 13.36%。因此，尽管 372.5 比假设值 368 更大，在总体均值为 368 时，并不是没有可能得到一个等于 372.5 或比 372.5 更加偏离中心的样本均值。

除非所处理的检验统计量服从正态分布，否则只能通过分布表得到 p 值的近似值。然而，使用 Excel，Minitab 等软件可以计算任何假设检验的 p 值，从而可以在假设检验中用 p 值法替代临界值法。

图 9-5 展示了使用 Excel 分析本节中麦片公司的例子所得到的结果。

	A	B	
1	Z Test for the Mean		
2			
3	Data		
4	Null Hypothesis μ =	368	
5	Level of Significance	0.05	
6	Population Standard Deviation	15	
7	Sample Size	25	
8	Sample Mean	372.5	
9			
10	Intermediate Calculations		
11	Standard Error of the Mean	3	=B6/SQRT(B7)
12	Z Test Statistic	1.5	=(B8 - B4)/B11
13			
14	Two-Tail Test		
15	Lower Critical Value	-1.9600	=NORM.S.INV(B5/2)
16	Upper Critical Value	1.9600	=NORM.S.INV(1 - B5/2)
17	p-Value	0.1336	=2 * (1 - NORM.S.DIST(ABS(B12), TRUE))
18	Do not reject the null hypothesis		=IF(B17 < B5, "Reject the null hypothesis", "Do not reject the null hypothesis")

One-Sample Z

```
Test of mu = 368 vs not = 368
The assumed standard deviation = 15

N   Mean    SE Mean   95% CI              Z     P
25  372.50     3.00   (366.62, 378.38)   1.50  0.134
```

图 9-5 均值 Z 检验（σ 已知）的 Excel 和 Minitab 结果

要点 9.2 总结了假设检验的 p 值法。例 9.4 将 p 值法应用到了快餐店的例子中。

要点 9.2 用 p 值法进行假设检验的步骤

1. 写出零假设 H_0 和备择假设 H_1。

2. 选择显著性水平 α 和样本容量 n。显著性水平应该根据具体问题中犯第一类错误和第二类错误的风险的相对重要性来确定。

3. 确定适当的检验统计量和抽样分布。

4. 收集样本数据，计算检验统计量的值，并计算 p 值。

5. 作出统计决策并且在理论、声明和断言已被检验的情况下得出管理性结论。如果 p 值大于或等于 α，则不能拒绝零假设。如果 p 值小于 α，则拒绝零假设。

例 9.4

使用 p 值法检验并拒绝零假设

你是一家快餐店的经理。你希望判断在过去的一个月中，顾客等候点餐的时间是否与原先的总体每单平均 4.5 分钟有所变化。根据以往的经验，你可以假设总体为正态分布，总体标准差为 1.2 分钟。你选择了 1 小时期间收集到的由 25 份订单构成的样本。样本均值为 5.1 分钟。使用要点 9.2 中所列示的 p 值法来判断是否有足够的证据表明，在 0.05 的显著性水平下，在过去的一个月中，顾客等候点餐的时间与原先的每单平均等候 4.5 分钟相比有所变化。

解答

步骤 1：零假设为总体均值并没有偏离原先的 4.5 分钟：

$$H_0: \mu = 4.5$$

备择假设是零假设的对立面。因为零假设为总体均值并没有偏离原先的 4.5 分钟，所以备择假设为总体均值不等于 4.5 分钟：

$$H_1: \mu \neq 4.5$$

步骤 2：选择样本容量 $n=25$，显著性水平为 0.05（即 $\alpha=0.05$）。

步骤3：选择适当的检验统计量。由于假设σ已知，可以使用正态分布和Z_{STAT}检验统计量。

步骤4：收集样本数据并且计算得到样本均值$\overline{X}=5.1$。应用公式（9.1），计算得到检验统计量的值：

$$Z_{STAT}=\frac{\overline{X}-\mu}{\frac{\sigma}{\sqrt{n}}}=\frac{5.1-4.5}{\frac{1.2}{\sqrt{25}}}=+2.50$$

计算偏离标准正态分布中心值大于或等于2.5倍标准差的Z_{STAT}检验统计量的概率。从表E.2中可以得到，使得Z_{STAT}检验统计量的值小于-2.5的概率为0.006 2；小于$+2.5$的概率为0.993 8，进而得到大于$+2.5$的概率为$1-0.993\ 8=0.006\ 2$。所以双侧检验的p值为$0.006\ 2+0.006\ 2=0.012\ 4$。

步骤5：由于p值$=0.012\ 4<\alpha=0.05$，因此拒绝零假设。结论为：有证据表明平均等候点餐时间已经与原先的4.5分钟不同。顾客平均等候点餐时间比一个月前有所增加。

置信区间估计与假设检验之间的联系

本章和第8章讨论了统计推断的两个主要组成部分：置信区间估计和假设检验。虽然两者基于相同的基本概念，但它们的目的不同。在第8章中，置信区间用于估计参数。在本章中，假设检验用于对特定的总体参数值进行决策。当试图判断一个参数是否小于、大于或者不等于某一特定值时，我们使用假设检验。然而，合适的置信区间的表现形式也可以证明某个参数是否小于、大于或者不等于某一特定值。例如，在本节中，我们使用公式（9.1）来检验盒装麦片重量的总体均值是否不等于368克：

$$Z_{STAT}=\frac{\overline{X}-\mu}{\frac{\sigma}{\sqrt{n}}}$$

通过对μ进行置信区间估计，而不是对$\mu=368$进行假设检验，我们也可以得到同样的结论。如果假设值$\mu=368$落入置信区间，则不能拒绝零假设，因为我们不会认为368是一个异常值。另一方面，如果假设值$\mu=368$没有落入置信区间，则拒绝零假设，因为此时我们认为368这个值是异常的。使用公式（8.1），我们可以使用下面的数据得到置信区间估计：

$n=25$

$\overline{X}=372.5$

$\sigma=15$

如果置信水平为95%（对应于0.05的显著性水平，即$\alpha=0.05$），

$$\overline{X}\pm Z_{\alpha/2}\frac{\sigma}{\sqrt{n}}$$

$$372.5\pm(1.96)\frac{15}{\sqrt{25}}$$

$$372.5\pm5.88$$

所以

$$366.62\leqslant\mu\leqslant378.38$$

由于这一区间包含假设值368，因此不能拒绝零假设，在整个麦片装盒过程中，

没有充分的证据表明每盒麦片重量的均值不等于 368 克。这一结论与使用假设检验方法所得出的结论是相同的。

是否能够知道总体标准差 σ

在 8.1 节的结尾部分我们讨论了 σ，即总体的标准差，这对于初步介绍置信区间的概念是有帮助的。在那部分中，我们也说明了不能使用这种流程来解决大多数实际问题的几个原因。

对于大多数实际应用来说，很难使用假设检验法，因为它需要 σ 已知，如果知道了总体标准差，就会知道总体均值，也就没有必要形成一个关于均值的假设并检验这个假设了。那为什么还要研究需要 σ 已知的关于均值的假设检验呢？使用这样的检验让解释假设检验的基本原理变得更简单。有了已知的总体标准差，可以使用正态分布并且计算出 p 值。

阅读本书后面几章时，理解假设检验的概念非常重要，因此，即使你认为不会有实际的理由使用公式（9.1）中的检验，也应该认真阅读这一部分。

9.1 习题

掌握基础知识

9.1　在双侧假设检验中，取显著性水平为 0.05，如果所计算出的 Z_{STAT} 检验统计量为 −0.76，那么你将作何决策？

9.2　在双侧假设检验中，取显著性水平为 0.05，如果所计算出的 Z_{STAT} 检验统计量为 +2.21，那么你将作何决策？

9.3　在双侧假设检验中，取显著性水平为 0.10，如果使用 Z 检验，那么拒绝零假设总体均值为 500 的决策规则是什么？

9.4　在双侧假设检验中，取显著性水平为 0.01，如果使用 Z 检验，那么拒绝零假设 H_0：$\mu = 12.5$ 的决策规则是什么？

9.5　如果习题 9.4 中所计算出的 Z_{STAT} 检验统计量为 −2.61，你将作何决策？

9.6　在双侧假设检验中，计算出 Z_{STAT} 检验统计量为 +2.00，那么 p 值为多少？

9.7　在习题 9.6 中，如果是在显著性水平 0.10 上检验零假设，那么统计决策是什么？

9.8　在双侧假设检验中，计算出 Z_{STAT} 检验统计量为 −1.38，那么 p 值为多少？

概念应用

9.9　美国法律体系中，在犯罪事实被证明之前，假定被告是无罪的。让我们考虑一下零假设 H_0 被告无罪，以及备择假设 H_1 被告有罪。陪审团有两种可能的选择：宣布被告有罪（即拒绝零假设），或宣布被告无罪（即不能拒绝零假设）。解释一下在这个例子中犯第一类错误的风险和犯第二类错误的风险。

9.10　假设习题 9.9 中的被告在被证明无罪之前是被假定有罪的（正如有的法律体系那样），零假设和备择假设将与习题 9.9 中的有何不同？此时犯第一类错误的风险和犯第二类错误的风险将作何解释？

9.11　美国食品药品监督管理局（FDA）负责认证新药。许多消费者团体认为认证程序太简略，许多经过认证的药品后来被发现是不安全的。另一方面，许多行业游说家正在推动建立一套更加宽松的认证程序，以便医药公司的新药可以得到更加便捷的认证。考虑零假设未经认证的新药是安全的，以及备择假设未经认证的新药是不安全的。

a. 解释犯第一类错误的风险和犯第二类错误的风险。

b. 消费者团体想要避免哪种类型的错误？请加以解释。

c. 行业游说家想要避免哪种类型的错误？请加以解释。

d. 如何才能使犯第一类错误的概率和犯第二类错误的概率同时降低？

9.12 由于学生和老师对迟到现象多有抱怨，一所规模很大的大学的教务部决定调整课程时间安排，以便提供足够的路途时间，使大家可以为上课做好准备。到目前为止，教务部认为课间安排 20 分钟足够了。表述零假设 H_0和备择假设 H_1。

9.13 你所在学校商学院的学生比其他学校商学院的学生学习时间是多、是少还是基本相同？NSSE 发现，商学院学生每周的平均学习时间是 14 小时（A Fresh Look at Students Engagement Annual Results 2013，available at bit.ly/1j3Ob7N.）。建立假设检验，证明你所在学校学生的学习时间低于 NSSE 所报道的 14 小时的标准时间。

a. 证明你所在学校商学院学生每周的学习时间不同于 NSSE 所报道的每周 14 小时的平均值，表述零假设和备择假设。

b. 该假设检验中的第一类错误是什么？

c. 该假设检验中的第二类错误是什么？

9.14 一家 CFL 灯泡厂的质量控制经理要确定一大批灯泡的平均寿命是否为 7 500 小时。总体标准差为 1 000 小时，一个包含 64 只 CFL 灯泡的随机样本的寿命平均值为 7 250 小时。

a. 在 0.05 的显著性水平下，是否能够证明平均寿命不为 7 500 小时？

b. 计算 p 值并解释其含义。

c. 建立一个 95%置信水平的置信区间来估计 CFL 灯泡的总体平均寿命。

d. 比较（a）和（c）中的结果，你能得出什么结论？

9.15 假定习题 9.14 中的标准差为 1 200 小时。

a. 假定标准差为 1 200 小时，重复习题 9.14 中的（a）到（d）。

b. 比较（a）中的结果和习题 9.14 中的结果。

9.16 一个瓶装水批发商想知道从一个全国著名的瓶装水公司所购买的 1 加仑装瓶装水的平均容量是否的确是 1 加仑。你从该瓶装水公司知道每瓶水容量的标准差是 0.02 加仑。你选取了一个包含 50 瓶水的随机样本，这些水的平均容量为 0.995 加仑。

a. 是否能证明瓶装水的容量不为 1 加仑（使用 0.01 的显著性水平）？

b. 计算 p 值并解释其含义。

c. 建立一个 99%置信水平的置信区间来估计瓶装水容量的总体均值。

d. 比较（a）和（c）中的结果，你能得出什么结论？

9.17 假定习题 9.16 中的标准差为 0.012 加仑。

a. 假定标准差为 0.012 加仑，重复习题 9.16 中的（a）到（d）。

b. 比较（a）中的结果和习题 9.16 中的结果。

9.2 对均值的 t 检验（σ 未知）

在大多数情况下涉及对总体均值 μ 的检验中，总体标准差 σ 通常是未知的。然而，我们可以计算样本标准差 S。如果假设总体服从正态分布，样本均值将服从自由度为 $n-1$ 的 t 分布，这样就可以使用**对均值的 t 检验**（t test for the mean）。如果总体并非正态分布，只要总体分布并非严重不对称且样本容量不是特别小，仍然可以使

用 t 检验。公式（9.2）定义了检验统计量 t，它被用来判断样本均值 $\overline{X}$ 与总体均值 μ 之间的差别，其中使用了样本标准差 S。

对均值的 t 检验（σ 未知）

$$t_{STAT}=\frac{\overline{X}-\mu}{\frac{S}{\sqrt{n}}} \tag{9.2}$$

t_{STAT} 检验统计量服从自由度为 $n-1$ 的 t 分布。

为了说明如何使用 t 检验，让我们回到第8章所讲过的 Ricknel 家居公司的例子。其商务目的是判断过去5年内平均每份销售单据的金额是否为120美元。会计师想知道，能否证明销售单据金额的均值偏离了120美元。也就是说，会计师希望用假设检验来证明销售单据金额的均值是否有所上升或者下降。

临界值法

使用双侧假设检验，需要应用要点9.1的六步法。

步骤1：H_0：$\mu=120$

H_1：$\mu\neq120$

备择假设包含人们期望得到证明的结论。如果零假设被拒绝，则在统计意义上可以认为销售单据金额的总体均值不再是120美元。如果统计结论是“无法拒绝 H_0”，则得出结论：没有获得足够的证据表明销售单据金额的均值已经偏离以往的均值120美元。

步骤2：选择 $n=12$，$\alpha=0.05$。

步骤3：因为 σ 未知，使用 t 分布以及 t_{STAT} 检验统计量。因为样本容量只有12，有必要假设销售单据金额总体近似服从正态分布，以便于使用 t 分布。关于这种假设将在后面具体讨论。

步骤4：给定样本容量 n，t_{STAT} 检验统计量服从自由度为 $n-1$ 的 t 分布。如果选定显著性水平 $\alpha=0.05$，自由度为 $12-1=11$ 的 t 分布的临界值可从表E.3查得，如表9-2与图9-6所示。因为备择假设 H_1：$\mu\neq120$ 为双侧检验，t 分布左侧拒绝域的面积是0.025，右侧拒绝域的面积也是0.025。

由表E.3给出的 t 值表可知，临界值为 ±2.2010。决策准则为：

若 $t_{STAT}<-t_{a/2}=-2.2010$ 或 $t_{STAT}>t_{a/2}=+2.2010$，则拒绝 H_0；

否则，不能拒绝 H_0。

步骤5：从数据集中随机抽取了12张销售单据。其金额如下：

108.98	152.22	111.45	110.59	127.46	107.26
93.32	91.97	111.56	75.71	128.58	135.11

使用公式（3.1）与公式（3.5），有

$$\overline{X}=\frac{\sum_{i=1}^{n}X_i}{n}=112.85$$

$$S=\sqrt{\frac{\sum_{i=1}^{n}(X_i-\overline{X})^2}{n-1}}=20.80$$

表 9-2 由 t 分布表计算临界值（每侧面积为 0.025，自由度为 11）

自由度	累积概率					
	0.75	0.90	0.95	0.975	0.99	0.995
	右尾面积					
	0.25	0.10	0.05	0.025	0.01	0.005
1	1.000 0	3.077 7	6.313 8	12.706 2	31.820 7	63.657 5
2	0.816 5	1.885 6	2.920 0	4.302 7	6.964 6	9.924 8
3	0.764 9	1.637 7	2.353 4	3.182 4	4.540 7	5.840 9
4	0.740 7	1.533 2	2.131 8	2.776 4	3.746 9	4.604 1
5	0.726 7	1.475 9	2.015 0	2.570 6	3.364 9	4.032 2
6	0.717 6	1.439 8	1.943 2	2.446 9	3.142 7	3.707 4
7	0.711 1	1.414 9	1.894 6	2.364 6	2.998 0	3.499 5
8	0.706 4	1.396 8	1.859 5	2.306 0	2.896 5	3.355 4
9	0.702 7	1.383 0	1.833 1	2.262 2	2.821 4	3.249 8
10	0.699 8	1.372 2	1.812 5	2.228 1	2.763 8	3.169 3
11	0.697 4	1.363 4	1.795 9	2.201 0	2.718 1	3.105 8

资料来源：Extracted from Table E. 3.

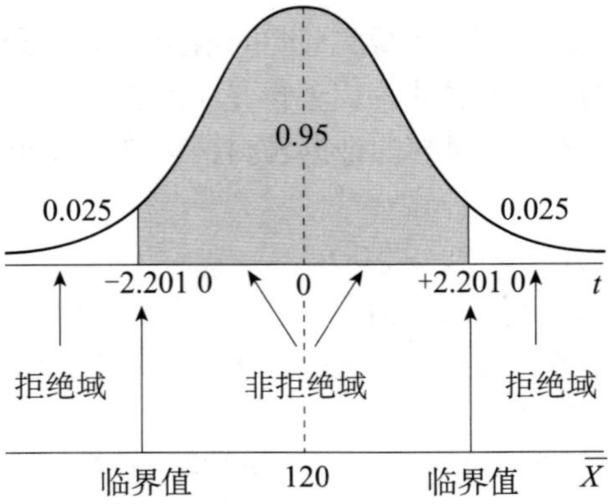

图 9-6 对于均值的假设检验（σ 未知，显著性水平为 0.05，自由度为 11）

由公式（9.2）可得，

$$t_{STAT}=\frac{\overline{X}-\mu}{\frac{S}{\sqrt{n}}}=\frac{112.85-120}{\frac{20.80}{\sqrt{12}}}=-1.190\,8$$

步骤 6：由于 $t_{STAT}=-1.190\,8$ 落入临界值 $t_{11}=\pm 2.201\,0$ 之间的非拒绝域，因此不能拒绝 H_0。结论为：没有充足的理由证明每份销售单据的平均金额不等于 120 美元。审计结果表明，每份销售单据的平均金额并未改变。

假设检验的 p 值法

为了进行双侧检验，需要使用要点 9.2 中的五步法。

步骤 1～3：与前面讨论过的临界值法相同。

步骤 4：从图 9-7 中得到 $t_{STAT}=-1.19$，以及 p 值$=0.258\,8$。

步骤 5：双侧 p 值为 0.258 8，因为 p 值大于设定的显著性水平 α（$\alpha=0.05$），所

以不能拒绝 H_0。从而可以得出结论：没有充足的理由证明每份销售单据的平均金额不等于 120 美元。审计结果表明，每份销售单据的平均金额并未改变。此处 p 值意味着，如果零假设为真，那么对于一个由 12 份销售单据构成的随机样本而言，其样本均值与所报告的 120 美元之间相差 7.15 美元的概率为 0.258 8。换句话说，如果总体均值的确为 120 美元，那么仍然有 25.88%的概率可以观察到大于 127.15 美元或者小于 112.85 美元的样本均值。

在上述例子中，如果认为有 25.88%的概率零假设为真，则是错误的。我们应当记住，p 值是一个条件概率，是在零假设为真的前提下计算得到的。一般说来，正确的表述应该如下：

> 如果零假设为真，根据样本结果得到的检验统计量至少会有（p 值）×100%的概率与零假设不相符。

	A	B	
1	t Test for the Hypothesis of the Mean		
2			
3	Data		
4	Null Hypothesis μ=	120	
5	Level of Significance	0.05	
6	Sample Size	12	
7	Sample Mean	112.85	
8	Sample Standard Deviation	20.8	
9			
10	Intermediate Calculations		
11	Standard Error of the Mean	6.0044	=B8/SQRT(B6)
12	Degrees of Freedom	11	=B6 - 1
13	t Test Statistic	-1.1908	=(B7 - B4)/B11
14			
15	Two-Tail Test		
16	Lower Critical Value	-2.2010	=-T.INV.2T(B5, B12)
17	Upper Critical Value	2.2010	=T.INV.2T(B5, B12)
18	p-Value	0.2588	=T.DIST.2T(ABS(B13), B12)
19	Do not reject the null hypothesis		=IF(B18 < B5, "Reject the null hypothesis", "Do not reject the null hypothesis")

```
One-Sample T

Test of mu = 120 vs not = 120

 N   Mean  StDev  SE Mean        95% CI            T      P
12 112.85  20.80     6.00  (99.63, 126.07)  -1.19  0.259
```

图 9-7 销售单据 t 检验的 Excel 和 Minitab 结果

检验正态性假设

当总体标准差 σ 未知并且可以通过样本标准差 S 来估计时，就要使用 t 检验。要使用 t 检验，必须假设已有数据所代表的随机样本来自正态总体。在实际应用中，在 σ 未知的情况下，只要样本容量不是非常小，而且总体偏斜得不是很厉害，t 分布就是对均值抽样分布很好的近似。

正态分布这一假设可以用多种方法加以检验。你可以通过研究样本统计量与正态分布理论特征之间的拟合程度，或者借助图形分析（直方图、茎叶图、正态分布图），通过对样本数据予以考察对总体服从正态分布的可能性作出判断。更为详细的介绍请参见 6.3 节。

图 9-8 和图 9-9 显示了描述性统计数据、箱形图和销售单据数据的正态概率图。

由于均值和中位数很接近，而且正态概率图上的点近似地沿着一条直线增大，箱形图表现出近似的对称性。因此，可以假设销售单据数据是近似服从正态分布的。从而可以确定，审计的结论是可靠的。

t 检验是**稳健**（robust）的检验。即使总体的形状在一定程度上偏离正态分布，

	Invoice Amount
Mean	112.8508
Median	111.02
Mode	#N/A
Minimum	75.71
Maximum	152.22
Range	76.51
Variance	432.5565
Standard Deviation	20.7980
Coeff. of Variation	18.43%
Skewness	0.1336
Kurtosis	0.1727
Count	12
Standard Error	6.0039

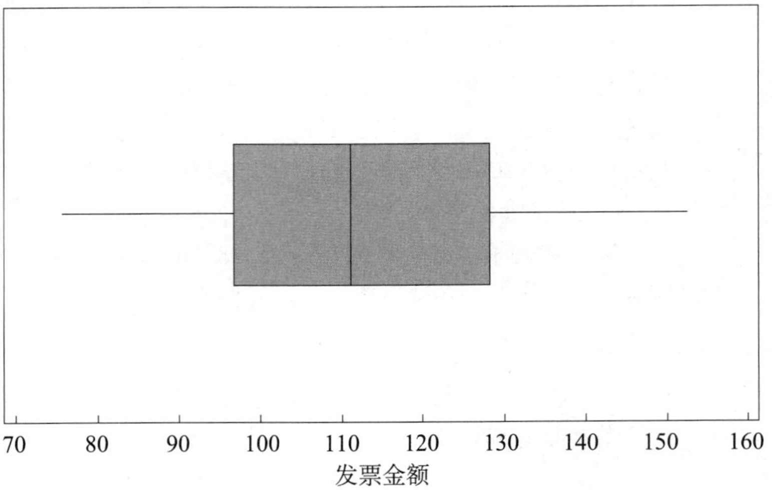

图 9-8　销售单据数据的 Excel 和 Minitab 描述性统计数据和箱形图

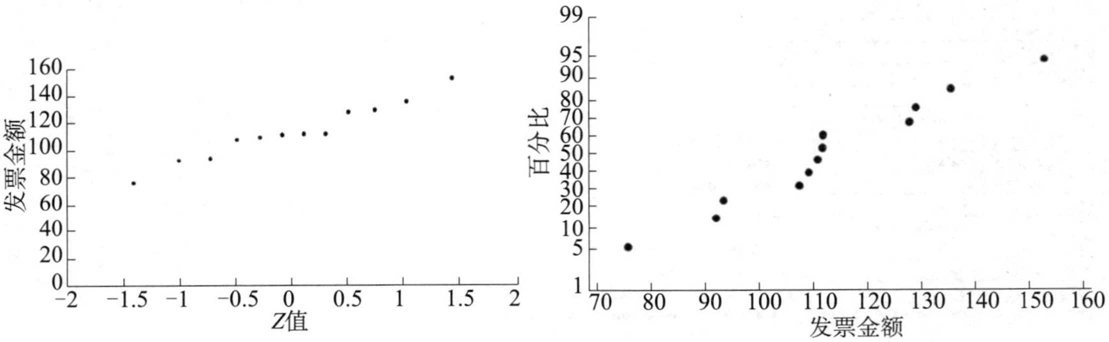

图 9-9　销售单据数据的 Excel 和 Minitab 正态概率图

稳健的检验仍然具有检验能力。特别是当样本容量足够大，从而使检验统计量服从 t 分布时更是如此。但是如果 t 检验使用不当，就有可能得出错误的结论，失去统计能力。如果样本容量很小（小于30），就不能轻易作出假设，认为样本取自的总体近似地服从于正态分布。此时，使用其他的非参数检验方法会更为恰当（见本章参考文献 2 和 3）。

9.2 习题

掌握基础知识

9.18　某样本来自正态分布总体，样本容量 $n=16$，如果样本均值 $\bar{X}=56$，样本标准差 $S=12$，所检验的零假设 H_0：$\mu=50$，那么 t_{STAT} 检验统计量是多少？

9.19　在习题 9.18 中，t 检验的自由度是多少？

9.20　在习题 9.18 和 9.19 中，如果显著性水平 $\alpha=0.05$，备择假设为 H_1：$\mu\neq50$，那么由 t 分布表可知临界值为多少？

9.21　在习题 9.18，9.19 和 9.20 中，如果显著性水平 $\alpha=0.05$，备择假设为 H_1：$\mu\neq50$，统计决

策是什么？

9.22　某样本来自左偏总体，样本容量 $n=16$，如果样本均值 $\bar{X}=65$，样本标准差 $S=21$，能否使用 t 检验来检验零假设 H_0：$\mu=60$？请讨论。

9.23　某样本来自左偏总体，样本容量 $n=160$，如果样本均值 $\bar{X}=65$，样本标准差 $S=21$，能否使用 t 检验来检验零假设 H_0：$\mu=60$？请讨论。

概念应用

9.24　假设你是一家快餐店的经理。上月你所管辖地区快餐便利窗口服务的平均时间（从顾客订餐直到顾客得到所订食物的时间）为 3.7 分钟。你随机选取了 64 份订单样本，样本平均等待时间为 3.57 分钟，样本标准差为 0.8 分钟。

a. 在 0.05 的显著性水平下，是否有证据显示总体均值偏离 3.7 分钟？

b. 样本容量为 64，你在进行（a）中的假设检验过程中，是否需要担心总体分布的形状？请解释。

9.25　一家巧克力制造商使用机器在流水线上包装糖果。每包包装上标示的是 8 盎司重量，但公司希望每包的平均重量在 8.17 盎司，以使得事实上没有一包的重量低于 8 盎司。每隔一段时间，随机抽取 50 包作为样本，如果有证据显示平均的包装重量偏离 8.17 盎司，则包装线将被停止。假设在一个特定的 50 个包装样本中，均值为 8.159 盎司，标准差为 0.051 盎司。

a. 是否有证据表明总体均值偏离 8.17 盎司（使用 0.05 的显著性水平）？

b. 计算 p 值并解释其含义。

9.26　一个市场调查员想估计消费者通过 shoproom 方式购物所节省费用的平均值，shoproom 是指在零售商店里看好商品后在网上用更低价格购买的一种方式。一个包含 100 位最近到访过实体店后在网上购买产品的消费者的随机样本中，平均节省费用为 58 美元，标准差为 55 美元。

a. 是否有证据表明用 shoproom 方式在网上购物的消费者节省费用的总体平均值偏离 50 美元（使用 0.05 的显著性水平）？

b. 计算 p 值并解释其含义。

9.27　美国交通部要求轮胎生产商提供轮胎侧壁的质量信息来帮助潜在消费者做出消费选择。一项非常重要的信息是胎面磨损指数，它可以表明轮胎的抗磨损程度。指数为 200 的轮胎总体上应该维持指数为 100 的轮胎两倍的时间。

一个消费者组织想测试一家号称指数为 200 的轮胎品牌的实际胎面磨损指数。$n=18$ 的随机样本中，胎面磨损指数的均值为 195.3，标准差为 21.4。

a. 是否有证据表明胎面磨损指数的总体均值偏离 200（使用 0.05 的显著性水平）？

b. 计算 p 值并解释其含义。

9.28　文件 Fastfood 中有一个包含 15 名消费者在快餐店为午饭所支付费用的样本数据：

7.42　6.29　5.83　6.50　8.34　9.51　7.10　6.80　5.90

4.89　6.50　5.52　7.90　8.30　9.60

a. 在 0.05 的显著性水平下，是否有证据表明花费在午饭上的平均费用偏离 6.50 美元？

b. 计算 p 值并解释其含义。

c. 如果想在（a）和（b）中进行 t 检验，需要对总体分布做出什么样的假设？

d. 因为样本容量是 15，在（a）中进行 t 检验时，是否需要关注总体分布的形状？请解释。

9.29　一家保险公司想实现减少人身保险确认时间的商业目标。批准流程包括保险业务和保险单编辑阶段。其中保险业务包括以下几项：对申请的回顾，医疗信息官方检查，对于附加医疗信息的请求和医疗检查。保险单编辑包括保险单的生成和递送。及时递送已通过保险单的能力对于该服务的盈利性至关重要。在一个月里，你收集了一个含有 27 份已通过保险单及总处理时间（天）的随机样本，数据存储在文件 Insurance 中：

73	19	16	64	28	28	31	90	60	56	31	56	22	18	45	48
17	17	17	91	92	63	50	51	69	16	17					

a. 在过去，平均处理时间是 45 天。在 0.05 的显著性水平下，是否有证据表明平均处理时间已经改变，不再为 45 天?

b. 若想在（a）中进行 t 检验，关于对总体分布需要作出什么样的假设?

c. 建立一个箱形图或者正态概率图来评估（b）中所做的假设。

d. 对于为了在（a）中进行 t 检验所做的假设，你是否认为其有效? 请解释。

9.30 下面的数据（存储在文件 Drink 中）代表了一个包含 50 瓶 2.0 升瓶装软饮料的随机样本。下面是按照装瓶顺序列出的装瓶容量测量结果：

2.109	2.086	2.066	2.075	2.065	2.057	2.052	2.044
2.036	2.038	2.031	2.029	2.025	2.029	2.023	2.020
2.015	2.014	2.013	2.014	2.012	2.012	2.012	2.010
2.005	2.003	1.999	1.996	1.997	1.992	1.994	1.986
1.984	1.981	1.973	1.975	1.971	1.969	1.966	1.967
1.963	1.957	1.951	1.951	1.947	1.941	1.941	1.938
1.908	1.894						

a. 在 0.05 的显著性水平下，是否有证据表明软饮料的平均装瓶容量不为 2.0 升?

b. 计算 p 值并解释其含义。

c. 在（a）中，你假设软饮料容量的分布为正态分布。通过建立一个箱形图或者正态概率图来评估所做的假设。

d. 对于为了在（a）中进行 t 检验所做的假设，你是否认为其有效? 请解释。

e. 按照题中所给的顺序检查 50 瓶饮料的容量。结果是否看起来呈现某种模式? 如果有，这种模式会对（a）中结果的有效性产生什么影响?

9.31 衡量任何一个组织服务质量的标准之一是它处理顾客投诉的速度。一个大型的家族制百货公司销售家具和地面材料，包括地毯，它在过去的几年间经历了重要的扩张。尤其是地面部分经历了从两个安装队到一个安装监督员、一个测量员和 15 个安装队的变化。这家商店希望实现提高处理顾客投诉速度的商业目标。变量被定义为投诉产生和处理之间所花费的天数。数据来源于过去一年间发生的 50 起投诉，这些数据存储在文件 Furniture 中：

54	5	35	137	31	27	152	2	123	81	74	27
11	19	126	110	110	29	61	35	94	31	26	5
12	4	165	32	29	28	29	26	25	1	14	13
13	10	5	27	4	52	30	22	36	26	20	23
33	68										

a. 安装监督员称接到投诉和处理投诉之间的平均时间为 20 天。在 0.05 的显著性水平下，是否有证据表明这个声明不为真（平均值偏离 20 天)?

b. 若想在（a）中进行 t 检验，关于总体分布需要作出什么样的假设?

c. 建立一个箱形图或者正态概率图来评估（b）中所做的假设。

d. 对于为了在（a）中进行 t 检验所做的假设，你是否认为其有效? 请解释。

9.32 一家制造企业为电气设备生产钢铁外壳。外壳的主要组成部分是一个由 14 单位钢卷做成的钢水槽，它是用 250 吨的冲床使用向下的操作将两个 90 度的形状压进平的钢中做成的。由于在室外的抗风化应用，从这个形状一侧到另一侧的距离是至关重要的。公司要求水槽的宽度在 8.31 英尺和 8.61 英尺之间。文件 Trough 中包含水槽的宽度数据（英尺），样本容量 $n=49$：

8.312	8.343	8.317	8.383	8.348	8.410	8.351	8.373	8.481	8.422
8.476	8.382	8.484	8.403	8.414	8.419	8.385	8.465	8.498	8.447
8.436	8.413	8.489	8.414	8.481	8.415	8.479	8.429	8.458	8.462
8.460	8.444	8.429	8.460	8.412	8.420	8.410	8.405	8.323	8.420
8.396	8.447	8.405	8.439	8.411	8.427	8.420	8.498	8.409	

a. 在 0.05 的显著性水平下，是否有证据表明水槽的平均宽度偏离 8.46 英尺？

b. 若想在（a）中进行 t 检验，关于总体分布需要作出什么样的假设？

c. 评估（b）中所做的假设。

d. 对于为了在（a）中进行 t 检验所做的假设，你是否认为其有效？请解释。

9.33 一个钢铁工厂的一项操作内容为将铁片切成块，用于汽车前座的框架。切割使用金刚石锯，切成的部件必须在汽车公司要求长度的 ±0.005 英尺之内。文件 Steel 中包含一个含有 100 个钢铁部件的样本。数据为使用激光测量装置所测出的实际长度和要求长度的差别（英尺）。例如，数值 −0.002 代表钢部件比要求长度短 0.002 英尺。

a. 在 0.05 的显著性水平下，是否有证据表明差别偏离 0 英尺？

b. 建立一个 95% 置信水平的置信区间来估计总体均值，请写出这个区间。

c. 比较（a）和（b）中所得出的结论。

d. 因为 $n=100$，是否需要关注 t 检验和置信区间的正态分布假设？

9.34 在习题 3.63 中，我们介绍了一种茶包填充操作。一项重要的质量指标是每袋中填充的茶的重量。文件 Teabag 中包含重量的排序数组（克），样本是在 8 小时内生产的 50 个茶包。

a. 是否有证据表明茶包的平均含量偏离 5.5 克（$\alpha=0.01$）？

b. 建立一个 99% 置信水平的置信区间来估计茶包含量的总体均值，请写出这个区间。

c. 比较（a）和（b）中所得出的结论。

9.35 益百利市场服务（Experian Marketing Services）报告，典型的美国人每天花费 144 分钟（2.4 小时）通过移动设备上网（The 2014 Digital Marketer，ex.pn/1kXJjfX.）。为了检验这个声明的有效性，你选择了一个包含 30 位朋友和家人的数据。每天通过移动设备上网时间的结果存储在文件 InternetMobileTime 中。

a. 是否有证据表明每天通过移动设备上网的平均时间偏离 144 分钟？使用 p 值法，显著性水平为 0.05。

b. 若想在（a）中进行 t 检验，关于总体分布需要作出什么样的假设？

c. 列出可以评估（b）中假设的不同方式。

d. 评估（b）中所做的假设并确定（a）中的检验是否有效？

9.3 单侧检验

在 9.1 节和 9.2 节讲过的假设检验的例子称为双侧检验，因为拒绝域被划分到了均值抽样分布的两侧。对比之下，另外一些假设检验则属于单侧检验，因为它们仅需要关注某个特定方向的备择假设。

一种单侧检验的例子是检验总体均值是否低于某个特定的值。下述应用实例就属于这种情况，这是个关于快餐店驾车订餐服务窗口的实例。根据《*QSR* 杂志》，驾车订餐服务窗口的服务速度是影响该项服务成功与否的关键（见 bit.ly/WoJpTT）。在最近的一项研究中，麦当劳的平均服务时间为 188.83 秒，比其他快餐店的驾车订餐服务要慢。假设麦当劳最近启动了一项质量改进项目，力求缩短服务时间，同时改善驾车订餐服务的流程。新流程会在 25 家门店中进行测试。因为只有在测试结果证明新流程确实可以缩短服务时间时，麦当劳才会在所有门店中推行新流程，所以整个拒绝域都集中在分布的左侧。

临界值法

你希望判断新流程的服务时间是否的确比原先 188.83 秒的平均服务时间要短。为了获得此单侧检验的结果，你需要应用要点 9.1 中的六步法。

步骤 1：在该例中，零假设和备择假设可表述如下：

H_0：$\mu \geqslant 188.83$

H_1：$\mu < 188.83$

备择假设包含你希望检验的论点。如果检验结果是“拒绝 H_0”，则统计证据表明驾车订餐服务的平均时间的确比原先缩短了，这将作为改进所有门店的驾车订餐服务流程的证据。如果检验结果是“不能拒绝 H_0”，则没有足够的理由表明新流程能缩短驾车订餐服务的时间。如果出现这种情况，则没有理由对所有门店的驾车订餐服务流程进行改进。

步骤 2：选择 $n=25$，$\alpha=0.05$。

步骤 3：因为 σ 未知，使用 t 分布以及 t_{STAT} 检验统计量。因为选择了一个仅有 25 个数据的样本，所以我们必须假设服务时间的总体服从正态分布。

步骤 4：因为只有在样本均值显著小于 188.83 秒时，我们才会拒绝 H_0，所以拒绝域仅设定在抽样分布的左侧尾部。当整个拒绝域只包含在抽样分布的一侧时，该检验被称为**单侧检验**（one-tail test）或者**方向性检验**（directional test）。如果备择假设包含小于符号，则 t 值的临界值为负。如表 9－3 和图 9－10 所示，整个拒绝域在 t 分布的左侧尾部，面积为 0.05。根据 t 分布的对称性，自由度为 $25-1=24$ 的 t 检验统计量的临界值为 -1.7109。

决策准则为：

若 $t_{STAT} < -1.7109$，则拒绝 H_0；

否则，不能拒绝 H_0。

表 9－3 从 t 分布表求单侧 t 检验的临界值（$\alpha=0.05$，$n=24$）

自由度	累积概率					
	0.75	0.90	0.95	0.975	0.99	0.995
	右尾面积					
	0.25	0.10	0.05	0.025	0.01	0.005
1	1.000 0	3.077 7	6.313 8	12.706 2	31.820 7	63.657 4
2	0.816 5	1.885 6	2.920 0	4.302 7	6.964 6	9.924 8
3	0.764 9	1.637 7	2.353 4	3.182 4	4.540 7	5.840 9
⋮	⋮	⋮	⋮	⋮	⋮	⋮
23	0.685 3	1.319 5	1.713 9	2.068 7	2.499 9	2.807 3
24	0.684 8	1.317 8	1.710 9	2.063 9	2.492 2	2.796 9
25	0.684 4	1.316 3	1.708 1	2.059 5	2.485 1	2.787 4

资料来源：Extracted from Table E.3.

步骤 5：如果抽取 25 家门店作为一个样本，测定样本的平均服务时间为 170.8 秒，样本标准差为 21.3 秒，使用公式（9.2）所给出的 t 检验统计量：

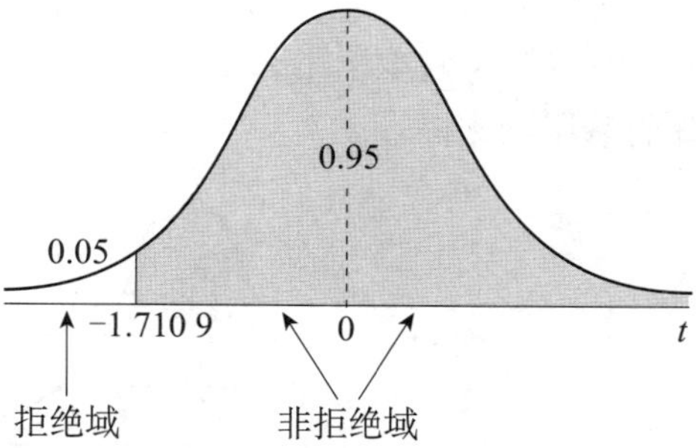

图 9-10　均值的单侧假设检验（σ 未知，显著性水平为 0.05）

$n=25$

$\bar{X}=170.8$

$S=21.3$

得到

$$t_{STAT}=\frac{\bar{X}-\mu}{\frac{S}{\sqrt{n}}}=\frac{170.8-188.83}{\frac{21.3}{\sqrt{25}}}=-4.2324$$

步骤 6：由于 $t_{STAT}=-4.2324<-1.7109$，我们拒绝 H_0（见图 9-10），得到结论：新流程平均服务时间少于 188.83 秒。这样，有充分的证据认为应该在所有门店推行新驾车订餐服务流程。

p 值法

接下来，我们使用要点 9.2 中的五步法解决以上驾车订餐服务流程的问题。

步骤 1～3：与临界值法相同。

步骤 4：$t_{STAT}=-4.2324$（见临界值法第 5 步）。因为备择假设表明整个拒绝域落在抽样分布的左侧尾部，所以要计算 p 值，就需要找到 t_{STAT} 检验统计量比 −4.232 4 小的概率。从图 9-11 中可以看到，对应的 p 值为 0.000 1（Minitab 中为 0.000）。

	A	B	
1	t Test for the Hypothesis of the Mean		
2			
3	Data		
4	Null Hypothesis μ=	188.83	
5	Level of Significance	0.05	
6	Sample Size	25	
7	Sample Mean	170.8	
8	Sample Standard Deviation	21.3	
9			
10	Intermediate Calculations		
11	Standard Error of the Mean	4.2600	=B8/SQRT(B6)
12	Degrees of Freedom	24	=B6 - 1
13	t Test Statistic	-4.2324	=(B7 - B4)/B11
14			
15	Lower-Tail Test		
16	Lower Critical Value	-1.7109	=-T.INV.2T(2 * B5, B12)
17	p-Value	0.0001	=IF(B13 < 0, E11, E12)
18	Reject the null hypothesis		=IF(B17 < B5, "Reject the null hypothesis", "Do not reject the null hypothesis")

	D	E	
10	One-Tail Calculations		
11	T.DIST.RT value	0.0001	=T.DIST.RT(ABS(B13), B12)
12	1-T.DIST.RT value	0.9999	=1 - E11

One-Sample T

```
Test of mu = 188.83 vs not = 188.83

 N   Mean  StDev  SE Mean        95% CI           T      P
25 170.80  21.30     4.26  (162.01, 179.59)  -4.23  0.000
```

图 9-11　驾车订餐时间 t 检验的 Excel 和 Minitab 结果

步骤5：因为0.000 1的p值小于$\alpha=0.05$（见图9-12），所以拒绝H_0，我们得到结论：新流程平均服务时间少于188.83秒。因此，有充分的证据认为应该在所有门店推行新驾车订餐服务流程。

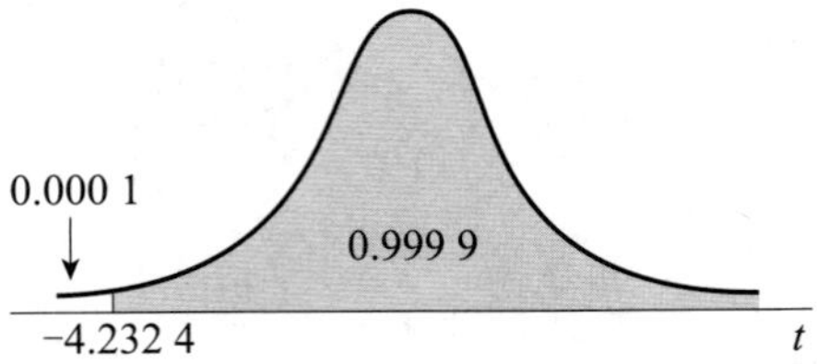

图9-12 确定单侧检验的p值

例9.5

拒绝域在右侧的单侧检验实例

一家巧克力棒生产企业担心其生产的巧克力棒平均重量不足6.03盎司。选取了一个包含50根巧克力棒的样本，样本均值为6.034盎司，标准差为0.02盎司。若显著性水平$\alpha=0.01$，请判断是否有足够的证据表明总体重量的均值大于6.03盎司？

解答 使用临界值法。

步骤1：在该例中，零假设和备择假设可表述如下：

H_0：$\mu\leqslant 6.03$

H_1：$\mu>6.03$

步骤2：选择$n=50$，$\alpha=0.01$。

步骤3：因为σ未知，使用t分布以及t_{STAT}检验统计量。

步骤4：只有当样本均值显著大于6.03盎司时，我们才能拒绝H_0，所以拒绝域完全包含在抽样分布的右端。如表E.3所示，整个拒绝域在t分布的右侧尾部，面积为0.01，根据t分布的对称性，自由度为$50-1=49$的t检验统计量的临界值为2.404 9。

决策准则为：

若$t_{STAT}>2.404\ 9$，则拒绝H_0；

否则，不能拒绝H_0。

步骤5：如果抽取50根巧克力棒作为一个样本，计算得到样本的平均重量为6.034盎司，标准差为0.02盎司，使用公式（9.2）所给出的t检验统计量：

$n=50$

$\overline{X}=6.034$

$\sigma=0.02$

得到

$$t_{STAT}=\frac{\overline{X}-\mu}{\frac{S}{\sqrt{n}}}=\frac{6.034-6.03}{\frac{0.02}{\sqrt{50}}}=1.414$$

步骤6：由于$t_{STAT}=1.414<2.404\ 9$，或者使用Excel，p值$=0.081\ 8>0.01$，我们不能拒绝H_0。得到结论：没有充分的证据表明巧克力棒的平均重量大于6.03盎司。

要进行单侧检验，必须正确地设定 H_0和 H_1。以下是对单侧检验的零假设和备择假设的一个总结。

1. 零假设（H_0）代表现状或现时状况的某种信念。

2. 备择假设（H_1）是零假设的反面，代表某个有待证明的研究结论或者特定的推断。

3. 如果你拒绝零假设，则备择假设在统计意义上为真。

4. 如果你不能拒绝零假设，则无法证明备择假设为真。然而，无法证明备择假设为真并不意味着证明零假设为真。

5. 零假设通常用于检验总体参数的某个特定值，如 μ，而不是样本统计量，如 $\overline{X}$。

6. 对特定的参数值，零假设的表达式中总是包含等号。如 H_0：$\mu \geqslant 188.83$。

7. 对特定的参数值，备择假设的表达式中从不包含等号。如 H_0：$\mu < 188.83$。

9.3 习题

掌握基础知识

9.36　在某单侧假设检验中，只在右侧拒绝零假设 H_0，假设计算所得的 Z_{STAT} 检验统计量为 +2.00，那么 p 值是多少?

9.37　在习题 9.36 中，如果是在 0.05 的显著性水平上检验零假设，那么统计决策是什么?

9.38　在某单侧假设检验中，只在左侧拒绝零假设 H_0，假设计算所得的 Z_{STAT} 检验统计量为 −1.38，那么 p 值是多少?

9.39　在习题 9.38 中，如果是在 0.01 的显著性水平下检验零假设，那么统计决策是什么?

9.40　在某单侧假设检验中，只在左侧拒绝零假设 H_0，假设计算所得的 Z_{STAT} 检验统计量为 +1.38，那么 p 值是多少?

9.41　在习题 9.40 中，如果是在 0.01 的显著性水平下检验零假设，那么统计决策是什么?

9.42　在 0.01 的显著性水平下，自由度为 10 的 t 检验统计量的右侧临界值是什么?

9.43　在习题 9.42 中，如果计算得到 t_{STAT}检验统计量的值为 2.39，那么统计决策是什么?

9.44　在 0.01 的显著性水平下，自由度为 20 的 t 检验统计量的左侧临界值是什么?

9.45　在习题 9.44 中，如果计算得到 t_{STAT}检验统计量的值为 −1.15，那么统计决策是什么?

概念应用

9.46　洛杉矶郡都会运输局设定了 3 900 英里的公共汽车机械可靠性目标。公共汽车机械可靠性是通过两个路电话（road calls）之间的汽车英里数来衡量的。假定一个含有 100 辆公交车的样本中，平均值为 3 975 英里，标准差为 275 英里。

a. 是否有证据表明总体均值大于 3 910 英里（使用 0.05 的显著性水平)?

b. 计算 p 值并解释其含义。

9.47　CarMD 报告，传统汽车的修理费用越来越贵，混合动力汽车的修理价格却在下降。最常见的混合动力汽车修理项目——更换汽车的逆变器总成在 2013 年需要花费 2 826 美元的修理费用（2014 CarMD Vehicle Health Index，corp. carmd. com.）。工业专家预测，随着最近几个月获得引擎专业知识的技术人员数量增加，上面提到的修理费用会继续降低。假定选取了一个包含过去几个月中 100 个修理逆变器总成案例的样本。修理费用的样本均值为 2 700 美元，标准差为 500 美元。

a. 是否有证据表明费用的总体均值小于 2 826 美元（使用 0.05 的显著性水平)?

b. 计算 p 值并解释其含义。

9.48 一项质量提升项目的目标为减少卫生部门成年人初级护理服务（APCU）的等待时间。评估方案将等待时间作为一项重要的衡量指标。等待时间是指病人被叫进等待室中等候到他进入检查室所经历的时间。假定最初建立了 25 分钟的目标等待时间。在实施质量项目之后，服务质量提升团队收集了一个包含 355 名病人数据的样本。在这个样本中，平均等待时间是 23.05 分钟，标准差是 16.83 分钟（M. Michael, S. D. Schaffer, P. L. Egan, B. B. Little, and P. S. Pritchard, "Improving Wait Times and Patient Satisfaction in Primary Care," *Journal for Healthcare Quality*, 2013, 35（2）, pp. 50－60.）。

a. 如果在 0.01 的显著性水平下检验零假设，是否有证据表明等待时间的总体均值小于 25 分钟？

b. 计算 p 值并解释其含义。

9.49 你是一家给大学寝室提供外卖服务的餐厅的老板。你刚刚调整过递送流程，原来订单发生和完成递送之间的平均时间为 25 分钟。一个包含 36 个使用新递送流程订单的样本中，样本均值为 22.4 分钟，标准差为 6 分钟。

a. 在 0.05 的显著性水平下，使用临界值法，是否有证据表明递送时间的总体均值小于从前的 25 分钟？

b. 在 0.05 的显著性水平下，使用 p 值法。

c. 计算（b）中的 p 值并解释其含义。

d. 比较（a）和（b）中的结果。

9.50 一项关于非营利组织的调查显示，上年的线上募捐数量有所增加。基于一个包含 55 家非营利组织的随机样本，上年平均一次性捐赠额为 75 美元，标准差为 9 美元。

a. 如果在 0.01 的显著性水平下检验零假设，是否有证据表明一次性捐赠额的总体均值大于 70 美元？

b. 计算 p 值并解释其含义。

9.51 一家超市的平均付款等候时间为 4 分钟。近日，为了减少等候时间，该超市试用了一套系统，这套系统中红外线相机根据人体热量和店内软件来决定开放多少条付款通道。抽取了 100 个消费者作为分析样本，他们的平均等候时间为 3.25 分钟，样本标准差为 2.7 分钟。

a. 在 0.05 的显著性水平下，使用临界值法进行假设检验，是否有证据表明总体等候时间均值少于 4 分钟？

b. 在 0.05 的显著性水平下，使用 p 值法进行假设检验，是否有证据表明总体等候时间均值少于 4 分钟？

c. 解释这个问题中 p 值的含义。

d. 比较（a）和（b）中的结果。

9.4 对比率假设的 Z 检验

有时，我们想针对某些关注的事件在总体中所占比率 π 作出假设检验，而不是针对总体均值进行检验。从总体中随机抽取并计算**样本比率**（sample proportion）$p=X/n$，然后将这一统计量与假设的参数值 π 加以比较，从而对假设作出判断。假如关注的事件数（X）与不关注的事件数（$n-X$）都大于等于 5，那么比率的抽样分布近似服从标准正态分布。为了估计样本比率 p 与所假设的总体比率 π 之间的差别，我们使用公式（9.3）给出的**对比率的 Z 检验**（Z test for the proportion）。

对比率的 Z 检验

$$Z_{STAT}=\frac{p-\pi}{\sqrt{\frac{\pi(1-\pi)}{n}}} \tag{9.3}$$

式中

p=样本比率$=\frac{X}{n}=\frac{\text{样本中关注的事件数}}{\text{样本容量}}$

π=假设的关注的事件数在总体中所占的比率

如果 X 和 $n-X$ 均大于等于 5，则 Z_{STAT} 检验统计量近似服从标准正态分布。

通过将分子和分母同时乘以 n，Z_{STAT} 检验统计量还可以用关注的事件数 X 写成公式 (9.4) 的形式。

用关注的事件数表达的对比率的 Z 检验

$$Z_{STAT}=\frac{X-n\pi}{\sqrt{n\pi(1-\pi)}} \tag{9.4}$$

临界值法

在一项针对网络使用者的调查中，792 人中的 681 人表示他们会采取措施来删除浏览痕迹（E. Dwoskin, "Give Me Back My Privacy," *The Wall Street Journal*, March 24, 2014, p. R2.）。假设过去几年的调查表明，采取措施来删除浏览痕迹的网络使用者占 80%。是否有证据表明现在的比率较过去几年有所变化呢？对于这一问题，零假设与备择假设可表述如下：

H_0：$\pi=0.80$（即采取措施删除浏览痕迹的网络使用者比率与过去几年相比没有变化）

H_1：$\pi\neq0.80$（即采取措施删除浏览痕迹的网络使用者比率与过去几年相比有所变化）

因为想知道这个比率与过去几年的 0.80 相比是否有所变化，所以我们使用双侧检验。如果选定显著性水平 $\alpha=0.05$，就可以找出相应的拒绝域和非拒绝域，如图 9-13 所示。相应的决策准则为：

若 $Z_{STAT}<-1.96$ 或 $Z_{STAT}>+1.96$，则拒绝 H_0；

否则，不能拒绝 H_0。

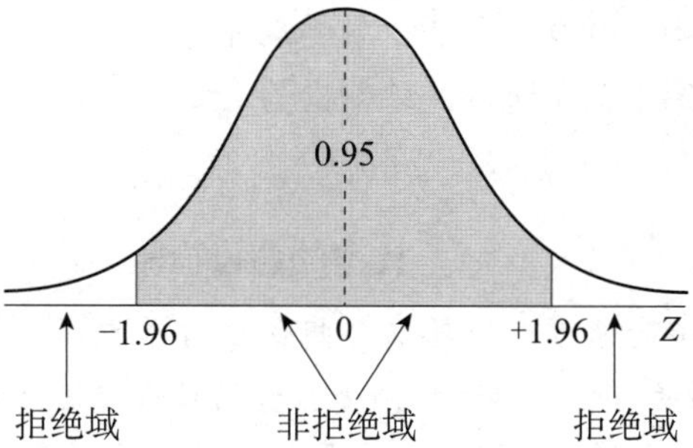

图 9-13 比率的双侧假设检验（显著性水平为 0.05）

因为 792 位受访者中有 681 位说他们已经采取措施删除浏览痕迹：

$$p=\frac{681}{792}=0.859\ 8$$

$X=681$，$n-X=111$，均大于 5，使用公式（9.3）：

$$Z_{STAT}=\frac{p-\pi}{\sqrt{\frac{\pi(1-\pi)}{n}}}=\frac{0.859\ 8-0.80}{\sqrt{\frac{0.80(1-0.80)}{792}}}=\frac{0.059\ 8}{0.014\ 2}=4.210\ 7$$

或者使用公式（9.4）：

$$Z_{STAT}=\frac{X-n\pi}{\sqrt{n\pi(1-\pi)}}=\frac{681-(792)(0.80)}{\sqrt{792(0.80)(0.20)}}=\frac{47.4}{11.257}=4.210\ 7$$

由于 $Z_{STAT}=4.210\ 7>1.96$，我们拒绝 H_0，从而有证据表明采取措施删除浏览痕迹的网络使用者比率与过去几年的 0.80 相比有所变化。图 9－14 显示了 Excel 和 Minitab 处理这些数据所得到的结果。

	A	B	
1	**Z Test of Hypothesis for the Proportion**		
2			
3	**Data**		
4	**Null Hypothesis　π =**	**0.8**	
5	**Level of Significance**	**0.05**	
6	**Number of Items of Interest**	**681**	
7	**Sample Size**	**792**	
8			
9	Intermediate Calculations		
10	Sample Proportion	0.8598	=B6/B7
11	Standard Error	0.0142	=SQRT(B4 * (1 - B4)/B7)
12	**Z Test Statistic**	**4.2107**	=(B10 - B4)/B11
13			
14	**Two-Tail Test**		
15	**Lower Critical Value**	**-1.9600**	=NORM.S.INV(B5/2)
16	**Upper Critical Value**	**1.9600**	=NORM.S.INV(1 - B5/2)
17	***p*-Value**	**0.0000**	=2 * (1 - NORM.S.DIST(ABS(B12), TRUE))
18	**Reject the null hypothesis**		=IF(B17 < B5 ,"Reject the null hypothesis", "Do not reject the null hypothesis")

Test and CI for One Proportion

```
Test of p = 0.8 vs p not = 0.8


Sample    X    N  Sample p          95% CI              Z-Value  P-Value
1       681  792  0.859848  (0.835672, 0.884025)         4.21    0.000

Using the normal approximation.
```

图 9－14　是否删除浏览痕迹比率 Z 检验的 Excel 和 Minitab 结果

p 值法

假设检验决策的另一种方法是计算这项研究的 p 值。因为我们所使用的是双侧检验，而在双侧检验中，拒绝域分别位于左右两侧，所以必须找到 Z 值 $-4.210\ 7$ 以下的区域以及 Z 值 $+4.210\ 7$ 以上的区域。如图 9－14 所示，p 值为 0.000 0，显然小于所选的显著性水平 0.05，因此，拒绝零假设。

例 9.6 介绍了关于比率的单侧检验。

例 9.6

比率的假设检验

除了驾车订餐服务的速度，快餐店还想保证订单配送无误。之前报告麦当劳驾车订餐服务时间为 188.83 秒的审计公司还提到麦当劳的正确配送比率为 90.9%。假设麦当劳引入了新的服务流程来保证订单配送无误，我们想知道新流程是否可以提高订单配送的正确率。数据来自一个包含 400 个使用新流程订单的样本，结果显示其中 378 个配送正确。在 0.01 的显著性水平下，是否能够得到结论：新流程提高了配送准确率？

解答 零假设与备择假设可表述如下：

H_0：$\pi \leqslant 0.909$（即新流程使得准确配送比率低于或等于0.909）

H_1：$\pi > 0.909$（即新流程使得准确配送比率高于0.909）

$X=378$，$n-X=22$，均大于5，使用公式（9.3）：

$$p=\frac{X}{n}=\frac{378}{400}=0.945$$

$$Z_{STAT}=\frac{p-\pi}{\sqrt{\frac{\pi(1-\pi)}{n}}}=\frac{0.945-0.909}{\sqrt{\frac{0.909(1-0.909)}{400}}}=\frac{0.036}{0.0144}=2.5034$$

对于 $Z_{STAT}>2.5034$ 来说，相应的 p 值为0.0062。

如果使用临界值法，$Z_{STAT}>2.33$，则拒绝零假设。如果使用 p 值法，p 值小于0.01，则拒绝零假设。由于 $Z_{STAT}=2.5034>2.33$，或者说 p 值 $=0.0062<0.01$，因此拒绝零假设。结论为：有证据表明与原先的0.909或90.9%相比，新流程可以提高订单配送的准确率。

9.4 习题

掌握基础知识

9.52 在一个容量为400个产品的随机样本中，发现88个有缺陷。那么样本的缺陷率有多大？

9.53 在习题9.52中，如果零假设为总体产品缺陷率是20%，则 Z_{STAT} 检验统计量是多少？

9.54 在习题9.52和9.53中，检验零假设 H_0：$p=0.2$。在0.05的显著性水平下，你的统计推断结论是什么？

概念应用

9.55 根据NACE最近的一项报告，48%的大学生实习是无薪酬的（"Just 38 Percent of Unpaid Interships Were Subject to FLSA Guidelines," bit. Ly/Rx76M8.）。一项最近的调查发现，在当地一所大学的60名大学实习生里，有30人是在无薪酬工作。

a. 在0.05的显著性水平下，使用 p 值法，判断无薪酬工作的大学实习生比率是否异于0.48？

b. 假定调查发现60名大学生中有37人在无薪酬工作，重复（a）中的步骤，结论是否相同？

9.56 最近一个月世界范围内火狐浏览器的市场占有率为17%（netmarketshare. com）。假设你决定在你的学校选取一个含有100名学生的样本，发现其中有22人在使用火狐浏览器。

a. 使用 p 值法，是否有证据表明火狐浏览器在你学校的市场占有率高于全球的17%（使用0.05的显著性水平）？

b. 假定样本容量 $n=400$，并且你发现你学校样本中22%的学生（即400人中的88人）在使用火狐浏览器。使用 p 值法，是否有证据表明火狐浏览器在你学校的市场占有率高于全球的17%（使用0.05的显著性水平）？

c. 讨论样本容量对假设检验的影响。

d. 如果样本容量 $n=20$，那么你认为对于关注总体比率的任何零假设，拒绝的机会是多少？

9.57 组织中所面临的问题之一便是提高组织内部多样性。评估提高多样性是否成功的标准之一为比较某个岗位上有特殊背景员工在组织内部和总的劳动力市场上的比率是否有差别。最近，一个大型学术医疗中心确定在某岗位上的17名员工中有9名为女性，而整个劳动力市场中则有55%的工作人员为女性。在0.05的显著性水平下，是否有证据表明医疗中心这个岗位上的女性比率与整个劳动力市场上的女性比率有所差别？

9.58 专业人员如何处于他们所从事职业的顶端呢？在美国935名被调查的领英成员中，543名称在上一个月中他们参与了职业社交网络（LinkedIn Talent Solutions，*Talent Trends* 2014，linkd.in/Rx7o5T.）。在0.05的显著性水平下，是否有证据表明所有领英成员中在上一个月中参与了职业社交网络的比率偏离52%？

9.59 一个手机供应商想知道如果可以大幅降低更新手机的成本，有多大比率的用户愿意将自己的手机更新为拥有更高性能的新款。数据来自一个含有500名用户的随机样本。结果表明，其中的135人愿意在更低成本下更新手机。

a. 在0.05的显著性水平下，是否有证据表明超过20%的用户愿意在更低成本下更新手机？

b. 就保守的消费者而言，负责推进项目的经理该如何使用（a）中的结果？

9.60 ACEA最近针对产品团队进行了一项全球调查，以更好地理解团队表现和更加成功的动力。其中一项调查发现37%的组织有一个一致的商业策略，即坚持有效地沟通（*The Study of Product Team Performance*，2013，bit.ly/1ja3ndA.）。假设另一项调查是用来检验这个结果的有效性的，即证明这个比率是否少于37%。

a. 写出零假设和备择假设。

b. 一个包含100家机构的样本被选出，结果证明其中34家机构拥有坚持有效沟通的一致策略。使用临界值法和 p 值法中的一种，在0.05的显著性水平下，是否有证据表明这个比率小于37%？

9.5 假设检验潜在缺陷与职业道德事项

到现在为止，我们已经学习了假设检验方法的基本概念。假设检验用来分析样本统计量和假设的总体参数之间的差异，从而针对与参数特征有关的商务问题做出决策。我们还学习了如何估计这些决策的风险。

当我们根据调查、研究和可控实验准备进行假设检验时，为了保证所使用的方法正确，必须考虑有关的各种问题。在假设检验的计划阶段，应该提出并回答以下问题：

1. 调查、研究和实验的目的是什么？它能否转化为零假设和备择假设？
2. 假设检验将会是双侧检验还是单侧检验？
3. 能不能从所研究的总体中得到一个随机样本？
4. 从样本中可以得到哪种类型的数据？样本结果会是数值数据还是属性数据？
5. 假设检验是在多大的显著性水平（犯第一类错误的风险）下进行的？
6. 给定显著性水平，要使检验能力达到希望的水平，计划的样本容量是否足够大？
7. 使用什么样的统计检验程序来处理样本数据？为什么？
8. 从假设检验的结果中，能得到哪些结论和解释？

如果不在最初计划阶段就很好地回答这些问题，往往会导致结果有偏或者无法完成。适当的计划可以保证统计研究为我们的商务决策提供所需的客观信息。

统计显著性和真实显著性

在根据假设检验结果做决策时，必须区分结果统计上的显著性和它在应用领域中实际的显著性。有时由于样本容量非常大，在实际中不显著的结果在统计上却是显著的。例如，在一个有关全国高端电视机商品市场促销活动之前，你认为消费者对你的品牌认知度为 0.30。活动之后的调查显示，其中受访的 20 000 人中 6 168 人知晓你的品牌。单侧品牌认知比率高于 0.30 的检验结果显示，p 值=0.004 7，所以正确的统计分析结论是：顾客对你的品牌认知度有所上升。到底活动是否获得了成功？尽管假设检验结果显示品牌认知度在统计上显著增加，但是在事实上是否确实有显著成效呢？现在的估计比率为 6 168/20 000=0.308 4，或者 30.84%。与以往的 30%相比，增长幅度不足 1 个百分点。一项支出巨大的促销活动获得这么小的品牌认知度提升是否确实有意义呢？鉴于小于 1 个百分点的变动对于实际市场战略的微小影响，以及巨大的促销活动支出，你应该得出结论：这个促销活动并不成功。从另一方面来说，假如促销活动将品牌认知度从 30%提升到 50%，则可以说这个活动是成功的。

统计显著性与重要性

与统计上和事实上都显著的情况相比，有时会出现一个重要结果统计上或许并不显著的情形。在一个最近的案例中（见参考文献 1），美国最高法院要求公司在决定和投资者的交流内容时不能仅依赖于研究结果是否显著。在一些情形下（见参考文献 6），当事实上一个重要的差异的确存在时，缺乏大样本量或许会导致不显著的结果出现。在一项分别在全球范围内和美国马萨诸塞州范围内进行的比较男性和女性拥有企业家精神的比率的研究中我们发现，全球范围内可以看出显著差别，而在马萨诸塞州内这种差别却不显著，尽管男性和女性的比率在两个地理范围内很相似（马萨诸塞州男性为 8.8%，全球男性为 8.4%；女性在马萨诸塞州和全球范围内都为 5%）。结果的不同是由于全球样本的容量是马萨诸塞州样本容量的 20 倍导致的。

报告结果

在研究中，将好的结果和坏的结果都记录在案十分重要，这样，后来的研究者就不需要从头再来了。不应该只报告在统计上显著的假设检验结果，而将那些不能够充分证明的假设检验结果弃之不理。在没有充足的理由拒绝 H_0 的情况下，必须清楚，这并不是说零假设是真的。这一结果仅仅意味着，在给定的样本容量下，没有足够的信息去推翻零假设。

道德问题

我们应该将研究方法使用不当与缺乏职业道德加以区分。当我们将假设检验方法付诸实施时，职业道德方面的考虑就会凸显。在应用假设检验方法时，某些环节容易出现职业道德问题，包括人类被试的使用、数据收集方式、所涉及的人的明确赞同、检验类型（双侧还是单侧）、对显著性水平的选择、数据的清理和删除，以及选择性地报告研究结果。

统计应用

Oxford 麦片公司，回顾

作为工厂的运营经理，你负责监控盒装麦片的重量。公司要求保证每盒麦片的平均重量为 368 克。

你的任务是在平均装盒重量偏离368克时调整装盒过程。你选择进行一个假设检验。

你决定零假设应该是总体均值为368克。如果样本装盒重量远远大于或者小于Oxford麦片公司规定的平均重量368克，将拒绝零假设而选择接受备择假设：平均装盒重量不等于368克。在这种情况下，应该停止生产线，并采取一切手段来排除差异。如果零假设没有被拒绝，则应该维持原状，并认为原生产线运行良好而不需要采取调整措施。

在检验之前，你需要考虑假设检验中所包含的风险。如果零假设正确而你却拒绝了它，你就犯了所谓的第一类错误，即装盒重量确实是368克，而你却认为不是。这类错误所导致的后果是：尽管生产线运行良好，你却把它停下来进行不必要的检查调整。相反，如果零假设是错误的但你却没有拒绝它，则犯了第二类错误。装盒重量事实上并非368克，而你却认为是368克。这时，你会允许生产线继续工作而不是停下来检查调整，尽管它的运行是有问题的。

在随机选取了25个样本之后，使用临界值法或者p值法进行假设检验。因为检验统计量落入非拒绝域中，你并不能够拒绝零假设。你得出结论：没有充分的证据表明装盒重量与368克存在差异。所以没有必要对生产线进行停机调整。

小　结

本章介绍了假设检验的基本方法。我们学习了如何对总体均值和比率进行检验，以及假设检验中的临界值法和p值法。

在选择使用何种检验时，我们需要回答以下问题：

你所获得的数据是数值数据还是属性数据？如果是数值数据，则对均值进行t检验；如果是属性数据，则对比率进行Z检验。表9.4列出了本章涉及的假设检验。

表9-4　第9章小结

分析方法	数据类型	
	数值数据	属性数据
单变量假设检验	对均值假设的Z检验（9.1节） 对均值假设的t检验（9.2节）	对比率假设的Z检验（9.4节）

参考文献

1. Bialik, C. “Making a Stat Less Significant.” *The Wall Street Journal*, April 2, 2011, A5.
2. Bradley, J. V. *Distribution-Free Statistical Tests*. Upper Saddle River, NJ: Prentice Hall, 1968.
3. Daniel, W. *Applied Nonparametric Statistics*, 2nd ed. Boston: Houghton Mifflin, 1990.
4. *Microsoft Excel 2013*. Redmond, WA: Microsoft Corp., 2012.
5. *Minitab Release 16*. State College, PA: Minitab, Inc., 2010.
6. Seaman, J., and E. Allen. “Not Significant, But Important?” *Quality Progress*, August 2011, 57–59.

关键词

备择假设（H_1）（alternative hypothesis（H_1））
置信系数（confidence coefficient）
方向性检验（direction test）
β风险（β risk）
临界值（critical value）
假设检验（hypothesis testing）

显著性水平（α）（level of significance（α））
单侧检验（one-tail test）
统计检验能力（power of a statistical test）
非拒绝域（region of nonrejection）
样本比率（sample proportion）
检验统计量（test statistic）
第一类错误（type Ⅰ error）
对均值的 Z 检验（Z test for the mean）
零假设（H_0）（null hypothesis（H_0））
p 值（p-value）
拒绝域（region of rejection）
稳健（robust）
对均值的 t 检验（t test for the mean）
双侧检验（two-tail test）
第二类错误（type Ⅱ error）
对比率的 Z 检验（Z test for the proportion）

检查你对本章的理解

9.61 零假设 H_0和备择假设 H_1之间有什么区别?

9.62 第一类错误和第二类错误之间有什么区别?

9.63 检验能力是什么意思?

9.64 双侧检验和单侧检验之间有什么区别?

9.65 p 值是什么意思?

9.66 对总体均值的置信区间估计能为相应的总体均值的假设检验提供什么样的结论?

9.67 什么是假设检验的临界值法?

9.68 什么是假设检验的 p 值法?

本章复习题

9.69 在假设检验中，常见的显著性水平是 $\alpha=0.05$。一些人或许会有异议，认为显著性水平应该大于0.05。假定网页设计者想检验在现有网页设计下，会更乐意因一个新的网页设计而进行访问的潜在访问者比率。零假设是在新的网页设计下进行访问的比率为 0.50，备择假设是比率不为 0.50。检验的 p 值为 0.20。

a. 用统计术语说出这个例子中的零假设和备择假设。

b. 解释这个案例中与犯第一类错误和第二类错误相关的风险。

c. 如果因 p 值等于 0.20 而拒绝零假设，会有什么样的结果?

d. 提高 α 值会有什么样的争议?

e. 这样的情况下你会怎么做?

f. 如果 p 值等于 0.12，你在（e）中的答案会是什么? 如果等于 0.06 呢?

9.70 金融机构使用预测模型来预测破产。其中一种模型为 Altman Z-score 模型，使用公司利润表和资产负债表中的许多数值来评估一家公司的金融健康状况。如果模型预测出了一个较低的 Z-score 值，则这家公司在金融方面有压力并且预计将在未来两年内破产。如果模型预测出了一个中等或较高的 Z-score 值，则这家公司在金融方面较为健康，并被预计为不会破产（pages. stern. nyu. edu/～ealtman/Zscores. pdf.）。这个决策过程可以在假设检验的框架内来表述。零假设为一家公司被预计为不会破产。备择假设是这家公司被预计为将要破产。

a. 请解释在这个案例中与犯第一类错误相关的风险。

b. 请解释在这个案例中与犯第二类错误相关的风险。

c. 你认为管理者想规避哪种类型的风险? 请解释。

d. 模型内部的变化将会怎样影响犯第一类错误和第二类错误的概率?

9.71 SEMC 对美国消费者进行了一项包含 205 名平板电脑拥有者的调查。调查发现其中有 134 人每天在看电视时至少使用一次平板电脑（“New Mobile Tracking & Survey Data：2014 Mobile Behavior Report,” bit. ly/lodMZ3D.）。报告的作者暗示这个调查证明超过一半的平板电脑所有者每天在看电视时至少使用一次平板电脑。

a. 使用 p 值法进行假设检验，在 0.05 的显著性水平下，证明超过一半的平板电脑所有者每天在看电视时至少使用一次平板电脑。

b. 基于你在（a）中的结果，作者的暗示是否有效呢？

c. 假定这项研究发现 105 名平板电脑拥有者每天在看电视时至少使用一次平板电脑。重复（a）和（b）中的步骤。

d. 比较（b）和（c）中的结果。

9.72 一家专业咖啡店的老板想研究商店中消费者的咖啡购买习惯。她在某一周中选择了一个包含 60 名消费者的随机样本，统计计算结果如下：$\bar{X}=7.25$，$S=1.75$。样本中有 31 名消费者说一定会将这家咖啡店推荐给家人和朋友。

a. 在 0.05 的显著性水平下，是否有证据表明消费的总体均值不等于 6.50 美元。

b. 计算（a）中的 p 值。

c. 在 0.05 的显著性水平下，是否有证据表明：超过 50% 的消费者说一定会将这家咖啡店推荐给家人和朋友？

d. 如果样本均值等于 6.25 美元，那么你在（a）中的答案将是什么？

e. 如果有 39 名消费者说一定会将这家咖啡店推荐给家人和朋友，那么你在（c）中的答案将是什么？

9.73 一个政府机构的审计师被安排了如下任务：评估由医疗保险支付的看病医药费返还。使用的样本包含 75 次医药费返还就诊案例，其中有 12 个就诊案例中出现了错误的返还数额。统计计算结果如下：$\bar{X}=93.70$，$S=34.55$。

a. 在 0.05 的显著性水平下，是否有证据表明总体的平均返还数额少于 100 美元？

b. 在 0.05 的显著性水平下，是否有证据表明总体中返还数额错误的比率大于 0.10？

c. 讨论（a）中所做检验的潜在假设。

d. 如果样本均值为 90 美元，那么你在（a）中的答案将是什么？

e. 如果在 15 个就诊案例中出现了错误的返还数额，那么你在（b）中的答案将是什么？

9.74 一家位于城市商务区的银行支行想提升中午到下午 1 点之间午饭时间的服务流程质量。收集了一个包含 15 名客户等待时间（定义为从客户进入银行排队到他到达服务窗口的时间）的随机样本，结果存储在文件 Bank1 中，数据如下：

4.21	5.55	3.02	5.13	4.77	2.34	3.54	3.20
4.50	6.10	0.38	5.12	6.46	6.19	3.79	

a. 在 0.05 的显著性水平下，是否有证据表明总体的平均等待时间少于 5 分钟？

b. 如果想在（a）中进行 t 检验，对于总体分布，你需要做出什么样的假设？

c. 建立箱形图或者正态概率图来评估你在（b）中所做的假设。

d. 对于为了在（a）中进行 t 检验所做的假设，你是否认为其有效？请解释。

e. 一个客户在午饭时间走进银行，她问银行经理需要等待多长时间。经理答复：“肯定不超过 5 分钟。”基于（a）中的结果对这句话进行评估。

9.75 一家制造企业生产电绝缘体。如果绝缘体在使用过程中破损，一个短暂的回路很有可能会出现。为了检验绝缘体的强度，企业实施破坏性检验来决定要破坏绝缘体需要使用多大的力量。外力大小由绝缘体破损前观测到的力量数值（磅）来衡量。下面的数据（存储在文件 Force 中）来自 30 个接受了测试的绝缘体：

1 870	1 728	1 656	1 610	1 634	1 784	1 522	1 696	1 592	1 662
1 866	1 764	1 734	1 662	1 734	1 774	1 550	1 756	1 762	1 866
1 820	1 744	1 788	1 688	1 810	1 752	1 680	1 810	1 652	1 736

a. 在 0.05 的显著性水平下，是否有证据表明破坏绝缘体的总体平均临界力量大于 1 500 磅?

b. 如果想在（a）中进行 t 检验，对于总体分布，你需要做出什么样的假设?

c. 建立箱形图或者正态概率图来评估你在（b）中所做的假设。

d. 对于为了在（a）中进行 t 检验所做的假设，你是否认为其有效? 请解释。

9.76　Boston 牌和 Vermont 牌屋面板制造商使用的一项重要质量指标是屋面板被包裹时的水分含量。如果消费者在包装内发现湿润的屋面板，他们或许会感觉产品的质量不好。在一些情况中，过多的水分会导致屋面板上一些为了纹理和色彩而存在的颗粒发生脱落，从而导致外观出现问题。为了监测现在的水分含量，公司进行了水分测试。屋面板被重新称重，并且基于产品中被取出的水分，计算了每 100 平方英尺中的水分含量。公司想证明每 100 平方英尺中的平均水分含量少于 0.35 磅。文件 Moisture 中包含 36 个 Boston 牌屋面板的水分含量数据（每 100 平方英尺）和 31 个 Vermont 牌屋面板的水分含量数据。

a. 对于 Boston 牌屋面板来说，在 0.05 的显著性水平下，是否有证据表明总体的平均水分含量少于每 100 平方英尺 0.35 磅?

b. 解释（a）中 p 值的含义。

c. 对于 Vermont 牌屋面板来说，在 0.05 的显著性水平下，是否有证据表明总体的平均水分含量少于每 100 平方英尺 0.35 磅?

d. 解释（c）中 p 值的含义。

e. 建立直方图、箱形图或者正态概率图来评估你在（a）和（c）中所做的假设。

f. 对于为了在（a）和（c）中进行 t 检验所做的假设，你是否认为其有效? 请解释。

9.77　Boston 牌和 Vermont 牌屋面板制造商进行了一项研究，研究结果显示产品重量是消费者判断其质量的主要因素。此外，重量代表投入使用的原材料数量，因此从成本角度来考量，产品重量也很重要。生产线的最后一个阶段是将屋面板置于木质货板之上。一旦货板装满（大多数品牌可以装 16 块方形屋面板），它将被称重，数据也将记录下来。文件 Pallet 中包含一个随机样本，从 368 块 Boston 牌屋面板和 330 块 Vermont 牌屋面板中获得数据，单位为磅。

a. 对于 Boston 牌屋面板来说，在 0.05 的显著性水平下，是否有证据表明总体的平均重量不为 3 150 磅?

b. 解释（a）中 p 值的含义。

c. 对于 Vermont 牌屋面板来说，在 0.05 的显著性水平下，是否有证据表明总体的平均重量不为 3 700 磅?

d. 解释（c）中 p 值的含义。

e. 从（a）到（d），你是否需要关心正态分布的假设? 请解释。

9.78　Boston 牌和 Vermont 牌屋面板制造商在大多数产品上为顾客提供 20 年的担保。为了决定一块屋面板是否能够使用 20 年，生产商进行了加速寿命测试。这项测试把屋面板暴露到正常使用会遭受到的冲击下，通过一种仅需花费几分钟的实验来完成。在这项测试中，一块屋面板会在短时间内反复被刷子摩擦，刷掉的颗粒将会被称重（克）。颗粒损失较少的屋面板被认为比颗粒损失较多的屋面板在正常使用中会持续更久的时间。文件 Granule 中包含一个随机样本，从 Boston 牌的 178 块屋面板和 Vermont 牌的 140 块屋面板中获得数据。

a. 对于 Boston 牌屋面板来说，在 0.05 的显著性水平下，是否有证据表明总体的平均颗粒损失不为 0.30 克?

b. 解释（a）中 p 值的含义。

c. 对于 Vermont 牌屋面板来说，在 0.05 的显著性水平下，是否有证据表明总体的平均颗粒损失不为 0.30 克?

d. 解释（c）中 p 值的含义。

e. 从（a）到（d），你是否需要关心正态分布的假设? 请解释。

报告写作练习

9.79 对于习题 9.76～9.78 中有关制造商的结果撰写研究报告，报告你得到的有关水分含量、重量以及颗粒掉落重量的结论。

第9章案例　管理 Ashland Multicomm Services

继续第6章 Ashland Multicomm Services 案例中的监控上传速度，技术操作部门想确保所有用户网络服务平均的目标上传速度至少为 0.97。制造部门希望保证所有报纸的印刷黑度至少在 0.97 以上（目标值为 1.0）。每天上传速度被记录 50 次，结果如下（存储在文件 AMS9 文件）:

0.854	1.023	1.005	1.030	1.219	0.977	1.044	0.778	1.122	1.114
1.091	1.086	1.141	0.931	0.723	0.934	1.060	1.047	0.800	0.889
1.012	0.695	0.869	0.734	1.131	0.993	0.762	0.814	1.108	0.805
1.223	1.024	0.884	0.799	0.870	0.898	0.621	0.818	1.113	1.286
1.052	0.678	1.162	0.808	1.012	0.859	0.951	1.112	1.003	0.972

1. 计算样本统计量并判断，是否有证据表明总体平均上传速度低于 0.97。
2. 撰写一个备忘录给管理层，总结你得到的结论。

数字案例

请使用你在本章中学到的假设检验方法分析以下案例。该案例拓展了第7章的数字案例：麦片包装冲突。

为了回应有关 CCACC 的负面论断，Oxford 麦片公司近期进行了一次麦片包装实验，公司认为实验结果否定了 CCACC 关于 Oxford 麦片公司在包装上与标签重量不符，从而欺骗消费者的论断。

请打开 OxfordCurrentNews.pdf，一个由 Oxford 麦片公司放出的最新新闻和文件。回顾一下相关的新闻和文件，然后回答以下问题:

1. 实验的结果是否正确? 原因如何? 如果换你进行该项实验，你是否会对实验过程进行任何改进?
2. 实验结果是否能够证明 Oxford 麦片公司并没有欺骗消费者?
3. Oxford 麦片公司的 CEO 得出结论：很多麦片的重量甚至多于 368 克，这是否出乎意料? 你认为是否属实?
4. 是否存在这种情况：在某种情形下 Oxford 麦片公司和 CCACC 的结果都是正确的? 请解释。

第 10 章

两样本检验与单因素方差分析

Two-Sample Tests and One-Way ANOVA

学习目标

- 比较两个独立总体的均值差异
- 比较两个相关总体的均值差异
- 比较两个独立总体的比率差异
- 比较两个独立总体的方差差异
- 比较两个以上总体均值之间的差异

统计应用

超市不同端架会影响 North Fork 新产品的平均销售量吗

超市中，物品摆放位置的不同会在多大程度上影响产品的销售量？作为 North Fork 的饮料经销商，你正在和 FoodPlace 超市的经理协商新产品手工柑橘可乐的摆放位置。FoodPlace 超市提供了两个不同的展示区来陈列新可乐：一个是在现场制作区域附近，另一个是在包括展示其他饮料产品的通道前端。这两个位置有不同的成本，你想要比较制作区域端架和饮料区域端架对销售量的影响。

为了检验两种端架的相对影响程度，FoodPlace 同意做一个初步研究。你从超市连锁店中抽取 20 家商店，每家商店都拥有相似的总销售量。然后从这 20 家商店里随机选取 10 家作为第一组，另外 10 家作为第二组。第一组中将新可乐放在饮料区域端架上，第二组中将新可乐放在制作区域端架上。每周末记录新可乐的销售量。如何判定两种摆放方式下新可乐的销售量是否相等呢？如何判断在两种摆放方式下不同商店之间新可乐销售量的差别是否一致呢？如何使用这些问题的答案来提高新手工柑橘可乐的销售量呢？

在第 9 章主要研究了各种常用的假设检验方法，这些方法是针对一个总体产生的单样本的。在本章，假设检验方法将得到扩展，**两样本检验**（two-sample tests）用来比较两个样本的统计量，这些样本来自两个总体。在 North Fork 饮料的情景中，一个案例就是研究“对比饮料区域端架摆放方式（一个总体）和制作区域端架摆放方式（第二个总体），新可乐周销售量的均值是否相等？”

10.1 两个独立总体的均值比较

在 8.1 节和 9.1 节中我们已经知道，在大多数情况下，并不会知道总体的标准差。同样，当从两个独立总体中抽取两个随机样本时，也几乎不会知道两个总体中任何一个的标准差。另外，当使用两个样本的检验方法时，比较两个总体中抽取样本的均值，必须提前建立两个总体中方差是否相等的假设。用来检验两个总体均值是否不同的统计方法取决于这个假设是否成立。

两个均值差异的混合方差 t 检验

如果你假定随机样本是从两个独立总体中选取出来的，而且这两个总体都服从正态分布并且有相同的方差，这种情况下可以使用**混合方差 t 检验**（pooled-variance t test）来决定两个均值之间是否有显著的差异。如果总体偏离正态分布并不明显，仍然可以使用混合方差 t 检验，尤其当样本容量足够大时（一般大于等于 30）。

使用下标来区分第一个总体的总体均值 μ_1 和第二个总体的总体均值 μ_2。两个独立总体均值没有差别的零假设可以表述为

$$H_0: \mu_1 = \mu_2 \text{ 或 } \mu_1 - \mu_2 = 0$$

备择假设为均值存在差异，即

$$H_1: \mu_1 \neq \mu_2 \text{ 或 } \mu_1 - \mu_2 \neq 0$$

你可以使用公式（10.1）中的混合方差 t 检验统计量来检验两个均值的差异。混合方差 t 检验之所以这样命名，是因为在两个总体方差相等的假设下，检验统计量要求混合或者说联合使用样本方差 S_1^2 与 S_2^2 来得到 S_P^2，作为对这一相等的方差的最佳估计。①

两个均值差异的混合方差 t 检验

$$t_{STAT} = \frac{(\overline{X}_1 - \overline{X}_2) - (\mu_1 - \mu_2)}{\sqrt{S_P^2\left(\dfrac{1}{n_1} + \dfrac{1}{n_2}\right)}} \tag{10.1}$$

式中

$$S_P^2 = \text{混合方差} = \frac{(n_1 - 1)S_1^2 + (n_2 - 1)S_2^2}{(n_1 - 1) + (n_2 - 1)}$$

S_1^2 = 来自总体 1 的样本方差

$\overline{X}_1$ = 来自总体 1 的样本均值

n_1 = 来自总体 1 的样本容量

$\overline{X}_2$ = 来自总体 2 的样本均值

S_2^2 = 来自总体 2 的样本方差

n_2 = 来自总体 2 的样本容量

t_{STAT} 检验统计量服从自由度为 $n_1 + n_2 - 2$ 的 t 分布。

在双侧检验中，对于给定的显著性水平 α，若计算所得的 t_{STAT} 检验统计量大于 t 分布的右侧临界值或小于 t 分布的左侧临界值，则拒绝零假设。拒绝域如图 10－1 所示。

在单侧假设检验时，若拒绝域落在左侧尾部，则当计算得到的 t_{STAT} 检验统计量小于 t 分布的左侧临界值时，拒绝零假设；若拒绝域落在右侧尾部，则当计算得到的 t_{STAT} 检验统计量大于 t 分布的右侧临界值时，拒绝零假设。

为了演示混合方差 t 检验的使用，回到 North Fork 饮料的情景。使用 DCOVA 框

---

① 若两个样本容量相等（即 $n_1 = n_2$），混合方差的公式可简写为 $S_P^2 = \dfrac{S_1^2 + S_2^2}{2}$。

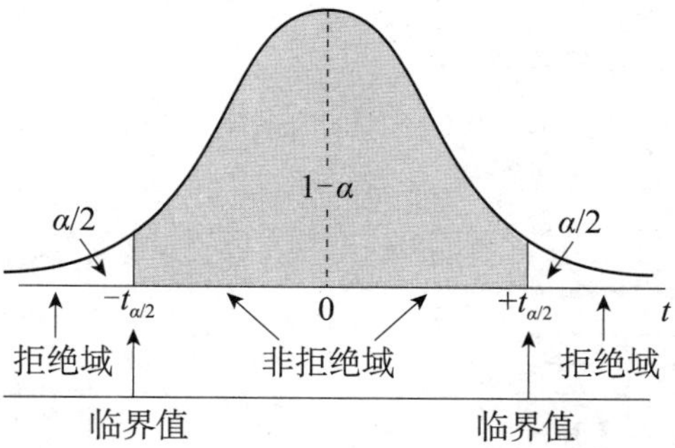

图 10-1　均值差异的混合方差双侧 t 检验的拒绝域和非拒绝域

架作为解决方法，你希望考察将饮料摆放在饮料区域端架和制作区域端架时是否会造成每周销售量的不同。此时有两个总体需要考虑：第一个总体为 FoodPlace 超市使用饮料区域端架摆放的新可乐周销售量；另一个总体为 FoodPlace 超市使用制作区域端架摆放的新可乐周销售量。收集了两个样本的数据，第一个样本包含选取的 10 家使用饮料区域端架的新可乐周销售量，而第二个样本包含选取的 10 家使用制作区域端架的新可乐周销售量。用可乐周销售量表示（以可乐的箱数计算）的结果如表 10－1 所示。

表 10-1　对两种摆放位置的新可乐周销售量的比较

摆放位置									
饮料区域端架					制作区域端架				
22	34	52	62	30	52	71	76	54	67
40	64	84	56	59	83	66	90	77	84

对于这一问题的零假设和备择假设分别设定如下：

H_0：$\mu_1=\mu_2$ 或 $\mu_1-\mu_2=0$

H_1：$\mu_1\neq\mu_2$ 或 $\mu_1-\mu_2\neq0$

如果样本来自方差相等的正态总体，则可以使用混合方差 t 检验。t_{STAT} 检验统计量服从自由度为 10＋10－2＝18 的 t 分布。如果检验是在显著性水平 $\alpha=0.05$ 下进行的，对于这一双侧检验，拒绝域被分成了两部分（即两个同为 0.025 的部分）。通过查表 E.3，这一双侧检验的临界值为＋2.100 9 和－2.100 9，如图 10－2 所示。决策准则为：

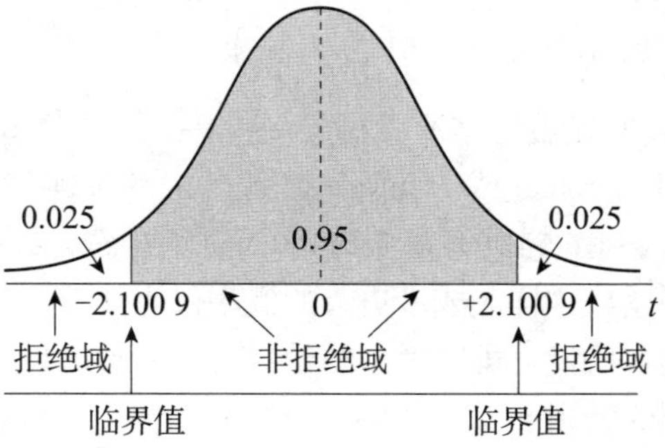

图 10-2　显著性水平为 0.05，自由度为 18 的均值差异双侧 t 检验

若 $t_{STAT} > +2.1009$ 或 $t_{STAT} < -2.1009$，则拒绝 H_0；

否则，不能拒绝 H_0。

由图 10－3 可知，该检验中 t_{STAT} 检验统计量的观测值为 -3.0446，p 值为 0.007 0。

	A	B	
1	Pooled-Variance t Test for Differences in Two Means		
2	(assumes equal population variances)		
3	Data		
4	Hypothesized Difference	0	
5	Level of Significance	0.05	
6	Population 1 Sample		
7	Sample Size	10	=COUNT(DATACOPY!$A:$A)
8	Sample Mean	50.3	=AVERAGE(DATACOPY!$A:$A)
9	Sample Standard Deviation	18.7264	=STDEV.S(DATACOPY!$A:$A)
10	Population 2 Sample		
11	Sample Size	10	=COUNT(DATACOPY!$B:$B)
12	Sample Mean	72	=AVERAGE(DATACOPY!$B:$B)
13	Sample Standard Deviation	12.5433	=STDEV.S(DATACOPY!$B:$B)
14			
15	Intermediate Calculations		
16	Population 1 Sample Degrees of Freedom	9	=B7 - 1
17	Population 2 Sample Degrees of Freedom	9	=B11 - 1
18	Total Degrees of Freedom	18	=B16 + B17
19	Pooled Variance	254.0056	=((B16 * B9^2) + (B17 * B13^2))/B18
20	Standard Error	7.1275	=SQRT(B19 * (1/B7 + 1/B11))
21	Difference in Sample Means	-21.7	=B8 - B12
22	*t* Test Statistic	-3.0446	=(B21 - B4)/B20
23			
24	Two-Tail Test		
25	Lower Critical Value	-2.1009	=-(T.INV.2T(B5, B18))
26	Upper Critical Value	2.1009	=T.INV.2T(B5, B18)
27	*p-Value*	0.0070	=T.DIST.2T(ABS(B22), B18)
28	Reject the null hypothesis		=IF(B27 < B5, "Reject the null hypothesis", "Do not reject the null hypothesis")

Two-Sample T-Test and CI: Beverage, Produce

```
Two-sample T for Beverage vs Produce

          N   Mean   StDev  SE Mean
Beverage  10  50.3   18.7       5.9
Produce   10  72.0   12.5       4.0

Difference = mu (Beverage) - mu (Produce)
Estimate for difference:  -21.70
95% CI for difference:  (-36.67, -6.73)
T-Test of difference = 0 (vs not =):
        T-Value = -3.04 P-Value = 0.007 DF = 18
Both use Pooled StDev = 15.9376
```

图 10－3　两个端架销售数据混合方差 t 检验的 Excel 和 Minitab 结果

运用公式（10.1）与图 10－3 提供的描述性统计量可以计算得出：

$$t_{STAT} = \frac{(\bar{X}_1 - \bar{X}_2) - (\mu_1 - \mu_2)}{\sqrt{S_P^2\left(\frac{1}{n_1} + \frac{1}{n_2}\right)}}$$

式中

$$S_P^2 = \frac{(n_1 - 1)S_1^2 + (n_2 - 1)S_2^2}{(n_1 - 1) + (n_2 - 1)}$$

$$= \frac{9(18.7264)^2 + 9(12.5433)^2}{9 + 9} = 254.0056$$

所以

$$t_{STAT} = \frac{(50.3 - 72.0) - 0.0}{\sqrt{254.0056\left(\frac{1}{10} + \frac{1}{10}\right)}} = \frac{-21.7}{\sqrt{50.801}} = -3.0446$$

使用 0.05 的显著性水平，由于 $t_{STAT} = -3.0446 < -2.1009$，因此拒绝零假设 H_0。p 值（可由 Excel 或 Minitab 计算出）为 0.007 0。换一种说法，$t_{STAT} > 3.0446$ 或 $t_{STAT} < -3.0446$ 的概率是 0.007 0。这意味着，如果事实上总体均值相等，发现两个样本均值的差异这样大或者更大的概率仅为 0.007 0。由于 p 值小于 $\alpha = 0.05$，有足够的证据拒绝零假设。可以得出结论：对于饮料区域端架和制作区域端架而言，平均销售量是不同的。由于 t_{STAT} 检验统计量是负的，可以得出结论：饮料区域端架的平均销售量更低一些。因此，制作区域端架的平均销售量更高一些。

在检验均值是否相同的时候，假设总体都是正态分布的，且方差相同。对于两个总体有相同方差的情景，混合方差 t 检验是**稳健**（robust）或者说不敏感的，如果在样本容量很大时，可以减弱对于正态性假设的偏离。在这样的情形中可以使用混合方差 t 检验，同时并不会对它的效力有太大的影响。然而，如果不能假设两个总体都是正态分布的话，有两种选择。可以使用一个非参数的过程，比如 Wilcoxon 秩和检验（见参考文献 1 和 2），这个检验不依赖于两个总体正态分布的假设，或者可以先转化为正态分布（见参考文献 10），然后再使用混合方差 t 检验。

为了检验两个整体中的正态性假设，可以建立箱形图，图 10－4 为两个不同摆放位置的销售量。这两个小样本对正态分布只有微弱的偏离，所以并没有严重违背进行 t 检验所需的正态性假设。

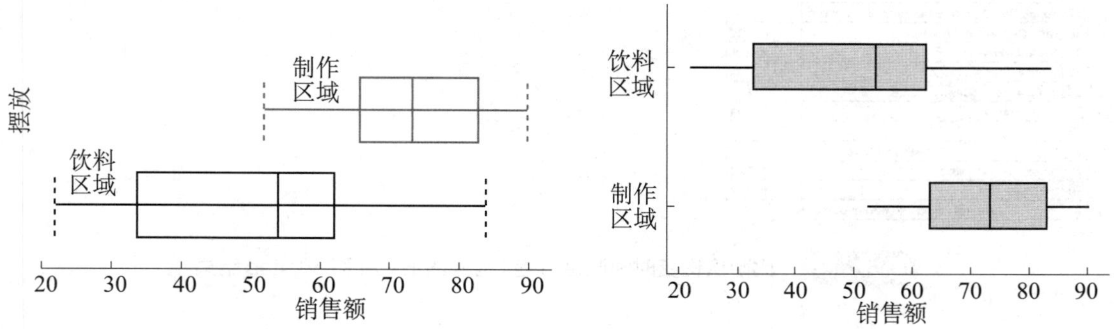

图 10－4　两个端架销售数据的 Excel 和 Minitab 箱形图

例 10.1

检验平均送货时间的差异

你和一些朋友想检验一家本地比萨店广告的有效性，它宣称自己的送货时间要短于连锁店。这家本地比萨店和一家全国连锁的比萨店都位于学校的街对面。将变量定义为送货时间（分钟），即从订购到递送之间所花费的时间。分别在不同的时间从两家比萨店订购 10 份比萨饼。数据存储于文件 Store 中。各自的送货时间（分钟）如表 10－2 所示。

表 10－2　本地比萨店和连锁比萨店送货时间（分钟）

本地比萨店		连锁比萨店	
16.8	18.1	22.0	19.5
11.7	14.1	15.2	17.0
15.6	21.8	18.7	19.5
16.7	13.9	15.6	16.5
17.5	20.8	20.8	24.0

在 0.05 的显著性水平下，试判断本地比萨店是否比连锁比萨店的送货时间要短？

解答　因为你希望知道本地比萨店的均值是否低于连锁比萨店，所以使用单侧假设检验，零假设和备择假设如下：

H_0：$\mu_1 \geqslant \mu_2$（本地比萨店的平均送货时间大于或者等于连锁比萨店）

H_1：$\mu_1 < \mu_2$（本地比萨店的平均送货时间低于连锁比萨店）

混合方差 t 检验的结果如图 10-5 所示。

	A	B
1	Pooled-Variance t Test for Differences in Two Means	
2	(assumes equal population variances)	
3	Data	
4	Hypothesized Difference	0
5	Level of Significance	0.05
6	Population 1 Sample	
7	Sample Size	10
8	Sample Mean	16.7
9	Sample Standard Deviation	3.0955
10	Population 2 Sample	
11	Sample Size	10
12	Sample Mean	18.88
13	Sample Standard Deviation	2.8662
14		
15	Intermediate Calculations	
16	Population 1 Sample Degrees of Freedom	9
17	Population 2 Sample Degrees of Freedom	9
18	Total Degrees of Freedom	18
19	Pooled Variance	8.8986
20	Standard Error	1.3341
21	Difference in Sample Means	-2.18
22	t Test Statistic	-1.6341
23		
24	Lower-Tail Test	
25	Lower Critical Value	-1.7341
26	p-Value	0.0598
27	Do not reject the null hypothesis	

Two-Sample T-Test and CI: Local, Chain

```
Two-sample T for Local vs Chain

        N   Mean  StDev  SE Mean
Local  10  16.70   3.10     0.98
Chain  10  18.88   2.87     0.91

Difference = mu (Local) - mu (Chain)
Estimate for difference:  -2.18
95% CI for difference:  (-4.98, 0.62)
T-Test of difference = 0 (vs not =): T-Value = -1.63 P-Value = 0.120 DF = 18
Both use Pooled StDev = 2.9831
```

图 10-5 比萨店送货时间混合方差 t 检验的 Excel 和 Minitab 结果

使用公式（10.1）：

$$t_{STAT}=\frac{(\bar{X}_1-\bar{X}_2)-(\mu_1-\mu_2)}{\sqrt{S_P^2\left(\frac{1}{n_1}+\frac{1}{n_2}\right)}}$$

式中

$$S_P^2=\frac{(n_1-1)S_1^2+(n_2-1)S_2^2}{(n_1-1)+(n_2-1)}$$

$$=\frac{9(3.095\,5)^2+9(2.866\,2)^2}{9+9}=8.898\,6$$

所以

$$t_{STAT}=\frac{(16.7-18.88)-0.0}{\sqrt{8.898\,6\left(\frac{1}{10}+\frac{1}{10}\right)}}=\frac{-2.18}{\sqrt{1.779\,7}}=-1.634\,1$$

因为 $t_{STAT}=-1.634\,1>-1.734\,1$，所以不能拒绝零假设。从图 10-5 中得到的 p 值为 0.059 8，意味着 $t_{STAT}<-1.634\,1$ 的概率是 0.059 8。换句话说，如果事实上总体均值相等，发现本地比萨店送货时间比连锁比萨店至少快 2.18 分钟的概率为 0.059 8。由于 p 值大于 $\alpha=0.05$，没有足够的证据拒绝零假设。基于此可以得出结论：没有足够的证据表明本地比萨店的送货时间要快于连锁比萨店。

两个独立总体均值差异的置信区间估计

除了可以对两个独立总体均值的差异进行检验，还可以用公式（10.2）得到平均差异的置信区间估计。

两个独立总体均值差异的置信区间估计

$$(\overline{X}_1-\overline{X}_2)\pm t_{\alpha/2}\sqrt{S_P^2\left(\frac{1}{n_1}+\frac{1}{n_2}\right)} \tag{10.2}$$

或者

$$(\overline{X}_1-\overline{X}_2)-t_{\alpha/2}\sqrt{S_P^2\left(\frac{1}{n_1}+\frac{1}{n_2}\right)}\leqslant\mu_1-\mu_2\leqslant(\overline{X}_1-\overline{X}_2)+t_{\alpha/2}\sqrt{S_P^2\left(\frac{1}{n_1}+\frac{1}{n_2}\right)}$$

式中，$t_{\alpha/2}$为自由度为 n_1+n_2-2 的 t 分布在右侧尾部 $\alpha/2$ 部分的临界值。

使用公式（10.2）和图 10-3 中所示的样本数据、95%的置信水平，以及

$\overline{X}_1=50.3$

$n_1=10$

$\overline{X}_2=72$

$n_2=10$

$S_P^2=254.0056$

自由度$=10+10-2=18$

$t_{0.025}=2.1009$

得到

$$(50.3-72)\pm(2.1009)\sqrt{254.0056\left(\frac{1}{10}+\frac{1}{10}\right)}$$

$-21.7\pm(2.1009)(7.1275)$

-21.7 ± 14.97

$-36.67\leqslant\mu_1-\mu_2\leqslant-6.73$

所以你有 95%的把握相信：饮料区域端架和制作区域端架之间的销售均值差异在 -36.67～-6.73 箱新可乐之间。换句话说，你可以在 95%的置信水平下估计，制作区域端架的销售量要比饮料区域端架的销售量多 6.73～36.67 箱。从假设检验的角度来说，在 0.05 的显著性水平下使用双侧检验，由于置信区间不包含 0，因此拒绝零假设（即两个总体的均值不存在差异）。

不同方差均值差异的 t 检验

如果可以假设两个独立总体服从正态分布但是不能假设它们有相同方差，你就不能通过混合总体方差得到估计量 S_P^2，因此混合方差 t 检验将不再适用。相反，你可以使用由萨特思韦特（Satterthwaite）提出的**不同方差 t 检验**（separate-variance t test），它使用两个不同的样本方差（见参考文献 9）。

图 10-6 展示了对于陈列位置销售量数据的不同方差 t 检验。观察检验数据 $t_{STAT}=-3.0446$，p 值$=0.0082<0.05$. 因此，不同方差 t 检验的结果和混合方差 t 检验的结果几乎是相同的。

两个总体方差相同的假设对结果并没有明显的影响。然而有时，当总体方差相同的假设被违背时，两种 t 检验方式得到的结果是冲突的。因此，评估假设并且使用这个结果作为选择检验程序的指导是非常重要的。10.4 节将讨论如何使用方差比例 F 检验来判断是否存在证据表明两个总体的方差存在差异。这一检验的结果有助于你确

	A	B	
1	Separate-Variances *t* Test		
2	(assumes unequal population variances)		
3	**Data**		
4	Hypothesized Difference	0	
5	Level of Significance	0.05	
6	**Population 1 Sample**		
7	Sample Size	10	=COUNT(DATACOPY!$A:$A)
8	Sample Mean	50.3	=AVERAGE(DATACOPY!$A:$A)
9	Sample Standard Deviation	18.7264	=STDEV.S(DATACOPY!$A:$A)
10	**Population 2 Sample**		
11	Sample Size	10	=COUNT(DATACOPY!$B:$B)
12	Sample Mean	72	=AVERAGE(DATACOPY!$B:$B)
13	Sample Standard Deviation	12.5433	=STDEV.S(DATACOPY!$B:$B)
14			
15	Intermediate Calculations		
16	Pop. 1 Sample Variance	350.6778	=B9^2
17	Pop. 2 Sample Variance	157.3333	=B13^2
18	Pop. 1 Sample Var./Sample Size	35.0678	=B16/B7
19	Pop. 2 Sample Var./Sample Size	15.7333	=B17/B11
20	Numerator of Degrees of Freedom	2580.7529	=(B18 + B19)^2
21	Denominator of Degrees of Freedom	164.1430	=(B18^2)/(B7 - 1) + (B19^2)/(B11 - 1)
22	Total Degrees of Freedom	15.7226	=B20/B21
23	Degrees of Freedom	15	=INT(B22)
24	Separate Variance Denominator	7.1275	=SQRT(B18 + B19)
25	Difference in Sample Means	-21.7	=B8 - B12
26	*t* Test Statistic	-3.0446	=(B25 - B4)/B24
27			
28	**Two-Tail Test**		
29	Lower Critical Value	-2.1314	=-(T.INV.2T(B5, B23))
30	Upper Critical Value	2.1314	=T.INV.2T(B5, B23)
31	*p*-Value	0.0082	=T.DIST.2T(ABS(B26),B23) - B4
32	Reject the null hypothesis		=IF(B31 < B5,"Reject the null hypothesis", "Do not reject the null hypothesis")

Two-Sample T-Test and CI: Beverage, Produce

```
Two-sample T for Beverage vs Produce

           N  Mean  StDev  SE Mean
Beverage  10  50.3   18.7      5.9
Produce   10  72.0   12.5      4.0

Difference = mu (Beverage) - mu (Produce)
Estimate for difference:  -21.70
95% CI for difference:  (-36.89, -6.51)
T-Test of difference = 0 (vs not =):
      T-Value = -3.04 P-Value = 0.008 DF = 15
```

图 10-6　两个端架销售数据不同方差 t 检验的 Excel 和 Minitab 结果

定混合方差 t 检验和不同方差 t 检验中哪一种方法更合适。

10.1 习题

掌握基础知识

10.1　给定样本容量 $n_1=12$ 和 $n_2=15$，在进行混合方差 t 检验时，你所使用的自由度是多少？

10.2　假设一个样本中 $n_1=8$，$\bar{X}_1=42$，$S_1=4$；从另一独立总体抽取的样本中，$n_2=15$，$\bar{X}_2=34$，$S_2=5$。

a. 检验 $H_0: \mu_1=\mu_2$ 的混合方差 t_{STAT} 检验统计量是多少？

b. 为了获得临界值 $t_{\alpha/2}$，需要使用的自由度是多少？

c. 使用显著性水平 $\alpha=0.01$、单侧假设检验，针对 $H_1: \mu_1>\mu_2$，检验零假设 $H_0: \mu_1\leqslant\mu_2$ 的临界值是多少？

d. 你的统计决策是什么？

10.3　在习题 10.2 中，两个总体必要的假设条件是什么？

10.4　回到习题 10.2 中，试构建总体 μ_1 和 μ_2 均值差异 95% 置信水平的置信区间。

10.5　回到习题 10.2 中，如果 $n_1=5$，$n_2=4$，那么需要使用的自由度是多少？

10.6　回到习题 10.2 中，如果 $n_1=5$，$n_2=4$，在 0.01 的显著性水平下，是否有理由相信 $\mu_1>\mu_2$？

概念应用

10.7　人们做估计时会被对照物影响。在最近的一项调查中，学生被要求估计奶酪汉堡中卡路里的含量。第一组被要求在考虑一个高卡路里的奶酪蛋糕后进行估计，第二组被要求在考虑一个有机水果沙拉后进行估计。第一组的平均估计卡路里为 780，第二组为 1 041（“Drilling Down，Sizing Up a Cheeseburger's Caloric Heft，” *The New York Times*，October 4，2010，p. B2.）。假定这个研究的样本容量为每组 20 人，标准差为第一组 128，第二组 140。

a. 你想知道先考虑奶酪蛋糕的人是否会比先考虑水果沙拉的人对于奶酪汉堡有更低的平均卡路里估计，写出零假设和备择假设。

b. 在这个研究背景下，第一类错误的含义是什么？

c. 在这个研究背景下，第二类错误的含义是什么？

d. 在 0.01 的显著性水平下，是否有证据表明先考虑奶酪蛋糕的人会比先考虑水果沙拉的人对于奶酪汉堡有更低的平均卡路里估计？

10.8 一项最近的调查（E. J. Boyland et al.，“Food Choice and Overconsumption：Effect of a Premium Sports Celebrity Endorser，” *Journal of Pediatrics*，March 13，2013，bit. ly/16NR4Bi）发现，51 名观看由体育明星代言的 Walker Crisps 广告的儿童平均吃了 36 克的 Walker Crisps，41 名观看其他零食广告的孩子则平均吃了 25 克的 Walker Crisps。假设样本的标准差在观看由体育明星代言的 Walker Crisps 广告的孩子中为 21.4 克，在观看其他零食广告的孩子中为 12.8 克。

a. 假设总体方差相同，$\alpha=0.05$，是否有证据表明观看由体育明星代言的 Walker Crisps 广告的孩子所吃 Walker Crisps 的平均数量明显更高一些？

b. 假设总体方差相同，建立一个 95%置信水平的置信区间，估计观看由体育明星代言的广告的孩子和观看其他零食广告的孩子所吃 Walker Crisps 的数量差别。

c. 比较和讨论（a）与（b）中的结果。

10.9 电话线出现故障会阻碍客户打电话或者接电话，这个问题困扰着客户，同样困扰着电话公司。文件 Phone 中包含 20 个报送给电话公司两个不同办事处的电话故障，以及排除这些故障所消耗的时间（分钟）：

办事处 1 排除故障时间（分钟）

1.48	1.75	0.78	2.85	0.52	1.60	4.15	3.97	1.48	3.10
1.02	0.53	0.93	1.60	0.80	1.05	6.32	3.93	5.45	0.97

办事处 2 排除故障时间（分钟）

7.55	3.75	1.10	0.10	0.60	0.52	3.30	2.10	0.58	4.02
3.75	0.65	1.92	0.60	1.53	4.23	0.08	1.48	1.65	0.72

a. 假设两个办事处的总体方差相同，则是否有证据表明两者的故障排除等待时间存在差异（$\alpha=0.05$）？

b. 计算 p 值并解释其含义。

c. 在（a）中是否需要其他假设条件？

d. 假设两个办事处的总体方差相同，试构建两个办事处总体均值差异 95%置信水平的置信区间。

10.10 *Accounting Today* 找出了美国 10 个地理区域中最顶尖的会计师事务所。所有 10 个区域在 2013 年都报告了增长。东南部区域和海湾沿岸区域分别报告了 4.7%和 13.86%的增长率。在这两个区域一项关于会计师事务所的指标是合伙人的数量。文件 AccountingPartners2 中包含合伙人数量的数据（bit. ly/ODuzd3.）。

a. 在 0.05 的显著性水平下，是否有证据表明东南部区域和海湾沿岸区域在会计师事务所合伙人数量上有明显的差异？

b. 计算 p 值并解释其含义。

c. 为了使用 t 检验，关于两个总体你需要做什么假设？

10.11 平板电脑的一项重要指标是电池使用时间，即电池需要再次充电前的小时数。文件 Tablets 中包含 12 个仅可使用 WiFi 的平板电脑数据和 7 个可使用 3G/4G/WiFi 的 12 英寸平板电脑数据（“Rating and recommendations: Tablets,” *Consumers Reports*，August 2013，p. 24.）。

a. 假设两种类型平板电脑的总体方差相同，在 0.05 的显著性水平下，是否有证据表明两种不同类型平板电脑的电池使用时间存在差异?

b. 计算 p 值并解释其含义。

c. 假设两种类型平板电脑的总体方差相同，试构建两种平板电脑电池使用时间总体均值差异 95% 置信水平的置信区间。

10.12　一家位于城市商务区的银行支行开发了一套能够改进中午到下午 1 点之间午饭时间客户服务过程的系统。等待时间（被定义为客户进入银行排队到他到达服务窗口的时间）需要缩短以提升客户满意度。随机抽取了 15 个客户（数据存储在文件 Bank1 中），结果（分钟）如下所示：

4.21　5.55　3.02　5.13　4.77　2.34　3.54　3.20

4.50　6.10　0.38　5.12　6.46　6.19　3.79

假设另一家位于住宿区的支行也在考虑同样一种系统。15 个随机抽取的客户（数据存储在 Bank2 文件中）的结果如下所示：

9.66　5.90　8.02　5.79　8.73　3.82　8.01　8.35

10.49　6.68　5.64　4.08　6.17　9.91　5.47

a. 假设两家支行的总体方差相同，在 0.05 的显著性水平下，是否有证据表明两家支行的等待时间存在差异?

b. 计算 p 值并解释其含义。

c. 除了同方差假设，(a) 中其他必要的假设条件是什么?

d. 试构建并解释两家支行的总体均值差异 95% 置信水平的置信区间。

10.13　回到习题 10.12 (a) 中，假设两家支行的总体方差不同。与 10.12 (a) 中的结果进行比较。

10.14　作为公司全球策略管理团队的成员，你被安排探索潜在外国市场进入条件的任务。作为最初调查的一部分，你想知道发达市场和新兴市场在开始商业活动的时间上是否有差别。你选择了 15 个发达国家和 15 个新兴国家。开始商业活动的时间被定义为在这些国家完成合法操作程序的天数，数据存储在文件 ForeignMarket 中（data. worldbank. org.）。

a. 假设发达国家和新兴国家的总体方差相同，在 0.05 的显著性水平下，是否有证据表明发达国家和新兴国家开始商业活动的时间存在差异?

b. 计算 p 值并解释其含义。

c. 除了同方差假设，(a) 中其他必要的假设条件是什么?

d. 构建两种国家总体均值差异 95% 置信水平的置信区间。

10.15　回到习题 10.14 (a) 中，假设两种情况下总体方差不同。与 10.14 (a) 中的结果进行比较。

10.16　益百利市场服务报告，典型的美国人每天花费 144 分钟（2.4 小时）通过移动设备上网（The 2014 Digital Marketer，ex. pn/1kXJjfX.）。你想知道男性和女性每天通过移动设备上网花费的时间是否有差别。

你选择了一个包含 60 个家人和朋友（30 名男性和 30 名女性）的样本，收集了他们每天通过移动设备上网的时间（分钟），数据存储在文件 InternetMobileTime2 中。

a. 假设总体方差相同，在 0.05 的显著性水平下，是否有证据表明男性和女性每天通过移动设备上网的时间有差别?

b. 除了同方差假设，(a) 中其他必要的假设条件是什么?

10.17　品牌价值估计对于 CEO、金融和市场主管、证券分析员、机构投资者和其他依靠良好调查和可靠信息来进行估价和决策的人来说，具有重要的意义。Millward Brown Optimor 为全球最大的交流信息服务组织 WPP 做了全球 100 个最具价值的品牌调查。与其他调查不同，这项调查使用金融方法融合了消费者对于品牌价值的衡量，从而为品牌赋予了金融价值。文件 BrandZTechFin 中包含 2014 年全球 100 个最具价值品牌中两个部分的品牌价值：科技部分和金融机构部分（bit.ly/18OL5Mu.）。

a. 假设总体方差相等，是否有证据表明科技部分和金融机构部分的平均品牌价值有所不同（使用 0.05 的显著性水平）？

b. 假设总体方差不相等，重复（a）。

c. 比较（a）和（b）中的结果。

10.2　两个相关样本的均值比较

10.1 节讲述的假设检验方法，使你能够基于数值数据样本对两个独立总体的方差进行比较和研究。这一节将介绍一种方法，分析当样本数值数据来自相关总体（即第一组的结果不独立于第二组的结果）时两组均值之间的差异。

存在两种情形，可能出现两组之间相互依赖的情况：一种是对同一组个体或项目进行重复度量；另一种是将个体或项目根据某一特征匹配。在任何一种情况下，你所关注的变量均是观测值之间的差异，而不是单个观测值本身。

当你对同一组项目或个体进行**重复度量**（repeated measurements）时，所依赖的假设是同一组项目或个体面临相同对待时，反应也相同。所以分析的目的是证明：对同一组项目或个体进行重复度量所得结果的差异，归因于不同的对待条件。例如，在进行口味检验实验时，样本中的每个人可以对自己加以控制，于是就得到了对于同一个体的重复度量。

重复度量的另一个例子是，两个不同卖家相同商品的定价。例如，一本新教材在当地校园书店的价格和网上书店的价格是否有所差别？你可以选择两个独立的样本，也就是说选择两个不同版本的教材，然后使用 10.1 节中讨论过的假设检验方法。

然而，在偶然的机会下，第一个样本中或许会有许多大开本的精装版教材，而第二个样本中或许会有许多简装版本。这意味着第一种书会始终比第二种书贵，无论它们是在哪里购买的。这种观测结果意味着使用 10.1 节中的方法不是一个很好的选择。更好的选择将会是使用两个相关的样本，意味着来判断当地校园书店和网上书店同种教材样本的价格。

在第二种情形中包含总体之间的相关数据，我们称之为**匹配样本**（matched samples）。个体会根据某些特征而被组合在一起。例如，在检验以两种不同的广告方式推广一种产品时的效果，一个检验市场的样本可以基于被检验市场的规模大小和人口统计学变量匹配起来。为了解释被检验市场总体规模和人口统计学变量中的不同，你最好能够衡量出两种不同广告方式的影响。

不管是使用匹配样本还是重复度量，目的都是通过减少项目和个体自身所产生方差的影响，来研究两组数据之间的差别。表 10－3 列示了两组重复总体中每组单个数值之间的差异。X_{11}，X_{12}，…，X_{1n} 代表第一个样本的 n 个观测值，X_{21}，X_{22}，…，X_{2n} 代表第二个样本的 n 个匹配观测值或第一个样本的 n 个重复观测值。然后，用 D_1，D_2，…，D_n 代表相应的一组 n 个差异值，即

$D_1 = X_{11} - X_{21}$

$D_2 = X_{12} - X_{22}$

$\vdots$

$D_n = X_{1n} - X_{2n}$

为检验两组相关总体的差异均值，把差异值 D_i 当作一个单一样本值。

表 10-3 确定两个相关组之间的差异

样本			
值	1	2	差异
1	X_{11}	X_{21}	$D_1 = X_{11} - X_{21}$
2	X_{12}	X_{22}	$D_2 = X_{12} - X_{22}$
⋮	⋮	⋮	⋮
i	X_{1i}	X_{2i}	$D_i = X_{1i} - X_{2i}$
⋮	⋮	⋮	⋮
n	X_{1n}	X_{2n}	$D_n = X_{1n} - X_{2n}$

配对 t 检验

如果假设差异值是从正态总体中随机、独立抽取的，那么就可以使用相关样本**均值差异的配对 t 检验**（paired t test for the mean difference）来判断是否存在显著的总体均值差异。这样就类似于 9.2 节的单样本 t 检验（见公式（9.2）），这里介绍的 t 检验统计量服从自由度为 $n-1$ 的 t 分布。尽管在这里需要假设总体服从正态分布，但是只要样本容量不是非常小，且总体分布不是严重偏斜，那么我们就可以使用配对 t 检验。

需要检验的零假设为两个相关总体的均值不存在差异：

H_0：$\mu_D = 0$（其中 $\mu_D = \mu_1 - \mu_2$）

对应的备择假设为两个相关总体的均值存在差异：

H_1：$\mu_D \neq 0$

可根据公式（10.3）计算出 t_{STAT} 检验统计量。

均值差异的配对 t 检验

$$t_{STAT} = \frac{\overline{D} - \mu_D}{\frac{S_D}{\sqrt{n}}} \tag{10.3}$$

式中

μ_D = 假设的均值差异

$$\overline{D} = \frac{\sum_{i=1}^{n} D_i}{n}$$

$$S_D = \sqrt{\frac{\sum_{i=1}^{n}(D_i - \overline{D})^2}{n-1}}$$

t_{STAT} 检验统计量服从自由度为 $n-1$ 的 t 分布。

对于双侧假设检验来说，给定显著性水平 α，如果 t_{STAT} 检验统计量大于分布的右侧临界值 $t_{\alpha/2}$ 或小于其左侧临界值 $-t_{\alpha/2}$，则拒绝零假设。因此，决策准则为：

若 $t_{STAT}>t_{\alpha/2}$ 或 $t_{STAT}<-t_{\alpha/2}$，则拒绝 H_0；

否则，不能拒绝 H_0。

你可以使用均值差异的配对 t 检验来回答之前的问题：当地校园书店的教材价格是否与网上书店的售卖价格有所差异?

在这个重复度量实验中，使用同一系列的教材。对于每种教材，找到它在当地校园书店和网上书店的价格。使用同一本书的不同价格，会比使用两种不同的书减少更多价格上的影响。这种方法关注同种书籍在不同售卖方式下的价格差异。

最近一个学期，通过收集当地大学使用的商学院教材在校园书店和网上书店的价格（包括运费），你得到一个 $n=16$ 的样本。数据存储在文件 BookPrices 中。表 10－4 展示了教材价格的收集结果。注意表中的每一行都展示了特定书籍的两种不同价格。

表 10－4　校园书店与网上书店教材的价格

作者	书名	校园书店价格（美元）	网上书店价格（美元）
Bade	*Foundations of Microeconomics* 6/e	200.00	121.49
Brigham	*Financial Management* 13/e	304.00	235.88
Clauretie	*Real Estate Finance*：*Theory and Practice*	179.35	107.61
Foner	*Give Me Liberty*！（*Brief*）Vol. 2 3/e	72.00	59.99
Garrison	*Managerial Accounting*	277.15	146.99
Grewal	*M*：*Marketing* 3/e	73.75	63.49
Hill	*Global Business Today*	171.65	138.99
Lafore	*Object-Oriented Programming in C++*	65.00	42.26
Lank	*Modern Real Estate Practice* 11/e	47.45	65.99
Meyer	*Entrepreneurship*	106.00	37.83
Mitchell	*Public Affairs in the Nation and New York*	55.95	102.99
Pindyck	*Microeconomics* 8/e	224.40	144.99
Robbins	*Organizational Behavior* 15/e	223.20	179.39
Ross	*Fundamentals of Corporate Finance* 9/e	250.65	191.49
Schneier	*New York Politics*：*Tale of Two States*	34.95	28.66
Wilson	*American Government*：*The Essentials* 12/e	172.65	108.49

你的目的是确定在校园书店和网上书店销售的教材平均价格是否存在差异。换句话说，是否存在证据表明两种不同售卖方式的平均价格不同？所以，零假设和备择假设如下：

H_0：$\mu_D=0$（在校园书店和网上书店售卖的教材平均价格没有差异）

H_1：$\mu_D\neq 0$（在校园书店和网上书店售卖的教材平均价格存在差异）

选取显著性水平 $\alpha=0.05$ 且假设总体差异服从于正态分布，就可以使用配对样本的 t 检验（公式（10.3））。对于一个容量为 $n=16$ 的样本来说，自由度为 $n-1=15$。由表 E.3 可知，决策准则为：

若 $t_{STAT}>t_{0.025}=2.1314$ 或 $t_{STAT}<-t_{0.025}=-2.1314$，则拒绝 H_0；

否则，不能拒绝 H_0。

对于容量为 $n=16$ 的随机差异样本的数据集（见表 10－4），样本差异均值为：

$$\overline{D}=\frac{\sum_{i=1}^{n}D_i}{n}=\frac{681.62}{16}=42.6013$$

且

$$S_D=\sqrt{\frac{\sum_{i=1}^{n}(D_i-\overline{D})^2}{n-1}}=43.797$$

由公式（10.3）可得：

$$t_{STAT}=\frac{\overline{D}-\mu_D}{\frac{S_D}{\sqrt{n}}}=\frac{42.6013-0}{\frac{43.797}{\sqrt{16}}}=3.8908$$

由于 $t_{STAT}=3.8908>2.1314$，因此拒绝零假设（见图 10－7）。有证据表明在校园书店和网上书店购买的教材平均价格存在差异。可以得出结论：校园书店中教材的平均价格要高于网上书店。

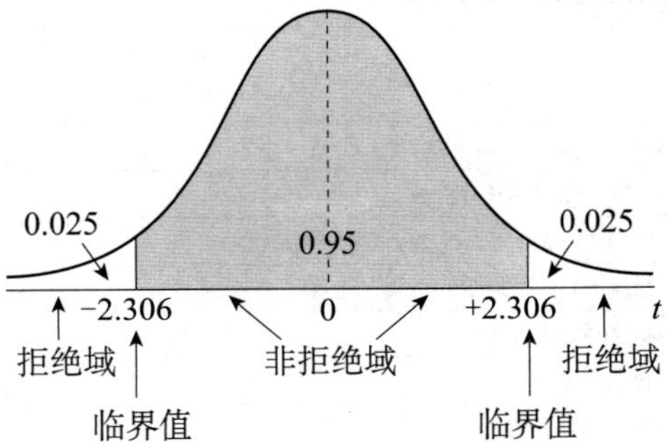

图 10－7　在 0.05 的置信水平下，自由度为 15 的双侧配对 t 检验

图 10－8 显示了这个例子的结果，计算出了 t 检验统计量和 p 值。因为 p 值 $=0.0014<\alpha=0.05$，所以拒绝零假设。p 值意味着若两种方式有相同的总体平均价格，那么其中一种样本均值为 42.60 美元的购买方式比另一种购买方式价格高的概率为 0.0014。因为这个概率小于 $\alpha=0.05$，可以得出结论：有充分证据拒绝零假设。

	A	B	
1	Paired *t* Test		
2			
3	Data		
4	Hypothesized Mean Diff.	0	
5	Level of Significance	0.05	
6			
7	Intermediate Calculations		
8	Sample Size	16	=COUNT(PtCalcsOld!$A:$A)
9	DBar	42.6013	=AVERAGE(PtCalcsOld!$C:$C)
10	degrees of freedom	15	=B8 - 1
11	S_D	43.7970	=SQRT(DEVSQ(PtCalcsOld!C:C)/B10)
12	Standard Error	10.9493	=B11/SQRT(B8)
13	*t* Test Statistic	3.8908	=(B9 - B4)/B12
14			
15	Two-Tailed Test		
16	Lower Critical Value	-2.1314	=-T.INV.2T(B5, B10)
17	Upper Critical Value	2.1314	=T.INV.2T(B5, B10)
18	*p*-Value	0.0014	=T.DIST.2T(ABS(B13), B10)
19	Reject the null hypothesis		=IF(B18 < B5, "Reject the null hypothesis", "Do not reject the null hypothesis")

Paired T-Test and CI: Bookstore, Online

```
Paired T for Bookstore - Online

             N   Mean  StDev  SE Mean
Bookstore   16  153.6   89.0     22.2
Online      16  111.0   60.0     15.0
Difference  16   42.6   43.8     10.9

95% CI for mean difference: (19.3, 65.9)
T-Test of mean difference = 0 (vs not = 0): T-Value = 3.89 P-Value = 0.001
```

图 10－8　教材价格配对 t 检验的 Excel 和 Minitab 结果

为了评估正态性假设的有效性，图 10－9 中建立了差异的箱形图。

图 10－9 中的箱形图展示了大致的对称性，并且与图 3－5 中展示的正态分布的箱形图看起来很相似。因此，教材价格差异的分布与正态性假设并没有很大的冲突。如果一个箱形图、直方图或正态概率图表明潜在的正态性假设被严重违背，那么 t 检验可能并不合适，尤其是当样本容量很小的时候。如果你认为 t 检验不恰当，那么可以使用非参数方法（不要求正态性假设，见参考文献 1 和 2）或者进行正态转换（见参考文献 10），随后重新检验正态性假设，看使用 t 检验是否合适。

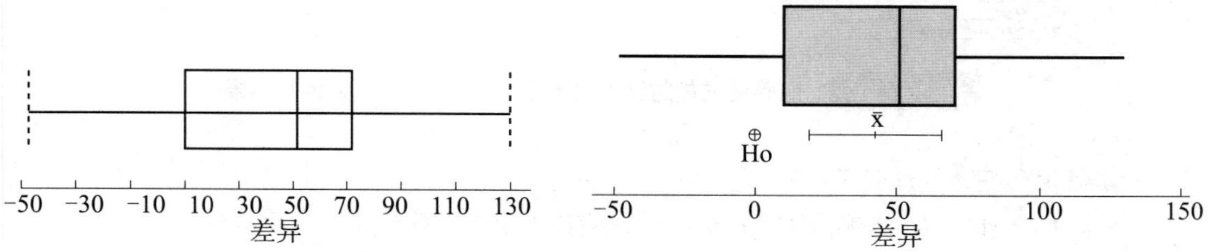

图 10－9　教材价格差异的 Excel 和 Minitab 箱形图

例 10.2

比萨店送货时间的配对 t 检验

回到例 10.1 中，校园里的本地比萨店做广告说其送货时间比连锁比萨店要短。为了判断此广告的真实性，你和朋友决定向两家比萨店分别订购 10 个比萨饼。事实上，这是配对实验，因为每一次你向本地比萨店订购时，你的朋友随即向连锁比萨店订购。在这 10 次下订单的过程中，你每拥有 1 个本地比萨店的测量值，就会有 1 个连锁比萨店的测量值。在 0.05 的显著性水平下，本地比萨店的送货时间均值是否小于连锁比萨店的送货时间均值？

解答　使用配对 t 检验来分析表 10－5 中的数据（见文件 Pizzatime）。图 10－10 显示了比萨店送货时间的配对 t 检验结果。

表 10－5　本地比萨店和连锁比萨店的送货时间

时间	本地比萨店	连锁比萨店	差异
1	16.8	22.0	−5.2
2	11.7	15.2	−3.5
3	15.6	18.7	−3.1
4	16.7	15.6	1.1
5	17.5	20.8	−3.3
6	18.1	19.5	−1.4
7	14.1	17.0	−2.9
8	21.8	19.5	2.3
9	13.9	16.5	−2.6
10	20.8	24.0	−3.2
			−21.8

	A	B
1	Paired *t* Test	
2		
3	Data	
4	Hypothesized Mean Diff.	0
5	Level of significance	0.05
6		
7	Intermediate Calculations	
8	Sample Size	10
9	DBar	-2.1800
10	degrees of freedom	9
11	S_D	2.2641
12	Standard Error	0.7160
13	*t* Test Statistic	-3.0448
14		
15	Lower-Tail Test	
16	Lower Critical Value	-1.8331
17	*p*-Value	0.0070
18	Reject the null hypothesis	

```
Paired T-Test and CI: Local, Chain

Paired T for Local - Chain

               N     Mean  StDev  SE Mean
Local         10   16.700  3.096    0.979
Chain         10   18.880  2.866    0.906
Difference    10   -2.180  2.264    0.716

% CI for mean difference: (-3.800, -0.560)
T-Test of mean difference = 0 (vs not = 0): T-Value = -3.04  P-Value = 0.014
```

图 10-10　比萨店送货时间配对 t 检验的 Excel 和 Minitab 结果

零假设和备择假设如下：

H_0：$\mu_D \geqslant 0$（本地比萨店的送货时间均值大于或者等于连锁比萨店）

H_1：$\mu_D < 0$（本地比萨店的送货时间均值小于连锁比萨店）

选取显著性水平 $\alpha=0.05$ 且假设差异服从正态分布，就可以使用配对样本的 t 检验（公式（10.3））。对于一个容量为 $n=10$ 的样本来说，自由度为 $n-1=9$。由表 E.3，决策准则为：

若 $t_{STAT} < -t_{0.05} = -1.833\,1$，则拒绝 H_0；

否则，不能拒绝 H_0。

对于容量为 $n=10$ 的随机差异样本的数据集（见表 10-5），样本差异均值为：

$$\overline{D}=\frac{\sum_{i=1}^{n} D_i}{n}=\frac{-21.8}{10}=-2.18$$

差异的样本标准差为：

$$S_D=\sqrt{\frac{\sum_{i=1}^{n}(D_i-\overline{D})^2}{n-1}}=2.264\,1$$

由公式（10.3）可得：

$$t_{STAT}=\frac{\overline{D}-\mu_D}{\frac{S_D}{\sqrt{n}}}=\frac{-2.18-0}{\frac{2.264\,1}{\sqrt{10}}}=-3.044\,8$$

由于 $t_{STAT}=-3.044\,8$ 落入 $-1.833\,1$ 以外的拒绝域中，零假设被拒绝（p 值 $=0.007\,0<0.05$）。因此，有理由相信本地比萨店的平均送货时间短于连锁比萨店。

这一结果与之前你在例 10.1 中使用混合方差 t 检验得到的结果不同。通过配对送货次数，你可以将焦点集中在两次送货服务的差异，而不用考虑其他由于订单以及订货次数改变造成的变异。配对 t 检验是一个更有力地减少了递送时间干扰的统计程序，因为你控制了每天中订购比萨饼的时间。

均值差异的置信区间估计

除了对两个相关样本均值的差异进行检验，还可以应用公式（10.4）对均值差异进行置信区间估计。

均值差异的置信区间估计

$$\overline{D}\pm t_{\alpha/2}\frac{S_D}{\sqrt{n}} \tag{10.4}$$

或者

$$\overline{D}-t_{\alpha/2}\frac{S_D}{\sqrt{n}}\leqslant\mu_D\leqslant\overline{D}+t_{\alpha/2}\frac{S_D}{\sqrt{n}}$$

式中，$t_{\alpha/2}$是自由度为 $n-1$ 的 t 分布在右侧尾部 $\alpha/2$ 部分的临界值。

回到先前教材价格的例子，由公式（10.4）可得，$\overline{D}=42.6013$，$S_D=43.797$，$n=16$，$t_{\alpha/2}=2.1314$（在 95%的置信水平下，自由度 $n-1=15$ 时的临界值）。

$$42.6013\pm(2.1314)\frac{43.797}{\sqrt{16}}$$

$$42.6013\pm23.3373$$

$$19.264\leqslant\mu_D\leqslant65.9386$$

因此，在 95%的置信水平下，你估计校园书店和网上书店教材价格的总体平均差异在 19.26～65.94 美元之间。因为置信区间估计不包含零，使用 0.05 的显著性水平和双侧检验，可以得出结论：两种方式的教材平均价格存在差异。置信区间上限和下限均大于 0，因此可以得出结论：校园书店中教材的平均价格要高于网上书店。

10.2 习题

掌握基础知识

10.18　某一配对 t 检验，有 20 对相同的个体作为匹配样本。这个 t 检验的自由度为多少?

10.19　15 名志愿者参加了一个实验。在每个志愿者被要求读一本书中令人悲伤的一页之前获得一个测量值（如血压等），在他们读过之后再获得一个测量值。在对从这个实验收集到的数据进行分析时，自由度有多少?

概念应用

10.20　9 个专家对两个品牌的哥伦比亚咖啡做了口味测试。专家针对每个品牌的口感、香味、浓度以及酸度 4 个指标进行 7 分制的评分（1 为极差，7 为极好）。相关数据存储在文件 Coffee 中，如下表所示（已经将 4 个指标相加）。

专家	品牌	
	A	B
C. C.	24	26
S. E.	27	27
E. G.	19	22
B. L.	24	27
C. M.	22	25
C. N.	26	27
G. N.	27	26
R. M.	25	27
P. V.	22	23

a. 在0.05的显著性水平下，是否有证据表明两种咖啡的评分均值存在差异?

b. 为进行上述检验，还需要哪些假设?

c. 计算 p 值并解释其含义。

d. 构建两种咖啡评分均值差异95%置信水平的置信区间。

10.21 怎样比较电视节目和网络服务的评级? 文件 Telecom 中包含14个不同提供者的评级。

a. 在0.05的显著性水平下，是否有证据表明电视节目和网络服务的平均评级之间有所差异?

b. 为进行上述检验，还需要哪些假设?

c. 使用图形法评估（b）中的假设是否成立。

d. 构建电视节目和网络服务之间评级差异95%置信水平的置信区间。

10.22 塔吉特和沃尔玛谁拥有更低的价格? 沃尔玛的标语是“省钱，让生活更美好”，你假设沃尔玛的价格更低并比较了33种食物的价格（“Supermarket Showdown,” *The Palm Beach Post*，February 13，2011，pp. 1F，2F.）。结果存储在文件 TargetWalmart 中。

a. 在0.05的显著性水平下，是否有证据表明塔吉特的平均价格高于沃尔玛？

b. 为了进行上述检验，还需要哪些假设?

c. 计算 p 值并解释其含义。

10.23 什么可以激励员工? The Great Place to Work Institute 评估了全球和美国的非金融因素（L. Petrecca，“Tech Companies Top List of ‘Great Workplaces,’” *USA Today*，October 31，2011，p. 7B.）。每种因素的评级结果存储在文件 Motivation 中。

a. 在0.05的显著性水平下，是否有证据表明全球员工和美国员工的平均评级存在差异?

b. 为了进行上述检验，还需要哪些假设?

c. 使用图形法来评估（b）中假设的有效性。

10.24 多发性骨髓瘤（血浆癌）会使骨髓中微血管加速生成，对生命造成威胁。一种治疗的方法是病人自身干细胞移植。下面的数据（存储在文件 Myeloma 中）列示了接受干细胞移植治疗的病人骨髓中微血管的密度（以血浆和尿液测试衡量，测试分别在病人接受移植前和移植后进行）。

病人	移植前	移植后
1	158	284
2	189	214
3	202	101
4	353	227
5	416	290
6	426	176
7	441	290

a. 在0.05的显著性水平下，是否有证据表明骨髓中微血管的密度在治疗前要高于治疗后?

b. 计算 p 值并解释其含义。

c. 构建治疗前后骨髓微血管密度平均差异95%置信水平的置信区间并解释。

d. 为了进行（a）中的检验，还需要哪些假设?

10.25 为了评估一个可乐视频广告的有效性，一个包含38名目标受众的样本被选择出来进行一个测试。参加者观看两则广告，其中一个是要被检验的广告。参加者接下来要回答关于对两则广告喜爱程度的一系列问题。一个广告序号测量结果产生并存储于文件 Adindex 中：这个序号越高，人们越喜欢这个广告。计算描述性检验统计量并进行配对 t 检验。说明你的发现并写出结论报告（使用0.05的显著性水平）。

10.26 文件 Concrete1 中列示了随机抽取的浇筑2天和7天的40个水泥样本，以及它们的抗压能力（psi）。

a. 在 0.01 的显著性水平下，是否有证据表明浇筑 2 天的水泥强度要弱于浇筑 7 天的水泥强度？

b. 为了进行上述检验，还需要哪些假设？

c. 计算（a）中的 p 值并解释其含义。

10.3　两个独立总体比率差异的比较

经常地，你需要在两个总体比率之间作比较并分析它们的不同。可以用两种不同的方法检验独立样本所产生的两个比率之间的差异。本节将介绍一种方法，这种方法的 Z_{STAT} 检验统计量可以用标准正态分布加以近似。在 11.1 节将介绍另一种方法，它的 χ^2_{STAT} 检验统计量可以用自由度为 1 的 χ^2 分布近似。你将看到，这两种方法的结果是相同的。

两个比率差异的 Z 检验

在根据独立样本估计两个比率差异时，可以使用**两个比率差异的 Z 检验**（Z test for the difference between two proportions）。用来确定两个总体比率差异的 Z_{STAT} 检验统计量是基于样本比率之间的差异（p_1-p_2）的，由公式（10.5）给出。样本容量足够大时，它近似服从标准正态分布。

两个比率差异的 Z 检验

$$Z_{STAT}=\frac{(p_1-p_2)-(\pi_1-\pi_2)}{\sqrt{\bar{p}(1-\bar{p})\left(\dfrac{1}{n_1}+\dfrac{1}{n_2}\right)}} \tag{10.5}$$

式中

p_1＝样本 1 的成功比率＝$\dfrac{X_1}{n_1}$

X_1＝样本 1 的成功数

n_1＝样本 1 的容量

π_1＝总体 1 的成功比率

p_2＝样本 2 的成功比率＝$\dfrac{X_2}{n_2}$

X_2＝样本 2 的成功数

n_2＝样本 2 的容量

π_2＝总体 2 的成功比率

$\bar{p}$＝总体成功比率的混合估计＝$\dfrac{X_1+X_2}{n_1+n_2}$

Z_{STAT} 检验统计量近似服从标准正态分布。

在两个比率差异的 Z 检验中，零假设为两个总体比率相等（$\pi_1=\pi_2$）。因为总体比率的混合估计量是基于零假设的，所以检验两个总体比率是否相等时，我们将两个样本比率结合或混合在一起得到 $\bar{p}$，作为对一般总体比率的估计量。这一估计量等于两个样本中成功数的加总（X_1+X_2）除以它们的总样本容量（n_1+n_2）。

如下表所示，可以使用总体比率差异的 Z 检验来判断两个组的成功比率是否存在差异（双侧检验），或者一个组的成功比率是否比另一个组大（单侧检验）。

双侧检验	单侧检验	单侧检验
$H_0: \pi_1 = \pi_2$	$H_0: \pi_1 \geqslant \pi_2$	$H_0: \pi_1 \leqslant \pi_2$
$H_1: \pi_1 \neq \pi_2$	$H_1: \pi_1 < \pi_2$	$H_1: \pi_1 > \pi_2$

其中

π_1＝总体 1 的成功比率

π_2＝总体 2 的成功比率

零假设为两个独立总体比率不存在差异：

H_0：$\pi_1=\pi_2$

备择假设为两个独立总体比率存在差异：

H_1：$\pi_1\neq\pi_2$

可以使用公式（10.5）的 Z_{STAT} 检验统计量。给定显著性水平 α，如果 Z_{STAT} 检验统计量大于标准正态分布的右侧临界值或小于其左侧临界值，则拒绝零假设。

为了说明如何使用 Z 检验来判断两个比率是否相等，假设你是拥有坐落在两个热带岛屿上的五处高档度假酒店的 T. C. 度假实业集团的经理。在一个岛上，T. C. 度假实业集团拥有两处设施：Beachcomber 和 Windsurfer。整理对问题“你有可能再次选择这家酒店吗”的回答，Beachcomber 的 227 位顾客中有 163 位回答“是”，Windsurfer 的 262 位顾客中有 154 位回答“是”。若显著性水平为 0.05，有没有理由相信这两家酒店的顾客满意度存在差异？这一满意度由顾客再次光顾的可能性衡量。

零假设和备择假设为：

H_0：$\pi_1=\pi_2$ 或 $\pi_1-\pi_2=0$

H_1：$\pi_1\neq\pi_2$ 或 $\pi_1-\pi_2\neq 0$

由于检验是在 0.05 的显著性水平下进行的，临界值为－1.96 和＋1.96（见图 10-11），从而决策准则为：

若 $Z_{STAT}<-1.96$ 或 $Z_{STAT}>+1.96$，则拒绝 H_0；

否则，不能拒绝 H_0。

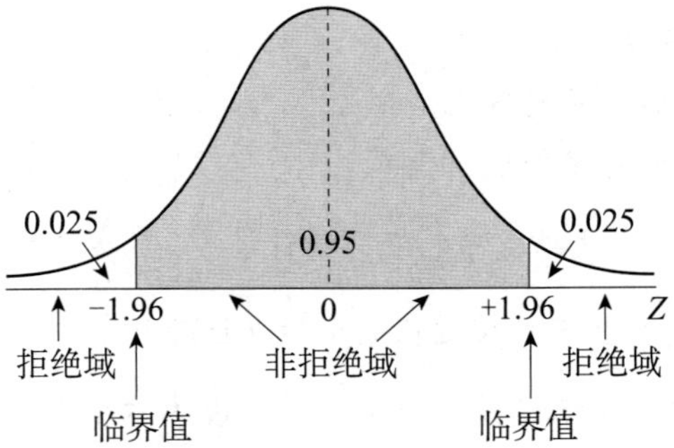

图 10-11　在 0.05 的显著性水平下两个比率差异假设检验的拒绝域和非拒绝域

对于这些数据使用公式（10.5）：

$$Z_{STAT}=\frac{(p_1-p_2)-(\pi_1-\pi_2)}{\sqrt{\bar{p}(1-\bar{p})\left(\frac{1}{n_1}+\frac{1}{n_2}\right)}}$$

式中

$$p_1=\frac{X_1}{n_1}=\frac{163}{227}=0.718\ 1$$

$$p_2=\frac{X_2}{n_2}=\frac{154}{262}=0.587\ 8$$

且

$$\bar{p}=\frac{X_1+X_2}{n_1+n_2}=\frac{163+154}{227+262}=\frac{317}{489}=0.648\ 3$$

所以

$$Z_{STAT}=\frac{(0.718\ 1-0.587\ 8)-(0)}{\sqrt{0.648\ 3(1-0.648\ 3)\left(\frac{1}{227}+\frac{1}{262}\right)}}$$

$$=\frac{0.130\ 3}{\sqrt{(0.228)(0.008\ 2)}}$$

$$=\frac{0.130\ 3}{\sqrt{0.001\ 87}}$$

$$=\frac{0.130\ 3}{0.043\ 2}=+3.008\ 8$$

使用 0.05 的显著性水平，由于 $Z_{STAT}=+3.008\ 8>+1.96$，因此拒绝零假设。p 值=0.002 6（查表 E.2 或图 10－12）。这意味着：如果零假设成立，那么得到一个 Z_{STAT} 检验统计量比－3.008 8 小的概率是 0.001 3；类似的，得到一个 Z_{STAT} 检验统计量比＋3.008 8 大的概率也是 0.0013。因此，对这一双侧检验来说，p 值＝0.001 3＋0.001 3＝0.002 6。由于 $0.002\ 6<\alpha=0.05$，零假设被拒绝。有理由相信，两家酒店的顾客满意度存在显著差异，这一满意度是用顾客再次光顾的可能性来衡量的。也就是说，相对于 Windsurfer，更大比率的顾客愿意再次光顾 Beachcomber。

	A	B	
1	Z Test for Differences in Two Proportions		
2			
3	Data		
4	Hypothesized Difference	0	
5	Level of Significance	0.05	
6	Group 1		
7	Number of Successes	163	
8	Sample Size	227	
9	Group 2		
10	Number of Successes	154	
11	Sample Size	262	
12			
13	Intermediate Calculations		
14	Group 1 Proportion	0.7181	=B7/B8
15	Group 2 Proportion	0.5878	=B10/B11
16	Difference in Two Proportions	0.1303	=B14 - B15
17	Average Proportion	0.6483	=(B7 + B10)/(B8 + B11)
18	Z Test Statistic	3.0088	=(B16 - B4)/SQRT(B17 * (1 - B17) * (1/B8 + 1/B11))
19			
20	Two-Tail Test		
21	Lower Critical Value	-1.9600	=NORM.S.INV(B5/2)
22	Upper Critical Value	1.9600	=NORM.S.INV(1 - B5/2)
23	p-Value	0.0026	=2 * (1 - NORM.S.DIST(ABS(B18), TRUE))
24	Reject the null hypothesis		=IF(B23 < B5, "Reject the null hypothesis", "Do not reject the null hypothesis")

Test and CI for Two Proportions

```
Sample    X    N  Sample p
1       163  227  0.718062
2       154  262  0.587786

Difference = p (1) - p (2)
Estimate for difference:  0.130275
95% CI for difference:  (0.0467379, 0.213813)
Test for difference = 0 (vs not = 0): Z = 3.01  P-Value = 0.003

Fisher's exact test: P-Value = 0.003
```

图 10－12　酒店顾客满意度问题比率差异 Z 检验的 Excel 和 Minitab 结果

例 10.3

两个组的比率差异检验

比起女性，男性是否会更少地把可以立刻与大家分享当成使用脸书的主要原因呢？一项调查报告显示，42%的男性（459 人样本中的 193 名男性）和 50%的女性（501 人样本中的 250 名女性）说他们使用脸书的主要原因是可以立刻和大家分享（"6 new facts about Facebook," bit. Ly/1kENZcA.）。

解答 因为你需要知道是否有证据表明把立刻和大家分享作为使用脸书的主要原因的男性比率要小于女性比率，所以使用单侧检验。零假设和备择假设如下：

H_0：$\pi_1 \geqslant \pi_2$（把立刻和许多人分享作为使用脸书的主要原因的男性比率要大于或等于女性比率）

H_1：$\pi_1 < \pi_2$（把立刻和许多人分享作为使用脸书的主要原因的男性比率要小于女性比率）

在 0.05 的显著性水平下，单侧检验的右侧临界值为+1.645，从而决策准则为：

若 $Z_{STAT} < -1.645$，则拒绝 H_0；

否则，不能拒绝 H_0。

使用公式（10.5）：

$$Z_{STAT} = \frac{(p_1 - p_2) - (\pi_1 - \pi_2)}{\sqrt{\bar{p}(1-\bar{p})\left(\frac{1}{n_1} + \frac{1}{n_2}\right)}}$$

式中

$$p_1 = \frac{X_1}{n_1} = \frac{193}{459} = 0.402\,5$$

$$p_2 = \frac{X_2}{n_2} = \frac{250}{501} = 0.499\,0$$

且

$$\bar{p} = \frac{X_1 + X_2}{n_1 + n_2} = \frac{193 + 250}{459 + 501} = \frac{443}{960} = 0.461\,5$$

所以

$$Z_{STAT} = \frac{(0.402\,5 - 0.499\,0) - (0)}{\sqrt{0.461\,5(1-0.461\,5)\left(\frac{1}{459} + \frac{1}{501}\right)}}$$

$$= \frac{-0.078\,5}{\sqrt{(0.248\,5)(0.004\,2)}}$$

$$= \frac{-0.078\,5}{\sqrt{0.001\,043\,7}}$$

$$= \frac{-0.078\,5}{0.032\,2} = -2.437\,9$$

使用 0.05 的显著性水平，由于 $Z_{STAT} = -2.437\,9 < -1.645$，因此拒绝零假设。$p$ 值=0.014 8。这意味着：如果零假设成立，那么得到一个 Z_{STAT} 检验统计量比−2.437 9 小的概率是 0.014 8（低于 0.05 的显著性水平）。所以得到的结论是：有理由相信，把立刻和许多人分享作为使用脸书的主要原因的男性比率比女性比率小。

两个独立组比率差异的置信区间估计

除了进行两个独立组比率差异的假设检验，还可以使用公式（10.6）求出平均差异的置信区间估计。

两个比率差异的置信区间估计

$$(p_1 - p_2) \pm Z_{\alpha/2}\sqrt{\frac{p_1(1-p_1)}{n_1}+\frac{p_2(1-p_2)}{n_2}} \qquad (10.6)$$

或

$$(p_1 - p_2) - Z_{\alpha/2}\sqrt{\frac{p_1(1-p_1)}{n_1}+\frac{p_2(1-p_2)}{n_2}}$$
$$\leqslant (\pi_1 - \pi_2)$$
$$\leqslant (p_1 - p_2) + Z_{\alpha/2}\sqrt{\frac{p_1(1-p_1)}{n_1}+\frac{p_2(1-p_2)}{n_2}}$$

为了得到愿意再次光顾 Beachcomber 的顾客比率与愿意再次光顾 Windsurfer 的顾客比率之间总体差异 95%置信水平的置信区间，我们使用图 10－12 中的结果：

$$p_1 = \frac{X_1}{n_1} = \frac{163}{227} = 0.718\,1$$

$$p_2 = \frac{X_2}{n_2} = \frac{154}{262} = 0.587\,8$$

使用公式（10.6）：

$$(0.718\,1-0.587\,8)\pm(1.96)\sqrt{\frac{0.718\,1(1-0.718\,1)}{227}+\frac{0.587\,8(1-0.587\,8)}{262}}$$

$$0.130\,3\pm(1.96)(0.042\,6)$$

$$0.130\,3\pm0.083\,5$$

$$0.046\,8\leqslant(\pi_1-\pi_2)\leqslant0.213\,8$$

因此，有 95%的信心相信：愿意再次光顾 Beachcomber 和 Windsurfer 的顾客总体比率差异在 0.046 8～0.213 8 之间。或者用百分比表示，在 4.68%～21.38%之间。Beachcomber 的顾客满意度要高于 Windsurfer。

10.3 习题

掌握基础知识

10.27 给定 $n_1 = 100$，$X_1 = 50$；$n_2 = 100$，$X_2 = 30$。

a. 在 0.05 的显著性水平下，是否有证据表明两个样本的比率存在差异?

b. 试构建两个样本比率差异 95% 置信水平的置信区间。

10.28 给定 $n_1 = 100$，$X_1 = 45$；$n_2 = 50$，$X_2 = 25$。

a. 在 0.01 的显著性水平下，是否有证据表明两个样本的比率存在差异?

b. 试构建两个样本比率差异 99% 置信水平的置信区间。

概念应用

10.29 一项在线调查询问了 1 000 名成年人“你通过移动设备购买了什么?”结果表明，61% 的女性和39%的男性回答为服装（*Ebates. com 2014 Mobile Shopping Survey*：*Nearly Half of Americans Shop from a Mobie Device*，available at bit. ly/1hi6kyX.）。

男性和女性的样本容量没有提供。假设两个样本容量都是500人，195名男性和305名女性称通过移动设备购买服装。

a. 在0.01的显著性水平下，是否有证据表明男性和女性通过移动设备购买服装的比率存在显著性差异?

b. 计算 p 值并解释其含义。

c. 试构建男性和女性通过移动设备购买服装比率差异99%置信水平的置信区间。

d. 如果有270名男性通过移动设备购买服装，那么问题（a）～（c）的答案又是什么?

10.30　社交媒体推荐是否会增加广告的有效性? 一个关于在线视频观看者的研究比较了经由社交媒体推荐直接收看某个特定品牌广告视频者和通过网页观看同样广告视频者。所收集数据为在看过视频之后，观看者是否能够正确地回忆起做广告的品牌。结果如下：

收看方式	正确回忆了广告品牌	
	是	否
推荐	407	150
网页浏览	193	91

资料来源："Social Ad Effectiveness：An Unruly White Paper，" www. unrulymedia. com，January 2012，p. 3.

a. 建立零假设和备择假设以证明社交媒体推荐比仅靠网页浏览的品牌回忆率要高。

b. 在0.05的显著性水平下对（a）进行假设检验。

c. （b）中的结果是否能够证明社交媒体推荐比仅靠网页浏览的品牌回忆率要高?

10.31　A/B检验法是商业中经常使用的一种检验方法，用来检验不同的设计和网页页面构成，以决定一个新的网页页面是否要比现在的网页页面更有影响。网页设计者在网页上检验了一个新的行动按钮。每个网页的访问者被随机展示原来的行动按钮或者新的行动按钮。检验是否成功的方法为下载率：下载文件的人数除以看见某种特定行动按钮的人数。实验得到了以下结果：

类别	下载数量	访问数量
原来的行动按钮	351	3 642
新的行动按钮	485	3 556

a. 看见原来的行动按钮并下载文件的人数比率（下载率）是多少?

b. 看见新的行动按钮并下载文件的人数比率（下载率）是多少?

c. 在0.05的显著性水平下，是否有证据表明新的行动按钮比原来的行动按钮更有效?

10.32　消费者研究公司Scarborough分析了10%的美国成年人，他们要么是"超级存款者"，要么是"不存款者"。超级存款者被定义为生存在拥有许多金融机构的多个资产账户以及一些其他投资的家庭中的人；不存款者是那些生活在不使用银行或者信用机构的家庭中的人。通过找到超级存款者，Scarborough公司辨认出了那些善于理财的人，即能够把自己的投资组合多样化者；通过找到不存款者，Scarborough公司为银行和金融机构提供了关于最终潜在客户的洞见。作为分析的一部分，Scarborough公司报告93%的超级存款者在过去3个月中使用了信用卡，而不存款者中则是23%（bit. ly/Q1ABwO.）。假定这些结果基于1 000个超级存款者和1 000个不存款者。

a. 在0.01的显著性水平下，是否有证据表明超级存款者和不存款者信用卡的使用比率有所差异?

b. 计算 p 值并解释其含义。

c. 试构建超级存款者和不存款者信用卡使用比率差异99%置信水平的置信区间。

10.33　市场营销人员经常使用什么社交媒体工具? Social Media Examiner所做的一项关于B2B

(主要关注吸引商业机会) 和 B2C (主要关注吸引目标消费者) 市场营销人员的调查 ("2014 Social Media Marketing Industry Report," April 2014) 报告，519 位 (88%) B2B 市场营销人员和 242 位 (59%) B2C 市场营销人员主要使用领英作为社交媒体工具。这项研究也揭示了 307 位 (52%) B2B 市场营销人员和 246 位 (60%) B2C 市场营销人员主要使用 YouTube 作为社交媒体工具。假定这项调查基于 590 位 B2B 市场营销人员和 410 位 B2C 市场营销人员。

a. 在 0.05 的显著性水平下，是否有证据表明主要使用领英作为社交媒体工具的 B2B 市场营销人员和 B2C 市场营销人员在比率上存在差异?

b. 计算 p 值并解释其含义。

c. 在 0.05 的显著性水平下，是否有证据表明主要使用 YouTube 作为社交媒体工具的 B2B 市场营销人员和 B2C 市场营销人员在比率上存在差异?

10.34 同步浏览是否对消费者体验有积极的影响? 同步浏览是指拥有一个联系中心机构从而消费者可以通过网络即时共同操作在线文件或者移动应用。一个关于商业的研究表明，129 个同步浏览机构中有 81 个使用技术支持的路线来匹配呼叫者和正确的代理机构，然而 176 个非同步浏览机构中有 65 个使用技术支持的路线来匹配呼叫者和正确的代理机构 (*Cobrowsing Presents a 'Lucrative' Customer Service Opportunity*, available at bit. ly/1wwALWr.)。

a. 在 0.05 的显著性水平下，是否有证据表明同步浏览机构和非同步浏览机构之间使用技术支持的路线来匹配呼叫者和正确代理机构的比率有所差异?

b. 计算 p 值并解释其含义。

10.35 过去十年中最令人印象深刻和具有革新性的网络募捐进展之一就是众筹网站的出现。不同众筹网站的特点不同，它们都允许你基于募捐页面发起一个在线募捐活动，并直接从页面上的信用卡所有者那里接受资金。一个众筹网站 Kickstarter 报告说，355 个科技众筹项目中的 124 个在过去的一年中成功实现，873 个电影和视频众筹项目中的 349 个在过去的一年中成功实现 (kickstater. com/help/stats.)。

a. 是否有证据表明科技众筹项目与电影和视频众筹项目的成功比率存在显著差异?

b. 计算 p 值并解释其含义。

c. 构建科技众筹项目与电影和视频众筹项目成功比率差异 95%置信水平的置信区间。

10.4 两个总体方差差异的 F 检验

通常，有必要检验两个独立总体的方差是否相同。通过检验方差，你可以察觉出两个独立总体之间方差的差异。之所以要检验两个总体方差的差异，一个很重要的原因是在比较总体均值的过程中，需要知道是应该使用混合方差 t 检验 (假设方差相同)，还是应该使用不同方差 t 检验 (假设方差不同)。

对两个独立总体方差差异的检验基于两个样本方差的比例。如果假设两个总体都服从正态分布，那么比例 S_1^2/S_2^2 就服从 **F 分布** (F distribution) (见表 E.5)。表 E.5 中，F 分布的临界值依赖两组自由度。分子上的自由度属于第一个样本，分母上的自由度属于第二个样本。从第一个总体中抽取的第一组样本被定义为具有较大方差的样本；从第二个总体中抽取的第二组样本被定义为具有较小方差的样本。公式 (10.7) 给出了**检验两个方差比例的 F 检验统计量** (F test for the ratio of two variances)。

检验两个方差比例的 F 检验统计量

F_{STAT} 检验统计量等于样本 1 的方差 (较大样本方差) 除以样本 2 的方差 (较小样本方差)。

$$F_{STAT}=\frac{S_1^2}{S_2^2} \tag{10.7}$$

式中

S_1^2＝样本1的方差（较大样本方差）

S_2^2＝样本2的方差（较小样本方差）

n_1＝来自总体1的样本容量

n_2＝来自总体2的样本容量

n_1-1＝来自样本1的自由度（即分子自由度）

n_2-2＝来自样本2的自由度（即分母自由度）

F_{STAT}检验统计量服从自由度为n_1-1和n_2-1的F分布。

给定显著性水平，检验的零假设为两个总体的方差相等：

$H_0: \sigma_1^2=\sigma_2^2$

对应的备择假设为两个总体的方差不相等：

$H_1: \sigma_1^2\neq\sigma_2^2$

如果计算所得的F_{STAT}检验统计量大于F分布的右侧临界值$F_{\alpha/2}$（这个分布拥有来自样本1的n_1-1的分子自由度和来自样本2的n_2-1的分母自由度），那么就拒绝零假设。因此，决策准则为：

若$F_{STAT}>F_{\alpha/2}$，则拒绝H_0；

否则，不能拒绝H_0。

为了演示如何使用F检验来判断两个方差的相等性，回到关于North Fork新可乐在两个不同端架的销售情况的情景中。为了决定是使用10.1节所介绍过的混合方差t检验，还是不同方差t检验，你可以检验两个总体方差是否相等。零假设和备择假设分别为：

$H_0: \sigma_1^2=\sigma_2^2$

$H_1: \sigma_1^2\neq\sigma_2^2$

因为此前定义了样本1为具有较大方差的样本，所以F分布右侧的拒绝域包含的概率为$\alpha/2$。若将显著性水平定为$\alpha=0.05$，则F分布右侧的拒绝域包含整个概率分布的0.025。

因为每一种端架摆放方式都有10家商店作为样本，分子（较大方差的样本）和分母（较小方差的样本）的自由度都是10－1＝9，可以直接从表E.5查到F分布的右侧临界值$F_{\alpha/2}$。表E.5的一部分如表10－6所示。由于分子自由度和分母自由度都是9，可以通过查看第一自由度为9的列和第二自由度为9的行来找到$F_{\alpha/2}$。这样，F分布的临界值就是4.03。因此，决策准则为：

若$F_{STAT}>F_{0.025}=4.03$，则拒绝H_0；

否则，不能拒绝H_0。

根据新可乐销售量数据（见表10－1），使用公式（10.7），计算得到F检验统计量为：

$S_1^2=(18.726\,4)^2=350.677\,8$

$S_2^2=(12.543\,3)^2=157.333\,3$

表 10-6　确定右尾 F 检验的临界值，自由度为 9，9，显著性水平为 0.025

自由度 2	累积概率＝0.975 右尾面积＝0.025 自由度 1						
	1	2	3	…	7	8	9
1	647.80	799.50	864.20	…	948.20	956.70	963.30
2	38.51	39.00	39.17	…	39.36	39.37	39.39
3	17.44	16.04	15.44	…	14.62	14.54	14.47
⋮	⋮	⋮	⋮	⋮	⋮	⋮	⋮
7	8.07	6.54	5.89	…	4.99	4.90	4.82
8	7.57	6.06	5.42	…	4.53	4.43	4.36
9	7.21	5.71	5.08	…	4.20	4.10	4.03

资料来源：Extracted from Table E. 5.

$$F=\frac{S_1^2}{S_2^2}=\frac{350.6778}{157.3333}=2.2289$$

由于 $F_{STAT}=2.2289<4.03$，因此不能拒绝 H_0。图 10-13 展示的单侧检验结果的 p 值＝0.248 2。因为 0.248 2＞0.05，可以得出结论：对于两个端架来说，新可乐销售量的方差不存在显著差异。

在使用 F 检验统计量检验方差差异时，要假设每个总体都服从正态分布。F 检验对此假设十分敏感。如果箱形图或者正态概率图显示一个总体即使只在一定程度上偏离正态分布，也不能使用 F 检验。这时，你需要使用 Levene 检验（见 10.5 节）或者非参数方法（见参考文献 1 和 2）。

作为判断混合方差检验有效性过程的一部分，在对方差相等性进行检验时，F 检验是双侧检验，$\alpha/2$ 在右侧。但是，如果你的兴趣集中于方差本身，F 检验通常是单侧检验。例 10.4 演示了单侧检验的使用方法。

	A	B	
1	F Test for Differences in Two Variances		
2			
3	Data		
4	Level of Significance	0.05	
5	Larger-Variance Sample		
6	Sample Size	10	=COUNT(DATACOPY!$A:$A)
7	Sample Variance	350.6778	=VAR.S(DATACOPY!$A:$A)
8	Smaller-Variance Sample		
9	Sample Size	10	=COUNT(DATACOPY!$B:$B)
10	Sample Variance	157.3333	=VAR.S(DATACOPY!$B:$B)
11			
12	Intermediate Calculations		
13	F Test Statistic	2.2289	=B7/B10
14	Population 1 Sample Degrees of Freedom	9	=B6 - 1
15	Population 2 Sample Degrees of Freedom	9	=B9 - 1
16			
17	Two-Tail Test		
18	Upper Critical Value	4.0260	=F.INV.RT(B4/2, B14, B15)
19	p-Value	0.2482	=2 * F.DIST.RT(B13, B14, B15)
20	Do not reject the null hypothesis		=IF(B19 < B4, "Reject the null hypothesis", "Do not reject the null hypothesis")

```
Alternative hypothesis  Sigma(Beverage) / Sigma(Produce) not = 1
Significance level      Alpha = 0.05

Statistics
Variable   N   StDev  Variance
Beverage  10  18.726   350.678
Produce   10  12.543   157.333

Ratio of standard deviations = 1.493
Ratio of variances = 2.229

95% Confidence Intervals
                                   CI for
Distribution   CI for StDev      Variance
of Data            Ratio           Ratio
Normal         (0.744, 2.996)  (0.554, 8.973)
Continuous     (0.664, 3.082)  (0.441, 9.497)

Tests
                                              Test
Method                           DF1  DF2  Statistic  P-Value
F Test (normal)                    9    9       2.23    0.248
Levene's Test (any continuous)     1   18       1.27    0.275
```

图 10-13　两个端架销售数据 F 检验的 Excel 和 Minitab 结果

例 10.4

两个总体方差差异的单侧检验

在快餐连锁店的经营管理中，顾客等待时间是一项重要的问题。管理者不仅想使平均等待时间最小化，也想缩小顾客与顾客之间等待时间的方差。一家快餐连锁店在它的一家门店中进行了一项研究来测算午餐和早餐的等待时间（定义为从完成点单到递送给顾客的分钟数）的方差，结果如下：

午餐：

$n_1=25$

$S_1^2=4.4$

早餐：

$n_2=21$

$S_2^2=1.9$

在 0.05 的显著性水平下，是否有足够的证据表明午餐等待时间的方差要大于早餐等待时间的方差？假设等待时间在总体上服从正态分布。

解答 零假设和备择假设如下：

$H_0: \sigma_L^2 \leqslant \sigma_B^2$

$H_1: \sigma_L^2 > \sigma_B^2$

根据公式（10.7）对 F 检验统计量的定义：

$$F_{STAT}=\frac{S_1^2}{S_2^2}$$

使用表 E.5 查找 F 分布的右侧临界值。因为分子自由度为 $n_1-1=25-1=24$，分母自由度为 $n_2-1=21-1=20$，给定显著性水平 $\alpha=0.05$，所以右侧临界值 $F_{0.05}$ 为 2.08。

决策准则为：

若 $F_{STAT}>2.08$，则拒绝 H_0；

否则，不能拒绝 H_0。

应用公式（10.7），根据门店测算数据得到 F_{STAT} 检验统计量为：

$$F_{STAT}=\frac{S_1^2}{S_2^2}=\frac{4.4}{1.9}=2.315\ 8$$

由于 $F_{STAT}=2.315\ 8>2.08$，因此拒绝零假设。在 0.05 的显著性水平下，可以得出结论：有充分证据表明午餐等待时间的方差要大于早餐等待时间的方差。

10.4 习题

掌握基础知识

10.36 在下列双侧检验中，分别确定 F 检验的右侧临界值：

a. $\alpha=0.10$，$n_1=16$，$n_2=21$。

b. $\alpha=0.05$，$n_1=16$，$n_2=21$。

c. $\alpha=0.01$，$n_1=16$，$n_2=21$。

10.37 在下列单侧检验中，分别确定 F 检验的右侧临界值：

a. $\alpha=0.05$，$n_1=16$，$n_2=21$。

b. $\alpha=0.01$，$n_1=16$，$n_2=21$。

10.38 以下两个样本数据来自两个独立的正态分布总体：

总体 A：$n_1=25$，$S_1^2=16$

总体 B：$n_2=25$，$S_2^2=25$

a. 你选择放在 F_{STAT} 分子部分的方差是多少？

b. F_{STAT} 为多少？

10.39 以下两个样本数据来自两个独立的正态分布总体：

总体 A：$n_1=25$，$S_1^2=161.9$

总体 B：$n_2=25$，$S_2^2=133.7$

如果要检验零假设 $H_0: \sigma_1^2=\sigma_2^2$，$F_{STAT}$ 为多少？

10.40 在习题 10.39 中，F 检验分子和分母的自由度为多少？

10.41 在习题 10.39 和 10.40 中，如果显著性水平为 0.05，备择假设为 $H_1: \sigma_1^2 \neq \sigma_2^2$，那么根据表 E.5，$F$ 检验的右侧临界值是多少？

10.42 在习题 10.39 到 10.41 中，你的统计决策是什么？

10.43 以下两个样本数据来自两个独立但分布严重右偏的总体：

总体 A：$n_1=16$，$S_1^2=47.3$

总体 B：$n_2=13$，$S_2^2=36.4$

你能否使用 F 检验来检验零假设？阐述理由。

10.44 在习题 10.43 中，如果假设样本来自两个独立正态分布总体。

a. 在 0.05 的显著性水平下，是否有证据说明 σ_1^2 与 σ_2^2 不同？

b. 如果假设你希望进行单侧假设检验。在 0.05 的显著性水平下，检验 $\sigma_1^2 > \sigma_2^2$ 的 F 检验的右侧临界值是多少？统计结论是什么？

概念应用

10.45 电话线出现故障会阻碍客户打电话或者接电话，这个问题困扰着客户，同样困扰着电话公司。文件 Phone 中包含 20 个报送给电话公司两个不同办事处的电话故障，以及排除这些故障所消耗的时间（分钟）。

a. 在 0.05 的显著性水平下，是否有证据表明两个办事处解决问题时间的方差有所差异？

b. 计算 p 值并解释其含义。

c. 为了使用 F 检验，必须对（a）中的两个总体作出什么假设？

d. 基于（a）和（b）中的结果，你应该使用 10.1 节中的哪种 t 检验来比较两个办事处解决问题的平均时间？

10.46 *Accounting Today* 找出了美国 10 个地理区域中最顶尖的会计师事务所。所有 10 个区域在 2013 年都报告了增长。东南部区域和海湾沿岸区域分别报告了 4.7%和 13.86%的增长率。在这 2 个区域一项关于会计师事务所的指标是合伙人的数量。文件 AccountingPartners2 中包含合伙人数量的数据（bit.ly/ODuzd3.）。

a. 在 0.05 的显著性水平下，是否有证据表明东南部区域和海湾沿岸区域在会计师事务所合伙人数量的方差上有明显的差异？

b. 计算 p 值并解释其含义。

c. 为了使用 F 检验，关于两个总体你需要做什么假设？

d. 在（a）和（b）的基础上，你应该选择 10.1 节中介绍的何种 t 检验来检验东南部区域和海湾沿岸区域会计师事务所合伙人数量的均值是否存在差异。

10.47 一家位于城市商务区的银行支行开发了一套能够改进中午到下午1点之间午饭时间客户服务过程的系统。等待时间（被定义为客户进入银行排队到他到达服务窗口的时间）需要缩短以提升客户满意度。随机抽取了15个客户（数据存储在文件Bank1中），结果（分钟）如下所示：

4.21 5.55 3.02 5.13 4.77 2.34 3.54 3.20
4.50 6.10 0.38 5.12 6.46 6.19 3.79

假设另一家位于住宿区的支行也在考虑同样一种系统。15个随机抽取的客户（数据存储在文件Bank2中）结果如下所示：

9.66 5.90 8.02 5.79 8.73 3.82 8.01 8.35
10.49 6.68 5.64 4.08 6.17 9.91 5.47

a. 在0.05的显著性水平下，是否有证据表明两家支行等待时间的方差存在差异?

b. 计算 p 值并解释其含义。

c. 为了能够正确使用 F 检验，需要对总体样本做出何种假设？在以上的数据下该假设是否得到满足?

d. 基于（a）中的结果，对比两家支行均值时使用混合方差 t 检验是否合适?

10.48 平板电脑的一项重要指标是电池使用时间，即电池需要再充电前的小时数。文件Tablets中包含12个仅可使用WiFi的平板电脑数据和7个可使用3G/4G/WiFi的12英寸平板电脑数据（"Rating and recommendations：Tablets，" Consumers Reports，August 2013，p. 24.）。

a. 在0.05的显著性水平下，是否有证据表明两种不同类型平板电脑电池使用时间的方差存在差异?

b. 计算 p 值并解释其含义。

c. 为了能够正确使用 F 检验，需要对总体样本做出何种假设？在以上的数据下该假设是否得到满足?

d. 基于（a）中的结果，你应该选择10.1节中介绍的何种 t 检验来检验两种平板电脑电池使用时间均值是否存在差异?

10.49 益百利市场服务报告，典型的美国人每天花费144分钟（2.4小时）通过移动设备上网（The 2014 Digital Marketer，ex. pn/1kXJjfX.）。你想知道男性和女性每天通过移动设备上网花费的时间是否有差别。

你选择了一个包含60个家人和朋友（30名男性和30名女性）的样本，收集了他们每天通过移动设备上网时间（分钟），数据存储在文件InternetMobileTime2中。

a. 在0.05的显著性水平下，是否有证据表明男性和女性每天通过移动设备上网时间的方差有差别?

b. 基于（a）中的结果，你应该选择10.1节中介绍的何种 t 检验来比较男性和女性的均值？说明理由。

10.50 不同城市之间5年期定期存款收益的方差是否有差别？文件FiveYearCDRate中包含纽约10家银行和洛杉矶8家银行在2014年4月19日的5年期定期存款收益（www.Bankrate.com，April 19，2014.）。在0.05的显著性水平下，假设收益率总体服从正态分布，是否有证据表明两个城市之间5年期定期存款收益的方差存在差异?

10.5 单因素方差分析

在10.1～10.4节，假设检验方法被用来对两个总体的参数之间可能出现的差异进行判断。**方差分析**（analysis of variance，ANOVA）是在多个总体或者**组**（group）

之间进行比较的方法。与我们此前讨论的假设检验方法不同，在方差分析中，从每个组中选取样本来检验两个或更多组中差异的影响。分组的条件被称为**因素**（factor），有时也称兴趣因素。构成因素的不同**水平**（level）类似于属性变量下包括的类别。

在最简单的**单因素方差分析**（one-way ANOVA，又称为完全随机设计）中，只检验一种因素，构成因素的不同水平成为变量分组的基础。单因素方差分析是一个包括两部分的过程。首先确定各组平均值之间是否有显著差异。如果拒绝了零假设代表的各组平均值之间没有差别，那么再以第二种方法继续寻找哪些组的平均值明显不同于其他组的平均值。

在单因素方差分析中，你将总方差**划分**（partition）为两部分：组间差异引起的离差、组内内在不一致性引起的离差（见图 10－14）。**组内离差**（within-group variation）衡量了随机误差，而**组间离差**（among-group variation）衡量了组与组之间的差别。符号 n 代表了所有组中观测值的数量，c 表示组数。

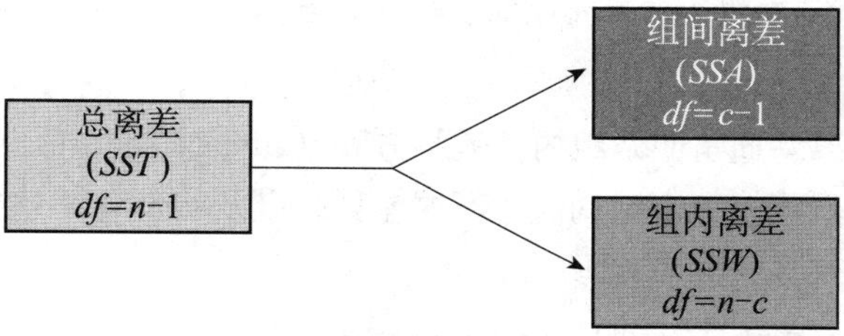

图 10－14 在完全随机化的设计中分解总离差

假设 c 个组的数据来自随机独立抽取的总体，这些总体服从正态分布，具有相同的方差，那么，所要检验的表示总体间不存在差异的零假设为：

$$H_0: \mu_1 = \mu_2 = \cdots = \mu_c$$

备择假设为并非 c 个总体的均值都相等：

$$H_1: \text{并非所有的 } \mu_j \text{ 都相等} (j = 1, 2, \cdots, c)$$

备择假设也可以表述为“至少一个总体均值与其他总体均值不等”。

为了对总体均值是否相等进行方差分析检验，数据的总方差被进一步分为两个部分：组间差异引起的离差和组内内在不一致性引起的离差。**总离差**（total variation）用**离差平方和**（sum of squares total，SST）表示。因为在零假设下，c 个组的总体均值假设相等，可以先求出单个观测值与所有各组观测值的**总平均值**（grand mean）$\overline{\overline{X}}$ 之间的差异，然后对其平方求和，从而得到所有观测的总离差。总平均值是在所有组结合之后全部值的均值。公式（10.8）给出了总离差的算法。

单因素方差分析中的总离差

$$SST = \sum_{j=1}^{c} \sum_{i=1}^{n_j} (X_{ij} - \overline{\overline{X}})^2 \tag{10.8}$$

式中

$$\overline{\overline{X}} = \text{总平均值} = \frac{\sum_{j=1}^{c} \sum_{i=1}^{n_j} X_{ij}}{n}$$

X_{ij} ＝组 j 的第 i 个观测值

n_j＝组 j 的观测值总数

n＝各组观测值总数之和（即 $n=n_1+n_2+\cdots+n_c$）

c＝需要比较的组数

组间离差通常叫做**组间离差平方和**（sum of squares among groups，SSA）。先求出每一个组的样本均值 $\overline{X}_j$ 与总平均值 $\overline{\overline{X}}$ 之间的差异，然后以每一组的样本容量 n_j 为权重将其平方加总，就得到了组间离差。组间离差可以用公式（10.9）计算。

单因素方差分析中的组间离差

$$SSA = \sum_{i=l}^{c} n_j(\overline{X}_j - \overline{\overline{X}})^2 \tag{10.9}$$

式中

c＝需要比较的组数

n_j＝组 j 的观测值总数

$\overline{X}_j$ ＝组 j 的样本均值

$\overline{\overline{X}}$ ＝总平均值

组内离差通常叫做**组内离差平方和**（sum of squares within groups，SSW）。它度量了每一观测值与本组均值之间的差异，以及所有各组这些差异的平方和。组内离差可以用公式（10.10）计算。

单因素方差分析中的组内离差

$$SSW = \sum_{j=1}^{c} \sum_{i=1}^{n_j} (X_{ij} - \overline{X}_j)^2 \tag{10.10}$$

式中

X_{ij}＝组 j 的第 i 个观测值

$\overline{X}_j$ ＝组 j 的样本均值

因为因素的 c 个水平被加以比较，所以组间离差平方和有 $c-1$ 个自由度。因为 c 个水平中每一级有 n_j-1 个自由度，所以与组内离差平方和相关的自由度为 $n-c$。此外，与总离差平方和相关的自由度为 $n-1$，这是因为基于 n 个值对每一个观测值 X_{ij} 都与所有观测值的总平均值 $\overline{\overline{X}}$ 加以比较。

如果你将这些平方和中的每一个除以它们各自的自由度，便可以得到三个方差，如公式（10.11）所示。在单因素方差分析中，这三个方差都被称为**均方差**（mean square），分别被定义为组间均方（MSA）、组内均方（MSW）、总均方（MST）。

单因素方差分析中的均方

$$MSA = \frac{SSA}{c-1} \tag{10.11a}$$

$$MSW = \frac{SSW}{n-c} \tag{10.11b}$$

$$MST = \frac{SST}{n-1} \tag{10.11c}$$

多个均值差异的 F 检验

为了确定组间均值是否有显著差异，使用 F 检验来比较两个以上均值之间的差异。如果零假设为真，c 个组的均值无差异，那么 MSA，MSW 及 MST 这三个均方项就是对数据内在总体方差的估计。因此，需要检验零假设：

$$H_0: \mu_1 = \mu_2 = \cdots = \mu_c$$

备择假设为：

H_1：并非所有的 μ_j 都相等（$j = 1, 2, \cdots, c$）

F_{STAT} 检验统计量可由组间均方与组内均方的比例计算而得，如公式（10.12）所示。

单因素方差分析的 F_{STAT} 检验统计量

$$F_{STAT} = \frac{MSA}{MSW} \qquad (10.12)$$

F_{STAT} 检验统计量服从 F 分布，自由度 $c-1$ 对应于分子，自由度 $n-c$ 对应于分母。

检验统计量比较了均方差，因为单因素方差检验通过方差对比得出关于 c 组均值之间是否存在差异的结论。对于给定的显著性水平 α，如果由公式（10.12）计算得到的 F_{STAT} 大于 F 分布（分子自由度为 $c-1$，分母自由度为 $n-c$）的右侧临界值 F_α（见表 E.5），则拒绝零假设。这样，如图 10-15 所示，其决策准则为：

若 $F_{STAT} > F_\alpha$，则拒绝 H_0；

否则，不能拒绝 H_0。

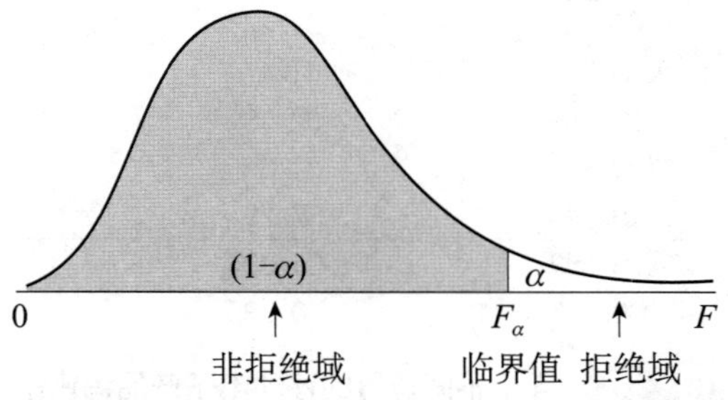

图 10-15　用方差分析检验的拒绝域和非拒绝域

如果零假设为真，F_{STAT} 有望接近 1，这是因为分子和分母上的均方项都是对总体的内在变异的估计。若 H_0 不为真（即均值间实际存在差异），F_{STAT} 有望比 1 大很多，因为分子除了估计内在变异，还估计组间变异（或处理效应），而分母仅度量内在变异。因此，在方差分析过程所提供的 F 检验中，选定显著性水平 α，只有当 F_{STAT} 检验统计量大于 F 分布（分子自由度为 $c-1$，分母自由度为 $n-c$）的右侧临界值 F_α 时，才能拒绝零假设。

方差分析的结果通常用**方差分析总结表**（ANOVA summary table）来概括总结。这种表的格式如表 10-7 所示。表中的项目包括变异来源（如组间、组内及总体）、自由度、平方和、均方（即方差）以及 F_{STAT} 检验统计量。有时总结表中还包括 p 值（当零假设为真时，F_{STAT} 检验统计量大于或等于该值的概率）。如果有了 p 值，不用查 F 分布的临界值也可以对假设检验的结论作出判断。若 p 值小于所选取的显著性水平 α，则拒绝零假设。

表 10-7 方差分析总结表

变异来源	自由度	平方和	均方（方差）	F
组间	$c-1$	SSA	$MSA=\dfrac{SSA}{c-1}$	$F_{STAT}=\dfrac{MSA}{MSW}$
组内	$n-c$	SSW	$MSW=\dfrac{SSW}{n-c}$	
总体	$n-1$	SST		

为了说明单因素方差 F 检验，假定你是一家百货商店的经理，正在寻找增加移动电子产品销售量的方法。你想出了一个实验来比较现在位置通道 5（中间）的销售量和其他 3 个地点的销售量，这 3 个地点分别是：商店前面接近每周特别商品的位置（前部），通道末尾显示资讯亭的位置（端架），或者邻近专家柜台，即雇用接受特殊训练的销售人员的柜台（专家）。你决定进行一个单因素方差分析，中间、前面、端架和专家位置就是商店内位置因素的不同分组。

为了检验这 4 个地点的相对有效性，你在 20 个同样规模的有相似店内销售量的商店中进行了一次为期 60 天的实验。对于中间、前部、端架和专家 4 个位置，你均随机安排了 5 家商店。在实验的结尾，你分组统计了移动电子产品的销售数据并将数据以分（组）设变量的形式存储在文件 Mobile Electronics 中。图 10-16 展示了没有累加的数据以及每组的样本均值和样本标准差（千美元）。

	中间	前部	端架	专家
	30.06	32.22	30.78	30.33
	29.96	31.47	30.91	30.29
	30.19	32.13	30.79	30.25
	29.96	31.86	30.95	30.25
	29.74	32.29	31.13	30.55
样本均值	29.982	31.994	30.912	30.334
样本标准差	0.165	0.335	0.143	0.125

图 10-16 4 个不同位置的移动电子产品销售量、样本均值和样本标准差

图 10-16 展现了 4 个不同位置的移动电子产品销售量样本均值之间的差异。对于中间，平均销售量是 29 982 美元，其他 3 个新位置的销售量分别是：专家 30 334 美元；端架 30 912 美元；前部 31 994 美元。

4 个不同位置移动电子产品销售量的差异也可以直观地展示出来。在图 10-17 中，Minitab 均值图展现了 4 个样本均值并用直线将样本均值连接起来。在同一个图中，Excel 散点图展现了每组中每个商店的移动电子产品销售量，这样我们既能观察每个位置内部的差别，又能观察 4 个位置之间的差别。（在这个例子中，因为每组内部的差别微小，所以每组的几个点发生了重叠和模糊。）

我们已经发现 4 个样本均值看起来不同，可以使用 F 检验来检验 2 个以上均值之间的差异，来判断这些样本均值是否存在足够的差异从而得到样本均值不相等的结论。零假设为，商店内 4 个位置之间的平均销售量无差异：

$$H_0: \mu_1=\mu_2=\mu_3=\mu_4$$

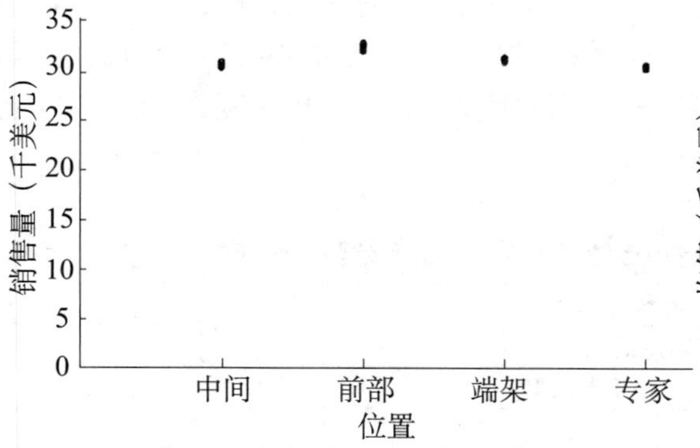

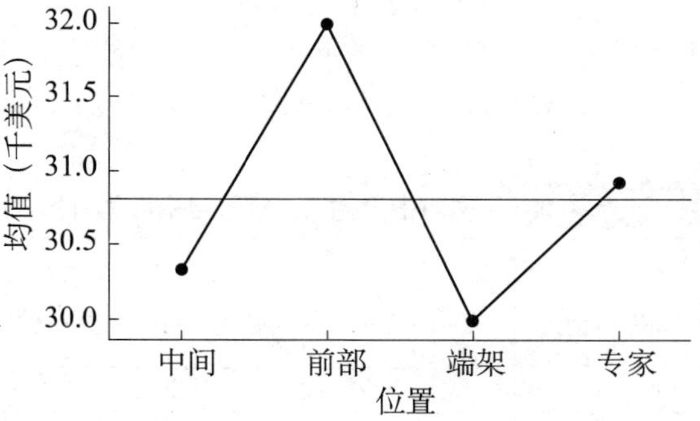

图 10-17 商店中 4 个位置移动电子产品销售量的 Excel 散点图和 Minitab 均值图

备择假设为至少有一个位置的平均销售量与其他位置不同：

H_1：并非所有的均值都相等

要得出方差分析总结表，首先要计算每组的样本均值（见图 10-16），然后加总所有 20 个观测值并除以观测值的数量，从而得到总平均值：

$$\overline{\overline{X}} = \frac{\sum_{j=1}^{c}\sum_{i=1}^{n_j} X_{ij}}{n} = \frac{616.12}{20} = 30.806$$

然后，使用公式（10.9）至（10.11）得到平方和：

$$\begin{aligned} SSA &= \sum_{j=1}^{c} n_j\,(\overline{X}_j - \overline{\overline{X}})^2 = (5)\,(29.982-30.806)^2 + (5)\,(31.994-30.806)^2 \\ &\quad + (5)(30.912-30.806)^2 + (5)\,(30.334-30.806)^2 \\ &= 11.6217 \end{aligned}$$

$$\begin{aligned} SSW &= \sum_{j=1}^{c}\sum_{i=1}^{n_j} (X_{ij} - \overline{X}_j)^2 \\ &= (30.06-29.982)^2 + \cdots + (29.74-29.982)^2 + (32.22-31.994)^2 \\ &\quad + \cdots + (32.29-31.994)^2 + (30.78-30.912)^2 + \cdots \\ &\quad + (31.13-30.912)^2 + (30.33-30.334)^2 + \cdots + (30.55-30.334)^2 \\ &= 0.7026 \end{aligned}$$

$$\begin{aligned} SST &= \sum_{j=1}^{c}\sum_{i=1}^{n_j} (X_{ij} - \overline{\overline{X}})^2 \\ &= (30.06-30.806)^2 + (29.96-30.806)^2 + \cdots + (30.55-30.806)^2 \\ &= 12.3243 \end{aligned}$$

将这些平方和除以相应的自由度就得到各自的均方项（见公式（10.11））。因为 $c=4$，$n=20$，所以

$$MSA = \frac{SSA}{c-1} = \frac{11.6217}{4-1} = 3.8739$$

$$MSW = \frac{SSW}{n-c} = \frac{0.7026}{20-4} = 0.0439$$

从而运用公式（10.12）来检验 H_0：

$$F_{STAT} = \frac{MSA}{MSW} = \frac{3.8739}{0.0439} = 88.2186$$

你想确定是否 MSA 大于 MSW，只有当 F_{STAT} 大于 F 检验的右侧临界值时才能拒绝 H_0。对于选定的显著性水平 α，可以从表 E. 5 中得到相应的右侧临界值 F_α，如表 10－8 所示。在商店销售位置的实验中，分子自由度为 3，分母自由度为 16。0. 05 显著性水平下的右侧临界值是 3. 24。

表 10－8　分子自由度为 3，分母自由度为 16，在 0. 05 的显著性水平下 F 检验的临界值

分母自由度	累积概率＝0. 95								
	右尾面积＝0. 005								
	分子自由度								
	1	2	3	4…	5	6	7	8	9
⋮	⋮	⋮	⋮	⋮	⋮	⋮	⋮	⋮	⋮
11	4. 84	3. 98	3. 59	3. 36	3. 20	3. 09	3. 01	2. 95	2. 90
12	4. 75	3. 89	3. 49	3. 26	3. 11	3. 00	2. 91	2. 85	2. 80
13	4. 67	3. 81	3. 41	3. 18	3. 03	2. 92	2. 83	2. 77	2. 71
14	4. 60	3. 74	3. 34	3. 11	2. 96	2. 85	2. 76	2. 70	2. 65
15	4. 54	3. 68	3. 29	3. 06	2. 90	2. 79	2. 71	2. 64	2. 59
16	4. 49	3. 63	3. 24	3. 01	2. 85	2. 74	2. 66	2. 59	2. 54

资料来源：Extracted from Table E. 5.

计算所得的 $F_{STAT}=88.2186$，大于 $F_\alpha=3.24$，因此拒绝零假设（见图 10－18）。可以得出结论：有理由相信商店 4 个位置的销售量均值有显著差异。

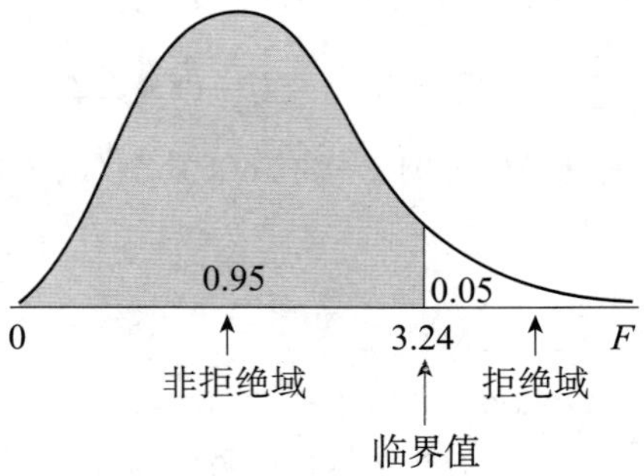

图 10－18　单因素方差分析的拒绝域和非拒绝域（显著性水平为 0. 05，自由度为 3，16）

图 10－19 展示了商店内不同位置销售量实验的方差分析结果，包括 p 值。此前表 10－7 中所用的行名称“组间”在图 10－19 的 Excel 结果中用“Between Groups”表示，Minitab 结果中用“Factor”表示。此前表 10－7 中所用的行名称“组内”在 Excel 结果中用“Within Groups”表示，Minitab 结果中用“Error”表示。

注意 p 值，即零假设为真时，得到 F_{STAT} 检验统计量等于或大于 88. 218 6 的概率为 0. 000 0。这一 p 值小于特定的 α 值 0. 05，所以拒绝零假设。此外，0. 000 0 的 p 值意味着：如果对 4 个不同的位置而言总体均值相等，那么有 0. 00％的可能性观测到等于或大于 0. 05 的差异。在进行完单因素方差分析，发现不同位置之间存在显著差异之后，还不知道哪些位置与众不同。你所知道的仅仅是：有足够的理由相信并非所有的均值都相等。换句话说，至少有一个或某些均值的组合有显著差异。在继续下去以确定哪个位置与众不同之前，你要先检查方差分析的假设是否成立。

	A	B	C	D	E	F	G
1	One-Way ANOVA (ANOVA: Single Factor)						
2							
3	SUMMARY						
4	Groups	Count	Sum	Average	Variance		
5	In-aisle	5	149.91	29.982	0.02722		
6	Front	5	159.97	31.994	0.11243		
7	Kiosk	5	154.56	30.912	0.02032		
8	Expert	5	151.67	30.334	0.01568		
9							
10							
11	ANOVA						
12	Source of Variation	SS	df	MS	F	P-value	F crit
13	Between Groups	11.6217	3	3.8739	88.2186	0.0000	3.2389
14	Within Groups	0.7026	16	0.0439			
15							
16	Total	12.3243	19				
17					Level of significance		0.05

One-way ANOVA: In-aisle, Front, Kiosk, Expert

```
Source  DF       SS      MS      F      P
Factor   3  11.6217  3.8739  88.22  0.000
Error   16   0.7026  0.0439
Total   19  12.3243

S = 0.2096   R-Sq = 94.30%   R-Sq(adj) = 93.23%

                               Individual 95% CIs For Mean Based on
                               Pooled StDev
Level     N    Mean  StDev  -----+---------+---------+---------+---
In-aisle  5  29.982  0.165  (--*--)
Front     5  31.994  0.335                              (--*--)
Kiosk     5  30.912  0.143                 (--*-)
Expert    5  30.334  0.125       (-*--)
                            -----+---------+---------+---------+---
                               30.10     30.80     31.50     32.20

Pooled StDev = 0.210
```

图 10-19 商店内不同位置销售量实验方差分析的 Excel 和 Minitab 结果

单因素方差分析 F 检验的假设条件

要使用单因素方差分析 F 检验，你必须对所要考察的数据作出三个假设：

- 样本选择的**随机性与独立性**（randomness and independence）。
- 样本来源的 c 个组的**正态性**（normality）。
- **同方差**（homegeneity of variance）（c 个组的方差相同）。

最重要的是第一个假设。一切实验的有效性都依赖于随机抽样或随机化过程。为了避免结果偏移，你需要从 c 个组中选取随机样本，或者使用随机化过程来将研究项目或对象随机分配给有关因素的 c 个水平。选择随机样本或者随机分配水平保证了每一组中的观测值是独立于实验中其他任何观测值的。如果这些假设不能得到满足，那么方差分析的结果将受到严重影响。参考文献 3 和 10 详细讨论了这些问题。

至于第二个假设正态性，单因素方差分析 F 检验对与正态分布的偏离相当稳健。只要分布与正态分布不相差太远，方差分析 F 检验的显著程度一般不会受到很大影响，对大样本更是如此。你可以通过建立正态概率图或者箱形图来评估 c 个样本中每一个是否正态。

至于第三个假设同方差，如果每组中都有相同大小的样本容量，在 F 分布基础上的推断就不会被异方差问题严重影响。但是，如果不同组的样本容量不相等，组间异方差将会严重影响方差分析方法做出的推断。因此，应该尽可能使所有各组的样本容量都相等。你可以使用下面要讨论的同方差 Levene 检验来检验 c 个组的方差是否相等。

如果只有正态性假设没有满足，可以使用 Kruskal-Wallis 秩序检验（非参数过程，见参考文献 1 和 2）；如果只有同方差假设不能得到满足，那么可以使用与 10.1 节中不同方差 t 检验相似的方法（见参考文献 1 和 2）。但是，如果正态性假设和同方差假设都不能得到满足，可以对数据进行适当转换来减少方差的差异（见参考文献 10），或者使用一种更加通用的非参数过程（见参考文献 1）。

同方差 Levene 检验

尽管单因素方差分析 F 检验对同方差假设具有一定的稳健性，但组内方差如果很大，仍然会严重影响显著性水平，造成 F 检验统计检验能力的下降。修正的 **Levene 检验**（Levene test）操作过程简单，在同方差假设的检验中具有较强的检验能力（见参考文献 5)。为了检验同方差假设，零假设为：

$$H_0: \sigma_1^2 = \sigma_2^2 = \cdots = \sigma_c^2$$

备择假设为：

$$H_1: 并非所有的\sigma_j^2 都相同(j = 1, 2, 3, \cdots, c)$$

为了检验零假设是否成立，首先计算每个值与组内中位数的绝对差，然后对这些绝对差使用单因素方差分析。绝大多数统计学家建议设显著性水平为 $\alpha=0.05$。为了演示如何使用修正的 Levene 检验，回到图 10-16 的数据和店内不同位置销售量的统计概括总结。表 10-9 概括了每个位置销售量与中位数之间的绝对差。

表 10-9　4 个位置销售量与中位数之间的绝对差

中间（中位数=29.96）	前部（中位数=32.13）	端架 中位数=30.91）	专家（中位数=30.29）
|30.06−29.96|=0.10	|32.22−32.13|=0.09	|30.78−30.91|=0.13	|30.33−30.29|=0.04
|29.96−29.96|=0.00	|31.47−32.13|=0.66	|30.91−30.91|=0.00	|30.29−30.29|=0.00
|30.19−29.96|=0.23	|32.13−32.13|=0.00	|30.79−30.91|=0.12	|30.25−30.29|=0.04
|29.96−29.96|=0.00	|31.86−32.13|=0.27	|30.95−30.91|=0.04	|30.25−30.29|=0.04
|29.74−29.96|=0.22	|32.29−32.13|=0.16	|31.13−30.91|=0.22	|30.55−30.29|=0.26

使用表 10-9 中给出的绝对差，进行单因素方差分析（见图 10-20）。

	A	B	C	D	E	F	G
1	ANOVA: Levene Test						
2							
3	SUMMARY						
4	Groups	Count	Sum	Average	Variance		
5	In-aisle	5	0.55	0.11	0.0127		
6	Front	5	1.18	0.236	0.06593		
7	Kiosk	5	0.51	0.102	0.00732		
8	Expert	5	0.38	0.076	0.01088		
9							
10							
11	ANOVA						
12	Source of Variation	SS	df	MS	F	P-value	F crit
13	Between Groups	0.07666	3	0.0256	1.0556	0.3953	3.2389
14	Within Groups	0.38732	16	0.0242			
15							
16	Total	0.46398	19				
17					Level of significance		0.05

Test for Equal Variances: Sales versus Location

```
Levene's Test (Any Continuous Distribution)
Test statistic = 1.06, p-value = 0.395
```

图 10-20　店内不同位置销售量实验绝对差 Levene 检验的 Excel 和 Minitab 结果

从图 10-20 中可以看到，$F_{STAT}=1.055\,6$（Excel 结果中标记成"F"，Minitab 结果中标记成"Test Statistic"）。因为 $F_{STAT}=1.055\,6<3.238\,9$（或者说 p 值$=0.395\,3>0.05$），所以不能拒绝 H_0。没有充分证据表明 4 个方差间存在显著差异。换句话说，假设 4 个位置销售量有相同方差是合理的。因此，方差分析过程的同方差假设可以得到满足。

例 10.5 将给出单因素方差分析的另一个例子。

多重比较：Tukey-Kramer 过程

在移动电子产品销售量的例子中，单因素方差分析 F 检验被用来判断 4 个不同位置之间是否存在差异。在核实假设有效之后，下一步就是构建**多重比较**（multiple comparisons）来检验商店不同位置销售量均值所有成对组间差异是否都等于 0。

有许多方法可以用来确定 c 个均值的哪些是显著不同的（见参考文献 3 和 4），一个最常用的方法是**单因素方差分析 Tukey-Kramer 多重比较过程**（Tukey-Kramer multiple comparisons procedure for one-way ANOVA）。Tukey-Kramer 过程使你能够同时考察所有成对组的比较。以下是该过程的步骤：

1. 算出所有 $c(c-1)/2$ 对均值之间的差别 $|\bar{X}_j-\bar{X}_{j'}|$（其中 $j\neq j'$）。

2. 计算 Tukey-Kramer 过程的**临界范围**（critical range），由公式（10.13）得到。如果样本容量存在差异，每对样本均值的比较都会得到一个临界范围。

Tukey-Kramer 过程的临界范围

$$\text{临界范围}=Q_\alpha\sqrt{\frac{MSW}{2}\left(\frac{1}{n_j}+\frac{1}{n_{j'}}\right)} \tag{10.13}$$

式中

$n_j=j$ 组的样本大小

$n_{j'}=j'$ 组的样本大小

Q_α 为分子自由度为 c、分母自由度为 $n-c$ 的**学生化范围分布**（studentized range distribution）的右侧临界值。

3. 将 $c(c-1)/2$ 对均值中的一对与相应的临界范围加以比较。如果有一对样本均值差异的绝对值 $|\bar{X}_j-\bar{X}_{j'}|$ 大于临界范围，那么它们之间就存在显著差异。

4. 解释结果。

在移动电子产品销售量的例子中，有 4 个不同的店内位置，两两相比，要进行 $4(4-1)/2=6$ 对比较。为了应用 Tukey-Kramer 过程，首先需要计算上述 6 对比较的均值绝对差：

1. $|\bar{X}_1-\bar{X}_2|=|29.982-31.994|=2.012$
2. $|\bar{X}_1-\bar{X}_3|=|29.982-30.912|=0.930$
3. $|\bar{X}_1-\bar{X}_4|=|29.982-30.334|=0.352$
4. $|\bar{X}_2-\bar{X}_3|=|31.994-30.912|=1.082$
5. $|\bar{X}_2-\bar{X}_4|=|31.994-30.334|=1.660$
6. $|\bar{X}_3-\bar{X}_4|=|30.912-30.334|=0.578$

因为 4 组的样本容量相同，所以只需算出一个临界范围。（如果某些组中的样本大小不同，则要计算几个不同的临界范围。）要算出临界范围，由方差分析总结表（见图 10－19）可知 $MSW=0.043\,9$，$n_j=n_{j'}=5$，根据表 E.6，$\alpha=0.05$，$c=4$，$n-c=20-4=16$，Q_α 为分子自由度为 4、分母自由度为 16 的检验统计量的右侧临界值 4.05（见表 10－10）。

由公式（10.13）可得：

$$\text{临界范围}=4.05\sqrt{\left(\frac{0.043\,9}{2}\right)\left(\frac{1}{5}+\frac{1}{5}\right)}=0.379\,5$$

由于 5 对的均值绝对差（1，2，4，5，6）大于 0.379 5，可以得出结论：这 5 对中的销售量均值均存在显著差异。因为第 3 对中的均值绝对差（中间和专家）为 0.352，小于 0.379 5，可以得出结论：没有理由认为 2 个位置的均值存在差异。这些结果允许你得出估计：前部的移动电子产品总体平均销售量要比其他任何位置的都高，端架的移动电子产品总体平均销售量要比中间和专家的高。

表 10-10 显著性水平为 0.05、自由度为 4 和 16 的学生化范围统计量 Q_α

分母自由度	分子自由度							
	2	3	4	5	6	7	8	9
⋮	⋮	⋮	⋮	⋮	⋮	⋮	⋮	⋮
11	3.11	3.82	4.26	4.57	4.82	5.03	5.20	5.35
12	3.08	3.77	4.20	4.51	4.75	4.95	5.12	5.27
13	3.06	3.73	4.15	4.45	4.69	4.88	5.05	5.19
14	3.03	3.70	4.11	4.41	4.64	4.83	4.99	5.13
15	3.01	3.67	4.08	4.37	4.60	4.78	4.94	5.08
16	3.00	3.65	4.05	4.33	4.56	4.74	4.90	5.03

资料来源：Extracted from Table E.6.

图 10-21 展示了店内不同位置移动电子产品销售量 Tukey-Kramer 过程的 Excel 和 Minitab 结果。由于使用 0.05 的显著性水平，上述 6 个分析比较的整体错误率可以控制在 5%。

	A	B	C	D	E	F	G	H	I
1	Tukey Kramer Multiple Comparisons								
2									
3		Sample	Sample			Absolute	Std. Error	Critical	
4	Group	Mean	Size		Comparison	Difference	of Difference	Range	Results
5	1: In-aisle	29.982	5		Group 1 to Group 2	2.012	0.0937	0.3795	Means are different
6	2: Front	31.994	5		Group 1 to Group 3	0.93	0.0937	0.3795	Means are different
7	3: Kiosk	30.912	5		Group 1 to Group 4	0.352	0.0937	0.3795	Means are not different
8	4: Expert	30.334	5		Group 2 to Group 3	1.082	0.0937	0.3795	Means are different
9					Group 2 to Group 4	1.66	0.0937	0.3795	Means are different
10	Other Data				Group 3 to Group 4	0.578	0.0937	0.3795	Means are different
11	Level of significance	0.05							
12	Numerator d.f.	4							
13	Denominator d.f.	16							
14	MSW	0.043913							
15	Q Statistic	4.05							

```
Grouping Information Using Tukey Method
            N     Mean  Grouping
Front       5  31.9940  A
Kiosk       5  30.9120    B
Expert      5  30.3340      C
In-aisle    5  29.9820      C
Means that do not share a letter are significantly different.

Tukey 95% Simultaneous Confidence Intervals
All Pairwise Comparisons
Individual confidence level = 98.87%

In-aisle subtracted from:
          Lower  Center   Upper  -------+---------+---------+---------+-
Front    1.6325  2.0120  2.3915                                 (--*--)
Kiosk    0.5505  0.9300  1.3095                       (--*--)
Expert  -0.0275  0.3520  0.7315                 (--*--)
                                 -------+---------+---------+---------+-
                                     -1.2       0.0       1.2       2.4

Front subtracted from:
          Lower  Center   Upper  -------+---------+---------+---------+-
Kiosk   -1.4615 -1.0820 -0.7025     (--*--)
Expert  -2.0395 -1.6600 -1.2805 (--*--)
                                 -------+---------+---------+---------+-
                                     -1.2       0.0       1.2       2.4

Kiosk subtracted from:
          Lower  Center   Upper  -------+---------+---------+---------+-
Expert  -0.9575 -0.5780 -0.1985         (--*--)
                                 -------+---------+---------+---------+-
                                     -1.2       0.0       1.2       2.4
```

The formulas in the Excel results worksheet are not shown in Figure 10.21 but are discussed in Section EG10.5 and the SHORT TAKES for Chapter 10.

图 10-21 店内不同位置销售量实验 Tukey-Kramer 过程的 Excel 和 Minitab 结果

图 10-21 中的 Excel 结果使用了此前用来评估比较的各个步骤。Minitab 结果展现了根据区间估计进行的比较。每个区间都计算了出来。任何不包括 0 的区间都被认为是显著的。因此除了中间和专家这组比较，其他所有比较都是显著的。这组中左侧区间值和右侧区间值分别为－0.027 5 和 0.731 5，因此这个区间将 0 包含在内。

例 10.5

快餐店驾车订餐窗口服务时间的方差分析过程

对于快餐店来说，驾车订餐窗口是一项重要的收入来源。提供这类服务更有可能吸引更多的顾客。每年，《*QSR* 杂志》（www.qsrmagazine.com）都会发布快餐连锁店驾车订餐服务的时间（从挑选下单到取餐驶离）。最近一年中，Wendy's 的平均时间为 129.75 秒，塔可钟为 149.69 秒，汉堡王为 201.33 秒，麦当劳为 188.83 秒，Chick-fil-A 为 190.06 秒。假设此项研究基于每个连锁店的 20 位顾客，在 0.05 的显著性水平下，是否有证据表明 5 家连锁店驾车订餐窗口服务的平均时间有差别？

表 10-11 包含这个问题的方差分析总结表。

表 10-11　快餐连锁店驾车订餐窗口服务时间的方差分析总结表

变异来源	自由度	平方和	均方（方差）	F	p 值
连锁店内	4	75 048.74	18 762.185	143.66	0.000 0
连锁店间	95	12 407.00	130.60		

解答

H_0：$\mu_1=\mu_2=\mu_3=\mu_4=\mu_5$（1 为 Wendy's，2 为塔可钟，3 为汉堡王，4 为麦当劳，5 为 Chick-fil-A）

H_1：并非所有的 μ_j 都相等（$j=1$，2，3，4，5）

决策准则为：若 p 值小于 0.05，则拒绝 H_0。因为 p 值几乎为 0，小于 0.05，所以拒绝 H_0。因此，你有充分的证据表明服务时间并不相同。

为了确定是哪几家与其他家存在明显的差异，使用 Tukey-Kramer 过程（公式(10.13)），得到

$$临界范围=Q_\alpha\sqrt{\frac{MSW}{2}\left(\frac{1}{n_j}+\frac{1}{n_{j'}}\right)}=(3.92)\sqrt{\left(\frac{130.6}{2}\right)\left(\frac{1}{20}+\frac{1}{20}\right)}$$
$$=10.02$$

我们所观察到的任何大于 10.02（秒）的差异都被认为是显著的。Wendy's 的平均服务时间（129.75 秒）和塔可钟、汉堡王、麦当劳、Chick-fil-A 之间有差别，塔可钟（平均 149.69 秒）和汉堡王、麦当劳、Chick-fil-A 之间也有差别。此外，汉堡王和麦当劳之间以及汉堡王和 Chick-fil-A 之间的服务时间也有差别。因此，在 95% 的置信水平下，你可以得出结论：Wendy's 的平均服务时间要短于塔可钟。此外，Wendy's 和塔可钟的平均服务时间要短于汉堡王、麦当劳和 Chick-fil-A。同时，汉堡王的平均服务时间要比麦当劳和 Chick-fil-A 长。

10.5 习题

掌握基础知识

10.51　你所进行的实验考察 1 个因素，包括 5 个等级，每个等级有 7 个观测值。

a. 在确定组间方差的过程中自由度是多少？

b. 在确定组内方差的过程中自由度是多少？

c. 在确定总体方差的过程中自由度是多少？

10.52　你所进行的实验和习题 10.51 中相同。

a. 如果 $SSA=60$，$SST=210$，则 SSW 为多少？

b. MSA 是多少？

c. MSW 是多少？

d. F_{STAT}检验统计量是多少？

10.53 假设你所进行的实验和习题 10.51 和 10.52 中相同。

a. 作出方差分析总结表并填写表中所有值。

b. 在 0.05 的显著性水平下，F 分布的右侧临界值是多少？

c. 所要检验的零假设为：所有 5 个组具有相同的总体均值。写出决策准则。

d. 你的统计推断结论是什么？

10.54 你所进行的实验考察 1 个因素，包括 3 个等级，每个等级有 7 个观测值。

a. 在确定组间方差的过程中自由度是多少？

b. 在确定组内方差的过程中自由度是多少？

c. 在确定总体方差的过程中自由度是多少？

10.55 你所进行的实验考察 1 个因素，包括 4 个等级，每个等级有 8 个观测值。填写以下方差分析总结表的缺少结果。

变异来源	自由度	平方和	均方（方差）	F
组间	$c-1=?$	$SSA=?$	$MSA=80$	$F_{STAT}=?$
组内	$n-c=?$	$SSW=560$	$MSW=?$	
总体	$n-1=?$	$SST=?$		

10.56 假设你所进行的实验和习题 10.55 中相同。

a. 在 0.05 的显著性水平下，所要检验的零假设为：所有 4 个等级具有相同的总体均值。写出决策准则。

b. 你的统计推断结论是什么？

c. 在 0.05 的显著性水平下，学生化范围分布的右侧临界值为多少？

d. 为了运用 Tukey-Kramer 方法，临界范围是多少？

概念应用

10.57 *Accounting Today* 找出了美国 10 个地理区域中最顶尖的会计师事务所。所有 10 个区域在 2013 年都报告了增长，首都区域、五大湖区域、中部大西洋区域、新英格兰区域分别报告了 2.06%，16.58%，8.31%和 9.49%的增长率。在这 4 个区域一项关于会计师事务所的指标是合伙人的数量。文件 AccountingPartners4 中包含合伙人数量的数据（bit.ly/ODuzd3.）。

a. 在 0.05 的显著性水平下，是否有证据表明首都区域、五大湖区域、中部大西洋区域、新英格兰区域的会计师事务所合伙人数量存在差异？

b. 如果（a）中的结果显示存在差异，使用 Takey-Kramer 过程来判断哪些区域在合伙人数量上存在差异？讨论你的结果。

10.58 进出口的成本越高，花费时间越多，当地公司在竞争力上就会越差，进入国际市场也会越难。作为探索国外市场准入条件最初调查的一部分，从 4 个全球的区域中分别选择了 10 个国家和地区。在这些国家和地区通过海洋运输标准化的一船货物的成本数据存储在文件 ForeignMatter2 中（doingbusiness.org/data.）。

a. 在 0.05 的显著性水平下，是否有证据表明 4 个地区的平均进口成本均值存在差异？

b. 如果有，确定哪些地区与其余地区不同。

c. 在 0.05 的显著性水平下，是否有证据表明 4 个地区的平均进口成本方差存在差异？

d. 你应该选择以哪个或哪些区域进入国际市场呢？试解释原因。

10.59 某医院研究了其急诊室的排队时间。这家医院拥有 1 家主医院和 3 家卫星医院。医院的管理者需要减少急诊病例的等候时间。为此，在某个特定的时点，在每个医院随机抽取了 15 个急诊病例，并测量了其等候时间（病人进入医院等候直到被叫号进入诊疗区域）。相关数据存储在文件 ER-waiting 中。

a. 在 0.05 的显著性水平下，是否有证据表明 4 家医院的急诊等候时间均值存在差异?

b. 如果有，判断哪几家医院存在显著差异。

c. 在 0.05 的显著性水平下，是否有证据表明 4 家医院的急诊等候时间方差存在差异?

10.60 一家制笔企业雇用了一家广告公司为其策划一个广告活动，为将要到来的假期造势。为了准备这一项目，研究人员决定对广告对于商品观念的影响进行研究。实验设计了 5 种不同的广告，A 广告过低地评判笔的特性，B 广告略低地评判笔的特性，C 广告略高地评判笔的特性，D 广告过高地评判笔的特性，而 E 广告较公正地评判笔的特性。抽取了 30 个受访者样本，并对其随机进行了 5 个广告的宣传（每个广告 6 人）。在进行广告宣传之后，受访者对笔有了初步概念，然后每人得到 1 支相同的笔进行书写，然后从外观、质量以及书写流畅性等方面对笔进行评价，分数为 1～7 分（从最低评价到最高评价）。30 个受访者对笔的三方面（外观、质量以及书写流畅性）的评分分值相加如下：

A	B	C	D	E
15	16	8	5	12
18	17	7	6	19
17	21	10	13	18
19	16	15	11	12
19	19	14	9	17
20	17	14	10	14

a. 在 0.05 的显著性水平下，是否有证据表明 5 种广告的评分均值存在差异?

b. 如果有，确定哪几种广告与其余广告不同。

c. 在 0.05 的显著性水平下，是否有证据表明 5 种广告的评分方差存在差异?

d. 你应该选择何种广告而避免何种广告? 试解释原因。

10.61 《*QSR* 杂志》报告了美国最大的快速服务和快餐休闲餐厅。不同的市场模块（汉堡包、炸鸡、三明治和比萨饼）是否在每单位的平均销售额上存在差异? 文件 FastFoodChain 中包含最近一年的销售额（bit.ly/1mw56xA.）。

a. 在 0.05 的显著性水平下，是否有证据表明在美国不同的食品市场模块每单位的平均销售额之间存在差异?

b. 在 0.05 的显著性水平下，是否有证据表明在美国不同的食品市场模块每单位的平均销售额方差存在差异?

c. 你在（b）中的结果会对（a）中结果的有效性造成什么影响?

10.62 调查者进行了一项研究，来确定拥有领导力研究学术背景（学位）的研究生在当代组织中是否比那些没有接受过领导力教育或者仅有领导力证明的学生具备更好的有助于其成功的基本软技能。团队能力问卷被用来捕捉学生对自己软技能的自我评价。调查者发现如下结果：

变异来源	自由度	平方和	均方（方差）	*F*
组间	2	1.879		
组内	297	31.865		
总体	299	33.744		

组别	*N*	均值
没有接受过领导力教育	109	3.290
有领导力证明	90	3.362
有领导力研究学位	102	3.471

资料来源：Data Extracted from C. Brungardt, "The Intersection Between Soft Skill Development and Leadership Education," *Journal of Leadership Education*, 10 (Winter 2011): 1-22.

a. 请完成方差分析总结表。

b. 在 0.05 的显著性水平下，是否有证据表明不同组的平均软技能自我评分存在差异?

c. 如果（b）中的结果显示存在差异，使用 Takey-Kramer 过程来判断哪些组的平均软技能评分与其他组不同？讨论你的结果。

10.63 一个宠物食品公司希望扩张它的产品线，现有产品是以肾脏和小虾为基础的猫粮。这家公司研发出两种新产品，一种基于鸡的肝脏，另一种基于鲑鱼。公司进行了一个实验来比较两种新产品和两种已有产品，以及另外一种在连锁超市销售的以牛肉为主要材料的同类产品。

对于这个实验，一个包含 50 只当地动物收容所的猫的样本被选择出来。对要测试的 5 种产品都随机分配了 10 只猫。每只猫都在喂食时间被提供 3 盎司食物。研究者将变量定义为猫在 10 分钟内所吃掉的食物数量（从装满的盘子放到猫的面前开始计算）。这个实验的结果如下并存储在文件 CatFood 中。

a. 在 0.05 的显著性水平下，是否有证据表明不同产品被吃掉数量的均值存在差异?

b. 如果有，确定哪些产品与其他产品被吃掉数量的均值存在显著差异。

c. 在 0.05 的显著性水平下，是否有证据表明不同产品被吃掉数量的方差存在差异?

d. 宠物食品公司应该得出什么结论？根据这些产品描述公司会做出的选择。

肾脏	小虾	鸡的肝脏	鲑鱼	牛肉
2.37	2.26	2.29	1.79	2.09
2.62	2.69	2.23	2.33	1.87
2.31	2.25	2.41	1.96	1.67
2.47	2.45	2.68	2.05	1.64
2.59	2.34	2.25	2.26	2.16
2.62	2.37	2.17	2.24	1.75
2.34	2.22	2.37	1.96	1.18
2.47	2.56	2.26	1.58	1.92
2.45	2.36	2.45	2.18	1.32
2.32	2.59	2.57	1.93	1.94

10.64 某体育用品公司想要比较 4 种不同的设计方法所制造出来的高尔夫球的飞行距离。使用每种设计方法制造 10 个球，并将它们带到当地的高尔夫球场，请俱乐部专业人士进行测试。由特定高尔夫球杆从球座所击出球的顺序是随机的，专业人士并不知道他们击中的是哪种球。所有 40 个球都在短时间内被击出，在此时间内环境条件不变。所得结果（码）如下（存储在文件 Golfball 中）：

设计 1	设计 2	设计 3	设计 4
206.32	217.08	226.77	230.55
207.94	221.43	224.79	227.95
206.19	218.04	229.75	231.84

续前表

设计 1	设计 2	设计 3	设计 4
204.45	224.13	228.51	224.87
209.65	211.82	221.44	229.49
203.81	213.90	223.85	231.10
206.75	221.28	223.97	221.53
205.68	229.43	234.30	235.45
204.49	213.54	219.50	228.35
210.86	214.51	233.00	225.09

a. 在 0.05 的显著性水平下，是否有证据表明不同设计高尔夫球的平均飞行距离存在差异?

b. 如果有，使用 Tudey-Kramer 方法判断哪些设计的飞行距离均值存在显著差异。

c. 在（a）中需要做何种假设?

d. 在 0.05 的显著性水平下，是否有证据表明不同设计高尔夫球飞行距离的方差存在差异?

e. 这家制造公司应该选择哪种设计? 请解释。

统计应用

超市不同端架会影响 North Fork 新产品的平均销售量吗，回顾

在 North Fork 饮料的情景中，你是 North Fork 饮料的一个地区销售经理。你比较了将新产品手工柑橘可乐放在饮料区域端架和制作区域端架的销售量差别。分别在 10 家使用饮料区域端架和 10 家使用制作区域端架的商店中进行了实验。使用 t 检验来检验两个均值之间的差异，可以得出结论：使用制作区域端架的商店销售量要高于使用饮料区域端架的商店。置信区间允许我们以 95% 的置信水平推测，制作区域端架的总体平均销售量要比饮料区域端架的总体平均销售量多 6.73～36.67 箱。你也对两个方差之间的差异进行了 F 检验，想看一看使用制作区域端架的商店之间的销售量差异和使用饮料区域端架的商店之间的销售量差异是否有所不同。得出结论：商店之间新可乐销售量的差异并不显著。作为地区销售经理，你决定于下一个销售推广阶段在所有 FoodPlace 超市中都签订制作区域端架的租约。

小　结

本章介绍了两个或多个样本的检验方法。我们学习了样本独立时的检验均值、方差和比率差异的统计检验过程。此外，还学习了常用的样本相关时的统计检验过程。记住，在特定条件下，你需要选择最为适合的检验方法，并严格地考察相应的假设检验方法所需要的假设条件是否成立。

表 10－12 提供了本章中所涉及知识点的总结。图 10－22 中的路线图显示了如何选取合适的检验方法的梗概，下面是在此过程中你需要考虑的问题：

1. 所有数据是什么类型的? 如果所处理的数据是属性数据，则使用 Z 检验来考察相应的比率差异。(这个检验假设样本独立。)

2. 如果数据是数值数据，判断数据是独立的还是相关的。如果是相关样本数据，则选择使用配对 t 检验。

3. 如果是独立样本数据，则判断所关注的是变异程度还是中心趋势。如果是变异程度，则使用 F 检验。

4. 如果所关注的是中心趋势，并且可以假设近似服从正态分布，则判断方差相同还是不同（这一假设可以由 F 检验来判断）。

5. 如果总体方差相同，则使用混合方差 t 检验。如果你无法作出同方差假设，则需要使用不同方差 t 检验。

6. 如果独立样本量多于 2 个，则选择使用单因素方差分析过程。

表 10-12 第 10 章小结

分析类型	数据类型	
	数值数据	属性数据
两个总体对比	两个独立总体均值差异的 t 检验（10.1 节） 配对 t 检验（10.2 节） 方差差异的 F 检验（10.4 节）	两个总体比率差异的 Z 检验（10.3 节）
多个总体对比	单因素方差分析（10.5 节）	

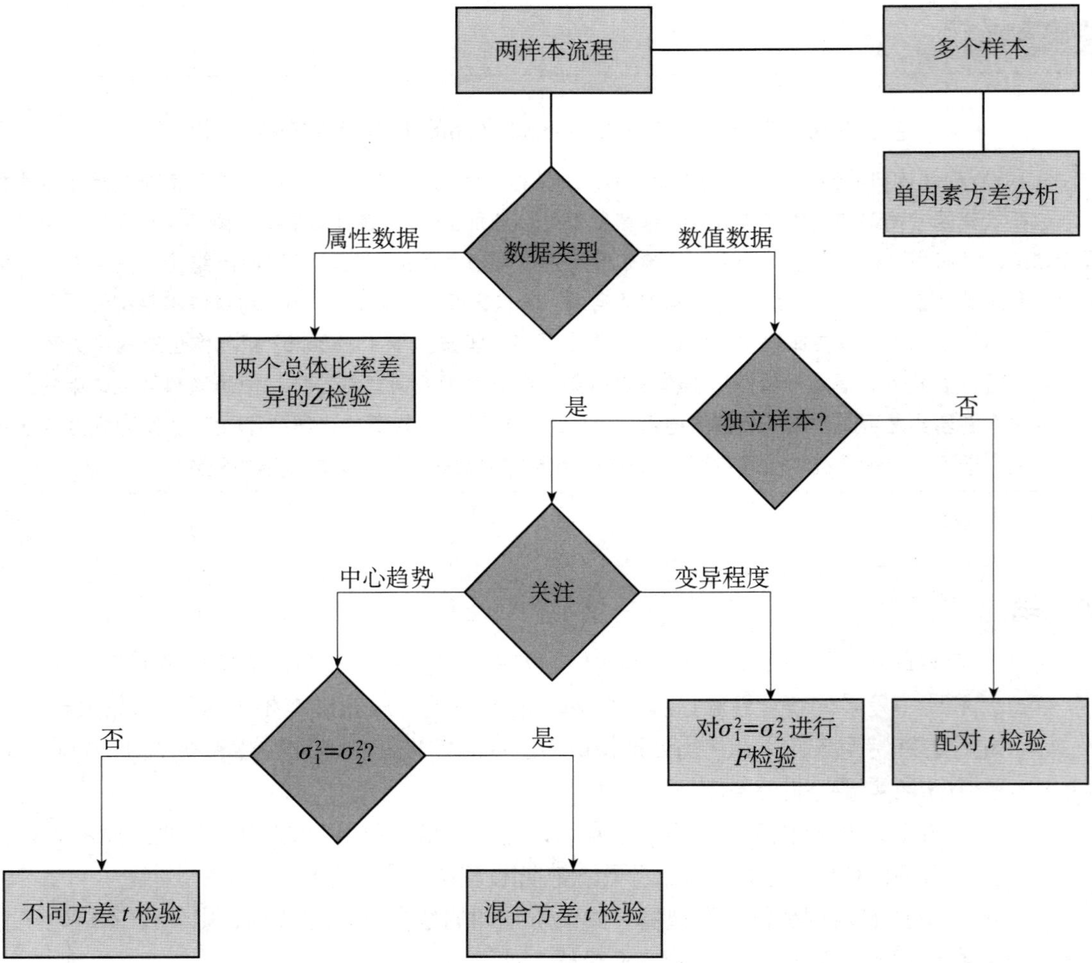

图 10-22 两样本或多样本假设检验路线图

参考文献

1. Conover, W. J. *Practical Nonparametric Statistics*, 3rd ed. New York: Wiley, 2000.
2. Daniel, W. *Applied Nonparametric Statistics*, 2nd ed. Boston: Houghton Mifflin, 1990.
3. Hicks, C. R., and K. V. Turner. *Fundamental Concepts in the Design of Experiments,* 5th ed. New York: Oxford University Press, 1999.
4. Kutner, M. H., J. Neter, C. Nachtsheim, and W. Li. *Applied Linear Statistical Models,* 5th ed. New York: McGraw-Hill-Irwin, 2005.
5. Levine, D. M. *Statistics for Six Sigma Green Belts*. Upper Saddle River, NJ: Financial Times/Prentice Hall, 2006.
6. *Microsoft Excel 2013*. Redmond, WA: Microsoft Corp., 2012.
7. *Minitab Release 16* State College, PA: Minitab, 2010.
8. Montgomery, D. M. *Design and Analysis of Experiments*, 6th ed. New York: Wiley, 2005.
9. Satterthwaite, F. E. "An Approximate Distribution of Estimates of Variance Components." *Biometrics Bulletin*, 2(1946): 110–114.
10. Snedecor, G. W., and W. G. Cochran. *Statistical Methods*, 8th ed. Ames, IA: Iowa State University Press, 1989.

关键词

组间离差（among-group variation）
方差分析（analysis of variance，ANOVA）
方差分析总结表（ANOVA summary table）
临界范围（critical range）
因素（factor）
F 分布（*F* distribution）
检验两个方差比例的 *F* 检验统计量（*F* test for the ratio of two variances）
总平均值（grand mean）
组（group）
同方差（homogeneity of variance）
水平（level）
Levene 检验（Levene test）
匹配样本（matched samples）
均方（mean square）
多重比较（multiple comparisons）
正态性（normality）
单因素方差分析（one-way ANOVA）
均值差异的配对 *t* 检验（pared *t* test for the mean difference）
划分（partition）
混合方差 *t* 检验（pooled-variance *t* test）
随机性与独立性（randomness and independence）
重复度量（repeated measurements）
稳健（robust）
不同方差 *t* 检验（separate-variance *t* test）
学生化范围分布（studentized range distribution）
组间离差平方和（sum of squares among groups，SSA）
离差平方和（sum of squares total，SST）
组内离差平方和（sum of squares within groups，SSW）
总离差（total variation）
单因素方差分析 Tukey-Kramer 多重比较过程（Tukey-Kramer multiple comparisons procedure for one-way ANOVA）
两样本检验（two-sample tests）
组内离差（within-group variation）
两个比率差异的 *Z* 检验（Z test for the difference between two proportions）

检查你对本章的理解

10.65　在选择特定的假设检验方法时，需要使用什么样的标准?

10.66　在什么条件下，我们使用混合方差 *t* 检验来考察两个独立总体均值间可能存在的差异?

10.67　在什么条件下，我们使用 *F* 检验来考察两个独立总体方差之间可能存在的差异?

10.68　两个独立总体和相关总体之间有什么差别?

10.69　重复度量和匹配个体之间有什么区别?

10.70 解释两个独立总体均值差异的假设检验与置信区间估计的异同。

10.71 在什么条件下，你应该使用配对 t 检验来检验两个相关总体的均值差异?

10.72 在单因素方差分析中，组间方差和组内方差的差别是什么?

10.73 方差分析的假设是什么?

10.74 在什么条件下，你应该选择使用单因素方差分析的 F 检验来检验 c 个相互独立总体均值的差异?

10.75 单因素方差检验和 Levene 检验之间的差别是什么?

本章复习题

10.76 ASQ 对它的所有成员进行了一次薪酬调查。ASQ 的成员在制造和服务机构工作，他们都对质量这个主题有共同的兴趣。两个工作头衔为黑带和绿带。关于这两个工作头衔薪酬的描述性统计量如下：

工作头衔	样本容量	均值（美元）	标准差（美元）
黑带	128	93 123	21 186
绿带	39	73 045	21 272

资料来源：Data extracted from "QP Salary Survey," *Quality Progress*, December 2013, p. 17.

a. 在 0.05 的显著性水平下，是否有证据表明黑带和绿带薪酬的方差存在差异?

b. 基于（a）中的结果，10.1 节中的哪种 t 检验适用于比较薪酬的均值?

c. 在 0.05 的显著性水平下，是否有证据表明黑带的平均薪酬高于绿带的平均薪酬?

10.77 男学生和女学生是否每周花费相同的时间在学习上? 最近一年中，在一所每年拥有超过 1 000 名二年级商学院学生的大学里调查了 58 名二年级的商学院学生。文件 StudyTime 中包含样本学生的性别和在普通的一周中学习时间的数据。

a. 在 0.05 的显著性水平下，是否有证据表明男学生和女学生的学习时间方差存在差异?

b. 基于（a）中的结果，哪种 t 检验适用于比较男学生和女学生的平均学习时间?

c. 在 0.05 的显著性水平下，进行（b）中所选择的检验。

d. 对于以上发现，请写出一个简短的总结。

10.78 男性和女性在电话聊天时间和发送短信数量上是否存在差别? 一项研究报告，女性每月平均花费 818 分钟在电话聊天上，而男性的平均时间为 716 分钟（"Women Talk and Text More," *USA Today*, February 1, 2011 p. 1A.）。样本容量并未报告。假定样本容量是男性女性各 100 人，标准差为女性每月 125 分钟，男性每月 100 分钟。

a. 使用 0.01 的显著性水平，是否有证据表明男性和女性电话聊天时间的方差存在差异?

b. 为了检验男性和女性电话聊天平均时间的差异，使用混合方差 t 检验和不同方差 t 检验中的哪种是最合适的? 使用最合适的检验方法确定男性和女性的电话聊天时间是否存在差异。

这个文章也报告，女性每个月平均发送 716 条短信息，男性每个月平均发送 555 条短信息。假定标准差为女性每个月 150 条短信息，男性每个月 125 条短信息。

c. 使用 0.01 的显著性水平，是否有证据表明男性和女性发送短信数量的方差存在差异?

d. 基于（c）中的结果，使用最合适的检验方法来确定：在 0.01 的显著性水平下，是否有证据表明男性和女性每个月发送短信数量的均值存在差异?

10.79 文件 Restaurants 中包含对 50 个坐落在城市和 50 个坐落在农村地区的餐馆的菜色、装饰和价格的个人评价。使用 0.05 的显著性水平，请分别仔细研究城市和农村餐馆在菜色、装饰和价格方面评价的方差的差异。

10.80 一位计算机系教授有兴趣研究选修计算机基础的学生需要用多少时间编写和运行 Visual Basic 程序。这位教授雇用你来分析研究结果，这些结果来自一个由 9 名学生组成的随机样本，单位为分钟（数据存储在文件 VB 中）。

10 13 9 15 12 13 11 13 12

a. 在 0.05 的显著性水平下，是否有证据表明总体均值大于 10 分钟？你能告诉教授什么？

b. 假设教授在核对结果的时候发现第 4 位学生能够编写并运行 VB 程序的时间为 51 分钟，而不是 15 分钟。在 0.05 的显著性水平下，使用修正后的数据分析问题（a）。现在你能告诉教授什么？

c. 教授对这些前后矛盾的结果感到奇怪，要求你解释为什么（a）和（b）中会得到不同的答案。请加以讨论。

d. 几天后，教授打电话告诉你这一疑难完全解决了。原始数据 15（即第 4 个数据）是正确的。因此教授在其为一份杂志所写的文章中使用了你在（a）中得到的结论。现在，她想雇用你比较选修计算机基础课程学生的统计结果和 11 名计算机专业学生的统计结果，以确定是否有证据表明计算机专业的学生编写 VB 程序所花时间平均要比选修计算机基础课程的学生少。对于计算机专业的学生，样本均值为 8.5 分钟，标准差为 2.0 分钟。在 0.05 的显著性水平下，对这些数据进行详尽分析。你能告诉教授什么？

e. 几天后，教授再次打电话给你，告诉你初审稿人想要她将问题（a）中“正确”结果的 p 值包括在文章中。而且教授询问了一个方差不相等的问题，初审稿人要求教授在论文中讨论这一问题。用你自己的语言来讨论 p 值的概念，并描述方差不相等的问题。确定问题（a）中的 p 值并讨论方差不相等问题对教授的研究是否具有意义。

10.81 Pinterest 的购物者和 Facebook 的购物者在消费行为上是否存在差异？一项关于浏览购物的研究报告，Pinterest 的购物者每个订单平均花费 153 美元，Facebook 的购物者每个订单平均花费 85 美元（bit.ly/14wG1YI.）。假定这个研究包含 500 个 Pinterest 的购物者和 500 个 Facebook 的购物者，订单金额的标准差为：Pinterest 的购物者 150 美元，Facebook 的购物者 80 美元。假设显著性水平为 0.05。

a. 是否有证据表明 Pinterest 的购物者和 Facebook 的购物者在消费金额的方差上存在差异？

b. 是否有证据表明 Pinterest 的购物者和 Facebook 的购物者在平均消费金额上存在差异？

c. 建立关于 Pinterest 的购物者和 Facebook 的购物者之间订单金额差异 95% 置信水平的置信区间。

10.82 文件 Bulbs 中记录了分别由制造商 A 和制造商 B 生产的 40 个 20 瓦灯泡的寿命（小时），作为样本。在 0.05 的显著性水平下，请详尽分析这两个制造商所生产灯泡的寿命之间的差异。

10.83 一家宾馆的经理考虑如何增加顾客的回头率。顾客关心的第一问题是进入宾馆后，其行李被搬运到他们房间所需要的时间。分别随机抽取了宾馆 A 翼和 B 翼的 20 次行李搬运样本（共 40 个样本），相关结果存储在文件 Luggage 中。分析数据并判断是否有证据表明在 A，B 两翼的行李搬运平均时间存在差异？

10.84 一家提供欧陆式主菜的餐厅老板想知道周末时段顾客的需求类型，她决定研究这段时间的甜品需求。除了研究是否有客人点甜品，她也研究了客人的性别及是否有人点牛肉主菜。数据来自 630 名顾客，具体如下：

是否点甜品	**性别**		**总数**
	男性	**女性**	
是	50	96	146
否	250	234	484
总数	300	330	630
是否点甜品	**是否点牛肉主菜**		**总数**
	是	**否**	
是	74	68	142
否	123	365	488
总数	197	433	630

a. 在0.05的显著性水平下，是否有证据表明男性和女性在点甜品的比率上存在差异？

b. 在0.05的显著性水平下，是否有证据表明点牛肉主菜和不点牛肉主菜的人在点甜品的比率上存在差异？

10.85 Boston牌和Vermont牌的屋面板制造商知道，商品的重量是顾客评判屋面板质量好坏的重要标准。此外，因为重量决定了需要投入的原料，所以对于公司成本控制方面也具有重要意义。装配线的最后一道工序是将屋面板放入木制的托盘中。托盘装满之后（通常来说一个托盘可以安放16块屋面板），称重并记录。文件Pallet存储了相关重量（磅），样本量为368个托盘来自Boston牌，330个托盘来自Vermont牌。在0.05的显著性水平下，详尽分析不同品牌的屋面板重量是否存在差异。

10.86 Boston牌和Vermont牌屋面板制造商为客户提供商品，并承诺其大多数商品能够有20年的使用寿命。为了判断其所生产的屋面板是否能够达到承诺的使用寿命，制造商使用加速寿命测试系统来进行测试。该系统利用实验室在短暂的时间内将屋面板暴露在其整个使用过程中可能受到的压力下。在此测试中，屋面板在短时间内被反复地刮磨，掉落的颗粒被称量记录（克）。在这种情况下，如果期望屋面板能够达到承诺的使用寿命，则其掉落的颗粒重量不应该大于0.8克。文件Granule中包含170个Boston牌屋面板的测量结果和140个Vermont牌屋面板的测量结果。在0.05的显著性水平下，详尽分析两个样本掉落颗粒的重量差异。

10.87 现在有许多共同基金可供投资者选择。每个共同基金都有不同的投资组合。文件BestFunds1中的数据根据*U. S. News& World Report*的分类展示了10个最好的短期债券基金的一年期回报率和10个最好的长期债券基金的一年期回报率（money. usnews. com/mutual-funds.）。分析上面的数据并确定长期和短期债券之间是否存在差异（使用0.05的显著性水平）。

10.88 现在有许多共同基金可供投资者选择。每个共同基金都有不同的投资组合。文件BestFunds2中的数据根据*U. S. News& World Report*的分类展示了10个最好的短期债券基金的一年期回报率、10个最好的长期债券基金的一年期回报率以及10个最好的世界债券基金的一年期回报率（money. usnews. com/mutual-funds.）。分析上面的数据并确定长期、短期和世界债券的一年期回报率是否存在差异（使用0.05的显著性水平）。

10.89 现在有许多共同基金可供投资者选择。每个共同基金都有不同的投资组合。文件BestFunds3中的数据根据*U. S. News& World Report*的分类展示了10个最好小型股、中型股和大型股基金的一年期回报率（money. usnews. com/mutual-funds.）。分析上面的数据并确定小型股、中型股和大型股基金的一年期回报率是否存在差异（使用0.05的显著性水平）。

报告写作练习

10.90 在习题10.85和10.86中结论的基础上，关于Boston牌和Vermont牌屋面板的重量和掉落颗粒损失，写一份报告总结你的结论。

第10章案例　管理 Ashland Multicomm Services

第一部分：

AMS通过一个有担保的电子邮件系统和订阅有线电视的顾客联系，该系统可以发送有关服务变更、新服务特点、账单信息的消息到家庭数字机顶盒留待之后显示。为了提高顾客服务质量，计算机操作部门希望减少每个订阅者更新消息的间隔时间。该部门选择了两个候选消息系统，并在 30 个随机选择的有线电视订阅者中进行了实验，每个系统都分配了 15 人。更新消息的时间被记录下来，结果如下，并存储在文件 AMS10－1 中。

1. 分析下表中的数据并根据你的发现写一个关于计算机操作部门的报告。请包含附录并在其中讨论选择某种统计检验方式来比较两个独立总体的原因。

邮件界面 1（秒）	邮件界面 2（秒）
4.13	3.71
3.75	3.89
3.93	4.22
3.74	4.57
3.36	4.24
3.85	3.90
3.26	4.09
3.73	4.05
4.06	4.07
3.33	3.80
3.96	4.36
3.57	4.38
3.13	3.49
3.68	3.57
3.63	4.74

2. 计算机操作部门希望减少每个订阅者在特殊担保邮件系统中更新消息的间隔时间。一个实验包含 24 名订阅者和 3 种不同的消息系统。每种系统分配 8 名订阅者，更新时间被记录下来。结果存储在文件 AMS10－2 中，如下所示。

系统 1	系统 2	系统 3
38.8	41.8	32.9
42.1	36.4	36.1
45.2	39.1	39.2
34.8	28.7	29.3
48.3	36.4	41.9
37.8	36.1	31.7
41.1	35.8	35.2
43.6	33.7	38.1

3. 分析上表中的数据并根据你的发现写一个关于计算机操作部门的报告。请包含附录并在其中讨论选择某种统计检验方式来比较 3 种邮件系统的原因。

数字案例

在以下案例中使用你在本章中学习到的假设检验以及方差分析，该案例是第 7 章和第 9 章中麦片公司案例的延续。

第一部分：

即使在最近一项有关麦片包装重量的公众实验之后，CCACC 仍然认为 Oxford 麦片公司在误导公众。该组织披露了一份文件 MoreCheating.pdf，其中论述了在 Springville 的第二工厂生产的麦片包装重量要少于368克。查阅这份文件并回答以下问题：

1. CCACC的结果是否提供了统计证据表明第一工厂和第二工厂生产的麦片包装重量存在显著差异？

2. 进行适当的分析检验CCACC的假设。基于以上数据你可以得到哪些结论？

第二部分：

在这部分中使用你关于方差分析的知识，继续麦片公司的案例。

在研究了CCACC最新的披露文件MoreCheating. pdf之后，Oxford麦片公司发布了新闻材料SecondAnalysis. pdf，解释说CCACC使用的是经过选择的数据。请查阅Oxford麦片公司的新闻材料，然后回答以下问题：

3. Oxford麦片公司的论点是否合理？请说明原因。

4. 假设Oxford麦片公司公布的样本数据是随机选取的，请进行适当的检验来解决以上争论。

5. 你从结果中可以得出哪些结论？如果被选为专家见证人，你会支持CCACC还是Oxford麦片公司的论断？请说明原因。

Sure Value便利店

第一部分：

你在一家拥有近1万家便利店的集团总部工作。每家店日常的顾客数量（每天的平均数目）已经持续一段时间稳定在900人。为了增加顾客数量，连锁店在考虑降低咖啡的价格。小杯价格拟降为0.59美元或者0.79美元，原价为0.99美元。即使价格降低了，连锁店在咖啡上仍然有40%的利润率。

问题是将价格降低多少来增加日常顾客数量，可以不让咖啡销售的总收益降低太多。连锁店决定进行一个实验，选取了一个包含30家商店的顾客数量几乎等于全国平均900人的样本。在这些商店中的15家将价格从0.99美元降到0.59美元，在另外15家商店中将价格从0.99美元降到0.79美元。4周后，标价为0.59美元的15家商店平均每天的顾客数量为964人，标准差为88人；标价为0.79美元的15家商店平均每天的顾客数量为941人，标准差为76人。分析这些数据（使用0.05的显著性水平）并回答下面的问题。

1. 降价到0.59美元或者0.79美元是否能够增加每天店内的顾客数量？

2. 如果降价到0.59美元或者0.79美元能够增加每天店内的顾客数量，那么在标价为0.59美元的商店中和标价为0.79美元的商店中，每天的顾客数量是否存在差异？

3. 对于小杯咖啡，你的推荐价格是多少？

第二部分

你在一家拥有近1万家便利店的集团总部工作，你决定在一个包含24家商店的顾客数量几乎等于全国平均900人的样本中进行实验。这些商店中的6家将小杯咖啡价格定为0.59美元，6家定为0.69美元，6家定为0.79美元，6家定为0.89美元。在使用新价格销售4周后，店内每天的顾客数量被记录并存储在文件CoffeeSales中。

4. 分析数据并确定是否有证据表明，在不同价格下日常顾客数量存在差异？

5. 如果有，确定哪些价格下日常顾客数量有所不同。

6. 对于小杯咖啡，你的推荐价格是多少？

CardioGood健身设备

回到之前的CardioGood健身设备案例，使用存储在文件CardioGood Fitness中的数据：

1. 确定男性和女性在年龄、受教育年限、家庭年收入、消费者计划每周使用跑步机的平均时间以及消费者预期每周走（或者跑）的平均英里数上是否存在差异?

2. 确定购买不同产品（TM195，TM498，TM798）的消费者在年龄、受教育年限、家庭年收入、消费者计划每周使用跑步机的平均时间以及消费者预期每周走（或者跑）的平均英里数上是否存在差异?

3. 给 CardioGood 健身设备的管理层写一份报告，详细说明你的发现。

更多的描述性选择，回顾

回到第 3 章的“更多的描述性选择，回顾”中。

1. 确定成长型基金的 3 年收益率、5 年收益率和 10 年收益率之间是否存在差异（存储在文件 Retirement Funds 中）。

2. 确定小型、中型和大型基金公司在 3 年收益率、5 年收益率和 10 年收益率上是否存在差异（存储在文件 Retirement Funds 中）。

SMSU 学生调查

1. CMSU 的学生新闻服务机构决定收集进入 CMSU 的大学生的数据。它进行了一个含有 14 个问题的问卷调查并收到了 62 份大学生的回复（存储在文件 UndergradSurvey 中）。

a. 在 0.05 的显著性水平下，是否有证据表明男性和女性在平均成绩、预期起薪、注册的社交网站个数、年龄、教材和生活品的花费、每周发送的短信数以及感受到富有所需要的财富上存在差异?

b. 在 0.05 的显著性水平下，是否有证据表明准备读研究生和不准备读研究生的学生在平均成绩、预期起薪、注册的社交网站个数、年龄、教材和生活品的花费、每周发送的短信数以及感受到富有所需要的财富上存在差异?

c. 在 0.05 的显著性水平下，是否有证据表明不同专业的学生在平均成绩、预期起薪、注册的社交网站个数、年龄、教材和生活品的花费、每周发送的短信数以及感受到富有所需要的财富上存在差异?

d. 在 0.05 的显著性水平下，是否有证据表明出于不同目的读研究生的学生在平均成绩、预期起薪、注册的社交网站个数、年龄、教材和生活品的花费、每周发送的短信数以及感受到富有所需要的财富上存在差异?

2. CMSU 的学生主任知道了这个关于大学生的调查，并决定在研究生中进行一个类似的调查。她进行了一个含有 14 个问题的问卷调查并收到了 44 份大学生的回复（存储在文件 GradSurvey 中）。对于这些数据，使用 0.05 的显著性水平。

a. 是否有证据表明男性和女性在年龄、本科平均成绩、研究生平均成绩、毕业后的预期薪水、教材和生活品的花费、每周发送的短信数以及感受到富有所需要的财富上存在差异?

b. 是否有证据表明准备读研究生和不准备读研究生的学生在年龄、本科平均成绩、研究生平均成绩、毕业后的预期薪水、教材和生活品的花费、每周发送的短信数以及感受到富有所需要的财富上存在差异?

c. 是否有证据表明不同学术专业的学生在年龄、本科平均成绩、研究生平均成绩、毕业后的预期薪水、教材和生活品的花费、每周发送的短信数以及感受到富有所需要的财富上存在差异?

d. 是否有证据表明出于不同目的读研究生的学生在年龄、本科平均成绩、研究生平均成绩、毕业后的预期薪水、教材和生活品的花费、每周发送的短信数以及感受到富有所需要的财富上存在差异?

第 11 章

χ^2检验

Chi-Square Tests

学习目标

- 学习在不同情况下如何使用 χ^2检验对列联表进行分析

统计应用

调查度假顾客的满意度

假设你是 T. C. 度假实业集团的经理，集团在两座度假岛上拥有五家高档酒店。如果顾客对度假期间享受到的服务质量感到满意，他们将更有可能在未来的假期再次入住，并且向亲朋好友推荐。你将商业目标定为提高会再次入住酒店的顾客比率。为了评估酒店所提供服务的质量，酒店鼓励顾客在退房时或退房后通过电子邮箱填写一份顾客满意度调查表。

我们需要对这些调查表的数据加以分析，从而确定顾客对服务的总体满意程度、再次入住的可能性，以及一些顾客不愿意再次入住的原因。例如，在一个岛上，T. C. 度假实业集团营运 Beachcomber 与 Windsurfer 两家酒店。Beachcomber 酒店和 Windsurfer 酒店提供的服务质量是否一样？如果不一样，怎样利用这一信息来改进 T. C. 度假实业集团的总体服务质量？进一步，如果顾客表示不会再次入住，原因是什么？这些原因只属于某家酒店，还是 T. C. 度假实业集团运营的酒店共有？

在前面两章中，假设检验方法被用来分析数值数据和属性数据。第 9 章介绍了单样本检验，第 10 章进一步介绍了两样本检验和单因素方差分析。本章将假设检验方法加以拓展，考虑基于两个或两个以上样本来分析总体比率差异的方法。此外，还将考察针对两类变量的独立性假设。

11.1 两个比率差异的 χ^2检验

10.3 节介绍了两个比率差异的 Z 检验。本节我们将从不同的角度考察数据。这里假设检验方法使用的检验统计量近似服从 χ^2分布。就检验结果而言，χ^2检验与 10.3 节介绍的 Z 检验是等价的。

如果想要比较两个独立组别之间分类回应（categorical response）的数量，可以构造**两因素列联表**（two-way contingency table）来显示每一组别中我们关注和不关注事项的发生频数。（列联表最先在 2.1 节中涉及，在第 4 章中被用来定义和研究概率。）

为了演示列联表的用法，让我们回到 T. C. 度假实业集团顾客满意度调查的例子。在其中一个度假岛上，T. C. 度假实业集团有两家酒店（Beachcomber 与 Windsurfer)。对问题"您是否会再次选择这家酒店"的回应统计结果显示，在 Beachcomber 酒店，227 个调查样本中有 163 个回应说"会"；在 Windsurfer 酒店，262 个调查样本中有 154 个回应说"会"。我们关心的是：在 0.05 的显著性水平下，顾客对两家酒店服务质量的满意度（用是否会再次选择该酒店来衡量）是否存在显著差异？

表 11-1 所示列联表包括两行两列，叫做 **2×2 列联表**（2×2 contingency table）。表中的每一单元格表示行列组合的频数。

表 11-1　2×2 列联表展开

行变量	列变量		
	组 1	组 2	总计
关注的事项	X_1	X_2	X
不关注的事项	$n_1 - X_1$	$n_2 - X_2$	$n - X$
总计	n_1	n_2	n

其中

X_1=组 1 中关注事项的发生数

X_2=组 2 中关注事项的发生数

n_1-X_1=组 1 中非关注事项的发生数

n_2-X_2=组 2 中非关注事项的发生数

$X=X_1+X_2$=总的关注事项的发生数

$n-X=(n_1-X_1)+(n_2-X_2)$=总的非关注事项的发生数

n_1=组 1 的样本容量

n_2=组 2 的样本容量

$n=n_1+n_2$=总样本容量

表 11-2 就是顾客对酒店满意度研究的列联表。它包含两行两列，行分别表示顾客是否愿意再次入住该酒店，列分别表示两家酒店。表中的每一单元格表示行列结合的频数，行和表示愿意及不愿意再次入住酒店的顾客的数量，列和表示每一处酒店的样本容量。

表 11-2　顾客满意度调查的 2×2 列联表

是否愿再次入住	酒店		
	Beachcomber	Windsurfer	总计
是	163	154	317
否	64	108	172
总计	227	262	489

将愿意再次入住 Beachcomber 与 Windsurfer 的顾客比率分别设为 π_1 和 π_2，为了检验 π_1 是否等于 π_2，我们可以利用**两个比率差异的 χ^2 检验**（χ^2 test for the difference between two proportions）。若零假设为两个总体比率相等：

$$H_0: \pi_1 = \pi_2$$

则对应的备择假设为两个总体比率不相等：

$$H_1: \pi_1 \neq \pi_2$$

我们可以使用公式（11.1）中的 χ^2_{STAT} 检验统计量，其抽样分布服从 χ^2 分布。

两个比率差异的 χ^2 检验

求出观测频数与期望频数差异的平方，除以表中每一单元格的期望频数，然后对表中所有单元格加总，就得到了 χ^2_{STAT} 检验统计量。

$$\chi^2_{STAT} = \sum_{\text{所有单元}} \frac{(f_o - f_e)^2}{f_e} \tag{11.1}$$

式中

f_o＝2×2 列联表特定单元格内的**观测频数**（observed frequency）

f_e＝零假设为真时特定单元格内的**期望频数**（expected frequency）

χ^2_{STAT} 检验统计量近似服从自由度为 1 的卡方分布。[①]

要计算任意一个单元格中的期望频数 f_e，需要了解：如果零假设为真，那么两个总体中关注事项的比率相等。在这种情况下，两个组样本比率的差异将仅仅由于偶然因素导致。每个样本比率都是对共同的总体比率 π 的估计量。这种情况下，将两个独立的估计结合或混合成一个对总体参数 π 的估计，该统计量的信息量要比两个估计单独提供的信息量大。我们用 $\bar{p}$ 表示这一合成统计量，它代表两个组结合起来的关注事项的比率（即总关注事项数除以总样本容量）。与 $\bar{p}$ 形成互补的 $1-\bar{p}$ 代表两个组中全部非关注事项的整体或平均比率。使用表 11－1 中的符号，可以将 $\bar{p}$ 定义为公式(11.2)。

计算平均比率

$$\bar{p} = \frac{X_1 + X_2}{n_1 + n_2} = \frac{X}{n} \tag{11.2}$$

要得到每一关注事项单元格（即列联表第 1 行的单元格）的期望频数 f_e，需要将每组样本容量或列和乘以 $\bar{p}$。要得到每一非关注事项单元格（即列联表第 2 行的单元格）的期望频数 f_e，需要将样本容量乘以 $1-\bar{p}$。

公式（11.1）显示，χ^2_{STAT} 检验统计量近似服从自由度为 1 的**卡方（χ^2）分布**（chi-square χ^2 distribution，见表 E.4）。使用某一显著性水平 α，如果 χ^2_{STAT} 检验统计量大于自由度为 1 的 χ^2_α 分布的右侧临界值，则拒绝零假设。因此，决策准则为：

若 $\chi^2_{STAT} > \chi^2_\alpha$，则拒绝 H_0；

否则，不能拒绝 H_0。

图 11－1 演示了这一决策准则。

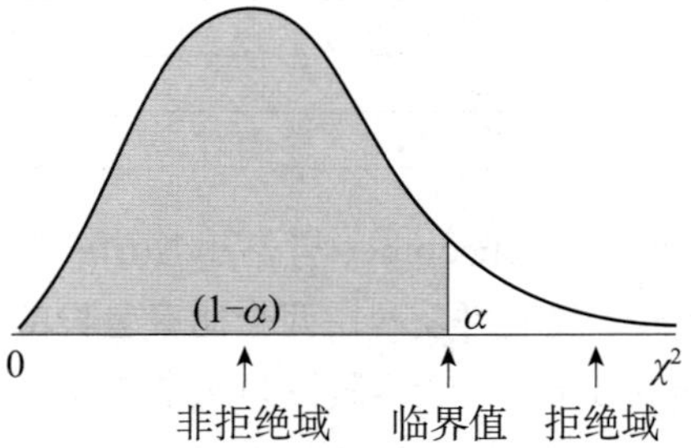

图 11－1　在 α 的显著性水平下，两个比率差异 χ^2 检验的拒绝域与非拒绝域

① 一般情况下，列联表的自由度等于(行数－1)×(列数－1)。

如果零假设为真，那么χ^2_{STAT}检验统计量应该接近于零，这是因为实际观测到的单元格中的 f_o与理论上期望的 f_e之间差异的平方很小。另一方面，如果 H_0为假，总体比率存在真实差异，那么χ^2_{STAT}检验统计量就会很大。然而，单元格中的很大差异只是相对的。由于要除以期望频数，相同的 f_o与 f_e之间的实际差异，对期望频数较小单元格的χ^2_{STAT}检验统计量的影响要比期望频数较大时大。

为了演示如何使用卡方检验来分析两个比率之间的差异，让我们回到本章开始时 T. C. 度假实业集团的例子，根据顾客回应制作的列联表如表 11－2 所示。零假设（H_0：$\pi_1=\pi_2$）表示两家酒店比较的结果为无差异，两家酒店可能再次入住的顾客比率相等。

$$\bar{p}=\frac{X_1+X_2}{n_1+n_2}=\frac{163+154}{227+262}=\frac{317}{489}=0.6483$$

$\bar{p}$ 是共同参数π 的估计量，即零假设为真时可能再次选择任意一家酒店的顾客总体比率。不愿意再次选择这些酒店的顾客比率的估计值与 $\bar{p}$ 互补，即 $1-0.6483=0.3517$。将这两个比率分别乘以 Beachcomber 酒店的样本容量，就会得到愿意再次选择与不愿意再次选择该酒店的顾客期望频数。用同样的方法，分别将上述两个顾客比率的估计值乘以 Windsurfer 酒店的样本容量，就会得到该酒店相应的顾客期望频数。

例 11.1

计算期望频数

计算表 11－2 中 4 个单元格各自的期望频数。

解答

是——Beachcomber 酒店：$\bar{p}=0.6483$，$n_1=227$，所以 $f_e=147.16$。

是——Windsurfer 酒店：$\bar{p}=0.6483$，$n_2=262$，所以 $f_e=169.84$。

否——Beachcomber 酒店：$1-\bar{p}=0.3517$，$n_1=227$，所以 $f_e=79.84$。

否——Windsurfer 酒店：$1-\bar{p}=0.3517$，$n_2=262$，所以 $f_e=92.16$。

表 11－3 列出了所有这些期望频数。

表 11－3 实际观测值（f_o）和期望值（f_e）的比较

是否愿意再次入住	酒店				总计
	Beachcomber		Windsurfer		
	期望	实际	期望	实际	
是	163	147.16	154	169.84	317
否	64	79.84	108	92.16	172
总计	227	227.00	262	262.00	489

零假设为两个总体比率相等：

H_0：$\pi_1=\pi_2$

对应的备择假设为两个总体比率不相等：

H_1：$\pi_1\neq\pi_2$

根据表 11－3 中的实际频数与期望频数，用公式（11.1）计算 χ^2_{STAT} 检验统计量的过程如表 11－4 所示。

表 11-4　根据酒店顾客满意度调查结果计算 χ^2_{STAT} 检验统计量

f_o	f_e	(f_o-f_e)	$(f_o-f_e)^2$	$(f_o-f_e)^2/f_e$
163	147.16	15.84	250.91	1.71
154	169.84	−15.84	250.91	1.48
64	79.84	−15.84	250.91	3.14
108	92.16	15.84	250.91	2.72
				9.05

χ^2分布是一个右偏分布，形状取决于其自由度。从表 E.4 中可以查到 χ^2检验的临界值，表 11-5 显示了该临界值表中的一部分。

表 11-5　自由度为 1、显著性水平为 0.05 时从 χ^2分布表中查找临界值

自由度	累积概率						
	0.005	0.01	…	0.95	0.975	0.99	0.995
	右尾面积						
	0.995	0.99	…	0.05	0.025	0.01	0.005
1			…	3.841	5.024	6.635	7.879
2	0.010	0.020	…	5.991	7.378	9.210	10.597
3	0.072	0.115	…	7.815	9.348	11.345	12.838
4	0.207	0.297	…	9.488	11.143	13.277	14.860
5	0.412	0.554	…	11.071	12.833	15.086	16.750

表 11-5 中的数值是选取的χ^2分布的右侧区域。一个 2×2 列联表自由度为 1，因为表中有两行两列，自由度＝(行数－1)×(列数－1)。使用 $\alpha=0.05$ 和自由度为 1，可以从表 11-5 中知道 χ^2检验的临界值为 3.841。如果计算出的χ^2_{STAT}大于 3.841，那么就拒绝零假设（见图 11-2）。由于根据酒店调查结果计算得到的$\chi^2_{STAT}=9.05$ 大于临界值 3.841，因此，拒绝零假设。我们可以得出结论：将会再次入住 Beachcomber 的顾客比率与将会再次入住 Windsurfer 的顾客比率存在差异。

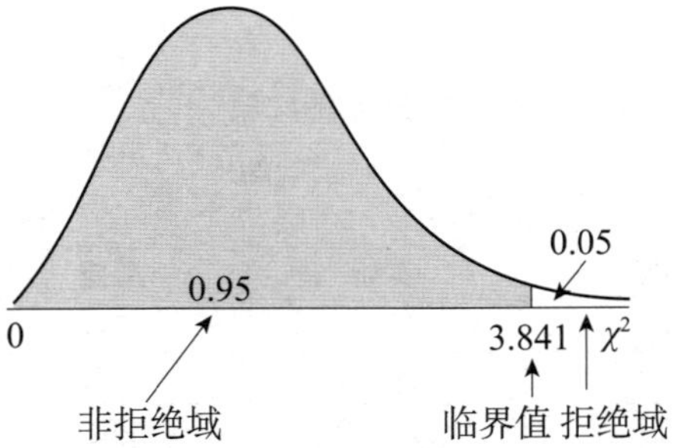

图 11-2　显著性水平为 0.05、自由度为 1 时 χ^2检验拒绝域与非拒绝域的临界值

图 11-3 显示了顾客满意度 2×2 列联表（即表 11-2）的 Excel 和 Minitab 结果。上述结果中包括期望频数、χ^2_{STAT}检验统计量、自由度以及 p 值。χ^2_{STAT}检验统计量为 9.052 6，大于临界值 3.841 5，或者说 p 值＝0.002 6＜0.05，所以拒绝关于两家酒店的顾客满意度没有差异的零假设。此外，0.002 6 的 p 值表示两家酒店在实际总体比率相等时，观测到两家酒店愿意再次入住的样本比率差异与 0.13 相等或比它更大

	A	B	C	D	E	F	G
1	**Chi-Square Test**						
2							
3	**Observed Frequencies**						
4		Hotel				Calculations	
5	Choose Again?	Beachcomber	Windsurfer	Total		fo-fe	
6	Yes	163	154	317		15.8446	-15.8446
7	No	64	108	172		-15.8446	15.8446
8	Total	227	262	489			
9							
10	Expected Frequencies						
11		Hotel					
12	Choose Again?	Beachcomber	Windsurfer	Total		(fo-fe)^2/fe	
13	Yes	147.1554	169.8446	317		1.7060	1.4781
14	No	79.8446	92.1554	172		3.1442	2.7242
15	Total	227	262	489			
16							
17	**Data**						
18	Level of Significance	0.05					
19	Number of Rows	2					
20	Number of Columns	2					
21	Degrees of Freedom	1	=(B19 - 1) * (B20 - 1)				
22							
23	**Results**						
24	Critical Value	3.8415	=CHISQ.INV.RT(B18, B21)				
25	Chi-Square Test Statistic	9.0526	=SUM(F13:G14)				
26	*p*-Value	0.0026	=CHISQ.DIST.RT(B25, B21)				
27	Reject the null hypothesis		=IF(B26 < B18, "Reject the null hypothesis",				
28			"Do not reject the null hypothesis")				
29	*Expected frequency assumption*						
30	*is met.*		=IF(OR(B13 < 5, C13 < 5, B14 < 5, C14 < 5), "　is violated.", "　is met.")				

Chi-Square Test: Beachcomber, Windsurfer

```
Expected counts are printed below observed counts
Chi-Square contributions are printed
below expected counts

        Beachcomber  Windsurfer  Total
    1           163         154    317
             147.16      169.84
              1.706       1.478

    2            64         108    172
              79.84       92.16
              3.144       2.724

Total           227         262    489

Chi-Sq = 9.053, DF = 1, P-Value = 0.003
```

图 11-3　顾客满意度调查 χ^2 检验的 Excel 与 Minitab 结果

的概率。因此，有充足的理由相信两家酒店的顾客满意度存在显著差异，而这一顾客满意度是用他们愿意再次入住的比率来衡量的（163/227－154/262＝0.718－0.588＝0.13）。考察表 11－3 可知，相对于 Windsurfer 而言，愿意再次入住 Beachcomber 的顾客比率更大。

为了保证 χ^2 检验对 2×2 列联表得出正确的结果，我们需要假设每一期望频数不小于 5。当这一假设无法满足时，可以使用 Fisher's exact 检验作为替代检验方法（见参考文献 1，2 和 4）。

在酒店顾客满意度调查一例中，基于标准正态分布的 Z 检验（见 10.3 节）与基于自由度为 1 的 χ^2 分布的 χ^2 检验所得到的结论相同。可以用标准正态分布与自由度为 1 的 χ^2 分布之间的相互关系来解释这一结果。在这种情况下，χ^2_{STAT} 检验统计量总是等于 Z_{STAT} 检验统计量的平方。

例如，在顾客满意度研究中，Z_{STAT} 检验统计量为＋3.008 8，而 χ^2_{STAT} 检验统计量为 9.052 6，若不考虑进位误差，显然后者的值等于前者的平方，即 $(+3.008\,8)^2$ 9.052 6。而且，对两个分布在 0.05 的显著性水平下检验统计量的临界值加以比较，会发现 χ^2 的临界值 3.841 是 Z 值±1.96 的平方。此外，两个检验的 p 值也相等。因此可以得出结论：对关于两个比率相等的零假设

$$H_0: \pi_1 = \pi_2$$

及其对应的总体比率不相等的备择假设

$$H_1: \pi_1 \neq \pi_2$$

用 Z 检验和 χ^2 检验是等价的。如果我们还想知道是否存在证据证明有方向性的差异，比如 $\pi_1 > \pi_2$，那么就应该使用 Z 检验，将其全部拒绝域集中于标准正态分布的一侧。

在下一节中，χ^2检验将得到进一步扩展，可以用来比较和衡量两个以上不同组别之间比率的差异。值得注意的是：需要检验两个以上的组别时是不能使用 Z 检验的。

11.1 习题

掌握基础知识

11.1 求出下列各显著性水平下，自由度为 1 的 χ^2 分布的临界值：

a. $\alpha = 0.01$。

b. $\alpha = 0.005$。

c. $\alpha = 0.10$。

11.2 求出下列各显著性水平下，自由度为 1 的 χ^2 分布的临界值：

a. $\alpha = 0.05$。

b. $\alpha = 0.025$。

c. $\alpha = 0.001$。

11.3 使用以下列联表：

	A	B	合计
1	20	30	50
2	30	45	75
合计	50	75	125

a. 找出所有单元格的期望频数。

b. 比较每个单元格观测到的频数和期望频数。

c. 计算 χ^2_{STAT}，它在 $\alpha = 0.05$ 的显著性水平下显著吗？

11.4 使用以下列联表：

	A	B	合计
1	20	30	50
2	30	20	50
合计	50	50	100

a. 找出所有单元格的期望频数。

b. 计算χ^2_{STAT}，它在 $\alpha = 0.05$ 的显著性水平下显著吗？

概念应用

11.5 一项在线调查询问了 1 000 名成年人“你通过移动设备购买了什么？”结果表明，61%的女性和 39%的男性回答为服装（*Ebates. com* 2014 *Mobile Shopping Survey*：*Nearly Half of Americans Shop from a Mobile Device*，available at bit. ly/1hi6kyX.）。男性和女性的样本大小没有提供。假定结果如下表：

通过移动设备购买服装	性别		
	男	女	合计
是	195	305	500
否	305	195	500
合计	500	500	1 000

a. 在 0.01 的显著性水平下，是否有证据表明男性和女性通过移动设备购买服装的比率存在显著差异？

b. 计算 p 值并解释其含义。

c. 如果有 270 位男性说他们通过移动设备购买服装，230 位男性说他们不通过移动设备购买服装，那么问题（a），（b）中的答案又会是什么？

d. 将本题（a）～（c）的结果与习题 10.29（a），（b），（d）中的结果进行比较。

11.6 社交媒体推荐是否会增加广告的有效性？一个关于在线视频观看者的研究比较了经由社交媒体推荐直接收看某个特定品牌广告视频者和通过网页观看同样广告视频者。所收集数据为在看过视频之后，观看者是否能够正确地回忆起做广告的品牌。结果如下：

收看方式	正确回忆了广告品牌	
	是	否
推荐	407	150
网页浏览	193	91

资料来源：Data extracted from "Social Ad Effectiveness: An Unruly White Paper," January 2012, p. 3, www.unrulymedia.com.

a. 建立零假设和备择假设证明社交媒体推荐和靠网页浏览的品牌回忆率是否存在差异。

b. 在 0.05 的显著性水平下对（a）进行假设检验。

c. 将本题（a）和（b）中的结果与习题 10.30（a）和（b）中的结果进行比较。

11.7 男性和女性谁更容易在工作中感到紧张和疲劳呢？Harris Interactive 进行的一项代表美国心理学会的关于成年雇员的调查揭示了以下结果：

性别	感到紧张或疲劳	
	是	否
男性	244	495
女性	282	480

a. 在 0.05 的显著性水平下，是否有证据表明男性和女性在工作中感到紧张和疲劳的比率存在显著差异？

b. 计算 p 值并解释其含义。

11.8 消费者研究公司 Scarborough 分析了 10% 的美国成年人，他们要么是"超级存款者"，要么是"不存款者"。超级存款者被定义为生存在拥有许多金融机构的多个资产账户以及一些其他投资的家庭中的人；不存款者是那些生活在不使用银行或者信用机构的家庭中的人。通过找到超级存款者，Scarborough 公司辨认出了那些善于理财的人，即能够把自己的投资组合多样化者；通过找到不存款者，Scarborough 公司为银行和金融机构提供了关于最终潜在客户的洞见。作为分析的一部分，Scarborough 公司报告 93% 的超级存款者在过去的 3 个月中使用了信用卡，而不存款者中则是 23%（bit. ly/Q 1ABwO.）。假定这些结果基于 1 000 个超级存款者和 1 000 个不存款者。

a. 在 0.01 的显著性水平下，是否有证据超级存款者和不存款者信用卡的使用比率存在显著差异？

b. 计算 p 值并解释其含义。

c. 将本题（a）和（b）中的结果与习题 10.32 中的结果进行比较。

11.9 A/B 检验法是商业中经常使用的一种检验方法，用来检验不同的设计和网页页面构成，以决定一个新的网页页面是否要比现在的网页页面更有影响。网页设计者在网页上检验了一个新的行动按钮。每个网页的访问者被随机展示原先的行动按钮或者新的行动按钮。检验是否成功的方法为下载率：下载文件的人数除以看见某种特定行动按钮的人数。实验得到了以下结果：

类别	下载数量	访问数量
原先的行动按钮	351	3 642
新的行动按钮	485	3 556

a. 在0.05的显著性水平下，是否有证据表明原来的行动按钮和新的行动按钮的下载率存在差异?

b. 计算 p 值并解释其含义。

c. 将（a）和（b）中的结果与习题10.31中的结果进行比较。

11.10　同步浏览是否对消费者体验有积极的影响? 同步浏览是指拥有一个联系中心机构从而消费者可以通过网络即时共同操作在线文件或者移动应用。一个关于商业的研究表明，129个同步浏览机构中有81个使用技术支持的路线来匹配呼叫者和正确的代理机构，然而176个非同步浏览机构中有65个使用技术支持的路线来匹配呼叫者和正确的代理机构（*Cobrowsing Presents a 'Lucrative' Customer Service Opportunity*，available at bit. ly/1wwALWr.）。

a. 建立2×2列联表。

b. 在0.05的显著性水平下，是否有证据表明同步浏览机构和非同步浏览机构使用技术支持的路线来匹配呼叫者和正确代理机构的比率有所差异?

c. 计算 p 值并解释其含义。

d. 将（a）和（b）中的结果与习题10.34中的结果进行比较。

11.2　多个比率差异的 χ^2 检验

在这一部分，χ^2 检验被扩展到比较两个或者两个以上的独立总体。我们用字母 c 来表示所考察独立总体的个数。现在，列联表有2行 c 列。要检验的零假设为 c 个总体比率之间不存在差异：

$$H_0: \pi_1 = \pi_2 = \cdots = \pi_c$$

对应的备择假设为 c 个总体比率并不都相等：

$$H_1: \text{并非所有的 } \pi_j \text{ 都相等}(j = 1, 2, \cdots, c)$$

使用公式（11.1）：

$$\chi^2_{STAT} = \sum_{\text{所有单元}} \frac{(f_o - f_e)^2}{f_e}$$

式中

f_o=2×c 列联表特定单元格的观测频数

f_e=零假设为真时特定单元格的期望频数

如果零假设为真，c 个总体比率相等，那么 c 个样本比率不相等只会是偶然现象。在这种情况下，将 c 个独立的估计值结合或混合成一个对总体参数 π 的全局或平均估计值，所能提供的信息量比 c 个估计值中任意一个单独提供的要大得多。为了扩展公式（11.2），公式（11.3）中用 $\bar{p}$ 检验统计量来表示将 c 个组结合在一起的整体比率估计。

计算 c 个组的整体比率估计

$$\bar{p} = \frac{X_1 + X_2 + \cdots + X_c}{n_1 + n_2 + \cdots + n_c} = \frac{X}{n} \tag{11.3}$$

要得到列联表第1行每一单元格的期望频数 f_e，需将每组样本容量（或列和）乘以 $\bar{p}$。要得到列联表第2行每一单元格的期望频数 f_e，需将样本容量乘以 $1-\bar{p}$。公式（11.1）显示，$\bar{p}$ 检验统计量近似服从 χ^2 分布，其自由度等于列联表的行数减1，再乘以列数减1。对 **2×c 列联表**（2×c contingency table），自由度为 $c-1$。

$$\text{自由度} = (2-1)(c-1) = c-1$$

使用显著性水平 α，如果 χ^2_{STAT} 检验统计量大于自由度为 $c-1$ 的 χ^2 分布的右侧临界值 χ^2_α，则拒绝零假设。因此，决策准则为：

若 $\chi^2_{STAT} > \chi^2_\alpha$，则拒绝 H_0；

否则，不能拒绝 H_0。

图 11-4 形象地展示了这一决策准则。

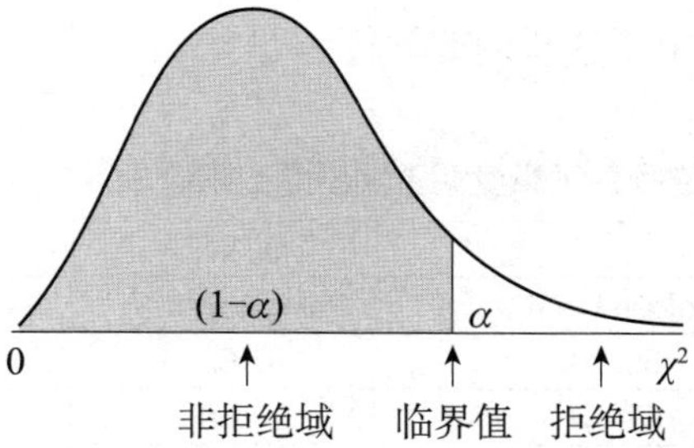

图 11-4 对 c 个比率差异的 χ^2 检验的拒绝域与非拒绝域

为了演示多个组别时如何进行比率相等性的 χ^2 检验，让我们回到前面 11.1 节讨论过的有关 T.C. 度假实业集团的例子。再次，你将商业目标定为提升服务质量，但是这次考虑的是坐落在另外一个度假岛上的 3 家酒店。表 11-6 列出了 3 家酒店的顾客对他们是否愿意再次选择这家酒店的回答。

表 11-6 顾客满意度调查的 2×3 列联表

是否愿意再次入住	酒店			
	Golden Plam	Palm Royale	Palm Princess	总计
是	128	199	186	513
否	88	33	66	187
总计	216	232	252	700

在 3 家酒店的顾客愿意再次入住的比率无差异的零假设下，使用公式（11.3）计算 π，即愿意再次入住的顾客的总体比率的估计量。感到满意的顾客的整体比率计算如下：

$$\bar{p} = \frac{X_1 + X_2 + \cdots + X_c}{n_1 + n_2 + \cdots + n_c} = \frac{X}{n}$$

$$= \frac{(128+199+186)}{(216+232+252)} = \frac{513}{700} = 0.733$$

对不愿意再次入住的顾客总体比率的估计为 $(1-\bar{p})$，或者说 0.267。将这两个比率与每一家酒店的样本容量相乘就会得到愿意和不愿意再次入住的顾客的期望频数。

例 11.2

计算期望频数

计算表 11-6 中 6 个单元格的期望频数。

解答

是——Golden Palm：$\bar{p}=0.733$，$n_1=216$，所以 $f_e=158.30$。

是——Palm Royale：$\bar{p}=0.733$，$n_2=232$，所以 $f_e=170.02$。

是——Palm Princess：$\bar{p}=0.733$，$n_3=252$，所以 $f_e=184.68$。
否——Golden Palm：$1-\bar{p}=0.267$，$n_1=216$，所以 $f_e=57.70$。
否——Palm Royale：$1-\bar{p}=0.267$，$n_2=232$，所以 $f_e=61.98$。
否——Palm Princess：$1-\bar{p}=0.267$，$n_3=252$，所以 $f_e=67.32$。

表 11-7 列出了这些期望频数。

表 11-7 关于 3 家酒店的顾客满意度调查期望频数列联表

是否愿意再次入住	酒店			总计
	Golden Plam	Palm Royale	Palm Princess	
是	158.30	170.02	184.68	513
否	57.70	61.98	67.32	187
总计	216.00	232.00	252.00	700

要检验的零假设为总体比率相等：

$$H_0: \pi_1 = \pi_2 = \pi_3$$

对应的备择假设为 3 个总体比率并非都相等：

$$H_1: 并非所有的 \pi_j 都相等(j = 1, 2, 3)$$

可以使用表 11-6 的观测频数和表 11-7 的期望频数来计算公式（11.1）的χ^2_{STAT}检验统计量。计算方法如表 11-8 所示。

表 11-8 计算 3 家酒店比率的 χ^2_{STAT} 检验统计量

f_o	f_e	(f_o-f_e)	$(f_o-f_e)^2$	$(f_o-f_e)^2/f_e$
128	158.30	−30.30	918.09	5.80
199	170.02	28.98	839.84	4.94
186	184.68	1.32	1.74	0.01
88	57.70	30.30	918.09	15.91
33	61.98	−28.98	839.84	13.55
66	67.32	−1.32	1.74	0.02
				40.23

从表 E.4 可以得出 χ^2检验统计量的临界值。在顾客满意度调查中，由于考察了 3 家酒店，自由度为$(2-1)(3-1)=2$。使用 $\alpha=0.05$，在 0.05 的显著性水平下，自由度为 2 的 χ^2分布临界值为 5.991（见图 11-5）。

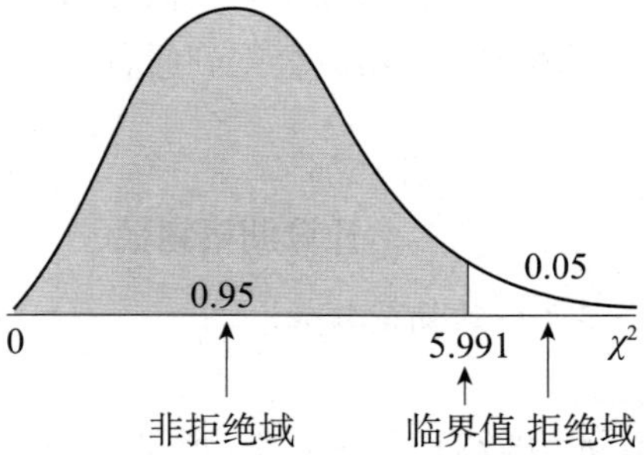

图 11-5 显著性水平 0.05、自由度 2 时，对 3 个比率差异检验的拒绝域与非拒绝域

因为$\chi^2_{STAT}=40.23$，比上述临界值 5.991 要大得多，因此，拒绝零假设。图 11－6 展示了这个问题的 Excel 和 Minitab 结果，其中包括相应的 p 值。由于得到了接近于 0.000 0 的 p 值，显然小于给定的显著性水平 $\alpha=0.05$，因此可以拒绝零假设。此外，这个 p 值意味着如果 3 家酒店的总体比率相等，那么在事实上就几乎不可能观测到 3 个样本比率之间存在如此或更大的差异。因此，有充分的证据得出结论：3 家酒店愿意再次入住的顾客的比率是不同的。

	A	B	C	D	E	F	G	H	I
1	Chi-Square Test								
2									
3	Observed Frequencies								
4		Hotel					Calculations		
5	Choose Again?	Golden Palm	Palm Royale	Palm Princess	Total		fo - fe		
6	Yes	128	199	186	513		-30.2971	28.9771	1.32
7	No	88	33	66	187		30.2971	-28.9771	-1.32
8	Total	216	232	252	700				
9									
10	Expected Frequencies								
11		Hotel							
12	Choose Again?	Golden Palm	Palm Royale	Palm Princess	Total		(fo - fe)^2/fe		
13	Yes	158.2971	170.0229	184.68	513		5.7987	4.9386	0.0094
14	No	57.7029	61.9771	67.32	187		15.9077	13.5481	0.0259
15	Total	216	232	252	700				
16									
17	Data								
18	Level of Significance	0.05							
19	Number of Rows	2							
20	Number of Columns	3							
21	Degrees of Freedom	2							
22									
23	Results								
24	Critical Value	5.9915	=(B19 - 1) * (B20 - 1)						
25	Chi-Square Test Statistic	40.2284							
26	*p*-Value	0.0000							
27	Reject the null hypothesis		=CHISQ.INV.RT(B18, B21)						
28			=SUM(G13:I14)						
29	*Expected frequency assumption*		=CHISQ.DIST.RT(B25, B21)						
30	*is met.*		=IF(B26 < B18, "Reject the null hypothesis", "Do not reject the null hypothesis")						

Chi-Square Test: Golden Palm, Palm Royale, Palm Princess

```
Expected counts are printed below observed counts
Chi-Square contributions are printed
below expected counts

        Golden    Palm      Palm
          Palm  Royale  Princess  Total
    1      128     199       186    513
        158.30  170.02    184.68
         5.799   4.939     0.009

    2       88      33        66    187
         57.70   61.98     67.32
        15.908  13.548     0.026

Total      216     232       252    700

Chi-Sq = 40.228, DF = 2, P-Value = 0.000
```

图 11－6　关于 3 家酒店顾客满意度 χ^2检验的 Excel 和 Minitab 结果

为了保证使用 χ^2检验对 $2\times c$ 列联表得出正确的结果，所有期望频数都必须足够大。对于足够大的定义在统计学家之间存在诸多争议。一些统计学家（见参考文献 5）发现，当所有期望频数至少为 0.5 时，卡方检验会给出准确的结果；另一些更为保守的统计学家要求，不超过 20%的单元格的期望频数少于 5，并且没有单元格的期望频数少于 1（见参考文献 3）。对这些观点的一个合理解释就是：为了保证检验的有效性，要确保每个期望频数至少为 1。为了达到这个标准，在计算检验统计量之前，可能需要在列联表中将一些低频的组类合并成一个组。如果合并组类是不可行的，那么还有其他方法可以采用（见参考文献 1，2 和 6）。

11.2 习题

掌握基础知识

11.11　考虑 2 行 5 列的列联表。

a. 找出自由度。

b. 找出 $\alpha=0.05$ 时的临界值。

c. 找出 $\alpha=0.01$ 时的临界值。

11.12　使用以下列联表：

	A	B	C	合计
1	10	30	50	90
2	40	45	50	135
合计	50	75	100	225

a. 计算每个单元格的期望频数。

b. 计算该列联表的 χ^2_{STAT} 检验统计量，它在 $\alpha=0.05$ 时显著吗?

11.13 使用以下列联表：

	A	B	C	合计
1	20	30	25	75
2	30	20	25	75
合计	50	50	50	150

a. 计算每个单元格的期望频数。

b. 计算该列联表的 χ^2_{STAT} 检验统计量，它在 $\alpha=0.05$ 时显著吗?

概念应用

11.14 网络用户个人信息被盗有多普遍? 一项关于网络用户的调查发现，18～29 岁的用户中有 15%，30～49 岁的用户中有 20%，50～64 岁的用户中有 20%，65 岁以上的用户中有 13%遇到过重要个人信息被盗的情况（*How Common is Online Personal Data Theft*? available at bit. ly/1rKlqRWm.）。假定调查在以上 4 个年龄组中分别抽取了 200 名用户。

a. 在 0.05 的显著性水平下，是否有证据表明不同年龄组中网络用户重要个人信息被盗的比率存在显著差异?

b. 计算 p 值并解释其含义。

11.15 拥有一个擅长数字应用的 CEO 是提升一个组织数字智商的重要因素之一。一项关于商务和 IT 执行官的调查发现，80%的自动化产业主管、70%的金融服务产业主管、82%的健康护理产业主管、59%的零售和消费产业主管、76%的科技产业主管都说他们的 CEO 在完成公司战略过程中非常善于使用数字化科技（*PwC's 2014 Global Digital IQ Survey*，available at pwc. to/1tGKCVa.）。

假定这些结果是分别基于 500 位在自动化、金融服务、健康护理、零售和消费、科技产业的商务和 IT 执行官的回答。

a. 在 0.05 的显著性水平下，是否有证据表明在不同产业中称其 CEO 在完成公司战略过程中非常善于使用数字化科技的比率存在差异?

b. 计算 p 值并解释其含义。

11.16 大多数公司认为大数据分析对于成功非常关键。然而，在小型公司（少于 100 名员工）、中型公司（100～999 名员工）、大型公司（1 000 名以上员工）中开展大数据项目的情况是否存在差异? 一项研究展示了不同规模公司之间的结果（2014 *Big Data Outlook*：*Big Data Is Transformative—Where Is Your Company*? available at bit. ly/1o8kaEo.）。

已经开展大数据项目	**公司规模**		
	小型公司	**中型公司**	**大型公司**
是	9%	37%	26%
否	91%	63%	74%

假设每个规模组别中有 200 个决策制定者。

a. 在 0.05 的显著性水平下，是否有证据表明不同规模公司中已经开展大数据项目的比率存在显著差异?

b. 计算 p 值并解释其含义。

11.17 假设每个规模组别中仅有 50 个决策制定者，请重复计算习题 11.16 中的问题（a）和（b），并讨论样本容量大小对两个以上总体之间差异 χ^2 检验的影响。

11.18 大多数中型公司的市场人员会被需要管理的科技供应商关系困扰。DNN 进行的一项研究基于包含以下数据的样本：57 家有 50～99 名雇员的公司、93 家有 100～499 名雇员的公司、69 家有500～999 名雇员的公司、81 家有 1 000～5 000 名雇员的公司中分别有 19 家、44 家、43 家、61 家称要和 5 个或以上供应商保持工作关系（*Marketing Got Complicated*：*Challenges*（*and Opportunities*）*for Marketers at Mid-Sized Companies*，bit. ly/S6PIOj.）。

a. 在 0.05 的显著性水平下，是否有证据表明不同规模的公司中要和 5 个或以上供应商保持工作关系的比率存在显著差异?

b. 计算 p 值并解释其含义。

11.19 GMI Ratings' 2013 关于女性在董事会中的调查展示出女性在董事会中的数量保持缓慢速度增长。研究报告称 101 家法国样本公司中的 68 家（67%）、212 家澳大利亚样本公司中的 148 家（70%）、30 家挪威样本公司中的 28 家（93%）、58 家新加坡样本公司中的 31 家（53%）、145 家加拿大样本公司中的 96 家（66%）在董事会中至少有 1 位女性主管（*GMI Ratings' 2013 Woman on Boards Survey*，http：//bit. ly/1jPXYc4.）。

a. 在 0.05 的显著性水平下，是否有证据表明在不同国家中在董事会中至少有一位女性主管的公司比率存在显著差异?

b. 计算 p 值并解释其含义。

11.3 独立性的 χ^2 检验

在 11.1 节与 11.2 节中，我们使用 χ^2 检验来评估总体比率间的潜在差异。对一个具有 r 行 c 列的列联表，χ^2 检验能够被一般化，用来检验两个属性变量的独立性。

作为独立性的假设检验，其零假设和备择假设表述如下：

H_0：两个属性变量相互独立（比如，它们之间没有关系）

H_1：两个属性变量有关联（比如，它们之间存在某种关系）

此处，我们再一次使用公式（11.1）来计算检验统计量：

$$\chi^2_{STAT} = \sum_{\text{所有单元}} \frac{(f_o - f_e)^2}{f_e}$$

给定显著性水平 α，如果 χ^2_{STAT} 检验统计量大于自由度为 $(r-1)(c-1)$ 的 χ^2 分布的右侧临界值 χ^2_α，则拒绝零假设（见图 11-7）。

决策准则为：

若 $\chi^2_{STAT} > \chi^2_\alpha$，则拒绝 H_0；

否则，不能拒绝 H_0。

独立性的 χ^2 检验（test of independence）与比率差异的 χ^2 检验类似。检验统计量相同，决策准则也一样，但是，所表述的假设和所得到的结论不同。例如，在 11.1 节和 11.2 节的顾客满意度调查中，有证据表明愿意再次入住的顾客比率在不同酒店之间存在显著的差异。从另一个角度看，我们可以得出结论：酒店与顾客再次入住的可能性之间存在显著的关系。然而，两种不同类型的检验区别主要在于样本选择方式不同。

在比率是否相同的检验中，一个我们关注的因素有两个或多个水平。不同的水平

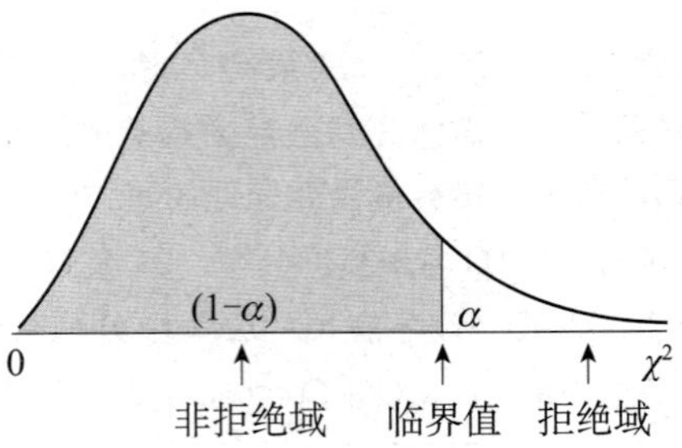

图 11-7 $r \times c$ 列联表独立性的 χ^2 检验的拒绝域与非拒绝域

代表各样本是从相互独立的总体中抽取出来的。每一样本组或水平中的回应可以归为两类：关注事项和非关注事项，目的是要比较和评估不同组或水平之间关注事项比率的差异。但是，在独立性检验中，我们所关心的因素有两个，每个有两个或多个水平。你抽取一个样本，然后将两个属性变量的交叉项统计记录在列联表的相应单元格中。

为了演示独立性的 χ^2 检验，假设在 3 家酒店的顾客满意度调查中，所有表示不愿意再次入住的顾客都被问了第 2 个问题：为什么不愿意再次入住？得到一个 4×3 列联表，如表 11-9 所示。

从表 11-9 可以发现，在不愿意再次入住的主要原因中，有 67 人回答是价格，60 人回答是地点，31 人回答是房间设施，29 人回答是其他原因。表 11-6 显示，Gold Palm，Palm Royale 以及 Palm Princess 3 家酒店不愿意再次入住的顾客分别为 88，33 和 66 人。

表 11-9 不愿意再次入住原因的列联表

不愿意再次入住的主要原因	酒店			总计
	Golden Plam	Palm Royale	Palm Princess	
价格	23	7	37	67
地点	39	13	8	60
房间设施	13	5	13	31
其他	13	8	8	29
总计	88	33	66	187

在这个 4×3 列联表单元格中的观测频数显示出根据样本顾客得到的 4 个不愿意再次入住的主要原因和 3 家酒店的联合频数分布。

零假设和备择假设分别为：

H_0：不愿意再次入住的主要原因与酒店无关

H_1：不愿意再次入住的主要原因与酒店有关

针对这两个属性变量是否存在关系来制定独立性零假设以及对应的备择假设，可使用公式（11.1）计算如下检验统计量：

$$\chi^2_{STAT} = \sum_{\text{所有单元}} \frac{(f_o - f_e)^2}{f_e}$$

式中

$f_o = r \times c$ 列联表特定单元格的观测频数或实际数

f_e＝独立性零假设为真时特定单元格的期望频数

可以使用之前学习过的概率法则来计算每一单元格的期望频数 f_e，即如果独立性零假设成立，那么就可以应用独立事件的乘法法则（见公式（4.7））来确定 f_e。例如，在独立性零假设成立的情况下，左上角单元格期望回答的联合概率或比率代表不愿意再次入住 Golden Palm 的主要原因是价格，它是两个边缘概率的乘积：P(价格)和 P(Golden Palm)。位于表格边缘的价格所占的比率 P(价格) 是 67/187，即 0.358 3，所有来自 Golden Palm 的回答所占的比率 P(Golden Palm) 是 88/187，即 0.470 6。如果零假设为真，不愿意再入住酒店的主要原因与酒店相互独立，则有：

$$\begin{aligned} P(\text{价格和 Golden Palm}) &= P(\text{价格}) \times P(\text{Golden Palm}) \\ &= 0.358\,3 \times 0.470\,6 \\ &= 0.168\,6 \end{aligned}$$

因此，这一单元格组合的期望频数 f_e 等于调查的总样本容量 n 与这一概率的乘积 187×0.168 6，即 31.53。使用类似的方法可以得到 4×3 列联表其余的 f_e 值（见表 11－10）。

表 11－10 不愿意再次入住主要原因的期望频数列联表

不愿再次入住的主要原因	酒店			
	Golden Plam	Palm Royale	Palm Princess	总计
价格	31.53	11.82	23.65	67
地点	28.24	10.59	21.18	60
房间设施	14.59	5.47	10.94	31
其他	13.65	5.12	10.24	29
总计	88.00	33.00	66.00	187

也可以用行和与列和的乘积除以总样本容量计算单元格期望频数，如公式（11.4）所示。

计算单元格的期望频数

单元格的期望频数是其行和与列和的乘积再除以总样本容量。

$$f_e = (\text{行和} \times \text{列和})/n \tag{11.4}$$

式中

行和＝同一行中频数的汇总

列和＝同一列中频数的汇总

n＝总样本容量

后一种方法使运算更为简便。例如，用公式（11.4）计算左上角单元格（Golden Palm 与价格）：

$$f_e = (\text{行和} \times \text{列和})/n = (67) \times (88)/187 = 31.53$$

计算右下角单元格（不愿意再次入住 Palm Princess 的其他原因）：

$$f_e = (\text{行和} \times \text{列和})/n = (29) \times (66)/187 = 10.24$$

为了进行独立性检验，还需要使用公式（11.1）的 χ^2_{STAT} 检验统计量，它近似服从 χ^2 分布，自由度为列联表中行数减去 1，再乘以列数减去 1。即对于 $r \times c$ 列联表，有 $(r-1)\times(c-1)$ 个自由度：

$$\text{自由度} = (r-1) \times (c-1)$$

$$=(4-1)\times(3-1)=6$$

χ^2_{STAT}检验统计量的计算如表 11 - 11 所示。

表 11 - 11　独立性检验 χ^2_{STAT} 检验统计量的计算

单元	f_o	f_e	(f_o-f_e)	$(f_o-f_e)^2$	$(f_o-f_e)^2/f_e$
价格/Golden Palm	23	31.53	−8.53	72.76	2.31
价格/Palm Royale	7	11.82	−4.82	23.23	1.97
价格/Palm Princess	37	23.65	13.35	178.22	7.54
地点/Golden Palm	39	28.24	10.76	115.78	4.10
地点/Palm Royale	13	10.59	2.41	5.81	0.55
地点/Plam Princess	8	21.18	−13.18	117.31	8.20
房间设施/Golden Palm	13	14.59	−1.59	2.53	0.17
房间设施/Palm Royale	5	5.47	−0.47	0.22	0.04
房间设施/Palm Princess	13	10.94	2.06	4.24	0.39
其他/Golden Palm	13	13.65	−0.65	0.42	0.03
其他/Palm Royale	8	5.12	2.88	8.29	1.62
其他/Palm Princess	8	10.24	−2.24	5.02	0.49
					27.41

使用显著性水平 $\alpha=0.05$，自由度为 6 的χ^2分布的右侧临界值为 12.592（见表 E.4），因为$\chi^2_{STAT}=27.41>12.592$，因此，拒绝独立性零假设（见图 11 - 8）。

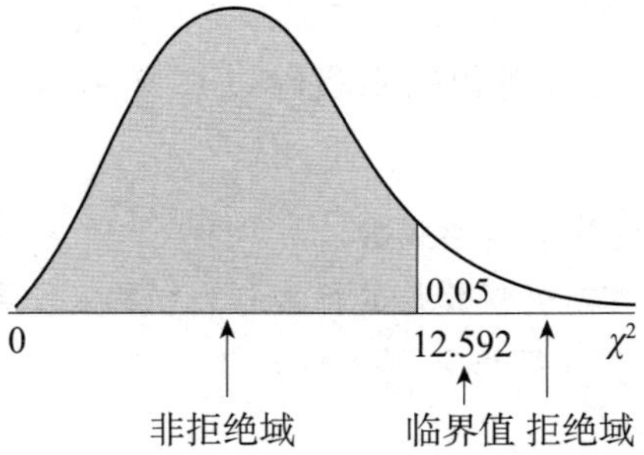

图 11 - 8　显著性水平为 0.05、自由度为 6，对 3 个酒店顾客满意度调查样本的独立性 χ^2检验的拒绝域和非拒绝域

图 11 - 9 展示了 Excel 和 Minitab 结果。当取小数点后 3 位时，两个临界值计算结果是一样的。因为$\chi^2_{STAT}=27.41>12.592$，所以拒绝独立性零假设。使用 p 值法，因为 p 值$=0.000<0.05$，所以拒绝零假设。p 值意味着：对于全体顾客，不愿意再次入住的原因和特定酒店如果在实际上相互独立，那么就几乎不可能在一个样本中，观测到不愿意再次入住的原因和特定酒店之间有这么大或者更大的关联关系。因此，有足够的证据表明，顾客不愿意再次入住的主要原因与具体的酒店之间存在某种显著的关系。

考察观测频数和期望频数（见表 11 - 11）会发现，对 Golden Palm，价格因素被低估了（即 $f_o=23$，$f_e=31.53$），而对 Palm Princess，价格因素则被高估了。顾客对

	A	B	C	D	E
1	Chi-Square Test of Independence				
2					
3	Observed Frequencies				
4		Hotel			
5	Reason for Not Returning	Golden Palm	Palm Royale	Palm Princess	Total
6	Price	23	7	37	67
7	Location	39	13	8	60
8	Room accommodation	13	5	13	31
9	Other	13	8	8	29
10	Total	88	33	66	187
11					
12	Expected Frequencies				
13		Hotel			
14	Reason for Not Returning	Golden Palm	Palm Royale	Palm Princess	Total
15	Price	31.5294	11.8235	23.6471	67
16	Location	28.2353	10.5882	21.1765	60
17	Room accommodation	14.5882	5.4706	10.9412	31
18	Other	13.6471	5.1176	10.2353	29
19	Total	88	33	66	187
20					
21	Data				
22	Level of Significance	0.05			
23	Number of Rows	4			
24	Number of Columns	3			
25	Degrees of Freedom	6	=(B23 - 1) * (B24 - 1)		
26					
27	Results				
28	Critical Value	12.5916	=CHISQ.INV.RT(B22, B25)		
29	Chi-Square Test Statistic	27.4104	=SUM(G15:I18)		
30	*p*-Value	0.0001	=CHISQ.DIST.RT(B29, B25)		
31	Reject the null hypothesis		=IF(B30 < B22, "Reject the null hypothesis", "Do not reject the null hypothesis")		
32					
33	***Expected frequency assumption***				
34	***is met.***		=IF(OR(B15 < 1, C15 < 1, D15 < 1, B16 < 1, C16 < 1, D16 < 1, B17 < 1, C17 < 1, D17 < 1, B18 < 1, C18 < 1, D18 < 1), " is violated.", " is met.")		

Chi-Square Test: Golden Palm, Palm Royale, Palm Princess

```
Expected counts are printed below observed counts
Chi-Square contributions are printed
below expected counts

        Golden    Palm      Palm
          Palm  Royale  Princess  Total
    1       23       7        37     67
         31.53   11.82     23.65
         2.307   1.968     7.540

    2       39      13         8     60
         28.24   10.59     21.18
         4.104   0.549     8.199

    3       13       5        13     31
         14.59    5.47     10.94
         0.173   0.040     0.387

    4       13       8         8     29
         13.65    5.12     10.24
         0.031   1.623     0.488

Total       88      33        66    187

Chi-Sq = 27.410, DF = 6, P-Value = 0.000
```

图 11-9 Excel 和 Minitab 关于各酒店与不愿意再次入住原因的 χ^2 检验结果

Golden Palm 的价格更加满意。位置因素对 Palm Princess 来说被低估，而对于 Golden Palm 则被大大高估，因此顾客对 Palm Princess 的位置更加满意。

为了保证结果的准确性，在使用 χ^2 分布处理 $r\times c$ 列联表时，为了保证结果正确，所有期望频数必须足够大。如 11.2 节中 $2\times c$ 列联表的例子中一样，所有期望频数应不小于 1。如果有 1 个或者更多的期望频数小于 1，可以先将两个或多个低频数行类型或列类型合并为一个类型，然后使用 χ^2 检验。这种将行类型或列类型加以合并的处理方法通常会使期望频数足够大，从而可以进行正确的 χ^2 检验。

11.3 习题

掌握基础知识

11.20 如果列联表有 3 行 4 列，那么独立性检验的自由度是多少？

11.21 对 r 行 c 列的列联表进行独立性的 χ^2 检验，确定下列条件下 χ^2 检验统计量的右侧临界值。

a. $\alpha=0.05$，$r=4$，$c=5$。

b. $\alpha=0.01$，$r=4$，$c=5$。

c. $\alpha=0.01$，$r=4$，$c=6$。

d. $\alpha=0.01$，$r=3$，$c=6$。

e. $\alpha=0.01$，$r=6$，$c=3$。

概念应用

11.22 一家提供欧陆式主菜的餐厅老板想知道更多周末时段顾客的需求类型。数据来自 630 名顾客主菜和甜品的类型，具体如下：

甜品类型	主菜类型				
	牛肉	家禽肉	鱼	意大利面	合计
冰淇淋	13	8	12	14	47
蛋糕	98	12	29	6	145
水果	8	10	6	2	26
不点	124	98	149	41	412
合计	243	128	196	63	630

在 0.05 的显著性水平下，是否有证据表明主菜类型和甜品类型之间存在相关性？

11.23　人们听音乐的类型之间是否存在代沟？下表按年龄分组展示了一个含有 1 000 名回答者最喜爱音乐类型的样本。

最喜爱的音乐类型	年龄				
	16～29 岁	30～49 岁	50～64 岁	大于 65 岁	合计
摇滚乐	71	62	51	27	211
说唱	40	21	7	3	71
蓝调	48	46	46	40	180
乡村	43	53	59	79	234
古典	22	28	33	46	129
爵士	18	26	36	43	123
萨尔萨舞曲	8	14	18	12	52
合计	250	250	250	250	1 000

在 0.05 的显著性水平下，是否有证据表明年龄组和最喜爱的音乐类型之间存在相关性？

11.24　非商务旅行者参加了多少个航空公司的忠诚计划？Parago 公司进行的一项调查揭示了如下结果：

忠诚计划数量	年龄						
	18～22 岁	23～29 岁	30～39 岁	40～49 岁	50～59 岁	大于 60 岁	合计
0	78	113	79	74	88	88	520
1	36	50	41	48	69	82	326
2～3	12	34	36	48	52	85	267
4～5	4	4	6	7	13	25	59
6+	0	0	3	0	2	3	8
合计	130	201	165	177	224	283	1 180

资料来源：The Grgat American Vacation Study，parago. com/travel-study.

在 0.01 的显著性水平下，是否有证据表明年龄和忠诚计划数量之间存在相关性？

11.25　不同年龄的人获取新闻的媒体选择是不同的。一项研究调查了不同年龄的群体获取新闻的主要方式：

媒体	年龄		
	小于 36 岁	36～50 岁	大于 50 岁
当地电视	107	119	133
国际电视	73	102	127
电台广播	75	97	109
当地报纸	52	79	107
网络	95	83	76

在 0.05 的显著性水平下，是否有证据表明年龄组别和获取新闻媒体选择之间存在相关性？如果有，请解释这个关系。

11.26 PwC 调查研究了 CEO 在商务和产业中寻找什么类型具有价值的新资源。2014 全球 CEO 调查的结果概要见下表，根据 CEO 所认为的在商业成长中的重要机会及地域分布将他们进行了划分。

认为的主要机会	地域				
	美国	中国	日本	德国	合计
产品和服务革新	58	58	45	21	182
现存市场份额的增加	60	30	31	15	136
企业并购	23	10	12	4	49
新地区市场	16	18	31	2	67
新的合资企业和（或）战略联盟	5	18	8	3	34
合计	162	134	127	45	468

资料来源：*17th Annual Global CEO Survey*，pwc. com/gx/en/ceo-survey/index. jhtml.

在 0.05 的显著性水平下，是否有证据表明 CEO 认为的主要机会和地域之间存在相关性？

统计应用

调查度假顾客的满意度，回顾

在 T. C. 度假实业集团顾客满意度调查的统计应用例子中，假设你是 T. C. 度假实业集团的经理，这一集团由两座度假岛上的五家高档酒店组成。为了评估酒店所提供的服务质量，鼓励顾客在退宿之前填写一份满意度调查表。你对这些调查表的数据加以分析，从而确定顾客对服务的总体满意程度、再次入住的可能性以及一些顾客不愿意再次入住的原因。

在一个度假岛上，T. C. 度假实业集团运营 Beachcomber 和 Windsurfer 这两家酒店。你利用两个比率差异的 χ^2 检验来考察两家酒店之间的差异，认为 Beachcomber 有更高比率的顾客愿意再次入住。在另一个度假岛上，T. C. 度假实业集团运营 Golden Palm，Palm Royale 和 Palm Princess 这三家酒店。为了考察顾客对三家酒店的满意度是否一样，你利用了多个比率差异的 χ^2 检验。检验结果显示，三家酒店的比率并不相等，顾客们最愿意再次入住 Palm Royale，最不愿意再次入住 Golden Palm。

此外，你还对那些表示不愿意再次入住 Golden Palm，Palm Royale 和 Palm Princess 这三家酒店的顾客进行调查，想看看原因属于某一家酒店还是三家酒店所共有。通过独立性的 χ^2 检验，你发现顾客是否愿意再次入住的原因与他们所住宿酒店的若干因素有关。通过检查观测频数和期望频数，你得出结论：顾客对 Golden Palm 的价格更满意，而对 Palm Princess 的地点更满意，顾客对房间设施的满意度在三家酒店之间不存在显著差异。

小 结

图11－10是本章主要内容的关系图。最初我们使用假设检验分析了来自两个或以上独立样本的属性数据，接下来将4.2节讲过的概率法则扩展运用于两个属性变量的联合回应的独立性检验。

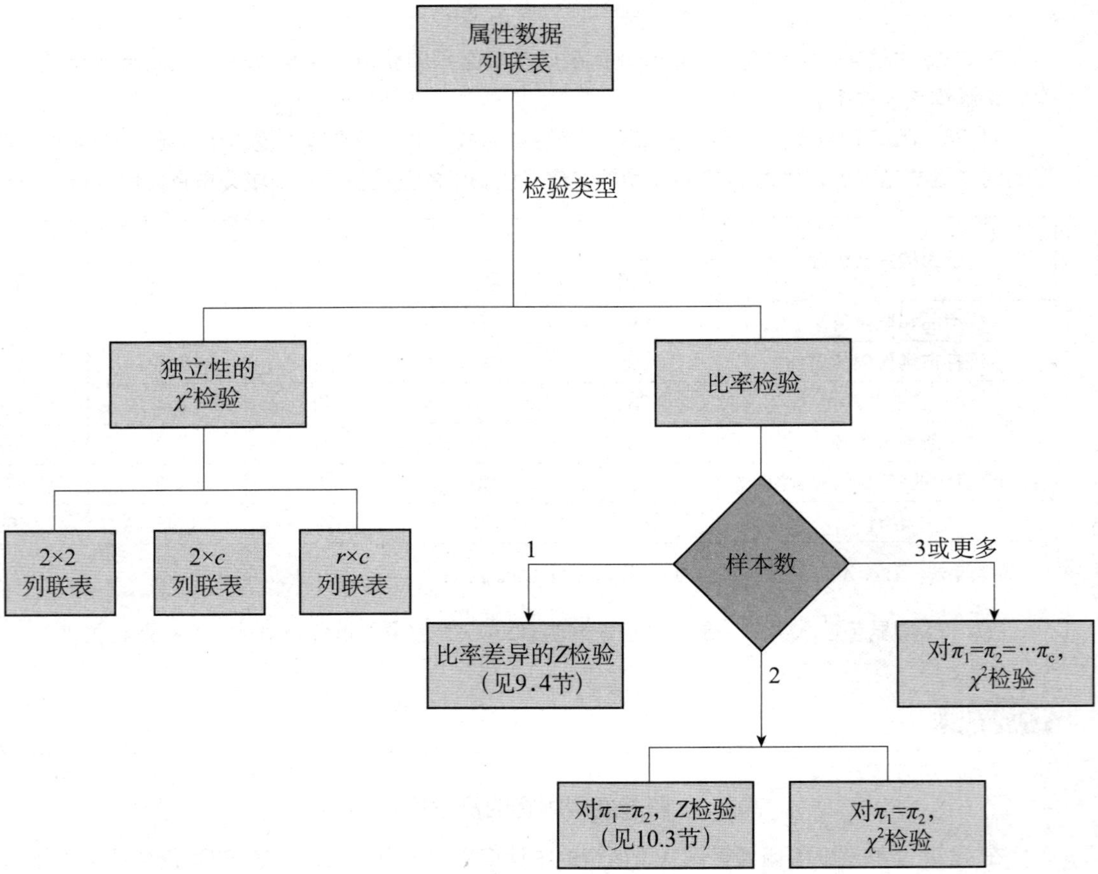

图11－10 第11章内容关系图

参考文献

1. Conover, W. J. *Practical Nonparametric Statistics*, 3rd ed. New York: Wiley, 2000.
2. Daniel, W. W. *Applied Nonparametric Statistics*, 2nd ed. Boston: PWS Kent, 1990.
3. Dixon, W. J., and F. J. Massey, Jr. *Introduction to Statistical Analysis*, 4th ed. New York: McGraw-Hill, 1983.
4. Hollander, M., and D. A. Wolfe. *Nonparametric Statistical Methods*, 2nd ed. New York: Wiley, 1999.
5. Lewontin, R. C., and J. Felsenstein. "Robustness of Homogeneity Tests in 2 × *n* Tables," *Biometrics*, 21 (March 1965): 19–33.
6. Marascuilo, L. A., and M. McSweeney. *Nonparametric and Distribution-Free Methods for the Social Sciences*. Monterey, CA: Brooks/Cole, 1977.
7. *Microsoft Excel 2013*. Redmond, WA: Microsoft Corp., 2012.
8. *Minitab Release 16*. State College, PA: Minitab Inc., 2010.

关键词

卡方（χ^2）分布（chi-square（χ^2）distribution）
两个比率差异的 χ^2 检验（chi-square（χ^2）test for the difference between two proportions）
独立性的 χ^2 检验（chi-square（χ^2）test of independence）
期望频数（f_e）（expected frequency（f_e））　观测频数（f_o）（observed frequency（f_o））
$2\times c$ 列联表（$2\times c$ contingency table）　2×2 列联表（2×2 contingency table）
两因素列联表（two-way contingency table）

检查你对本章的理解

11.27　在什么条件下应该使用 χ^2 检验来考察两个独立总体比率的可能差异？

11.28　在什么条件下应该使用 χ^2 检验来考察多于两个独立总体比率的可能差异？

11.29　在什么条件下应该使用独立性的 χ^2 检验？

本章复习题

11.30　俄亥俄州牛津市迈阿密大学的本科生参加了一项问卷调查，这项问卷调查旨在考察性别和价格如何影响在必胜客购买比萨饼的行为。该调查要求学生们订购双层大比萨饼。这些比萨饼将在晚间送到他们的住处。他们必须决定是从必胜客订购 8.49 美元的降价比萨饼（在牛津市，双层大比萨饼的正常价格为 11.49 美元），还是从其他比萨店订购。以下列联表总结了这一问题的答案：

性别	比萨店		
	必胜客	其他	合计
女	4	13	17
男	6	12	18
合计	10	25	35

这一问卷还考察了其他价格下的购买决策。结果总结在以下列联表中：

比萨店	价格			
	8.49 美元	11.49 美元	14.49 美元	合计
必胜客	10	5	2	17
其他	25	23	27	75
合计	35	28	29	92

a. 在 0.05 的显著性水平下，使用第 1 个列联表，是否有证据表明学生的性别和对比萨店的选择之间有显著关系？

b. 如果有 9 名男生选择了必胜客，另外 9 名选择了其他比萨店，那么（a）中的答案是什么？

c. 在 0.05 的显著性水平下，使用第 2 张列联表，是否有证据表明价格和对比萨店的选择之间存在显著关系？

d. 确定（c）中的 p 值并解释其含义。

11.31　市场营销人员经常使用什么社交媒体工具？Social Media Examiner 做了一项关于 B2B（主要关注吸引商业机会）和 B2C（主要关注吸引目标消费者）市场营销人员的调查。假定这项调查基于 500 名 B2B 市场营销人员和 B2C 市场营销人员，结果见下表（2014 *Social Media Marketing Industry Report*, available at socialmediaexaminer.com.）。

a. 在 0.05 的显著性水平下，是否有证据表明主要使用领英作为社交媒体工具的 B2B 市场营销人员和B2C市场营销人员在比率上存在差异？

b. 计算 p 值并解释其含义。

c. 在0.05的显著性水平下，是否有证据表明主要使用YouTube作为社交媒体工具的B2B市场营销人员和B2C市场营销人员在比率上存在差异？

社交媒体工具	商业关注类型	
	B2B	B2C
脸书	89%	97%
推特	86%	81%
领英	88%	59%
YouTube	52%	60%

对于每种社交媒体工具，在0.05的显著性水平下，确定B2B市场营销人员和B2C市场营销人员在使用比率上是否存在差异。

11.32　一家公司正在考虑通过组织自我管理的工作团队对公司的组织结构进行一次变革。为了解公司员工对这一变革的态度，选取400名员工作为样本，询问他们是否喜欢自我管理的工作团队这种组织形式。有3种选项：喜欢、无所谓和反对。问卷调查的结果如下表所示，这些结果是按照工作职位和对自我管理的工作团队的态度交叉分类的。

工作职位	对自我管理的工作团队的态度			
	喜欢	无所谓	反对	合计
小时工	108	46	71	225
主管	18	12	30	60
中层经理	35	14	26	75
高层经理	24	7	9	40
合计	185	79	136	400

a. 在0.05的显著性水平下，是否有证据表明对自我管理工作团队的态度和工作职位之间有关系？

问卷还问及被调查者对这一政策的态度：每周给员工增加一个休息日，但是该日没有薪酬。结果按工作职位交叉分类如下：

工作职位	对无薪休息日的态度			
	喜欢	无所谓	反对	合计
小时工	135	23	67	225
主管	39	7	14	60
中层经理	47	6	22	75
高层经理	26	6	8	40
合计	247	42	111	400

b. 在0.05的显著性水平下，是否有证据表明对无薪休息日的态度和工作职位之间有关系？

11.33　美国人是否相信广告？下面的表格总结了一项YouGov.com所进行调查的结果。调查询问了每月至少看一次广告的美国人认为广告商是否有诚信。

诚信	地域				
	东北部	中西部	南部	西部	合计
是	102	118	220	115	555
否	74	93	135	130	432
合计	176	211	355	245	987

资料来源："Truth in advertising：50% don't trust what they see，read and hear，" bit. ly/1jPXYc4.

a. 在 0.05 的显著性水平下，是否有证据表明基于地理区域不同，认为广告商有诚信的美国人的比率有所差异?

YouGov. com 同时询问了至少每月看一次广告的美国人是否相信所看到、读到或者听到的广告。下表总结了第二次调查的结果。

相信	地域				
	东北部	中西部	南部	西部	合计
是	88	108	202	93	491
否	88	103	153	152	496
合计	176	211	355	245	987

资料来源："Truth in advertising：50% don't trust what they see，read and hear，" bit. ly/1ivIlLX.

b. 在 0.05 的显著性水平下，是否有证据表明基于地理区域不同，相信广告的美国人的比率有所差异?

第 11 章案例　管理 Ashland Multicomm Services

第一阶段

回顾调查结果，市场部门团队得出结论：一部分拥有 Ashland 的家庭或许会对试用订阅折价的 AMS 3-For-All 有线电视/电话/网络服务感兴趣。这个团队决定在确定折扣类型之前，先对不同的折扣方式进行测试。它决定进行一次在试用期间使用三种不同折扣类型加上一个不提供折扣计划的实验：

1. 订阅 AMS 3-For-All 有线电视/电话/网络服务无折扣。在 90 天的试用期内，订阅者每周支付 24.99 美元。

2. 订阅 AMS 3-For-All 有线电视/电话/网络服务有中等折扣。在 90 天的试用期内，订阅者每周支付 19.99 美元。

3. 订阅 AMS 3-For-All 有线电视/电话/网络服务有很大折扣。在 90 天的试用期内，订阅者每周支付 14.99 美元。

4. 提供餐馆打折卡。订阅者会收到一张卡，在试用期内凭此卡可在 Ashland 指定的餐馆享受 15%的用餐折扣。

每位实验参与者都被随机分配一个折扣计划。试用期内，针对每个折扣计划都会抽取一个 100 名订阅者的随机样本，然后跟踪订阅情况，看试用期结束后有多少人会继续订阅 AMS 3-For-All 服务。结果总结如下表所示：

试用期结束后继续订阅	计划				
	无折扣	中等折扣	很大折扣	提供餐馆打折卡	合计
是	24	30	38	51	143
否	76	70	62	49	257
合计	100	100	100	100	400

1. 分析实验结果，给市场部小组写一份报告，在报告中推荐一种折扣计划。要准备好讨论该实验的局限性与前提假设。

第二阶段

市场部小组在讨论第 8 章的调查结果时注意到，对个人问题进行评价得出的结果只能提供部分信息。为了进一步了解 AMS 3-For-All 有线电视/电话/网络服务的订阅市场，他们得到了以下列联表：

有 AMS 电话服务	有 AMS 网络服务		
	是	否	合计
是	55	28	83
否	207	128	335
合计	262	156	418

服务类型	试用期折扣		
	是	否	合计
基本	8	156	164
加强	32	222	254
合计	40	378	418

服务类型	收看高级或点播服务				
	几乎每天	一周几次	几乎从不	从不	合计
基本	2	5	127	30	164
加强	12	30	186	26	254
合计	14	35	313	56	418

折扣	收看高级或点播服务				
	几乎每天	一周几次	几乎从不	从不	合计
是	4	5	27	4	40
否	10	30	286	52	378
合计	14	35	313	56	418

折扣	现在的订阅方式					
	不付费电话	AMS 网站	直接的邮件答复卡	Good Tunes & More	其他	合计
是	11	21	5	1	2	40
否	219	85	41	9	24	378
合计	230	106	46	10	26	418

金卡	现在的订阅方式					
	不付费电话	AMS 网站	直接的邮件答复卡	Good Tunes & More	其他	合计
是	10	20	5	1	2	38
否	220	86	41	9	24	380
合计	230	106	46	10	26	418

2. 分析列联表中的结果，给市场部小组写一篇报告，讨论上述列联表的分析结果对 Ashland MultiComm Services 的市场营销有何意义。

数字案例

将两个比率差异的检验运用于数字案例中，作为本章 T. C. 度假实业集团案例的进一步拓展练习。

假设 T. C. 度假实业集团面对新的竞争对手 SunLow Resorts，要寻求提高顾客服务质量。最近，SunLow 在 T. C. 度假实业集团运营的度假岛上也开设了度假酒店。SunLow 打出一个广告：随机调查的 300 名顾客中，有 60% 的被调查者偏爱 SunLow 的 Concierge Class 旅游回馈活动甚于 T. C. 度假实业集团的 TCRewards Plus 活动。

打开并查阅 ConciergeClass. pdf，一个描述 Concierge Class 项目并将其与 T. C. 度假实业集团的 TCRewards Plus 活动进行对比的手册，然后回答下列问题：

1. SunLow 的广告宣传是否有可靠的证据?
2. 如何对样本数据进行分析，以得出 T. C. 度假实业集团更受偏爱的结论?
3. 在问题 2 提出的分析方法中，具体选择一种进行分析。
4. 回顾本章 T. C. 度假实业集团的调查数据。在未来关于旅游回馈活动的调查研究中，你觉得还可以包括哪些问题? 请予以解释。

CardioGood 健身设备

回到之前的 CardioGood 健身设备案例中，使用存储在文件 CardioGood Fitness 中的数据。

1. 确定购买不同产品的消费者（TM195，TM498，TM798）在关系状态上（单身或者有伴侣）及自我评价健康水平上是否存在差异?
2. 给 CardioGood 健身设备的管理人员写一份报告，详细说明你的发现。

Clear Mountain 州立大学学生调查

1. CMSU 的学生新闻服务机构决定收集关于进入 CMSU 的大学生的数据。它进行了一个含有 14 个问题的问卷调查并收到了 62 份大学生的回复（存储在文件 UndergradSurvey 中）。

使用性别、专业、是否计划读研究生及雇佣状态几个变量建立列联表。（你需要建立 6 个表格，每次使用 2 个变量。）在 0.05 的显著性水平下分析数据，确定在这些变量之间是否存在显著关系。

2. CMSU 的学生主任知道了这个关于大学生的调查，并决定在研究生中进行一个类似的调查。她进行了一个含有 14 个问题的问卷调查并收到了 44 份大学生的回复（存储在文件 GradSurvey 中）。对于这些数据，使用 0.05 的显著性水平。

使用性别、本科专业、研究生专业及雇佣状态几个变量建立列联表。（你需要建立 6 个表格，每次使用 2 个变量。）分析数据，确定在这些变量之间是否存在显著关系。

第 12 章
简单线性回归
Simple Linear Regression

学习目标

- 建立简单线性回归模型，用自变量预测因变量
- 理解回归系数 b_0和 b_1的含义
- 评价简单线性回归分析的假设条件，并了解违背假设时的做法
- 理解对斜率的推断与相关系数
- 理解均值估计和单个值预测

统计应用

了解 Sunflowers 服装店的消费者

Sunflowers 是一家女性服装连锁店。它成功度过了金融危机，而这场危机减少了它的竞争对手数量。该连锁店正在全公司范围内做一个回顾来研究获得成功的因素。但是直到现在，连锁店对新开商店选址还是依靠主观判断，依据是否能够得到很好的租约以及对于理想地点的判断。

假定作为该店项目规划的新任负责人，你向专业从事界定与区分消费者群体的公司咨询市场信息。根据初步的分析，你已经试验性地发现了连锁店的顾客不仅仅局限于中产阶层，也可能包括家有子女的新兴家庭乃至追求时髦的单身群体。

你需要制定一个能够更高效地选择连锁店地址的系统方法。作为着手点，你让一家市场信息公司收集并分析居住在店铺一定范围内各类人群的数量。假设你相信商店的规模是决定销售额一个很重要的因素，因此希望能运用这一关系来改进决策。那么，如何建立一个统计模型，使你能够根据新连锁店的规模来预测它的年销售额呢？

在本章和下一章，我们将学习如何以一些变量值为基础，应用**回归分析**（regression analysis）建立**模型**（model），来预测单个数值变量的值。在回归分析中，我们要预测的变量叫做**因变量**（dependent variable），用来预测的一组变量叫做**自变量**（independent variable）。除了预测因变量的值，回归分析还可以帮助识别因变量和自变量之间的数量关系，定量分析自变量变化对因变量状况的影响，并发现异常观测值。

本章主要讨论**简单线性回归**（simple line regression），使用一个自变量 X 来预测因变量 Y 的值。第 13 章将介绍多变量线性回归模型，即应用多个自变量来预测因变量 Y 的值。在 Sunflowers 服装店的案例中，根据最初的设想可以建立一个简单线性回归模型。在这个回归模型中，我们使用辐射圈内各类消费者的数量作为自变量 X 来预测因变量 Y 店铺年销售额。

12.1 回归模型的类型

在 2.5 节，我们将变量 X 和变量 Y 分别表示在 X 轴和 Y 轴上，并画出**散点图**（scatter diagram）来表示变量之间的关系，这可以作为回归分析的起点。图 12-1 给出了 X 值和 Y 值的不同关系。

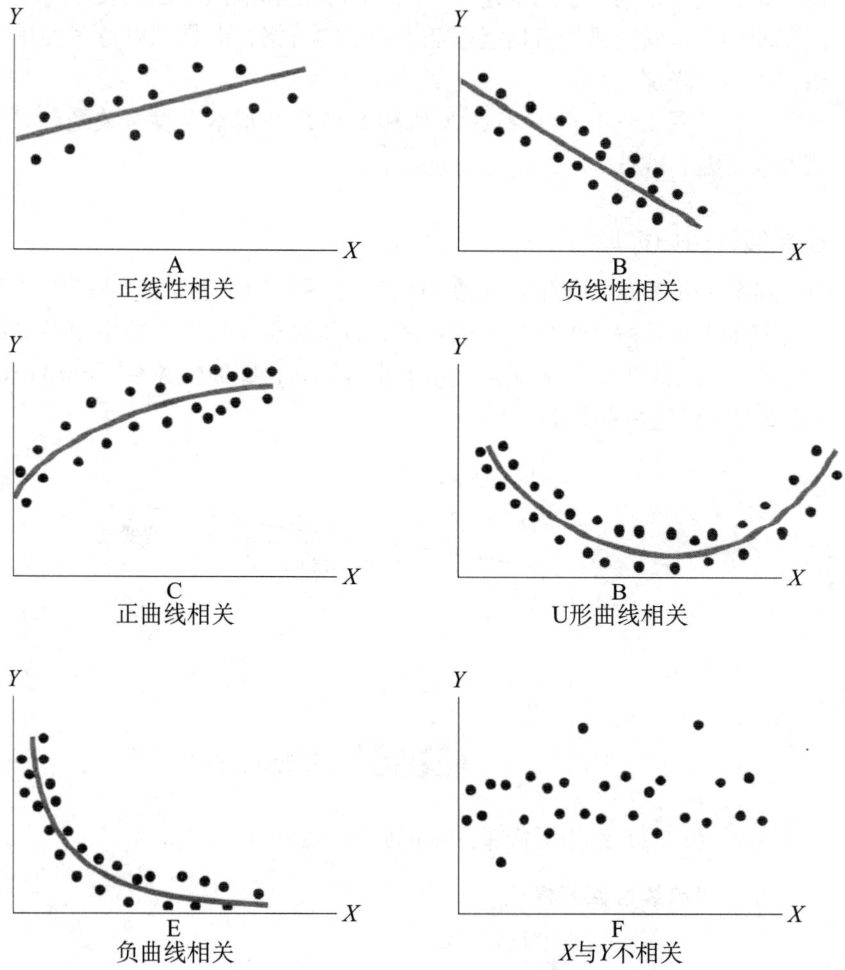

图 12-1 散点图中变量关系的 6 种类型

图 12-1（A）中 Y 值基本随着 X 值的增加而线性增加，这和图 12-3 很相似。图 12-3 表示 Sunflowers 服装店的年销售额和商店辐射圈内人群数量的正向关系。

图 12-1（B）是负线性关系的例子。X 值增加，Y 值减小。该类型分布的一个例子是一个物品的价格和销售数量。物品的销售数量会随着价格的上涨而减少。

图 12-1（C）表示的是 X 和 Y 之间呈正曲线关系。Y 值随着 X 值的增加而增加，但是当 X 值超过某个值后，Y 值的增加速度逐渐变缓。该类型分布的一个例子可能是机器的使用年限和维护费用之间的关系。当机器的使用年限增加时，维护费用可能开始增加很快，但是当超过一定年限后，维护费用的增加速度就可能变慢。

图 12-1（D）表示 X 和 Y 之间呈抛物线形或 U 形关系。当 X 值增加时，Y 值最

初减少，但当 X 值继续增加时，Y 值越过谷底不再减少反而开始增加。该类型分布的一个例子可能是创业活动与经济发展水平（用人均 GDP 来衡量）的关系。创业活动在经济发展水平最低与最高的国家比较多。

图 12-1（E）表示的是 X 值和 Y 值之间呈指数关系。在这种情况下，X 值刚开始增加时，Y 值一般会急剧减少，但是当 X 值增加到一定程度后，Y 值的下降速度变慢。该类型分布的一个例子是二手汽车的价格和该汽车已经使用年限之间的关系。新汽车使用一年后出售的价格远远低于新车的价格，但是随后每多使用一年再出售的价格就不会下降那么快。

最后，图 12-1（F）表示 X 值和 Y 值之间基本上没有关系。对于任意 X 值，Y 值都有可能高或低。

简单线性回归模型

给定一组变量，画出两个变量的散点图对确定它们之间关系的数学模型极为有用。然而要决定两个变量之间最合适的数学模型，还有一些更复杂的统计方法可以使用。简单线性回归模型表示最简单的直线形式，即**线性关系**（linear relationship）。图 12-2 反映了这种关系。

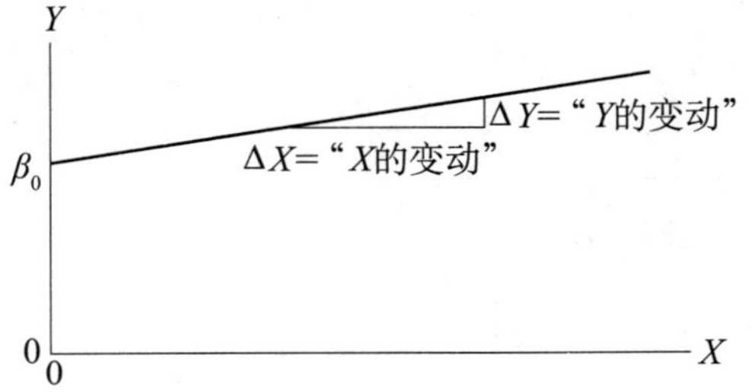

图 12-2　正的线性关系

公式（12.1）给出了简单线性回归模型的表示形式。

简单线性回归模型

$$Y_i = \beta_0 + \beta_1 X_i + \varepsilon_i \tag{12.1}$$

式中

β_0＝总体的 Y 轴截距

β_1＝总体的斜率

ε_i＝第 i 个观测值的 Y 值包含的随机误差

Y_i＝第 i 个观测值的因变量（有时又称为**反应变量**（response variable））

X_i＝第 i 个观测值的自变量（有时又称为**解释变量**（explanatory variable））

简单线性回归模型（12.1）中，$Y_i = \beta_0 + \beta_1 X_i$ 部分是一条直线。直线的**斜率**（slope）β_1 表示 X 每变化一个单位，Y 的期望值的变化，即 X 变化一单位导致 Y 变化的平均值（可以是正，也可以是负）。**Y 轴截距**（Y intercept）β_0 表示当 X 为 0 时，Y 的平均值。该模型的最后一个组成部分 ε_i 表示第 i 个观测值的 Y 值包含的随机误差。换句话说，ε_i 是指观测值 Y_i 高于或低于直线上期望值的垂直距离。

12.2　建立简单线性回归方程

在本章开篇的 Sunflowers 服装店的案例中，项目规划负责人的目标是根据新建商店辐射圈内各类消费者的数量来预测年销售额。辐射圈以消费者的居住地与商店的路程小于 30 分钟作为界定标准。为了检查辐射圈内各类消费者的数量和年销售额的关系，我们选取 14 个商店。这 14 个商店的变量在表 12－1 中分别给出。

表 12－1　Sunflowers 服装店 14 个商店各类消费者的数量和年销售额

商店	各类消费者的数量（百万人）	年销售额（百万美元）	商店	各类消费者的数量（百万人）	年销售额（百万美元）
1	3.7	5.7	8	3.1	4.7
2	3.6	5.9	9	3.2	6.1
3	2.8	6.7	10	3.5	4.9
4	5.6	9.5	11	5.2	10.7
5	3.3	5.4	12	4.6	7.6
6	2.2	3.5	13	5.8	11.8
7	3.3	6.2	14	3.0	4.1

图 12－3 给出了表 12－1 中数据的散点图。从图中可以看出，各类消费者的数量（X）和年销售额（Y）呈正向关系。当商店各类消费者的数量增加时，年销售额近似于呈一条直线。基于此，我们可以假设年销售额和消费者的数量呈线性关系，那么现在的问题就是在回归分析中确定一条与给定的数据拟合得最好的直线。

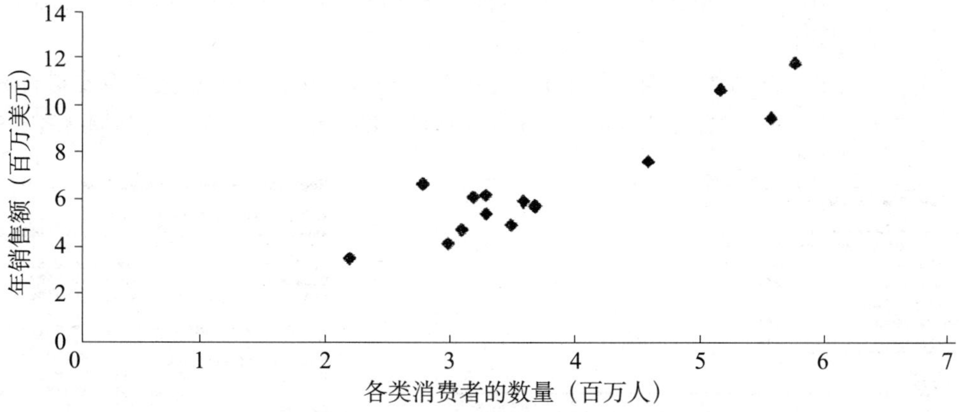

图 12－3　Sunflowers 服装店数据的散点图

最小二乘法

前面我们假设用一个统计模型来表示 Sunflowers 服装连锁店消费者数量和年销售额的关系。但是，表 12－1 给出的样本数据仅仅是从连锁店总体中随机抽取的。如果满足给定的假设条件（见 12.4 节），那么利用样本估计出来的 Y 轴截距 b_0 和斜率 b_1，可以分别作为总体参数 β_0 和 β_1 的估计值。因此，公式（12.2）给出了估计线性回归模型的**简单线性回归方程**（simple linear regression equation）。这条直线也经常被称作

预测线（prediction line）。

简单线性回归方程

Y 的估计值等于 Y 轴截距加上 X 值与斜率的乘积。

$$\hat{Y}_i = b_0 + b_1 X_i \tag{12.2}$$

式中

$\hat{Y}_i$＝第 i 个观测值的 Y 值的预测值

X_i＝第 i 个观测值的 X 值

b_0＝样本模型的 Y 轴截距

b_1＝样本模型的斜率

根据公式（12.2），必须求出两个**回归系数**（regression coefficient）：b_0（样本模型的 Y 轴截距）和 b_1（样本模型的斜率），才能得到 Y 的预测值。得到 b_0 和 b_1 的最常用方法就是最小二乘法，该方法使用线性模型（即预测线，公式（12.2）），最小化样本的真实值 Y_i 与预测值 $\hat{Y}_i$ 的离差平方和。离差平方和等于

$$\sum_{i=1}^{n}(Y_i - \hat{Y}_i)^2$$

因为 $\hat{Y}_i = b_0 + b_1 X_i$，所以 $\sum_{i=1}^{n}(Y_i - \hat{Y}_i)^2 = \sum_{i=1}^{n}[Y_i - (b_0 + b_1 X_i)]^2$。

由于离差平方和有两个未知参数 b_0 和 b_1，因此离差平方和是样本模型中 Y 轴截距 b_0 和斜率 b_1 的函数。**最小二乘法**（least-squares method）是一种数学方法，利用这种方法可以找到使离差平方和最小的 b_0 和 b_1。任何一条直线，如果它的系数与最小二乘法求出的系数 b_0 和 b_1 不同，那么样本真实值 Y_i 与该直线 $\hat{Y}_i$ 预测值之差的平方和一定不是最小的。

图 12-4 给出的是使用 Excel 和 Minitab 对 Sunflowers 服装店数据进行回归的结果。Excel 称 b_0 为截距，Minitab 称 b_0 为常数项，两个软件均称 b_1 为各类消费者的数量。

	A	B	C	D	E	F	G
1	Simple Linear Regression						
2							
3	Regression Statistics						
4	Multiple R	0.9208					
5	R Square	0.8479					
6	Adjusted R Square	0.8352					
7	Standard Error	0.9993					
8	Observations	14					
9							
10	ANOVA						
11		df	SS	MS	F	Significance F	
12	Regression	1	66.7854	66.7854	66.8792	0.0000	
13	Residual	12	11.9832	0.9986			
14	Total	13	78.7686				
15							
16		Coefficients	Standard Error	t Stat	P-value	Lower 95%	Upper 95%
17	Intercept	-1.2088	0.9949	-1.2151	0.2477	-3.3765	0.9588
18	Profiled Customers	2.0742	0.2536	8.1780	0.0000	1.5216	2.6268

```
Regression Analysis: Annual Sales versus Profiled Customers

The regression equation is
Annual Sales = - 1.21 + 2.07 Profiled Customers

Predictor               Coef  SE Coef      T      P
Constant             -1.2088   0.9949  -1.22  0.248
Profiled Customers    2.0742   0.2536   8.18  0.000

S = 0.999298   R-Sq = 84.8%   R-Sq(adj) = 83.5%

Analysis of Variance
Source          DF      SS      MS      F      P
Regression       1  66.785  66.785  66.88  0.000
Residual Error  12  11.983   0.999
Total           13  78.769

Unusual Observations
      Profiled  Annual
Obs  Customers   Sales    Fit  SE Fit  Residual  St Resid
  3       2.80   6.700  4.599   0.365     2.101     2.26R
R denotes an observation with a large standardized
residual.

Predicted Values for New Observations
New Obs    Fit  SE Fit         95% CI            95% PI
      1  7.088   0.273  (6.493, 7.682)  (4.831, 9.345)

Values of Predictors for New Observations
        Profiled
New Obs  Customers
      1       4.00
```

图 12-4 对 Sunflowers 服装店简单线性回归模型的 Excel 和 Minintab 结果

如果想要了解参数估计值是如何计算的，例 12.3 和例 12.4 展示了其中大多数的

计算过程。从图 12-4 可知 $b_1=2.0742$，$b_0=-1.2088$。因此，对于这些数据的预测线性方程（见公式 12.2)）为：

$$\hat{Y}_i=-1.2088+2.0742X_i$$

斜率 b_1 为 +2.0742，这意味着，X 每增加 1 个单位，Y 的平均值增加 2.0742 个单位。换句话说，商店辐射圈各类消费者的数量每增加 100 万人，年销售额期望值将增加 207.42 万美元。因此，斜率表示与商店各类消费者的数量对应的年销售额的变化量。

Y 轴截距 b_0 为 −1.2088，这表示当 X 等于 0 时 Y 的平均值。因为商店各类消费者数量不可能为 0，所以该截距几乎没有任何实际意义。而且，本例中 Y 轴截距落在变量 X 的观测值范围之外，因此对 b_0 的解释必须谨慎。Sunflowers 服装店观察到的真实数据和回归预测线都显示在图 12-5 中。

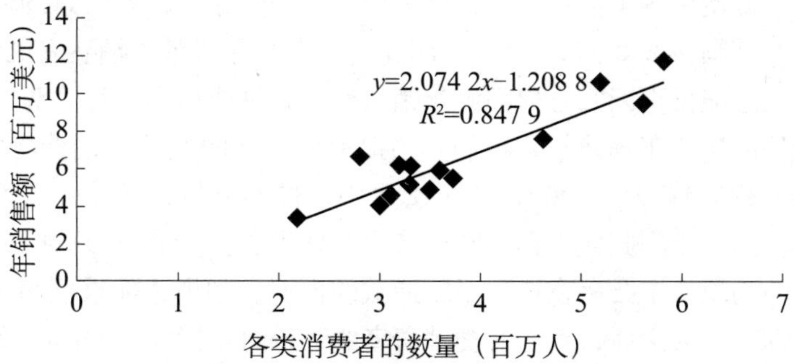

图 12-5　Sunflowers 服装店的散点图以及回归线

例 12.1 列举了对 Y 轴截距可以直接进行解释的情况。

例 12.1

解释 Y 轴截距 b_0 和斜率 b_1

假设一个统计学教授想利用学生期末复习所花在统计学的时间（X）来预测期末考试成绩（Y）。该回归模型基于上一学期的学生数据来拟合，结果如下：

$$\hat{Y}_i=35.0+3X_i$$

Y 轴截距 b_0 以及斜率 b_1 的解释各是什么？

解答　Y 轴截距 $b_0=35.0$ 表示，当学生不花时间进行期末复习时，期望的期末成绩是 35 分。斜率 $b_1=3$ 表示，期末复习所花时间每增加 1 小时，期末成绩预测均值的变化为 +3 分。也就是说，每多花 1 小时进行期末复习，期末成绩的期望得分将提高 3 分。

回到关于 Sunflowers 服装店的"统计应用"案例，根据利用商店数据作出的回归方程，我们可以通过回归预测线来预测年销售额，如例 12.2 所示。

例 12.2

通过各类消费者的数量来预测商店年销售额

利用回归方程预测各类消费者的数量为 400 万人时商店的年销售额。

解答 把 $X=4$ 代入回归方程可以得到预测值。

$$\hat{Y}_i = -1.2088 + 2.0742X_i$$

$$= -1.2088 + 2.0742\,(4) = 7.0879\ (\text{百万美元})\ \text{或}\ 7\,087\,900\ (\text{美元})$$

因此，各类消费者的数量为400万人的商店，其平均年销售额预测为7 087 900美元。

回归分析的预测：内插法和外推法

使用回归模型进行预测时，一定注意你要预测的自变量必须在相关范围内。**相关范围**（relevant range）指回归时使用的 X 值的分布范围，即从最小的 X 值到最大的 X 值之间的数据范围。因此，给定一个 X 值让你预测 Y 值，如果 X 值在相关范围内，则可以预测；但是如果 X 值不在相关范围内，那么不能根据回归方程进行预测。例如，当你使用各类消费者的数量来预测年销售额时，要注意到表12-1中各类消费者数量的范围在2.2～5.8之间。因此，只有对那些各类消费者数量在2.2～5.8之间的商店，才能根据回归方程预测年销售额。如果要预测各类消费者的数量不在2.2～5.8之间的商店的年销售额，我们必须提前假定，即使各类消费者的数量不在该范围内，回归方程同样成立。例如，例12.2中，你不能将该线性关系外推到580万人之外的情况。运用该回归线去预测商店各类消费者数量为800万人时的销售，显然是不合适的，因为现实中会存在边际报酬递减的情况。如果边际报酬递减是真实存在的，那么超过580万人之后，商店各类消费者的数量对年销售额的影响将变得越来越小。

计算 Y 轴截距 b_0 和斜率 b_1

对于小型数据集，可以利用计算器计算最小二乘回归系数。公式（12.3）和（12.4）给出了使如下离差平方和最小化的估计系数 b_0 和 b_1：

$$\sum_{i=1}^{n}(Y_i-\hat{Y}_i)^2=\sum_{i=1}^{n}[Y_i-(b_0+b_1X_i)]^2$$

计算斜率 b_1 的公式

$$b_1=\frac{SSXY}{SSX} \tag{12.3}$$

式中

$$SSXY=\sum_{i=1}^{n}(X_i-\overline{X})(Y_i-\overline{Y})=\sum_{i=1}^{n}X_iY_i-\frac{\left(\sum_{i=1}^{n}X_i\right)\left(\sum_{i=1}^{n}Y_i\right)}{n}$$

$$SSX=\sum_{i=1}^{n}(X_i-\overline{X})^2=\sum_{i=1}^{n}X_i^2-\frac{\left(\sum_{i=1}^{n}X_i\right)^2}{n}$$

计算 Y 轴截距 b_0 的公式

$$b_0=\overline{Y}-b_1\overline{X} \tag{12.4}$$

式中

$$\overline{Y}=\frac{\sum_{i=1}^{n}Y_i}{n}$$

$$\overline{X} = \frac{\sum_{i=1}^{n} X_i}{n}$$

例 12.3

计算 Y 轴截距 b_0 和斜率 b_1

根据 Sunflowers 服装店的数据，计算 Y 轴截距 b_0 和斜率 b_1。

解答 观察公式 (12.3) 和公式 (12.4)，可以发现 b_1 和 b_0 由 5 个量决定：n，样本容量；$\sum_{i=1}^{n} X_i$，X 的和；$\sum_{i=1}^{n} Y_i$，Y 的和；$\sum_{i=1}^{n} X_i^2$，X 的平方和；$\sum_{i=1}^{n} X_i Y_i$，X 和 Y 乘积的和。对于 Sunflowers 服装店的数据，商店各类消费者的数量被用来预测年销售额。表 12-2 列出了上述变量的计算过程，还包括 Y 的平方和 $\sum_{i=1}^{n} Y_i^2$，它将被用来计算 12.3 节中的 SST。

表 12-2 基于 Sunflowers 服装店数据的计算过程

商店	各类消费者的数量（X）	年销售额（Y）	X^2	Y^2	XY
1	3.7	5.7	13.69	32.49	21.09
2	3.6	5.9	12.96	34.81	21.24
3	2.8	6.7	7.84	44.89	18.76
4	5.6	9.5	31.36	90.25	53.20
5	3.3	5.4	10.89	29.16	17.82
6	2.2	3.5	4.84	12.25	7.70
7	3.3	6.2	10.89	38.44	20.46
8	3.1	4.7	9.61	22.09	14.57
9	3.2	6.1	10.24	37.21	19.52
10	3.5	4.9	12.25	24.01	17.15
11	5.2	10.7	27.04	114.49	55.64
12	4.6	7.6	21.16	57.76	34.96
13	5.8	11.8	33.64	139.24	68.44
14	3.0	4.1	9.00	16.81	12.30
总计	52.9	92.8	215.41	693.90	382.85

使用公式 (12.3) 和公式 (12.4)，b_0 和 b_1 计算如下：

$$SSXY = \sum_{i=1}^{n}(X_i - \overline{X})(Y_i - \overline{Y}) = \sum_{i=1}^{n} X_i Y_i - \frac{\left(\sum_{i=1}^{n} X_i\right)\left(\sum_{i=1}^{n} Y_i\right)}{n}$$

$$= 382.85 - \frac{(52.9)\ (92.8)}{14}$$

$$= 382.85 - 350.651\,42$$

$$= 32.198\,58$$

$$SSX = \sum_{i=1}^{n}(X_i - \overline{X})^2 = \sum_{i=1}^{n} X_i^2 - \frac{\left(\sum_{i=1}^{n} X_i\right)^2}{n}$$

$$= 215.41 - \frac{(52.9)^2}{14}$$

$=215.41-199.886\ 42$

$=15.523\ 58$

因此

$$b_1=\frac{SSXY}{SSX}$$

$=32.198\ 58/15.523\ 58=2.074\ 17$

且

$$\overline{Y}=\frac{\sum_{i=1}^{n}Y_i}{n}=92.8/14=6.628\ 57$$

$$\overline{X}=\frac{\sum_{i=1}^{n}X_i}{n}=52.9/14=3.778\ 57$$

于是

$$b_0=\overline{Y}-b_1\overline{X}=6.628\ 57-2.074\ 17\ (3.778\ 57)$$

$=-1.208\ 826\ 5$

直观探索

理解简单线性回归系数

打开 VE-Simple Liner Regression add-in workbook 可以加深对简单线性回归系数的理解。这个 workbbook 正常打开时，会加载一个 Simple Liner Regression 菜单，以微软 Windows 的 Add-ins tab 形式，或者苹果 OS X 的菜单形式。

程序生成一条回归拟合线，使其尽可能接近最小二乘法得出的回归拟合线。程序利用表 12-1 中的数据画出了散点图，并附上一条初始拟合线。若要探索简单线性回归系数的效果，可选择 Simple Liner Regression→Explore Coefficients。在下图左上方的对话框中，点击滚动条按钮改变直线斜率 b_1 的值和 Y 轴截距 b_0 的值，就可以改变回归预测线在图中的位置。利用视觉判断，尝试作一条尽可能接近最小二乘估计的回归预测线。换句话说，就是尽量使这条直线与散点拟合，从而使残差平方和代表的拟合差距越小越好。

在任何时候，都可以点击 Reset 按钮重置 b_1 和 b_0 的值。也可以选择点击 Solution 按钮来查看最小二乘法得出的拟合线。若要结束这项探索，可点击 Finish 按钮。

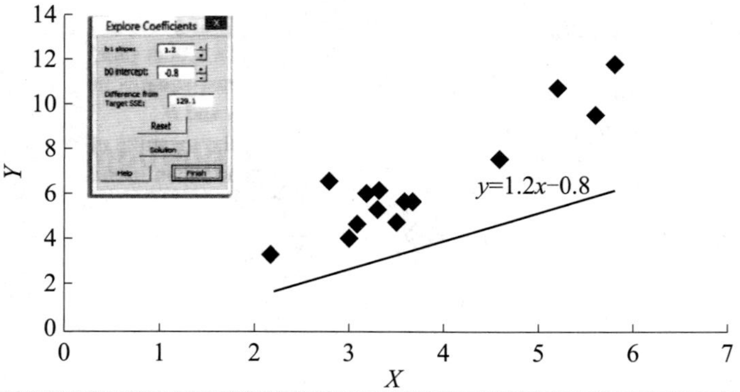

使用你的数据考察简单线性回归的回归系数

从 Simple Liner Regression 菜单中选择 Simple Liner Regression with your worksheet data，就可以使用你自己用工作表形式存放的数据。在程序对话框中，在 Y Variable CellRange 编辑框中输入 Y 值变量的单元格区域，在 X Variable CellRange 编辑框中输入 X 值变量的单元格区域。勾选 First cells in both ranges contain a label 选项，在 Title 中输入标题，点击 OK 完成。该程序生成一个散点图，同时带有一条初始拟合线。然后就可以根据前面介绍过的方法，尝试调整拟合线。

12.2 习题

掌握基础知识

12.1　对一组数据做线性回归，得到下面的回归方程：

$$\hat{Y}_i = 2 + 5X_i$$

a. 解释 Y 轴截距 b_0 的含义。

b. 解释斜率 b_1 的含义。

c. 当 $X=3$ 时，预测 Y 的平均值。

12.2　如果习题 12.1 中 X 值的范围为 2～25，那么对于下列哪些 X 值，你可以使用上述回归方程来预测？

a. 3。

b. −3。

c. 0。

d. 24。

12.3　对一组数据做线性回归，得到下面的回归方程：

$$\hat{Y}_i = 16 - 0.5X_i$$

a. 解释 Y 轴截距 b_0 的含义。

b. 解释斜率 b_1 的含义。

c. 当 $X=6$ 时，预测 Y 的均值。

概念应用

12.4　葡萄酒的生产花费巨大，是一个全球性的产业。为了生成一个基于葡萄酒专家评判的葡萄酒质量预测模型，我们收集了葡萄牙红酒 Vinho Verde 品牌的数据（P. Cortez，Cerdeira，A.，Almeida，F.，Matos，T.，and Reis，J.，"Modeling Wine Preferences by Data Mining from Physiochemical Properties，" *Decision Support Systems*，47，2009，pp. 547-553 and bit. ly/9xKlEa.）。文件 VinhoVerde 中存有 50 个葡萄酒样本的数据。现在建立一个简单线性回归模型来预测葡萄酒的质量（从 0 到 10 质量依次提升，基于酒精含量）。

a. 构建散点图。

对这组数据进行回归分析得到，$b_0 = -0.352\,9$，$b_1 = 0.562\,4$。

b. 解释本题中斜率 b_1 的含义。

c. 当酒精含量为 10% 时，预测葡萄酒的质量。

d. 从（a）到（c）的结果中你可以得出什么结论？

12.5　Zagat 公布了美国不同地区饭店的排名。文件 Restaurants 中存有 Zagat 对于来自纽约市与郊区 100 家饭店在食物、装饰、服务与人均费用方面的排名。基于一个表示各方面排名总和的变量，形成一个回归模型（Extracted from *Zagat Survey 2013*，*New York City Restaurants*；*and Zagat Survey 2012—2013*，*Long Island Restaurants*.）。

a. 构建散点图。

对这组数据进行回归分析得到，$b_0 = -46.7718$，$b_1 = 1.4963$。

b. 基于线性关系的假设，使用最小二乘法确定回归系数 b_0和 b_1。

c. 解释本题中 Y 轴截距b_0与斜率 b_1的含义。

d. 当排名总和为 50 时，预测人均费用。

e. 你应该告诉这些饭店的所有者饭店排名总和与人均费用有什么关系?

12.6 一家货运公司的老板拥有一种根据所要搬运的货物预测所需劳务搬运时间的经验方法。这种方法在过去被证明非常有效，但是这位老板想发展一套更加精确的预测方法，即根据搬运货物的立方英尺数预测所需的劳务搬运时间。在初步的筹备中，他收集了一个包含 36 次货运数据的样本，货运的起始地和目的地都只限于纽约市曼哈顿区内，所以行车时间可以忽略不计，样本数据见文件 Moving。

a. 构建散点图。

b. 基于线性关系的假设，使用最小二乘法确定回归系数 b_0和 b_1。

c. 解释本题中斜率 b_1的含义。

d. 当搬运的货物体积为 500 立方英尺时，预测所需的劳务搬运时间。

e. 你应该告诉这些货运公司的老板货物尺寸与劳务搬运时间有什么关系?

12.7 星巴克公司采用一种基于数据的方法来改进产品的质量和顾客对产品的满意度。由于调查数据显示星巴克需要改进包装程序，它开始调查在包装仪器中影响顾客在无须撕开包装内衬的情况下打开包装袋的满意度的因素（L. Johnson and S. Burrows，“For Starbucks，It's in the Bag，” *Quality Progress*，March 2011，pp. 17-23.）。一种可能影响包装袋所能承受撕开程度的因素是包装仪器的板间隙。具体结果存储于文件 Supermarket 中。

a. 构建散点图。

b. 基于线性关系的假设，使用最小二乘法确定回归系数 b_0和 b_1。

c. 解释本题中斜率 b_1的含义。

d. 当板间隙等于 0 时，预测包装袋所能承受的撕开程度。

e. 你应该告诉星巴克公司包装袋所能承受撕开程度与包装仪器的板间隙有什么关系?

12.8 体育项目特许经营权的价值与该特许经营权所能带来的收益密切相关。文件 BBrevenue 中的数据包含 30 个棒球特许经营权 2005 年的价值（百万美元）以及该特许经营权能带来的年收益额（百万美元）（www. forbes. com/mlb-valuations/list.）。假设你希望使用简单线性回归模型，利用年收益额来预测特许经营权的价值。

a. 构建散点图。

b. 使用最小二乘法确定回归系数 b_0和 b_1。

c. 解释本题中 Y 轴截距b_0和斜率 b_1的含义。

d. 若某棒球特许经营权能产生每年 250 万美元的收益，请预测该特许经营权的价值。

e. 你应该告诉棒球队的潜在投资人关于年收益额和特许经营权价值有什么关系?

12.9 一个大城市的房地产代理商想通过公寓的面积（平方英尺）预测月租成本。他在一个给定的居民小区随机选取了 48 所公寓作为样本，得到了相关数据（见文件 RentSilverSpring）。

a. 构建散点图。

b. 使用最小二乘法确定回归系数 b_0和 b_1。

c. 解释本题中 Y 轴截距b_0和斜率 b_1的含义。

d. 对于面积为 800 平方英尺的公寓，预测其月租成本。

e. 为什么对于面积为 1 500 平方英尺的公寓使用这个模型预测月租成本不再合适?

f. 你的朋友杰姆和珍妮弗考虑在该居民小区租一间公寓。他们现在打算在两所公寓之间选一个：一个面积为 800 平方英尺，月租成本 1 130 美元；另一个为 830 平方英尺，月租成本 1 410 美元。基于问题（a）～（d），你推荐哪一个？为什么?

12.10　一家公司拥有电影发行后向家庭出售影碟的经营权，该公司想基于票房情况预测其可出售的影碟数量。它得到 26 部电影的票房收入（百万美元）和家庭影碟出售量（千张）的数据样本，见数据文件 Movie（"Annual Movie Chart-2012," bit. ly/1kVJIF3 and "Top-Selling DVDs in the United States 2013," bit. ly/UpTep9.）。

a. 构建散点图。

b. 基于线性关系的假设，使用最小二乘法确定回归系数 b_0和 b_1。

c. 解释本题中斜率 b_1的含义。

d. 对于票房收入为 1 亿美元的电影，预测其家庭影碟的出售数量。

12.3 离差的度量

对某一数据集，使用最小二乘法确定回归系数时，我们需要计算关于离差的三个重要度量指标。第一个指标为**总平方和**（total sum of squares, SST），是对 Y 值相对于均值 $\bar{Y}$ 的离差的度量。在回归分析中，**总变差**（total variation）或者总平方和可以分成两部分：**解释的变差**（explained variation）或**回归平方和**（regression sum of squares, SSR）以及**未解释的变差**（unexplained variation）或**残差平方和**（error sum of squares, SSE）。回归平方和是指由 X 和 Y 之间的关系造成的偏差，残差平方和则是指由 X 和 Y 关系以外的其他因素造成的偏差。图 12-6 中演示了对于任意 Y_i的值，不同变差的度量情况。

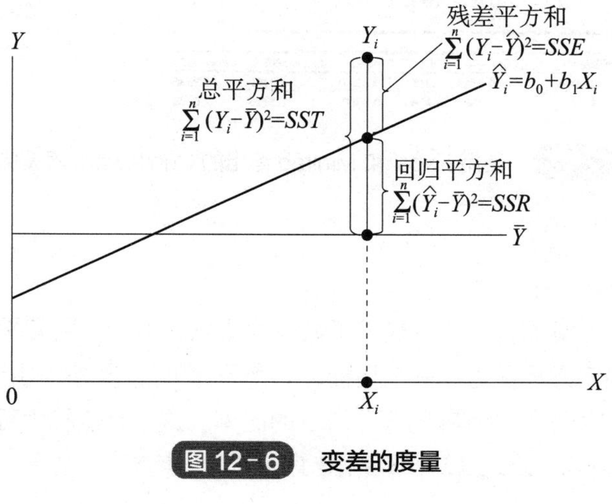

图 12-6　**变差的度量**

平方和的计算

回归平方和表示$\hat{Y}_i$（由回归方程得出的 Y 的预测值）与 $\bar{Y}$（Y 的均值）之间的偏差。残差平方和表示 Y 值中不能由回归方程解释的部分，即 Y_i与$\hat{Y}_i$之间的偏差。公式（12.5）～公式（12.8）分别给出了这些指标的定义。

回归分析中的变差度量

总平方和等于回归平方和与残差平方和之和。

$$SST = SSR + SSE \tag{12.5}$$

总平方和

总平方和等于所有 Y 的观测值与均值 $\overline{Y}$ 之差的平方和。

$$SST = \sum_{i=1}^{n}(Y_i - \overline{Y})^2 \tag{12.6}$$

回归平方和

回归平方和等于所有 Y 的预测值与 Y 的均值之差的平方和。

$$SSR = \sum_{i=1}^{n}(\hat{Y}_i - \overline{Y})^2 \tag{12.7}$$

残差平方和

残差平方和等于所有 Y 的观测值与 Y 值的预测值之差的平方和。

$$SSE = \sum_{i=1}^{n}(Y_i - \hat{Y}_i)^2 \tag{12.8}$$

图 12－7 给出用 Sunflowers 服装店的数据进行回归时得到的图 12－4 结果中有关平方和的部分。其中，总平方和等于 78.768 6，这个数值被分解为回归平方和 66.785 4 和残差平方和 11.983 2。根据公式（12.5），可得

$$SST = SSR + SSE$$

$$78.768\,6 = 66.785\,4 + 11.983\,2$$

	A	B	C	D	E	F	G
10	ANOVA						
11		*df*	*SS*	*MS*	*F*	*Significance F*	
12	Regression	1	66.7854	66.7854	66.8792	0.0000	
13	Residual	12	11.9832	0.9986			
14	Total	13	78.7686				
15							
16		*Coefficients*	*Standard Error*	*t Stat*	*P-value*	*Lower 95%*	*Upper 95%*
17	Intercept	-1.2088	0.9949	-1.2151	0.2477	-3.3765	0.9588
18	Profiled Customers	2.0742	0.2536	8.1780	0.0000	1.5216	2.6268

Analysis of Variance

Source	DF	SS	MS	F	P
Regression	1	66.785	66.785	66.88	0.000
Residual Error	12	11.983	0.999		
Total	13	78.769			

图 12－7　使用 Excel 和 Minitab 得出的 Sunflowers 服装店数据的平方和

可决系数

就其自身而言，三者提供了很少的信息。不过，回归平方和与总平方和的比值则是衡量回归方程优劣的一个指标，它衡量 Y 的总变差中由回归模型中自变量 X 与因变量 Y 的线性关系解释的部分所占的比率。这个比值称为**可决系数**（coefficient of determination），公式（12.9）给出了定义。

可决系数

可决系数等于回归平方和（解释的平方和）除以总平方和（总变差）。

$$r^2 = \frac{\text{回归平方和}}{\text{总平方和}} = \frac{SSR}{SST} \tag{12.9}$$

可决系数衡量 Y 的总变差中由回归模型中自变量 X 解释的部分所占的比率。

对于 Sunflowers 服装店的预测问题，$SSR = 66.785\,4$，$SSE = 11.983\,2$，$SST =$

78.768 6。

$$r^2 = \frac{66.785\ 4}{78.768\ 6} = 0.847\ 9$$

因此，年销售额变化中有 84.79%可以被各类消费者数量的变化解释。在这个例子中，较大的可决系数表明两个变量之间有很强的线性关系，因为 84.79%的年销售额变化可以用回归模型来预测。在线性回归模型中，各类消费者数量以外的其他因素仅能解释 15.21%的年销售额变化。

图 12－8 展示了用 Sunflowers 服装店的数据得到的图 12－4 结果中有关回归统计表的部分。这张表中包括回归模型的可决系数。

	A	B
3	*Regression Statistics*	
4	Multiple R	0.9208
5	R Square	0.8479
6	Adjusted R Square	0.8352
7	Standard Error	0.9993
8	Observations	14

```
Predictor                Coef   SE Coef      T      P
Constant              -1.2088    0.9949  -1.22  0.248
Profiled Customers     2.0742    0.2536   8.18  0.000

S = 0.999298   R-Sq = 84.8%   R-Sq(adj) = 83.5%
```

图 12－8　使用 Excel 和 Minitab 得出的 Sunflowers 服装店的部分回归结果

例 12.4

计算可决系数

用 Sunflowers 服装店的数据计算可决系数。

解答　公式（12.6）～公式（12.8）给出了 SST，SSR 和 SSE 的定义，现在可以使用公式（12.10）～公式（12.12）来进行计算。

计算 *SST*

$$SST = \sum_{i=1}^{n}(Y_i - \overline{Y})^2 = \sum_{i=1}^{n} Y_i^2 - \frac{\left(\sum_{i=1}^{n} Y_i\right)^2}{n} \tag{12.10}$$

计算 *SSR*

$$SSR = \sum_{i=1}^{n}(\hat{Y}_i - \overline{Y})^2$$

$$= b_0 \sum_{i=1}^{n} Y_i + b_1 \sum_{i=1}^{n} X_i Y_i - \frac{\left(\sum_{i=1}^{n} Y_i\right)^2}{n} \tag{12.11}$$

计算 *SSE*

$$SSE = \sum_{i=1}^{n}(Y_i - \hat{Y}_i)^2 = \sum_{i=1}^{n} Y_i^2 - b_0 \sum_{i=1}^{n} Y_i - b_1 \sum_{i=1}^{n} X_i Y_i \tag{12.12}$$

利用表 12－2 的加总结果：

$$SST=\sum_{i=1}^{n}(Y_i-\overline{Y})^2=\sum_{i=1}^{n}Y_i^2-\frac{(\sum_{i=1}^{n}Y_i)^2}{n}$$

$$=693.9-\frac{(92.8)^2}{14}=693.9-615.131\ 42=78.768\ 58$$

$$SSR=\sum_{i=1}^{n}(\hat{Y}_i-\overline{Y})^2=b_0\sum_{i=1}^{n}Y_i+b_1\sum_{i=1}^{n}X_iY_i-\frac{(\sum_{i=1}^{n}Y_i)^2}{n}$$

$$=(-1.208\ 826\ 5)(92.8)+(2.074\ 17)(382.85)-\frac{(92.8)^2}{14}$$

$$=66.785\ 4$$

$$SSE=\sum_{i=1}^{n}(Y_i-\hat{Y}_i)^2=\sum_{i=1}^{n}Y_i^2-b_0\sum_{i=1}^{n}Y_i-b_1\sum_{i=1}^{n}X_iY_i$$

$$=693.9-(-1.208\ 826\ 5)(92.8)-(2.074\ 17)(382.85)=11.983\ 2$$

所以

$$r^2=\frac{66.785\ 4}{78.768\ 6}=0.847\ 9$$

估计值的标准误

尽管使用最小二乘法得出的回归方程可以使观测值的变差的平方和最小，但只要不是所有观测值都完全落在回归线上，回归方程仍不能算是完美的预测。正如不可能所有数据都正好等于它们的算术平均值一样，它们也不可能都完全落在回归线上。图 12－5 显示了 Sunflowers 服装店的数据中观测值偏离回归线的情形。通过观察可知，尽管许多观测值的落点距离回归线很近，但是它们都没有丝毫不差地落在回归线上。

正如第 3 章中采用标准差来衡量每个观测值与其样本均值的偏离程度一样，**估计值的标准误**（standard error of the estimate）衡量了 Y 的观测值与预测值的偏离程度。也就是说，估计值的标准误是观测值偏离回归线的标准差，而第 3 章中的标准差则是观测值偏离均值的标准差。公式（12.13）定义了估计值的标准误，记为 S_{YX}。

估计值的标准误

$$S_{YX}=\sqrt{\frac{SSE}{n-2}}=\sqrt{\frac{\sum_{i=1}^{n}(Y_i-\hat{Y}_i)^2}{n-2}} \qquad (12.13)$$

式中

Y_i＝给定 X_i 的 Y 的实际值

$\hat{Y}_i$＝给定 X_i 的 Y 的预测值

SSE＝残差平方和

根据公式（12.8）以及图 12－4 或图 12－7，$SSE=11.983\ 2$，于是

$$S_{YX}=\sqrt{\frac{11.983\ 2}{14-2}}=0.999\ 3$$

这个估计值的标准误等于 999 300 美元，在图 12－8 的 Excel 输出结果中记为 Standard

Error，在 Minitab 回归结果中用 S 表示。估计值的标准误表示偏离回归线的程度，因此和因变量 Y 的度量单位是一致的。对估计值的标准误的解释和标准差的解释也是相似的。标准差衡量的是偏离均值的程度，估计值的标准误衡量的是偏离回归线的程度。对于 Sunflowers 服装店的回归结果，商店实际年销售额与该回归方程得出的预测年销售额之间的典型偏差接近 999 300 美元。

12.3 习题

掌握基础知识

12.11　可决系数等于 0.80 是什么意思?

12.12　如果 $SSR=36$，$SSE=4$，计算 SST，然后计算可决系数并解释其含义。

12.13　如果 $SSR=66$，$SST=88$，计算可决系数并解释其含义。

12.14　如果 $SSE=10$，$SSR=30$，计算可决系数并解释其含义。

12.15　如果 $SSR=120$，为什么 SST 不可能等于 110?

概念应用

12.16　在习题 12.4 中，我们利用酒精含量来预测葡萄酒的质量（数据存储于文件 VinhoVerde 中）。且样本数据集中 $SSR=21.867\,7$，$SST=64.000\,0$。

a. 计算可决系数并解释其含义。

b. 计算估计值的标准误。

c. 你认为这个模型在预测葡萄酒的质量时有多大用处?

12.17　在习题 12.5 中，我们利用饭店的排名总和来预测人均费用（数据存储于文件 Restaurants 中）。且样本数据集中 $SSR=9\,740.062\,9$，$SST=17\,844.75$。

a. 计算可决系数并解释其含义。

b. 计算估计值的标准误。

c. 你认为这个模型在预测人均费用时有多大用处?

12.18　在习题 12.6 中，一家搬运公司的老板想根据搬运货物的立方英尺数来预测所需的劳务搬运时间（数据存储于文件 Moving 中），利用该题得到的计算结果回答下列问题:

a. 计算可决系数并解释其含义。

b. 计算估计值的标准误。

c. 你认为这个模型在预测所需的劳务搬运时间时有多大用处?

12.19　在习题 12.7 中，我们利用包装仪器的板间隙来预测咖啡袋包装所能承受的撕开程度（数据存储于文件 Starbucks 中），利用该题得到的计算结果回答下列问题:

a. 计算可决系数并解释其含义。

b. 计算估计值的标准误。

c. 你认为这个模型在预测咖啡袋所能承受的撕开程度时有多大用处?

12.20　在习题 12.8 中，我们利用年收益额来预测棒球特许经营权的价值（数据存储于文件 BBrevenue 中），利用该题得到的计算结果回答下列问题:

a. 计算可决系数并解释其含义。

b. 计算估计值的标准误。

c. 你认为这个模型在预测棒球特许经营权的价值时有多大用处?

12.21　在习题 12.9 中，房地产代理商想通过公寓的面积预测月租成本（数据存储于文件 Rent-SilverSpring 中），利用该题得到的计算结果回答下列问题:

a. 计算可决系数并解释其含义。

b. 计算估计值的标准误。

c. 你认为这个模型在预测月租成本时有多大用处？

d. 你还能想出可以解释月租成本变化的其他变量吗？

12.22 在习题 12.10 中，我们利用电影票房收入来预测出售影碟的数量（数据存储于文件 Movie 中），利用该题得到的计算结果回答下列问题：

a. 计算可决系数并解释其含义。

b. 计算估计值的标准误。

c. 你认为这个模型在预测出售影碟的数量时有多大用处？

d. 你还能想出可以解释影碟出售数量变化的其他变量吗？

12.4 假设条件

在第 9 章至第 11 章关于假设检验以及方差分析的讨论中我们强调：假设条件对判断得到的结论至关重要。回归分析的假设条件和方差分析的假设条件相似，因为这两个问题都属于线性模型的广义范畴（见参考文献 4）。

下面列出 4 个**回归分析的假设**（assumption of regression）条件（取首字母的缩写，简称 LINE）：

（1）线性。

（2）误差项相互独立。

（3）误差项呈正态分布。

（4）同方差。

第一个假设**线性**（linearity）是指变量之间是线性关系。变量之间不是线性关系的情况在参考文献 4 中讨论。

第二个假设**误差项相互独立**（independence of errors）要求误差项（ε_i）之间相互独立。如果收集的是某一时期的数据，那么这个假设非常重要，因为在收集一段时间的数据时，某一时期的误差往往与前一时期的误差相关。

第三个假设**正态性**（normality）要求对每个 X 值，误差项（ε_i）呈正态分布。与 t 检验和方差分析的 F 检验一样，如果误差项服从正态分布，那么回归分析相当可靠。只要误差扰动项不是太偏离正态分布，那么对于参数 β_0 和 β_1 的推断所受的影响就不会太大。

第四个假设**同方差**（equal variance or homoscedasticity），要求对每个 X 值，误差项（ε_i）的方差保持恒定。这意味着，无论 X 值是大还是小，Y 的变动幅度保持不变。当进行 β_0 和 β_1 的统计推断时，同方差假设非常重要。如果同方差假设不成立，我们可以使用数据转换或者加权最小二乘法（见参考文献 4）。

12.5 残差分析

在 12.1 节，我们介绍了回归分析。在 12.2 节和 12.3 节，我们利用最小二乘法建立回归模型，对 Sunflowers 服装店的数据进行了分析。对于这个数据样本，我们选用的模型是否正确呢？12.4 节介绍的那些假设条件成立吗？本节我们利用被称为**残差分析**（residual analysis）的图示方法来检查由给定数据推导出的模型是不是一个恰当的模型，并且检验回归模型的假设条件能否成立。

定义**残差**（residual）或者估计的误差值 e_i，为观察的真实值 Y_i 与由给定 X_i 值得出的预测值 $\hat{Y}_i$ 之间的差。从图形来看，残差是指散点图中观察值 Y 与简单线性回归线的垂直距离。公式（12.14）给出了残差的定义。

残差

残差等于观测值 Y 与由回归线得出的 Y 的预测值之间的差。

$$e_i = Y_i - \hat{Y}_i \tag{12.14}$$

假设条件的检验

12.4 节中回归的 4 个假设条件分别为：线性、误差项相互独立、误差项呈正态分布以及同方差。

线性。我们可以在直角坐标系中把横轴定义为自变量 X，纵轴定义为残差，画出散点图来检验线性假设。如果线性模型对数据的拟合非常好，那么坐标系中就没有明显的图形关系。但是如果线性模型并不合适，那么 X_i 与 e_i 之间就会呈现某种关系。图 12－9 给出了这类相关图形的例子。图 12－9（A）描述的情况是：Y 值随着 X 值的增加而增加，但是 Y 与 X 之间似乎呈曲线关系，因为随着 X 值的增加，Y 值的增加速度逐渐减慢。这种二次型关系在图 12－9（B）得到了明显的体现，因为 X_i 与 e_i 之间有很明显的曲线关系。通过画出残差的散点图，我们去除了 X 与 Y 之间的线性趋势，剩下暴露出的就是简单线性回归模型不能拟合的部分。因此，我们应该使用能更好地拟合数据的二次型模型来代替简单线性回归模型（关于曲线型模型的拟合见参考文献 4）。

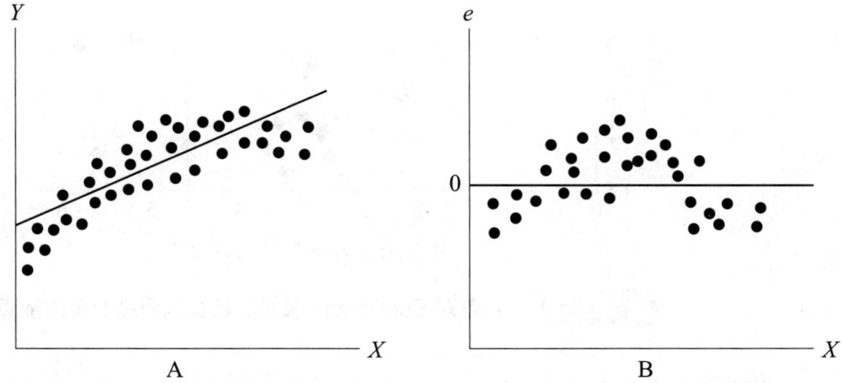

图 12－9 研究简单线性回归模型的适合程度

为了判断简单线性回归模型是否合适，我们回到 Sunflowers 服装店的问题。图 12－10 给出了 Excel 计算得到的预测值和残差。

为了评估线性假设，我们在图 12－11 中将残差对自变量制作散点图。我们注意到在残差图中散点分布非常分散，但是 x_i 与 e_i 之间没有明显的分布图形。对于不同的 X 值，残差好像均匀分布在 0 上下范围。这个结果可以使我们得出结论：线性回归模型适合这组 Sunflowers 服装店的数据。

Store	Profiled Customers	Predicted Annual Sales	Annual Sales	Residuals
1	3.7	6.465 6	5.7	−0.765 6
2	3.6	6.258 2	5.9	−0.358 2
3	2.8	4.598 8	6.7	2.101 2
4	5.6	10.406 5	9.5	−0.906 5
5	3.3	5.635 9	5.4	−0.235 9
6	2.2	3.354 3	3.5	0.145 7
7	3.3	5.635 9	6.2	0.564 1
8	3.1	5.221 1	4.7	−0.521 1
9	3.2	5.428 5	6.1	0.671 5
10	3.5	6.050 8	4.9	−1.150 8
11	5.2	9.576 9	10.7	1.123 1
12	4.6	8.332 4	7.6	−0.732 4
13	5.8	10.821 4	11.8	0.978 6
14	3	5.013 7	4.1	−0.913 7

图 12-10 Sunflowers 服装店的残差计算列表

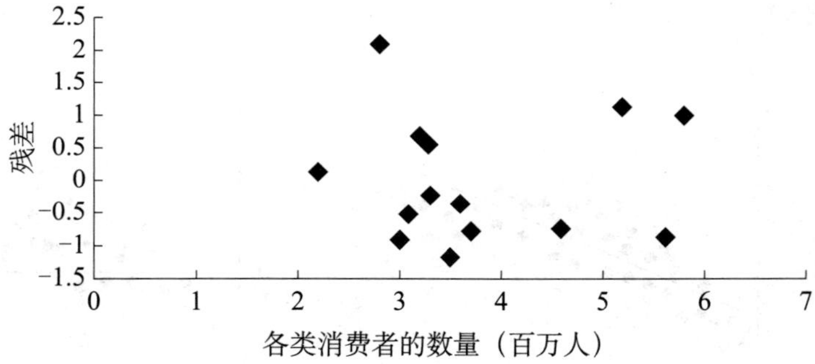

图 12-11 残差对 Sunflowers 服装店各类消费者数量的散点图

独立性。通过把观测值的残差按获取数据的顺序排列，可以检验误差项相互独立的假设。如果收集的是一个时间序列的数据（见 2.5 节），那么某一时期的 Y 值有时会与前期的 Y 值相关，在这种情况下，相继时间段的残差之间就会存在某种自相关关系。如果自相关关系确实存在（即违背了独立性的假设），那么以时间为横轴的残差散点图就可能会呈现出周期性的特点。对于本章所讨论的 Sunflowers 服装店，由于收集的数据是同一个时期的，因此无须检验独立性假设。

正态性。可以通过分析残差来判断正态性假设能否成立。我们可以把残差表示成频数分布的形式，并画出相应的直方图（见 2.4 节），或者用茎叶图（见 2.4 节）、箱线图（见 3.3 节）、正态概率图（6.3 节）来检验残差的正态性假设。表 12－3 给出了

Sunflowers 服装店残差数据的频数分布。(用这组数据画直方图存在数据量不足的问题。) 如果要判断正态性假设能否成立，可以查看图 12－12 给出的 Sunflowers 服装店残差数据的正态概率图。

表 12－3　Sunflowers 服装店数据中 14 个残差值的频数分布

残差	频数
大于等于－1.25 但小于－0.75	4
大于等于－0.75 但小于－0.25	3
大于等于－0.25 但小于 0.25	2
大于等于 0.25 但小于 0.75	2
大于等于 0.75 但小于 1.25	2
大于等于 1.25 但小于 1.75	0
大于等于 1.75 但小于 2.25	1
合计	14

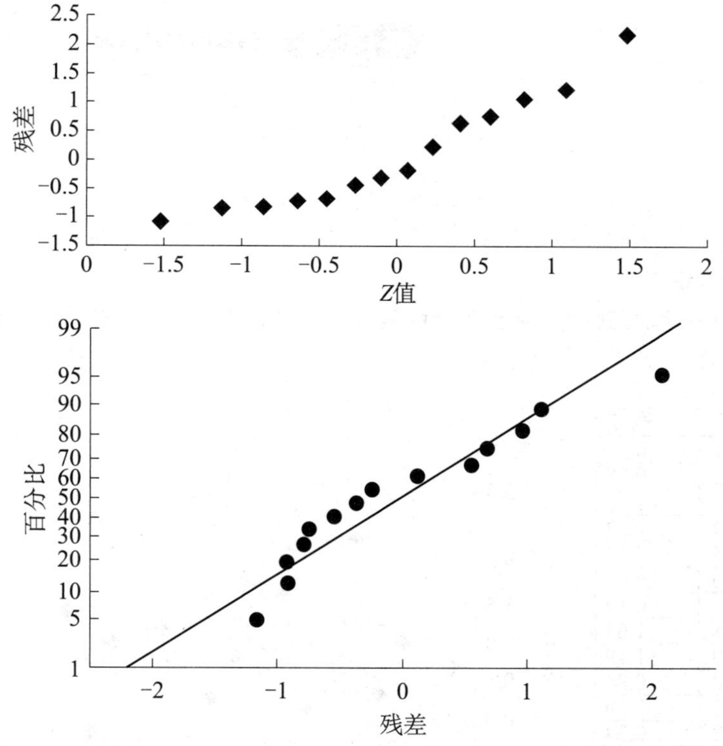

图 12－12　Sunflowers 服装店数据的 Excel 和 Minitab 正态概率图

尽管仅根据很小的样本容量，要对正态性假设成立与否作出判断是很困难的，然而从图 12－12 中的正态概率图不难看出，这组数据看上去并没有严重偏离正态分布。回归分析的稳健性意味着稍微偏离正态性的假设不会影响回归分析的可靠性，所以对于 Sunflowers 服装店，我们没有必要对稍微偏离正态分布的假设过于担心。

同方差。通过残差对 X_i 的散点图，我们也可以检验同方差的假设，看对于 X 的不同取值，残差的变化幅度是否大致相同。图 12－11 表明残差变化幅度并没有明显地随着 X_i的变化而改变。因此，可以认为该线性模型没有明显违背同方差的假设。

为了考察同方差假设不成立的情况，图 12－13 给出一个虚构的图形，描述残差与一组假设的 X_i之间的关系。该图显示出扇形影响，即残差的变动幅度随着 X 的增加而增加，即意味着在不同的 X 值上，Y 值并不是同方差的，因而违背了同方差的假设。

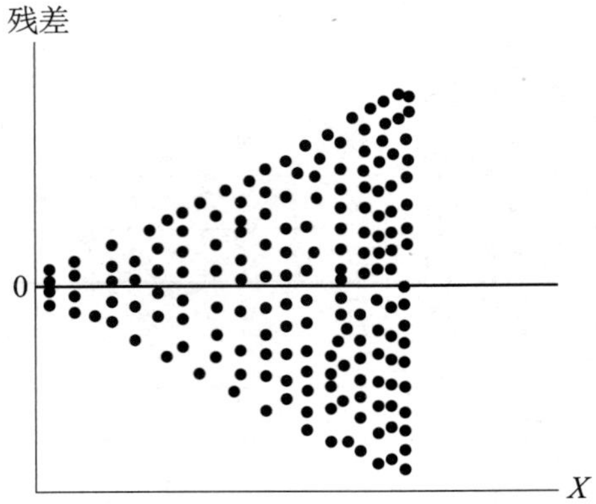

图 12－13　违背同方差假设

12.5 习题

掌握基础知识

12.23　从一个回归分析中得到下面的残差与 X 的散点图。是否有证据表明残差呈现出一定的趋势？请给出解释。

X	残差
1	0.70
2	−0.78
3	1.03
4	0.33
5	2.39
6	−0.67
7	0.16
8	1.65
9	−1.19
10	0.84
11	0.29
12	−0.28
13	1.21
14	−0.37
15	1.02
16	−0.16
17	1.42
18	−0.71
19	−0.63
20	0.67

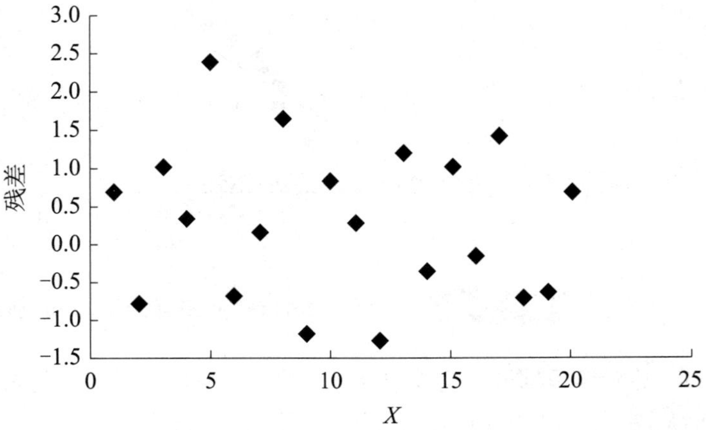

12.24　从一个回归分析中得到下面的残差与 X 的散点图。是否有证据表明残差呈现出一定的趋势？请给出解释。

X	残差
1	0.70
2	1.58
3	1.03
4	0.33
5	0.39
6	−0.67
7	−0.56
8	1.65
9	−1.19
10	−0.84
11	−0.29
12	−1.28
13	−1.21
14	−0.37
15	0.02
16	−0.16
17	0.82

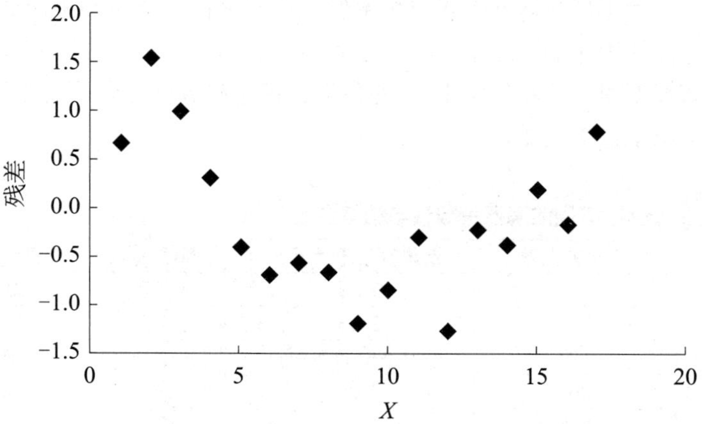

概念应用

12.25 在习题 12.5 中，我们利用饭店的排名总和来预测人均费用（数据存储于文件 Restaurants 中）。请对这个样本数据进行残差分析，判断是否严重违反了回归模型的假设条件。

12.26 在习题 12.4 中，我们利用酒精含量来预测葡萄酒的质量（数据存储于文件 VinhoVerde 中）。请对这个样本数据进行残差分析，判断是否严重违反了回归模型的假设条件。

12.27 在习题 12.7 中，我们利用包装仪器的板间隙来预测咖啡包装袋所能承受的撕开程度（数据存储于文件 Starbucks 中）。请对这个样本数据进行残差分析，判断是否严重违反了回归模型的假设条件。

12.28 在习题 12.6 中，一家搬运公司的老板想根据搬运货物的立方英尺数来预测所需的劳务搬运时间（数据存储于文件 Moving 中）。请对这个样本数据进行残差分析，判断是否严重违反了回归模型的假设条件。

12.29 在习题 12.9 中，房地产代理商想通过公寓的面积预测月租成本（数据存储于文件 RentSilverSpring 中）。请对这个样本数据进行残差分析，判断是否严重违反了回归模型的假设条件。

12.30 在习题 12.8 中，我们利用年收益额来预测棒球特许经营权的价值（数据存储于文件 BBrevenue 中）。请对这个样本数据进行残差分析，判断是否严重违反了回归模型的假设条件。

12.31 在习题 12.10 中，我们利用电影票房收入来预测出售影碟的数量（数据存储于文件 Movie 中）。请对这个样本数据进行残差分析，判断是否严重违反了回归模型的假设条件。

12.6 度量自相关性：Durbin-Watson 检验

回归模型的假设是误差之间相互独立。这个假设有时会被违背，比如当数据是按序列时间顺序收集时。因为任何一段时间的残差都有可能与前一段时间的残差有关。这种残差关系的模式就称为**自相关性**（autocorrelation）。当数据存在自相关性时，回归模型的可靠性会受到严重质疑。

用残差图来检验自相关性

我们在 12.5 节中提过，检测自相关性的一种方法是画出随时间变化的残差图。如果存在正自相关性，可能会存在相同符号的残差聚集在一起的状况，你就可以断定残差变化具有明显的特定形态。如果存在负自相关性，残差可能出现从正到负再从负到正的变化特定形态。但是负自相关性在回归中很少见，因此本节集中讲述正自相关性。

为了形象地展示正自相关性，我们来看一个包裹快递公司经理的问题，他想预测每周的销售额。为了解决这个问题，他打算建立一个回归模型，使用消费者人数作为解释变量。他收集了 15 周的数据，将这些数据存储于文件 FifteenWeeks 中。表 12－4 给出了这些数据。

表 12－4　连续 15 周的消费者数量与销售金额

周数	消费者人数	销售额（千美元）	周数	消费者人数	销售额（千美元）
1	794	9.33	9	880	12.07
2	799	8.26	10	905	12.55
3	837	7.48	11	886	11.92
4	855	9.08	12	843	10.27
5	845	9.83	13	904	11.80
6	844	10.09	14	950	12.15
7	863	11.01	15	841	9.64
8	875	11.49			

由于数据是在相同公司中连续 15 周收集得到的，因此需要考虑是否存在自相关性。首先，我们可以先假设不存在自相关性，这样就可以根据消费者人数来预测销售额。图 12－14 为 Excel 与 Minitab 处理这些数据的结果。

	A	B	C	D	E	F	G
1	Package Delivery Store Sales Analysis						
2							
3	*Regression Statistics*						
4	Multiple R	0.8108					
5	R Square	0.6574					
6	Adjusted R Square	0.6311					
7	Standard Error	0.9360					
8	Observations	15					
9							
10	ANOVA						
11		*df*	*SS*	*MS*	*F*	*Significance F*	
12	Regression	1	21.8604	21.8604	24.9501	0.0002	
13	Residual	13	11.3901	0.8762			
14	Total	14	33.2506				
15							
16		*Coefficients*	*Standard Error*	*t Stat*	*P-value*	*Lower 95%*	*Upper 95%*
17	Intercept	-16.0322	5.3102	-3.0192	0.0099	-27.5041	-4.5603
18	Customers	0.0308	0.0062	4.9950	0.0002	0.0175	0.0441

```
Regression Analysis: Sales versus Customers

The regression equation is
Sales = - 16.0 + 0.0308 Customers

Predictor       Coef    SE Coef      T      P
Constant     -16.032      5.310  -3.02  0.010
Customers   0.030760   0.006158   5.00  0.000

S = 0.936037   R-Sq = 65.7%   R-Sq(adj) = 63.1%

Analysis of Variance
Source          DF      SS      MS      F      P
Regression       1  21.860  21.860  24.95  0.000
Residual Error  13  11.390   0.876
Total           14  33.251

Durbin-Watson statistic = 0.883003
```

图 12－14　快递公司数据的 Excel 与 Minitab 回归结果

在图 12－14 中可以看出，$r^2=0.657\,4$，表明销售额变化的 65.74%可以用消费者人数来解释。此外，$b_0=-16.032\,2$，$b_1=0.030\,8$。但是，在使用这个模型进行预测之前，你必须先进行残差分析。因为数据是在相同公司中连续 15 周收集得到的，除了考察线性、正态性与同方差假设，你还需要考虑是否存在自相关性。如图 12－15 所示，你可以画出残差图来检测残差是否存在某种特定形态。在图 12－15 中，你可以看到残差随着时间先增后减的周期性形态。残差的这种周期性形态说明很可能存在自相关性，从而违背了回归模型残差之间相互独立的假设。

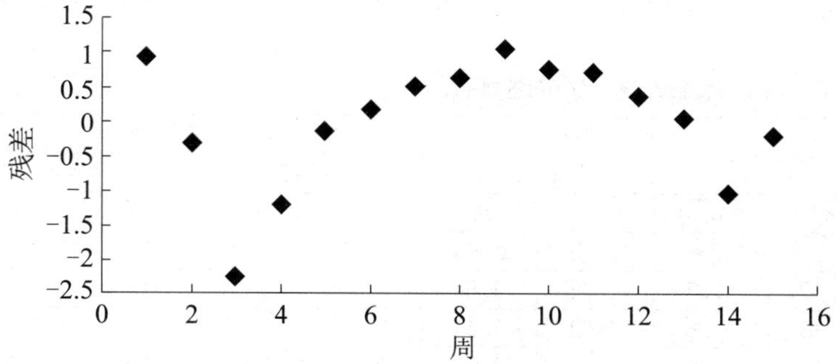

图 12-15　快递公司数据的残差图

Durbin-Watson 统计量

Durbin-Watson 统计量用于检验自相关性。该统计量衡量每个残差与其前一时间残差的相关程度。公式（12.15）定义了 Durbin-Watson 统计量。

Durbin-Watson 统计量

$$D=\frac{\sum_{i=2}^{n}(e_i-e_{i-1})^2}{\sum_{i=1}^{n}e_i^2} \tag{12.15}$$

式中

e_i＝在 i 时间段的残差

在公式（12.15）中，$\sum_{i=2}^{n}(e_i-e_{i-1})^2$ 表示两个相邻残差间的离差平方和，从第 2 个残差开始一直计算到第 n 个残差。分母 $\sum_{i=1}^{n}e_i^2$ 表示残差平方和。如果相邻残差有正自相关性，则 Durbin-Watson 统计量的 D 值就会趋近于 0；如果相邻残差间不存在自相关关系，D 值则会趋近于 2。（如果残差存在负自相关性，D 值会大于 2，甚至接近于最大值 4。）根据快递公司数据计算得到的统计量 $D=0.8830$。（结果详见图 12-16 中的 Excel 结果或是图 12-14 中的 Minitab 结果。）

	A	B
1	Durbin-Watson Statistic	
2		
3	Sum of Squared Difference of Residuals	10.0575
4	Sum of Squared Residuals	11.3901
5		
6	Durbin-Watson Statistic	0.8830

图 12-16　快递公司数据 Durbin-Watson 统计量的 Excel 结果

这样就需要判断自相关性是否大到可以认为存在显著的正自相关性的程度。我们可以将 D 值与附表 E. 8 中 Durbin-Waston 统计量的临界值表进行比较，表 12-5 截取了 Durbin-Waston 统计量临界值表的一部分。临界值的大小取决于显著性水平 α、样

本容量 n，以及模型中的解释变量个数 k（在简单线性回归模型中，$k=1$）。

表 12-5 Durbin-Watson 统计量的临界值

$\alpha=0.05$										
	$k=1$		$k=2$		$k=3$		$k=4$		$k=5$	
n	d_L	d_U	d_L	d_U	d_L	d_U	d_L	d_U	d_L	d_U
15	1.08	1.36	0.95	1.54	0.82	1.75	0.69	1.97	0.56	2.21
16	1.10	1.37	0.98	1.54	0.86	1.73	0.74	1.93	0.62	2.15
17	1.13	1.38	1.02	1.54	0.90	1.71	0.78	1.90	0.67	2.10
18	1.16	1.39	1.05	1.53	0.93	1.69	0.82	1.87	0.71	2.06

在表 12-5 中，对于任何一组显著性水平 α、样本容量 n，以及模型中的解释变量个数 k，都可以找到相对应的两个值。第一个值 d_L 表示临界值下限。如果 D 值小于 d_L，就可以得出结论：残差存在正自相关性。在这种情况下，最小二乘法模型不再适用。你应该使用其他方法（见参考文献 4）。第二个值 d_U 表示临界值上限。如果 D 值大于 d_U，就可以认为不存在正自相关性的证据。如果 D 在 d_L 与 d_U 之间，则无法得出确定的结论。

对于快递公司的数据，只有 1 个自变量，$k=1$；有 15 个观测值，$n=15$，查 Durbin-Waston 统计量临界值表得到 $d_L=1.08$，$d_U=1.36$。用快递公司数据计算得到的 $D=0.883\ 0<1.08$，因此可以判定残差之间存在正自相关性。因为模型残差有自相关性，所以用最小二乘法估计的回归模型不适用。既然误差独立的假设不成立，就应该考虑使用其他修正方法（见参考文献 4）。

12.6 习题

掌握基础知识

12.32 下表为连续 10 个时间段的残差：

时间段	残差	时间段	残差
1	−5	6	+1
2	−4	7	+2
3	−3	8	+3
4	−2	9	+4
5	−1	10	+5

a. 做出残差图。你可以得出残差规律性的什么结论？

b. 基于（a），你可以得出残差自相关性的什么结论？

12.33 下表为连续 15 个时间段的残差：

时间段	残差	时间段	残差
1	+4	9	+6
2	−6	10	−3
3	−1	11	+1
4	−5	12	+3
5	+2	13	0
6	+5	14	−4
7	−2	15	−7
8	+7		

a. 做出残差图。你可以得出残差规律性的什么结论?

b. 计算 Durbin-Watson 统计量。在 0.05 的显著性水平下，是否有证据表明残差存在自相关性?

c. 基于（a），你可以得出残差自相关性的什么结论?

概念应用

12.34 在习题 12.7 中，我们利用包装仪器的板间隙来预测咖啡包装袋所能承受的撕开程度。

a. 是否有必要计算 Durbin-Watson 统计量? 请解释。

b. 什么情况下在使用最小二乘法回归模型前有必要计算 Durbin-Watson 统计量?

12.35 你购买的汽油价格与原油价格之间有什么关系? 文件 Oil & Gasoline 中存储有 231 周每桶原油价格与每加仑汽油价格（美元）的关系，截至 2014 年 5 月 30 日（Energy Information Administration，U. S. Department of Energy，www. eia. doe. gov.）

a. 以原油价格为横坐标、汽油价格为纵坐标做出散点图。

b. 使用最小二乘法建立简单线性回归模型，用原油价格做自变量预测汽油价格。

c. 解释本题中斜率 b_1 的意义。

d. 做出随时间变化的残差图。

e. 计算 Durbin-Watson 统计量。

f. 在 0.05 的显著性水平下，是否有证据表明存在残差自相关性?

g. 基于（d）到（f）中的结果，是否有理由认为模型的有效性存疑?

h. 你可以得出关于原油价格与汽油价格之间关系的什么结论?

12.36 一家销售电脑器件的公司有一个分发产品订单的仓库。最近公司管理层正在测试仓库产品的分发过程，想判断影响仓库产品分发过程成本的因素。最近，订单成本增加了一项手续费，不考虑订单的数量。相关数据存储于文件 Warecost 中，横跨超过 24 个月。

a. 假设存在线性关系，使用最小二乘法计算出回归系数 b_0 和 b_1。

b. 当订单数为 4 500 时，预测每月仓库的分发成本。

c. 做出随时间变化的残差图。

d. 计算 Durbin-Watson 统计量。在 0.05 的显著性水平下，是否有证据表明残差存在正自相关性?

e. 基于（c）和（d）中的结果，是否有理由认为模型的有效性存疑?

f. 你可以得出关于影响分发成本因素的什么结论?

12.37 一杯新鲜煮好的意式浓缩咖啡 espresso 包含三种成分。这三种成分的分离通常需要 10～20 秒的时间。为了使用 espresso 制作拿铁、卡布奇诺或者其他品种的咖啡，我们需要在三者分离的过程中把其倒入其他饮料。如果是在成分分离之后倒入的话，咖啡就会苦涩。因此，如果分离时间更长，咖啡师就有更多的时间来倒咖啡以确保最后制成咖啡的质量。一位咖啡店的员工假设如果越难将咖啡渣压入咖啡机，成分分离的时间就会越长。他开展的此项实验共有 24 个观察值。自变量 Tamp 衡量了咖啡渣与咖啡机顶端的距离（英寸）。因变量 Time 是成分分离的时间。数据存储于文件 Espresso 中。

a. 以 Tamp 为自变量、Time 为因变量，使用最小二乘法建立一个回归模型。

b. 当 Tamp 为 0.50 英寸时，预测分离时间。

c. 做出随时间变化的残差图。残差是否有规律性?

d. 计算 Durbin-Watson 统计量。在 0.05 的显著性水平下，是否有证据表明残差存在正自相关性?

e. 基于（c）和（d）中的结果，是否有理由认为模型的有效性存疑?

f. 你可以得出关于压缩时间对分离时间影响的什么结论?

12.38 冰淇淋连锁店的老板想提高每天销售量的预测精确度，以最小化夏季高峰时的用工短缺。他决定建立一个简单线性回归模型，基于每天的温度预测每天的销售量。文件 IceCream 中存储了所收集的连续 21 天的数据。（提示：首先确定自变量和因变量。）

a. 假设存在线性关系，使用最小二乘法计算出回归系数 b_0 和 b_1。

b. 当温度为 83 华氏度时，预测每天的销售量。

c. 做出随时间变化的残差图。

d. 计算 Durbin－Watson 统计量。在 0.05 的显著性水平下，是否有证据表明残差存在正自相关性？

e. 基于（c）和（d）中的结果，是否有理由认为模型的有效性存疑？

f. 你可以得出关于温度与销售量之间关系的什么结论？

12.7 对斜率的统计推断与相关系数

12.1 节至 12.3 节中讨论的回归模型主要给出一个描述性的介绍，使我们了解到用最小二乘法估计得出回归系数后，可以依据给定的 X 值对相应的 Y 值做出预测。此外，我们还讨论了估计值的标准误以及如何确定可决系数。

如果利用在 12.5 节讨论过的残差分析证明最小二乘法的假设没有被严重违背，并且可以使用线性模型，那么就能根据样本信息对总体变量之间的线性关系做出统计推断。

斜率的 t 检验

为了判断变量 X 和 Y 之间是否存在显著的线性关系，我们需要对总体斜率 β_1 是否等于 0 进行假设检验。零假设与备择假设为：

H_0：$\beta_1=0$（不存在线性关系）

H_1：$\beta_1\neq0$（存在线性关系）

如果零假设被拒绝，那么说明变量之间存在线性关系。公式（12.16）给出了用于这个假设检验的检验统计量。

对总体斜率的 t 检验

t_{STAT} 检验统计量等于样本斜率与总体斜率的假定值之差，然后除以样本斜率的标准差。

$$t_{STAT}=\frac{b_1-\beta_1}{S_{b_1}} \tag{12.16}$$

式中

$$S_{b_1}=\frac{S_{YX}}{\sqrt{SSX}}$$

$$SSX=\sum_{i=1}^{n}(X_i-\overline{X})^2$$

t_{STAT} 检验统计量服从自由度为 $n-2$ 的 t 分布。

回到“统计应用”中 Sunflowers 服装店的问题，为了检验在 0.05 的显著性水平下，商店的年销售额与各类消费者的数量之间是否存在线性关系，我们需要在回归分析中计算 t 值。图 12－17 是的 t 检验 Excel 和 Minitab 结果。

	A	B	C	D	E	F	G
16		Coefficients	Standard Error	t Stat	P-value	Lower 95%	Upper 95%
17	Intercept	-1.2088	0.9949	-1.2151	0.2477	-3.3765	0.9588
18	Profiled Customers	2.0742	0.2536	8.1780	0.0000	1.5216	2.6268

Predictor	Coef	SE Coef	T	P
Constant	-1.2088	0.9949	-1.22	0.248
Profiled Customers	2.0742	0.2536	8.18	0.000

图 12－17 Sunflowers 服装店数据 t 检验的 Excel 和 Minitab 结果

由图 12-17 可知：

$b_1=+2.0742$

$n=14$

$S_{b_1}=0.2536$

因此

$$t_{STAT}=\frac{b_1-\beta_1}{S_{b_1}}$$
$$=\frac{2.0742-0}{0.2536}=8.178$$

在 0.05 的显著性水平下，自由度为 $n-2=12$ 的 t 检验临界值为 2.178 8。因为 $t_{STAT}=8.178>2.1788$，所以拒绝 H_0（见图 12-18）。同样通过 p 值法也可以拒绝 H_0，因为 p 值几乎为 0，远小于 $\alpha=0.05$。因此，我们可以推断，平均年销售额与各类消费者的数量之间存在显著的线性关系。

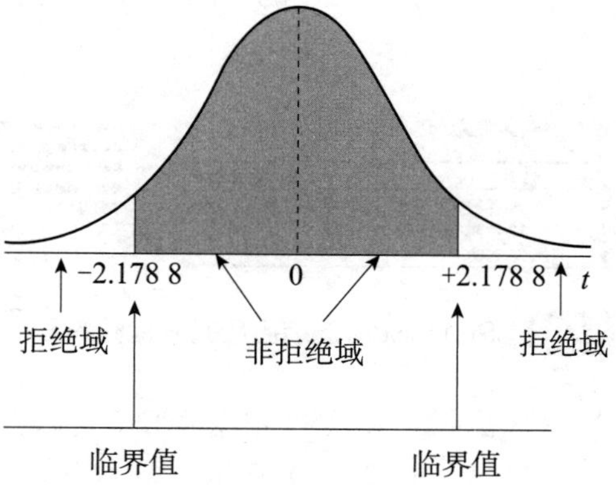

图 12-18 在 0.05 的显著性水平下对自由度为 12 的总体斜率假设进行检验

斜率的 F 检验

检验简单线性回归的斜率在统计意义上是否显著的另一种方法是使用 F 检验。在 10.4 节，我们利用 F 分布来检验两个比例的方差。在检验回归斜率是否显著时，公式（12.17）定义 F 检验为回归项的均方（MSR）与误差项的均方（$MSE=S_{YX}^2$）的比。

对总体斜率假设的 F 检验

F_{STAT} 检验统计量的值等于回归项的均方除以误差项的均方。

$$F_{STAT}=\frac{MSR}{MSE} \tag{12.17}$$

式中

$$MSR=\frac{SSR}{1}=SSR$$

$$MSE=\frac{SSE}{n-2}$$

F_{STAT} 检验统计量服从以 1 和 2 为自由度的 F 分布。

给定显著性水平 α，决策准则为：

若 $F_{STAT}>F_{\alpha}$，则拒绝 H_0；

否则，不能拒绝 H_0。

表 12－6 中的方差分析总结表列出了上述分析过程。

表 12－6 检验回归系数显著性的方差分析总结表

变异来源	自由度	平方和	均方（方差）	F
回归项	1	SSR	$MSR=\frac{SSR}{1}=SSR$	$F_{STAT}=\frac{MSR}{MSE}$
误差项	$n-2$	SSE	$MSE=\frac{SSE}{n-2}$	
总体	$n-1$	SST		

图 12－4 报告的回归结果中包括一个完整的方差分析总结表（见图 12－19），根据 Sunflowers 服装店数据计算得出的 F_{STAT} 检验统计量为 66.879 2，其对应的 p 值为 0.000 0。

	A	B	C	D	E	F
10	ANOVA					
11		df	SS	MS	F	Significance F
12	Regression	1	66.7854	66.7854	66.8792	0.0000
13	Residual	12	11.9832	0.9986		
14	Total	13	78.7686			

Analysis of Variance

Source	DF	SS	MS	F	P
Regression	1	66.785	66.785	66.88	0.000
Residual Error	12	11.983	0.999		
Total	13	78.769			

图 12－19 Sunflowers 服装店数据 F 检验的 Excel 和 Minitab 结果

给定显著性水平 $\alpha=0.05$，那么根据表 E.5 可以得到自由度分别为 1 和 12 的 F 分布的临界值为 4.75，如图 12－20 所示。因为 $F_{STAT}=66.879\ 2>4.75$，或者因为 p 值 $=0.000\ 0<0.05$，所以拒绝 H_0，从而可以认为年销售额显著依赖于各类消费者的数量。值得注意的是，公式（12.17）的 F 检验与公式（12.16）的 t 检验等价，因此可以得出相同的结论。

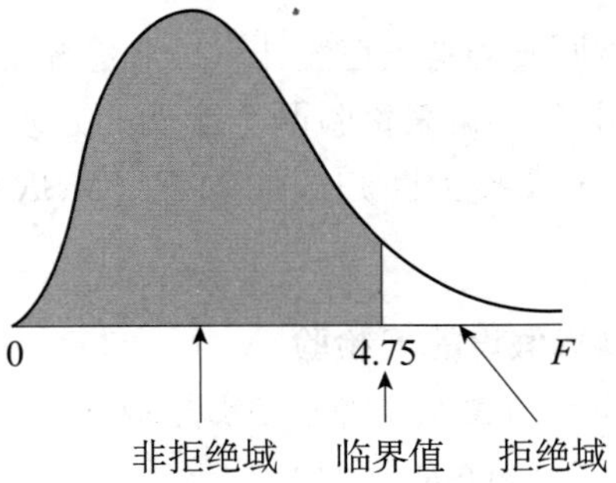

图 12－20 自由度为 1 和 12、显著性水平 0.05，斜率系数的 F 检验的拒绝域和非拒绝域

斜率的置信区间估计

估计 β_1 的置信区间可以作为检验变量之间是否存在线性关系的另一种途径。关于 β_1 的置信区间可以由公式（12.18）得到。

β_1的置信区间

总体斜率的置信区间为样本斜率 b_1 加减 t 检验的临界值与样本斜率标准差之积。

$$b_1 \pm t_{\alpha/2} S_{b_1} \tag{12.18}$$

式中

$t_{\alpha/2}$＝自由度为 $n-2$ 的 t 分布右尾 $\alpha/2$ 概率处的临界值（即累积区域面积为 $1-\alpha/2$）

根据图 12－17 中的计算结果可知：

$b_1 = 2.074\,2$

$n = 14$

$S_{b_1} = 0.253\,6$

构建 95%置信水平的置信区间，即 $\alpha/2=0.025$，根据表 E.3 查得 $t_{\alpha/2}=2.178\,8$，利用公式（12.18）有

$$\begin{aligned} b_1 \pm t_{\alpha/2} S_{b_1} &= 2.074\,2 \pm (2.178\,8)(0.253\,6) \\ &= 2.074\,2 \pm 0.552\,6 \end{aligned}$$

$$1.521\,6 \leqslant \beta_1 \leqslant 2.626\,8$$

可以 95%的置信水平认为总体斜率会落在 1.521 6～2.626 8 的置信区间内。置信区间意味着各类消费者的数量每增加 100 万人，年销售额均值将至少增加 152.16 万美元，但不会超过 262.68 万美元。由于置信区间内的值都大于 0，因此可以推断年销售额与各类消费者的数量存在显著的正相关关系。如果置信区间包括 0，那么得到的结论则为两个变量之间不存在显著的线性关系。

相关系数的 t 检验

在 3.5 节中我们曾介绍**相关系数**（correlation coefficient），可用于度量两个数值变量之间的相关程度。相关系数介于－1～1 之间，－1 表示完全负相关，而 1 表示完全正相关。相关系数可以用来判断变量 X 和 Y 之间是否存在显著的线性关系。我们先假设总体的相关系数 ρ 为 0，那么相应的零假设和备择假设为：

H_0：$\rho=0$（不相关）

H_1：$\rho\neq 0$（相关）

公式（12.19）可以用来判断是否存在显著的相关关系。

对是否存在相关性的检验

$$t_{STAT} = \frac{r-\rho}{\sqrt{\dfrac{1-r^2}{n-2}}} \tag{12.19a}$$

式中

$r=+\sqrt{r^2}$，如果 $b_1>0$

$r=-\sqrt{r^2}$，如果 $b_1<0$

t_{STAT}检验统计量服从自由度为 $n-2$ 的 t 分布。r 的计算方法如下（见公式（3.15））：

$$r = \frac{\mathrm{cov}(X,Y)}{S_X S_Y} \tag{12.19b}$$

式中

$$\mathrm{cov}(X,Y) = \frac{\sum_{i=1}^{n}(X_i - \overline{X})(Y_i - \overline{Y})}{n-1}$$

$$S_X = \sqrt{\frac{\sum_{i=1}^{n}(X_i - \overline{X})^2}{n-1}}$$

$$S_Y = \sqrt{\frac{\sum_{i=1}^{n}(Y_i - \overline{Y})^2}{n-1}}$$

在 Sunflowers 服装店的例子中，$r^2 = 0.847\ 9$，$b_1 = +2.074\ 2$（见图 12－4）。因为 $b_1 > 0$，所以年销售额与各类消费者的数量之间的相关系数为 r^2 的正平方根（即 $r = +\sqrt{0.847\ 9} = +0.920\ 8$）。在这两个变量不相关的前提假设下，使用公式 (12.19a) 可以得到 t_{STAT} 检验统计量的值。

$$t_{STAT} = \frac{r-0}{\sqrt{\frac{1-r^2}{n-2}}} = \frac{0.920\ 8-0}{\sqrt{\frac{1-(0.920\ 8)^2}{14-2}}} = 8.178$$

给定显著性水平 0.05，因为 $t_{STAT} = 8.178 > 2.178\ 8$，所以拒绝零假设，从而可以认为年销售额与各类消费者的数量之间存在显著的相关关系。值得注意的是，这里得到的 t_{STAT} 与用于判断总体斜率 β_1 是否为 0 时的 t_{STAT} 相同。

12.7 习题

掌握基础知识

12.39 假设你要检验变量 X 与 Y 之间不存在显著关系这个零假设。从 $n=18$ 的样本中，你得到 $r=0.80$。

a. 该系数的 t_{STAT} 是多少?

b. 给定 $\alpha=0.05$ 的显著性水平，临界值为多少?

c. 根据 (a) 和 (b) 中的结果，从统计学角度如何对零假设进行判断?

12.40 假设你要检验变量 X 与 Y 之间不存在显著关系这个零假设。从 $n=18$ 的样本中，你得到 $b_1=+4.5$，$S_{b_1}=1.5$。

a. 该系数的 t_{STAT} 是多少?

b. 给定 $\alpha=0.05$ 的显著性水平，临界值为多少?

c. 根据 (a) 和 (b) 中的结果，从统计学角度如何对零假设进行判断?

d. 构建总体斜率 β_1 95%置信水平的置信区间。

12.41 假设你要检验变量 X 与 Y 之间不存在显著关系这个零假设。从 $n=20$ 的样本中，你得到 $SSR=60$，$SSE=40$。

a. F_{STAT} 是多少?

b. 给定 $\alpha=0.05$ 的显著性水平，临界值为多少?

c. 根据 (a) 和 (b) 中的结果，从统计学角度如何对零假设进行判断?

d. 首先计算 r^2，然后在假设 b_1 为负的情况下计算相关系数。

e. 在 0.05 的显著性水平下，X 与 Y 是否有显著的相关关系？

概念应用

12.42 在习题 12.4 中，我们利用酒精含量来预测葡萄酒的质量（数据存储于文件 VinhoVerde 中）。根据该题结果可知 $b_1=0.5624$，$S_{b_1}=0.1127$。

a. 在 0.05 的显著性水平下，是否有证据表明酒精含量与葡萄酒的质量存在线性关系？

b. 构建总体斜率 β_1 95% 置信水平的置信区间。

12.43 在习题 12.5 中，我们利用饭店的排名总和来预测人均费用（数据存储于文件 Restaurants 中）。根据该题结果可知 $b_1=1.4963$，$S_{b_1}=0.1379$。

a. 在 0.05 的显著性水平下，是否有证据表明饭店的排名总和与人均费用存在线性关系？

b. 构建总体斜率 β_1 95% 置信水平的置信区间。

12.44 在习题 12.6 中，一家搬运公司的老板想根据搬运货物的立方英尺数来预测所需的劳务搬运时间（数据存储于文件 Moving 中）。使用该题的结果：

a. 在 0.05 的显著性水平下，是否有证据表明搬运货物的立方英尺数和所需的劳务搬运时间之间存在线性关系？

b. 构建总体斜率 β_1 95% 置信水平的置信区间。

12.45 在习题 12.7 中，我们利用包装仪器的板间隙来预测咖啡包装袋所能承受的撕开程度（数据存储于文件 Starbucks 中）。使用该题的结果：

a. 在 0.05 的显著性水平下，是否有证据表明包装仪器的板间隙与咖啡包装袋所能承受的撕开程度之间存在线性关系？

b. 构建总体斜率 β_1 95% 置信水平的置信区间。

12.46 在习题 12.8 中，我们利用年收益额来预测棒球特许经营权的价值（数据存储于文件 BBValues 中）。使用该题的结果：

a. 在 0.05 的显著性水平下，是否有证据表明年收益额和棒球特许经营权的价值之间存在线性关系？

b. 构建总体斜率 β_1 95% 置信水平的置信区间。

12.47 在习题 12.9 中，房地产代理商想通过公寓的面积预测月租成本（数据存储于文件 RentSilverSpring 中）。使用该题的结果：

a. 在 0.05 的显著性水平下，是否有证据表明公寓的面积和月租成本之间存在线性关系？

b. 构建总体斜率 β_1 95% 置信水平的置信区间。

12.48 在习题 12.10 中，我们利用电影票房收入来预测出售影碟的数量（数据存储于文件 Movie 中）。使用该题的结果：

a. 在 0.05 的显著性水平下，是否有证据表明电影票房收入和出售影碟的数量之间存在线性关系？

b. 构建总体斜率 β_1 95% 置信水平的置信区间。

12.49 股票的波动性通常用 β 系数来衡量。我们可以通过一个简单线性回归模型来估计：将股票价格的每周浮动比率作为因变量（Y），市场指数的每周浮动比率作为自变量（X），标准普尔 500 指数通常是市场指数的一个较好选择。例如，要估计迪士尼公司股票的 β 系数，我们可以使用下列市场化模型：

$$\text{迪士尼股票每周浮动比率（\%）}=\beta_0+\beta_1\text{标准普尔 500 指数每周浮动比率（\%）}+\varepsilon$$

最小二乘回归估计的斜率 b_1 即为迪士尼公司股票 β 系数的估计值。β 系数等于 1 的股票，其波动与市场指数的波动相同；β 系数等于 1.5 的股票，其波动要比市场指数大 50%；β 系数等于 0.6 的股票，其波动只有市场指数的 60%。若某股票的 β 系数为负，说明该股票的波动与整个市场恰恰相反。下表给出了一些股票的 β 系数：

公司	股票符号	β 系数
苹果	AAPL	0.74
迪士尼	DIS	1.32
澎泉思蓝宝集团	DPS	0.22
万豪	MAR	1.34
微软	MSFT	0.68
宝洁	PG	0.40

资料来源：finance.yahoo.com. June 8，2014.

a. 对表中每一家公司，解释其 β 系数的含义。

b. 投资者应该怎样利用 β 系数来指导投资？

12.50　指数基金是模拟标准普尔 500 指数、纳斯达克指数或者罗素 2000 指数的共同基金。因此，这些基金的 β 系数（习题 12.49 中给出了描述）为 1.0。这些基金的市场模型回归值近似如下：

指数基金每周浮动比率（%）＝0.0＋1.0×指数每周浮动比率（%）

杠杆指数基金用来放大主要指数的浮动。Direxion 基金公司以提供杠杆指数基金著称，也为投资顾问和资深投资人提供其他备选的共同基金产品。两个公司基金的详细资料如下表所示：

名称（股票符号）	股票符号	基金描述
Daily Small Cap Bull 3x Fund	TNA	300%的罗素 2000 指数
Monthly S&P Bear 2x Fund	DXSSX	200%的标准普尔 500 指数

资料来源：www.direxionfunds.com.

这些基金的市场模型回归值近似如下：

TNA 每周浮动比率（%）＝b_0＋3.0×罗素 2000 指数每周浮动比率（%）

DXSSX 每周浮动比率（%）＝b_0＋2.0×标准普尔 500 指数每周浮动比率（%）

因此，如果罗素 2 000 指数在一个时段内增长 10%，杠杆指数基金将增长 30%。相反，如果罗素 2000 指数下跌 20%，杠杆指数基金将下跌 60%。

a. 考虑 Direxion Funds Bull 3x Fund 共同基金（代码：SPXL），该基金相当于 300%的标准普尔 500 指数浮动比率。那么，什么是市场模型的近似估计？

b. 如果一年内标准普尔 500 指数增长 10%，你认为 SPXL 会有怎样的收益？

c. 如果一年内标准普尔 500 指数指数下跌 20%，你认为 SPXL 会有怎样的收益？

d. 什么类型的投资者会喜欢杠杆指数基金？什么类型的投资者不会喜欢杠杆指数基金？

12.51　文件 Cereals 中描述了 7 种早餐谷物中卡路里和脂肪的含量：

产品	卡路里	脂肪
Kellogg's All Bran	80	6
Kellogg's Corn Flakes	100	2
Wheaties	100	4
Nature's Path Ogranic Multigrain Flakes	110	4
Kellogg's Rice Krispies	130	4
Post Shredded Wheat Vanilla Almond	190	11
Kellogg's Mini Wheats	200	10

a. 计算相关系数，并进行解释。

b. 在 0.05 的显著性水平下，卡路里和脂肪之间是否存在显著的线性关系？

12.52　电影公司需要预测发行一部影片可以获得的总收入。下表（见文件 PotterMovies）分别列出了从 2001 年到 2011 年上映的八部哈利波特电影在第一周、美国以及全球的收入（百万美元）。

影片	第一周	美国	全球
《魔法石》	90.295	317.558	976.458
《哈利波特与密室》	88.357	261.988	878.988
《阿兹卡班囚徒》	93.687	249.539	795.539
《火焰杯》	102.335	290.013	896.013
《凤凰社》	77.108	292.005	938.469
《混血王子》	77.836	301.460	934.601
《死亡圣器（上）》	125.017	295.001	955.417
《死亡圣器（下）》	169.189	381.001	1 328.110

资料来源：www.the-numbers.com/interactive/comp-Harry-Potter.php.

a. 计算相关系数，并进行解释。

b. 在 0.05 的显著性水平下，第一周收入与全美收入之间、第一周收入与全球收入之间、全美收入与全球收入之间是否存在显著的线性关系?

12.53 大学足球是一项产值很大的经营项目，教练薪酬、球队收入和支出都是以百万美元计算的。文件 College Football 中包含几个学校大学足球最近几年的教练薪酬及球队收入数据（“College Football Coaches Continue to See Salary Explosion”，*USA Today*，November 20，2012，p. 8C.）。

a. 计算相关系数，并进行解释。

b. 在 0.05 的显著性水平下，教练薪酬和球队收入之间是否存在显著的线性关系?

12.54 一项 Pew 研究中心的调查显示，社交网络正在全世界流行。文件 GlobalSocialMedia 中包含 24 个国家和地区社交网络发展水平（根据使用社交网络的用户投票比例来计算）与基于购买力水平（PPP）的 GDP（“Emerging Nations Embrace Internet，Mobile Technology”，bit.ly/1hL6JKA.）。

a. 计算相关系数，并进行解释。

b. 在 0.05 的显著性水平下，GDP 与社交网络的发展水平之间是否存在显著的线性关系?

c. 从 GDP 与社交网络的关系中可以得出什么结论?

12.8 均值估计和单个数值预测

在第 8 章中，我们学习了总体均值的置信区间预测。在例 12.2 中，我们使用回归方程就给定的 X 值预测其对应的 Y 值。预测拥有 400 万名各类消费者的商店的平均年销售额为 708.79 万美元。但这个估计只是总体均值的一个点估计。在本节中，我们将讲述对给定 X 值的因变量均值的置信区间估计，以及构造单个因变量值的预测区间。

对因变量均值的置信区间估计

公式（12.20）定义了在给定 X 的值时，对**因变量均值的置信区间估计**（confidence interval estimate for the mean response）。

对 Y 的均值的置信区间估计

$$\hat{Y}_i \pm t_{\alpha/2} S_{YX} \sqrt{h_i}$$

$$\hat{Y}_i - t_{\alpha/2} S_{YX} \sqrt{h_i} \leqslant \mu_{Y|X=X_i} \leqslant \hat{Y}_i + t_{\alpha/2} S_{YX} \sqrt{h_i} \tag{12.20}$$

式中

$$h_i = \frac{1}{n} + \frac{(X_i - \overline{X})^2}{SSX}$$

$\hat{Y}_i = Y$ 的预测值 $= b_0 + b_1 X_i$

S_{YX} = 估计值的标准误

n=样本容量

X_i=给定的 X 值

$\mu_{Y|X=X_i}$ =当 $X=X_i$ 时 Y 的均值

$$SSX = \sum_{i=1}^{n} (X_i - \overline{X})^2$$

$t_{\alpha/2}$=自由度为 $n-2$ 的 t 分布右尾 $\alpha/2$ 概率的临界值（即累积概率区域为$1-\alpha/2$）

公式（12.20）显示，置信区间的宽度依赖几个因素。给定置信水平后，回归直线周围真实值变动的范围（用估计的标准差表示）越大，则置信区间的宽度也越大。但是，我们可以预见的是，随着样本容量的增大，置信区间的宽度会变小。另外，随着 X 值的不同，置信区间的宽度也会不同。X 值趋近均值时置信区间的宽度会比 X 值远离均值时小。

在 Sunflowers 服装店的例子中，假设你想以 95%的置信水平得到各类消费者数量为 400 万人（$X=4$）的商店平均年销售额的置信区间。使用简单线性回归方程：

$$\begin{aligned}\hat{Y}_i &= -1.2088 ++ 2.0742X_i \\ &= -1.2088 + 2.0742(4) \\ &= 7.0879 \text{（百万美元）}\end{aligned}$$

同时，给定下列条件：

$$\overline{X} = 3.7786$$

$$S_{YX} = 0.9993$$

$$SSX = \sum_{i=1}^{n} (X_i - \overline{X})^2 = 15.5236$$

由表 E.3 得 $t_{\alpha/2}=2.1788$，因此

$$\hat{Y}_i \pm t_{\alpha/2} S_{YX} \sqrt{h_i}$$

式中

$$h_i = \frac{1}{n} + \frac{(X_i - \overline{X})^2}{SSX}$$

所以

$$\begin{aligned}&\hat{Y}_i \pm t_{\alpha/2} S_{YX} \sqrt{\frac{1}{n} + \frac{(X_i - \overline{X})^2}{SSX}} \\ &= 7.0879 \pm (2.1788)(0.9993)\sqrt{\frac{1}{14} + \frac{(4-3.7786)}{15.5236}} \\ &= 7.0879 \pm 0.5946\end{aligned}$$

所以

$$6.4932 \leqslant \mu_{Y|X=4} \leqslant 7.6825$$

因此，对于各类消费者数量为 400 万人的商店，以 95%的置信水平估计总体平均年销售额的置信区间为 649.32 万～768.25 万美元。

因变量单个数值的预测区间

除了得到 Y 的均值的置信区间，对因变量单个数值的预测有时也非常重要。除了计算预测值 $\hat{Y}$，我们也可以建立其预测区间。预测值置信区间的形式和公式（12.20）给出的形式很相似，但是预测值区间是预测单个数值，而不是估计参数。给定 X_i 值，

公式（12.21）给出了在特定的自变量 X_i 处，对应的**因变量 Y 单个数值的预测区间**（prediction interval for an individual response，Y），记作$Y_{X=X_i}$。

因变量单个数值的预测区间

$$\hat{Y}_i \pm t_{\alpha/2} S_{YX} \sqrt{1+h_i}$$

$$\hat{Y}_i - t_{\alpha/2} S_{YX} \sqrt{1+h_i} \leqslant Y_{X=X_i} \leqslant \hat{Y}_i + t_{\alpha/2} S_{YX} \sqrt{1+h_i} \tag{12.21}$$

式中

h_i，$\hat{Y}_i$，S_{YX}，n 和 X_i 与公式（12.20）中的定义相同

$Y_{X=X_i}$ = 当 $X=X_i$ 时 Y 的预测值

$t_{\alpha/2}$ = 自由度为 $n-2$ 的 t 分布右尾 $\alpha/2$ 概率的临界值（即累积概率区域为$1-\alpha/2$）

假设需要以 95%的置信水平估计一个有 400 万名各类消费者的商店的年销售额置信区间，可以应用下列简单线性回归方程：

$$\hat{Y}_i = -1.208\,8 + 2.074\,2X_i$$
$$= -1.208\,8 + 2.074\,2(4)$$
$$= 7.087\,9 \text{（百万美元）}$$

给定下列条件：

$$\overline{X} = 3.778\,6$$

$$S_{YX} = 0.999\,3$$

$$SSX = \sum_{i=1}^{n} (X_i - \overline{X})^2 = 15.523\,6$$

由表 E. 3 得 $t_{\alpha/2}=2.178\,8$，则

$$\hat{Y}_i \pm t_{\alpha/2} S_{YX} \sqrt{1+h_i}$$

式中

$$h_i = \frac{1}{n} + \frac{(X_i - \overline{X})^2}{\sum_{i=1}^{n} (X_i - \overline{X})^2}$$

所以

$$\hat{Y}_i \pm t_{\alpha/2} S_{YX} \sqrt{1 + \frac{1}{n} + \frac{(X_i - \overline{X})^2}{SSX}}$$

$$= 7.087\,9 \pm (2.178\,8)(0.999\,3)\sqrt{1 + \frac{1}{14} + \frac{(4-3.778\,6)^2}{15.523\,6}}$$

$$= 7.087\,9 \pm 2.257\,0$$

所以

$$4.830\,8 \leqslant Y_{X=4} \leqslant 9.344\,9$$

因此该商店年销售额的预测值在 4 830 800～9 344 900 美元之间。

图 12－21 是 Sunflowers 服装店的置信区间估计以及预测值区间的 Excel 和 Minitab 结果。比较得到的置信区间和预测值区间，可以发现单个商店的预测值区间比商店均值的置信区间估计要宽得多。这是因为预测单个数值时，变动范围比计算均值时要大得多。

	A	B	
1	Confidence Interval Estimate and Prediction Interval		
2			
3	Data		
4	X Value	4	
5	Confidence Level	95%	
6			
7	Intermediate Calculations		
8	Sample Size	14	=COUNT(SLRData!A:A)
9	Degrees of Freedom	12	=B8 - 2
10	*t* Value	2.1788	=T.INV.2T(1 - B5, B9)
11	Sample Mean	3.7786	=AVERAGE(SLRData!A:A)
12	Sum of Squared Difference	15.5236	=DEVSQ(SLRData!A:A)
13	Standard Error of the Estimate	0.9993	=COMPUTE!B7
14	*h* Statistic	0.0746	=1/B8 + (B4 - B11)^2/B12
15	Predicted Y (YHat)	7.0879	=TREND(SLRData!B2:B15, SLRData!A2:A15, B4)
16			
17	For Average Y		
18	Interval Half Width	0.5946	=B10 * B13 * SQRT(B14)
19	Confidence Interval Lower Limit	6.4932	=B15 - B18
20	Confidence Interval Upper Limit	7.6825	=B15 + B18
21			
22	For Individual Response Y		
23	Interval Half Width	2.2570	=B10 * B13 * SQRT(1 + B14)
24	Prediction Interval Lower Limit	4.8308	=B15 - B23
25	Prediction Interval Upper Limit	9.3449	=B15 + B23

```
Predicted Values for New Observations
New Obs     Fit  SE Fit        95% CI              95% PI
      1   7.088   0.273  (6.493, 7.682)  (4.831, 9.345)

Values of Predictors for New Observations
         Profiled
New Obs  Customers
      1       4.00
```

图 12-21 Sunflowers 服装店的置信区间估计及预测值区间的 Excel 和 Minitab 结果

12.8 习题

掌握基础知识

12.55 对 20 个样本的观测值，利用最小二乘法得到下面的线性回归方程：$\hat{Y}_i = 5 + 3X_i$。同时，$S_{YX} = 1.0$，$\overline{X} = 2$，$\sum_{i=1}^{n}(X_i - \overline{X})^2 = 20$。

a. 当 $X = 2$ 时，构建对应总体 95% 置信水平的均值置信区间。

b. 当 $X = 2$ 时，构建对应单个因变量 95% 置信水平的个值预测区间。

12.56 对 20 个样本的观测值，利用最小二乘法得到下面的线性回归方程：$\hat{Y}_i = 5 + 3X_i$。同时，$S_{YX} = 1.0$，$\overline{X} = 2$，$\sum_{i=1}^{n}(X_i - \overline{X})^2 = 20$。

a. 当 $X = 4$ 时，构建对应总体 95% 置信水平的均值置信区间。

b. 当 $X = 4$ 时，构建对应单个因变量 95% 置信水平的个值预测区间。

c. 将（a）和（b）中的结果与习题 12.47 中的结果进行比较，哪个区间更宽？为什么？

概念应用

12.57 在习题 12.5 中，我们利用饭店的排名总和来预测人均费用（数据存储于文件 Restaurants 中）。对于这些数据，当 $X = 50$ 时，$S_{YX} = 9.094$，$h_i = 0.046\,319$。

a. 当饭店的排名总和等于 50 时，构建对应人均费用 95% 置信水平的均值置信区间。

b. 当饭店的排名总和等于 50 时，构建对应人均费用 95% 置信水平的个值预测区间。

c. 对（a）和（b）中结果的差异进行解释。

12.58 在习题 12.4 中，我们利用酒精含量来预测葡萄酒的质量（数据存储于文件 VinhoVerde 中）。对于这些数据，当 $X = 10$ 时，$S_{YX} = 0.936\,9$，$h_i = 0.024\,934$。

a. 当酒精含量等于 10% 时，构建对应葡萄酒的质量 95% 置信水平的均值置信区间。

b. 当酒精含量等于 10% 时，构建对应葡萄酒的质量 95% 置信水平的个值预测区间。

c. 对（a）和（b）中结果的差异进行解释。

12.59 在习题 12.7 中，我们利用包装仪器的板间隙来预测咖啡包装袋所能承受的撕开程度（数据存储于文件 Starbucks 中）。

a. 当板间隙为 0 时，构建对应包装袋所能承受撕开程度 95% 置信水平的均值置信区间。

b. 当板间隙为 0 时，构建对应包装袋所能承受撕开程度 95% 置信水平的个值预测区间。

c. 为什么（a）中的区间要小于（b）中的区间?

12.60 在习题 12.6 中，一家搬运公司的老板想根据搬运货物的立方英尺数来预测所需的劳务搬运时间（数据存储于文件 Moving 中）。

a. 当搬运货物的体积为 500 立方英尺时，构建所需劳务搬运时间 95% 置信水平的均值置信区间。

b. 当搬运货物的体积为 500 立方英尺时，构建对应劳务搬运时间 95% 置信水平的个值预测区间。

c. 为什么（a）中的区间要小于（b）中的区间?

12.61 在习题 12.9 中，房地产代理商想通过公寓的面积预测月租成本（数据存储于文件 RentSilverSpring 中）。

a. 当公寓面积为 800 平方英尺时，构建对应月租成本 95% 置信水平的均值置信区间。

b. 当公寓面积为 800 平方英尺时，构建对应月租成本 95% 置信水平的个值预测区间。

c. 对（a）和（b）中结果的差异进行解释。

12.62 在习题 12.8 中，我们利用年收益额来预测棒球特许经营权的价值（数据存储于文件 BBrevenue 中）。

a. 当棒球特许经营权产生 2.5 亿美元年收益额时，构建其价值 95% 置信水平的均值置信区间。

b. 当棒球特许经营权产生 2.5 亿美元年收益额时，构建其价值 95% 置信水平的个值预测区间。

c. 对（a）和（b）中结果的差异进行解释。

12.63 在习题 12.10 中，我们利用电影票房收入来预测出售影碟的数量（数据存储于文件 Movie 中）。该公司正准备发行一部票房收入达 1 亿美元的影碟。

a. 该公司销售这部影碟数量的预测值是多少?

b. 在这个问题中，均值置信区间和个值预测区间哪一个更有用? 为什么?

c. 根据你在（b）中的选择，构建并解释该区间。

12.9 回归分析的潜在缺陷

使用回归分析时的一些缺陷如下所列：

- 对最小二乘法回归的假设条件了解不足。
- 不知如何评估最小二乘法的假设条件是否成立。
- 当违背某个假设条件时，不知道如何选择其他适用的回归方法。
- 在对实际问题了解不足的情况下应用回归模型。
- 在相关范围之外外推预测值。
- 变量间的观测值显著相关时，轻率地解释为因果关系。

随着电子制表软件与统计软件的广泛使用，回归分析在今天变得更为可行。同时，对于许多使用者，能够使用这些技术并不意味着能够理解如何正确应用回归分析。许多情况下，使用者在进行回归分析时根本不考虑假设条件，更不要说判断假设条件是否成立，这时某个假设条件不成立，使用者也不知道如何使用其他适用的方法来代替最小二乘法回归。

表 12-7（存储于文件 Anscombe 中）是通过散点图和残差分析来说明分析观测值的重要性的经典统计例子。对于回归模型，不应该囫囵吞枣、浅尝辄止，停留在仅仅会计算和解释 Y 轴截距、斜率以及可决系数的层面。

安斯科姆（Anscombe）证明，对表 12-7 中四个数组分别进行回归，都可以得到下面相同的回归结果（见参考文献 1）：

表 12-7 四组人为设定的数据

数组 A		数组 B		数组 C		数组 D	
X_i	Y_i	X_i	Y_i	X_i	Y_i	X_i	Y_i
10	8.04	10	9.14	10	7.46	8	6.58
14	9.96	14	8.10	14	8.84	8	5.76
5	5.68	5	4.74	5	5.73	8	7.71
8	6.95	8	8.14	8	6.77	8	8.84
9	8.81	9	8.77	9	7.11	8	8.47
12	10.84	12	9.13	12	8.15	8	7.04
4	4.26	4	3.10	4	5.39	8	5.25
7	4.82	7	7.26	7	6.42	19	12.50
11	8.33	11	9.26	11	7.81	8	5.56
13	7.58	13	8.74	13	12.74	8	7.91
6	7.24	6	6.13	6	6.08	8	6.89

资料来源：F. J. Anscombe，"Graphs in Statistical Analysis，" *The American Statistician*，27（1973），pp. 17-21.

$$\hat{Y}_i = 3.0 + 0.5X_i$$

$$S_{YX} = 1.237$$

$$S_{b_1} = 0.118$$

$$r^2 = 0.667$$

$$SSR = \sum_{i=1}^{n}(\hat{Y}_i - \bar{Y})^2 = 27.51$$

$$SSE = \sum_{i=1}^{n}(Y_i - \hat{Y}_i)^2 = 13.76$$

$$SST = \sum_{i=1}^{n}(Y_i - \bar{Y})^2 = 41.27$$

因此，从简单线性回归得出的统计结果来看，这四个数组完全相同。但是，如果我们的分析到此结束，那么将错失该数据中的许多有用信息。

图 12-22 画出了这四个数组的散点图和残差图，可以很清楚地看出，每个数组 X 与 Y 的关系表现出的类型都不相同。

只有数组 A 似乎呈一条直线。数组 A 的残差图没有明显的图形或异常残差。但是数组 B，C，D 就不同了。数组 B 的散点图显示应该考虑改为二次型回归模型。数组 B 的残差图很明显呈抛物线形。数组 C 的散点图和残差图很清楚地显示出存在异常观测值。如果确实存在异常观测值，那么应该去掉异常观测值，然后重新估计模型（见参考文献 4）。同样，数组 D 的散点图显示，回归模型在很大程度上取决于单个观测值（$X_8=19$ 和 $Y_8=12.50$）的影响。当回归系数受单个观测值影响很大时，对回归模型的估计必须谨慎。

避免潜在缺陷的六步法

下面总结的六步策略对于避免回归的缺陷有很大帮助：

步骤 1：首先画出散点图来观察 X 与 Y 之间可能的关系。

步骤 2：使用残差分析方法，检验回归的假设是否成立（线性、独立性、正态性、同方差）：

（1）将残差对自变量作散点图。这可以让你判断得到的回归模型是否合适，并且从图上就可以看出该模型有没有违背同方差的假设。

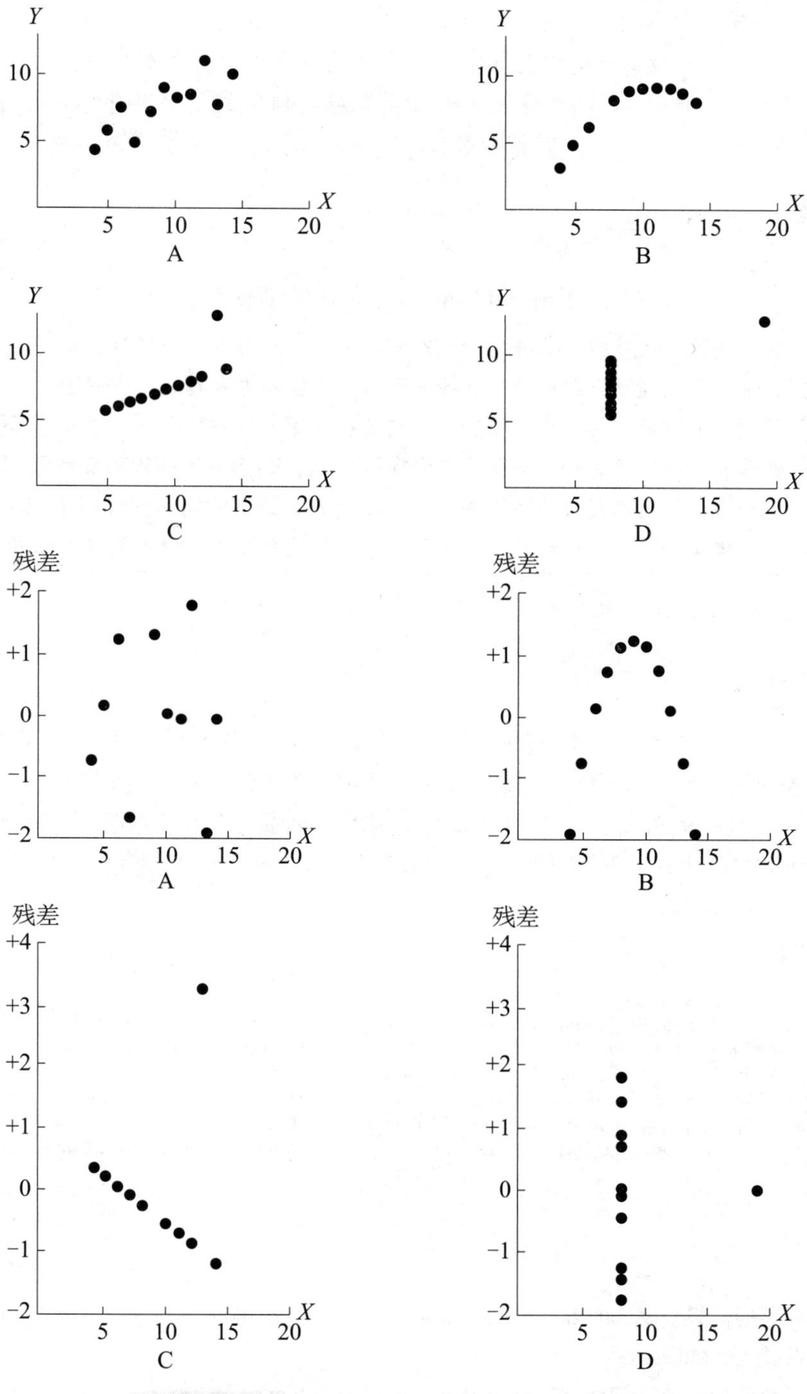

图 12－22　数组 A，B，C，D 的散点图和残差图

（2）利用直方图、茎叶图、箱线图、正态概率图来判断能否满足正态性的假设。

（3）将残差对时间作散点图，确认独立性（此步骤在数据为时间序列时才需要）。

步骤 3：如果显示违背假设条件，那么根据具体的检验结果，可以采用其他适用的方法来代替最小二乘法，或者采用其他最小二乘法模型（见参考文献 4）。

步骤 4：如果显示没有违背假设条件，那么应开始回归分析的其他检验，包括回归系数的显著性检验，并估计置信区间与预测值区间。

步骤 5：避免在自变量的区域范围之外进行预测外推。

步骤 6：必须谨记的是，我们观测到的相关关系并不一定是由于因果关系所致。要知道，因果关系必然导致相关关系，但是反之不一定成立。

统计应用

了解 Sunflowers 服装店的消费者，回顾

在前面的“统计应用”中，Sunflowers 是一家经营女性服装的连锁店，你是该店项目规划的新任负责人。直到现在，该连锁店对如何选择新开商店还是依靠主观判断，依据是否能够得到很好的租约，以及对于理想地点的判断。为了作出更加客观准确的决策，你建立了一个回归模型来分析商店周围各类消费者的数量和年销售额之间的关系。这个模型显示，84.8% 的销售额变动可以由各类消费者的数量来解释。进一步，各类消费者的数量每增加 100 万人，销售的均值估计将增加 207 万美元。你现在就可以使用你的模型来更高效地选择连锁店新址，并对已有商店的销售额作出预测。

小 结

位于本章结尾部分的流程图（图 12－23）归纳总结了建立简单线性回归模型的完整过程，讨论了模型的假设条件，并演示如何检验假设条件。一旦确信模型是合适的，我们就可以利用回归线来做预测，并使用 t 检验来判断斜率的显著性。在接下来的第 13 章中，我们将继续探讨如何利用多个自变量来预测因变量的多元回归模型。

参考文献

1. Anscombe, F. J. “Graphs in Statistical Analysis.” *The American Statistician*, 27(1973): 17–21.
2. Hoaglin, D. C., and R. Welsch. “The Hat Matrix in Regression and ANOVA.” *The American Statistician*, 32(1978): 17–22.
3. Hocking, R. R. “Developments in Linear Regression Methodology: 1959–1982.” *Technometrics*, 25(1983): 219–250.
4. Kutner, M. H., C. J. Nachtsheim, J. Neter, and W. Li. *Applied Linear Statistical Models*, 5th ed. New York: McGraw-Hill/Irwin, 2005.
5. *Microsoft Excel 2013*. Redmond, WA: Microsoft Corp., 2012.
6. *Minitab Release 16*. State College, PA: Minitab Inc., 2010.

关键词

回归分析的假设（assumption of regression）
自相关性（auto correlation）
可决系数（coefficient of determination）
因变量均值的置信区间估计（confidence interval estimate for the mean response）
相关系数（correlation coefficient）
因变量（dependent variable）
同方差（equal variance）
残差平方和（error sum of squares）
解释的变差（explained variation）
解释变量（explanatory variable）
同方差（homoscedasticity）
误差项相互独立（independence of errors）
自变量（independent variables）
最小二乘法（least-squares method）
线性（linearity）
线性关系（linear relationship）
模型（model）
正态性（normality）

因变量 Y 单个数值的预测区间（prediction interval for an individual response，Y）
预测线（prediction line）
回归分析（regression analysis）
回归系数（regression coefficient）
回归平方和（regression sum of squares）
相关范围（relevant range）
残差（residual）
残差分析（residual analysis）
反应变量（response variable）
散点图（scatter diagram）
简单线性回归（simple linear regression）
简单线性回归方程（simple linear regression equation）
斜率（slope）
估计值的标准误（standard error of the estimate）
总平方和（total sum of squares）
总变差（total variation）
未解释的变差（unexplained variation）
Y 轴截距（Y intercept）

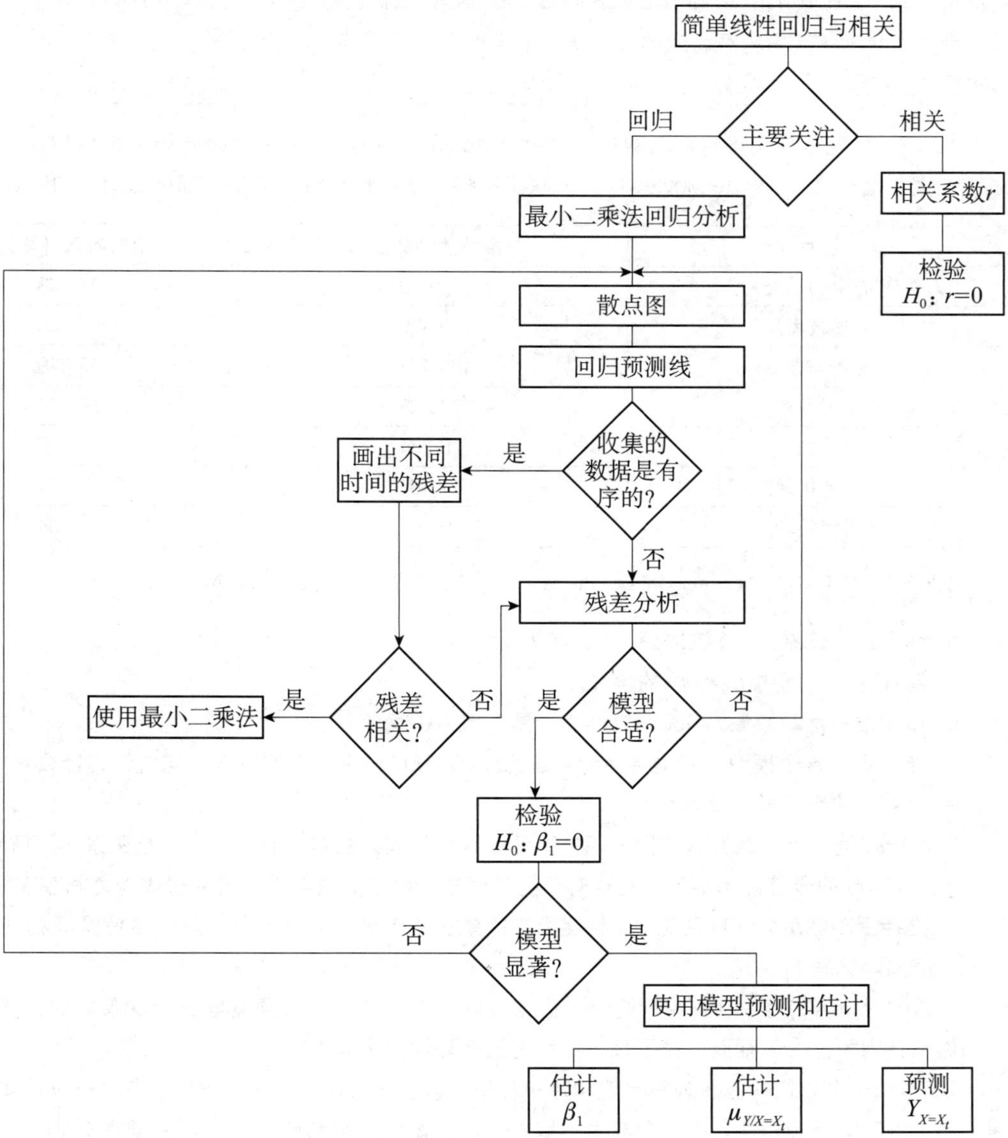

图 12-23　简单线性回归模型建立流程图

检查你对本章的理解

12.64 如何解释简单线性回归模型中的 Y 轴截距和斜率？

12.65 如何解释可决系数？

12.66 什么时候未解释的变差或残差平方和为零？

12.67 什么时候能解释的变差或者回归平方和为零？

12.68 为什么在建立回归模型时需要进行残差分析？

12.69 回归分析时需要做哪些假设？

12.70 怎样判断回归分析的假设是否满足？

12.71 在什么情况下可以以及怎样应用 Durbin-Watson 统计量？

12.72 因变量 $\mu_{Y|X_i}$ 的均值置信区间估计和 $Y_{X=X_i}$ 的预测值区间有什么区别？

本章复习题

12.73 你可以使用推特活动数量（Twitter activity）来预测电影上映首周周末的票房收入吗？下表（数据存储于文件 TwitterMovies 中）反映了推特活动数量与每家影院 7 部电影周末的收入情况。

影片	推特活动数量	票房收入（美元）
《心中的恶魔》	219 509	14 763
《独裁者》	6 405	5 796
《鬼影实录 3》	165 128	15 829
《饥饿游戏》	579 288	36 871
《伴娘》	6 564	8 995
《红色机尾》	11 104	7 477
《勇者行动》	9 152	8 054

数据来源：R. Dodes, "Twitter Goes to the Movies," *The Wall Street Journal*, August 3, 2012, pp. D1-D12.

a. 利用最小二乘法计算回归系数 b_0 和 b_1。

b. 解释这个问题中 b_0 和 b_1 的含义。

c. 预测推特活动数量为 100 000 时影片票房收入的均值。

d. 能否运用这个模型预测推特活动数量为 1 000 000 时影片票房收入的均值？为什么？

e. 计算可决系数并解释其含义。

f. 进行残差分析。是否有证据表明推特活动数量与周末的票房收入存在线性关系？请解释。

g. 在 0.05 的显著性水平下，是否有证据表明推特活动数量与周末的票房收入之间存在线性关系？

h. 推特活动数量为 100 000 时，构建周末的票房收入 95% 置信水平的均值置信区间和 95% 置信水平的个值预测区间。

i. 通过分析（a）到（h）中的结果，你觉得用推特活动数量来预测电影上映首周的票房收入好不好？你又会因为什么因素而选择不采用这种方法来预测票房收入？

12.74 一个软饮料包装公司希望构建一种把运输费用转嫁给顾客的方法。其中一项成本与特定路线内的运送时间明确相关，另一项成本则取决于在运输地点装卸软饮料盒所需要的时间。该公司要建立一个回归模型，通过包装盒的数量来预测运送时间。现在从一个选定的路线中选取 20 名顾客样本，包括运送时间和运送包装盒的数量（数据存储于文件 Delivery 中）。

顾客	包装盒数量	运送时间（分钟）	顾客	包装盒数量	运送时间（分钟）
1	52	32.1	11	161	43.0
2	64	34.8	12	184	49.4
3	73	36.2	13	202	57.2
4	85	37.8	14	218	56.8
5	95	37.8	15	243	60.6
6	103	39.7	16	254	61.2
7	116	38.5	17	267	58.2
8	121	41.9	18	275	63.1
9	143	44.2	19	287	65.6
10	157	47.1	20	298	67.3

a. 利用最小二乘法计算回归系数 b_0和 b_1。

b. 解释这个问题中 b_0和 b_1的含义。

c. 预测运送 150 个包装盒给某位顾客所需要的时间。

d. 能否运用这个模型预测运送 500 个包装盒给某位顾客所需要的时间？为什么？

e. 计算可决系数并解释其含义。

f. 进行残差分析。是否有证据表明运送时间和包装盒的数量存在线性关系？请解释。

g. 在 0.05 的显著性水平下，是否有证据表明运送时间和包装盒数量之间存在线性关系？

h. 对于需运送 150 个包装盒的顾客，构建所需运送时间 95%置信水平的均值置信区间和 95%置信水平的个值预测区间。

i. 从（a）到（h），你可以得出关于运送包装盒的数量与运送时间关系的什么结论？

12.75 要测量加利福尼亚红杉树的高度是很难的，因为它们往往会超过 300 英尺。但是熟悉这种树的人都知道，红杉树的高度与它的其他特点有关，包括树在一个人胸部高度处的直径。文件 Redwood 中存储有 21 棵加利福尼亚红杉树的高度与在一个人胸部高度处的直径数据。

a. 建立一个回归模型，用红杉树在一个人胸部高度处的直径来预测树的高度。利用最小二乘法计算回归系数 b_0和 b_1。

b. 解释这个问题中斜率的含义。

c. 预测树在一个人胸部高度处的直径为 25 英寸时树的高度。

d. 计算可决系数并解释其含义。

e. 进行残差分析。

g. 在 0.05 的显著性水平下，是否有证据表明红杉树在一个人胸部高度处的直径与树的高度存在线性关系？

h. 构建总体斜率 95%置信水平的置信区间。

i. 从（a）到（h），你可以得出关于运送包装盒的数量与运送时间关系的什么结论？

12.76 假设你想建立模型预测基于房屋面积的销售价格。选择一个包括 30 个最近出售的小城市居民家庭的房屋作为样本，来研究房屋面积（平方英尺）和房屋估计价值（千美元）之间的关系。该城市中的房屋在这项研究的前一年已经被估价了。数据结果存储于文件 SilverSpring 中。（提示：首先确定自变量和因变量。）

a. 绘制散点图，并且假设存在线性关系，使用最小二乘法计算出回归系数 b_0和 b_1。

b. 解释这个问题中 b_0和 b_1的含义。

c. 利用（a）中得到的回归方程，预测当面积为 2 000 平方英尺时该房屋的估计价值。

d. 计算可决系数并解释其含义。

e. 对回归结果进行残差分析，并评估回归的假设条件。

f. 在0.05的显著性水平下，是否有证据表明房屋面积与销售价格之间存在线性关系?

g. 构建总体斜率95%置信水平的置信区间。

12.77 假设你想建立一个模型，通过房屋的估计价值估计房屋的应交税费。在一个城市中抽取30个居民家庭的房屋作为样本，记录估计价值（千美元）和房屋的应交税费（美元），结果存储于文件SilverSpring中。(提示：首先确定自变量和因变量。)

a. 绘制散点图，并且假设存在线性关系，使用最小二乘法计算出回归系数 b_0和 b_1。

b. 解释这个问题中 b_0和 b_1的含义。

c. 利用（a）中得到的回归方程，预测当估计价值为400 000美元时该房屋的应交税费。

d. 计算可决系数并解释其含义。

e. 对回归结果进行残差分析，并评估回归的假设条件。

f. 在0.05的显著性水平下，是否有证据表明房屋的估计价值与应交税费之间存在线性关系?

12.78 一个大规模商学院的研究生教学主任想要依据GMAT成绩预测一个MBA项目中学生的GPA。选取了已经在该项目中完成两年学业的20个学生的样本，数据存储于文件GPIGMAT中。(提示：首先确定自变量和因变量。)

a. 绘制散点图，并且假设存在线性关系，使用最小二乘法计算出回归系数 b_0和 b_1。

b. 解释这个问题中 b_0和 b_1的含义。

c. 利用（a）中得到的回归方程，预测当GMAT成绩为600时该学生的GPA。

d. 计算可决系数并解释其含义。

e. 对回归结果进行残差分析，并评估回归的假设条件。

f. 在0.05的显著性水平下，是否有证据表明学生的GMAT成绩和GPA之间存在线性关系?

g. 对于GMAT成绩为600分的学生，构建其GPA95%置信水平的均值置信区间和95%置信水平的个值预测区间。

h. 构建总体斜率95%置信水平的置信区间。

i. 你可以得出GMAT成绩与GPA之间关系的什么结论?

12.79 一家大型百货公司的会计人员想要建立一个模型来预测处理发票所需的时间。收集了32个工作日的样本数据，包括发票数量和处理时间（小时），存储于文件Invoice中。(提示：首先确定自变量和因变量。)

a. 假设存在线性关系，使用最小二乘法计算出回归系数 b_0和 b_1。

b. 解释这个问题中 b_0和 b_1的含义。

c. 利用（a）中得到的回归方程，预测当需要处理的发票数为150张时会计人员所需的处理时间。

d. 计算可决系数并解释其含义。

e. 分别画出残差对发票数量以及残差对处理时间的散点图。

f. 根据（e）中得到的散点图，这个模型是否合适?

g. 根据（e）和（f），你对（c）中作出的预测的准确性有什么评价?

i. 你可以得出发票数量与处理时间之间关系的什么结论?

12.80 1986年1月28日，“挑战者”号航天飞机爆炸，7名宇航员丧生。在发射之前，已经预测到发射地点天气寒冷，MORTAN（火箭发动机制造商）的工程师认为，由于寒冷天气，发射不应该进行。但是这些意见被驳回，发射计划悲剧性地如期进行。根据这场悲剧发生之后的调查，专家们一致认为灾难的发生是由于橡皮圆环因寒冷的气温而没有很好地密封。前23次发射时的大气温度以及橡皮圆环破坏指数的相关数据存储于文件O-ring中（*Report of the Presidential Commission* Vol. Ⅱ（H1－H3）and Vol. Ⅳ（664）; and *Post-Challenger Evaluation of Space Shuttle Risk Assessment and Management*, Washington, DC, 1988, pp. 135－136.）。(提示：第4架飞机由于不知道圆环的情况，在样本中剔除。)

a. 为圆环遭到破坏（圆环破坏指数不为零）的 7 架飞机作出散点图。你能得出关于大气温度和圆环破坏指数之间关系的一些结论吗?

b. 绘制所有 23 架飞机的散点图。

c. 解释（a）和（b）中大气温度与圆环破坏指数之间关系的区别。

d. 以（b）中的散点图为依据，解释为什么在大气温度为 31 华氏度时，即“挑战者”号发射当天上午的大气温度，不能进行预测。

e. 尽管大气温度和圆环破坏指数之间不一定存在线性关系，试建立一个简单的线性回归模型，以便通过大气温度预测圆环破坏指数。

f. 在（b）中得到的散点图上绘制（e）中得到的直线。

g. 通过（f）中得到的结果，你是否认为线性模型是这些数据的合适模型? 请给出解释。

h. 进行残差分析。你能从中得出什么结论?

12.81　一位棒球分析家想研究最近一年棒球赛季中各个球队的数据，判断哪些变量可以预测不同球队本赛季获胜的场次。他已经决定使用防御率（earned run average，ERA）来预测获胜的场次。30 个主要球队的数据存储于文件 Baseball 中。(提示：首先确定自变量和因变量。)

a. 假设存在线性关系，使用最小二乘法计算出回归系数 b_0和 b_1。

b. 解释这个问题中 b_0和 b_1的含义。

c. 利用（a）中得到的回归方程，预测当 ERA 为 4.50 时，该球队可能的获胜场次。

d. 计算可决系数并解释其含义。

e. 对回归结果进行残差分析，并评估模型的拟合准确性。

f. 在 0.05 的显著性水平下，是否有证据表明球队的获胜场次和 ERA 之间存在线性关系?

g. 对于 ERA 为 4.50 的球队，构建其获胜场次 95%置信水平的均值置信区间。

h. 对于 ERA 为 4.50 的球队，构建其获胜场次 95%置信水平的个值预测区间。

i. 构建总体斜率 95%置信水平的置信区间。

j. 这 30 个球队组成一个总体。为了使用统计推断，必须假设数据是随机样本。那么基于这个样本数据作出的统计推断结论是针对怎样的总体的?

k. 这个模型中是否可以考虑加入其他自变量?

i. 你可以得出 ERA 与获胜场次之间关系的什么结论?

12.82　你可以用 NBA 的年收入来预测特许经营权的价值。表 2.14 展示了年收入与特许经营权价值的关系。表 3.9 展示了相关系数。你计划构建一个回归模型，基于 NBA 的年收入来预测特许经营权的价值。结果存储于文件 NBAValues 中。

a. 假设存在线性关系，使用最小二乘法计算出回归系数 b_0和 b_1。

b. 解释这个问题中 b_0和 b_1的含义。

c. 预测当 NBA 的年收入为 1.5 亿美元时特许经营权的价值。

d. 计算可决系数并解释其含义。

e. 对回归结果进行残差分析，并评估回归的假设条件。

f. 在 0.05 的显著性水平下，是否有证据表明 NBA 的年收入与特许经营权的价值之间存在线性关系?

g. 对于 NBA 的年收入为 1.5 亿美元时的情况，构建其特许经营权价值 95%置信水平的均值置信区间。

h. 对于 NBA 的年收入为 1.5 亿美元时的情况，构建其特许经营权价值 95%置信水平的个值预测区间。

i. 比较问题（a）到（h）中的结果与习题 12.8，12.20，12.30，12.46，12.62 的结果以及习题 12.83 中欧洲足球队的结果。

12.83　在习题 12.82 中，我们基于 NBA 的年收入构建了模型来预测 NBA 球队特许经营权的价值。你能否运用欧洲足球队的年收入来预测球队特许经营权的价值（数据存储于文件 SoccerValues2014 中）?

a. 重复习题 12.82 中的问题（a）到（h）。

b. 比较本题（a）中的结果与习题 12.8，12.20，12.30，12.46，12.62 的结果以及习题 12.82 中 NBA 球队的结果。

12.84　在美国丰收的秋季，农场大批量出售南瓜。在出售之前，农场主通常不给南瓜称重，而是把它们放在秤上画好的圆环内。当被问到这么做的原因时，一位农民说："我可以根据南瓜的周长判断它的重量。"为了检验是否正确，抽取 23 个南瓜作为样本，测定它们的周长和重量，结果存储于文件 Pumkin 中。

a. 假设存在线性关系，使用最小二乘法计算出回归系数 b_0和 b_1。

b. 解释这个问题中斜率 b_1的含义。

c. 当一个南瓜的周长为 60 厘米时，预测该南瓜的重量。

d. 你认为农场主通过周长而不是重量来出售南瓜是不是一个好主意? 为什么?

e. 计算可决系数并解释其含义。

f. 对回归结果进行残差分析，并评估回归的假设条件。

g. 在 0.05 的显著性水平下，是否有证据表明南瓜的周长和重量之间存在线性关系?

h. 构建总体斜率 β_1 95%置信水平的置信区间。

12.85　回顾习题 12.49 中讨论的 β 系数以及市场模型。标准普尔 500 指数通过考虑 500 家大公司的股票价格来跟踪整个股票市场的波动。文件 StockPrices2013 中包含标准普尔 500 指数的周数据，以及 3 家公司 2013 年股票的周收盘价数据。变量包括：

WEEK：当前周；

S&P：标准普尔 500 指数的周收盘值；

GE：通用电气股票的周收盘价；

DISCA：Discovery Communications 股票的周收盘价；

GOOG：谷歌公司股票的周收盘价（finance. yahoo. com，June 6，2014）。

a. 估计通用电气的市场模型（提示：把标准普尔 500 指数的变化率作为自变量，通用电气股票价格的周变化率作为因变量）。

b. 解释通用电气的 β 系数。

c. 对 Discovery Communications，重复（a）和（b）。

d. 对谷歌公司，重复（a）和（b）。

e. 就你的结果写一个简单的总结。

12.86. 文件 CEO-Compensation2013 中包括有 200 家标准普尔 500 指数公司 CEO 的报酬与 2013 年投资回报的数据（"Millions by millions，CEO pay goes up，" usat. ly/1jbypL. ）。

a. 计算 CEO 的报酬与 2013 年投资回报的相关系数。

b. 在 0.05 的显著性水平下，是否有证据表明 CEO 的报酬与 2013 年的投资回报存在线性关系?

c. 就你的结果写一个简单的总结。你是否对结果感到惊讶?

报告写作练习

12.87　在习题 12.8，12.20，12.30，12.46，12.62，12.82，12.83 中，你建立了回归模型来预测棒球队、NBA 球队和足球队的特许经营权价值。现在，以你所建立的模型为基础，写一份报告。报告中要附加从数据中获得的恰当的图表和统计信息。

第 12 章案例　管理 Ashland Multicomm Services

要保证尽可能多的试用期顾客转变成长期顾客，Ashland Multicomm Services 公司市场部需要与物流配送部紧密合作，给试用期顾客提供顺畅的报纸配送服务。为了实现这个目标，市场部需要比较精确地预测未来月份里新增订阅者的数量。他们召集了一个由市场部和物流配送部的经理组成的团队，打算建立一套更好的方法来预测新增订阅数量。之前，一般是先查验一下前 3 个月的新增订阅量数据，然后 3 个经理组成的小组对未来的新增订阅量给出一个主观预测值。劳伦·霍尔（Lauren Hall）是公司最近聘请的在预测方面有专业技能的人员，她提出了一个数量预测方法，建议相关部门寻找那些对新增订阅量预测有用的因素。

团队成员调查发现，去年的预测特别不准的原因是：在某些月份花了比其他月份多得多的时间做电话营销。特别是在上个月，由于在该月第一个星期电话营销人员忙于参加针对个人的非正式问候和新的标准陈述指导的培训会议，只完成了 1 055 个小时的电话营销。劳伦收集了过去 2 年内每月的电话营销时间和新增订阅量的数据（存储于文件 AMS12 中）。

1. 将过去 3 个月的新增订阅量作为本月数据的预测基础。对于这种预测方法，你能作出怎样的评论？

2. 预测新增订阅量的影响因素，除了电话营销时间，还可能有什么其他因素？请解释。

3. a. 分析数据并建立一个回归模型，在电话营销时间的基础上，预测某个月的新增订阅量。

b. 如果下月准备将 1 000 小时花在电话营销上，请预测下月期望平均新增订阅量。明确指出这个预测模型所需建立的假设基础。你是否认为这样的假设是合理的？请解释原因。

c. 若某月花费 2 000 小时用于电话营销，那么依据上述数据模型的结果预测新增订阅量，会有怎样的风险？

数字案例

将你所学的简单线性回归知识运用到本案例，本案例是本章开始时“统计应用”的扩展。

三角商业街管理公司的出租代理人员建议 Sunflowers 服装店考虑最近新装修的一个购物商场，该购物商场主要为可支配收入高于平均水平的消费者服务。虽然这里的商店要小于 Sunflowers 服装店一般标准的连锁店，但出租代理人员认为，该购物商场周围高于平均水平的可支配收入因素，是一个比商店大小更好的预测变量。出租代理人员根据 Sunflowers 服装店 14 个连锁店的数据证实这个结论是正确的。

回顾分析出租代理人员的提议和公司网站对数据进行描述的佐证文件：www. prehall. com/springville/triangle _ sunflower. htm（或者从学生光盘 WebCase 文件夹打开数据文件 Triange _ Sunflower. htm），然后回答下列问题：

1. 基于 Sunflowers 服装店 14 个连锁店的样本，平均可支配收入可以用来预测年销售额吗？

2. Sunflowers 服装店的管理人员应该接受三角公司出租代理人员的建议吗？为什么？

3. 是否有可能存在这种情况：在商店选址时，平均可支配收入并不是一个很重要的因素？请解释。

4. 是否存在出租代理人员没有提及的影响商店选址的其他因素？

第 13 章
多元回归
Multiple Regression

学习目标

- 建立多元回归模型
- 对回归系数进行解释
- 决定哪些自变量应该纳入回归模型
- 在回归模型自变量中加入属性变量

统计应用

影响 OmniPower 销售量的多种因素

假设你是一家全国性食品连锁店 OmniFoods 的市场经理，这个连锁店正考虑要不要在全美国范围内引入一种高能量的被称为 OmniPower 的食品。以前，这种高能量食品主要为田径选手、登山运动员以及其他需要耐力和力量的运动员提供迅速的能量补给，但现在已经面向一般消费者。这种食品近几年的销售量呈现迅速上升态势，并且连锁店相信该食品具有很大的市场潜力。

由于市场上已经存在几款高能量食品，因此你需要制定有效的营销策略。特别是你需要判定食品的价格以及商店的促销对销售量会有什么影响。因此，在把 OmniPower 向全美国推广以前，你决定对 34 家连锁店进行 OmniPower 销售的市场测试。

你如何在第 12 章讨论的简单线性回归模型中引入价格因素和促销因素？又如何应用这个模型使这一食品在全美国的推广更为成功？

第 12 章主要讨论如何利用一个数值型自变量 X 来预测一个数值型因变量 Y。在很多情况下，如果考虑更多的自变量，就会取得更好的模型预测结果。因此本章讨论如何利用两个或多个自变量来预测因变量的**多元回归模型**（multiple regression model)。

13.1 建立多元回归模型

选定 34 家连锁店来研究 OmniPower 销售量的市场测试。所有选定商店的月销售量几乎相同。这里考虑两个自变量，用美分表示的 OmniPower 的价格（X_1）和用美元衡量的商店每个月用于促销的预算费用（X_2）。商店促销费用包括展示费用、商店内部优待券、免费样品。因变量 Y 是 OmniPower 的月销售量。表 13－1 给出了这些变量的数值（存储于文件 OmniPower 中）。

表 13-1　OmniPower 的销售量与价格、促销费用

商店	销售量	价格	促销费用	商店	销售量	价格	促销费用
1	4 141	59	200	18	2 730	79	400
2	3 842	59	200	19	2 618	79	400
3	3 056	59	200	20	4 421	79	400
4	3 519	59	200	21	4 113	79	600
5	4 226	59	400	22	3 746	79	600
6	4 630	59	400	23	3 532	79	600
7	3 507	59	400	24	3 825	79	600
8	3 754	59	400	25	1 096	99	200
9	5 000	59	600	26	761	99	200
10	5 120	59	600	27	2 088	99	200
11	4 011	59	600	28	820	99	200
12	5 015	59	600	29	2 114	99	400
13	1 916	79	200	30	1 882	99	400
14	675	79	200	31	2 159	99	400
15	3 636	79	200	32	1 602	99	400
16	3 224	79	200	33	3 354	99	600
17	2 295	79	400	34	2 927	99	600

因为回归模型中有两个自变量，所以数据是三维的，用 Minitab 画出三维图（见图 13-1）。在此图中，各点的高度表示其对应的销售量，其在底面的投影与其促销费用和价格相对应。旋转三维图有时可以揭示出变量间的关系。一个旋转视图（图13-1右侧）显示出销售量与价格之间存在负线性相关关系（销售量随着价格的升高而降低）、销售量与促销费用之间存在正线性相关关系。这些关系在原先的散点图中难以观察。

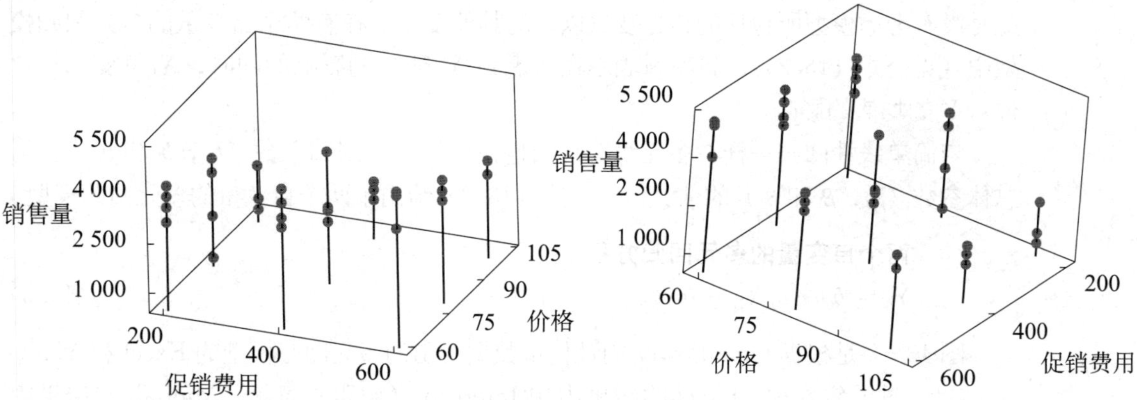

图 13-1　OmniPower 销售量、价格与促销费用的 Minitab 三维图

解释回归系数

对于多个自变量的例子，通过假设每个自变量与因变量都存在线性关系，可以将公式（12.1）表示的简单线性回归模型加以扩展。例如，用公式（13.1）来表示 k 个自变量的多元回归模型如下。

k 个自变量的多元回归模型

$$Y_i = \beta_0 + \beta_1 X_{1i} + \beta_2 X_{2i} + \beta_3 X_{3i} + \cdots + \beta_k X_{ki} + \varepsilon_i \tag{13.1}$$

式中

β_0=Y 轴截距

β_1=在 X_2，X_3，…，X_k不变的条件下变量 Y 对变量 X_1的斜率

β_2=在 X_1，X_3，…，X_k不变的条件下变量 Y 对变量 X_2的斜率

β_3=在 X_1，X_2，…，X_k不变的条件下变量 Y 对变量 X_3的斜率

⋮

β_k=在 X_1，X_2，X_3，…，X_{k-1}不变的条件下变量 Y 对变量 X_k的斜率

ε_i=第 i 个观测值的 Y 的随机误差

公式（13.2）定义了两个自变量的多元回归模型。

两个自变量的多元回归模型

$$Y_i = \beta_0 + \beta_1 X_{1i} + \beta_2 X_{2i} + \varepsilon_i \tag{13.2}$$

式中

β_0=Y 轴截距

β_1=X_2不变时变量 Y 对变量 X_1的斜率

β_2=X_1不变时变量 Y 对变量 X_2的斜率

ε_i=第 i 个观测值的 Y 的随机误差

可以将多元回归模型与公式（12.1）所示的简单线性回归模型进行比较。简单线性回归模型的表达式为：

$$Y_i = \beta_0 + \beta_1 X_{1i} + \varepsilon_i$$

在简单线性回归模型中，斜率 β_1表示 X 每变化一单位带来的 Y 的均值的变化，此时没有考虑模型所包括的该自变量以外的其他变量。在有两个自变量的多元回归模型中（见公式（13.2）），斜率 β_1表示在考虑到 X_2对 Y 的影响的同时，X_1每变化一单位对 Y 的均值的影响。

与简单线性回归一样，多元线性回归也使用样本的回归系数（b_0，b_1和 b_2）作为总体参数（β_0，β_1和 β_2）的估计值。公式（13.3）给出了两个自变量的多元回归模型。

两个自变量的多元回归方程

$$\hat{Y}_i = b_0 + b_1 X_{1i} + b_2 X_{2i} \tag{13.3}$$

图 13-2 是根据 OmniPower 的销售量数据得出的多元回归模型的 Excel 和 Minitab 结果。对于参数 b_0，Excel 的结果中用 Intercept（截距）表示，Minitab 的结果中用 Constant（常数）表示。

由图 13-2 可得到回归系数的计算结果：

b_0=5 837.520 8

b_1=−53.217 3

b_2=3.613 1

因此，回归方程可以写成下列形式：

$$\hat{Y}_i = 5\,837.520\,8 - 53.217\,3X_{1i} + 3.613\,1X_{2i}$$

	A	B	C	D	E	F	G
1	OmniPower Sales Multiple Regression Model						
2							
3	Regression Statistics						
4	Multiple R	0.8705					
5	R Square	0.7577					
6	Adjusted R Square	0.7421					
7	Standard Error	638.0653					
8	Observations	34					
9							
10	ANOVA						
11		df	SS	MS	F	Significance F	
12	Regression	2	39472730.7730	19736365.3865	48.4771	0.0000	
13	Residual	31	12620946.6682	407127.3119			
14	Total	33	52093677.4412				
15							
16		Coefficients	Standard Error	t Stat	P-value	Lower 95%	Upper 95%
17	Intercept	5837.5208	628.1502	9.2932	0.0000	4556.3999	7118.6416
18	Price	-53.2173	6.8522	-7.7664	0.0000	-67.1925	-39.2421
19	Promotional Expenses	3.6131	0.6852	5.2728	0.0000	2.2155	5.0106

Regression Analysis: Sales versus Price, Promotion

```
The regression equation is
Sales = 5838 - 53.2 Price + 3.61 Promotion

Predictor      Coef  SE Coef      T      P
Constant     5837.5    628.2   9.29  0.000
Price       -53.217    6.852  -7.77  0.000
Promotion    3.6131   0.6852   5.27  0.000

S = 638.065   R-Sq = 75.8%   R-Sq(adj) = 74.2%

Analysis of Variance
Source          DF        SS        MS      F      P
Regression       2  39472731  19736365  48.48  0.000
Residual Error  31  12620947    407127
Total           33  52093677
```

图 13-2　OmniPower 销售量多元回归模型的 Excel 与 Minitab 结果

式中

$\hat{Y}_i$ =商店 i OmniPower 平均月销售量的预测值

X_{1i}=商店 i OmniPower 的价格（美分）

X_{2i}=商店 i 每月支出的促销费用（美元）

样本 Y 轴截距 b_0 等于 5 837.520 8 表示，当 OmniPower 的价格以及商店的促销费用均为 0 时，商店每个月可以卖出的数量。因为价格和促销费用都为 0 不在观测值的范围内，因此这个解释没有实际意义。

OmniPower 的销售量对价格的斜率 $b_1=-53.2173$ 表示，在给定商店月促销费用的情况下，OmniPower 的价格每增加 1 美分，期望的销售量减少 53.217 3 条。OmniPower 的销售量对月促销费用的斜率 $b_2=3.6131$ 表示，在给定价格的情况下，促销费用每增加 1 美元，OmniPower 期望的销售量将增加 3.6131 条。这些数据使市场部门能更好地估计价格与促销费用对市场的影响。例如，如果促销费用保持不变，那么价格每下降 10 美分，OmniPower 的销售量将增加 532.173 条。同样给定价格后，促销费用每增加 100 美元，销售量将增加 361.31 条。

多元回归分析中的回归系数称为**净回归系数**（net regression coefficients），它表示在其他变量不变的条件下，某个变量 X 每变化 1 单位所带来 Y 的平均变化。例如，在 OmniPower 的案例中，给定某个商店的促销费用，OmniPower 的价格每增加 1 美分，每月的销售量将减少 53.217 3 条。另一种解释这种"净影响"的方法是考虑促销费用相同的两家商店，如果一家商店的定价比另一家多 1 美分，该差异的"净影响"就是一家商店每月的销售量将比另一家平均少 53.217 3 条。为了解释促销费用的净效应，可以考虑两个定价相同的商店，如果一家商店促销费用支出比另一家多 1 美元，该差异的"净影响"就是一家商店每月的销售量将比另一家平均多 3.613 1 条。

预测因变量 Y

你可以利用多元回归方程来预测因变量 Y 的值。比如，假设你想预测一家商店某月 OmniPower 销售量的平均值，该商店本月的价格是 79 美分，促销费用是 400 美元。那么使用多元回归模型：

$$\hat{Y}_i = 5\ 837.520\ 8 - 53.217\ 3X_{1i} + 3.613\ 1X_{2i}$$

给定 $X_{1i}=79$，$X_{2i}=400$，有

$$\hat{Y}_i = 5\,837.520\,8 - 53.217\,3(79) + 3.613\,1(400) = 3\,078.57$$

所以，你可以预测这家商店（价格为 79 美分、促销费用为 400 美元）该月销售量的平均值为 3 078.57 条。

建立了回归模型，并进行了残差分析（见 13.3 节）和整体拟合度的显著性检验（见 13.2 节）之后，下一步就是计算因变量均值的置信区间以及单个因变量的预测值区间。由于人工计算过程过于复杂，因此往往借助统计软件来计算。图 13-3 给出的是 Excel 和 Minitab 的计算结果，包括 OmniPower 销售量的置信区间和预测值区间。

	A	B	C	D
1	Confidence Interval Estimate and Prediction Interval			
2				
3	Data			
4	Confidence Level	95%		
5		1		
6	Price given value	79		
7	Promotion given value	400		
8				
9	X'X	34	2646	13200
10		2646	214674	1018800
11		13200	1018800	6000000
12				
13	Inverse of X'X	0.9692	-0.0094	-0.0005
14		-0.0094	0.0001	0.0000
15		-0.0005	0.0000	0.0000
16				
17	X'G times Inverse of X'X	0.0121	0.0001	0.0000
18				
19	[X'G times Inverse of X'X] times XG	0.0298		
20	t Statistic	2.0395		
21	Predicted Y (YHat)	3078.57		
22				
23	For Average Predicted Y (YHat)			
24	Interval Half Width	224.50		
25	Confidence Interval Lower Limit	2854.07		
26	Confidence Interval Upper Limit	3303.08		
27				
28	For Individual Response Y			
29	Interval Half Width	1320.57		
30	Prediction Interval Lower Limit	1758.01		
31	Prediction Interval Upper Limit	4399.14		

```
Predicted Values for New Observations
New Obs   Fit  SE Fit       95% CI           95% PI
      1  3079     110  (2854, 3303)  (1758, 4399)

Values of Predictors for New Observations
New Obs  Price  Promotion
      1   79.0        400
```

图 13-3 根据 OmniPower 销售数据得出的置信区间估计和预测值区间

在价格为 79 美分、促销费用为 400 美元的条件下，给定置信水平为 95%，OmniPower 的销售量均值的置信区间为 2 854.07～3 303.08 条。因变量的单个数值预测区间为 1 758.01～4 399.14 条。

13.1 习题

掌握基础知识

13.1 利用下列多元回归方程解答本题：

$$\hat{Y}_i = 10 + 5X_{1i} + 3X_{2i}$$

a. 解释斜率的含义。

b. 解释 Y 轴截距的含义。

13.2 利用下列多元回归方程解答本题：

$$\hat{Y}_i = 50 - 2X_{1i} + 7X_{2i}$$

a. 解释斜率的含义。

b. 解释 Y 轴截距的含义。

概念应用

13.3 一家小型商业分析公司想寻找出能够用来预测美国大都会区小型公司年收入的指标。考虑的自变量有公司存续年限（age，以月计）和 BizAnalyzer 指数（BizAnalyzer 指数为一种衡量创业板公司潜在风险的指数，范围为 1～100）。因变量是年收入。随机挑选了 25 家公司作为样本，回归结果如下：

变量	回归系数	标准误	*t* 统计量	*p* 值
截距项	−680.235 7	1 313.515 4	−0.52	0.609 7
Age	1.745 4	7.851 9	0.22	0.826 1
BizAnalyzer	20.526 5	29.185 9	0.70	0.488 5

a. 描述该多元回归方程。

b. 解释本题中斜率 b_1，b_2的含义。

c. 你可以得出关于年收入均值的什么结论?

13.4 收益率一直是小型银行所面临的挑战。银行分析师采用资产利润率（ROA）来衡量相对于银行资产的收益。收集 20 家社区银行的数据（存储于文件 CommunityBanks 中），包括资产利润率（%）、效率比（%）（用来衡量银行的生产力，效率比越低越好）与总体风险资本率（%）（“Rising Tide: The Top 200 Community Banks,” bit.ly/1ldN8gC.）。

a. 描述该多元回归方程。

b. 解释本题中斜率 b_1，b_2的含义。

c. 当效率比为 60%、总体风险资本率为 15%时，预测资本利润率。

d. 当效率比为 60%、总体风险资本率为 15%时，计算资本利润率 95%置信水平的均值置信区间。

e. 当效率比为 60%、总体风险资本率为 15%时，计算某家社区银行资本利润率 95%置信水平的个值预测区间。

f. 解释为什么（d）中的区间要比（e）中的窄。

g. 你可以得出关于资产利润率的什么结论?

13.5 葡萄酒的生产花费巨大，是一个全球性的产业。为了生成一个基于葡萄酒专家评判的葡萄酒质量预测模型，我们收集了葡萄牙红酒 Vinho Verde 品牌的数据。50 个葡萄酒样本的数据存储于文件 VinhoVerde 中（P. Cortez，A. Cerdeira，F. Almeida，T. Matos，and J. Reis，“Modeling Wine Preferences by Data Mining from Physiochemical Properties,” *Decision Support Systems*，47，2009，pp. 547-553 and bit.ly/9xKlEa.）。现在建立一个多元回归模型来预测葡萄酒的质量（从 0 到 10 质量依次提升，基于酒精含量与氯化物含量）。

a. 描述该多元回归方程。

b. 解释本题中斜率 b_1，b_2的含义。

c. 解释为什么回归系数 b_0在这个问题中没有实际意义。

d. 当酒精含量为 10%、氯化物含量为 0.08 时，预测葡萄酒的质量。

e. 当酒精含量为 10%、氯化物含量为 0.08 时，计算这些葡萄酒的质量 95%置信水平的均值置信区间。

f. 当葡萄酒的酒精含量为 10%、氯化物含量为 0.08 时，计算这种葡萄酒的质量 95%置信水平的个值预测区间。

g. 基于这个模型你可以得出什么结论?

13.6 人力资源经理想知道影响全职工作增长率的因素，他们对公司在全球范围内的收入与全职工作离职率对每年全职工作增长率的影响很感兴趣。我们收集了来自 96 家“最适合工作公司”在全球范围内的收入（以百万美元计）与全职工作离职率（%），数据存储于文件 BestCompanies 中（*Best Companies to Work For* 2014，available at forture. com/best-companies/google-1/.）。

a. 描述该多元回归方程。

b. 解释本题中斜率 b_1，b_2的含义。

c. 解释本题中的回归系数 b_0的含义。

d. 你可以得出什么结论?

13.7 一家电视台的播音室主任想研究偷懒时间（standby hours），也就是说在这段时间内虽然员工什么都不干，在工作岗位消磨时间，却可以获得工资。他考虑了下面的变量：

偷懒时间（Y）：每周偷懒时间的总数量；

员工的总出席次数（X_1）：每周员工的总出席次数；

远程工作时间（X_2）：每周员工在电台内但不在中心设备间工作的总小时数。

得到 26 周内上述变量的数据，存储于文件 Standby 中。

a. 描述该多元回归方程。

b. 解释本题中斜率 b_1，b_2的含义。

c. 解释为什么回归系数在这个问题中没有实际意义。

d. 如果一周内员工的总出席次数为 310 次、远程工作时间为 400 小时，请预测该周平均偷懒时间。

e. 如果一周内员工的总出席次数为 310 次、远程工作时间为 400 小时，请计算该周偷懒时间 95%置信水平的均值置信区间。

f. 如果一周内员工的总出席次数为 310 次、远程工作时间为 400 小时，请计算该周偷懒时间 95%置信水平的个值预测区间。

g. 你可以得出关于偷懒时间的什么结论?

13.8 纳苏郡位于纽约市东约 25 公里处。格伦科夫是纳苏郡的一个小城市。文件 GlenCove 中包含位于格伦科夫的 30 个单一家庭住宅的评估价值、土地财产面积（英亩）和房龄（年）。建立多元回归模型，基于土地财产面积和房龄来预测住宅评估价值。

a. 描述该多元回归方程。

b. 解释本题中斜率 b_1，b_2的含义。

c. 解释为什么回归系数 b_0在这个问题中没有实际意义。

d. 如果某个单一家庭住宅的土地财产面积为 0.25 英亩、房龄为 55 年，请预测该住宅的平均评估价值。

e. 如果单一家庭住宅的土地财产面积为 0.25 英亩、房龄为 55 年，请预测这类住宅评估价值 95%置信水平的均值置信区间。

f. 如果某个单一家庭住宅的土地财产面积为 0.25 英亩、房龄为 55 年，请预测该住宅评估价值 95%置信水平的个值预测区间。

13.2 调整的可决系数与整体显著性检验

本节讨论整体评估多元回归模型的三种方法：多重可决系数、调整的可决系数和整体显著性 F 检验。

多重可决系数

12.3 节简单线性回归模型中，可决系数描述了 Y 的变化中能被自变量 X 解释的比率。在多元回归模型中，**多重可决系数**（coefficient of multiple determination），描述了 Y 的变化中能被一组自变量解释的比率。公式（13.4）定义了两个或多于两个自变量的多元回归模型的多重可决系数。

多重可决系数

多重可决系数等于回归平方和除以总平方和。

$$r^2 = \frac{SSR}{SST} \tag{13.4}$$

式中

SSR=回归平方和

SST=总平方和

在 OmniPower 的例子中，从图 13-2 可知，SSR=39 472 730.77，SST=52 093 677.44。因此

$$r^2 = \frac{SSR}{SST} = \frac{39\ 472\ 730.77}{52\ 093\ 677.44} = 0.757\ 7$$

多重可决系数（r^2=0.757 7）表明 75.77%的销售量变化可以由价格和促销费用的变化来解释。可以从图 13-2 的回归结果中直接看到多重可决系数，在 Excel 的结果中用 R Square 表示，在 Minitab 的结果中用 R-Sq 表示。

调整的可决系数

当分析多元回归模型时，一些统计学家建议使用**调整的可决系数**（adjusted r^2），以便将自变量个数和样本大小的影响考虑进来。当同时用两个或多个回归模型预测同一个因变量并比较回归结果时，不同的自变量个数会对多重可决系数有影响，因此报告调整的可决系数就显得尤为重要。公式（13.5）定义了调整的可决系数。

调整的可决系数

$$r_{adj}^2 = 1 - [(1 - r^2)\frac{n-1}{n-k-1}] \tag{13.5}$$

式中

k=回归方程中自变量的个数

对于 OmniPower 的例子，因为 r^2=0.757 7，n=34，k=2，所以

$$\begin{aligned} r_{adj}^2 &= 1 - \left[(1 - 0.757\ 7)\frac{34-1}{34-2-1}\right] \\ &= 1 - \left[(0.242\ 3)\frac{33}{31}\right] \\ &= 1 - 0.257\ 9 \\ &= 0.742\ 1 \end{aligned}$$

因此，在根据自变量个数和样本大小对多重可决系数加以调整后得出结论，74.21%的销售量变化可以被该多元回归模型解释。可以从图 13-2 中查到调整的可决系数，Excel 的结果中用 Adjusted R Square 表示，而 Minitab 的结果中用 R-Sq（adj）表示。

多元回归模型的整体显著性检验

可以使用**整体显著性 F 检验**（overall F test）来检验因变量和所有自变量（多元

回归模型整体）之间是否存在显著的关系。因为自变量的个数不止一个，所以零假设和备择假设的形式如下：

H_0：$\beta_1=\beta_2=\cdots\beta_k=0$（因变量和所有自变量之间不存在线性关系）

H_1：至少一个 $\beta_j\neq0$，$j=1, 2, \cdots, k$（因变量和至少一个自变量之间存在线性关系）

公式（13.6）定义了整体显著性 F 检验统计量。

表13-2给出了相应的方差分析总结表。

整体显著性 F 检验

F_{STAT} 等于回归项的均方除以误差项的均方。

$$F_{STAT}=\frac{MSR}{MSE} \tag{13.6}$$

式中

F_{STAT}＝服从自由度为 k 和 $n-k-1$ 的 F 分布的检验统计量

k＝回归模型中自变量的个数

表13-2 整体显著性 F 检验的方差分析总结表

变异来源	自由度	平方和	均方（方差）	F
回归项	k	SSR	$MSR=\frac{SSR}{K}$	$F_{STAT}=\frac{MSR}{MSE}$
误差项	$n-k-1$	SSE	$MSE=\frac{SSE}{n-k-1}$	
总体	$n-1$	SST		

决策准则为：

在给定显著性水平 α 后，若 $F_{STAT}>F_\alpha$，则拒绝 H_0；

否则，不能拒绝 H_0。

如果给定显著性水平为0.05，那么由表E.5查出自由度为2和31的 F 分布的临界值为3.32（见图13-4）。由图13-2可知，方差分析总结表中的 F_{STAT} 检验统计量为48.477 1。因为48.477 1>3.32，或者因为 p 值＝0.000<0.05，所以拒绝 H_0，并且得出结论：至少有一个自变量（价格或促销费用）与销售量存在线性相关关系。

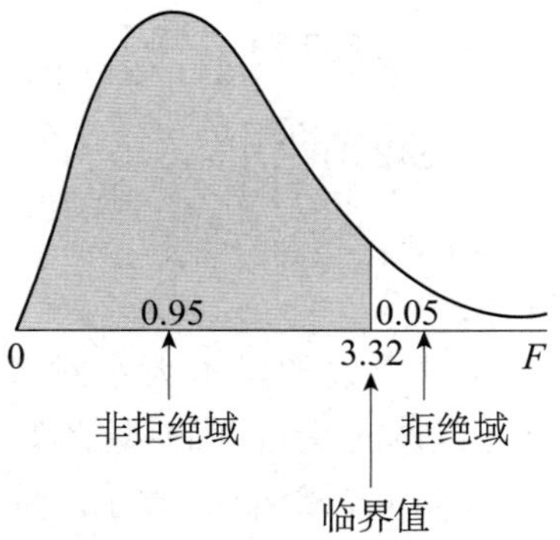

图13-4 给定显著性水平0.05，自由度为2，31，检验所有回归系数的整体显著性

13.2 习题

掌握基础知识

13.9 下面的方差分析总结表是从含有两个自变量的多元回归模型中得到的：

变异来源	自由度	平方和	均方（方差）	F
回归项	2	60		
误差项	18	120		
总体	20	180		

a. 分别计算回归项的均方和误差项的均方。

b. 计算 F_{STAT} 检验统计量。

c. 在 0.05 的显著性水平下，判断 Y 和两个自变量之间是否存在显著关系。

d. 计算多重可决系数并解释其含义。

e. 计算调整的可决系数。

13.10 下面的方差分析总结表是从含有两个自变量的多元回归模型中得到的：

变异来源	自由度	平方和	均方（方差）	F
回归项	2	30		
误差项	10	120		
总体	20	150		

a. 分别计算回归项的均方和误差项的均方。

b. 计算 F_{STAT} 检验统计量。

c. 在 0.05 的显著性水平下，判断 Y 和两个自变量之间是否存在显著关系。

d. 计算多重可决系数并解释其含义。

e. 计算调整的可决系数。

概念应用

13.11 一位参与企业评估的金融分析师获得了 53 家药企的数据。文件 BusinessValuation 中存储有下列变量：

COMPANY：药企名称；

PB fye：价格与账面价值比（会计年度结束时）；

ROE：净资产收益率；

SGROWTH：增长率（GS5）。

a. 建立一个回归模型，预测基于净资产收益率的价格与账面价值比。

b. 建立一个回归模型，预测基于增长率的价格与账面价值比。

c. 建立一个回归模型，预测基于增长率和净资产收益率的价格与账面价值比。

d. 上述三个模型中，哪个模型最适合用来预测价格与账面价值比?

13.12 在习题 13.3 中，我们利用公司存续年限与 BizAnalyzer 指数来预测美国大都会区小型公司的年收入。下面给出方差分析总结表：

变异来源	自由度	平方和	均方（方差）	F	p 值
回归项	2	96 655.1	48 327.6	0.653 1	0.530 2
误差项	22	1 627 941.1	73 997.3		
总体	24	1 724 596.2			

a. 在0.05的显著性水平下，判断年收入和两个自变量之间是否存在显著关系。

b. 解释 p 值的含义。

c. 计算多重可决系数并解释其含义。

13.13 在习题13.5中，我们利用酒精含量与氯化物含量来预测葡萄酒的质量（数据存储于文件VinhoVerde中）。利用所得到的结果回答下列问题：

a. 在0.05的显著性水平下，判断葡萄酒质量和两个自变量（酒精含量与氯化物含量）之间是否存在显著关系。

b. 解释 p 值的含义。

c. 计算多重可决系数并解释其含义。

d. 计算调整的可决系数。

13.14 在习题13.4中，我们利用效率比与总体风险资本率来预测资产利润率（数据存储于文件CommunityBanks中）。利用所得到的结果回答下列问题：

a. 在0.05的显著性水平下，判断资产利润率和两个自变量（效率比与总体风险资本率）之间是否存在显著关系。

b. 解释 p 值的含义。

c. 计算多重可决系数并解释其含义。

d. 计算调整的可决系数。

13.15 在习题13.7中，我们利用员工的总出席次数和远程工作时间来预测偷懒时间（数据存储于文件Standby中）。利用所得到的结果回答下列问题：

a. 在0.05的显著性水平下，判断偷懒时间和两个自变量（员工的总出席次数和远程工作时间）之间是否存在显著关系。

b. 解释 p 值的含义。

c. 计算多重可决系数并解释其含义。

d. 计算调整的可决系数。

13.16 在习题13.6中，我们利用公司在全球范围内的总收入和全职工作离职率来预测全职工作增长率（数据存储于文件BestCompanies中）。利用所得到的结果回答下列问题：

a. 在0.05的显著性水平下，判断全职工作增长率和两个自变量（公司在全球范围内的总收入和全职工作离职率）之间是否存在显著关系。

b. 解释 p 值的含义。

c. 计算多重可决系数并解释其含义。

d. 计算调整的可决系数。

13.17 在习题13.8中，我们利用土地财产面积和房龄来预测评估价值（数据存储于文件Glen-Cove中）。利用所得到的结果回答下列问题：

a. 在0.05的显著性水平下，判断评估价值和两个自变量（土地财产面积和房龄）之间是否存在显著关系。

b. 解释 p 值的含义。

c. 计算多重可决系数并解释其含义。

d. 计算调整的可决系数。

13.3 多元回归模型的残差分析

在12.5节，我们使用残差分析来检验简单线性回归模型对给定数据是否合适。检查含有两个自变量的多元回归模型时，我们要特别关注以下四个残差图：

(1) 残差与$\hat{Y}_i$。

(2) 残差与 X_{1i}。

(3) 残差与 X_{2i}。

(4) 残差与时间。

第一个残差图检查残差与 Y 的预测值之间的关系。如果对不同 Y 的预测值，残差的分布表现出某种特定的图形，那就表明至少可能有一个自变量对因变量有曲线影响，从而有可能违背同方差的假设（见图 12-13），因此需要对因变量 Y 加以变换调整。

第二个和第三个残差图表现残差与自变量之间的关系。如果对某个自变量的残差图出现特定的图形，就表示有可能存在曲线影响，因此可以考虑在回归模型中通过添加自变量来调整原先设定的线性关系。

第四个残差图用于时间序列数据，通过残差的分布趋势来检验独立性的假设是否满足。正如 12.6 节所述，除了这种残差图，还可以计算 Durbin-Watson 统计量来检验残差中是否存在正相关性。

图 13-5 展示了根据 OmniPower 销售样本作出的残差图。注意随着 X_1（价格）、X_2（促销费用）以及 Y 的预测值的变动，残差的分布几乎没有明显的图形。因此可以做出判断：这个多元回归模型适用于分析预测 OmniPower 的销售量。这里不需要进一步做残差与时间的散点图，因为数据是同时收集的，并没有根据时间顺序。

13.3 习题

概念应用

13.18　在习题 13.4 中，我们利用效率比与总体风险资本率来预测资本利润率（数据存储于文件 CommunityBanks 中）。

a. 画出残差对$\hat{Y}_i$的散点图。

b. 画出残差对 X_{1i}的散点图。

c. 画出残差对 X_{2i}的散点图。

d. 画出残差对时间的散点图。

e. 根据（a）～（d）中作出的散点图，是否有证据表明违背了回归假设？请解释。

13.19　在习题 13.5 中，我们利用酒精含量和氯化物含量来预测葡萄酒的质量（数据存储于文件 VinhoVerde 中）。

a. 画出残差对$\hat{Y}_i$的散点图。

b. 画出残差对 X_{1i}的散点图。

c. 画出残差对 X_{2i}的散点图。

d. 画出残差对时间的散点图。

e. 根据（a）～（d）中作出的散点图，是否有证据表明违背了回归假设？请解释。

13.20　在习题 13.6 中，我们利用公司在全球范围内的总收入和全职工作离职率来预测全职工作增长率（数据存储于文件 BestCompanies 中）。

a. 基于回归结果，进行残差分析。

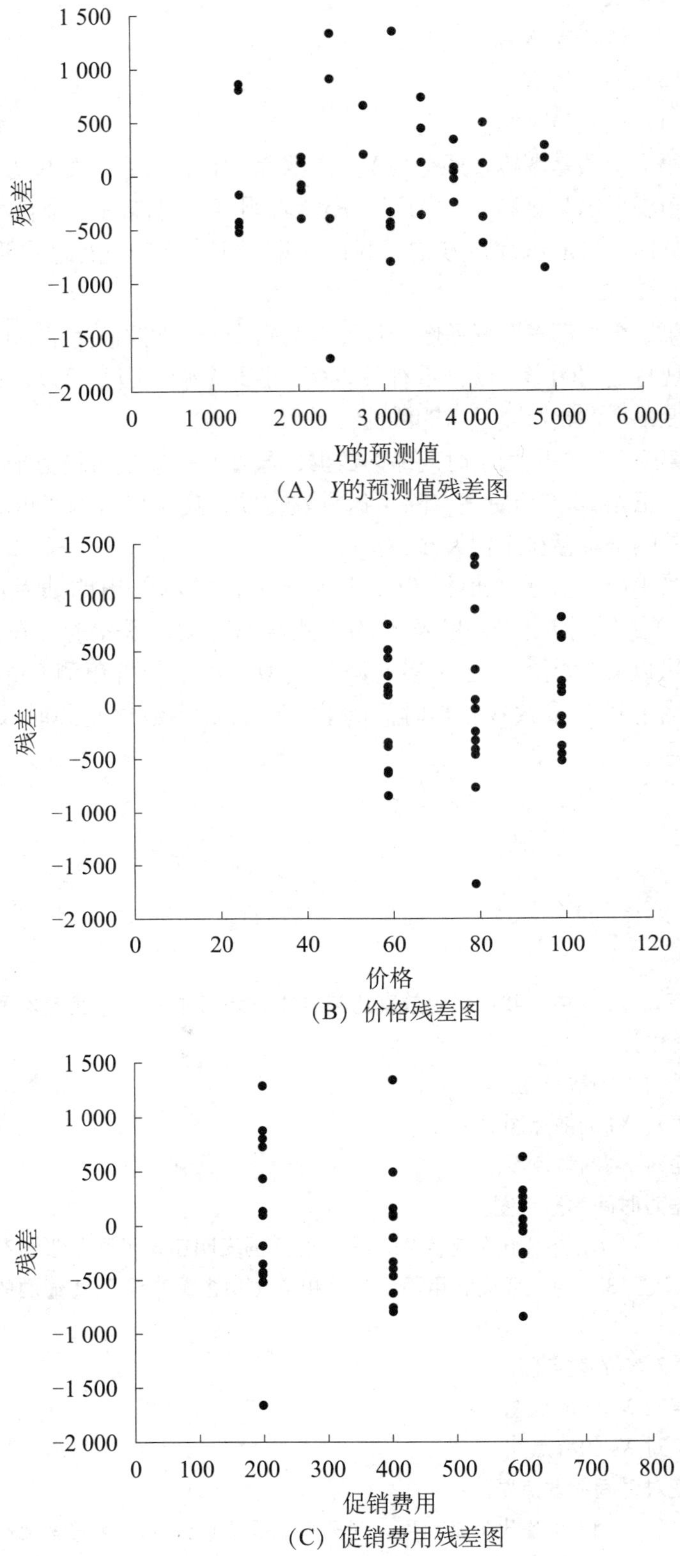

图 13-5 利用 OmniPower 销售数据制作的残差图

b. 对于这些数据，是否有证据表明违背了相关回归假设？

13.21 在习题 13.7 中，我们利用员工的总出席次数和远程工作时间来预测偷懒时间（数据存储于文件 Standby 中）。

a. 基于回归结果，进行残差分析。

b. 对于这些数据，是否有证据表明违背了相关回归假设？

13.22 在习题 13.8 中，我们利用土地财产面积和房龄来预测评估价值（数据存储于文件 GlenCove 中）。

a. 基于回归结果，进行残差分析。

b. 对于这些数据，是否有证据表明违背了相关回归假设？

13.4 总体回归系数的统计推断

在 12.6 节，我们通过对简单线性回归模型的斜率进行假设检验从而判断 X 与 Y 之间的关系是否显著，同时利用置信区间来估计总体斜率。本节将上述方法扩展应用于多元回归模型，按照同样的思路对回归系数进行检验。

假设检验

在简单线性回归模型中，为了对总体斜率 β_1 进行假设检验，我们使用公式(12.16)：

$$t_{STAT}=\frac{b_1-\beta_1}{S_{b_1}}$$

现在我们可以把这个公式扩展成公式（13.7）的形式，从而适用于多元回归系数的假设检验。

检验多元回归的斜率

$$t_{STAT}=\frac{b_j-\beta_j}{S_{b_j}} \tag{13.7}$$

式中

b_j＝在其他自变量不变的条件下，Y 对变量 j 的斜率

S_{b_j}＝回归系数 b_j 的标准差

k＝回归方程中自变量的个数

β_j＝在其他自变量不变的条件下，变量 j 总体斜率的假设值

t_{STAT}＝服从自由度为 $n-k-1$ 的 t 分布的检验统计量

在考虑到价格因素影响的情况下，如果要判断变量 X_2（促销费用）对 OmniPower 的销售量的影响是否显著，那么零假设和备择假设分别设定为：

H_0：$\beta_2=0$

H_1：$\beta_2\neq 0$

从公式（13.7）和图 13－2 可以得到：

$$t_{STAT}=\frac{b_2-\beta_2}{S_{b_2}}$$

$$=\frac{3.6131-0}{0.6852}=5.2728$$

给定显著性水平 0.05，由表 E.3 可得自由度为 31 的 t 分布的临界值为 -2.0395 和 $+2.0395$（见图 13-6）。

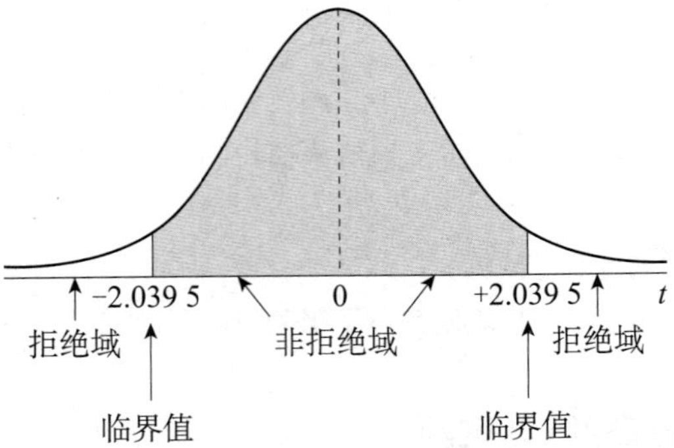

图 13-6　给定显著性水平 0.05，自由度为 31 的回归系数显著性 t 检验

由图 13-2 可以计算得到 5.272 8，因为 $t_{STAT}=5.2728>2.0395$，所以拒绝 H_0，认为在考虑到价格变量 X_1 的影响的情况下，变量 X_2（促销费用）和销售量之间存在显著的正线性关系。也可以使用 p 值来得出上述判断。由于 p 值近似为 0，非常小的 p 值同样可以充分拒绝销售量和促销费用之间不存在线性关系的零假设。按照同样的方式，我们可以在接下来的例 13.1 中对价格的斜率 β_1 进行显著性检验。

例 13.1

检验销售量对价格的斜率的显著性

给定显著性水平 0.05，是否有证据表明销售量对价格的斜率不等于 0?

解答　由图 13-2 中的回归结果可知，与价格相应的 $t_{STAT}=-7.7664<-2.0395$（$\alpha=0.05$ 时的临界值），或 p 值 $=0.0000<0.05$。因此，得出结论：在促销费用 X_2 不变的情况下，作为自变量之一的价格（X_1）与因变量销售量之间存在显著的线性关系。

在有两个自变量的情况下，对一个特定回归系数的显著性检验，实际上就是假定另一个自变量保持不变，对于增加这个特定自变量对多元回归结果影响的显著性检验。因此，对回归系数的 t 检验也就相当于是对每一个自变量贡献的检验。

估计置信区间

除了检验总体斜率的显著性，你也许还关注总体斜率的数值估计。在多元回归分析中，总体斜率置信区间的估计可以由公式（13.8）给出。

斜率的置信区间估计

$$b_j \pm t_{\alpha/2} S_{b_j} \tag{13.8}$$

式中

$t_{\alpha/2}$ = 自由度为 $n-k-1$ 的 t 分布右尾 $\alpha/2$ 概率的临界值（即累积概率面积为 $1-\alpha/2$）

k = 自变量个数

例如，如果你想以 95%的置信水平估计总体斜率 β_1（给定促销费用 X_2 保持不变，价格 X_1 对销售量 Y 的影响）的置信区间。给定 95%的置信水平，自由度为 31 的 t 分布的临界值为 2.039 5（见表 E.3）。由公式（13.8）以及图 13-2 或图 13-3，得

$$b_1 \pm t_{\alpha/2} S_{b_1}$$
$$-53.2173 \pm (2.0395)(6.8522)$$
$$-53.2173 \pm 13.9752$$
$$-67.1925 \leqslant \beta_1 \leqslant -39.2421$$

因此，在考虑到促销费用影响的情况下，价格每增加 1 美分，对于平均销售量减少的估计值在 39.2～67.2 条之间。我们有 95%的把握认为这个区间正确估计了这些变量之间的真实关系。从假设检验的角度来看，因为这个置信区间不包括 0，因此可以得出结论：价格对于平均销售量有显著的影响。

例 13.2 给出了销售量对促销费用的斜率估计的置信区间。

例 13.2

求出销售量对促销费用的斜率估计的置信区间

给定置信水平 95%，求出销售量对促销费用的斜率估计的置信区间。

解答 因为给定置信水平 95%，自由度为 31 的 t 分布的临界值为 2.039 5（见表 E.3）。

$$b_2 \pm t_{\alpha/2}\ S_{b_2}$$
$$3.6131 \pm (2.0395)(0.6852)$$
$$3.6131 \pm 1.3975$$
$$2.2156 \leqslant \beta_2 \leqslant 5.0106$$

因此，在考虑到价格影响的情况下，促销费用每增加 1 美元，平均销售量增加的估计值在 2.2～5.0 条之间。我们有 95%的把握认为这个区间正确估计了这些变量之间真实的关系。从假设检验的角度来看，由于这个置信区间不包括 0，因此可以得出结论：促销费用对于平均销售量有显著的影响。

13.4 习题

掌握基础知识

13.23 给定一个多元回归分析的以下信息：

$n=25$

$b_1=5$

$b_2=10$

$S_{b_1}=2$

$S_{b_2}=8$

a. 以相对于各自的 t 统计量来衡量，哪个变量斜率最大?

b. 构建总体斜率 β_1 95%置信水平的置信区间。

c. 在 0.05 的显著性水平下，判断是否每个自变量对回归模型都有显著贡献。在此基础上指出哪些变量应该包含在模型中。

13.24 给定一个多元回归分析的以下信息：

$n=20$

$b_1=4$

$b_2=3$

$S_{b_1}=1.2$

$S_{b_2}=0.8$

a. 以相对于各自的 t 统计量来衡量，哪个变量斜率最大?

b. 构建总体斜率 $\beta_1$95%置信水平的置信区间。

c. 在0.05的显著性水平下，判断是否每个自变量对回归模型都有显著贡献。在此基础上指出哪些变量应该包含在模型中。

概念应用

13.25 在习题13.3中，我们利用公司存续年限和 BizAnalyzer 指数来预测美国大都会区小型公司的年收入。选取了25家公司作为样本并得到下面的结果：

变量	回归系数	标准误	t 统计值	p 值
截距项	−680.235 7	1 313.515 4	−0.52	0.609 7
Age	1.745 4	7.851 9	0.22	0.826 1
BizAnalyzer	20.526 5	29.185 9	0.70	0.488 5

a. 构建年收入与公司存续年限之间总体斜率95%置信水平的置信区间。

b. 在0.05的显著性水平下，判断是否每个自变量对回归模型都有显著贡献。在此基础上指出哪些变量应该包含在模型中。

13.26 在习题13.4中，我们利用效率比与总体风险资本率来预测资本利润率（数据存储于文件 CommunityBanks 中）。使用该问题的结果：

a. 构建效率比与资本利润率之间总体斜率95%置信水平的置信区间。

b. 在0.05的显著性水平下，判断是否每个自变量对回归模型都有显著贡献。在此基础上指出哪些变量应该包含在模型中。

13.27 在习题13.5中，我们利用酒精含量和氯化物含量来预测葡萄酒的质量（数据存储于文件 VinhoVerde 中）。使用该问题的结果：

a. 构建葡萄酒质量与酒精含量之间总体斜率95%置信水平的置信区间。

b. 在0.05的显著性水平下，判断是否每个自变量对回归模型都有显著贡献。在此基础上指出哪些变量应该包含在模型中。

13.28 在习题13.6中，我们利用公司在全球范围内的总收入和全职工作离职率来预测全职工作增长率（数据存储于文件 BestCompanies 中）。使用该问题的结果：

a. 构建全职工作增长率与公司在全球范围内的总收入之间总体斜率95%置信水平的置信区间。

b. 在0.05的显著性水平下，判断是否每个自变量对回归模型都有显著贡献。在此基础上指出哪些变量应该包含在模型中。

13.29 在习题13.7中，我们利用员工的总出席次数和远程工作时间来预测偷懒时间（数据存储于文件 Standby 中）。使用该问题的结果：

a. 构建偷懒时间和员工的总出席次数之间总体斜率95%置信水平的置信区间。

b. 在0.05的显著性水平下，判断是否每个自变量对回归模型都有显著贡献。在此基础上指出哪些变量应该包含在模型中。

13.30 在习题13.8中，我们利用土地财产面积和房龄来预测评估价值（数据存储于文件 Glen-

Cove 中)。使用该问题的结果：

a. 构建评估价值和土地财产面积之间总体斜率 95%置信水平的置信区间。

b. 在 0.05 的显著性水平下，判断是否每个自变量对回归模型都有显著贡献。在此基础上指出哪些变量应该包含在模型中。

13.5 虚拟变量和交互项在回归模型中的应用

在 13.1～13.4 节的讨论中暗含的假设是所有自变量均为数值变量。但是，在一些情况下，建立回归模型过程中需要包括某些属性自变量。例如，在 13.1 节我们利用价格和促销费用来预测 OmniPower 的月销售量时，除了这些数值自变量，你也许想把 OmniPower 新产品在商店内的摆放位置（是否摆放在过道两头）对销售量的影响也考虑在内。

在这种情况下，**虚拟变量**（dummy variables）的使用可以让我们在多元回归模型的自变量中增加属性变量。如果给定的某个属性变量只有两种类别，那么用一个虚拟变量就可以表示这两种类别。虚拟变量 X_d 定义如下：

$X_d=0$，观察值属于第一种类别

$X_d=1$，观察值属于第二种类别

为了进一步分析如何在回归模型中使用虚拟变量，考虑一个商业问题：使用房屋面积与是否有壁炉来预测房屋的估价。为了将是否有壁炉纳入我们的模型，虚拟变量 X_2 定义如下：

$X_2=0$，房屋没有壁炉

$X_2=1$，房屋有一个壁炉

假设不管有没有壁炉，房屋估价与面积之间都会有个相对固定的斜率，因此多元回归模型可以写成下面的形式：

$$Y_i=\beta_0+\beta_1 X_{1i}+\beta_2 X_{2i}+\varepsilon_i$$

式中

Y_i＝房屋 i 的估价（千美元）

β_0＝Y 轴截距

X_{1i}＝房屋 i 的面积（千平方英尺）

β_1＝考虑到壁炉的影响，房屋面积对估价的斜率

X_{2i}＝房屋 i 是否有壁炉的虚拟变量

β_2＝考虑到房屋面积的影响，是否有壁炉对估价的斜率

ε_i＝房屋 i 估价的随机误差项

根据 Silver Spring 公司列出的房产销售信息（可以从 trulia.com 网站得到，存储在文件 SilverSpring 中)，所建立回归模型的计算结果如图 13－7 所示。在 Excel 的结果中，虚拟变量 X_2 用 FireplaceCoded 作为自变量名，而在 Minitab 的结果中用 Fireplace Coded 作为自变量名。

由图 13－7 得到回归方程：

$$\hat{Y}_i=269.4185+49.8215X_{1i}+12.1623X_{2i}$$

对于没有壁炉的房屋，将 $X_2=0$ 代入上述回归方程：

$$\hat{Y}_i=269.4185+49.8215X_{1i}+12.1623X_{2i}$$

	A	B	C	D	E	F	G
1	Assessed Value Analysis						
2							
3	*Regression Statistics*						
4	Multiple R	0.5765					
5	R Square	0.3323					
6	Adjusted R Square	0.2829					
7	Standard Error	61.8788					
8	Observations	30					
9							
10	ANOVA						
11		*df*	*SS*	*MS*	*F*	*Significance F*	
12	Regression	2	51462.3960	25731.1980	6.7201	0.0043	
13	Residual	27	103382.7120	3828.9893			
14	Total	29	154845.1080				
15							
16		*Coefficients*	*Standard Error*	*t Stat*	*P-value*	*Lower 95%*	*Upper 95%*
17	Intercept	269.4185	33.5699	8.0256	0.0000	200.5388	338.2981
18	Size	49.8215	14.1326	3.5253	0.0015	20.8239	78.8191
19	FireplaceCoded	12.1623	27.0351	0.4499	0.6564	-43.3092	67.6339

Regression Analysis: Assessed Value versus Size, Fireplace Coded

```
The regression equation is
Assessed Value = 269 + 49.8 Size + 12.2 Fireplace Coded

Predictor          Coef  SE Coef     T      P
Constant         269.42    33.57  8.03  0.000
Size              49.82    14.13  3.53  0.002
Fireplace Coded   12.16    27.04  0.45  0.656

S = 61.8788   R-Sq = 33.2%   R-Sq(adj) = 28.3%

Analysis of Variance
Source          DF      SS     MS     F      P
Regression       2   51462  25731  6.72  0.004
Residual Error  27  103383   3829
Total           29  154845
```

图 13-7　利用 Excel 与 Minitab 对包含房屋面积和是否有壁炉的回归模型结果

$$= 269.4185 + 49.8215X_{1i} + 12.1623(0)$$

$$= 269.4185 + 49.8215X_{1i}$$

对于有壁炉的房屋，将 $X_{2i}=1$ 代入上述回归方程：

$$\hat{Y}_i = 269.4185 + 49.8215X_{1i} + 12.1623X_{2i}$$

$$= 269.4185 + 49.8215X_{1i} + 12.1623(1)$$

$$= 281.5807 + 49.8215X_{1i}$$

在这个模型中，各回归系数的含义如下：

(1) 在给定房屋壁炉（无论是否有壁炉）状况不变的情况下，房屋面积每增加1 000方英尺，房屋的估价将平均增加 49 821.5 美元。

(2) 在给定房屋面积不变的情况下，如果房屋有壁炉，那么房屋估价将平均增加12 162.3 美元。

在图 13-7 中可以看到，房屋估价对面积的斜率的 t_{STAT} 检验统计量为 3.525 3，相应的 p 值为 0.015；该图还给出了存在壁炉的斜率的 t_{STAT} 检验统计量为 0.449 9，相应的 p 值为 0.656 4。因为 $0.0015<0.05$，房屋的面积对这个多元回归模型有显著的贡献。但由于 $0.6564>0.05$，房屋是否有壁炉对多元回归模型的贡献并不显著。另外，调整的可决系数表示房屋估价变动的 28.3%可以由房屋面积与房屋是否有壁炉这两个变量联合解释。

交互作用

到目前为止讨论的所有回归模型中，都假设一个自变量对因变量的影响与其他自变量对因变量的影响之间在统计上是互相独立的。当一个自变量对因变量的影响与另一个自变量有关时，就说明存在**交互作用**（interaction）。例如，当商品的价格很低时，广告费用对商品销售量就很可能有较大的影响。但是当商品的价格很高时，增加广告支出对于提高销售量的作用就会变得越来越有限。在这个例子中，价格和广告费用之间就被称作存在交互作用。也就是说，你不能像一般的情况那样描述广告对销售量的影响。广告对销售量的影响还取决于价格。在建立回归模型时，可以引入**交互项**（interaction term，有时又称为**交叉项**（cross-product term））来描述这种交互作用。

为了更好地说明交互作用和交互项，回到前面分析过的房屋估价的例子。在回归模型中，我们假设房屋面积对房屋估价的影响是独立于是否有壁炉的。也就是说，不管是否有壁炉，房屋面积对房屋估价影响的斜率都是一样的。但是，如果两种情况下的斜率不同，那么在房屋面积和是否有壁炉之间就存在交互作用了。

若要评估存在交互作用的可能性，首先要将交互项定义为自变量 X_1（房屋面积）与虚拟变量 X_2（是否有壁炉）的乘积，然后检验交互项对回归模型的贡献是否显著。如果交互项是显著的，就不可以用原先的模型来进行预测。对于房屋评价多元回归模型，我们定义交互项为：

$$X_3 = X_1 \times X_2$$

图 13－8 给出了回归的 Excel 和 Minitab 结果，该模型包括变量 X_1（房屋面积）、虚拟变量 X_2（是否有壁炉）和交互项 X_3。

为了检验交互作用是否存在，设定下列零假设：

$$H_0: \beta_3 = 0$$

对应的备择假设为：

$$H_1: \beta_3 \neq 0$$

	A	B	C	D	E	F	G
1	Assessed Value Analysis						
2							
3	*Regression Statistics*						
4	Multiple R	0.5885					
5	R Square	0.3464					
6	Adjusted R Square	0.2710					
7	Standard Error	62.3909					
8	Observations	30					
9							
10	ANOVA						
11		*df*	*SS*	*MS*	*F*	*Significance F*	
12	Regression	3	53636.8541	17878.9514	4.5930	0.0104	
13	Residual	26	101208.2539	3892.6252			
14	Total	29	154845.1080				
15							
16		*Coefficients*	*Standard Error*	*t Stat*	*P-value*	*Lower 95%*	*Upper 95%*
17	Intercept	226.8573	66.2454	3.4245	0.0021	90.6881	363.0266
18	Size	74.7987	36.3298	2.0589	0.0497	0.1216	149.4757
19	FireplaceCoded	63.8028	74.2760	0.8590	0.3982	-88.8737	216.4793
20	Size*Fireplace	-29.5183	39.4946	-0.7474	0.4615	-110.7006	51.6640

Regression Analysis: Assessed Value versus Size, Fireplace Coded, ...

```
The regression equation is
Assessed Value = 227 + 74.8 Size + 63.8 Fireplace Coded
                 - 29.5 Size*Fireplace

Predictor            Coef  SE Coef      T      P
Constant           226.86    66.25   3.42  0.002
Size                74.80    36.33   2.06  0.050
Fireplace Coded     63.80    74.28   0.86  0.398
Size*Fireplace     -29.52    39.49  -0.75  0.462

S = 62.3909   R-Sq = 34.6%   R-Sq(adj) = 27.1%

Analysis of Variance
Source          DF      SS     MS     F      P
Regression       3   53637  17879  4.59  0.010
Residual Error  26  101208   3893
Total           29  154845
```

图 13－8 对包含面积、壁炉以及交互项回归模型的 Excel 和 Minitab 结果

在图 13－8 中，房屋面积和是否有壁炉交互项的 t_{STAT} 检验统计量为 $-0.747\,4$。因为 $t_{STAT} = -0.747\,4 > -2.201$，或者 p 值 $= 0.461\,5 > 0.05$，所以不能拒绝零假设。因此，在给定房屋面积和有壁炉的情况下，交互项对模型没有显著的贡献作用。可以认为无论是否有壁炉，房屋面积对房屋价值影响的斜率都是一样的。

13.5 习题

掌握基础知识

13.31 假设 X_1 是数值变量，X_2 是虚拟变量，并且样本为 $n=20$ 的回归方程如下：

$$\hat{Y}_i = 6 + 4X_{1i} + 2X_{2i}$$

a. 解释自变量 X_1 的回归系数的含义。

b. 解释自变量 X_2 的回归系数的含义。

13.32 假设在习题 13.31 中，假设检验变量 X_2 对模型贡献度的 t_{STAT} 检验统计量为 3.27。在 0.05 的显著性水平下，是否有证据表明 X_2 对模型有显著贡献？

概念应用

13.33 会计系主任想建立回归模型来预测会计专业学生的平均成绩。他想通过两个变量进行预测：该学生的SAT分数，统计学概论这门课程是否得到B或B以上的分数（0表示分数是B以下，1表示分数是B或B以上）。

a. 对于给定的数据，说明建立模型需要的步骤。写出需要检验和比较的模型。

b. 统计学概论这门课程是否得到B或B以上的分数这个变量的回归系数为+3.0，如何解释这个结果？

13.34 一个城郊社区的房地产协会打算研究家庭居住房屋的大小（用含有的房间数衡量）与房屋售价（千美元）之间的关系。主要研究两个不同位置的房屋，一个是社区的东边（=0），另一个是西边（=1）。随机抽取了20个房屋作为样本，数据存储于文件Neighbor中。对于问题（a）到（j），不需要考虑交互项。

a. 写出多元回归方程，利用房间数和位置来预测房屋售价。

b. 对（a）中的回归系数进行解释。

c. 对于含有9个房间、位于社区东边的房屋，预测其平均售价，并构建95%置信水平的均值置信区间和95%置信水平的个值预测区间。

d. 对回归结果进行残差分析，并判断是否违背回归的假设条件。

e. 在0.05的显著性水平下，判断房屋售价和两个自变量（房间数和位置）之间是否存在显著的相关关系。

f. 在0.05的显著性水平下，判断是否每个自变量对回归模型都有显著贡献。在此基础上指出最合适这些数据的模型。

g. 对房屋售价与房间数之间的关系，估计其95%置信水平的置信区间。

h. 对房屋售价与位置之间的关系，估计其95%置信水平的置信区间。

i. 计算并解释调整的可决系数。

j. 在这个问题中，需要对房屋售价和房间数之间的斜率作出什么样的假设？

k. 在模型中加入一个交互项，并在0.05的显著性水平下判断这个交互项对模型是否有显著贡献。

l. 基于（f）和（k）中的结果，哪个模型是最合适的？请解释。

m. 你可以得出房间数和位置对房屋售价影响的什么结论？

13.35 在习题13.5中，我们建立了一个多元回归模型来预测葡萄酒的质量。现在，我们希望检验酒是葡萄酒（=1）还是白酒（=0）对酒质量的影响。建立一个多元回归模型，利用酒精含量与酒的品种来预测酒的质量（数据存储于文件RedandWhite中）。对于问题（a）到（l），不需要考虑交互项。

a. 写出多元回归方程，利用酒精含量与酒的品种来预测酒的质量。

b. 对（a）中的回归系数进行解释。

c. 当品种为葡萄酒、酒精含量为10%时，预测酒的质量，并构建95%置信水平的均值置信区间和95%置信水平的个值预测区间。

d. 对回归结果进行残差分析，并判断是否违背回归的假设条件。

e. 在0.05的显著性水平下，判断酒的质量和两个自变量（酒的品种和酒精含量）之间是否有显著的相关关系。

f. 在0.05的显著性水平下，判断是否每个自变量对回归模型都有显著贡献。在此基础上指出最合适这些数据的模型。

g. 对酒的质量与酒的品种之间和酒的质量与酒精含量之间的关系，估计其95%置信水平的置信区间。

h. 将（b）中的斜率与习题 12.4 中简单回归模型的结果进行比较，并解释两者产生差别的原因。

i. 计算多重可决系数并解释其含义。

j. 计算并解释调整的可决系数。

k. 将本题中的可决系数和习题 12.16 中的可决系数进行比较。

l. 在这个问题中，需要对酒的质量和酒的品种之间的斜率作出什么样的假设?

m. 在模型中加入一个交互项，并在 0.05 的显著性水平下判断这个交互项对模型是否有显著贡献。

n. 基于（f）和（m）中的结果，哪个模型是最合适的？请解释。

o. 你可以得出关于酒精含量和酒的品种对酒的质量影响的什么结论?

13.36 在采矿工程中，经常需要使用钻头在岩石上钻孔。当孔钻得比较深时，需要在钻头上加钻杆才可以继续钻深。随着孔越钻越深，钻孔所需要的时间不断增加。这个时间的增加可能由几个因素决定，其中一个是钻杆的质量，另一个很重要的因素是钻孔是湿的还是干的。如果钻孔是干的，那么在洞口可以通过挤压空气使得空气推动钻杆和钻头；如果钻孔是湿的，那么在洞口可以通过挤压水推动钻杆和钻头。数据文件 Drill 中包含的变量有钻孔每增加 5 英尺需要的时间（分钟）、深度（英尺）以及钻孔是湿的还是干的，样本容量为 50。建立一个回归模型，通过钻孔的深度以及钻孔的类型（湿的还是干的）这两个变量预测钻孔每增加 5 英尺所需要的时间（R. Penner and D. G. Watts, "Mining Information," *The American Statistician*, 45, 1991, pp. 4-9.）。

a. 描述该多元回归方程。

b. 对（a）中的回归系数进行解释。

c. 对于深度为 100 英尺的干孔，预测其每增加 5 英尺需要的时间，并构建 95%置信水平的均值置信区间和 95%置信水平的个值预测区间。

d. 对回归结果进行残差分析，并判断是否违背回归的假设条件。

e. 在 0.05 的显著性水平下，判断钻孔时间和两个自变量（深度和孔的类型）之间是否有显著的相关关系。

f. 在 0.05 的显著性水平下，判断是否每个自变量对回归模型都有显著贡献。在此基础上指出最合适这些数据的模型。

g. 对钻孔时间与深度之间的关系，估计其 95%置信水平的置信区间。

h. 对钻孔时间与孔的类型之间的关系，估计其 95%置信水平的置信区间。

i. 计算并解释调整的可决系数。

j. 在这个问题中，需要对钻孔时间和深度之间的斜率作出什么样的假设?

k. 在模型中加入一个交互项，并在 0.05 的显著性水平下判断这个交互项对模型是否有显著贡献。

l. 基于（f）和（k）中的结果，哪个模型是最合适的？请解释。

m. 你可以得出关于钻孔时间与深度和孔的类型之间关系的什么结论?

13.37 一家货运公司的老板雇用了一个非常有经验的经理，可以根据需要搬运的货物主观预测所需劳务搬运时间。这种方法在过去被证明非常有效，但是这位老板想发展一套更加精确的预测方法，即根据搬运货物的立方英尺数以及公寓中是否有电梯来预测所需的劳务搬运时间。在初步的筹备中，他收集了一个包含 36 次货运数据的样本，货运的起始地和目的地都只限于纽约市曼哈顿区内，所以行车时间可以忽略不计，样本数据见文件 Moving。对于问题（a）到（j），不需要考虑交互项。

a. 写出多元回归方程，利用搬运货物的立方英尺数以及公寓中是否有电梯来预测所需劳务搬运时间。

b. 对（a）中的回归系数进行解释。

c. 对于500立方英尺的货物，并且公寓拥有电梯，预测其所需平均劳务搬运时间，并构建95%置信水平的均值置信区间和95%置信水平的个值预测区间。

d. 对回归结果进行残差分析，并判断是否违背回归的假设条件。

e. 在0.05的显著性水平下，判断劳务搬运时间和两个自变量（搬运货物体积和是否有电梯）之间是否存在显著的相关关系。

f. 在0.05的显著性水平下，判断是否每个自变量对回归模型都有显著贡献。在此基础上指出最合适这些数据的模型。

g. 对劳务搬运时间与搬运货物体积之间的关系，估计其95%置信水平的置信区间。

h. 对劳务搬运时间与是否有电梯之间的关系，估计其95%置信水平的置信区间。

i. 计算并解释调整的可决系数。

j. 在这个问题中，需要对劳务搬运时间和搬运货物体积之间的斜率作出什么样的假设？

k. 在模型中加入一个交互项，并在0.05的显著性水平下判断这个交互项对模型是否有显著贡献。

l. 基于（f）和（k）中的结果，哪个模型是最合适的？请解释。

m. 你可以得出关于劳务搬运时间与搬运货物体积与是否有电梯之间关系的什么结论？

13.38 在习题13.4中，我们利用效率比与总体风险资本率来预测资产利润率（数据存储于文件CommunityBanks中）。建立回归模型来预测资产利润率，包括的变量为效率比、总体风险资本率以及效率比与总体风险资本率的交互项。

a. 在0.05的显著性水平下，是否有证据表明交互项对回归模型有显著贡献？

b. 比较（a）中的模型和习题13.4中的模型，哪个更合适？请解释。

13.39 餐饮业民调指南Zagat公布了美国不同地点餐厅的级别。文件Restaurants中包括100个餐厅样本，其中50个样本在城市，50个样本在郊区，包括的变量有食物、装修环境、服务以及人均费用。建立一个回归模型，通过餐厅的食物、装修环境、服务这些变量构建的综合排名变量和虚拟变量（城市或郊区）来预测人均费用。对于问题（a）到（l），不需要考虑交互项（*Zagat Survey* 2013 *New York City Restaurants and Zagat Survey* 2012—2013，*Long Island Restaurants*.）。

a. 写出多元回归方程。

b. 对（a）中的回归系数进行解释。

c. 对于综合排名为60、位于城市的餐厅，预测其人均费用，并构建95%置信水平的均值置信区间和95%置信水平的个值预测区间。

d. 对回归结果进行残差分析，并判断回归的假设条件是否得到满足。

e. 在0.05的显著性水平下，判断人均费用和两个自变量（综合排名和位置）之间是否有显著的相关关系。

f. 在0.05的显著性水平下，判断是否每个自变量对回归模型都有显著贡献。在此基础上指出最合适这些数据的模型。

g. 对人均费用与综合排名之间的关系，估计其95%置信水平的置信区间。

h. 将（b）中的斜率和习题12.80简单线性回归中的斜率进行比较，解释两者间的差异。

i. 计算多重可决系数并解释其含义。

j. 计算并解释调整的可决系数。

k. 将本题中的可决系数和习题12.80（d）中的可决系数进行比较。

l. 在这个问题中，需要对人均费用和综合排名之间的斜率作出什么样的假设？

m. 在模型中加入一个交互项，并在 0.05 的显著性水平下判断这个交互项对模型是否有显著贡献。

n. 基于（f）和（m）中的结果，哪个模型是最合适的？请解释。

o. 你可以得出关于人均费用与综合排名和位置之间关系的什么结论？

13.40 在习题 13.6 中，我们利用公司在全球范围内的收入和全职工作离职率来预测全职工作增加率（数据存储于文件 BestCompanies 中）。建立一个回归模型来预测全职工作增长率，包含的变量有公司在全球范围内的收入、全职工作离职率以及公司在全球范围内的收入和全职工作离职率的交互项。

a. 在 0.05 的显著性水平下，是否有证据表明交互项对回归模型有显著贡献？

b. 比较（a）中的模型和习题 13.6 中的模型，哪个更合适？请解释。

13.41 在习题 13.5 中，我们利用酒精含量与氯化物含量来预测葡萄酒的质量（数据存储于文件 VinhoVerde 中）。建立一个回归模型来预测葡萄酒的质量，包含的变量有酒精含量、氯化物含量以及酒精含量与氯化物含量的交互项。

a. 在 0.05 的显著性水平下，是否有证据表明交互项对回归模型有显著贡献？

b. 比较（a）中的模型和习题 13.5 中的模型，哪个更合适？请解释。

13.42 在习题 13.7 中，我们利用员工的总出席次数和远程工作时间来预测偷懒时间（数据存储于文件 Standby 中）。建立一个回归模型来预测偷懒时间，包含的变量有员工的总出席次数、远程工作时间以及员工的总出席次数和远程工作时间的交互项。

a. 在 0.05 的显著性水平下，是否有证据表明交互项对回归模型有显著贡献？

b. 比较（a）中的模型和习题 13.7 中的模型，哪个更合适？请解释。

统计应用

影响 OmniPower 销售量的多种因素，回顾

在“统计应用”中，你是一家全国性的食品连锁店 OmniFoods 的市场经理。为了制定有效的营销策略，你需要判断食品的价格以及商店的促销对销售量会有什么影响。你对 34 家连锁店进行了 OmniPower 销售的市场测试。每份 OmniPower 的售价为 59～99 美分，每个商店的促销预算为 200～600 美元。

在进行一个月的市场测试之后，你开始对数据进行多元回归分析。你考虑两个自变量：OmniPower 的销售价格和每个商店月促销费用预算。回归模型的可决系数表明，销售量变化的 75.8% 可以由价格和促销费用来解释。模型回归结果显示，OmniPower 的价格每增加 10 美分，销售量就减少 532 条；促销费用每增加 100 美元，销售量就增加 361 条。

在研究价格和促销费用对销售量的影响之后，你准备把 OmniPower 的定价和促销标准推广到全国（很显然低价格和高促销费用将导致高销售量，但也会减少利润额）。你判断出如果商店月促销费用支出为 400 美元，OmniPower 的价格设定为 79 美分，那么 OmniPower 月均销售量 95% 置信水平的置信区间为 2 854～3 303 条。将这个区间的上下限分别乘以 OmniFood 在全国范围内的连锁店数目，就可以得到全国范围内的月销售量区间。例如，如果全国推广连锁店的数目为 1 000 家，那么总的月销售量区间就为 285.4 万～330.8 万条。

小　结

图 13－9 为本章的小结图。在本章中，我们学习了如何使用多元回归模型，引入

两个或两个以上自变量来预测因变量的值，还学习了如何将属性变量和交互项引入回归模型。

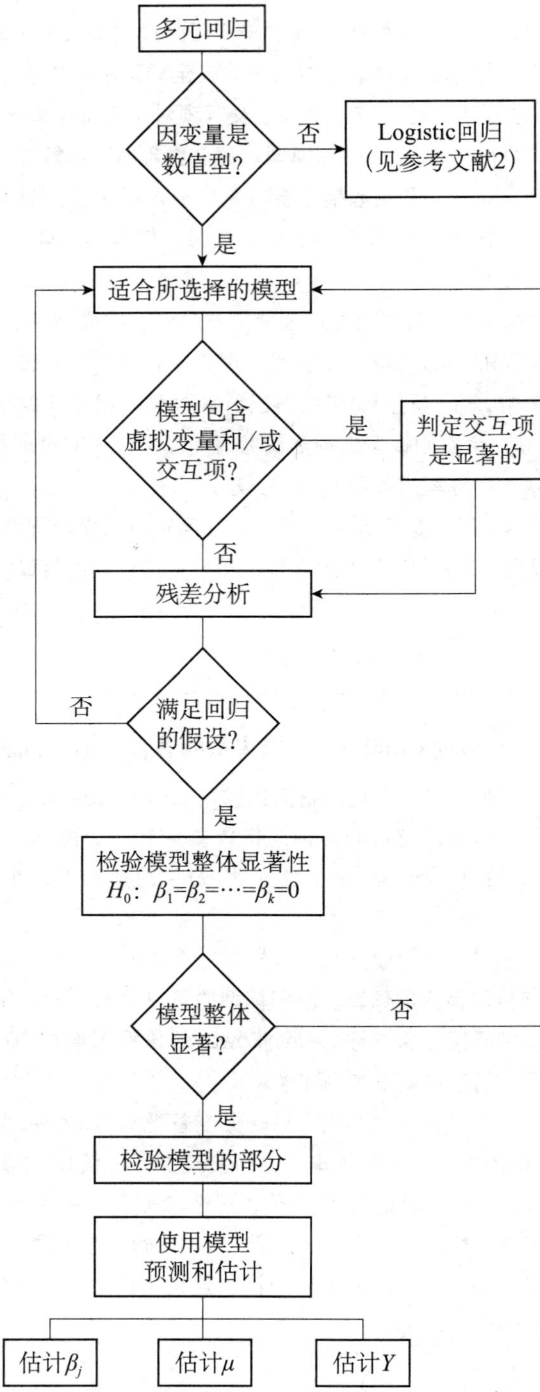

图 13-9　多元回归模型路线图

参考文献

1. Andrews, D. F., and D. Pregibon. "Finding the Outliers that Matter." *Journal of the Royal Statistical Society* 40 (Ser. B., 1978): 85–93.
2. Atkinson, A. C. "Robust and Diagnostic Regression Analysis." *Communications in Statistics* 11 (1982): 2559–2572.
3. Belsley, D. A., E. Kuh, and R. Welsch. *Regression Diagnostics: Identifying Influential Data and Sources of Collinearity.* New York: Wiley, 1980.
4. Cook, R. D., and S. Weisberg. *Residuals and Influence in Regression.* New York: Chapman and Hall, 1982.
5. Hosmer, D. W., and S. Lemeshow. *Applied Logistic Regression*, 3rd ed. New York: Wiley, 2013.
6. Hoaglin, D. C., and R. Welsch. "The Hat Matrix in Regression and ANOVA," *The American Statistician*, 32, (1978), 17–22.
7. Kutner, M., C. Nachtsheim, J. Neter, and W. Li. *Applied Linear Statistical Models*, 5th ed. New York: McGraw-Hill/Irwin, 2005.
8. *Microsoft Excel 2013*. Redmond, WA: Microsoft Corp., 2012.
9. *Minitab Release 16*. State College, PA: Minitab, Inc., 2010.

关键词

调整的可决系数（adjusted r^2）

交叉项（cross-product term）

交互作用（interaction）

多元回归模型（multiple regression model）

整体显著性 F 检验（overall F test）

多重可决系数（coefficient of multiple determination）

虚拟变量（dummy variables）

交互项（interaction term）

净回归系数（net regression coefficients）

检查你对本章的理解

13.43 可决系数和调整的可决系数之间有什么差别?

13.44 对简单线性回归的回归系数和多元线性回归的回归系数的解释有什么不同?

13.45 检验整个回归模型的显著性与检验每个自变量对多元线性回归的贡献有什么不同?

13.46 为什么要使用虚拟变量? 怎样使用?

13.47 在虚拟变量类型不同的情况下，怎样判断因变量对每个自变量的斜率是否会改变?

13.48 在什么样的情况下回归模型中应该引入交互项?

本章复习题

13.49 消费者满意度的上升将导致更多的购买行为。对于多数产品，消费者满意度的测度有多种方式。大多数情况下，不需要所有测度指标同时增加，只要其中一类消费者满意度测度指标上升，就会显著地导致更多的购买行为。Gunst and Barry（"One Way to Moderate Ceiling Effects," *Quality Progress*, October 2003, pp. 83－85）考察了一种有两个测度指标的产品 X_1和 X_2，指标的变化区间为 1（最差）～7（最好）之间。因变量 Y 是衡量购买行为的变量，数值越高表示购买越多。回归方程如下：

$$\hat{Y}_i = -3.888 + 1.449X_{1i} + 1.462X_{2i} - 0.190X_{1i}X_{2i}$$

假设 X_1衡量感知的产品质量，X_2衡量感知的产品价值（注：如果某消费者认为这个产品定价过高，那么该消费者对该产品感知到的就是低价值，反之亦然）。

a. 若 $X_1=2$，$X_2=2$，预测消费者平均购买量为多少。

b. 若 $X_1=2$，$X_2=7$，预测消费者平均购买量为多少。

c. 若 $X_1=7$，$X_2=2$，预测消费者平均购买量为多少。

d. 若 $X_1=7$，$X_2=7$，预测消费者平均购买量为多少。

e. 若 $X_2=2$，则此时的回归方程是什么? 变量 X_1的斜率是多少?

f. 若 $X_2=7$，则此时的回归方程是什么？变量 X_1 的斜率是多少？

g. 若 $X_1=2$，则此时的回归方程是什么？变量 X_2 的斜率是多少？

h. 若 $X_1=7$，则此时的回归方程是什么？变量 X_2 的斜率是多少？

i. 对于这个含有两个满意度指标的产品，讨论（a）到（h）对于增加该产品销售量的意义。

13.50 一家货运公司的老板雇用了一个非常有经验的经理，可以根据需要搬运的货物主观预测所需劳务搬运时间。这种方法在过去被证明非常有效，但是这位老板想发展一套更加精确的预测方法，即根据搬运货物的立方英尺数以及大型家具件数来预测所需的劳务搬运时间。在初步的筹备中，他收集了一个包含 36 次货运数据的样本，货运的起始地和目的地都只限于纽约市曼哈顿区内，所以行车时间可以忽略不计，样本数据见文件 Moving。

a. 写出多元回归方程。

b. 对（a）中的回归系数进行解释。

c. 对于体积为 500 立方英尺、具有两件大型家具的货运任务，预测其所需平均劳务搬运时间。

d. 对回归结果进行残差分析，并判断是否违背回归的假设条件。

e. 在 0.05 的显著性水平下，判断劳务搬运时间和两个自变量（搬运货物体积和大型家具件数）之间是否有显著的相关关系。

f. 计算（e）中的 p 值并解释其含义。

g. 解释此问题中多重可决系数的含义。

h. 计算调整的可决系数。

i. 在 0.05 的显著性水平下，判断是否每个自变量对回归模型都有显著的贡献。在此基础上指出最合适这些数据的模型。

j. 计算（i）中的 p 值并解释其含义。

k. 构建搬运货物体积总体斜率 95%置信水平的置信区间。这里对于斜率的解释与习题 12.44 中有什么不同？

l. 你可以得出关于劳务搬运时间的什么结论？

13.51 NBA 已成为全世界体育爱好者十分感兴趣的体育活动。越来越多的国外球员开始加入 NBA。你想建立一个回归模型，基于该队和竞争对手的投篮命中率来预测每个 NBA 球队赢球的场次，数据存储于文件 NBA2008 中。

a. 写出多元回归方程。

b. 对（a）中的回归系数进行解释。

c. 对于某队投篮命中率为 45%、对手命中率为 44%，预测该队获胜场次。

d. 对回归结果进行残差分析，并判断是否违背回归的假设条件。

e. 在 0.05 的显著性水平下，判断获胜场次和两个自变量（该队和竞争对手的投篮命中率）之间是否有显著的相关关系。

f. 计算（e）中的 p 值并解释其含义。

g. 解释此问题中多重可决系数的含义。

h. 计算调整的可决系数。

i. 在 0.05 的显著性水平下，判断是否每个自变量对回归模型都有显著贡献。在此基础上指出最合适这些数据的模型。

j. 计算（i）中的 p 值并解释其含义。

k. 你可以得出关于获胜场次与该队和竞争对手的投篮命中率之间关系的什么结论？

13.52 我们选取美国西部一个小城市最近卖出的 30 套房屋作为样本，并且想通过房屋的面积（千平方英尺）和使用年限预测房屋的估值（千美元）。数据存储于文件 Silver Spring 中。

a. 写出多元回归方程。

b. 对（a）中的回归系数进行解释。

c. 对于面积为 2 000 平方英尺、使用年限为 55 年的房屋，预测其估值。

d. 对回归结果进行残差分析，并判断是否违背回归的假设条件。

e. 在 0.05 的显著性水平下，判断房屋估值和两个自变量（面积和使用年限）之间是否有显著的相关关系。

f. 计算（e）中的 p 值并解释其含义。

g. 解释此问题中多重可决系数的含义。

h. 计算调整的可决系数。

i. 在 0.05 的显著性水平下，判断是否每个自变量对回归模型都有显著贡献。在此基础上指出最合适这些数据的模型。

j. 计算（i）中的 p 值并解释其含义。

k. 构建房屋面积总体斜率 95% 置信水平的置信区间。这里对于斜率的解释与习题 12.76 中有什么不同?

l. 你可以得出关于房屋估值的什么结论?

13.53 要测量加利福尼亚红杉树的高度是很难的，因为它们往往会超过 300 英尺。但是熟悉这种树的人都知道，红杉树的高度和它的其他特点相关，包括树在一个人胸部高度处的直径以及树皮的厚度。文件 Redwood 中给出的是 21 棵红杉树样本的数据，包括树的高度、在一个人胸部高度处的直径以及树皮的厚度。

a. 写出多元回归方程，基于在一个人胸部高度处的直径以及树皮的厚度来预测树的高度。

b. 对（a）中的回归系数进行解释。

c. 对于某棵红杉树在一个人胸部高度处的直径为 25 英寸，树皮的厚度为 2 英寸，预测该树的高度。

d. 解释此问题中多重可决系数的含义。

e. 对回归结果进行残差分析，并判断是否违背回归的假设条件。

f. 在 0.05 的显著性水平下，判断红杉树的高度和两个自变量（在一个人胸部高度处的直径和树皮的厚度）之间是否有显著的相关关系。

g. 分别构建红杉树高度与在一个人胸部高度处的直径和树皮的厚度之间斜率 95% 置信水平的置信区间。

h. 在 0.05 的显著性水平下，判断是否每个自变量对回归模型都有显著贡献。在此基础上指出最合适这些数据的模型。

i. 对于在一个人胸部高度处的直径为 25 英寸、树皮的厚度为 2 英寸的红杉树，构建该类树高度 95% 置信水平的均值置信区间；对于某棵在一个人胸部高度处的直径为 25 英寸、树皮的厚度为 2 英寸的红杉树，构建其高度 95% 置信水平的个值预测区间。

j. 你可以得出关于在一个人胸部高度处的直径和树皮的厚度对红杉树的高度影响的什么结论?

13.54 构建一个回归模型，通过评估价值（千美元）和房龄（年）来预测应交税费。数据存储于文件 SilverSpring 中。

a. 写出多元回归方程。

b. 对（a）中的回归系数进行解释。

c. 对于评估价值为 400 000 美元、房龄为 50 年的房屋，预测其应交税费。

d. 对回归结果进行残差分析，并判断是否违背回归的假设条件。

e. 在 0.05 的显著性水平下，判断房屋应交税费和两个自变量（评估价值和房龄）之间是否有显著的相关关系。

f. 计算（e）中的 p 值并解释其含义。

g. 解释此问题中多重可决系数的含义。

h. 计算调整的可决系数。

i. 在 0.05 的显著性水平下，判断是否每个自变量对回归模型都有显著贡献。在此基础上指出最适合这些数据的模型。

j. 计算（i）中的 p 值并解释其含义。

k. 构建应交税费和估值之间总体斜率 95% 置信水平的置信区间。这里对于斜率的解释与习题 12.77 中有什么不同?

l. 房地产评估办公室曾经公开指出房龄对应交税费没有影响。基于（a）到（k）中的答案，你同意这个论断吗？请解释。

13.55　戴夫（Crazy Dave）是一位著名的棒球分析家。他想研究上年棒球赛季中各个球队的数据，判断哪些变量可以预测不同球队本赛季的获胜场次。他已经收集的数据有球队获胜场次、防御率和上赛季的跑垒得分（run score）（数据存储于文件 Baseball 中）。构建回归模型，基于防御率和跑垒得分来预测获胜场次。

a. 写出多元回归方程。

b. 对（a）中的回归系数进行解释。

c. 对于防御率为 4.50、跑垒得分为 750 分的球队，预测其获胜场次。

d. 对回归结果进行残差分析，并判断是否违背回归的假设条件。

e. 在 0.05 的显著性水平下，判断获胜场次和两个自变量（防御率和跑垒得分）之间是否有显著的相关关系。

f. 计算（e）中的 p 值并解释其含义。

g. 解释此问题中多重可决系数的含义。

h. 计算调整的可决系数。

i. 在 0.05 的显著性水平下，判断是否每个自变量对回归模型都有显著贡献。在此基础上指出最适合这些数据的模型。

j. 计算（i）中的 p 值并解释其含义。

k. 构建获胜场次与投手投球（通过防御率衡量）总体斜率 95% 置信水平的置信区间。

l. 对于预测球队获胜场次，投手投球（通过防御率衡量）和进攻（通过跑垒得分衡量）哪个更重要?

13.56　回到习题 13.55 中，假设除了使用防御率来预测获胜场次，戴夫想再包括一个自变量：联盟（American vs. National）（0 = 属于美国联盟，1 = 不属于美国联盟）。构建模型使用防御率和联盟来预测球队获胜场次。

a. 写出多元回归方程。

b. 对（a）中的回归系数进行解释。

c. 对防御率为 4.00、属于美国联盟的球队，预测其获胜场次。

d. 对回归结果进行残差分析，并判断是否违背回归的假设条件。

e. 在 0.05 的显著性水平下，判断获胜场次和两个自变量（防御率和联盟）之间是否有显著的相关关系。

f. 在 0.05 的显著性水平下，判断是否每个自变量对回归模型都有显著的贡献。在此基础上指出最适合这些数据的模型。

g. 构建获胜场次与防御率之间总体斜率 95% 置信水平的置信区间。

h. 构建获胜场次与联盟之间总体斜率 95%置信水平的置信区间。

i. 计算并解释调整的可决系数。

j. 对于获胜场次和防御率之间的斜率，必须作出什么假设?

k. 在模型中增加交互项变量，并在 0.05 的显著性水平下判断该交互项对模型是否有显著贡献。

l. 基于（f）到（i）中的结果，哪个模型更合适? 请解释。

13.57　假设你是不动产经纪人，想要比较格伦拉夫和罗斯林两地的财产价值（两地之间大约相距 13 千米)。为了进行比较分析，你需要分析数据文件 GCRoslyn，该文件包含来自格伦拉夫和罗斯林的房屋样本。建立回归模型进行分析时，务必加入位置虚拟变量（格伦拉夫和罗斯林)，即基于土地财产面积、房龄和位置来预测评估价值，并判断模型中是否需要加入相关的交互项变量。

13.58　美国最佳小公司榜单涵盖了各行业内收入快速增长的公司。一位商业分析师想判断每股收益的增长率（%)、销售额增长率（%）和股本回报的关系，数据存储于文件 SmallBusiness 中（“America's Best Small Companies,” forbes. com/best-small-companies/list/.)。

建立一个多元回归模型，利用销售额增长率和股本回报来预测每股收益的增长率。注意对样本进行残差分析。

13.59　星巴克想基于数据分析来提高产品的质量与消费者满意度。当调查数据表明星巴克应该改善包装程序时，公司开展了一项实验，来判断包装仪器的什么因素会影响撕开包装袋的难易程度（L. Johnson and S. Burrows, “For Starbucks, It's in the Bag,” *Quality Progress*, *March* 2011, *pp*. 17-23.)。这些因素包括黏度、压力以及包装仪器的板间隙。数据包含 19 个板间隙各异的包装袋，存储于文件 Starbucks 中。建立一个多元回归模型，利用黏度、压力以及包装仪器的板间隙来预测撕开包装袋的难易程度。需要使用全部三个自变量吗? 请做出解释。

13.60　一项实验想探究可生物降解包装泡沫的降解过程。可能影响其降解单位密度（mg/ml）的因素包括模温与模型直径，数据存储于文件 PackgingFoam3 中（W. Y. Koh, K. M. Eskridge, and M. A. Hanna, “Supersaturated Splitplot Designs,” *Journal of Quality Technology*, 45, January 2013, pp. 61-72.)。建立一个多元回归模型，利用模温与模型直径来预测降解单位密度。需要使用全部两个自变量吗? 请做出解释。

13.61　回到习题 13.60，你现在想基于 PackgingFoam3 的数据来预测泡沫直径。建立一个多元回归模型，利用模温与模型直径来预测泡沫直径（mg/ml)，并进行残差分析。需要使用全部两个自变量吗? 请做出解释。

第 13 章案例　管理 Ashland Multicomm Services

接着前面的 Ashland Multicomm Services 案例，一个营销团队想要测验两种不同的推销问候方式（个人正式和非正式问候）的效果，以及了解电话营销小时数对新增订阅量的影响。该团队记录了过去 24 个星期的数据（数据存储于文件 AMS13 中)。

对这些数据进行分析，建立多元回归模型，基于电话营销小时数和推销问候方式来预测一周中的新增订阅量。根据回归模型的具体结果和发现，写一份报告。

数字案例

将你所学的简单线性回归知识运用到本数字案例，此案例是本章开始时统计应用 OmniFoods 情境的扩展。

为了确保 OmniPower 成功进行市场测验，OmniFoods 市场部联系了咨询公司 In-Store Placements Group（ISPG）。ISPG 参与了进行市场测验的食品连锁店的工作，利用 34 个连锁店样本的数据，认为合适的货架摆放位置和赠送购物券可以增加 OmniPower 的销售量。

检查 ISPG 的结论，相应数据见 www. prenhall. com/Springville/Omni _ ISPGMemo. htm 或者文件 Omni _ ISPGMemo. htm 中，分析数据然后回答下列问题：

1. 数据和 ISPG 的结论一致吗？进行合适的统计分析，佐证（或者怀疑）OmniPower 销售量和两个自变量（货架摆放位置和赠送购物券）之间的关系。

2. 如果你对 OmniFoods 提供咨询服务，你会推荐将 OmniPower 摆放于特定的货架位置并赠送购物券吗？

3. 为了判断 ISPG 促销手段的效果，你建议应再收集哪些数据？

附　录

APPENDIX

表 E.1　随机数表

行编号	列编号 00000 12345	00001 67890	11111 12345	11112 67890	22222 12345	22223 67890	33333 12345	33334 67890
01	49280	88924	35779	00283	81163	07275	89863	02348
02	61870	41657	07468	08612	98083	97349	20775	45091
03	43898	65923	25078	86129	78496	97653	91550	08078
04	62993	93912	30454	84598	56095	20664	12872	64647
05	33850	58555	51438	85507	71865	79488	76783	31708
06	97340	03364	88472	04334	63919	36394	11095	92470
07	70543	29776	10087	10072	55980	64688	68239	20461
08	89382	93809	00796	95945	34101	81277	66090	88872
09	37818	72142	67140	50785	22380	16703	53362	44940
10	60430	22834	14130	96593	23298	56203	92671	15925
11	82975	66158	84731	19436	55790	69229	28661	13675
12	30987	71938	40355	54324	08401	26299	49420	59208
13	55700	24586	93247	32596	11865	63397	44251	43189
14	14756	23997	78643	75912	83832	32768	18928	57070
15	32166	53251	70654	92827	63491	04233	33825	69662
16	23236	73751	31888	81718	06546	83246	47651	04877
17	45794	26926	15130	82455	78305	55058	52551	47182
18	09893	20505	14225	68514	47427	56788	96297	78822
19	54382	74598	91499	14523	68479	27686	46162	83554
20	94750	89923	37089	20048	80336	94598	26940	36858
21	70297	34135	53140	33340	42050	82341	44104	82949
22	85157	47954	32979	26575	57600	40881	12250	73742
23	11100	02340	12860	74697	96644	89439	28707	25815
24	36871	50775	30592	57143	17381	68856	25853	35041
25	23913	48357	63308	16090	51690	54607	72407	55538
26	79348	36085	27973	65157	07456	22255	25626	57054
27	92074	54641	53673	54421	18130	60103	69593	49464
28	06873	21440	75593	41373	49502	17972	82578	16364
29	12478	37622	99659	31065	83613	69889	58869	29571
30	57175	55564	65411	42547	70457	03426	72937	83792

续前表

	列编号							
行编号	00000 12345	00001 67890	11111 12345	11112 67890	22222 12345	22223 67890	33333 12345	33334 67890
31	91616	11075	80103	07831	59309	13276	26710	73000
32	78025	73539	14621	39044	47450	03197	12787	47709
33	27587	67228	80145	10175	12822	86687	65530	49325
34	16690	20427	04251	64477	73709	73945	92396	68263
35	70183	58065	65489	31833	82093	16747	10386	59293
36	90730	35385	15679	99742	50866	78028	75573	67257
37	10934	93242	13431	24590	02770	48582	00906	58595
38	82462	30166	79613	47416	13389	80268	05085	96666
39	27463	10433	07606	16285	93699	60912	94532	95632
40	02979	52997	09079	92709	90110	47506	53693	49892
41	46888	69929	75233	52507	32097	37594	10067	67327
42	53638	83161	08289	12639	08141	12640	28437	09268
43	82433	61427	17239	89160	19666	08814	37841	12847
44	35766	31672	50082	22795	66948	65581	84393	15890
45	10853	42581	08792	13257	61973	24450	52351	16602
46	20341	27398	72906	63955	17276	10646	74692	48438
47	54458	90542	77563	51839	52901	53355	83281	19177
48	26337	66530	16687	35179	46560	00123	44546	79896
49	34314	23729	85264	05575	96855	23820	11091	79821
50	28603	10708	68933	34189	92166	15181	66628	58599
51	66194	28926	99547	16625	45515	67953	12108	57846
52	78240	43195	24837	32511	70880	22070	52622	61881
53	00833	88000	67299	68215	11274	55624	32991	17436
54	12111	86683	61270	58036	64192	90611	15145	01748
55	47189	99951	05755	03834	43782	90599	40282	51417
56	76396	72486	62423	27618	84184	78922	73561	52818
57	46409	17469	32483	09083	76175	19985	26309	91536
58	74626	22111	87286	46772	42243	68046	44250	42439
59	34450	81974	93723	49023	58432	67083	36876	93391
60	36327	72135	33005	28701	34710	49359	50693	89311
61	74185	77536	84825	09934	99103	09325	67389	45869
62	12296	41623	62873	37943	25584	09609	63360	47270
63	90822	60280	88925	99610	42772	60561	76873	04117
64	72121	79152	96591	90305	10189	79778	68016	13747
65	95268	41377	25684	08151	61816	58555	54305	86189
66	92603	09091	75884	93424	72586	88903	30061	14457
67	18813	90291	05275	01223	79607	95426	34900	09778
68	38840	26903	28624	67157	51986	42865	14508	49315
69	05959	33836	53758	16562	41081	38012	41230	20528
70	85141	21155	99212	32685	51403	31926	69813	58781
71	75047	59643	31074	38172	03718	32119	69506	67143
72	30752	95260	68032	62871	58781	34143	68790	69766
73	22986	82575	42187	62295	84295	30634	66562	31442
74	99439	86692	90348	66036	48399	73451	26698	39437
75	20389	93029	11881	71685	65452	89047	63669	02656

续前表

行编号	列编号 00000 12345	00001 67890	11111 12345	11112 67890	22222 12345	22223 67890	33333 12345	33334 67890
76	39249	05173	68256	36359	20250	68686	05947	09335
77	96777	33605	29481	20063	09398	01843	35139	61344
78	04860	32918	10798	50492	52655	33359	94713	28393
79	41613	42375	00403	03656	77580	87772	86877	57085
80	17930	00794	53836	53692	67135	98102	61912	11246
81	24649	31845	25736	75231	83808	98917	93829	99430
82	79899	34061	54308	59358	56462	58166	97302	86828
83	76801	49594	81002	30397	52728	15101	72070	33706
84	36239	63636	38140	65731	39788	06872	38971	53363
85	07392	64449	17886	63632	53995	17574	22247	62607
86	67133	04181	33874	98835	67453	59734	76381	63455
87	77759	31504	32832	70861	15152	29733	75371	39174
88	85992	72268	42920	20810	29361	51423	90306	73574
89	79553	75952	54116	65553	47139	60579	09165	85490
90	41101	17336	48951	53674	17880	45260	08575	49321
91	36191	17095	32123	91576	84221	78902	82010	30847
92	62329	63898	23268	74283	26091	68409	69704	82267
93	14751	13151	93115	01437	56945	89661	67680	79790
94	48462	59278	44185	29616	76537	19589	83139	28454
95	29435	88105	59651	44391	74588	55114	80834	85686
96	28340	29285	12965	14821	80425	16602	44653	70467
97	02167	58940	27149	80242	10587	79786	34959	75339
98	17864	00991	39557	54981	23588	81914	37609	13128
99	79675	80605	60059	35862	00254	36546	21545	78179
00	72335	82037	92003	34100	29879	46613	89720	13274

资料来源：Partially extracted from the Rand Corporation，*A Million Random Digits with* 100 000 *Normal Deviates* (Glencoe，IL，The Free Press，1955)．

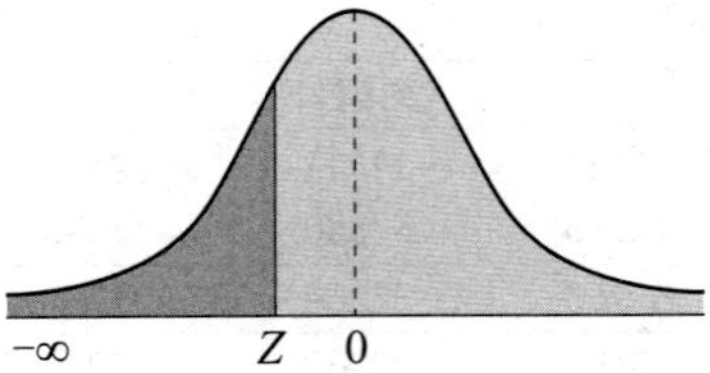

表 E. 2 累积标准正态分布表

表中条目表示标准正态分布下，从 −∞ 累积到 Z 的面积。

	累积概率									
Z	0.00	0.01	0.02	0.03	0.04	0.05	0.06	0.07	0.08	0.09
−6.0	0.000 000 001									
−5.5	0.000 000 019									
−5.0	0.000 000 287									
−4.5	0.000 003 398									
−4.0	0.000 031 671									
−3.9	0.000 05	0.000 05	0.000 04	0.000 04	0.000 04	0.000 04	0.000 04	0.000 04	0.000 03	0.000 03
−3.8	0.000 07	0.000 07	0.000 07	0.000 06	0.000 06	0.000 06	0.000 06	0.000 05	0.000 05	0.000 05
−3.7	0.000 11	0.000 10	0.000 10	0.000 10	0.000 09	0.000 09	0.000 08	0.000 08	0.000 08	0.000 08
−3.6	0.000 16	0.000 15	0.000 15	0.000 14	0.000 14	0.000 13	0.000 13	0.000 12	0.000 12	0.000 11
−3.5	0.000 23	0.000 22	0.000 22	0.000 21	0.000 20	0.000 19	0.000 19	0.000 18	0.000 17	0.000 17
−3.4	0.000 34	0.000 32	0.000 31	0.000 30	0.000 29	0.000 28	0.000 27	0.000 26	0.000 25	0.000 24
−3.3	0.000 48	0.000 47	0.000 45	0.000 43	0.000 42	0.000 40	0.000 39	0.000 38	0.000 36	0.000 35
−3.2	0.000 69	0.000 66	0.000 64	0.000 62	0.000 60	0.000 58	0.000 56	0.000 54	0.000 52	0.000 50
−3.1	0.000 97	0.000 94	0.000 90	0.000 87	0.000 84	0.000 82	0.000 79	0.000 76	0.000 74	0.000 71
−3.0	0.001 35	0.001 31	0.001 26	0.001 22	0.001 18	0.001 14	0.001 11	0.001 07	0.001 03	0.001 00
−2.9	0.001 9	0.001 8	0.001 8	0.001 7	0.001 6	0.001 6	0.001 5	0.001 5	0.001 4	0.001 4
−2.8	0.002 6	0.002 5	0.002 4	0.002 3	0.002 3	0.002 2	0.002 1	0.002 1	0.002 0	0.001 9
−2.7	0.003 5	0.003 4	0.003 3	0.003 2	0.003 1	0.003 0	0.002 9	0.002 8	0.002 7	0.002 6
−2.6	0.004 7	0.004 5	0.004 4	0.004 3	0.004 1	0.004 0	0.003 9	0.003 8	0.003 7	0.003 6
−2.5	0.006 2	0.006 0	0.005 9	0.005 7	0.005 5	0.005 4	0.005 2	0.005 1	0.004 9	0.004 8
−2.4	0.008 2	0.008 0	0.007 8	0.007 5	0.007 3	0.007 1	0.006 9	0.006 8	0.006 6	0.006 4
−2.3	0.010 7	0.010 4	0.010 2	0.009 9	0.009 6	0.009 4	0.009 1	0.008 9	0.008 7	0.008 4
−2.2	0.013 9	0.013 6	0.013 2	0.012 9	0.012 5	0.012 2	0.011 9	0.011 6	0.011 3	0.011 0
−2.1	0.017 9	0.017 4	0.017 0	0.016 6	0.016 2	0.015 8	0.015 4	0.015 0	0.014 6	0.014 3
−2.0	0.022 8	0.022 2	0.021 7	0.021 2	0.020 7	0.020 2	0.019 7	0.019 2	0.018 8	0.018 3
−1.9	0.028 7	0.028 1	0.027 4	0.026 8	0.026 2	0.025 6	0.025 0	0.024 4	0.023 9	0.023 3
−1.8	0.035 9	0.035 1	0.034 4	0.033 6	0.032 9	0.032 2	0.031 4	0.030 7	0.030 1	0.029 4
−1.7	0.044 6	0.043 6	0.042 7	0.041 8	0.040 9	0.040 1	0.039 2	0.038 4	0.037 5	0.036 7
−1.6	0.054 8	0.053 7	0.052 6	0.051 6	0.050 5	0.049 5	0.048 5	0.047 5	0.046 5	0.045 5
−1.5	0.066 8	0.065 5	0.064 3	0.063 0	0.061 8	0.060 6	0.059 4	0.058 2	0.057 1	0.055 9
−1.4	0.080 8	0.079 3	0.077 8	0.076 4	0.074 9	0.073 5	0.072 1	0.070 8	0.069 4	0.068 1
−1.3	0.096 8	0.095 1	0.093 4	0.091 8	0.090 1	0.088 5	0.086 9	0.085 3	0.083 8	0.082 3
−1.2	0.115 1	0.113 1	0.111 2	0.109 3	0.107 5	0.105 6	0.103 8	0.102 0	0.100 3	0.098 5
−1.1	0.135 7	0.133 5	0.131 4	0.129 2	0.127 1	0.125 1	0.123 0	0.121 0	0.119 0	0.117 0
−1.0	0.158 7	0.156 2	0.153 9	0.151 5	0.149 2	0.146 9	0.144 6	0.142 3	0.140 1	0.137 9
−0.9	0.184 1	0.181 4	0.178 8	0.176 2	0.173 6	0.171 1	0.168 5	0.166 0	0.163 5	0.161 1
−0.8	0.211 9	0.209 0	0.206 1	0.203 3	0.200 5	0.197 7	0.194 9	0.192 2	0.189 4	0.186 7
−0.7	0.242 0	0.238 8	0.235 8	0.232 7	0.229 6	0.226 6	0.223 6	0.220 6	0.217 7	0.214 8

续前表

累积概率										
Z	0.00	0.01	0.02	0.03	0.04	0.05	0.06	0.07	0.08	0.09
−0.6	0.274 3	0.270 9	0.267 6	0.264 3	0.261 1	0.257 8	0.254 6	0.251 4	0.248 2	0.245 1
−0.5	0.308 5	0.305 0	0.301 5	0.298 1	0.294 6	0.291 2	0.287 7	0.284 3	0.281 0	0.277 6
−0.4	0.344 6	0.340 9	0.337 2	0.333 6	0.330 0	0.326 4	0.322 8	0.319 2	0.315 6	0.312 1
−0.3	0.382 1	0.378 3	0.374 5	0.370 7	0.366 9	0.363 2	0.359 4	0.355 7	0.352 0	0.348 3
−0.2	0.420 7	0.416 8	0.412 9	0.409 0	0.405 2	0.401 3	0.397 4	0.393 6	0.389 7	0.385 9
−0.1	0.460 2	0.456 2	0.452 2	0.448 3	0.444 3	0.440 4	0.436 4	0.432 5	0.428 6	0.424 7
−0.0	0.500 0	0.496 0	0.492 0	0.488 0	0.484 0	0.480 1	0.476 1	0.472 1	0.468 1	0.464 1
0.0	0.500 0	0.504 0	0.508 0	0.512 0	0.516 0	0.519 9	0.523 9	0.527 9	0.531 9	0.535 9
0.1	0.539 8	0.543 8	0.547 8	0.551 7	0.555 7	0.559 6	0.563 6	0.567 5	0.571 4	0.575 3
0.2	0.579 3	0.583 2	0.587 1	0.591 0	0.594 8	0.598 7	0.602 6	0.606 4	0.610 3	0.614 1
0.3	0.617 9	0.621 7	0.625 5	0.629 3	0.633 1	0.636 8	0.640 6	0.644 3	0.648 0	0.651 7
0.4	0.655 4	0.659 1	0.662 8	0.666 4	0.670 0	0.673 6	0.677 2	0.680 8	0.684 4	0.687 9
0.5	0.691 5	0.695 0	0.698 5	0.701 9	0.705 4	0.708 8	0.712 3	0.715 7	0.719 0	0.722 4
0.6	0.725 7	0.729 1	0.732 4	0.735 7	0.738 9	0.742 2	0.745 4	0.748 6	0.751 8	0.754 9
0.7	0.758 0	0.761 2	0.764 2	0.767 3	0.770 4	0.773 4	0.776 4	0.779 4	0.782 3	0.785 2
0.8	0.788 1	0.791 0	0.793 9	0.796 7	0.799 5	0.802 3	0.805 1	0.807 8	0.810 6	0.813 3
0.9	0.815 9	0.818 6	0.821 2	0.823 8	0.826 4	0.828 9	0.831 5	0.834 0	0.836 5	0.838 9
1.0	0.841 3	0.843 8	0.846 1	0.848 5	0.850 8	0.853 1	0.855 4	0.857 7	0.859 9	0.862 1
1.1	0.864 3	0.866 5	0.868 6	0.870 8	0.872 9	0.874 9	0.877 0	0.879 0	0.881 0	0.883 0
1.2	0.884 9	0.886 9	0.888 8	0.890 7	0.892 5	0.894 4	0.896 2	0.898 0	0.899 7	0.901 5
1.3	0.903 2	0.904 9	0.906 6	0.908 2	0.909 9	0.911 5	0.913 1	0.914 7	0.916 2	0.917 7
1.4	0.919 2	0.920 7	0.922 2	0.923 6	0.925 1	0.926 5	0.927 9	0.929 2	0.930 6	0.931 9
1.5	0.933 2	0.934 5	0.935 7	0.937 0	0.938 2	0.939 4	0.940 6	0.941 8	0.942 9	0.944 1
1.6	0.945 2	0.946 3	0.947 4	0.948 4	0.949 5	0.950 5	0.951 5	0.952 5	0.953 5	0.954 5
1.7	0.955 4	0.956 4	0.957 3	0.958 2	0.959 1	0.959 9	0.960 8	0.961 6	0.962 5	0.963 3
1.8	0.964 1	0.964 9	0.965 6	0.966 4	0.967 1	0.967 8	0.968 6	0.969 3	0.969 9	0.970 6
1.9	0.971 3	0.971 9	0.972 6	0.973 2	0.973 8	0.974 4	0.975 0	0.975 6	0.976 1	0.976 7
2.0	0.977 2	0.977 8	0.978 3	0.978 8	0.979 3	0.979 8	0.980 3	0.980 8	0.981 2	0.981 7
2.1	0.982 1	0.982 6	0.983 0	0.983 4	0.983 8	0.984 2	0.984 6	0.985 0	0.985 4	0.985 7
2.2	0.986 1	0.986 4	0.986 8	0.987 1	0.987 5	0.987 8	0.988 1	0.988 4	0.988 7	0.989 0
2.3	0.989 3	0.989 6	0.989 8	0.990 1	0.990 4	0.990 6	0.990 9	0.991 1	0.991 3	0.991 6
2.4	0.991 8	0.992 0	0.992 2	0.992 5	0.992 7	0.992 9	0.993 1	0.993 2	0.993 4	0.993 6
2.5	0.993 8	0.994 0	0.994 1	0.994 3	0.994 5	0.994 6	0.994 8	0.994 9	0.995 1	0.995 2
2.6	0.995 3	0.995 5	0.995 6	0.995 7	0.995 9	0.996 0	0.996 1	0.996 2	0.996 3	0.996 4
2.7	0.996 5	0.996 6	0.996 7	0.996 8	0.996 9	0.997 0	0.997 1	0.997 2	0.997 3	0.997 4
2.8	0.997 4	0.997 5	0.997 6	0.997 7	0.997 7	0.997 8	0.997 9	0.997 9	0.998 0	0.998 1
2.9	0.998 1	0.998 2	0.998 2	0.998 3	0.998 4	0.998 4	0.998 5	0.998 5	0.998 6	0.998 6
3.0	0.998 65	0.998 69	0.998 74	0.998 78	0.998 82	0.998 86	0.998 89	0.998 93	0.998 97	0.999 00
3.1	0.999 03	0.999 06	0.999 10	0.999 13	0.999 16	0.999 18	0.999 21	0.999 24	0.999 26	0.999 29
3.2	0.999 31	0.999 34	0.999 36	0.999 38	0.999 40	0.999 42	0.999 44	0.999 46	0.999 48	0.999 50
3.3	0.999 52	0.999 53	0.999 55	0.999 57	0.999 58	0.999 60	0.999 61	0.999 62	0.999 64	0.999 65
3.4	0.999 66	0.999 68	0.999 69	0.999 70	0.999 71	0.999 72	0.999 73	0.999 74	0.999 75	0.999 76
3.5	0.999 77	0.999 78	0.999 78	0.999 79	0.999 80	0.999 81	0.999 81	0.999 82	0.999 83	0.999 83
3.6	0.999 84	0.999 85	0.999 85	0.999 86	0.999 86	0.999 87	0.999 87	0.999 88	0.999 88	0.999 89
3.7	0.999 89	0.999 90	0.999 90	0.999 90	0.999 91	0.999 91	0.999 92	0.999 92	0.999 92	0.999 92
3.8	0.999 93	0.999 93	0.999 93	0.999 94	0.999 94	0.999 94	0.999 94	0.999 95	0.999 95	0.999 95

续前表

累积概率										
Z	0.00	0.01	0.02	0.03	0.04	0.05	0.06	0.07	0.08	0.09
3.9	0.999 95	0.999 95	0.999 96	0.999 96	0.999 96	0.999 96	0.999 96	0.999 96	0.999 97	0.999 97
4.0	0.999 968 329									
4.5	0.999 996 602									
5.0	0.999 999 713									
5.5	0.999 999 981									
6.0	0.999 999 999									

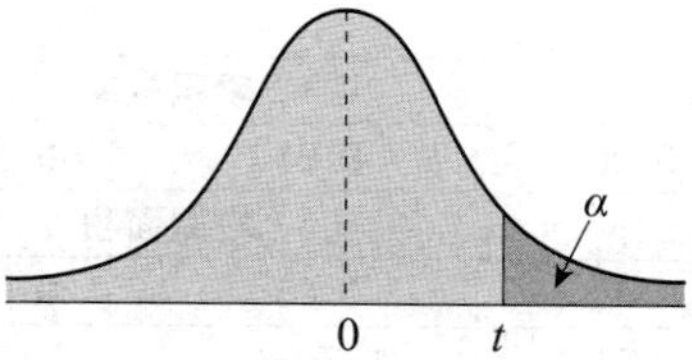

表 E.3 t 分布表

对于特定自由度下，表中条目表示对应于特定累积概率为（1－α）和右尾区域（α）的 t 临界值。

自由度	累积概率					
	0.75	0.90	0.95	0.975	0.99	0.995
	右尾面积					
	0.25	0.10	0.05	0.025	0.01	0.005
1	1.000 0	3.077 7	6.313 8	12.706 2	31.820 7	63.657 4
2	0.816 5	1.885 6	2.920 0	4.302 7	6.964 6	9.924 8
3	0.764 9	1.637 7	2.353 4	3.182 4	4.540 7	5.840 9
4	0.740 7	1.533 2	2.131 8	2.776 4	3.746 9	4.604 1
5	0.726 7	1.475 9	2.015 0	2.570 6	3.364 9	4.032 2
6	0.717 6	1.439 8	1.943 2	2.446 9	3.142 7	3.707 4
7	0.711 1	1.414 9	1.894 6	2.364 6	2.998 0	3.499 5
8	0.706 4	1.396 8	1.859 5	2.306 0	2.896 5	3.355 4
9	0.702 7	1.383 0	1.833 1	2.262 2	2.821 4	3.249 8
10	0.699 8	1.372 2	1.812 5	2.228 1	2.763 8	3.169 3
11	0.697 4	1.363 4	1.795 9	2.201 0	2.718 1	3.105 8
12	0.695 5	1.356 2	1.782 3	2.178 8	2.681 0	3.054 5
13	0.693 8	1.350 2	1.770 9	2.160 4	2.650 3	3.012 3
14	0.692 4	1.345 0	1.761 3	2.144 8	2.624 5	2.976 8
15	0.691 2	1.340 6	1.753 1	2.131 5	2.602 5	2.946 7
16	0.690 1	1.336 8	1.745 9	2.119 9	2.583 5	2.920 8
17	0.689 2	1.333 4	1.739 6	2.109 8	2.566 9	2.898 2
18	0.688 4	1.330 4	1.734 1	2.100 9	2.552 4	2.878 4
19	0.687 6	1.327 7	1.729 1	2.093 0	2.539 5	2.860 9
20	0.687 0	1.325 3	1.724 7	2.086 0	2.528 0	2.845 3
21	0.686 4	1.323 2	1.720 7	2.079 6	2.517 7	2.831 4
22	0.685 8	1.321 2	1.717 1	2.073 9	2.508 3	2.818 8
23	0.685 3	1.319 5	1.713 9	2.068 7	2.499 9	2.807 3
24	0.684 8	1.317 8	1.710 9	2.063 9	2.492 2	2.796 9
25	0.684 4	1.316 3	1.708 1	2.059 5	2.485 1	2.787 4
26	0.684 0	1.315 0	1.705 6	2.055 5	2.478 6	2.778 7
27	0.683 7	1.313 7	1.703 3	2.051 8	2.472 7	2.770 7
28	0.683 4	1.312 5	1.701 1	2.048 4	2.467 1	2.763 3
29	0.683 0	1.311 4	1.699 1	2.045 2	2.462 0	2.756 4
30	0.682 8	1.310 4	1.697 3	2.042 3	2.457 3	2.750 0
31	0.682 5	1.309 5	1.695 5	2.039 5	2.452 8	2.744 0
32	0.682 2	1.308 6	1.693 9	2.036 9	2.448 7	2.738 5
33	0.682 0	1.307 7	1.692 4	2.034 5	2.444 8	2.733 3
34	0.681 8	1.307 0	1.690 9	2.032 2	2.441 1	2.728 4
35	0.681 6	1.306 2	1.689 6	2.030 1	2.437 7	2.723 8
36	0.681 4	1.305 5	1.688 3	2.028 1	2.434 5	2.719 5
37	0.681 2	1.304 9	1.687 1	2.026 2	2.431 4	2.715 4

续前表

自由度	累积概率					
	0.75	0.90	0.95	0.975	0.99	0.995
	右尾面积					
	0.25	0.10	0.05	0.025	0.01	0.005
38	0.681 0	1.304 2	1.686 0	2.024 4	2.428 6	2.711 6
39	0.680 8	1.303 6	1.684 9	2.022 7	2.425 8	2.707 9
40	0.680 7	1.303 1	1.683 9	2.021 1	2.423 3	2.704 5
41	0.680 5	1.302 5	1.682 9	2.019 5	2.420 8	2.701 2
42	0.680 4	1.302 0	1.682 0	2.018 1	2.418 5	2.698 1
43	0.680 2	1.301 6	1.681 1	2.016 7	2.416 3	2.695 1
44	0.680 1	1.301 1	1.680 2	2.015 4	2.414 1	2.692 3
45	0.680 0	1.300 6	1.679 4	2.014 1	2.412 1	2.689 6
46	0.679 9	1.300 2	1.678 7	2.012 9	2.410 2	2.687 0
47	0.679 7	1.299 8	1.677 9	2.011 7	2.408 3	2.684 6
48	0.679 6	1.299 4	1.677 2	2.010 6	2.406 6	2.682 2
49	0.679 5	1.299 1	1.676 6	2.009 6	2.404 9	2.680 0
50	0.679 4	1.298 7	1.675 9	2.008 6	2.403 3	2.677 8
51	0.679 3	1.298 4	1.675 3	2.007 6	2.401 7	2.675 7
52	0.679 2	1.298 0	1.674 7	2.006 6	2.400 2	2.673 7
53	0.679 1	1.297 7	1.674 1	2.005 7	2.398 8	2.671 8
54	0.679 1	1.297 4	1.673 6	2.004 9	2.397 4	2.670 0
55	0.679 0	1.297 1	1.673 0	2.004 0	2.396 1	2.668 2
56	0.678 9	1.296 9	1.672 5	2.003 2	2.394 8	2.666 5
57	0.678 8	1.296 6	1.672 0	2.002 5	2.393 6	2.664 9
58	0.678 7	1.296 3	1.671 6	2.001 7	2.392 4	2.663 3
59	0.678 7	1.296 1	1.671 1	2.001 0	2.391 2	2.661 8
60	0.678 6	1.295 8	1.670 6	2.000 3	2.390 1	2.660 3
61	0.678 5	1.295 6	1.670 2	1.999 6	2.389 0	2.658 9
62	0.678 5	1.295 4	1.669 8	1.999 0	2.388 0	2.657 5
63	0.678 4	1.295 1	1.669 4	1.998 3	2.387 0	2.656 1
64	0.678 3	1.294 9	1.669 0	1.997 7	2.386 0	2.654 9
65	0.678 3	1.294 7	1.668 6	1.997 1	2.385 1	2.653 6
66	0.678 2	1.294 5	1.668 3	1.996 6	2.384 2	2.652 4
67	0.678 2	1.294 3	1.667 9	1.996 0	2.383 3	2.651 2
68	0.678 1	1.294 1	1.667 6	1.995 5	2.382 4	2.650 1
69	0.678 1	1.293 9	1.667 2	1.994 9	2.381 6	2.649 0
70	0.678 0	1.293 8	1.666 9	1.994 4	2.380 8	2.647 9
71	0.678 0	1.293 6	1.666 6	1.993 9	2.380 0	2.646 9
72	0.677 9	1.293 4	1.666 3	1.993 5	2.379 3	2.645 9
73	0.677 9	1.293 3	1.666 0	1.993 0	2.378 5	2.644 9
74	0.677 8	1.293 1	1.665 7	1.992 5	2.377 8	2.643 9
75	0.677 8	1.292 9	1.665 4	1.992 1	2.377 1	2.643 0
76	0.677 7	1.292 8	1.665 2	1.991 7	2.376 4	2.642 1
77	0.677 7	1.292 6	1.664 9	1.991 3	2.375 8	2.641 2
78	0.677 6	1.292 5	1.664 6	1.990 8	2.375 1	2.640 3
79	0.677 6	1.292 4	1.664 4	1.990 5	2.374 5	2.639 5
80	0.677 6	1.292 2	1.664 1	1.990 1	2.373 9	2.638 7
81	0.677 5	1.292 1	1.663 9	1.989 7	2.373 3	2.637 9

续前表

自由度	累积概率					
	0.75	0.90	0.95	0.975	0.99	0.995
	右尾面积					
	0.25	0.10	0.05	0.025	0.01	0.005
82	0.677 5	1.292 0	1.663 6	1.989 3	2.372 7	2.637 1
83	0.677 5	1.291 8	1.663 4	1.989 0	2.372 1	2.636 4
84	0.677 4	1.291 7	1.663 2	1.988 6	2.371 6	2.635 6
85	0.677 4	1.291 6	1.663 0	1.988 3	2.371 0	2.634 9
86	0.677 4	1.291 5	1.662 8	1.987 9	2.370 5	2.634 2
87	0.677 3	1.291 4	1.662 6	1.987 6	2.370 0	2.633 5
88	0.677 3	1.291 2	1.662 4	1.987 3	2.369 5	2.632 9
89	0.677 3	1.291 1	1.662 2	1.987 0	2.369 0	2.632 2
90	0.677 2	1.291 0	1.662 0	1.986 7	2.368 5	2.631 6
91	0.677 2	1.290 9	1.661 8	1.986 4	2.368 0	2.630 9
92	0.677 2	1.290 8	1.661 6	1.986 1	2.367 6	2.630 3
93	0.677 1	1.290 7	1.661 4	1.985 8	2.367 1	2.629 7
94	0.677 1	1.290 6	1.661 2	1.985 5	2.366 7	2.629 1
95	0.677 1	1.290 5	1.661 1	1.985 3	2.366 2	2.628 6
96	0.677 1	1.290 4	1.660 9	1.985 0	2.365 8	2.628 0
97	0.677 0	1.290 3	1.660 7	1.984 7	2.365 4	2.627 5
98	0.677 0	1.290 2	1.660 6	1.984 5	2.365 0	2.626 9
99	0.677 0	1.290 2	1.660 4	1.984 2	2.364 6	2.626 4
100	0.677 0	1.290 1	1.660 2	1.984 0	2.364 2	2.625 9
110	0.676 7	1.289 3	1.658 8	1.981 8	2.360 7	2.621 3
120	0.676 5	1.288 6	1.657 7	1.979 9	2.357 8	2.617 4
∞	0.674 5	1.281 6	1.644 9	1.960 0	2.326 3	2.575 8

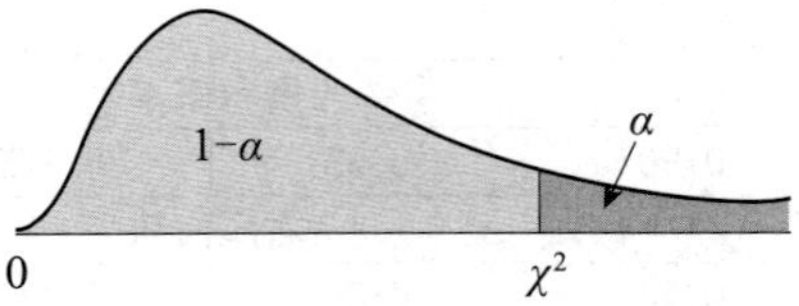

表 E.4 χ^2分布表

对于特定自由度下，表中条目表示对应于特定累积概率为（1－α）和右尾区域（α）的 χ^2 临界值。

自由度	累积概率											
	0.005	0.01	0.025	0.05	0.10	0.25	0.75	0.90	0.95	0.975	0.99	0.995
	右尾面积（α）											
	0.995	0.99	0.975	0.95	0.90	0.75	0.25	0.10	0.05	0.025	0.01	0.005
1			0.001	0.004	0.016	0.102	1.323	2.706	3.841	5.024	6.635	7.879
2	0.010	0.020	0.051	0.103	0.211	0.575	2.773	4.605	5.991	7.378	9.210	10.597
3	0.072	0.115	0.216	0.352	0.584	1.213	4.108	6.251	7.815	9.348	11.345	12.838
4	0.207	0.297	0.484	0.711	1.064	1.923	5.385	7.779	9.488	11.143	13.277	14.860
5	0.412	0.554	0.831	1.145	1.610	2.675	6.626	9.236	11.071	12.833	15.086	16.750
6	0.676	0.872	1.237	1.635	2.204	3.455	7.841	10.645	12.592	14.449	16.812	18.458
7	0.989	1.239	1.690	2.167	2.833	4.255	9.037	12.017	14.067	6.013	18.475	20.278
8	1.344	1.646	2.180	2.733	3.490	5.071	10.219	13.362	15.507	17.535	20.090	21.955
9	1.735	2.088	2.700	3.325	4.168	5.899	11.389	14.684	16.919	19.023	21.666	23.589
10	2.156	2.558	3.247	3.940	4.865	6.737	12.549	15.987	18.307	20.483	23.209	25.188
11	2.603	3.053	3.816	4.575	5.578	7.584	13.701	17.275	19.675	21.920	24.725	26.757
12	3.074	3.571	4.404	5.226	6.304	8.438	14.845	18.549	21.026	23.337	26.217	28.299
13	3.565	4.107	5.009	5.892	7.042	9.299	15.984	19.812	22.362	24.736	27.688	29.819
14	4.075	4.660	5.629	6.571	7.790	10.165	17.117	21.064	23.685	26.119	29.141	31.319
15	4.601	5.229	6.262	7.261	8.547	11.037	18.245	22.307	24.996	27.488	30.578	32.801
16	5.142	5.812	6.908	7.962	9.312	11.912	19.369	23.542	26.296	28.845	32.000	34.267
17	5.697	6.408	7.564	8.672	10.085	12.792	20.489	24.769	27.587	30.191	33.409	35.718
18	6.265	7.015	8.231	9.390	10.865	13.675	21.605	25.989	28.869	31.526	34.805	37.156
19	6.844	7.633	8.907	10.117	11.651	14.562	22.718	27.204	30.144	32.852	36.191	38.582
20	7.434	8.260	9.591	10.851	12.443	15.452	23.828	28.412	31.410	34.170	37.566	39.997
21	8.034	8.897	10.283	11.591	13.240	16.344	24.935	29.615	32.671	35.479	38.932	41.401
22	8.643	9.542	10.982	12.338	14.042	17.240	26.039	30.813	33.924	36.781	40.289	42.796
23	9.260	10.196	11.689	13.091	14.848	18.137	27.141	32.007	35.172	38.076	41.638	44.181
24	9.886	10.856	12.401	13.848	15.659	19.037	28.241	33.196	36.415	39.364	42.980	45.559
25	10.520	11.524	13.120	14.611	16.473	19.939	29.339	34.382	37.652	40.646	44.314	46.928
26	11.160	12.198	13.844	15.379	17.292	20.843	30.435	35.563	38.885	41.923	45.642	48.290
27	11.808	12.879	14.573	16.151	18.114	21.749	31.528	36.741	40.113	43.194	46.963	49.645
28	12.461	13.565	15.308	16.928	18.939	22.657	32.620	37.916	41.337	44.461	48.278	50.993
29	13.121	14.257	16.047	17.708	19.768	23.567	33.711	39.087	42.557	45.722	49.588	52.336
30	13.787	14.954	16.791	18.493	20.599	24.478	34.800	40.256	43.773	46.979	50.892	53.672

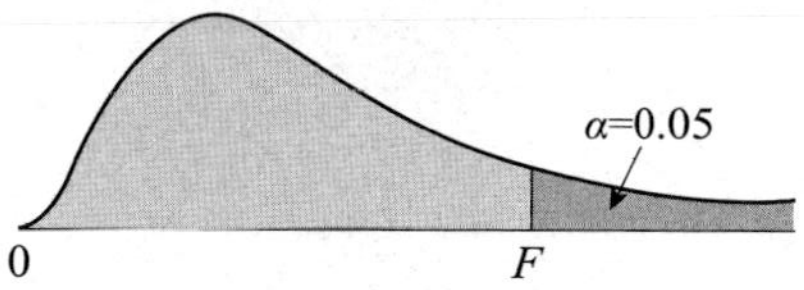

表E.5 F分布表

对于特定分子和分母自由度组合的特定值，表中条目表示对应于特定累积概率为（1－α）和右尾区域（α）的 F 临界值。

累积概率＝0.95 右尾面积＝0.05 分子自由度																			
分母自由度	1	2	3	4	5	6	7	8	9	10	12	15	20	24	30	40	60	120	∞
1	161.40	199.50	215.70	224.60	230.20	234.00	236.80	238.90	240.50	241.90	243.90	245.90	248.00	249.10	250.10	251.10	252.20	253.30	254.30
2	18.51	19.00	19.16	19.25	19.30	19.33	19.35	19.37	19.38	19.40	19.41	19.43	19.45	19.45	19.46	19.47	19.48	19.49	19.50
3	10.13	9.55	9.28	9.12	9.01	8.94	8.89	8.85	8.81	8.79	8.74	8.70	8.66	8.64	8.62	8.59	8.57	8.55	8.53
4	7.71	6.94	6.59	6.39	6.26	6.16	6.09	6.04	6.00	5.96	5.91	5.86	5.80	5.77	5.75	5.72	5.69	5.66	5.63
5	6.61	5.79	5.41	5.19	5.05	4.95	4.88	4.82	4.77	4.74	4.68	4.62	4.56	4.53	4.50	4.46	4.43	4.40	4.36
6	5.99	5.14	4.76	4.53	4.39	4.28	4.21	4.15	4.10	4.06	4.00	3.94	3.87	3.84	3.31	3.77	3.74	3.70	3.67
7	5.59	4.74	4.35	4.12	3.97	3.87	3.79	3.73	3.68	3.64	3.57	3.51	3.44	3.41	3.38	3.34	3.30	3.27	3.23
8	5.32	4.46	4.07	3.84	3.69	3.58	3.50	3.44	3.39	3.35	3.28	3.22	3.15	3.12	3.08	3.04	3.01	2.97	2.93
9	5.12	4.26	3.86	3.63	3.48	3.37	3.29	3.23	3.18	3.14	3.07	3.01	2.94	2.90	2.86	2.83	2.79	2.75	2.71
10	4.96	4.10	3.71	3.48	3.33	3.22	3.14	3.07	3.02	2.98	2.91	2.85	2.77	2.74	2.70	2.66	2.62	2.58	2.54
11	4.84	3.98	3.59	3.36	3.20	3.09	3.01	2.95	2.90	2.85	2.79	2.72	2.65	2.61	2.57	2.53	2.49	2.45	2.40
12	4.75	3.89	3.49	3.26	3.11	3.00	2.91	2.85	2.80	2.75	2.69	2.62	2.54	2.51	2.47	2.43	2.38	2.34	2.30
13	4.67	3.81	3.41	3.18	3.03	2.92	2.83	2.77	2.71	2.67	2.60	2.53	2.46	2.42	2.38	2.34	2.30	2.25	2.21
14	4.60	3.74	3.34	3.11	2.96	2.85	2.76	2.70	2.65	2.60	2.53	2.46	2.39	2.35	2.31	2.27	2.22	2.18	2.13
15	4.54	3.68	3.29	3.06	2.90	2.79	2.71	2.64	2.59	2.54	2.48	2.40	2.33	2.29	2.25	2.20	2.16	2.11	2.07
16	4.49	3.63	3.24	3.01	2.85	2.74	2.66	2.59	2.54	2.49	2.42	2.35	2.28	2.24	2.19	2.15	2.11	2.06	2.01
17	4.45	3.59	3.20	2.96	2.81	2.70	2.61	2.55	2.49	2.45	2.38	2.21	2.23	2.19	2.15	2.10	2.06	2.01	1.96
18	4.41	3.55	3.16	2.93	2.77	2.66	2.58	2.51	2.46	2.41	2.34	2.27	2.19	2.15	2.11	2.06	2.02	1.97	1.92
19	4.38	3.52	3.13	2.90	2.74	2.63	2.54	2.48	2.42	2.38	2.31	2.23	2.16	2.11	2.07	2.03	1.98	1.93	1.88
20	4.35	3.49	3.10	2.87	2.71	2.60	2.51	2.45	2.39	2.35	2.28	2.20	2.12	2.08	2.04	1.99	1.95	1.90	1.84

续前表

累积概率＝0. 95																			
右尾面积＝0. 05																			
分子自由度																			
分母自由度	1	2	3	4	5	6	7	8	9	10	12	15	20	24	30	40	60	120	∞
21	4. 32	3. 47	3. 07	2. 84	2. 68	2. 57	2. 49	2. 42	2. 37	2. 32	2. 25	1. 18	2. 10	2. 05	2. 01	1. 96	1. 92	1. 87	1. 81
22	4. 30	3. 44	3. 05	2. 82	2. 66	2. 55	2. 46	2. 40	2. 34	2. 30	2. 23	2. 15	2. 07	2. 03	1. 98	1. 91	1. 89	1. 84	1. 78
23	4. 28	3. 42	3. 03	2. 80	2. 64	2. 53	2. 44	2. 37	2. 32	2. 27	2. 20	2. 13	2. 05	2. 01	1. 96	1. 91	1. 86	1. 81	1. 76
24	4. 26	3. 40	3. 01	2. 78	2. 62	2. 51	2. 42	2. 36	2. 30	2. 25	2. 18	2. 11	2. 03	1. 98	1. 94	1. 89	1. 84	1. 79	1. 73
25	4. 24	3. 39	2. 99	2. 76	2. 60	2. 49	2. 40	2. 34	2. 28	2. 24	2. 16	2. 09	2. 01	1. 96	1. 92	1. 87	1. 82	1. 77	1. 71
26	4. 23	3. 37	2. 98	2. 74	2. 59	2. 47	2. 39	2. 32	2. 27	2. 22	2. 15	2. 07	1. 99	1. 95	1. 90	1. 85	1. 80	1. 75	1. 69
27	4. 21	3. 35	2. 96	2. 73	2. 57	2. 46	2. 37	2. 31	2. 25	2. 20	2. 13	2. 06	1. 97	1. 93	1. 88	1. 84	1. 79	1. 73	1. 67
28	4. 20	3. 34	2. 95	2. 71	2. 56	2. 45	2. 36	2. 29	2. 24	2. 19	2. 12	2. 04	1. 96	1. 91	1. 87	1. 82	1. 77	1. 71	1. 65
29	4. 18	3. 33	2. 93	2. 70	2. 55	2. 43	2. 35	2. 28	2. 22	2. 18	2. 10	2. 03	1. 94	1. 90	1. 85	1. 81	1. 75	1. 70	1. 64
30	4. 17	3. 32	2. 92	2. 69	2. 53	2. 42	2. 33	2. 27	2. 21	2. 16	2. 09	2. 01	1. 93	1. 89	1. 84	1. 79	1. 74	1. 68	1. 62
40	4. 08	3. 23	2. 84	2. 61	2. 45	2. 34	2. 25	2. 18	2. 12	2. 08	2. 00	1. 92	1. 84	1. 79	1. 74	1. 69	1. 64	1. 58	1. 51
60	4. 00	3. 15	2. 76	2. 53	2. 37	2. 25	2. 17	2. 10	2. 04	1. 99	1. 92	1. 84	1. 75	1. 70	1. 65	1. 59	1. 53	1. 47	1. 39
120	3. 92	3. 07	2. 68	2. 45	2. 29	2. 17	2. 09	2. 02	1. 96	1. 91	1. 83	1. 75	1. 66	1. 61	1. 55	1. 50	1. 43	1. 35	1. 25
∞	3. 84	3. 00	2. 60	2. 37	2. 21	2. 10	2. 01	1. 94	1. 88	1. 83	1. 75	1. 67	1. 57	1. 52	1. 46	1. 39	1. 32	1. 22	1. 00

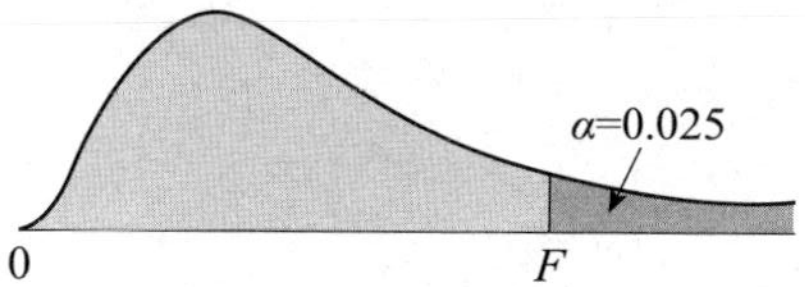

累积概率=0.975																			
右尾面积=0.025																			
	分子自由度																		
分母自由度	1	2	3	4	5	6	7	8	9	10	12	15	20	24	30	40	60	120	∞
1	647.80	799.50	864.20	899.60	921.80	937.10	948.20	956.70	963.30	968.60	976.70	984.90	993.10	997.20	1 001.00	1 006.00	1 010.00	1 014.00	1 018.00
2	38.51	39.00	39.17	39.25	39.30	39.33	39.36	29.39	39.39	39.40	39.41	39.43	39.45	39.46	39.46	39.47	39.48	39.49	39.50
3	17.44	16.04	15.44	15.10	14.88	14.73	14.62	14.54	14.47	14.42	14.34	14.25	14.17	14.12	14.08	14.04	13.99	13.95	13.90
4	12.22	10.65	9.98	9.60	9.36	9.20	9.07	8.98	8.90	8.84	8.75	8.66	8.56	8.51	8.46	8.41	8.36	8.31	8.26
5	10.01	8.43	7.76	7.39	7.15	6.98	6.85	6.76	6.68	6.62	6.52	6.43	6.33	6.28	6.23	6.18	6.12	6.07	6.02
6	8.81	7.26	6.60	6.23	5.99	5.82	5.70	5.60	5.52	5.46	5.37	5.27	5.17	5.12	5.07	5.01	4.96	4.90	4.85
7	8.07	6.54	5.89	5.52	5.29	5.12	4.99	4.90	4.82	4.76	4.67	4.57	4.47	4.42	4.36	4.31	4.25	4.20	4.14
8	7.57	6.06	5.42	5.05	4.82	4.65	4.53	4.43	4.36	4.30	4.20	4.10	4.00	3.95	3.89	3.84	3.78	3.73	3.67
9	7.21	5.71	5.08	4.72	4.48	4.32	4.20	4.10	4.03	3.96	3.87	3.77	3.67	3.61	3.56	3.51	3.45	3.39	3.33
10	6.94	5.46	4.83	4.47	4.24	4.07	3.95	3.85	3.78	3.72	3.62	3.52	3.42	3.37	3.31	3.26	3.20	3.14	3.08
11	6.72	5.26	4.63	4.28	4.04	3.88	3.76	3.66	3.59	3.53	3.43	3.33	3.23	3.17	3.12	3.06	3.00	2.94	2.88
12	6.55	5.10	4.47	4.12	3.89	3.73	3.61	3.51	3.44	3.37	3.28	3.18	3.07	3.02	2.96	2.91	2.85	2.79	2.72
13	6.41	4.97	4.35	4.00	3.77	3.60	3.48	3.39	3.31	3.25	3.15	3.05	2.95	2.89	2.84	2.78	2.72	2.66	2.60
14	6.30	4.86	4.24	3.89	3.66	3.50	3.38	3.29	3.21	3.15	3.05	2.95	2.84	2.79	2.73	2.67	2.61	2.55	2.49
15	6.20	4.77	4.15	3.80	3.58	3.41	3.29	3.20	3.12	3.06	2.96	2.86	2.76	2.70	2.64	2.59	2.52	2.46	2.40
16	6.12	4.69	4.08	3.73	3.50	3.34	3.22	3.12	3.05	2.99	2.89	2.79	2.68	2.63	2.57	2.51	2.45	2.38	2.32
17	6.04	4.62	4.01	3.66	3.44	2.28	3.16	3.06	2.98	2.92	2.82	2.72	2.62	2.56	2.50	2.44	1.38	2.32	2.25
18	5.98	4.56	3.95	3.61	3.38	3.22	3.10	3.01	2.93	2.87	2.77	2.67	2.56	2.50	2.44	2.38	2.32	2.26	2.19
19	5.92	4.51	3.90	3.56	3.33	3.17	3.05	2.96	2.88	2.82	2.72	2.62	2.51	2.45	2.39	2.33	2.27	2.20	2.13
20	5.87	4.46	3.86	3.51	3.29	3.13	3.01	2.91	2.84	2.77	2.68	2.57	2.46	2.41	2.35	2.29	2.22	2.16	2.09
21	5.83	4.42	3.82	3.48	3.25	3.09	2.97	2.87	2.80	2.73	2.64	2.53	2.42	2.37	2.31	2.25	2.18	2.11	2.04
22	5.79	4.38	3.78	3.44	3.22	3.05	2.93	2.84	2.76	2.70	2.50	2.50	2.39	2.33	2.27	2.21	1.14	2.08	2.00
23	5.75	4.35	3.75	3.41	3.18	3.02	2.90	2.81	2.73	2.67	2.57	2.47	2.36	2.30	2.24	2.18	2.11	2.04	1.97
24	5.72	4.32	3.71	3.38	3.15	2.99	2.87	2.78	2.70	2.64	2.54	2.44	2.33	2.27	2.21	2.15	2.08	2.01	1.94
25	5.69	4.29	3.69	3.35	3.13	2.97	2.85	2.75	2.6S	2.61	2.51	2.41	2.30	2.24	2.18	2.12	2.05	1.98	1.91

续前表

累积概率＝0.975																		
右尾面积＝0.025																		
分子自由度																		
分母自由度	1	2	3	4	5	6	7	8	9	10	12	15	20	24	30	40	60	120	∞
26	5.66	4.27	3.67	3.33	3.10	2.94	2.82	1.73	2.65	2.59	2.49	2.39	2.28	2.22	2.16	2.09	2.03	1.95	1.88
27	5.63	4.24	3.65	3.31	3.08	2.92	2.80	2.71	2.63	2.57	2.47	2.36	2.25	2.19	2.13	2.07	2.00	1.93	1.85
28	5.61	4.22	3.63	3.29	3.06	2.90	2.78	2.69	2.61	2.55	2.45	2.34	2.23	2.17	2.11	2.05	1.98	1.91	1.83
29	5.59	4.20	3.61	3.27	3.04	2.88	2.76	2.67	2.59	2.53	2.43	2.32	2.21	2.15	2.09	2.03	1.96	1.89	1.81
30	5.57	4.18	3.59	3.25	3.03	2.87	2.75	2.65	2.57	2.51	2.41	2.31	2.20	2.14	2.07	2.01	1.94	1.87	1.79
40	5.42	4.05	3.46	3.13	2.90	2.74	2.62	2.53	2.45	2.39	2.29	2.18	2.07	2.01	1.94	1.88	1.80	1.72	1.64
60	5.29	3.93	3.34	3.01	2.79	2.63	2.51	2.41	2.33	2.27	2.17	2.06	1.94	1.88	1.82	1.74	1.67	1.58	1.48
120	5.15	3.80	3.23	2.89	2.67	2.52	2.39	2.30	2.22	2.16	2.05	1.94	1.82	1.76	1.69	1.61	1.53	1.43	1.31
∞	5.02	3.69	3.12	2.79	2.57	2.41	2.29	2.19	2.11	2.05	1.94	1.83	1.71	1.64	1.57	1.48	1.39	1.27	1.00

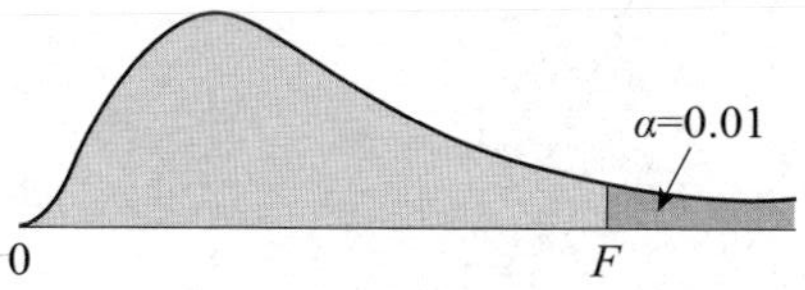

累积概率＝0.99 右尾面积＝0.01 分子自由度																			
分母自由度	1	2	3	4	5	6	7	8	9	10	12	15	20	24	30	40	60	120	∞
1	4 052.00	4 999.50	5 403.00	5 625.00	5 764.00	5 859.00	5 928.00	5 982.00	6 022.00	6 056.00	6 106.00	6 157.00	6 209.00	6 235.00	6 261.00	6 287.00	6 313.00	6 339.00	6 366.00
2	98.50	99.00	99.17	99.25	99.30	99.33	99.36	99.37	99.39	99.40	99.42	99.43	44.45	99.46	99.47	99.47	99.48	99.49	99.50
3	34.12	30.82	29.46	28.71	28.24	27.91	27.67	27.49	27.35	27.23	27.05	26.87	26.69	26.60	26.50	26.41	26.32	26.22	26.13
4	21.20	18.00	16.69	15.98	15.52	15.21	14.98	14.80	14.66	14.55	14.37	14.20	14.02	13.93	13.84	13.75	13.65	13.56	13.46
5	16.26	13.27	12.06	11.39	10.97	10.67	10.46	10.29	10.16	10.05	9.89	9.72	9.55	9.47	9.38	9.29	9.20	9.11	9.02
6	13.75	10.92	9.78	9.15	8.75	8.47	8.26	8.10	7.98	7.87	7.72	7.56	7.40	7.31	7.23	7.14	7.06	6.97	6.88
7	12.25	9.55	8.45	7.85	7.46	7.19	6.99	6.84	6.72	6.62	6.47	6.31	6.16	6.07	5.99	5.91	5.82	5.74	5.65
8	11.26	8.65	7.59	7.01	6.63	6.37	6.18	6.03	5.91	5.81	5.67	5.52	5.36	5.28	5.20	5.12	5.03	4.95	4.86
9	10.56	8.02	6.99	6.42	6.06	5.80	5.61	5.47	5.35	5.26	5.11	4.96	4.81	4.73	4.65	4.57	4.48	4.40	4.31
10	10.04	7.56	6.55	5.99	5.64	5.39	5.20	5.06	4.94	4.85	4.71	4.56	4.41	4.33	4.25	4.17	4.08	4.00	3.91
11	9.65	7.21	6.22	5.67	5.32	5.07	4.89	4.74	4.63	4.54	4.40	4.25	4.10	4.02	3.94	3.86	3.78	3.69	3.60
12	9.33	6.93	5.95	5.41	5.06	4.82	4.64	4.50	4.39	4.30	4.16	4.01	3.86	3.78	3.70	3.62	3.54	3.45	3.36
13	9.07	6.70	5.74	5.21	4.86	4.62	4.44	4.30	4.19	4.10	3.96	3.82	3.66	3.59	3.51	3.43	3.34	3.25	3.17
14	8.86	6.51	5.56	5.04	4.69	4.46	4.28	4.14	4.03	3.94	3.80	3.66	3.51	3.43	3.35	3.27	3.18	3.09	3.00
15	8.68	6.36	5.42	4.89	4.56	4.32	4.14	4.00	3.89	3.80	3.67	3.52	3.37	3.29	3.21	3.13	3.05	2.96	2.87
16	8.53	6.23	5.29	4.77	4.44	4.20	4.03	3.89	3.78	3.69	3.55	3.41	3.26	3.18	3.10	3.02	2.93	2.81	2.75
17	8.40	6.11	5.18	4.67	4.34	4.10	3.93	3.79	3.68	3.59	3.46	3.31	3.16	3.08	3.00	2.92	2.83	2.75	2.65
18	8.29	6.01	5.09	4.58	4.25	4.01	3.84	3.71	3.60	3.51	3.37	3.23	3.08	3.00	2.92	2.84	2.75	2.66	2.57
19	8.18	5.93	5.01	4.50	4.17	3.94	3.77	3.63	3.52	3.43	3.30	3.15	3.00	2.92	2.84	2.76	2.67	2.58	2.49
20	8.10	5.85	4.94	4.43	4.10	3.87	3.70	3.56	3.46	3.37	3.23	3.09	2.94	2.86	2.78	2.69	2.61	2.52	2.42
21	8.02	5.78	4.87	4.37	4.04	3.81	3.64	3.51	3.40	3.31	3.17	3.03	2.88	2.80	2.72	2.64	2.55	2.46	2.36
22	7.95	5.72	4.82	4.31	3.99	3.76	3.59	3.45	3.35	3.26	3.12	2.98	2.83	2.75	2.67	2.58	2.50	2.40	2.31
23	7.88	5.66	4.76	4.26	3.94	3.71	3.54	3.41	3.30	3.21	3.07	2.93	2.78	2.70	2.62	2.54	2.45	2.35	2.26
24	7.82	5.61	4.72	4.22	3.90	3.67	3.50	3.36	3.26	3.17	3.03	2.89	2.74	2.66	2.58	2.49	2.40	2.31	2.21

续前表

累积概率＝0.99 右尾面积＝0.01 分子自由度																			
分母自由度	1	2	3	4	5	6	7	8	9	10	12	15	20	24	30	40	60	120	∞
25	7.77	5.57	4.68	4.18	3.85	3.63	3.46	3.32	3.22	3.13	2.99	2.85	2.70	2.62	2.54	2.45	2.36	2.27	2.17
26	7.72	5.53	4.64	4.14	3.82	3.59	3.42	3.29	3.18	3.09	2.96	2.81	2.66	2.58	2.50	2.42	2.33	2.23	2.13
27	7.68	5.49	4.60	4.11	3.78	3.56	3.39	3.26	3.15	3.06	2.93	2.78	2.63	2.55	2.47	2.38	2.29	2.20	2.10
28	7.64	5.45	4.57	4.07	3.75	3.53	3.36	3.23	3.12	3.03	2.90	2.75	2.60	2.52	2.44	2.35	2.26	2.17	2.06
29	7.60	5.42	4.54	4.04	3.73	3.50	3.33	3.20	3.09	3.00	2.87	2.73	2.57	2.49	2.41	2.33	2.23	2.14	2.03
30	7.56	5.39	4.51	4.02	3.70	3.47	3.30	3.17	3.07	2.78	2.84	2.70	2.55	2.47	2.39	2.30	2.21	2.11	2.01
40	7.31	5.18	4.31	3.83	3.51	3.29	3.12	2.99	2.89	2.50	2.66	2.52	2.37	2.29	2.20	2.11	2.02	1.92	1.80
60	7.08	4.98	4.13	3.65	3.34	3.12	2.95	2.82	2.72	2.53	2.50	2.35	2.20	2.12	2.03	1.94	1.84	1.73	1.60
120	6.85	4.79	3.95	3.48	3.17	2.96	2.79	2.66	2.56	2.47	2.34	2.19	2.03	1.95	1.86	1.76	1.66	1.53	1.38
∞	6.63	4.61	3.78	3.32	3.02	2.80	2.64	2.51	2.41	2.32	2.18	2.04	1.88	1.79	1.70	1.59	1.47	1.32	1.00

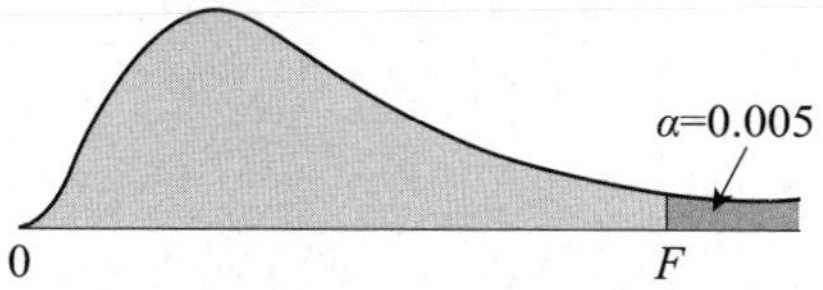

累积概率=0.995																			
右尾面积=0.005																			
分子自由度																			
分母自由度	1	2	3	4	5	6	7	8	9	10	12	15	20	24	30	40	60	120	∞
1	16 211.00	20 000.00	21 615.00	22 500.00	23 056.00	23 437.00	23 715.00	23 925.00	24 091.00	24 224.00	24 426.00	24 630.00	24 836.00	24 910.00	25 044.00	25 148.00	25 253.00	25 359.00	25 465.00
2	198.50	199.00	199.20	199.20	199.30	199.30	199.40	199.40	199.40	199.40	199.40	199.40	199.40	199.50	199.50	199.50	199.50	199.50	199.50
3	55.55	49.80	47.47	46.19	45.39	44.84	44.43	44.13	43.88	43.69	43.39	43.08	42.78	42.62	42.47	42.31	42.15	41.99	41.83
4	31.33	26.28	24.26	23.15	22.46	21.97	21.62	21.35	21.14	20.97	20.70	20.44	20.17	20.03	19.89	19.75	19.61	19.47	19.32
5	22.78	18.31	16.53	15.56	14.94	14.51	14.20	13.96	13.77	13.62	13.38	13.15	12.90	12.78	12.66	12.53	12.40	12.27	12.11
6	18.63	14.54	12.92	12.03	11.46	11.07	10.79	10.57	10.39	10.25	10.03	9.81	9.59	9.47	9.36	9.24	9.12	9.00	8.88
7	16.24	12.40	10.88	10.05	9.52	9.16	8.89	8.68	8.51	8.38	8.18	7.97	7.75	7.65	7.53	7.42	7.31	7.19	7.08
8	14.69	11.04	9.60	8.81	8.30	7.95	7.69	7.50	7.34	7.21	7.01	6.81	6.61	6.50	6.40	6.29	6.18	6.06	5.95
9	13.61	10.11	8.72	7.96	7.47	7.13	6.88	6.69	6.54	6.42	6.23	6.03	5.83	5.73	5.62	5.52	5.41	5.30	5.19
10	12.83	9.43	8.08	7.34	6.87	6.54	6.30	6.12	5.97	5.85	5.66	5.47	5.27	5.17	5.07	4.97	4.86	4.75	4.61
11	12.23	8.91	7.60	6.88	6.42	6.10	5.86	5.68	5.54	5.42	5.24	5.05	4.86	4.75	4.65	4.55	4.44	4.34	4.23
12	11.75	8.51	7.23	6.52	6.07	5.76	5.52	5.35	5.20	5.09	4.91	4.72	4.53	4.43	4.33	4.23	4.12	4.01	3.90
13	11.37	8.19	6.93	6.23	5.79	5.48	5.25	5.08	4.94	4.82	4.64	4.46	4.27	4.17	4.07	3.97	3.87	3.76	3.65
14	11.06	7.92	6.68	6.00	5.56	5.26	5.03	4.86	4.72	4.60	4.43	4.25	4.06	3.96	3.86	3.76	3.66	3.55	3.41
15	10.80	7.70	6.48	5.80	5.37	5.07	4.85	4.67	4.54	4.42	4.25	4.07	3.88	3.79	3.69	3.58	3.48	3.37	3.26
16	10.58	7.51	6.30	5.64	5.21	4.91	4.69	4.52	4.38	4.27	4.10	3.92	3.73	3.64	3.54	3.44	3.33	3.22	3.11
17	10.38	7.35	6.16	5.50	5.07	4.78	4.56	4.39	4.25	4.14	3.97	3.79	3.61	3.51	3.41	3.31	3.21	3.10	2.98
18	10.22	7.21	6.03	5.37	4.96	4.66	4.44	4.28	4.14	4.03	3.86	3.68	3.50	3.40	3.30	3.20	3.10	2.99	2.87
19	10.07	7.09	5.92	5.27	4.85	4.56	4.34	4.18	4.04	3.93	3.76	3.59	3.40	3.31	3.21	3.11	3.00	2.89	2.78
20	9.94	6.99	5.82	5.17	4.76	4.47	4.26	4.09	3.96	3.85	3.68	3.50	3.32	3.22	3.12	3.02	2.92	2.81	2.69
21	9.83	6.89	5.73	5.09	4.68	4.39	4.18	4.02	3.88	3.77	3.60	3.43	3.24	3.15	3.05	2.95	2.84	2.73	2.61
22	9.73	6.81	5.65	5.02	4.61	4.32	4.11	3.94	3.81	3.70	3.54	3.36	3.18	3.08	2.98	2.88	2.77	2.66	2.55
23	9.63	6.73	5.58	4.95	4.54	4.26	4.05	3.88	3.75	3.64	3.47	3.30	3.12	3.02	2.92	2.82	2.71	2.60	2.48
24	9.55	6.66	5.52	4.89	4.49	4.20	3.99	3.83	3.69	3.59	3.42	3.25	3.06	2.97	2.87	2.77	2.66	2.55	2.43

续前表

累积概率＝0.995																			
右尾面积＝0.005																			
分子自由度																			
分母自由度	1	2	3	4	5	6	7	8	9	10	12	15	20	24	30	40	60	120	∞
25	9.48	6.60	5.46	4.84	4.43	4.15	3.94	3.78	3.64	3.54	3.37	3.20	3.01	2.92	2.82	2.72	2.61	2.50	2.38
26	9.41	6.54	5.41	4.79	4.38	4.10	3.89	3.73	3.60	3.49	3.33	3.15	2.97	2.87	2.77	2.67	2.56	2.45	2.33
27	9.34	6.49	5.36	4.74	4.34	4.06	3.85	3.69	3.56	3.45	3.28	3.11	2.93	2.83	2.73	2.63	2.52	2.41	2.29
28	9.28	6.44	5.32	4.70	4.30	4.02	3.81	3.65	3.52	3.41	3.25	3.07	2.89	2.79	2.69	2.59	2.48	2.37	2.25
29	9.23	6.40	5.28	4.66	4.26	3.98	3.77	3.61	3.48	3.38	3.21	3.04	2.86	2.76	2.66	2.56	2.45	2.33	2.21
30	9.18	6.35	5.24	4.62	4.23	3.95	3.74	3.58	3.45	3.34	3.18	3.01	2.82	2.73	2.63	2.52	2.42	2.30	2.18
40	8.83	6.07	4.98	4.37	3.99	3.71	3.51	3.35	3.22	3.12	2.95	2.78	2.60	2.50	2.40	2.30	2.18	2.06	1.93
60	8.49	5.79	4.73	4.14	3.76	3.49	3.29	3.13	3.01	2.90	2.74	2.57	2.39	2.29	2.19	2.08	1.96	1.83	1.69
120	8.18	5.54	4.50	3.92	3.55	3.28	3.09	2.93	2.81	2.71	2.54	2.37	2.19	2.09	1.98	1.87	1.75	1.61	1.43
∞	7.88	5.30	4.28	3.72	3.35	3.09	2.90	2.74	2.62	2.52	2.36	2.19	2.00	1.90	1.79	1.67	1.53	1.36	1.00

表 E.6 学生化范围临界值 Q 表

Upper 5% Points (α=0.05)																			
	分子自由度																		
分母自由度	2	3	4	5	6	7	8	9	10	11	12	13	14	15	16	17	18	19	20
1	18.00	27.00	32.80	37.10	40.40	43.10	45.40	47.40	49.10	50.60	52.00	53.20	54.30	55.40	56.20	57.20	58.00	58.80	59.60
2	6.09	8.30	9.80	10.90	11.70	12.40	13.00	13.50	14.00	14.40	14.70	15.10	15.40	15.70	15.90	16.10	16.40	16.60	16.80
3	4.50	5.91	6.82	7.50	8.04	8.48	8.85	9.18	9.46	9.72	9.95	10.15	10.35	10.52	10.69	10.84	10.98	11.11	11.24
4	3.93	5.04	5.76	6.29	6.71	7.05	7.35	7.60	7.83	8.03	8.21	8.37	8.52	8.66	8.79	8.91	9.03	9.13	9.23
5	3.64	4.60	5.22	5.67	6.03	6.33	6.58	6.80	6.99	7.17	7.32	7.47	7.60	7.72	7.83	7.93	8.03	8.12	8.21
6	3.46	4.34	4.90	5.31	5.63	5.89	6.12	6.32	6.49	6.65	6.79	6.92	7.03	7.14	7.24	7.34	7.43	7.51	7.59
7	3.34	4.16	4.68	5.06	5.36	5.61	5.82	6.00	6.16	6.30	6.43	6.55	6.66	6.76	6.85	6.94	7.02	7.09	7.17
8	3.26	4.04	4.53	4.89	5.17	5.40	5.60	5.77	5.92	6.05	6.18	6.29	6.39	6.48	6.57	6.65	6.73	6.80	6.87
9	3.20	3.95	4.42	4.76	5.02	5.24	5.43	5.60	5.74	5.87	5.98	6.09	6.19	6.28	6.36	6.44	6.51	6.58	6.64
10	3.15	3.88	4.33	4.65	4.91	5.12	5.30	5.46	5.60	5.72	5.83	5.93	6.03	6.11	6.20	6.27	6.34	6.40	6.47
11	3.11	3.82	4.26	4.57	4.82	5.03	5.20	5.35	5.49	5.61	5.71	5.81	5.90	5.99	6.06	6.14	6.20	6.26	6.33
12	3.08	3.77	4.20	4.51	4.75	4.95	5.12	5.27	5.40	5.51	5.62	5.71	5.80	5.88	5.95	6.03	6.09	6.15	6.21
13	3.06	2.73	4.15	4.45	4.69	4.88	5.05	5.19	5.32	5.43	5.53	5.63	5.71	5.79	5.86	5.93	6.00	6.05	6.11
14	3.03	3.70	4.11	4.41	4.64	4.83	4.99	5.13	5.25	5.36	5.46	5.55	5.64	5.72	5.79	5.85	5.92	5.97	6.03
15	3.01	3.67	4.08	4.37	4.60	4.78	4.94	5.08	5.20	5.31	5.40	5.49	5.58	5.65	5.72	5.79	5.85	5.90	5.96
16	3.00	3.65	4.05	4.32	4.56	4.74	4.90	5.03	5.15	5.26	5.35	5.44	5.52	5.59	5.66	5.72	5.79	5.84	5.90
17	2.98	3.63	4.02	4.30	4.52	4.71	4.86	4.99	5.11	5.21	5.31	5.39	5.47	5.55	5.61	5.68	5.74	5.79	5.84
18	2.97	3.61	4.00	4.28	4.49	4.67	4.82	4.96	5.07	5.17	5.27	5.35	5.43	5.50	5.57	5.63	5.69	5.74	5.79
19	2.96	3.59	3.98	4.25	4.47	4.65	4.79	4.92	5.04	5.14	5.23	5.32	5.39	5.46	5.53	5.59	5.65	5.70	5.75
20	2.95	3.58	3.96	4.23	4.45	4.62	4.77	4.90	5.01	5.11	5.20	5.28	5.36	5.43	5.49	5.55	5.61	5.66	5.71
24	2.92	3.53	3.90	4.17	4.37	4.54	4.68	4.81	4.92	5.01	5.10	5.18	5.25	5.32	5.38	5.44	5.50	5.54	5.59
30	2.89	3.49	3.84	4.10	4.30	4.46	4.60	4.72	4.83	4.92	5.00	5.08	5.15	5.21	5.27	5.33	5.38	5.43	5.48
40	2.86	3.44	3.79	4.04	4.23	4.39	4.52	4.63	4.74	4.82	4.91	4.98	5.05	5.11	5.16	5.22	5.27	5.31	5.36
60	2.83	3.40	2.74	3.98	4.16	4.31	4.44	4.55	4.65	4.73	4.81	4.88	4.94	5.00	5.06	5.11	5.16	5.20	5.24
120	2.80	3.36	3.69	2.92	4.10	4.24	4.36	4.48	4.56	4.64	4.72	4.78	4.84	4.90	4.95	5.00	5.05	5.09	5.13
∞	2.77	3.31	3.63	3.86	4.03	4.17	4.29	4.39	4.47	4.55	4.62	4.68	4.74	4.80	4.85	4.89	4.93	4.97	5.01

续前表

Upper 1% Points（$\alpha=0.01$）																			
	分子自由度																		
分母自由度	2	3	4	5	6	7	8	9	10	11	12	13	14	15	16	17	18	19	20
1	90.03	135.00	164.30	185.60	202.20	215.80	227.20	237.00	245.60	253.20	260.00	266.20	271.80	277.00	281.80	286.30	290.40	294.30	298.00
2	14.04	19.02	22.29	24.72	26.63	28.20	29.53	30.68	31.69	32.59	33.40	34.13	34.81	35.43	36.00	36.53	37.03	37.50	37.95
3	8.26	10.62	12.17	13.33	14.24	15.00	15.64	16.20	16.69	17.13	17.53	17.89	18.22	18.52	18.81	19.07	19.32	19.55	19.77
4	6.51	8.12	9.17	9.96	10.58	11.10	11.55	11.93	12.27	12.57	12.84	13.09	13.32	13.53	13.73	13.91	14.08	14.24	14.40
5	5.70	6.98	7.80	8.42	8.91	9.32	9.67	9.97	10.24	10.48	10.70	10.89	11.08	11.24	11.40	11.55	11.68	11.81	11.93
6	5.24	6.33	7.03	7.56	7.97	8.32	8.61	8.87	9.10	9.30	9.49	9.65	9.81	9.95	10.08	10.21	10.32	10.43	10.54
7	4.95	5.92	6.54	7.01	7.37	7.68	7.94	8.17	8.37	8.55	8.71	8.86	9.00	9.12	9.24	9.35	9.46	9.55	9.65
8	4.75	5.64	6.20	6.63	6.96	7.24	7.47	7.68	7.86	8.03	8.18	8.31	8.44	8.55	8.66	8.76	8.85	8.94	9.03
9	4.60	5.43	5.96	6.35	6.66	6.92	7.13	7.32	7.50	7.65	7.78	7.91	8.03	8.13	8.23	8.33	8.41	8.50	8.57
10	4.48	5.27	5.77	6.14	6.43	6.67	6.87	7.06	7.21	7.36	7.49	7.60	7.71	7.81	7.91	7.99	8.08	8.15	8.23
11	4.39	5.15	5.62	5.97	6.25	6.48	6.67	6.84	6.99	7.13	7.25	7.36	7.47	7.56	7.65	7.73	7.81	7.88	7.95
12	4.32	5.04	5.50	5.84	6.10	6.32	6.51	6.67	6.81	6.94	7.06	7.17	7.26	7.36	7.44	7.52	7.59	7.66	7.73
13	4.26	4.96	5.40	5.73	5.98	6.19	6.37	6.53	6.67	6.79	6.90	7.01	7.10	7.19	7.27	7.35	7.42	7.49	7.55
14	4.21	4.90	5.32	5.63	5.88	6.09	6.26	6.41	6.54	6.66	6.77	6.87	6.96	7.05	7.13	7.20	7.27	7.33	7.40
15	4.17	4.84	5.25	5.56	5.80	5.99	6.16	6.31	6.44	6.56	6.66	6.76	6.85	6.93	7.00	7.07	7.14	7.20	7.26
16	4.13	4.79	5.19	5.49	5.72	5.92	6.08	6.22	6.35	6.46	6.56	6.66	6.74	6.82	6.90	6.97	7.03	7.09	7.15
17	4.10	4.74	5.14	5.43	5.66	5.85	6.01	6.15	6.27	6.38	6.48	6.57	6.66	6.73	6.81	6.87	6.94	7.00	7.05
18	4.07	4.70	5.09	5.38	5.60	5.79	5.94	6.08	6.20	6.31	6.41	6.50	6.58	6.66	6.73	6.79	6.85	6.91	6.97
19	4.05	4.67	5.05	5.33	5.55	5.74	5.89	6.02	6.14	6.25	6.34	6.43	6.51	6.59	6.65	6.72	6.78	6.84	6.89
20	4.02	4.64	5.02	5.29	5.51	5.69	5.84	5.97	6.09	6.19	6.29	6.37	6.45	6.52	6.59	6.65	6.71	6.77	6.82
24	3.96	4.55	4.91	5.17	5.37	5.54	5.69	5.81	5.92	6.02	6.11	6.19	6.26	6.33	6.39	6.45	6.51	6.56	6.61
30	3.89	4.46	4.80	5.05	5.24	5.40	5.54	5.65	5.76	5.85	5.93	6.01	6.08	6.14	6.20	6.26	6.31	6.36	6.41
40	3.83	4.37	4.70	4.93	5.11	5.27	5.39	5.50	5.60	5.69	5.76	5.84	5.90	5.96	6.02	6.07	6.12	6.17	6.21
60	3.76	4.28	4.60	4.82	4.99	5.13	5.25	5.36	5.45	5.53	5.60	5.67	5.73	5.79	5.84	5.89	5.93	5.97	6.02
120	3.70	4.20	4.50	4.71	4.87	5.01	5.12	5.21	5.30	5.38	5.44	5.51	5.56	5.61	5.66	5.71	5.75	5.79	5.83
∞	3.64	4.12	4.40	4.60	4.76	4.88	4.99	5.08	5.16	5.23	5.29	5.35	5.40	5.45	5.49	5.54	5.57	5.61	5.65

资料来源：H. L. Harter and D. S. Clemm，“The Probability Integrals of the Range and of the Studentized Range—Probability Integral，Percentage Points，and Moments of the Range，” *Wright Air Development Technical Report* 58-484，Vol. 1，1959.

表 E.7 Durbin-Watson 统计量 D 的单侧临界值、下限 d_L 与上限 d_U

	$\alpha=0.05$										$\alpha=0.01$									
	$k=1$		$k=2$		$k=3$		$k=4$		$k=5$		$k=1$		$k=2$		$k=3$		$k=4$		$k=5$	
n	d_L	d_U	d_L	d_U	d_L	d_U	d_L	d_U	d_L	d_U	d_L	d_U	d_L	d_U	d_L	d_U	d_L	d_U	d_L	d_U
15	1.08	1.36	0.95	1.54	0.82	1.75	0.69	1.97	0.56	2.21	0.81	1.07	0.70	1.25	0.59	1.46	0.49	1.70	0.39	1.96
16	1.10	1.37	0.98	1.54	0.86	1.73	0.74	1.93	0.62	2.15	0.84	1.09	0.74	1.25	0.63	1.44	0.53	1.66	0.44	1.90
17	1.13	1.38	1.02	1.54	0.90	1.71	0.78	1.90	0.67	2.10	0.87	1.10	0.77	1.25	0.67	1.43	0.57	1.63	0.48	1.85
18	1.16	1.39	1.05	1.53	0.93	1.69	0.82	1.87	0.71	2.06	0.90	1.12	0.80	1.26	0.71	1.42	0.61	1.60	0.52	1.80
19	1.18	1.40	1.08	1.53	0.97	1.68	0.86	1.85	0.75	2.02	0.93	1.13	0.83	1.26	0.74	1.41	0.65	1.58	0.56	1.77
20	1.20	1.41	1.10	1.54	1.00	1.68	0.90	1.83	0.79	1.99	0.95	1.15	0.86	1.27	0.77	1.41	0.68	1.57	0.60	1.74
21	1.22	1.42	1.13	1.54	1.03	1.67	0.93	1.81	0.83	1.96	0.97	1.16	0.89	1.27	0.80	1.41	0.72	1.55	0.63	1.71
22	1.24	1.42	1.15	1.54	1.05	1.66	0.96	1.80	0.86	1.94	1.00	1.17	0.91	1.28	0.83	1.40	0.75	1.54	0.66	1.69
23	1.26	1.44	1.17	1.54	1.08	1.66	0.99	1.79	0.90	1.92	1.02	1.19	0.94	1.29	0.86	1.40	0.77	1.53	0.70	1.67
24	1.27	1.45	1.19	1.55	1.10	1.66	1.01	1.78	0.93	1.90	1.04	1.20	0.96	1.30	0.88	1.41	0.80	1.53	0.72	1.66
25	1.29	1.45	1.21	1.55	1.12	1.66	1.04	1.77	0.95	1.89	1.05	1.21	0.98	1.30	0.90	1.41	0.83	1.52	0.75	1.65
26	1.30	1.46	1.22	1.55	1.14	1.65	1.06	1.76	0.98	1.88	1.07	1.22	1.00	1.31	0.93	1.41	0.85	1.52	0.78	1.64
27	1.32	1.47	1.24	1.56	1.16	1.65	1.08	1.76	1.01	1.86	1.09	1.23	1.02	1.32	0.95	1.41	0.88	1.51	0.81	1.63
28	1.33	1.48	1.26	1.56	1.18	1.65	1.10	1.75	1.03	1.85	1.10	1.24	1.04	1.32	0.97	1.41	0.90	1.51	0.83	1.62
29	1.34	1.48	1.27	1.56	1.20	1.65	1.12	1.74	1.05	1.84	1.12	1.25	1.05	1.33	0.99	1.42	0.92	1.51	0.85	1.61
30	1.35	1.49	1.28	1.57	1.21	1.65	1.14	1.74	1.07	1.83	1.13	1.26	1.07	1.34	1.01	1.42	0.94	1.51	0.88	1.61
31	1.36	1.50	1.30	1.57	1.23	1.65	1.16	1.74	1.09	1.83	1.15	1.27	1.08	1.34	1.02	1.42	0.96	1.51	0.90	1.60
32	1.37	1.50	1.31	1.57	1.24	1.65	1.18	1.73	1.11	1.82	1.16	1.28	1.10	1.35	1.04	1.43	0.98	1.51	0.92	1.60
33	1.38	1.51	1.32	1.58	1.26	1.65	1.19	1.73	1.13	1.81	1.17	1.29	1.11	1.26	1.05	1.43	1.00	1.51	0.94	1.59
34	1.39	1.51	1.33	1.58	1.27	1.65	1.21	1.73	1.15	1.81	1.18	1.30	1.13	1.36	1.07	1.43	1.01	1.51	0.95	1.59
35	1.40	1.52	1.34	1.58	1.28	1.65	1.22	1.73	1.16	1.80	1.19	1.31	1.14	1.37	1.08	1.44	1.03	1.51	0.97	1.59
36	1.41	1.52	1.35	1.59	1.29	1.65	1.24	1.73	1.18	1.80	1.21	1.32	1.15	1.38	1.10	1.44	1.04	1.51	0.99	1.59
37	1.42	1.53	1.36	1.59	1.31	1.66	1.25	1.72	1.19	1.80	1.22	1.32	1.16	1.38	1.11	1.45	1.06	1.51	1.00	1.59
38	1.43	1.54	1.37	1.59	1.32	1.66	1.26	1.72	1.21	1.79	1.23	1.33	1.18	1.39	1.12	1.45	1.07	1.52	1.02	1.58
39	1.43	1.54	1.38	1.60	1.33	1.66	1.27	1.72	1.22	1.79	1.24	1.34	1.19	1.39	1.14	1.45	1.09	1.52	1.03	1.58
40	1.44	1.54	1.39	1.60	1.34	1.66	1.29	1.72	1.23	1.79	1.25	1.34	1.20	1.40	1.15	1.46	1.10	1.52	1.05	1.58
45	1.48	1.57	1.43	1.62	1.38	1.67	1.34	1.72	1.29	1.78	1.29	1.38	1.24	1.42	1.20	1.48	1.16	1.53	1.11	1.58
50	1.50	1.59	1.46	1.63	1.42	1.67	1.38	1.72	1.34	1.77	1.32	1.40	1.28	1.45	1.24	1.49	1.20	1.54	1.16	1.59

续前表

	α=0.05										α=0.01									
	$k=1$		$k=2$		$k=3$		$k=4$		$k=5$		$k=1$		$k=2$		$k=3$		$k=4$		$k=5$	
n	d_L	d_U	d_L	d_U	d_L	d_U	d_L	d_U	d_L	d_U	d_L	d_U	d_L	d_U	d_L	d_U	d_L	d_U	d_L	d_U
55	1.53	1.60	1.49	1.64	1.45	1.68	1.41	1.72	1.38	1.77	1.36	1.43	1.32	1.47	1.28	1.51	1.25	1.55	1.21	1.59
60	1.55	1.62	1.51	1.65	1.48	1.69	1.44	1.73	1.41	1.77	1.38	1.45	1.35	1.48	1.32	1.52	1.28	1.56	1.25	1.60
65	1.57	1.63	1.54	1.66	1.50	1.70	1.47	1.73	1.44	1.77	1.41	1.47	1.38	1.50	1.35	1.53	1.31	1.57	1.28	1.61
70	1.58	1.64	1.55	1.67	1.52	1.70	1.49	1.74	1.46	1.77	1.43	1.49	1.40	1.52	1.37	1.55	1.34	1.58	1.31	1.61
75	1.60	1.65	1.57	1.68	1.54	1.71	1.51	1.74	1.49	1.77	1.45	1.50	1.42	1.53	1.39	1.56	1.37	1.59	1.34	1.62
80	1.61	1.66	1.59	1.69	1.56	1.72	1.53	1.74	1.51	1.77	1.47	1.52	1.44	1.54	1.42	1.57	1.39	1.60	1.36	1.62
85	1.62	1.67	1.60	1.70	1.57	1.72	1.55	1.75	1.52	1.77	1.48	1.53	1.46	1.55	1.42	1.58	1.41	1.60	1.39	1.63
90	1.63	1.68	1.61	1.70	1.59	1.73	1.57	1.75	1.54	1.78	1.50	1.54	1.47	1.56	1.45	1.59	1.43	1.61	1.41	1.64
95	1.64	1.69	1.62	1.71	1.60	1.73	1.58	1.75	1.56	1.78	1.51	1.55	1.49	1.57	1.47	1.60	1.45	1.62	1.42	1.64
100	1.65	1.69	1.63	1.72	1.61	1.74	1.59	1.76	1.57	1.78	1.52	1.56	1.50	1.58	1.48	1.60	1.46	1.63	1.44	1.65

注：n=观测值总数，k=自变量个数。

资料来源：Computed from TSP 4.5 based on R. W. Farebrother，"A Remark on Algorithms AS106，AS153，and AS155：The DIstribution of a Linear Combination of Chi-Square Random Variables，" *Journal of the Royal Statistical Society*，Series C（Applied Statistics），29（1984）：323-333.

图书在版编目（CIP）数据

商务统计学：第7版/（美）戴维·莱文等著；岳海燕等译．—北京：中国人民大学出版社，2017.9
（工商管理经典译丛）
ISBN 978-7-300-24940-7

Ⅰ.①商… Ⅱ.①戴… Ⅲ.①商业统计学-高等学校-教材 Ⅳ.①F712.3

中国版本图书馆CIP数据核字（2017）第220238号

工商管理经典译丛
商务统计学（第7版）
戴维·莱文
［美］凯瑟琳·赛贝特　著
戴维·斯蒂芬
岳海燕　胡宾海　等　译
胡大源　审校
Shangwu Tongjixue

出版发行	中国人民大学出版社		
社　　址	北京中关村大街31号	**邮政编码**	100080
电　　话	010－62511242（总编室）		010－62511770（质管部）
	010－82501766（邮购部）		010－62514148（门市部）
	010－62515195（发行公司）		010－62515275（盗版举报）
网　　址	http://www.crup.com.cn		
经　　销	新华书店		
印　　刷	涿州市星河印刷有限公司		
开　　本	787 mm×1092 mm　1/16	**版　　次**	2017年9月第1版
印　　张	31　插页1	**印　　次**	2023年12月第9次印刷
字　　数	719 000	**定　　价**	95.00元

Pearson

尊敬的老师：

您好！

为了确保您及时有效地申请培生整体教学资源，请您务必完整填写如下表格，加盖学院的公章后以电子扫描件等形式发我们，我们将会在 2～3 个工作日内为您处理。

请填写所需教辅的信息：

采用教材			□ 中文版 □ 英文版 □ 双语版
作　者		出版社	
版　次		ISBN	
课程时间	始于　年　月　日	学生人数	
	止于　年　月　日	学生年级	□ 专科 □ 本科 1/2 年级 □ 研究生 □ 本科 3/4 年级

请填写您的个人信息：

学　校			
院系/专业			
姓　名		职　称	□ 助教 □ 讲师 □ 副教授 □ 教授
通信地址/邮编			
手　机		电　话	
传　真			
official email（必填）(eg：×××@ruc. edu. cn)		email (eg：×××@163. com)	
是否愿意接受我们定期的新书讯息通知：□ 是　□ 否			

系/院主任：________________（签字）

（系 / 院办公室章）

____年____月____日

资源介绍：

——教材、常规教辅资源（PPT、教师手册、题库等）：请访问 www. pearsonhighered. com/educator。（免费）

——MyLabs/Mastering 系列在线平台：适合老师和学生共同使用；访问需要 Access Code。（付费）

地址：北京市东城区北三环东路 36 号环球贸易中心 D 座 1208 室（100013）

Please send this form to：copub. hed@pearson. com

Website：www. pearson. com

中国人民大学出版社　管理分社

教师教学服务说明

中国人民大学出版社管理分社以出版工商管理和公共管理类精品图书为宗旨。为更好地服务一线教师，我们着力建设了一批数字化、立体化的网络教学资源。教师可以通过以下方式获得免费下载教学资源的权限：

★ 在中国人民大学出版社网站 www.crup.com.cn 进行注册，注册后进入“会员中心”，在左侧点击“我的教师认证”，填写相关信息，提交后等待审核。我们将在一个工作日内为您开通相关资源的下载权限。

★ 如您急需教学资源或需要其他帮助，请加入教师 QQ 群或在工作时间与我们联络。

中国人民大学出版社　管理分社

教师 QQ 群： 648333426(工商管理)　114970332(财会)　648117133(公共管理)
教师群仅限教师加入，入群请备注（学校+姓名）

联系电话： 010-62515735，62515987，62515782，82501048，62514760

电子邮箱： glcbfs@crup.com.cn

通讯地址： 北京市海淀区中关村大街甲 59 号文化大厦 1501 室（100872）

管理书社　　人大社财会　　公共管理与政治学悦读坊